Werner Frisch, Hans-Joachim Hölzel, Franz-Josef Lintermann, Udo Schaefer

Basiswissen
IT-Berufe
Vernetzte IT-Systeme

5. Auflage

Bestellnummer 1141

Haben Sie Anregungen oder Kritikpunkte zu diesem Produkt?
Dann senden Sie eine E-Mail an 1141_005@bv-1.de
Autoren und Verlag freuen sich auf Ihre Rückmeldung.

www.bildungsverlag1.de

Bildungsverlag EINS GmbH
Hanserstraße 115, 51149 Köln

ISBN 978-3-8237-**1141**-4

© Copyright 2011: Bildungsverlag EINS GmbH, Köln
Das Werk und seine Teile sind urheberrechtlich geschützt. Jede Nutzung in anderen als den gesetzlich zugelassenen Fällen bedarf der vorherigen schriftlichen Einwilligung des Verlages.
Hinweis zu § 52a UrhG: Weder das Werk noch seine Teile dürfen ohne eine solche Einwilligung eingescannt (überspielt) und in ein Netzwerk eingestellt werden. Dies gilt auch für Intranets von Schulen und sonstigen Bildungseinrichtungen.

Vorwort

Das vorliegende Buch ist Teil einer Fachbuchreihe, die insbesondere für die informations- und telekommunikationstechnischen Berufe (IT-Berufe) konzipiert wurde. Allen IT-Berufen liegt eine Lernfeldkonzeption zugrunde, die aus insgesamt 11 Lernfeldern besteht.

Die Inhalte dieses Fachbuches decken die im Rahmenlehrplan ausgewiesenen Unterrichtsinhalte der Lernfelder 7 (Vernetzte IT-Systeme), 9 (Öffentliche Netze und Dienste) und 10 (Administration von Netzwerken) für alle vier IT-Berufe ab (IT-Systemelektroniker/-in, IT-Fachinformatiker/-in, IT-Systemkaufmann/-frau, IT-Informatikkaufmann/-frau).

Die inhaltlichen Schwerpunkte dieser Lernfeldgruppe sind kapitelweise aufbereitet, eine Marginalspalte enthält Schlagworte zur schnellen Handhabung, praxisrelevante Fachbezeichnungen werden zusätzlich in englischer Sprache angegeben. Die genannte Gliederung der Qualifikationsanforderungen nach Lernfeldern kann nur in erster Näherung eine sinnvolle Inhaltsgliederung oder gar Lernabfolge ergeben. Deshalb werden zusammengehörige Aspekte aus verschiedenen Lernfeldern im sachlichen Zusammenhang an einer Stelle und manche anderen Aspekte eines Lernfeldes an mehreren Stellen behandelt. Jedes Kapitel schließt mit Fragen zur (Selbst-)Überprüfung erworbener Fachkompetenz, teilweise auch mit einfachen, lernfeldbezogenen Handlungsaufgaben ab. Die Marginalspalte enthält ebenfalls lernfeldübergreifende Verweise auf die Fachbücher Einfache IT-Systeme (Bestellnr. 1140) und Anwendungsentwicklung (Bestellnr. 1143).

Handhabung

Das vorliegende Fachbuch ist sowohl Informationsbasis als auch unterrichtsbegleitendes Nachschlagewerk bei der Lösung komplexer Handlungsaufgaben. Die chronologische Bearbeitung der Hauptkapitel ist nicht zwingend erforderlich, vielmehr kann sie sich an den Erfordernissen der jeweils in den Unterricht eingebrachten lernfeldübergreifenden Handlungsaufgaben orientieren.

Neben den grundlegenden Kapiteln über lokale Netze und Protokolle, Betriebssysteme und öffentliche Netze kann bei Bedarf auch auf das Kapitel über die Grundlagen der Übertragungstechnik (Kap. 4) zurückgegriffen werden. Der unterrichtende Fachlehrer hat zudem die Möglichkeit, die von dem jeweiligen IT-Beruf abhängige Bearbeitungstiefe einzelner Kapitel zu variieren.

Aufgrund der sachlogischen Struktur ist das Buch auch zum individuellen Selbststudium und zur Prüfungsvorbereitung geeignet.

Die Autoren

Inhalt

	Vorwort	3
1	**Planung, Aufbau und Konfiguration von Netzwerken**	**9**
1.1	Einführung	9
1.1.1	Der unvernetzte Computer	9
1.1.2	Der vernetzte Computer	10
1.1.3	Das Netz	11
1.2	Unterscheidungsmerkmale von Netzen	11
1.2.1	Räumliche Ausdehnung und der Einsatzbereich	12
1.2.2	Netzarchitekturen	13
1.2.3	Topologie (Art der Leitungsführung)	14
1.2.4	Übertragungstyp	15
1.3	Netzwerk-Kommunikation	18
1.3.1	Kommunikationsprotokolle	18
1.3.2	Schichtenmodell	19
1.3.3	Real existierende Netzwerkmodelle	22
1.3.4	Vergleich zwischen Modell und Realität	26
1.4	TCP/IP – Die Protokolle für Internet und Intranet	27
1.4.1	Überblick	27
1.4.2	Protokolle und Verfahren der Netzwerkschicht	29
1.4.3	Protokolle der Transportschicht	56
1.4.4	Protokolle und Dienste der Anwendungsschicht (Auswahl)	69
1.5	Protokolle der technischen Verbindungsschicht, Zugriffsverfahren	91
1.5.1	Das IEEE-802-Referenzmodell für LAN und MAN	91
1.5.2	Unterteilung der OSI-Schicht 2 in LLC und MAC	92
1.5.3	CSMA/CD	94
1.5.4	Token Ring und FDDI	98
1.5.5	Funknetze	100
1.5.6	Das Point-to-Point-Protokoll (PPP)	107
1.6	Komponenten eines lokalen Netzwerkes	112
1.6.1	Passive Netzkomponenten	112
1.6.2	Endgeräte: Workstations und Server	120
1.6.3	Aktive Netzkomponenten	122
1.7	Planungskriterien	130
1.8	Administration	133
1.8.1	Störungsanalyse und -beseitigung	133
1.8.2	Datenschutz und Datensicherheit	135
2	**Netzwerkbetriebssysteme**	**144**
2.1	Die Windows-Familie	144
2.1.1	Windows Vista	144

Inhalt

2.1.2	Windows 7	149
2.1.3	Netzwerke mit Windows 7	152
2.2	Zentral verwaltete Netzwerke	158
2.2.1	Grundlage der Verwaltung von Windows 2000 und 2003	158
2.2.2	Active-Directory-Komponenten	159
2.2.3	Standorte	161
2.2.4	Das Sicherheitskonzept von Windows 2000/2003	161
2.3	Windows 2000	163
2.4	Windows 2003	164
2.4.1	Produktübersicht	164
2.4.2	Neuerungen gegenüber Windows 2000	165
2.4.3	Aufbau des Netzes unter Windows Server 2003	167
2.4.4	Inbetriebnahme des Netzes	173
2.4.5	Administration des Netzes	188
2.4.6	Gruppen	195
2.4.7	Anwendersoftware	203
2.4.8	Drucken im Netz	208
2.4.9	Datensicherung	212
2.4.10	Systemüberwachung	215
2.4.11	Fehleranalyse	221
2.5	Windows Server 2008 (Codename „Longhorn")	226
2.5.1	Technische Neuerungen	226
2.5.2	Systemanforderungen	229
2.5.3	Produktpalette	229
2.5.4	Installation	230
2.5.5	Roles	231
2.5.6	Lokale Computer	232
2.5.7	Domänencontroller	232
2.5.8	Serverbasierende Netzwerke	233
2.5.9	Benutzerverwaltung	234
2.5.10	Berechtigungen	235
2.5.11	Back-up	237
2.5.12	Anwenderprogramme	237
2.5.13	Druckverwaltung	238
2.5.14	Windows Server 2008 R2 (Release 2)	238
2.6	Mac OS X	241
2.6.1	Apple-Computer	242
2.6.2	Netzwerkeinstellungen	245
2.6.3	Netzwerkverbindung	246
2.6.4	Kurz-Infos	247
2.6.5	Windows auf Mac	249
2.7	Netware/Open Enterprise Server	251
2.7.1	Produktpalette	252
2.7.2	OES-Betriebssystem	253
2.7.3	OES-Administration	258
2.7.4	eDirectory Architektur	258
2.7.5	iManager	261
2.7.6	Berechtigungen	266
2.7.7	Anwendersoftware	270
2.7.8	OES-Netzwerkdrucker	273
2.7.9	NSS-Dateisystem (Novell Storage Services)	274
2.8	Linux	276
2.8.1	Produktpalette	276

2.8.2	Systeminformationen	277
2.8.3	Hardware unter Linux	279
2.8.4	Inbetriebnahme	284
2.8.5	Benutzerverwaltung	287
2.8.6	Drucken	294
2.8.7	Linux im Netz	299
2.8.8	Administration von Linux-Netzen	306
2.8.9	Lightweight Directory Access Protocol (LDAP)	310
2.8.10	Network Files System (NFS)	313
2.8.11	Heterogene Netzwerke	315
2.8.12	Webserver	320

3 Öffentliche Netze und Dienste 322

3.1	Grundsätzlicher Aufbau von Weitbereichsnetzen (WAN)	323
3.1.1	Anforderungen an Netzarchitekturen	326
3.1.2	Vermittlungsprinzipien	327
3.1.3	Übertragungsarten	329
3.1.4	Übertragungsverfahren	330
3.1.5	Digitale Hierarchien	332
3.2	Integrated Services Digital Network (ISDN)	338
3.2.1	ISDN-Netzaufbau	339
3.2.2	ISDN-Netzknoten	340
3.2.3	ISDN-Anschlusskonfiguration	344
3.2.4	ISDN-Anschlusstechniken IAE/Up0/TAE	353
3.2.5	ISDN-Adressierung	356
3.2.6	ISDN-Dienste und -Leistungsmerkmale	356
3.2.7	PCM-30-Übertragungssystem	358
3.2.8	Beispiel für einen Protokollablauf	359
3.3	ATM-Netze	362
3.3.1	ATM-Netzaufbau	364
3.3.2	ATM-Zellen	366
3.3.3	ATM-Vermittlungs- und -Übertragungstechnik	367
3.3.4	ATM-Referenzmodell	370
3.4	MPLS-Netze	372
3.5	Broadcast-Netze	374
3.5.1	DVB	375
3.5.2	Gleichwellennetz	379
3.5.3	Breitband-Kabelnetz (BK-Netz)	381
3.5.4	DAB und DRM	385
3.5.5	Hybridnetze	386
3.6	Sonstige Netzstrukturen	388
3.6.1	Virtual Private Network (VPN)	388
3.6.2	Metropolitan Area Network (MAN)	390
3.6.3	Datex-P-Netz	391
3.6.4	Frame Relay	392
3.6.5	Next Generation Network (NGN)	392
3.7	DSL-Techniken	393
3.7.1	ADSL	394
3.7.2	VDSL	399
3.7.3	Sonstige DSL-Verfahren und -Anwendungen	400
3.7.4	Voice over IP (VoIP)	402

3.8	Powerline Communication (PLC)	408
3.8.1	PLC im Anschlussbereich	408
3.8.2	PLC im Inhouse-Bereich	409
3.9	Mobilfunknetze	414
3.9.1	GSM-Netze	415
3.9.2	UMTS-Netze	427
3.9.3	WLAN und DECT/IP-DECT	431
3.9.4	WiMAX	433
3.10	Richtfunk	436
3.10.1	Grundlagen	436
3.10.2	Richtfunk für den Teilnehmeranschluss	440
3.10.3	MIMO-Technik	441

4 Grundlagen der Übertragungstechnik ... 443

4.1	Elektrische Übertragungstechnik	443
4.1.1	Elektrische Leitungen	443
4.1.2	Dämpfung und Pegel	449
4.1.3	Störungen der Signalübertragung	453
4.1.4	Wandler	454
4.1.5	Modulation	455
4.1.6	Kompressionsverfahren	465
4.1.7	Mehrfachnutzung eines Übertragungskanals	467
4.1.8	Multiplexverfahren	470
4.1.9	Leitungscodes	478
4.2	Optische Übertragungstechnik	483
4.2.1	Optischer Leitungsmechanismus	485
4.2.2	Lichtwellenleiter (Fibre Optic Cable)	486
4.2.3	Eigenschaften von Lichtwellenleitern	486
4.2.4	Lichtwellenleitertypen	488
4.2.5	Kabelbezeichnungen	490
4.2.6	Verbindungstechniken	491
4.2.7	Optische Netze	493

Stichwortverzeichnis ... **499**

Quellenverzeichnis ... **509**

1 Planung, Aufbau und Konfiguration von Netzwerken

1.1 Einführung

1.1.1 Der unvernetzte Computer

Der unvernetzte Computer führt seine Aufgaben mit lokal vorhandenen Geräten durch. Aus der Sicht eines Anwendungsprogramms bedeutet dies die Ausführung von Funktionen zur Ein- und Ausgabe, die sich vorwiegend auf die Entgegennahme von Benutzeraktionen (Tastatur, Maus) und die Visualisierung von Ergebnisausgaben (Bildschirm, Drucker) beziehen. Auch die Ablage von Daten auf lokalen Massenspeichern (Floppy, Festplatte) stellt eine Ausgabe, das Wiedereinlesen eine Eingabe dar.

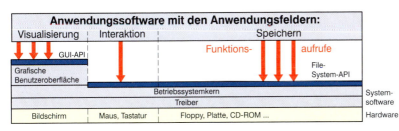

API:
Application Programming Interface

GUI:
Graphical User Interface

Bild 1.1: Funktionsmodell des unvernetzten Computers

Dem Anwendungsprogrammierer erscheinen diese Aufgabenfelder (Bild 1.1) als APIs, welche die Schnittstelle zwischen Applikation und Betriebssystem darstellen (beispielsweise für das **G**raphical **U**ser **I**nterface oder das Dateisystem/Filesystem); die Applikation greift nicht auf Hardware oder Gerätetreiber zu.

siehe auch Kap. 2.2
„einfache
IT-Systeme"
Systemsoftware

GUI-Elemente

Bild 1.2: Ein Dateiauswahldialog benutzt grafische Elemente (GUI-API) für Datei- und Verzeichnis-Operationen (Filesystem-API)

1.1.2 Der vernetzte Computer

Nun wird das Funktionsmodell des Computers um ein Aufgabenfeld erweitert: die Kommunikation mit anderen Computern über geeignete Peripherieeinrichtungen. Im Allgemeinen ist das ein Netzwerkinterface (NIC). Es könnten in speziellen Fällen aber auch

vgl. Bild 1.9

- die serielle Schnittstelle (COM-Schnittstelle),
- der IEEE-1394-Anschluss (Firewire) oder
- der USB-Anschluss sein.

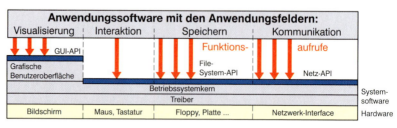

Bild 1.3: Funktionsmodell des vernetzten Computers

Die dafür zusätzlich erforderliche Systemsoftware muss nicht nur (wie etwa bei den lokalen Geräten) herstellereigene proprietäre Standards erfüllen, sondern sich allgemein gültigen Kommunikationsregeln unterwerfen, die auch bei den Kommunikationspartnern erwartet werden müssen.

gemeinsam stark

■ Vernetzung ermöglicht den Datenaustausch zwischen ansonsten inkompatiblen Computersystemen.

Leider war in den Anfängen der Computervernetzung die Entwicklung nicht sehr geradlinig, sowohl in Bezug auf die Hardware als auch auf die Software. Mehrere verschiedene physikalische Übertragungsverfahren, kombiniert mit mehreren, meist firmenspezifischen Kommunikationsregeln ließen eine große und verwirrende Vielfalt von Kombinationen entstehen, deren Hersteller zudem noch unterschiedliche Bezeichnungsweisen für die gleiche Sache verwandten und oft noch verwenden.

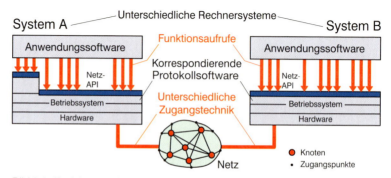

Bild 1.4: Funktionsmodell unterschiedlicher vernetzter Computer

1.2 Unterscheidungsmerkmale von Netzen

Der durch Netzfunktionalität erweiterte Computer eröffnet damit auch eine Vielzahl neuer netzorientierter und netzbasierter Anwendungen, bei denen

- Lastverteilung (Teilaufgaben werden auf mehrere Rechner verteilt),
- gemeinsame Nutzung von Ressourcen (z. B. ist *ein* Internetzugang für *alle* Rechner eines lokalen Netzes zugänglich) und
- Überbrückung räumlicher Entfernungen (z. B. für die Fernwartung)

die wichtigsten Zielsetzungen sind.

siehe auch Kap. 4.8.1 „Anwendungsentwicklung"

1.1.3 Das Netz

In unmittelbarem Zusammenhang mit dem physikalischen Übertragungsverfahren steht das verwendete Übertragungsmedium Kupferkabel, Lichtwellenleiter oder Funk und daran angepasste mechanische Koppler wie Stecker, Steckdosen und komplette Verteilerschränke als **passiver** Teil eines Netzes.
Der **aktive** Teil eines Netzes besteht aus physikalisch notwendigen Geräten wie etwa Verstärkern und speziellen Computern, die in ihrer Erscheinungsform oft nicht sofort an Computer erinnern, weil sie normalerweise nicht in direkte Interaktion mit dem Menschen treten und deswegen ohne Tastatur und Bildschirm auskommen.

Übertragungsmedien

Übertragungsgeräte

> ■ Als **Netz** bezeichnet man die Gesamtheit aller Übertragungsmedien und Übertragungsgeräte, die zwischen Anfang (Quelle) und Ende (Senke) einer Kommunikationsbeziehung erforderlich sind.

1.2 Unterscheidungsmerkmale von Netzen

Zu den neuen Möglichkeiten, die sich aus der Vernetzung ergeben, gehört in erster Linie die arbeitsteilige Organisation. Einige der vernetzten Computer werden für spezielle Aufgaben ausgelegt und bieten ihre Dienstleistungen den anderen an. Solche Computer werden **Server** genannt. Die anderen, die die Dienste in Anspruch nehmen, heißen **Clients** (z. B. Arbeitsplatzrechner, Workstations, Endsysteme). Zusammen mit den aktiven Netzkomponenten (s. o.) bilden sie die **Knoten**, welche durch Leitungen verbunden sind.

Knoten:
- *Server*
- *Clients*
- *Übertragungsgeräte*

> ■ **Server** sind Computer, die für spezielle Aufgaben ausgelegt sind und anderen Computern ihre Dienste anbieten.
> ■ **Clients** sind Computer, die die Dienste von Servern in Anspruch nehmen.

Als weitere allgemeine Unterscheidungsmerkmale könnten gelten:

- Die räumliche Ausdehnung und der Einsatzbereich.
- Die Funktionsarchitektur.
- Die Art der Leitungsführung.
- Die Art der Übertragung (in Echtzeit oder durchsatzoptimiert).

Unterscheidungsmerkmale

Weiter sind spezielle Unterscheidungsmerkmale:

■ *1 Planung, Aufbau und Konfiguration von Netzwerken*

- Die verwendeten Übertragungsmedien.
- Die Medienzugriffsverfahren und andere Kommunikationsregeln.
- Die Übertragungsgeschwindigkeit.
- Die Dienstgüte.
- Die Vermittlungstechnik (siehe: Kap. 1.4.2 und Kap. 3).
- Das Netzwerkbetriebssystem eines Knotens (siehe: Kap. 2).

Glücklicherweise haben Standardisierungsprozesse (durch Normung wie auch durch ökonomische Zwänge) dafür gesorgt, dass nur einige wenige von allen denkbaren Kombinationsmöglichkeiten praktisch vorkommen.

1.2.1 Räumliche Ausdehnung und der Einsatzbereich

Aus historischer Sicht wurde zwischen Datenübertragung im Allgemeinen und Datenfernübertragung (DFÜ) als Sonderfall mit deutlich unterschiedlichen physikalischen Übertragungsverfahren differenziert (siehe: Kap. 1.5 und Kap. 3). Heute unterscheidet man folgende Größenordnungen:

Größenordnungen

Abkürzung	Beschreibung	Ausdehnung
BAN	**B**ody **A**rea **N**etwork bezeichnet funkvernetzte Körpersensoren in der medizinischen Telemetrie	0,1 m bis 1 m
CAN	**C**ontroller **A**rea **N**etwork (ursprünglich: **C**ar **A**rea **N**etwork) markiert vernetzte Steuerelemente in der Automatisierungstechnik	0,1 m bis 1 m
PAN	PAN steht für **P**ersonal **A**rea **N**etwork, womit im Wohnumfeld die Heimvernetzung von Hausgeräten bezeichnet wird	ca. 10 m
LAN	Ein **L**ocal **A**rea **N**etwork verbindet die PCs und aktive Netzkomponenten eines Unternehmens und beschränkt sich auf ein Grundstück	einige 10 m bis einige 100 m
MAN	**M**etropolitan **A**rea **N**etwork bezeichnet ein Netz, das LANs verbindet und die Ausdehnung großer Städte erreichen kann, dazu zählt auch „Metro Ethernet" (**MEN**, optisch)	bis zu 60 km
WAN	**W**ide **A**rea **N**etwork zur Verbindung geografisch getrennter Regionen, auch Weitverkehrsnetz genannt	Weltumspannend

siehe auch Kap. 3.6.2

Bild 1.5: Netzgrößen

Daneben gibt es in den LANs, MANs und WANs die Unterscheidung des Einsatzbereiches:

Einsatzbereiche

- Entweder zum Anschluss von Endsystemen in der Netzperipherie: In diesem **Zugangsbereich** werden kostengünstige Techniken für die vielen und oft auch relativ langen Leitungen gebraucht, über die nur sporadisch Datentransfer stattfindet.

- Oder im Zentralbereich, dem sogenannten **Backbone**: Hier konzentrieren sich die Datenströme aus den Endsystemen, sodass die für den Dauerlastbetrieb notwendige Leistungsfähigkeit höheren technischen Aufwand und damit verbundene Kosten rechtfertigt.

Neueste technische Entwicklungen verwischen jedoch zunehmend diese Abgrenzungen.

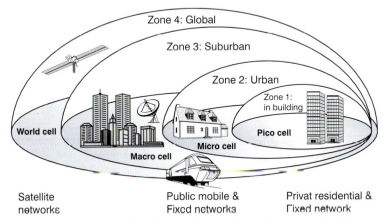

Bild 1.6: Im Bereich der öffentlichen Funknetze wird nach Zonen gegliedert

1.2.2 Netzarchitekturen

1.2.2.1 Funktions-Symmetrie

Die Verteilung von netzbezogenen Aufgaben kann in einem Computernetz nach zwei unterschiedlichen Prinzipien vorgenommen werden:

■ **Der serverzentrierte Ansatz**
Hier befindet sich der überwiegende Teil der Netzsoftware und -funktionalität im Server, der Client verfügt nur über Basisfunktionen zur Kommunikation mit einem Server. Folgt die Systemsoftware diesem Ansatz, können Clients nicht direkt miteinander kommunizieren, außer über gemeinsam genutzte Dateien, die sich beim Server befinden.

Nachteile:
- Ist in einem kleinen Netz der alleinige Server gestört, kann keine Kommunikation mehr stattfinden. An die Servermaschine werden höhere Leistungsanforderungen gestellt.

Vorteile:
- Ressourcenschonung beim Client, weil z. B. nur sehr wenig Treibersoftware geladen werden muss, um den Server zu erreichen. Einfachere, weil zentrale Administrierbarkeit durch Pflege von Client-Konfigurationsda-

teien, die nur auf dem Server abgelegt und beim Booten vom Client geladen werden.

Das Netzwerkbetriebssystem Netware des Herstellers Novell ist ein charakteristisches Beispiel für diesen Ansatz.

■ Der Peer-to-Peer-Ansatz

Alle vernetzten Computer *sind grundsätzlich* mit allem ausgestattet, was erforderlich ist, um mit allen anderen in Verbindung zu treten (peer: Partner). Sie können *sowohl* Client- als auch Serverfunktionalität besitzen. *Darüber hinaus kann* eine spezielle Aufgabenverteilung unterschiedliche Ausstattungen zur Folge haben. Vernetzte Unix-/Linux- sowie Windows-Systeme repräsentieren diesen Ansatz.

1.2.2.2 Softwarestruktur der Anwendungssoftware

- **Rechnerorientiert:** Eine Applikation befindet sich vollständig auf einem Server oder vollständig auf einem Client.
- **Client-Server-Architektur:** Ein Teil der Applikation, insbesondere der Teil für Benutzereingaben und Ergebnisvisualisierung (Frontend), befindet sich auf dem Client, der andere Teil (Backend), insbesondere die Applikationslogik und die Datenhaltung (Datenbank), befinden sich auf einem oder mehreren Servern.

Frontend
Backend

ASP

- **Application Service Providing:** Die gesamte Applikation befindet sich zunächst als eine Sammlung vieler kleiner Komponenten auf einem Server. Diese werden vom Client dynamisch nach Bedarf heruntergeladen und ausgeführt.

1.2.3 Topologie (Art der Leitungsführung)

1.2.3.1 Punkt-zu-Punkt-Verbindungen

Das verbindende Übertragungsmedium kann je zwei Knoten miteinander verbinden und von diesen beiden exklusiv genutzt werden; dies ist speziell bei Lichtwellenleitern und Richtfunkstrecken der Fall. Damit sind die Grundstrukturen Stern, Ring und Vollvermaschung möglich.

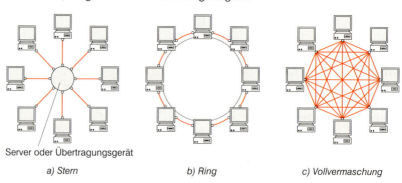

Server oder Übertragungsgerät

 a) Stern b) Ring c) Vollvermaschung

Bild 1.7: Punkt-zu-Punkt-Verbindungen

Im **Stern** ist die gleichzeitige Kommunikation aller Endsysteme möglich und bei einer Leitungsstörung ist immer nur ein Endsystem betroffen. Nachteilig sind der hohe Aufwand an Leitungslänge, die Dichte der erforderlichen Interfaces im Zentrum und die Gefahr, dass bei einer Störung des zentralen Systems keinerlei Kommunikation mehr möglich ist.

Stern

Der **Ring** vermindert gegenüber dem Stern den Aufwand an Leitungslänge selbst in der häufig verwendeten Variante des Doppelringes. Da kein Zentrum existiert, können bei Ausfall eines Knotens wenigstens Teilabschnitte weiterhin funktionieren.

Ring

Höchste Ausfallsicherheit bei höchstem Aufwand bietet die **Vollvermaschung**. Sie wird insbesondere in öffentlichen Netzen zur Verbindung der größeren Vermittlungsstellen verwendet.

Vollvermaschung

1.2.3.2 Punkt-zu-Mehrpunkt-Verbindungen (Diffusionsnetz)

Es müssen sich mehrere Knoten das Übertragungsmedium teilen (shared medium); jeder Knoten „hört" dann die Aussendung jedes anderen angeschlossenen Knotens – zwangsläufig bei flächendeckenden Funknetzen und ebenfalls möglich als Bus bei Kupferleitungen. Die Punkt-zu-Mehrpunkt-Verbindungen erfordern zwingend ein Zuteilungsverfahren für das Senderecht (Arbitrierung, Zugriffsregelung zwischen den Knoten).

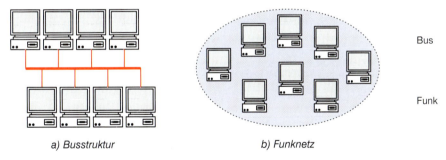

Bus

Funk

a) Busstruktur   b) Funknetz

Bild 1.8: Punkt-zu-Mehrpunkt-Verbindungen

1.2.4 Übertragungstyp

Als die elektronische Datenverarbeitung und ihr Bedarf nach Datenübertragung entstand, existierten bereits technische Kommunikationsverfahren. Das wegen seiner Flächenabdeckung bedeutendste davon war das analoge Telefonsystem. Daneben gab es als eines der ersten digitalen Systeme das Fernschreibnetz (Telex). Diese beiden „Klassiker" charakterisieren und repräsentieren bis heute zwei völlig unterschiedliche Ansätze in der Kommunikationswelt:

– Signalübertragung als Gegenstand der Nachrichtentechnik
– Datenübertragung als Gegenstand der Datentechnik

■ *1 Planung, Aufbau und Konfiguration von Netzwerken*

Diese Zweiteilung spiegelt sich bis heute auch darin wider, dass es unterschiedliche Normungssysteme in der Computerindustrie, bei Standesorganisationen und im Bereich der öffentlichen Netze gibt, wodurch Anpassungsprobleme vorprogrammiert sind.

■ **Signalübertragung**

keine Laufzeitunterschiede!

Das Telefon dient der akustischen Kommunikation zwischen Menschen und benutzt deswegen ein Signalübertragungsverfahren, welches garantieren muss, dass stets eine konstante (Überholverbot) und möglichst niedrige Laufzeit für alle Signalbestandteile eingehalten wird (Echtzeit, gemessen an menschlicher Wahrnehmungs- und Reaktionsgeschwindigkeit). Die derzeit oft noch mindere Qualität bei der „Internet-Telefonie" (VoIP: **V**oice **o**ver **IP**) verdeutlicht dies. Da es auf den Nachrichtengehalt ankommt, ist es auf hohe Silbenverständlichkeit optimiert. Dabei können kleinere Beeinträchtigungen durch Störsignale, zeitlich kurze Aussetzer und eine Signalformverzerrung durch Frequenzbandbegrenzung (300 Hz – 3,4 kHz) in Kauf genommen werden. Das Gehirn des Hörenden trägt nämlich eine bedeutende Analyseleistung bei. Die massiven Probleme bei der Spracherkennung belegen dies eindrucksvoll.

siehe auch Kap. 1.3 „Einfache IT-Systeme"

Instanz	Bedeutung/Mitglieder (Beispiele)	Standard (Beispiele)
ISO	**I**nternational **S**tandardization **O**rganization/Nationale Normungsinstanzen, z. B. ANSI, DIN	OSI-Modell, OSI-Protokolle
ITU-T	**I**nternational **T**elecommunication **U**nion (**T**elecom Standardization)/z. B. Bundesministerium für Wirtschaft und Technologie, Deutsche Telekom AG etc.	V.24, X.25
ETSI	**E**uropean **T**elecommunications **S**tandards **I**nstitute	GSM UMTS
IEEE, IEC	**I**nstitute of **E**lectrical and **E**lectronic **En**gineers/Deutsches Komitee der IEC (Deutsche Elektrotechnische Kommission im DIN und VDE)	IEEE 802.3 IEEE 1394 (Firewire)
Konsortien	HP, Intel, Lucent, Microsoft, NEC, Philips etc.	USB (Universal Serial Bus)

Bild 1.9: Normierung und Standardisierung

Vermittlungsprinzipien
siehe Kap. 3.1.2

Um die genannten Anforderungen zu erreichen, wird im analogen Telefonsystem (POTS: **P**lain **O**ld **T**elephone **S**ystem) eine Leitungsvermittlung (auch Kanal- oder Durchschaltvermittlung genannt) durchgeführt, bei der alle benutzten Teilstrecken und Vermittlungseinrichtungen für die Dauer der Telefonverbindung belegt werden und dabei auch ungenutzt bleiben, wenn beide Gesprächspartner schweigen. Bei Überlast einer einzigen Vermittlungseinrichtung tritt der Besetztfall ein, eine Verbindung kommt nicht zustande. Sende- und Empfangseinrichtungen arbeiten weitestgehend synchron.

siehe Kap. 4.1.8

Im heutigen digitalen Fernsprechnetz ist die reservierte Leitung (Raummultiplex) durch ein periodisch reserviertes Zeitfenster ersetzt worden (Zeitmultiplex). Rundfunk und Analogfernsehen verwenden das Frequenzmultiplex.

1.2 Unterscheidungsmerkmale von Netzen

■ Datenübertragung

Beim **Fernschreiben** wird die ursprüngliche Nachricht

- auf Buchstaben von Worten (sowie Ziffern und Sonderzeichen) reduziert,
- an einer Tastatur digitalisiert und
- im Gerät für die Übertragung in einem nur 5 bit umfassenden Alphabet kodiert.

siehe auch Kap. 4.3.2 „Einfache IT-Systeme"

Ein Hilferuf („Hilfe!") wird somit durch 30 Fernschreibbits übertragen; ein telefonischer „Hilfe!"-Ruf von 1 s Dauer benötigt 64 000 bit, enthält dafür aber auch Zusatzinformationen wie Stimmlage, Artikulation, Hintergrundgeräusche etc. Während sechs Bitfehler im digitalisierten Sprachsignal wahrscheinlich nicht auffallen, genügen sechs Bitfehler, um die Nachricht des Fernschreibcodes völlig zu zerstören. Das einzelne Bit ist viel wichtiger geworden. Hier liegt **der erste und wesentliche Unterschied** zwischen beiden Übertragungsverfahren: **Bitfehler können nicht toleriert werden!**

keine Bitfehler!

Das Fernschreibnetz besaß eigene Leitungen, eigene Vermittlungen, ein eigenes Adressierungssystem und war ebenfalls leitungsvermittelt. Da es jedoch mit elektromechanischen Endgeräten arbeitete, war es nur für eine Datenrate von 50 bit/s ausgelegt und für die Anforderungen der Rechnerkommunikation ungeeignet.

Man begann dann ähnlich gestaltete Datennetze aufzubauen, die zunächst leitungsvermittelnd (Datex-L) und später paketvermittelnd (Datex-P) arbeiteten. Bei der Paketvermittlung wird nicht ein kontinuierlicher Datenstrom durchgeschaltet, sondern die gesamte Datenmenge wird in Pakete zerlegt, welche abhängig von der Situation im Netz zwischengespeichert und unabhängig voneinander über unterschiedliche Wege übertragen werden (der Besetztfall tritt nicht ein). Folglich können Laufzeitunterschiede entstehen und es ist nicht gewährleistet, dass die Pakete in derselben Reihenfolge beim Empfänger ankommen, in der sie versandt wurden. Sie müssen ggf. wiederum zwischengespeichert und, sobald sie vollständig sind, wieder in die richtige Reihenfolge gebracht werden (Reassemblierung). Dies ist der **zweite Unterschied: Laufzeitdifferenzen können toleriert werden.**

> ■ Bei der **Signalübertragung** für die menschliche Kommunikation ist eine konstante und minimale Signallaufzeit unbedingt erforderlich, dafür sind begrenzte Lücken und kleinere Bitfehler tolerierbar.
>
> ■ Bei der **Datenübertragung** sind keine Bitfehler tolerierbar, dafür dürfen die Paketlaufzeiten schwanken, denn hier ist der Gesamtdurchsatz in der Regel wichtiger.

Aus diesen sich widersprechenden Anforderungen resultieren viele Probleme in der Kommunikationstechnik. Beispielsweise wurden

- das Fernsprechnetz für die Übertragung von Daten (Modem) und
- die Datennetze für die Übertragung von Multimediasignalen (Klänge, Bewegtbilder) zweckentfremdet.

Um diese Probleme zu vermeiden, werden bis heute noch getrennte lokale Netze für Sprache und Daten installiert. Die Entwicklung geht jedoch zum universellen Netz im Zugangsbereich (Konvergenz der Netze).

siehe Kap. 3

■ Die öffentlichen Netze müssen sowohl als Daten-Backbone als auch für die Nachrichtenübertragung einsetzbar sein

■ Aufgaben

1. Nach welchen Merkmalen lassen sich Netze unterscheiden?
2. Welche Einsatzbereiche unterscheidet man in LAN, MAN und WAN?
3. Wie viele Bytes werden im heutigen digitalen Fernsprechnetz für 1 Min. Sprache übertragen?
4. Womit befasst sich die ITU-R im Gegensatz zur ITU-T?
5. Ermitteln Sie (z. B. durch Recherche im Internet) weitere jeweils drei deutsche, europäische und außereuropäische Mitglieder der ITU-T.
6. Ermitteln Sie (z. B. durch Recherche im Internet) 6 der 39 „Technical Societies" der IEEE.
7. Ermitteln Sie, welcher IEEE-Standard die drahtlose Vernetzung im Personal Area Network (PAN) beschreibt.

1.3 Netzwerk-Kommunikation

1.3.1 Kommunikationsprotokolle

Protokolle

Für eine vollständige, fehlerfreie und effiziente Übertragung von Daten sind Regeln erforderlich, die genau festlegen, wie eine Kommunikation zwischen dem Ausgangspunkt einer Nachricht (Quelle) und dem Zielpunkt einer Nachricht (Senke) durchzuführen ist.

Für einen sicheren Datentransfer sind u. a. festzulegen: Synchronisationsart, Übertragungsgeschwindigkeit, Datenformat, Codierung, Sicherungsverfahren, Betriebsarten.
Ein Kommunikationsprotokoll beinhaltet beispielsweise die folgenden Funktionen:

Funktion	Bedeutung
Zugangskontrolle	Regelungen über Zugangsberechtigungen von Endeinrichtungen
Initialisierung	Prozess zum Starten und Beenden der Übertragung; Informationen zum Verbindungsaufbau und -abbau
Adressierung	Identifizierung von Endsystemen
Blockbildung	Regeln zur Kennzeichnung von Blockbeginn und Blockende

Funktion	Bedeutung
Blocknummerierung	fortlaufende Nummerierung von Datenblöcken, um den Verlust von Datenblöcken zu erkennen
Steuerung	Überwachen des Ablaufs der Datenübertragung
Flusskontrolle	Mechanismus zur Drosselung des Datenverkehrs, damit ein Sender einen Empfänger nicht mit Daten überschwemmt
Fehlererkennung	Erkennen von Übertragungsfehlern durch entsprechende Sicherungsverfahren

Bild 1.10: Protokollfunktionen

1.3.2 Schichtenmodell

In der Kommunikationstechnik unterscheidet man sogenannte geschlossene und offene Kommunikationssysteme:

- Ein **geschlossenes System** ist ein herstellerabhängiges (proprietäres) System, welches mit individuellen firmenbezogenen Protokollen, Zeichensätzen und Übertragungssequenzen arbeitet, die in der Regel seitens der Hersteller nicht veröffentlicht werden. Das Einbinden von Fremdsystemen ist hierbei nicht möglich.

- Im Gegensatz dazu werden bei **offenen Systemen** bestimmte Richtlinien eingehalten, die es anderen Herstellern erlauben, entweder kompatible Geräte zu bauen oder entsprechende Schnittstellenanpassungen zu schaffen, die eine Einbindung ermöglichen. Um hierbei einen einheitlichen Standard herzustellen, wurde ein **„Referenzmodell für die Kommunikation offener Systeme"** geschaffen.

Schichten

Dieses Referenzmodell trägt die Bezeichnungen ISO-Modell, OSI-Modell oder, da es in 7 verschiedene Schichten gegliedert ist, 7-Schichten-Modell (OSI: **O**pen **S**ystems **I**nterconnection).

■ Die **7 Schichten des OSI-Referenzmodells** standardisieren hardware- und softwaremäßig die Struktur der Kommunikation innerhalb eines offenen Kommunikationssystems.

Die **Schichten** werden auch als **Ebenen** oder **Layer** bezeichnet. Jeder Schicht ist eine klar umrissene Aufgabe zur Durchführung der Kommunikation zugewiesen. Hierdurch wird das komplexe Problem der Datenkommunikation innerhalb eines Kommunikationssystems in kleinere Teilprobleme zerlegt. Die Schichten 1 bis 4 werden auch als **transportorientierte Schichten** und die Schichten 5 bis 7 als **anwendungsorientierte Schichten** bezeichnet. Da die Schichten bildhaft als übereinandergestapelt erscheinen, bezeichnet man ihre Gesamtheit häufig auch als „Protokoll-Stapel" oder „Protokoll-Stack".

■ *1 Planung, Aufbau und Konfiguration von Netzwerken*

Den Ablauf einer Kommunikation zwischen einer Quelle und einer Senke kann man sich modellhaft folgendermaßen vorstellen: Ein zu übertragendes Datenpaket wird auf der Senderseite von der **Datenendeinrichtung** (DEE) erzeugt und durchläuft die Schichten 7 bis 1 des OSI-Modells (Bild 1.11).

OSI

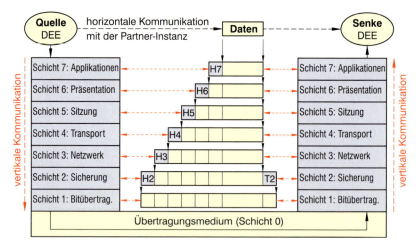

Bild 1.11: OSI Modell eines Protokollstapels

■ **Vertikale Kommunikation**

■ Durchläuft ein Datenpaket die einzelnen Schichten des OSI-Modells, so spricht man von einer **vertikalen Kommunikation.**

Protokolle werden ineinander geschachtelt

Jede Schicht fügt dem übergebenen Nutzdatenpaket (Payload) Protokollinformationen zu. Befinden sich diese am Paketanfang, werden sie als **Header** (Protokollkopf, -vorspann) (in Bild 1.11: H7 bis H2) bezeichnet, befinden sie sich am Paketende, nennt man sie **Trailer** (Protokollnachspann) (in Bild 1.11: T2). Die Protokollinformationen einer höheren Schicht werden in der niedrigeren Schicht quasi als „Nutzdaten" betrachtet und damit vollkommen transparent behandelt, d. h., sie werden von der unteren Schicht in keiner Weise interpretiert und unverändert übertragen. Auf der Schicht 1 wird das von der Quelle erzeugte Nutzdatenpaket inklusive aller Protokollinformationen in technisch übertragbare Signale umgewandelt und über das physikalisch vorhandene Übertragungsmedium transportiert (z. B. Kupferkabel, Lichtwellenleiter, Funk).

Auf der Empfängerseite durchläuft das Paket dann umgekehrt die Schichten 1 bis 7 (Bild 1.11). Die auf der Senderseite schichtweise hinzugefügten Protokollinformationen müssen auf der Empfängerseite wieder entfernt werden. Dieser Vorgang erfolgt ebenfalls schichtweise, d. h., jede Schicht auf der Empfängerseite interpretiert die von der entsprechenden Schicht auf der Senderseite hinzugefügten Informationen und entfernt sie anschließend.

■ Horizontale Kommunikation

■ Jede Schicht der Senderseite kann nur mit der ihr entsprechenden Schicht auf der Empfängerseite korrespondieren (**horizontale Kommunikation**).

Bei der horizontalen Kommunikation zwischen gleichen Ebenen handelt es sich um eine rein logische Verbindung, lediglich auf Ebene 1 erfolgt eine physische Verbindung und eine Übertragung von Daten.

von Partner zu Partner

Jede der Schichten des OSI-Referenzmodells erfüllt ganz bestimmte Dienstleistungen, die sogenannten **Services**. Diese Dienstleistungen stellt eine Schicht der jeweils nächsthöheren zur Verfügung. Hierbei greift sie auf die von der nächstniedrigeren Schicht zur Verfügung gestellten Dienste zu. Für diese Zugriffe sind Schnittstellen zwischen den Schichten definiert, an denen ganz bestimmte Dienste über Dienstzugangspunkte zur Verfügung gestellt werden. Diese Dienstzugangspunkte werden als **Service Access Points (SAP)** bezeichnet (Bild 1.12).

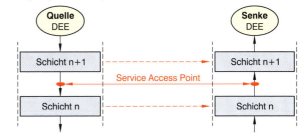

Bild 1.12: SAPs zwischen den Schichten

Bei einer Kommunikation zwischen einer Quelle und einer Senke werden fast immer zwischengeschaltete Übertragungsgeräte benötigt. Diese werden auch als **Datenübertragungseinrichtung (DÜE)** bezeichnet. Sie erfüllen nur bestimmte Funktionalitäten des OSI-Modells, weswegen nicht alle Schichten implementiert sind (Bild 1.13). Solche DÜE heißen im LAN (je nachdem, ob sie auf der Schicht 1, 2, 3 oder darüber koppeln) Hubs, Bridges, Router oder Gateways.

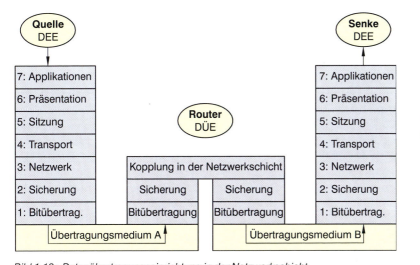

Netzkoppler, siehe auch Kap. 1.6.3

Bild 1.13: Datenübertragungseinrichtung in der Netzwerkschicht

DEE müssen auch nicht immer alle Schichten implementieren: Es gibt in der Automatisierungstechnik Feldbussysteme, die kurz als „1-2-7-Systeme" klassifiziert werden, weil die typischen Funktionen der Schichten 3 bis 6 nicht gebraucht und deshalb weggelassen werden.

Im Folgenden werden die Funktionen der einzelnen Schichten kurz dargestellt.

Schicht	Wesentliches Ziel der Schicht
7	„Anfragen werden von Anwendungen entgegengenommen und ausgeführt."
6	„Der Partner versteht die gleiche Sprache."
5	„Es werden Sitzungen zwischen Partnern durchgeführt."
4	„Nachrichten kommen (sicher) beim Partner(programm) an."
3	„Nachrichten kommen im Zielrechner an."
2	„Nachrichten kommen sicher im Nachbarrechner an."
1	„Bits kommen im Nachbarrechner an."

Bild 1.14: Ziele der OSI-Schichten

1.3.3 Real existierende Netzwerkmodelle

Die heutige Netzwerklandschaft ist ein Gemisch aus:

– LAN-Technologien der Gerätehersteller;

– Techniken der öffentlichen Weitverkehrsnetze, die von staatlichen Behörden oder deren Nachfolgeunternehmen bestimmt werden;

– Internet, das im universitären Umfeld geprägt worden ist.

siehe Kap. 1.5

Dieses Kapitel beschränkt sich auf Gegebenheiten im PC-Umfeld; die proprietären Systeme DECnet, Appletalk und das von IBMs SNA geprägte Großrechnerumfeld werden nicht behandelt.

Es gibt einen Satz von herstellerneutralen Protokollen, die unter dem Begriff **OSI-Protokolle** zusammengefasst und nur deswegen hier erwähnt werden; große Marktakzeptanz und Verbreitung blieb ihnen in ihrer Gesamtheit bisher versagt. Einige jedoch werden später in diesem Kapitel behandelt.

OSI-Modell und OSI-Protokoll

Das **OSI-Modell** ist ein Referenzmodell, kein Standard und erst recht kein Produkt (nicht zu verwechseln mit den oben genannten OSI-Protokollen). Sein unschätzbarer Wert besteht darin, dass es überhaupt ermöglicht, die Begrifflichkeiten der verschiedenen Herkunftsumfelder einander zuzuordnen und vergleichbar zu machen. Während im Bereich der öffentlichen Netze fast zwangsläufig eine stärkere Affinität zu internationalen Normierungen zu verzeichnen ist, verwundert es nicht, dass in den anderen Bereichen (Firmen,

Hochschulen) bereits vor der Vorstellung des OSI-Modells 1983 Netzwerkmodelle existierten und nach wie vor existieren.

Teilt man die transportorientierten Schichten noch einmal zwischen den Schichten 2 und 3 auf, so erhält man die folgende funktionale Grobstruktur:

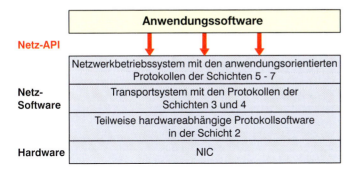

Bild 1.15: Grobstruktur eines Netzwerkmodells

Die anwendungsorientierten Schichten realisieren den vom Benutzer wahrgenommenen funktionalen Charakter des Netzes als Dienstleister, vergleichbar einem „Versandhandelshaus" als Mittler zwischen Produzent und Verbraucher. Die Schichten 3 und 4 (im Folgenden Transportsystem genannt) repräsentieren – unabhängig von den stark physikalisch geprägten Schichten 1 und 2 – die Dienste eines „Logistikunternehmens", das Aufträge so abwickelt, dass für den Auftraggeber (Versandhaus) das benutzte Verkehrsmittel (Schichten 1 und 2) bedeutungslos bleibt.

1.3.3.1 Die Transportsysteme (Logistik)

Die anwendungsorientierten Schichten sind sehr innig mit dem jeweils verwendeten Netzwerkbetriebssystem verknüpft, eventuell sogar dessen integraler Bestandteil. Insbesondere bei den in Kapitel 2 näher behandelten Betriebssystemen Windows (Microsoft) mit dem „Windows-Netzwerk" und Netware (Novell). Windows, Netware und Linux bringen aus ihrer spezifischen Stammesgeschichte eigene Transportsysteme mit:

- Windows: **NetBEUI** (von Sytek und mit IBM weiterentwickelt),
- Netware: **IPX/SPX** (als Eigenentwicklung von Novell) und
- Linux: **TCP/IP** (von UNIX und dem Internet).

Diese drei Transportsysteme sind untereinander vollständig inkompatibel, aber jedes kann seinerseits auf verschiedenen „Verkehrsmitteln" aufsetzen und jedes kann vom Windows-Netzwerk verwendet werden.

Dadurch ergibt sich die bemerkenswerte Flexibilität von Windows; sein Netzwerk-API „NetBIOS" besitzt nicht nur Schnittstellen zu allen drei Transportsystemen, sondern alle drei Transportsysteme können sogar auch gleichzeitig betrieben werden.

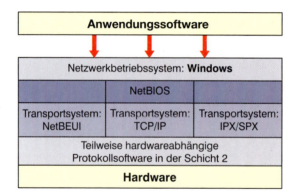

Bild 1.16: Windows kann mit mehreren Transportsystemen arbeiten

Nicht weniger flexibel zeigt sich Netware mit seiner „Open Protocol Technology" (kurz OPT); zwar wird NetBEUI nicht unterstützt, dafür aber IBMs „System Network Architecture" (SNA) und Appletalk. Die Intranetware-Dienste setzen auf dem von Novell „Netware Streams" genannten, verallgemeinerten Transportsystem auf.

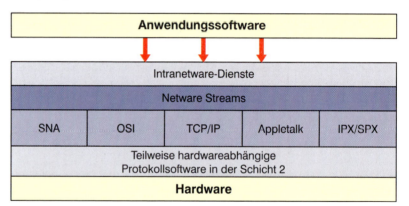

Bild 1.17: Novells offene Protokolltechnologie

Für Linux ist naturgemäß als Transportsystem TCP/IP die erste Wahl.

Die größte Bedeutung hat letztlich TCP/IP erlangt, was schon daran erkennbar ist, dass sowohl Microsoft (ab WinNT 4.0) als auch Novell (ab Netware 5.0) ihre Betriebssysteme mit diesem als primärem Transportsystem ausrüsten – anstelle der hauseigenen, früher mit TCP/IP konkurrierenden Transportsysteme.

1.3.3.2 Die technischen Verbindungssysteme (Verkehrsmittel)

siehe Kap. 1.5

Die durch die OSI-Schichten 1 und 2 beschriebenen Medien, physikalischen Parameter, Zugriffs- und Sicherungsprotokolle sind jeweils aufeinander abgestimmte Einheiten, die austauschbar gegenüber einem Transportsystem sind.

1.3 Netzwerk-Kommunikation

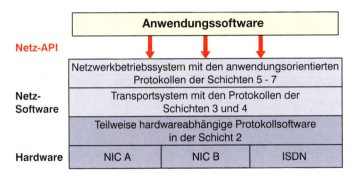

Bild 1.18: Die physikalisch orientierten Schichten

Es ist sogar möglich, einem bestimmten Transportsystem ein bestimmtes technisches Verbindungssystem zuzuweisen:

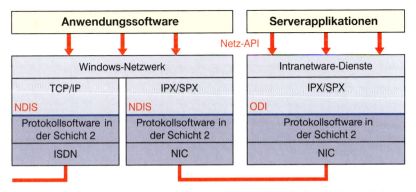

Bild 1.19: Eine an das Internet angeschlossene Workstation, die ihre Dateien auf einem Netware-Fileserver ablegen kann. Der Fileserver ist vom Internet abgeschottet.

Jedes der beiden Transportsysteme hat seine eigene Schnittstellendefinition zum technischen Verbindungssystem: Windows definiert mit **NDIS** (Network Device Interface Specification) und Netware mit **ODI** (Open Data-Link Interface) eine virtuelle Netzwerkkarte, an die ein Transportsystem angebunden werden kann (Bild 1.19).

„Bindung" eines Protokolls an ein Interface

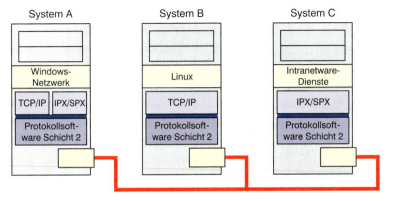

Bild 1.20: Zwei Transportsysteme benutzen ein technisches Verbindungssystem

Das System A in Bild 1.20 kann sowohl mit System B als auch mit System C kommunizieren – System B und System C hingegen „sehen" ihrerseits jeweils ausschließlich System A, sie können sich gegenseitig nicht wahrnehmen.

■ Über ein technisches Verbindungssystem können unterschiedliche Transportsysteme bedient werden.

1.3.4 Vergleich zwischen Modell und Realität

Offensichtlich tendieren die drei betrachteten Betriebssysteme Windows, Netware und Linux zu einer weniger differenzierten (als die OSI-Modellierung) und damit praktikableren Sichtweise, wie sie insbesondere im Internet mit TCP/IP benutzt wird.

DoD-Architektur

Bild 1.21: Gegenüberstellung der Architekturen ISO-OSI und DoD (TCP/IP)

Bei der DoD-Architektur (US-**D**epartment **o**f **D**efence, es veranlasste die Entwicklung der TCP-IP-Protokolle) sind die Applikationen selbst für die Ausführung derjenigen Funktionen zuständig, die in den Schichten 5 bis 7 des OSI-Modells definiert sind. Über die Art des technischen Verbindungssystems (OSI-Schichten 1 und 2) werden keinerlei Annahmen gemacht oder Vorgaben gesetzt.
Wenn bisher von Protokollen die Rede war, die in unterschiedlichen Systemen vorkommen, darf eines nicht vergessen werden:

■ **Protokolle** sind zunächst nur **Definitionen** und müssen innerhalb jedes Betriebssystems erst eigens implementiert (programmiert und kompiliert/assembliert) werden. Damit werden sie zu dessen Bestandteil („Protokolltreiber").

■ Aufgaben

1. Welche Transportsysteme werden von Windows unterstützt?
2. Finden Sie heraus, welche Transportsysteme außer den genannten noch von Windows (NT/2000) unterstützt werden.

3. Welche Transportsysteme werden von Netware unterstützt?
4. Wie heißt das zu NetBIOS entsprechende API bei Netware?
5. Wie nennt man die Zuordnung eines Transportsystems zu einer Schnittstelle (NIC)?
6. Zu welcher OSI-Schicht gehört die Bestimmung des korrekten Zeichensatzes?
7. Welche OSI-Schicht verwendet einen Trailer?
8. Welche OSI-Schichten bezeichnet man als die „anwendungsorientierten Schichten"? Wie bezeichnet man die anderen?
9. Was versteht man unter einem proprietären System?

1.4 TCP/IP – Die Protokolle für Internet und Intranet

1.4.1 Überblick

Die Protokolle des Internet basieren im Wesentlichen auf TCP/IP. Daher kann man die RFC-Dokumente, in denen die IETF (Internet Engineering Task Force) die Internet-Standards festgelegt hat, für die Beschreibung der Anwendungsschicht und des Transportsystems heranziehen. RFC heißt Request For Comment und kann sich von einem Vorschlag bis zum Standard entwickeln. Eine gepflegte Sammlung findet sich im Internet unter
http://www.ietf.org/rfc.html

Intranet = Lokales Netz mit der Technik des Internets

RFC

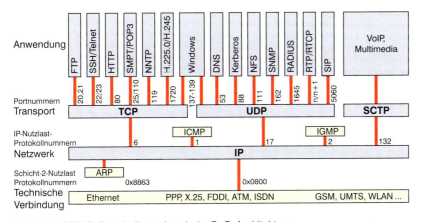

Bild 1.22: TCP/IP-Protokollstapel nach der DoD-Architektur

Die Protokolle des zuliefernden technischen Verbindungssystems tragen Kennungen für das Transportsystem, z. B. TCP/IP, IPX/SPX usw. Im IP-Protokoll ist eine Kennung für die nächsthöhere Protokollschicht, z. B. UDP oder TCP, enthalten (Bild 1.22). In den TCP- und UDP-Protokollen (s. u.) sind Kennungen für die Dienste und zugehörigen Serverprozesse enthalten.

siehe Kap. 1.4.4, 1.5, 1.6, und 3

Multiplexen im Transportsystem

▪ Als **Dienst** bezeichnet man die Fähigkeit eines Netzes, Informationen einer bestimmten Art zu übertragen.

■ *1 Planung, Aufbau und Konfiguration von Netzwerken*

Populär sind vor allem die Dienste WWW und E-Mail („elektronische Post"). Zu einem Dienst gehören immer drei Dinge:

- Ein **Diensterbringer:** Server-Prozess auf der Server-Maschine.
- Ein **Dienstbenutzer:** Client-Prozess auf dem Arbeitsplatzrechner.
- Ein **Protokoll**, über das sich Serverprozess und Client-Prozess verständigen können.

Für einen Dienst gibt es normalerweise auf einer Servermaschine nur genau einen Serverprozess; es arbeiten in der Regel aber mehrere Serverprozesse, die verschiedene Clients mit jeweils verschiedenen Diensten versorgen können. Auf einem Arbeitsplatzrechner können hingegen mehrere Clients für den gleichen Dienst ablaufen, die dann mit verschiedenen Servern kommunizieren (Bild 1.23).

Dienste

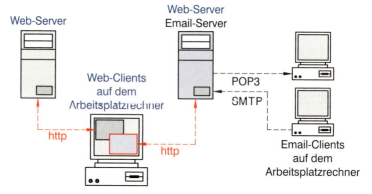

Bild 1.23: Mehrere Dienste in Server und Client

Verschiedene Dienste brauchen verschiedene Transportverfahren:

TCP

siehe Kap. 3.1.3

- Aufwendig: TCP (**T**ransmission **C**ontrol **P**rotocol) erlaubt den Transport beliebiger Datenmengen, in mehreren Paketen, mit Absicherung („Einschreiben mit Rückschein") und verkehrsabhängiger Flusssteuerung. Man spricht von einem verbindungsorientierten Protokoll (virtuelle Verbindung, nicht physische Verbindung) mit den Phasen des Verbindungsaufbaues, des Datenaustausches und des Verbindungsabbaues.
- Einfach und schnell: UDP (**U**ser **D**atagram **P**rotocol; Datagram ist ein Kunstwort aus *data* und tele*gram*) versendet „kleine Lieferungen" als einmalige Aufträge (verpacken, verschicken, vergessen). Man spricht von einem verbindungslosen (oder zustandslosen) Protokoll.

UDP

Die Netzwerkschicht, als unterste dieses Transportsystems, hat die Hauptaufgaben

- der Wegelenkung (Routing) und Adressierung,
- der Anpassung der Paketgrößen zwischen Nachbarschichten und
- der Steuerung und arbeitet ebenfalls nach dem Datagramm-Prinzip.

IP

1.4.2 Protokolle und Verfahren der Netzwerkschicht

1.4.2.1 Netzwerk-Adressierung

Ein Protokoll der Netzwerkschicht muss grundsätzlich gewährleisten, dass jeder Knoten mit jedem anderen Knoten kommunizieren kann – und das weltweit! Dazu ist es unumgänglich, dass nicht nur jeder Knoten **eindeutig** gekennzeichnet wird, sondern es wird jedes vom Transportsystem benutzte Interface mit einer eigenen Adresse belegt. Da das Internet Protocol (IP) der Dreh- und Angelpunkt dieses Transportsystems ist, wird dafür der Begriff **IP-Adresse** eingeführt:

1. Notwendigkeit: **Eindeutigkeit**

■ Eine **IP-Adresse** ist die im Internet-Protocol angewandte Kennzeichnung für ein Interface. Jedes benutzte Interface erhält eine eigene IP-Adresse. Einem Rechner können daher auch mehrere IP-Adressen zugeordnet sein.

Neben der Eindeutigkeit muss gerade ein globales Adressierungssystem gestatten, ähnlich wie bei den Postleitzahlen, aus der Adresse auf den **Zielort** zu schließen, um so (zunächst grob und dann immer feiner werdend) die Richtung festzulegen, in der ein Datenpaket weitergeleitet werden muss.

2. Notwendigkeit: **Lokalisierung**

Eine IP-Adresse der derzeit noch gültigen IP-Version 4 besteht aus 4 Bytes = 32 bit, z. B.:

siehe auch Kap. 1.1.2.9

1. Byte	2. Byte	3. Byte	4. Byte
0 0 0 0 1 0 1 1	0 1 0 1 1 0 0 0	0 0 0 0 0 0 1 1	0 1 1 0 0 1 0 0
11	88	3	100

Diese Bytes werden einzeln in Dezimalzahlen umgewandelt und durch Punkte voneinander getrennt: 11.88.3.100. Diese Darstellungsform heißt *dotted-decimal notation* (dot: Punkt, notation: Schreibweise).
Wie bei der Telefonvorwahl bestimmen die ersten Stellen (prefix, engl.: Vorspann) das Netz und die nachfolgenden innerhalb dieses Netzes das Endsystem, das im Folgenden **Host** genannt wird.

Netz-Adressteil (prefix)	Host-Adressteil

Alle Hosts eines Netzes haben in ihrer IP-Adresse den gleichen Netz-Adressteil, aber unterschiedliche Host-Adressteile.
Die Anzahl der Binärstellen, die das Netz kennzeichnen, muss mit angegeben werden. Das kann auf zweierlei Art geschehen:

1. Man hängt die (binäre) Stellenzahl mit einem Schrägstrich an die IP-Adresse an, also etwa 11.88.3.100/16. Das bedeutet, dass dem Host der **Netz-Adressteil** 11.88 und der **Host-Adressteil** 3.100 zugeordnet ist. Diese Schreibweise ist die modernere, sie ist aber noch nicht überall anwendbar.
2. Man gibt eine Zahlengruppe an, die formal wie eine Netzadresse aussieht, jedoch in den Bits des Netz-Adressteils nur Einsen, in den Bits des Host-Adressteils nur Nullen hat: 255.255.0.0 im obigen Beispiel. Diese Zahlengruppe wird **Netzmaske** genannt und ist die klassische Darstellung.

Netzmaske

■ 1 Planung, Aufbau und Konfiguration von Netzwerken

■ Zur vollständigen Kennzeichnung eines Interfaces in einem IP-Netz gehören die **IP-Adresse** und die Länge der **Netzmaske**.

Vergabe „offizieller" IP-Adressen durch **Registrare**

Die für die Eindeutigkeit notwendige *koordinierte* Zuweisung von Adressen an Interessenten wurde anfangs von der zentralen Internetorganisation IANA (**I**nternet **A**ssigned **N**umbers **A**uthority) durchgeführt; heute sind alle Adressen nach RFC 2050 in größeren Kontingenten (/8-Blöcke) an *RIRs* (**R**egional **I**nternet **R**egistries, regionale Registrierstellen, Registrare, siehe Bild 1.24) zugewiesen, die diese wiederum an lokale Registrare (**LIR**) und *Provider*, kommerzielle Netzbetreiber, vergeben. Die Provider verkaufen die Adressen dann an die Endkunden.

AFRINIC	**Afri**can **N**etwork **I**nformation **C**enter
APNIC	**A**sia **P**acific **N**etwork **I**nformation **C**enter
ARIN	**A**merican **R**egistry for **I**nternet **N**umbers
LACNIC	**L**atin **A**merican and **C**aribbean Internet Addresses Registry
RIPE NCC	**R**éseaux **IP** **E**uropéens (fr.) **N**etwork **C**oordination **C**entre (en.)

Bild 1.24: Regional Internet Registries

■ IP-Adressen können nicht beliebig gewählt werden. Globale (offizielle) Adressen vergibt der Provider, lokale Adressen vergibt der örtliche Administrator.

■ **Die Bildung von Netzen**

Als das Internet entstand, gab es naturgemäß erst wenige Hosts, und die Anzahl der Adressen, die mit 32 bit gebildet werden konnten, erschien dermaßen groß (2^{32} = 4.294.967.296), dass man zu unbedacht bei der Verteilung vorging.

Als aber etwa 1992 die Zahl der sich im Internet sammelnden Hosts überproportional anstieg, begann man Wege aus der sich anbahnenden Krise einer Adressenverknappung zu suchen. Einer dieser Auswege heißt CIDR (Classless Inter Domain Routing). RFC1466/2050 regelten ab 1993 eine Neuordnung, deren aktueller Stand ersichtlich ist unter http://www.iana.org/assignments/ipv4-address-space.

Domain ungleich Domäne

RFC 1517, 1518, 1519 und 1520

CIDR definiert Netzmasken von 13 bis 27 bit Länge (VLSM: **V**ariable **L**ength **S**ubnet **M**ask) für die Adressen unterhalb von 224.0.0.0:

1.4 TCP/IP – Die Protokolle für Internet und Intranet

Länge der Netz-maske in Bit	Netzmaske in dotted-decimal notation	Anzahl der Adressen je Netz (1K = 1024)
/13	255.248.0.0	512 K
/14	255.252.0.0	256 K
usw.	usw.	usw.
/26	255.255.255.192	64
/27	255.255.255.224	32

siehe Kap. 1.4.2.2

Bild 1.25: Netzmasken bei CIDR

Dabei gelten die folgenden Ausnahmeregelungen:

Adressen siehe RFC 5735	Bedeutung
0.0.0.0	Keine Netzadresse im eigentlichen Sinne. Diese Adresse wird für die Wegelenkung (engl. routing) benötigt.
10.x.x.x 172.16.0.0–172.31.255.255 192.168.x.x	Diese Bereiche werden offiziell nicht vergeben und bei der Wegesteuerung nicht berücksichtigt. Diese Adressen hatten ursprünglich experimentellen Charakter und gelten heute als „private" Adressen für lokale Netze (RFC 1918).
127.0.0.1	Diese Adresse bezeichnet stets den eigenen Rechner (und ist bei Linux dem virtuellen Interface *lo* für local zugeordnet)
169.254.1.0 –169.254.254.255	Dynamic Configuration of IPv4 Link-Local Addresses (RFC 3927): Behelfsadressen bei Ausfall des DHCP-Servers Auch als APIPA (**A**utomatic **P**rivate **IP** **A**ddressing) bezeichnet

Bild 1.26: Ausnahmebereiche der IP-Adressierung (Genaueres siehe RFC 5735 und unter http://www.iana.org/faqs/abuse-faq.htm)

Wie bei der Telefonvorwahl (bei der große Städte kurze Vorwahlen und lange Teilnehmernummern haben) könnte es also wenige sehr große Netze geben, eine Mittelklasse und eine große Zahl von recht kleinen Netzen (Dörfer besitzen lange Vorwahlen, aber dafür ist die Teilnehmernummer kürzer). Ein Vorteil ist offensichtlich, dass die Netzgrößen gut den Anforderungen angepasst werden können.

In jedem so gebildeten Netz spielen die niedrigste zugehörige (im Beispiel 11.88.0.0) und die höchste zugehörige Adresse (im Beispiel: 11.88.255.255) jeweils eine Sonderrolle:

- Die niedrigste einem Netz zugeordnete IP-Adresse (alle Bits im Host-Adressteil sind 0) heißt **Netzadresse**. Sie dient dazu, das Netz als Ganzes von **außerhalb** zu kennzeichnen (Bild 1.29).

- Die höchste einem Netz zugeordnete IP-Adresse (alle Bits im Host-Adressteil sind 1) heißt **Broadcastadresse**. Sie dient dazu, **innerhalb** des Netzes alle Hosts anzusprechen (Bild 1.30).
Diese Adressen können **nicht** an einzelne Hosts vergeben werden.

siehe Kap. 1.4.2.4

■ 1 Planung, Aufbau und Konfiguration von Netzwerken

Casting

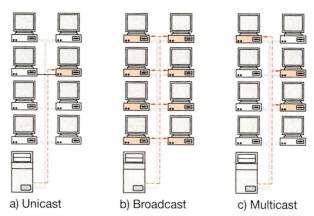

a) Unicast   b) Broadcast   c) Multicast

Bild 1.27: Aussendeformen

Hosts mit einer Multicastadresse werden dadurch zu „Abonnenten" und empfangen zeitgleich eine Aussendung. (Zu Multicast-Adressen gibt http://www.iana.org/assignments/multicast-addresses genaue Auskunft.) Beim **Broadcasting** geht die Aussendung gleichzeitig an alle angeschlossenen Hosts; der Normalfall ist die Unicast-Adressierung mit genau einem Empfänger.

■ Die „klass"ische Bildung von Netzen

Netz nach Klassen

Früher wurden fünf Netzklassen gebildet, zu deren Kennzeichnung das erste Byte der IP-Adresse herangezogen wurde:

Klasse	Adress-Bereiche	Länge der Netzmaske	Bemerkung
A	0.0.0.0-127.255.255.255	/8	Lokale und globale Unicast- und Broadcastadressen (vgl. Tabelle in Bild 1.26)
B	128.0.0.0-191.255.255.255	/16	
C	192.0.0.0-223.255.255.255	/24	
D	224.0.0.0-239.255.255.255		Multicast-Adressen (unverändert)
E	240.0.0.0-255.255.255.255		Reserviert (unverändert)

Bild 1.28: Alte Klasseneinteilung

Weiteres Beispiel:
Netz 192.168.1.0/24.

Die Software bestimmt die **Netzadresse** durch logische, bitweise UND-Verknüpfung der IP-Adresse mit der Netzmaske:

1. Byte	2. Byte	3. Byte	4. Byte
1 1 0 0 0 0 0 0	1 0 1 0 1 0 0 0	0 0 0 0 0 0 0 1	0 0 0 1 1 1 1 1
1 1 1 1 1 1 1 1	1 1 1 1 1 1 1 1	1 1 1 1 1 1 1 1	0 0 0 0 0 0 0 0
1 1 0 0 0 0 0 0	1 0 1 0 1 0 0 0	0 0 0 0 0 0 0 1	0 0 0 0 0 0 0 0

Am Interface mit der Adresse 192.168.1.31 wird durch UND-Verknüpfung mit 255.255.255.0 die Netzadresse 192.168.1.0 ermittelt.

Die Software bestimmt die **Broadcastadresse** durch logische, bitweise ODER-Verknüpfung der IP-Adresse mit der invertierten Netzmaske:

1. Byte	2. Byte	3. Byte	4. Byte
1 1 0 0 0 0 0 1	0 1 0 1 0 0 0 0	0 0 0 0 0 0 0 1	0 0 0 1 1 1 1 1
0 0 0 0 0 0 0 0	0 0 0 0 0 0 0 0	0 0 0 0 0 0 0 0	1 1 1 1 1 1 1 1
1 1 0 0 0 0 0 1	0 1 0 1 0 0 0 0	0 0 0 0 0 0 0 1	1 1 1 1 1 1 1 1

Am Interface mit der Adresse 192.168.1.31 wird durch ODER-Verknüpfung mit dem Komplement von 255.255.255.0 die Broadcastadresse 192.168.1.255 ermittelt.

■ Ein Netzwerkinterface ist sowohl durch eine ihm zugeordnete Hostadresse als auch durch die Broadcastadresse ansprechbar, ggf. auch durch ihm zugewiesene Multicastadressen.

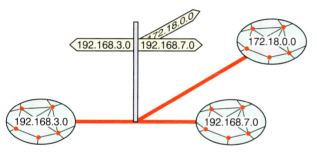

Bild 1.29: Bedeutung der Netzadresse

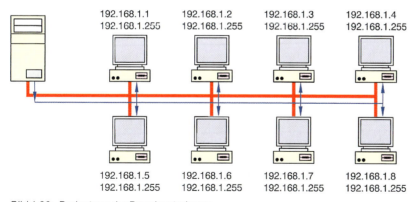

Bild 1.30: Bedeutung der Broadcastadresse

■ Aufgaben

1. Rechnen Sie ausführlich nach, dass es 2.097.152 Netze in der Klasse C gab.

2. Erstellen Sie eine vollständige Version der Tabelle in Bild 1.25, die die Netzmasken mit den Längen 15 bis 25 einschließt.

3. Berechnen Sie, wie viele Host-Adressen es in der Klasse B gab.

4. Berechnen Sie, wie viele Adressen es in der Klasse E gab.

5. Bestimmen Sie für das Interface mit der IP-Adresse 172.16.63.170 die Broadcastadresse durch bitweise ODER-Verknüpfung mit der invertierten Netzmaske 255.255.0.0.

1.4.2.2 Bildung von Sub- und Supernetzen

■ Subnetze

Kunden können von ihrem Provider einen Block von aufeinanderfolgenden IP-Adressen samt zugehöriger Netzmaske beziehen und diesen Block durch eigene Verlängerung der Netzmaske in **Subnetze** unterteilen. Wenn dieser Block wie im Eingangsbeispiel den Adressraum 11.88.x.x/16 darstellt, könnte der Inhaber diesen Adressraum in vier gleich große Subnetze aufteilen, indem er von den 16 bit des bisherigen Host-Adressteils zwei Bits „umwidmet", um die Netzmaske zu verlängern:

1. Subnetz (die beiden Bits der Netzmaskenverlängerung sind 00)

1. Byte	2. Byte	3. Byte	4. Byte
0 0 0 0 1 0 1 1	0 1 0 1 1 0 0 0	**0 0** X X X X X X	X X X X X X X X
Netz-Adressteil		+2	Host-Adressteil

Netzadresse: 11.88.0.0/18
Broadcastadresse: 11.88.63.255

2. Subnetz (die beiden Bits der Netzmaskenverlängerung sind 01)

1. Byte	2. Byte	3. Byte	4. Byte
0 0 0 0 1 0 1 1	0 1 0 1 1 0 0 0	**0 1** X X X X X X	X X X X X X X X

Netzadresse: 11.88.64.0/18
Broadcastadresse: 11.88.127.255

3. Subnetz (die beiden Bits der Netzmaskenverlängerung sind 10)

1. Byte	2. Byte	3. Byte	4. Byte
0 0 0 0 1 0 1 1	0 1 0 1 1 0 0 0	**1 0** X X X X X X	X X X X X X X X

Netzadresse: 11.88.128.0/18
Broadcastadresse: 11.88.191.255

1.4 TCP/IP – Die Protokolle für Internet und Intranet

4. Subnetz (die beiden Bits der Netzmaskenverlängerung sind 11)

1. Byte	2. Byte	3. Byte	4. Byte
0 0 0 0 1 0 1 1	0 1 0 1 1 0 0 0	**1 1** X X X X X X	X X X X X X X X

Netzadresse: 11.88.192.0/18
Broadcastadresse: 11.88.255.255
Es bleiben 14 bit im Host-Adressteil und jedes Subnetz besteht aus

1 Netzadresse + 16382 Host-Adressen + 1 Broadcastadresse = 16384 = 2^{14}.

siehe Kap. 1.4.4.2

- Ein Vorteil der Subnettierung liegt darin, dass sich die Subnetze leicht voneinander abgrenzen und getrennt verwalten lassen.

Alle vier Subnetze in ihrer Gesamtheit werden von den Einrichtungen des Providers als Netz 11.88.0.0/16 betrachtet, hier muss also weniger Detailinformation vorliegen, als wenn der Provider vier Kundennetze in seiner Routingtabelle vorhalten müsste.

■ Supernetze

Auf dem gleichen Prinzip beruht die Zusammenführung/Verschmelzung zweier Adressblöcke. Hat ein Provider zwei, vier oder acht (usw.) benachbarte Adressblöcke im Vorrat, z. B.:

intelligent
einschmelzen

200.1.0.0/24

1. Byte	2. Byte	3. Byte	4. Byte
1 1 0 0 1 0 0 0	0 0 0 0 0 0 0 1	0 0 0 0 0 0 **0 0**	X X X X X X X X
Netz-Adressteil			Host-Adressteil

200.1.1.0/24

1. Byte	2. Byte	3. Byte	4. Byte
1 1 0 0 1 0 0 0	0 0 0 0 0 0 0 1	0 0 0 0 0 0 **0 1**	X X X X X X X X
Netz-Adressteil			Host-Adressteil

200.1.2.0/24

1. Byte	2. Byte	3. Byte	4. Byte
1 1 0 0 1 0 0 0	0 0 0 0 0 0 0 1	0 0 0 0 0 0 **1 0**	X X X X X X X X
Netz-Adressteil			Host-Adressteil

200.1.3.0/24

1. Byte	2. Byte	3. Byte	4. Byte
1 1 0 0 1 0 0 0	0 0 0 0 0 0 0 1	0 0 0 0 0 0 **1 1**	X X X X X X X X
Netz-Adressteil			Host-Adressteil

so kann er diesen durchgehenden Adressraum von 200.1.0.0 bis 200.1.3.255 durch Verkürzung der Netzmaske um 2 bit zu einem **Supernetz** verschmelzen, das danach als 200.1.0.0/22 in Erscheinung tritt.

1. Byte	2. Byte	3. Byte	4. Byte
1 1 0 0 1 0 0 0	0 0 0 0 0 0 0 1	0 0 0 0 0 0 X X	X X X X X X X X
Netz-Adressteil			Host-Adressteil

1.4.2.3 Die Protokolle IP und ICMP

■ Das IP-Protokoll (nach RFC 791)

getrennt marschieren

Wie in Bild 1.22 schon angedeutet, bekommt die IP-Schicht der Netzsoftware Versandaufträge für Datenpakete von der übergeordneten Transportschicht. Diesen Paketen werden IP-schichtspezifische Headerinformationen vorangestellt. Durch diese „Paketaufkleber" können die Pakete einzeln und voneinander unabhängig bis zum richtigen Interface transportiert werden. Der Header ist bitweise definiert und in Bild 1.31 in Gruppen von 32 bit aufgelistet, wobei die Zahlen der Kopfzeile die Sendereihenfolge angeben.

MSB (erstes gesendetes Bit)				LSB
0 4	8	16 19		31
Version	IHL	TOS	Gesamtlänge (Header + Nutzlast)	
Identifikation			Flags	Fragmentoffset
TTL		Nutzlastprotokoll	Kopfprüfsumme	
IP-Adresse des Absenders				
IP-Adresse des Empfängers				
Eventuelle Optionen				
IP-Nutzlast = Daten der Transportschicht				

Bild 1.31: Der IP-Protokollkopf

Wer zuerst?

Die sogenannte **„network byte order"** (RFC 791) legt fest, dass die Bits in der Reihefolge von links nach rechts mit dem höchstwertigen Bit (MSB: **M**ost **S**ignificant **B**it; LSB: **L**east **S**ignificant **B**it) beginnend gesendet werden, also wie der Mensch sie niederschreibt; diese Schreibweise heißt auch *big endian*.

acht sind ein Oktett

Ein IP-Header ohne Optionen ist demnach 20 Bytes lang. Allerdings hat sich im Zusammenhang mit Netzprotokollen die Bezeichnung Oktett für acht aufeinanderfolgende Bits durchgesetzt, um auszudrücken, dass diese Bits deswegen nicht auch miteinander in einem Sinnzusammenhang aufgefasst werden müssen.

1.4 TCP/IP – Die Protokolle für Internet und Intranet

■ In anderen Darstellungen wird meistens die Bitnummerierung entgegengesetzt durchgeführt, d. h., das niederwertigste Bit (LSB) also als Bit Nr. 0 bezeichnet; demnach würde Bit Nr. 31 (MSB) als Erstes gesendet.

Die einzelnen Felder in Bild 1.31 haben folgende Bedeutungen:

Kopfinformation

Feld		Bedeutung/Anmerkung
Version	(4 bit)	Die Versionsnummer; aktuell ist Version 4; die Vorgänger werden nicht mehr verwendet. Version 5 wird übersprungen und Version 6 steht vor ihrer Einführung.
IHL	(4 bit)	(**IP-H**eader **L**ength) Länge des Headers, gemessen in 32-Bit-Gruppen: 5 <= IHL <= 15
TOS	(8 bit)	(**T**ype **O**f **S**ervice) Anforderung höherer Protokollschichten an eine bestimmte Dienstgüte, z. B. minimale Verzögerung/minimale Kosten/maximale Zuverlässigkeit/maximaler Durchsatz
Gesamtlänge	(16 bit)	Maximale Länge eines IP-Datagramms ist 65 535 Oktette; jedes System sollte 576 Oktetts große IP-Pakete verarbeiten können.
Identifikation	(16 bit)	siehe nachfolgenden Text
Flags	(3 bit)	
Fragmentoffset	(13 bit)	
TTL	(8 bit)	(**T**ime **T**o **L**ive) Begrenzt die Anzahl der Weiterleitungen, um Endlosschleifen fehlgeleiteter Pakete zu vermeiden.
Nutzlastprotokoll	(8 bit)	1=ICMP, 2=IGMP, 6=TCP, 17=UDP nach RFC 1700 (als wichtigste); siehe auch Bild 1.22.
Kopfprüfsumme	(16 bit)	Ein Prüfwert, den die sendende Instanz aus allen Oktetten des Headers errechnet und einträgt. Die empfangende Instanz rechnet auch, vergleicht mit dem gesendeten Prüfwert und verwirft das Paket bei fehlender Übereinstimmung.

Bild 1.32: Bedeutung der Felder im IP-Protokollkopf

Die Adressangaben sind selbst erklärend; mit den Optionen können Sonderfunktionen veranlasst werden wie Wegaufzeichnung, Wegevorgaben und Zeitmarken. Die Software der IP-Schicht muss die Paketgrößen der höheren Schichten an die Paketgrößen der darunterliegenden technischen Verbindungssysteme anpassen. Diese **MTU** (**M**aximum **T**ransmission **U**nit) genannten Werte sind eigentlich immer kleiner als das größtmögliche IP-Datagramm und außerdem je nach verwendeter Technologie stark unterschiedlich. Ein IP-Paket muss bei Weiterleitung in ein anderes Netz kleinerer MTU daher in Fragmente zerlegt werden, deren Größe die jeweilige MTU nicht übersteigen:

Fragmentierung

1 Planung, Aufbau und Konfiguration von Netzwerken

- Alle Fragmente des ursprünglichen IP-Pakets erhalten dazu dieselbe **Identifikation**.
- Für jedes Fragment wird ein IP-Paket erzeugt, in dessen Header das Feld **Fragmentoffset** die Position des Fragments im Original angibt.
- In jedem Paket außer im letzten (!) wird das **MF-Flag** (More Fragments, Bit 18) auf 1 gesetzt.
- Im IP-Header des letzten Fragments wird das Flag MF auf 0 gesetzt.

Die empfangende IP-Schicht muss das Paket aus den Fragmenten reassemblieren (wieder zusammensetzen), bevor es an die Transportschicht weitergegeben wird.

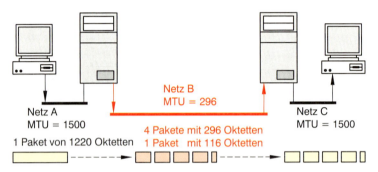

Bild 1.33: Auswirkung unterschiedlicher MTU-Werte

Fragmentierung vermeiden

Durch die Fragmentierung wird der Verwaltungsaufwand größer, weil mehr Header erforderlich sind und die Reassemblierung durchgeführt werden muss. Von daher wäre es besser, mit der größtmöglichen MTU zu arbeiten. Da die Pakete aber oft über mehrere Teilstrecken mit unterschiedlichen MTUs geführt werden, ist diese nicht unmittelbar feststellbar. Moderne IP-Implementierungen benutzen dazu das Hilfsprotokoll PMTUD (**P**ath **MTU** **D**iscovery), indem sie das **DF-Flag** (**D**on't **F**ragment, Bit 17) setzen. Sie beginnen mit großen MTU-Werten und erhalten die Fehlermeldung „Fragmentierung notwendig" über das ICMP-Protokoll (nächster Absatz), dann vermindern sie so lange den MTU-Wert, bis die Fehlermeldungen ausbleiben.

IP ist unzuverlässig

■ Die IP-Schicht versendet Datagramme, d. h., es findet **keine** Empfangsbestätigung und **keine** Flusskontrolle statt.

■ **Das Protokoll ICMP (nach RFC 792 und RFC 1256)**
Das Internet Control Message Protocol (ICMP) ist ein Hilfsprotokoll der Schicht 3, welches seinerseits auf IP aufsetzt, d. h., es wird von IP wie ein Protokoll der höheren Schichten behandelt. Es werden Diagnose-Nachrichten, Fehlermeldungen (s. o.) und Informationen zur Konfigurationsunterstützung (z. B. Zeitmarken-Anforderung, Subnetzmaske ermitteln) ausgetauscht.

Zu den wichtigsten Fehlermeldungen gehören neben vielen anderen „Netz nicht erreichbar" und „Host nicht erreichbar". Ein wichtiges Diagnosehilfsmittel bei der Konfiguration ist die **Echoanforderung**, mit der man die Erreichbarkeit und die Verbindungsqualität testen kann. Es gibt dafür ein eigenes Frontend mit dem klangvollen Namen **Ping**.

1.4.2.4 Router und statische Wegesteuerung

Das Internet ist die Verknüpfung sehr vieler Netze. Im einfachsten Fall sind es zwei Netze, die miteinander verbunden werden können. Dazu muss ein Knoten existieren, der in beiden Netzen beheimatet ist (dual homed). Er benötigt in jedem der beiden Netze ein Interface mit einer IP-Adresse des jeweiligen Netzes (Bild 1.34) und der zugehörigen Netzmaskenangabe.

notwendige Bedingung

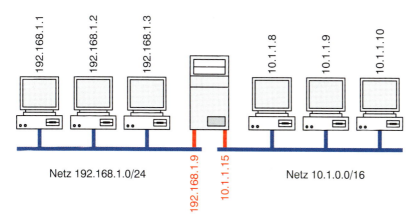

Bild 1.34: Kopplung zweier Netze durch einen Router

So kann der Knoten in jedem der beiden Netze kommunizieren, also etwa im linken Netz Daten einlesen und im rechten wieder aussenden. Dies setzt aber spezielle Prozesse oder bewusste und manuelle Operatortätigkeit voraus. Dies kann aus organisatorischen oder aus Sicherheitsgründen angestrebt werden. Meistens möchte man jedoch, dass die Datenpakete automatisch von einem in das andere Netz übergehen. Ist dieser Knoten ein Host (also kein speziell auf diese Funktion ausgelegtes Gerät), dann muss man das Betriebssystem des Hosts dazu anweisen. Dadurch wird der Host zu einem **Router**.

hinreichende Bedingung

■ Ein **Router** ist in mehreren (Sub-)Netzen beheimatet und kann Pakete zwischen diesen Netzen automatisch weiterleiten.

Dazu muss das Betriebssystem zunächst grundsätzlich konfiguriert sein. Größere Router besitzen ein proprietäres spezialisiertes Betriebssystem. Darüber hinaus muss angegeben werden, wie die „Umgebung aussieht", d. h., für jedes Netz, das erreichbar sein soll, muss dabei angegeben werden, über welchen Router es erreichbar ist. Voraussetzung dabei ist natürlich, dass der Router selbst schon erreichbar ist. Bei deutlich mehr als zwei Netzen kann dies aufwendig sein.

■ 1 Planung, Aufbau und Konfiguration von Netzwerken

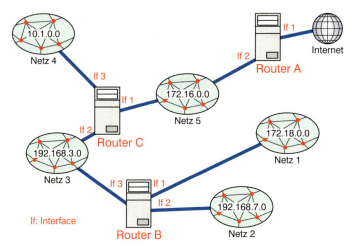

Bild 1.35: Internetworking mit mehreren Netzen und Routern

Angenommene Interface-Konfiguration bei den Routern:

	Interface 1	Interface 2	Interface 3
Router A	62.225.255.13/24	172.16.255.254/16	
Router B	172.18.255.254/16	192.168.7.254/24	192.168.3.253/24
Router C	172.16.255.253/16	192.168.3.254/24	10.1.255.254/16

Bild 1.36: Interfacekonfiguration zu Bild 1.35

Routing-Information bei den Routern:

Weg zu:	Netz 1	Netz 2	Netz 3	Netz 4	Netz 5	Internet
Router A	Router C	Router C	Router C	Router C	Interface 2	Interface 1
Router B	Interface 1	Interface 2	Interface 3	Router C	Router C	Router C
Router C	Router B	Router B	Interface 2	Interface 3	Interface 1	Router A

Routing-Information in den übrigen Rechnern der einzelnen Netze:

Weg zu:	Netz 1	Netz 2	Netz 3	Netz 4	Netz 5	Internet
von Netz 1	direkt	Router B	Router B	Router B	Router B	Router B
von Netz 2	Router B	direkt	Router B	Router B	Router B	Router B
von Netz 3	Router B	Router B	direkt	Router C	Router C	Router C
von Netz 4	Router C	Router C	Router C	direkt	Router C	Router C
von Netz 5	Router C	Router C	Router C	Router C	direkt	Router A

Bild 1.37: Routing-Information zu Bild 1.35

■ Standardrouten

Von Router C in seiner zentralen Position abgesehen, fällt auf, dass fast immer zu vielen verschiedenen Zielangaben nur wenige verschiedene Wegangaben erforderlich sind.

Routen bündeln

■ Die Routing-Tabellen können verkürzt werden, wenn man Ziele zusammenfasst, die über gleiche Wege erreicht werden (route aggregation).

Die Routing-Tabellen weisen dann nur noch lokal erreichbare Routen einzeln aus, *alle* anderen werden zu *einer* Standardroute zusammengefasst. CIDR unterstützt diesen Effekt. Danach sehen die Routing-Informationen in den Rechnern der einzelnen Netze so aus:

Bild 1.38: Routing-Information in einem Dorf

Weg zu:	Netz 1	Netz 2	Netz 3	Netz 4	Netz 5	Internet
von Netz 1	direkt	Standardroute via Router B				
von Netz 2	Router B	direkt	Standardroute via Router B			
von Netz 3	Router B	Router B	direkt	Standardroute via Router C		
von Netz 4	Standardroute via Router C			direkt	Standardr. via Router C	
von Netz 5	Standardroute via Router C			direkt	Router A

Bild 1.39: Vereinfachte Routing-Information zu Bild 1.35

■ Hostrouten

In besonderen Fällen können auch Routen zu einzelnen Hosts angelegt werden; beispielsweise kann wie in Bild 1.40 ein Host zwar organisatorisch zu Netz 1 gehören, physisch aber nur in Netz 4 angeschlossen werden.
Dann müssen zumindest die lokalen Router B und C für ihn eine spezielle Eintragung in ihrer Routingtabelle führen. Diese sieht für den Router B dann wie in Bild 1.41 aus.

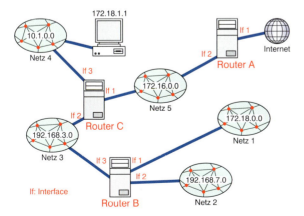

Bild 1.40: Routing mit spezieller Hostroute

■ *1 Planung, Aufbau und Konfiguration von Netzwerken*

Lfd. Nr.	IP-Adresse	Weg dorthin
1	172.18.0.0/16	Netzroute (Netz 1) direkt an Interface 1
2	192.168.3.0/24	Netzroute (Netz 3) direkt an Interface 3
3	192.168.7.0/24	Netzroute (Netz 2) direkt an Interface 2
4	172.18.1.1	Hostroute via Router C
5	0.0.0.0	Standardroute via Router C

Bild 1.41: *Routingtabelle in Router B in Bild 1.40 mit Host- und Standardroute*

siehe Ausnahme-regelung in Bild 1.26

Für die Standardroute ist generell die IP-Adresse 0.0.0.0 definiert.

Folgende beispielhafte Fälle können auftreten:

vom Spezialfall ...

– Erreicht ein IP-Paket mit der Zieladresse 172.18.1.5 den Router B aus Netz 2, wird der Router diese Tabelle nach dem bestmöglich passenden Eintrag durchsuchen. In einem ersten Durchgang prüft er alle Einträge, ob sie eine Hostroute für 172.18.1.5 darstellen. Hier ist das nicht der Fall, deshalb sucht er im zweiten Durchgang nach einer Netzadresse und findet diese unter der laufenden Nummer 1. Das Paket wird in das direkt angeschlossene Netz 1 über Interface 1 ausgesendet.
– Ein Paket mit der Zieladresse 172.18.1.1 erreicht den Router. Er findet im ersten Durchlauf diese Adresse als Hostroute unter Nummer 4 in der Tabelle und sendet das Paket zur Weiterleitung an Router C, der als Host des Netzes 3 (192.168.3.254) direkt über Interface 3 erreichbar ist.

... zum allgemeinen Fall

– Ein Paket mit der Zieladresse 193.53.55.127 kann im ersten Durchlauf nicht einer Hostroute zugeordnet werden; im zweiten Durchlauf wird auch keine passende Netzroute gefunden. Folglich wird das Paket über die Standardroute des Routers B gesendet, die als Nummer 5 in der Tabelle geführt wird; d. h., das Paket wird zur Weiterleitung an Router C in das direkt angeschlossene Netz 3 über Interface 3 ausgesendet.

Router C, der sinngemäß verfährt, wird das Paket mit Zieladresse 172.18.1.1 entsprechend der ihm vorliegenden Hostrouteneintragung über sein Interface 3 an den Zielhost senden.

Er wird das Paket mit der Zieladresse 193.53.55.127 entsprechend der vorliegenden Standardroute über sein Interface 1 an Router A senden usw.

■ Jeder Router vermindert den TTL-Wert im IP-Header eines weitergeleiteten Paketes um 1.

time to live = 0

Wenn der TTL-Wert 0 ist, verwirft der Router das Paket; so werden endlose Irrläufe verhindert. Ursprünglich sollte TTL ein Zeitmaß werden; heute dient er nur noch als Zähler für sogenannte Hops (Weiterleitungen).

■ **Konkrete Konfiguration**

Nach den Planungen gemäß Bild 1.39 und Bild 1.41 können nun beispielsweise ein Arbeitsplatzrechner in Netz 1 und der Router B konfiguriert werden.

Der Arbeitsplatzrechner benötigt als Routing-Information nur seine IP-Adresse, die Netzmaske und den „Standard-Gateway" genannten Router; das direkt angeschlossene Netz 172.18.0.0 wird implizit aus der Netzmaske und der IP-Adresse abgeleitet, was bei Rechner 172.18.1.1 allerdings einen Fehlschluss darstellt. Die Optionen lassen u. a. die Angabe weiterer Router zu.

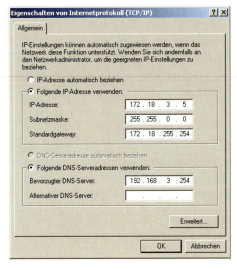

Bild 1.42: IP-Konfiguration eines Arbeitsplatzrechners mit Windows

Die Routerkonfiguration könnte dann (auszugsweise) etwa mit folgenden Kommandos geschehen:

```
routerb: # ifconfig    eth0 172.18.255.254/16
routerb: # route add   -net 172.18.0.0 netmask 255.255.0.0 dev eth0
....
routerb: # route add -host 172.18.1.1 gw 192.168.3.254
routerb: # route add default            gw 192.168.3.254
```

Bild 1.43: IP-Konfiguration des Routers B aus Bild 1.40

Je nach Linuxversion kann die zweite Zeile entfallen, ebenso die Angabe „/16", wenn nicht sub- oder supernettiert wird, sondern die klassische Bildung von Netzen unterstellt werden darf. Die Syntax bei Windows ist ähnlich, beispielsweise für die Hostroute:

„route ADD 172.18.1.1 MASK 255.255.255.255   192.168.3.254"

1.4.2.5 Dynamische Wegesteuerung mit Router-Protokollen

Die im letzten Kapitel dargestellte statische Wegesteuerung eignet sich nur für kleinere Netze, in denen nicht viele strukturelle Veränderungen zu erwarten sind. Ganz anders liegen die Verhältnisse in großen Netzen und dem Internet. Ständig kommen Routen hinzu, andere fallen weg, einige sind zeitweilig gestört, Alternativrouten tun sich auf, Netze werden umstrukturiert. Aus diesem Grund werden große Router nicht mehr statisch konfiguriert, sondern dynamisch, das heißt:

■ Router können untereinander kommunizieren, um sich gegenseitig über die aktuelle „Verkehrslage" zu informieren.

■ 1 Planung, Aufbau und Konfiguration von Netzwerken

Dazu werden wiederum Protokolle eingesetzt. Auch in diesem Bereich herrscht Vielfalt und stetiger Wandel. Im Internet werden die dort zusammengeschlossenen lokalen Netze zu „*Autonomen Systemen*" (AS) gruppiert:

autonome Systeme

■ Ein AS ist die Zusammenfassung aller lokalen Netze, die unter einer gemeinsamen Verwaltung und einer einheitlichen Routing-Strategie stehen.

siehe Bild 1.44

Das gesamte Netz einer großen Firma, z. B. IBM, repräsentiert ein AS. Ein AS wird wiederum in Areas unterteilt.

■ Interior Gateway Protocols

IGP

Innerhalb eines AS kann die Verwaltung ein geeignetes beliebiges „Interior Gateway Protocol" (IGP) verwenden.

Es sollte folgende Eigenschaften haben:

1. Schnelle Reaktion auf Änderungen innerhalb des AS.
2. Kurzfristige Instabilitäten bei Geräten führen nicht zu permanenten Updates.
3. Schnelle Selbstkonfiguration zu schleifenfreien Routen.
4. Bandbreitenschonung.
5. Gleichwertige Routen werden zur Lastverteilung benutzt.
6. Updates bedürfen ihrer Authentifizierung.

OSPF

Ein weitverbreitetes IGP ist **OSPF**, die **o**ffene Implementierung des „*Shortest Path First*"-Algorithmus von E. W. Dijkstra. OSPF-Router lassen sich in Hierarchiestufen anordnen und verschicken *Link-State-Advertisements*, kurz LSA genannt (Mitteilungen darüber, welche Ziele sie erreichen können), an ihre Nachbar-Router. Sie sammeln diese Informationen und berechnen daraus nach dem SPF-Algorithmus den günstigsten Pfad. In diese Kalkulation wird nicht nur einbezogen, wie viele Router auf dem Weg zum Ziel passiert werden müssen (weniger = besser), sondern auch sogenannte **Metriken**. Das sind Bewertungszahlen, in denen beispielsweise die Übertragungsrate einer Teilstrecke oder andere im TOS-Feld der IP-Headers repräsentierte Eigenschaften ausgedrückt werden. Es kann zu einem Ziel durchaus alternative Routen mit unterschiedlicher Metrik geben.

siehe Bild 1.32

■ Exterior Gateway Protocols

Das Internet setzt sich aus AS zusammen, zwischen denen natürlich auch geroutet werden muss.

■ Die zentralen Router des Internets heißen auch **Core-Router**; sie verwenden einen eigenen Protokolltyp.

EGP

Aus dem früher nach der Gattung EGP benannten Protokoll EGP (Exterior Gateway Protocol) wurde das heute verwendete **Border Gateway Protocol** (BGP) entwickelt.

1.4 TCP/IP – Die Protokolle für Internet und Intranet

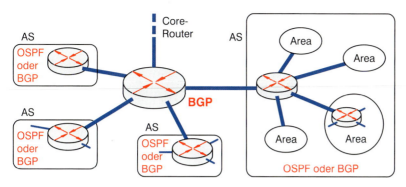

Bild 1.44: Routing-Protokolle im Internet

BGP ist in der Lage   BGP

- zwischen AS zu routen,
- innerhalb von AS zu routen (als IGP) und
- durch AS hindurchzurouten, innerhalb deren kein BGP verwendet wird.

BGP-Router führen keine regelmäßig geplanten Updates aus, ändert sich ihre Routingtabelle, so versenden sie den Teil, der sich geändert hat. Sie geben immer nur **einen** optimalen Pfad zu einem Ziel bekannt und tauschen mit ihren Nachbarn *Keep-Alive*-Meldungen aus.

■ Das BGP setzt auf TCP auf und stellt somit ein höheres Protokoll dar, obwohl es unmittelbar in der Netzwerkschicht wirkt.

1.4.2.6 Multicasting

Soll Multicasting über Netzgrenzen hinweg funktionieren, müssen auch die Router damit umgehen können.

1. Sie müssen wissen, ob von ihnen „abhängige" Hosts einer Multicastgruppe angehören und, wenn ja, welcher.
2. Sie müssen multicastfähige Routen einrichten.

■ **Gruppenbildung**

Zur Lösung der ersten Aufgabe dient das **Internet Group Management Protocol (IGMP)**, manchmal auch *Internet Group Membership Protocol* genannt. Mit diesem Protokoll stellt der Multicast-Router, der durchaus vom „normalen" Unicast-Router verschieden sein kann, über regelmäßige Abfragen oder spontane „Beitrittsmeldungen" von Hosts die Gruppenzuordnungen fest. Dabei wird von Adressen der Klasse D (Kap. 1.4.2.1) Gebrauch gemacht. IGMPv3 ist in RFC 2236, 3376, 4604 spezifiziert.

aktuell: Version 3

■ 1 Planung, Aufbau und Konfiguration von Netzwerken

■ Routenbildung

Zur Lösung der zweiten Aufgabe kommen die speziellen Multicast-Routing-Protokolle **DVMRP** (**D**istance **V**ector **M**ulticast **R**outing **P**rotocol), **MOSPF** (**M**ulticast OSPF) und **PIM** (**P**rotocol **I**ndependent **M**ulticast) zum Einsatz. Die beiden erstgenannten benötigen spezielle Unicast-Routing-Protokolle – im Gegensatz zu PIM, der jüngsten Entwicklung. PIM kann sich dabei in zwei Betriebsarten verhalten, je nachdem ob die Gruppenmitglieder „dicht" in den angeschlossenen Netzen verteilt sind (*dense mode*) oder ob sie weit gestreut liegen (*sparse mode*).

siehe RFC 5110

1.4.2.7 Anforderungen für Multimediaanwendungen

Wie bereits in Kapitel 1.2.4 ausführlicher erläutert, ist die Paketvermittlung im Internet nicht für die Übertragung multimedialer Daten ausgelegt. Stellt schon die IP-Telefonie (Voice over IP) mit ca. 4000 bit/s zwischen zwei Endpunkten eine beträchtliche Herausforderung dar, so erfordern Anwendungsszenarien wie Video-Multicast-Streaming mit Bandbreiten von 200 ... 800 Kbit/s mehr als im Weitverkehr über verschiedenste Teilstrecken geleistet werden kann. Die Verkehrscharakteristik wird von

VoIP

– der Zahl der eintreffenden Datenpakete,
– der Verarbeitungsgeschwindigkeit des Routers sowie
– der verfügbaren Bandbreite zwischen den Routern bestimmt.

Härter als die Bandbreitenanforderung ist jedoch die Forderung nach minimalen Laufzeitschwankungen. Zurzeit gibt es noch keine allgemeingültige Definition von QoS (**Quality of Service**: Dienstqualität). Die IETF definiert vier Parameter:

1. Durchsatz (*throughput*)
2. Paketverzögerung vom Aussenden bis zum Eintreffen im Ziel *(latency)*
3. Laufzeitschwankung zwischen zwei aufeinander folgenden Paketen *(jitter)*
4. Verlustrate *(packet loss)*

Die Tabelle (Bild 1.45) gibt einen Eindruck von den realen, noch tolerierbaren Werten.

QoS

Übertragungs-Medium	Through-put (Mbit/s)	Latency (s)	Jitter (ms)	Bitfehler-rate	packet loss
Audio	0,032 – 1,41	0,025 – 0,400	25	10^{-2}	10^{-2}
Video	140 – 270	0,250	25	10^{-2}	10^{-3}
Video (komprim.)	0,100 – 60	0,250	2,5	10^{-6}	10^{-9}
Daten	0,010 – 100	–	–	–	–

Bild 1.45: Parameter für Dienstqualität (Quelle: Networkworld 6/2001)

Im Internet-Backbone sind für diese Parameter keine Werte erreichbar, die zu einer akzeptablen Qualität führen. Daher gibt es für Anbieter entsprechender Dienste nur zwei Möglichkeiten:

- Sie stellen ein eigenes Verteilnetz auf, das den Anforderungen entspricht. Aus Kostengründen scheidet diese Lösung aber meistens aus.
- Sie platzieren *Streaming Caches* am „Rand" des Internets bei den Zugangs-Providern räumlich nahe zum Kunden. So wird die Anzahl der erforderlichen Router für die streamingtaugliche Übertragung minimiert. Diese Caches werden durch ein *Overlay-Netz* vom Anbieter über das „nur datentaugliche" Netz mit Inhalten versorgt. Es wird zur Erhöhung der Ausfallsicherheit stark vermascht.

Streaming Media

Für die Auslieferung zum Empfänger müssen die Router in der Lage sein, die QoS der angeschlossenen Netze zu registrieren. Die Ressourcen wie Bandbreite und Speicherkapazität müssen vom Betriebssystem des Routers geeignet verwaltet werden können. Dazu gehört u. a., dass Datenströme von Endgeräten gedrosselt und IP-Pakete (TOS-Feld des IP4-Headers, bzw. traffic class bei IPv6, siehe Kap. 1.4.2.9) nach Klassen markiert und differenziert bearbeitet werden. Über Dienste höherer Protokollebenen, insbesondere **RSVP** (**R**esource **ReS**er**V**ation **P**rotocol), werden dann Routen geeigneter Qualität organisiert. Daraus folgt, dass es nicht „die" Route zu einem Ziel gibt, sondern je nach erforderlicher Dienstgüte unterschiedliche Routen existieren können, die wiederum zeitabhängig sind.

RSVP

Obwohl die drei letzten Abschnitte die jeweiligen Problematiken nur angerissen haben, wird schon das komplexe Aufgabenfeld der Router deutlich.

> ■ Zu den ständigen Aufgaben der Netzadministration gehört die Entlastung der Router, denen mit Multimediadaten stets neue Aufgaben zuwachsen.

1.4.2.8 Das Address Resolution Protokoll (ARP)

Bisher wurden besonders die Bezüge der Netzwerkschicht zu höheren Protokollebenen behandelt. Die Netzwerkschicht muss aber auch zwei Parameter des ihr unterlegten technischen Verbindungssystems berücksichtigen:

- Maximum Transfer Unit (MTU) — eigene Adressierungsschemata

Auf die MTU wurde bereits im Zusammenhang mit der Fragmentierung eingegangen. Schon in Bild 1.20 wurde angedeutet, dass mehrere Transportsysteme nebeneinander das gleiche technische Verbindungssystem benutzen können. IP-Adressen sind aber für IPX/SPX bedeutungslos und umgekehrt. Das gleiche technische Verbindungssystem benutzt deswegen ein **vom Transportsystem unabhängiges** eigenes Adressierungssystem. Die dabei verwendeten Adressen werden auch **Hardwareadressen** genannt, weil jedes Interface eine einmalige und damit eindeutige Adresse besitzt, die ihm fest „eingebrannt" ist.

Hardware-Adressen

■ 1 Planung, Aufbau und Konfiguration von Netzwerken

NetBEUI nicht routingfähig

> Hardwareadressen beinhalten eine Herstellerkennung und herstellereigene Nummerierungen, sodass zwischen den Hardwareadressen einer willkürlich in einem Netz zusammengestellten Gruppe von Interfaces keinerlei Zusammenhang besteht. Im Gegensatz zu TCP/IP verwendet **NetBEUI** die Hardwareadressen als Transportsystemadressen: Aus der Adresse kann **keine Routing-Information** mehr hergeleitet werden!

Jedes Interface hat also (mindestens) eine IP-Adresse und genau eine Hardwareadresse. Will die Software der Netzwerkschicht Pakete über das technische Verbindungssystem verschicken, muss zuerst die Hardwareadresse des Ziel-Interfaces bestimmt werden. Betrachtet wird dazu ein Ausschnitt aus Bild 1.34:

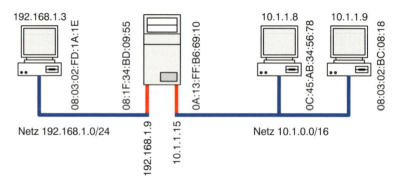

Bild 1.46: IP-Adressen und Hardwareadressen

siehe auch Bild 1.15

Hier wurde angenommen, dass es sich bei dem technischen Verbindungssystem um eine Variante von Ethernet mit 48-Bit-Adressierung handelt. Der Host mit der IP-Adresse 10.1.1.9 will ein IP-Paket an den Host mit der IP-Adresse 10.1.1.8 senden. Dazu werden die Nutzdaten mit einem IP-Header versehen und der Sicherungsschicht übergeben:

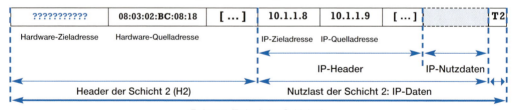

Bild 1.47: Die Schicht-2-Protokolldaten rahmen die IP-Daten ein

ARP-Request

Die eigene Hardwareadresse ist dem sendenden Host bekannt, allerdings zunächst nicht die des Empfängers, daher kann der Rahmen in Bild 1.47 noch nicht versendet werden. Zuvor wird ein ARP-Request als Ethernet Broadcast (mit der Zieladresse FF:FF:FF:FF:FF:FF) in dem physischen Netz verschickt, in dem die Hardwareadresse zu 10.1.1.8 erfragt wird.

1.4 TCP/IP – Die Protokolle für Internet und Intranet

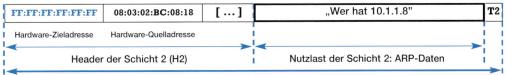

Bild 1.48: Die Anfrage (ARP-Request)

Die Netzwerkinterfaces aller eingeschalteten Hosts nehmen diesen Rahmen an, aber nur der Host mit der angefragten IP-Adresse antwortet gezielt.

ARP-Reply

Bild 1.49: Die Antwort (ARP-Reply)

Damit ist der ursprüngliche Rahmen vollständig und kann versendet werden.

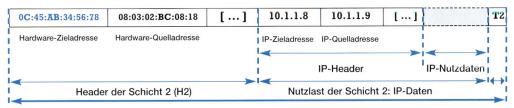

Bild 1.50: Der vervollständigte Rahmen aus Bild 1.47

Der Host erlernt so die Zuordnung zwischen IP-Adresse und Hardwareadresse und legt beide in einer Tabelle ab. Dadurch muss für einen wahrscheinlichen, nachfolgenden Zugriff kein neuer ARP-Request durchgeführt werden. Wird ein Eintrag in der ARP-Tabelle einige Minuten nicht mehr verwendet, so wird er gestrichen.

ARP-Table

Der Host mit der IP-Adresse 10.1.1.9 will jetzt ein IP-Paket an den Host mit der IP-Adresse 192.168.1.3 senden. Es macht keinen Sinn, einen ARP-Request nach der Adresse 192.168.1.3 zu verschicken, denn das Ziel befindet sich nicht im physikalisch direkt angeschlossenen Netz und der Router leitet Broadcasts nicht weiter – immerhin könnte sich am anderen Interface eine Punkt-zu-Punkt-Verbindung befinden, an der ein Broadcast keinen Sinn ergibt.

- **Router begrenzen die Reichweite eines Broadcasts.**

Stattdessen wird (nach RFC 1433) die Hardwareadresse 0A:13:FF:B6:69:10 des Router-Interfaces **10.1.1.15** erfragt und das IP-Paket zum Router geschickt,

stellvertretend an den Router

1 Planung, Aufbau und Konfiguration von Netzwerken

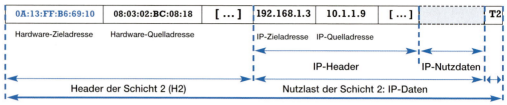

Bild 1.51: Die Einrahmung des gleichen IP-Pakets vor dem Router ...

der seinerseits in diesem Fall im anderen Netzabschnitt wieder auf ARP zurückgreifen muss, um die Hardwareadresse 08:03:02:FD:1A:1E des Hosts 192.168.1.3 zu erfragen.

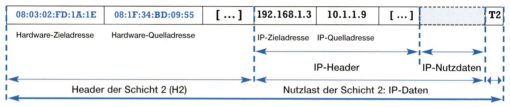

Bild 1.52: ... und hinter dem Router

■ RARP, BOOTP, DHCP

Bei plattenlosen Clients wird vom Reverse ARP Gebrauch gemacht. Sie versenden per Broadcast einen RARP-Request und ein vorhandener RARP-Server identifiziert sie anhand ihrer Hardwareadresse, um ihnen dann eine vorkonfigurierte IP-Adresse zuzuweisen. Besser ist allerdings die Verwendung von BOOTP und DHCP (**D**ynamic **H**ost **C**onfiguration **P**rotocol).

1.4.2.9 IPv6 – The Next Generation

Die bisherige IP-Version 4 weist u. a. folgende Schwachpunkte auf:

- der (aus heutiger Sicht) begrenzte Adressraum,
- dessen ungeschickte Aufteilung,
- die daraus resultierende hohe Routerbelastung und
- die oft als schwierig empfundene Endgerätekonfiguration.

Dem trägt die neue Version 6 des Internet-Protokolls Rechnung, die hier nur **in aller Kürze** charakterisiert wird (zur Vertiefung siehe RFCs 2460, 2464).

Die Länge der Adressen ist auf das Vierfache angewachsen, sodass der Adressraum nun $2^{128} \approx 3{,}4 \cdot 10^{38}$ Adressen beträgt.

■ Funktionalität

Der neue minimale Header (IPv6-Basisheader) ist zwar länger als der alte, aber dafür einfacher in der Handhabung für die Router.

1.4 TCP/IP – Die Protokolle für Internet und Intranet

MSB (erstes gesendetes Bit)							LSB
0	4	8	12	16		24	31
Version=6		Traffic Class		Flow Label			
Payload Length					Next		Hop Limit
IP-Adresse des Absenders (128 bit)							
IP-Adresse des Empfängers (128 bit)							
Nutzlast, IP-Payload: ggf. Erweiterungs-Header für Optionen + beliebiges eingebettetes Protokoll							

Bild 1.53: Der IPv6-Protokollkopf (Minimalfall)

Weggefallen sind:

- die Kopfprüfsumme, weil ganz der Sicherungsschicht vertraut wird,
- das (die) Optionsfeld(er), die durch Erweiterungs-Header ersetzt wurden,
- die IP Header Length (IHL), weil diese nun konstant ist,
- die Identifikation, weil dieses Feld in den Erweiterungs-Header verlegt wurde.

siehe auch Bild 1.32

Die Bedeutung der neuen Felder zeigt die Tabelle:

Feld	Bedeutung/Anmerkung
Traffic Class	Ersetzt sinngemäß das TOS-Feld von IPv4
Flow Label	Identifikation für zusammengehörige Pakete
Payload Length	Längenangabe aller Bytes, die dem Basis-Header folgen
Hop Limit	Ersetzt den TTL-Wert von IPv4
Next	Kennzeichnet, was dem Basis-Header folgt (siehe Text)

Bild 1.54: Bedeutung der Kopffelder bei IPv6

Wenn kein Erweiterungs-Header folgt, markiert das Feld Next z. B. eine TCP-Nutzlast durch den Protokoll-Identifier 6 (vgl. Bild 1.56).

Die Erweiterungs-Header werden **nur bei Bedarf** vom Absender eingesetzt; dann ist ihre Reihenfolge vorgeschrieben.

1 Planung, Aufbau und Konfiguration von Netzwerken

	Header für:	Next	Bedeutung
1	Hop-by-Hop-Optionen	0	Muss jeder Router auswerten
2	Ziel-Optionen	60	Muss jeder Router auswerten
3	Routing	43	Abschaffung geplant, RFC 5095
4	Fragmentierung	44	Fragmentoffset (13 bit), Identifikationsfeld (32 bit), More-Flag (ähnlich IPv4)
5	Authentisierung	51	Ähnlich IPsec, vgl. Kap 1.8.2.4
6	Verschlüsselung	50	"
7	Ziel-Optionen für Endgerät	60	Wird nur vom Zielsystem ausgewertet; Vorbereitung für Erweiterungen

Bild 1.55: Kennungen der Erweiterungs-Header

Die Erweiterungs-Header selbst verfügen über ein Next-Feld. Dadurch entsteht eine verkettete Liste von Headern. Im Next-Feld des letzten Erweiterungs-Headers steht dann z. B. der Protokoll-Identifier. Auf diese Weise sind spätere Erweiterungen einfach möglich. Auf die innere Struktur der Erweiterungs-Header kann aus Platzgründen hier nicht weiter eingegangen werden.

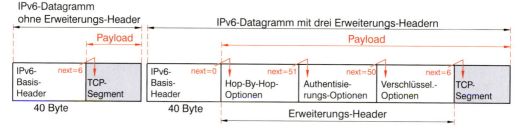

Bild 1.56: IPv6-Datagramm ohne und mit Erweiterungs-Header

■ Adressierung

Unicast
Multicast
Anycast

Gegenüber IPv4 ist die Aussendeform **Broadcast** weggefallen, dafür erhält die Aussendeform **Unicast** (vgl. Bild 1.27) eine zusätzliche Variante, die **Anycast** heißt. Damit wird zwar eine Gruppe von Interfaces (in unterschiedlichen Knoten/Hosts) adressiert, tatsächlich ausgeliefert wird aber nur an **ein** (z. B. das nächstgelegene) Mitglied dieser Gruppe; zuständig dafür sind die betroffenen Router. Anycast-Adressen sind äußerlich nicht von reinen Unicast-Adressen zu unterscheiden.

Die 128 bit langen Adressen werden zur Minimierung des Schreibaufwandes in 8 Feldern zu je 4 Hexadezimalzahlen geschrieben; die Felder werden durch einen Doppelpunkt getrennt.
Beispiel: 0123:4567:89AB:CDEF:3210:FEDC:6745:DA98

Schreibweise

Zur Vereinfachung dürfen führende Nullen innerhalb eines Feldes weggelassen werden, ein Feld muss jedoch mindestens eine Ziffer haben; **einmalig** darf jedoch eine lange Nullfolge durch zwei Doppelpunkte ersetzt werden.

1.4 TCP/IP – Die Protokolle für Internet und Intranet

0123:4567:0000:CDEF:0000:0000:6745:DA98 entspricht damit 123:4567:0:CDEF::6745:DA98.

Ähnlich wie bei IPv4 besteht die Adresse grundsätzlich aus zwei Bestandteilen:

| Präfix/Netz-Identifikation (n Bit) | Interface (128-n Bit) |

123:4567:89AB:CDEF:3210:FEDC:6745:DA98/64 ist somit ein Beispiel für eine Adresse mit dem 64 bit langen Präfix 123:4567:89AB:CDEF. Die Schreibweise „/64" ist von CIDR bedeutungsgleich übernommen.

So wie bei IPv4 die **Netzklassen** A, B und C aus den ersten Bits (von links) der Adresse ablesbar waren, so definieren bei IPv6 die ersten Bits den **Adresstyp**. Die folgenden Typen sind in RFC 4291 definiert:

die oberen 64 Bits

Präfix	Typ
0000 0000$_2$	Reserviert für spezielle Anwendungen; u. a.: 0:0:0:0:0:0:0:0 unspezifizierte (z. B. Absender-)Adresse und 0:0:0:0:0:0:0:1 local host (war 127.0.0.1 bei IPv4)
0:0:0:0:0:0000$_{16}$	IPv4 kompatible IPv6-Adressen
0:0:0:0:0:FFFF$_{16}$	Auf IPv4 abgebildete IPv6-Adressen
0000 001$_2$	Reserviert für OSI-Protokolle (NSAP)
001$_2$	Aggregierbare (bündelbare) globale Unicast-Adressen
1111 1110 10$_2$	Link local (eindeutig im gleichen OSI-Schicht-2-Adressraum, z. B. Ethernet-Broadcast)
1111 110$_2$	Unique local Adressen (RFC 4193)
1111 1111$_2$	Multicast-Adressen

Adress-Typen

Bild 1.57: Definierte IPv6-Adress-Typen, restliche Präfixe noch nicht zugeordnet

Dabei sind zunächst drei Adress-Typen besonders interessant:

Die bündelbaren globalen Unicast-Adressen ersetzen die derzeitigen öffentlichen IPv4-Adressen. Die zur Verteilung durch die regionalen Registraturen freigegebenen haben die folgende interne Struktur der 64-Bit-Netzidentifikation:

ein Interface kann mehrere IP-Adressen haben

3	45	16
001	global routing prefix	Subnetz-ID
Verwaltung öffentlich: „/48"		Verwaltung d. Endkunden

Netzidentifikation

Bild 1.58: Struktur der 64-Bit-Netzidentifikation

Der „global routing prefix" ist zwar hierarchisch strukturiert, aber die Grenzen zwischen den Bits der RIRs und denen der ISPs sind seit 2003 nicht mehr starr wie früher, sondern Verhandlungssache (empfiehlt RFC 3587).

Zusammen mit dem Adresstyp-Präfix 001 ergeben sich die RIR-Präfixe der regionalen Internet-Registraturen:

vgl. [RFC 3177]

RIR	Adressenblock	RIR	Adressenblock
6to4	2002:0000::/16	RIPE NCC	2001:0600::/23
IANA	2001:0000::/23		2001:0800::/23
APNIC	2001:0200::/23		2001:0A00::/23
	2001:0C00::/23		2001:1400::/23
	2001:0E00::/23		2001:1600::/23
	2001:4400::/23		2001:1A00::/23
	2001:8000::/19		2001:1C00::/22
	2001:A000::/20		2001:2000::/20
	2001:B000::/20		2001:3000::/21
	2400:0000::/12		2001:3800::/22
ARIN	2001:0400::/23		2001:4000::/23
	2001:1800::/23		2001:4600::/23
	2001:4800::/23		2001:4A00::/23
	2600:0000::/12		2001:4C00::/23
	2610:0000::/23		2001:5000::/20
	2620:0000::/23		2003:0000::/18
AFRINIC	2001:4200::/23		2A00:0000::/12
	2C00:0000::/12	RESERVED	2001:3C00::/22
LACNIC	2001:1200::/23		
	2800:0000::/12		

Bild 1.59: Bündelung bei der 64-Bit-Netzidentifikation

Angestrebt wurde eine besser an der existierenden Netz-Topologie orientierte Routenbündelung, wie sie sich bei CIDR erst aus der Not heraus entwickeln musste. Das Prinzip unserer Postleitzahlen sollte erheblich besser realisiert werden, als es bei IPv4 möglich war. Das kürzt die Routertabellen.
Die restlichen 64 bit stellen den Interface-Teil der Adresse dar, in den auch die Hardware-Adresse eingebettet wird.

die unteren 64 Bits, siehe Kap. 1.5.2

Die **Link-local-Adressen** gestatten eine automatische Selbstkonfiguration eines gerade eingeschalteten Gerätes mit dem Präfix FE80::/64 (Bild 1.57) und dem Interfaceteil (s. o.). Damit kann innerhalb der Ethernet-Broadcastdomäne bereits kommuniziert werden und, etwa über eine Anycast-Adresse, der nächste zuständige Router befragt werden. Dieser kann dann zumindest ein im lokalen Netz gültiges Präfix (Bild 1.59 Subnetz-ID) liefern, womit automatisch entweder eine **unique-local-Adresse** (Präfix FC0::/7) oder eine bündelbare globale Unicast-Adresse (siehe Bild 1.59, Präfix z. B. 2001:600...) gebildet werden kann.

■ Übergang (Migration) von IPv4 zu IPv6

Wegen der zentralen Bedeutung von IP erfordert dessen Umstellung tief greifende Änderungen an sehr vielen Stellen, gerade auch in anderen Protokollen oberhalb von IP. Diese Änderungen beanspruch(t)en Jahre. Man sah lange keinen Grund zu übertriebener Eile. Man schätzt, dass Anfang 2012 die IPv4-Adressen zur Neige gehen. Szenario:

tief greifende Änderungen

- Es wird zunächst einige reine IPv6-Netze in der bestehenden, auf IPv4 basierten Umgebung geben. IPv6-Pakete werden durch Gateways am Rande des IPv6-Netzes in IPv4-Paketen verpackt (Tunnelbildung). Zur Einführung von IPv6 in Deutschland gibt es seit Mai 2009 einen Aktionsplan.
- Beide Protokolle werden über Jahre koexistieren; auch mit beiden Protokollvarianten parallel (dual-stack) im gleichen Rechner.
- Im Laufe der Zeit wird sich das Mehrheitsverhältnis umdrehen und es werden IPv4-Inseln für unbestimmte Zeit zurückbleiben. IPv4-Pakete werden durch Gateways am Rande des IPv4-Netzes in IPv6-Paketen getunnelt (Stichworte dazu: 6t04, teredo, miredo, ISATAP, 60ver4).

http://www.ipv6council.de

■ Aufgaben

1. Stellen Sie (analog zu Bild 1.41) die Routing-Tabelle für Router C in Bild 1.40 auf.

2. Eine Schule will den Adressraum 192.168.1.x auf 8 gleich große Subnetze verteilen.
   a) Geben Sie dazu die Subnetzmaske an.
   b) In einem dieser Subnetze befindet sich der Host 192.168.1.84. Nennen Sie die Subnetzadresse dieses Subnetzes (mit dem Host 192.168.1.84).
   c) Nennen Sie die höchstmögliche Host-Adresse in diesem Subnetz (mit dem Host 192.168.1.84).
   d) Wie viele Hosts können nach der Subnettierung noch ingesamt im Adressraum 192.168.1.x betrieben werden?

3. Kann man den Adressraum 192.168.1.x anders aufteilen?
   a) Wenn der Adressraum 192.168.1.x auf 64 Subnetze verteilt wird, wie viele Hosts können dann insgesamt betrieben werden?
   b) Wenn der Adressraum 192.168.1.x auf 128 Subnetze verteilt wird, wie viele Hosts können dann insgesamt betrieben werden?

4. Die Netze 172.30.0.0/16 und 172.31.0.0/16 werden zu einem Supernetz zusammengefasst.
   a) Wie lautet die neue Netzmaske?
   b) Wie heißen die neue Netzadresse und die neue Broadcastadresse?

5. Die Netze 172.21.0.0/16 und 172.22.0.0/16 werden zu einem Supernetz zusammengefasst.
   a) Wie lautet die neue Netzmaske?
   b) Wie heißen die neue Netzadresse und die neue Broadcastadresse?

■ 1 Planung, Aufbau und Konfiguration von Netzwerken

1.4.3 Protokolle der Transportschicht

1.4.3.1 Adressierung von Prozessen durch Portnummern

Mit den bisherigen Adressierungen konnten in der Schicht 2 mit den Hardwareadressen die Interfaces im physikalisch direkt angeschlossenen Netz und in der Schicht 3 mit den IP-Adressen die Interfaces in einem globalen Netz adressiert werden.

siehe auch Kap. 2.2 „Einfache IT-Systeme"

Die Endpunkte der technischen Kommunikation sind jedoch die Prozesse (Tasks; in Ausführung befindliche Programme): Der Client-Prozess kommuniziert über die Protokolle, die Interfaces und das zwischen diesen liegende Netz mit einem Serverprozess.

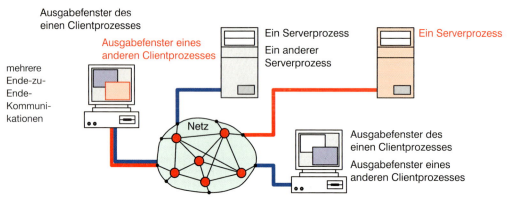

Bild 1.60: Mehrere Server kommunizieren mit mehreren Clients

Es genügt offenbar (Bild 1.60) nicht, einen Rechner oder ein Interface zu adressieren:

■ Am Anfangspunkt und am Endpunkt einer Kommunikationsbeziehung muss ein Prozess identifizierbar und adressierbar sein.

Die Prozesse der Anwendungsschicht werden beim Transportsystem TCP/IP durch sogenannte **Portnummern** identifiziert; das sind 16-Bit-Kennzahlen, die von der Systemsoftware zur eindeutigen Kennzeichnung einer Kommunikationsbeziehung vergeben werden. Dabei unterscheidet man Portnummern für Serverprozesse und Portnummern für Client-Prozesse.

■ **Portnummern für Serverprozesse**
Diese Portnummern umfassen den Bereich von 0 bis 1023. Sie heißen auch

– *privilegierte Portnummern*, weil nur systemnahe Prozesse sie benutzen dürfen, oder

– *well known ports*, weil sie von der IANA (**I**nternet **A**ssigned **N**umbers **A**uthority) standardisiert sind.

1.4 TCP/IP – Die Protokolle für Internet und Intranet

Die Tabelle führt eine Auswahl der wichtigsten Server-Portnummern auf:

Dienstanforderungen an einen bestimmten Dienst, beispielsweise HTTP, sind somit Anforderungen an den Port 80.

Port-Nr.	Dienst der Anwendungsschicht
20, 21	FTP
23	Telnet
25	SMTP (E-Mail-Versand)
53	Domain Name System
80	HTTP
110	POP 3 (E-Mail-Abholung)

■ **Portnummern für Client-Prozesse**
Die Portnummern von 1024 bis 65 535 werden von Client-Prozessen benutzt. Einige Bereiche sind jedoch für spezielle Zwecke reserviert, z. B. der Bereich von 6000 bis 6063 für X-Window-Anwendungen.

siehe auch Bild 1.22

Bild 1.61: Server-Portnummern

Client-Prozesse, die über TCP/IP kommunizieren wollen, bekommen von der Systemsoftware Portnummern zugewiesen, ähnlich der Zuweisung eines Datei-Handles als ganzzahliger Rückgabewert der *open()*-Funktion in der Sprache C.

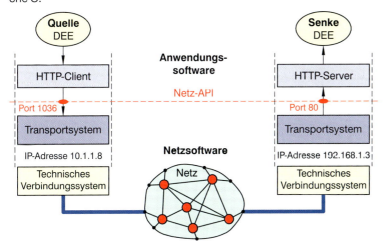

eindeutige Ende-zu-Ende Kommunikation

Bild 1.62: IP-Adressen und Portnummern an jedem Ende einer Kommunikationsbeziehung

1.4.3.2 Konzept der Sockets

Da mit der IP-Adresse ein Rechner eindeutig adressiert wird und mit der Portnummer ein kommunizierender Prozess identifiziert werden kann, stellt das Zahlenpaar (IP-Adresse, Portnummer) eindeutig eine Seite einer Kommunikationsbeziehung dar. Da aber der HTTP-Server in Bild 1.62 gleichzeitig auch einen weiteren Client bedienen könnte, ist das Zahlenpaar (192.168.1.3, 80) auch der Endpunkt dieser zweiten Kommunikationsbeziehung.

■ Das Zahlenpaar (IP-Adresse, Portnummer) kann eine Kommunikationsbeziehung nicht eindeutig kennzeichnen.

Socket

Die Eindeutigkeit wird erst dadurch erreicht, dass auch das Zahlenpaar des jeweils anderen Endes mit einbezogen wird. Diese vier „Adressen", zusammen mit Angaben, wie und über welches Protokoll kommuniziert werden soll, werden zu einer Datenstruktur zusammengefasst und als **Socket** (Steckdose) bezeichnet. Oft heißt auch nur das Paar (IP-Adresse, Portnummer) so.

siehe Kap. 1.4.1 und 1.4.3.3

■ Ein **Socket** hat folgende Bestandteile:

1. Lokale IP-Adresse
2. Lokale Portnummer
3. IP-Adresse des Kommunikationspartners
4. Portnummer des Kommunikationspartners
5. Kommunikationstyp: verbindungslos (Datagram)/verbindungsorientiert (Stream)/ohne Benutzung der Transportschicht (raw)
6. Protokoll

Netz-API verkapselt das Netz

Die Socket-Struktur und die Funktionen, die auf dieser Datenstruktur arbeiten, bilden unter dem Namen **Socket-Schnittstelle** ein **Netz-API** zum Umgang mit dem Transportsystem TCP/IP. Der Socket ist der zentrale Begriff der TCP/IP-Kommunikation, weil er aus Sicht der Applikation das Netz vereinfachend „auf den Punkt bringt".

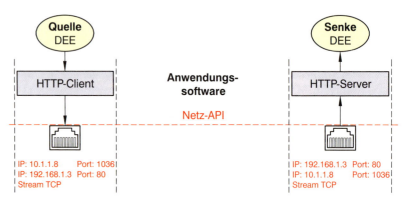

Bild 1.63: Sockets abstrahieren das Netz

Ist ein Socket erst einmal eingerichtet und initialisiert, ist der Umgang mit dem Netz ähnlich einfach wie der mit Dateien durch die Funktionen *read()*, *write()*, *close()*!

1.4 TCP/IP – Die Protokolle für Internet und Intranet

Grundlegende Serveroperationen	Grundlegende Client-Operationen
sock = socket(AF, type, prot)	sock = socket(AF, type, prot)
bind(sock, localaddr, addr_len)	bind(sock, localaddr, addr_len)
listen(sock, queue_len)	connect(sock, serv_addr, addr_len)
accept(sock, localaddr, addr_len)	
write(sock, buffer, buff_len)	write(sock, buffer, buff_len)
read(sock, buffer, buff_len)	read(sock, buffer, buff_len)
close(sock)	close(sock)

Socket-Operationen

Anmerkungen: Die Funktion *socket()* richtet in einer Systemtabelle einen halbfertigen Socket ein und liefert den Tabellenindex zurück. Die Socket-Schnittstelle wurde mit sehr viel Weitsicht entwickelt; daher ist sie nicht auf die Verwendung von TCP/IP festgelegt, sondern kann auch mit anderen Protokoll- und Adressfamilien (AF) zusammenarbeiten. Der Parameter *AF* wird für TCP/IP mit der vordefinierten Konstanten AF_INET belegt. Der Parameter *type* wird normalerweise mit der Konstanten SOCK_STREAM für TCP oder SOCK_DGRAM für UDP belegt. Der Parameter *prot* bekommt dann den Wert IPPROTO_TCP bzw. IPPROTO_UDP. Mit *localaddr* ist die lokale Speicheradresse einer Socket-Struktur im Adressraum des Prozesses gemeint. Der bind()-Aufruf ist für Clients optional. UDP-Clients verwenden oft *sendto()* und *recvfrom()* statt *write()* und *read()*.

Beim Betriebssystem Linux sind die Funktionen der Socketschnittstelle in den Systemkern integriert; bei Windows sind sie (in größerem Umfang als bei Linux und mit windowsspezifischen Erweiterungen) in der *WINSOCK.DLL* als Library implementiert.

Microsoft

1.4.3.3 Verbindungslose Kommunikation mit UDP

Anwendungen können über UDP-Datagramme von maximal 65 507 Bytes Länge versenden. Jede Ausgabeoperation eines Prozesses erzeugt ein eigenes UDP-Paket, das in ein eigenes IP-Paket eingebettet wird.

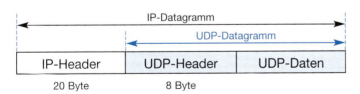

IP ist unzuverlässig
UDP ist unzuverlässig

Bild 1.64: IP-Datagramm mit eingebettetem UDP-Datagramm

Das UDP-Protokoll stellt keine Mechanismen bereit,
- um zu prüfen, ob ein Datagramm sein Ziel erreicht hat, oder
- um eine Flusskontrolle zu gewährleisten.

Das bleibt der Anwendung überlassen, die UDP verwendet. Der Vorteil von UDP liegt darin, dass es im Gegensatz zum zuverlässigen TCP das Multicasting ermöglicht. Entsprechend einfach ist der Protokollkopf:

Multicasting nur mit UDP

■ 1 Planung, Aufbau und Konfiguration von Netzwerken

Bit 0	15	16	31
UDP-Quellport		UDP-Zielport	
Länge des UDP-Datagramms in Byte		UDP-Prüfsumme (optional)	
Daten (falls vorhanden)			

Bild 1.65: Der UDP-Header

Im Gegensatz zu IP wird bei der UDP-Prüfsumme außer dem Kopf und den IP-Adressen beider Seiten auch der Datenteil mit (in ein spezielles Verfahren dieser „Summen"-Bildung) einbezogen. Der Datenteil kann leer sein, wenn mit dem Datagramm nur eine besondere Signalisierung erreicht werden soll (Anfordern von Daten). Pakete, deren Prüfsumme nicht stimmt, werden beim Empfänger verworfen.

■ Die UDP-Portnummerierung ist prinzipiell unabhängig von der TCP-Portnummerierung.

UPD-Ports
TCP-Ports

De facto werden aber neuerdings einem Dienst gleiche TCP- und UDP-Portnummern zugeordnet.

Dies sind die wichtigsten UDP-Ports:

Port-Nr.	Verwendung
53	Domain Name System
111	Network File System
137	Zur Realisierung von NetBIOS auf Basis des TCP/IP-Transportsystems
138	
139	
162	Netzwerkmanagement
1645	Benutzerauthentifizierung
5060	Einleiten von VoIP-Verbindungen

Bild 1.66: Die wichtigsten UDP-Ports

1.4.3.4 Verbindungsorientierte Kommunikation mit TCP

TCP ist in RFC 793 definiert und weist folgende Unterschiede zu UDP auf:

Verbindung

UDP	TCP
Beim Datagrammversand von UDP kann es durchaus sein, dass der Socket beim sendenden System schon wieder verschwunden ist, wenn das Datagramm beim Empfänger ankommt, und dadurch erst die Erzeugung eines Sockets beim empfangenden System veranlasst wird.	Bei TCP wird erst eine **Verbindung** aufgebaut, d. h., dass zunächst auf beiden Seiten Sockets eingerichtet werden und beide Seiten sich der „Zuwendung" durch die Gegenseite „bewusst" sind, bevor Daten ausgetauscht werden.

1.4 TCP/IP – Die Protokolle für Internet und Intranet

UDP	TCP	
Die Anwendung strukturiert ihre Daten durch ihre Ausgabeoperationen in UDP-Pakete und bestimmt dadurch indirekt die Größe der IP-Pakete, aber beschränkt auf knapp 64 K.	TCP bietet der Anwendung die Möglichkeit, eine beliebig große Datenmenge als unstrukturierten Bytestrom **(Stream)** zu übertragen. TCP zerlegt nach eigenen Kriterien diesen Strom in sogenannte **Segmente**, die dann in je ein IP-Paket eingebettet werden.	Stream Segmente
Nach dem Verschicken des Datagramms ist für UDP der Vorgang endgültig abgeschlossen.	TCP legt großen Wert auf **Zuverlässigkeit** in der Ausführung des Transportauftrags.	Zuverlässigkeit
Eine UDP-Kommunikation ist simplex: Es gibt nur die Richtung vom Sender zum Empfänger.	TCP bietet eine **Vollduplex**-Kommunikation an, beide Partner können über die Verbindung gleichermaßen senden und empfangen.	Vollduplex

Bild 1.67: Unterschied zwischen UDP und TCP

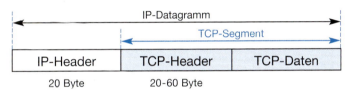

IP ist unzuverlässig

Bild 1.68: IP-Datagramm mit eingebettetem TCP-Segment

Auf der Basis des unzuverlässigen IP-Datagrammversands wird Zuverlässigkeit bei TCP durch folgende Merkmale erreicht:

TCP ist zuverlässig

- Fehlererkennung und -korrektur: Durch Sequenzierung und Zeitmessung kann eine (Folge von) Sendewiederholung(en) veranlasst werden.
- Flusskontrolle durch den Empfänger.
- Neuordnen von Segmenten, die wegen verschiedener Routen in der falschen Reihenfolge eintreffen, und Verwerfen von Duplikaten.

■ **Der TCP-Header**

Das ganze Ausmaß des Aufwandes, den TCP hierfür betreibt, kann man schon aus der Komplexität des TCP-Headers ersehen:

- Quell- und Zielport haben die bereits von UDP bekannte Bedeutung.
- Über die **Sequenznummer** kann die Byteposition des ersten Datenbytes des jeweilige Segmentes innerhalb des gesamten Datenstromes eindeutig bestimmt werden. Enthält das Segment beispielsweise 1024 Bytes, dann ist die Sequenznummer des nächsten Segmentes um 1024 größer. Erreicht man bei der Zählung den Maximalwert von 4.294.967.295 ($2^{32}-1$), so wird danach mit 0 fortgesetzt.
- In der Gegenrichtung bestätigt der Empfänger den korrekten Empfang aller bisher gesendeten Bytes, indem er als **Bestätigungsnummer** die Sequenznummer des nächsten erwarteten Bytes übermittelt.

jedes Byte zählt

61

■ 1 Planung, Aufbau und Konfiguration von Netzwerken

– Die **Kopflänge** gibt die Anzahl der 32-Bit-Worte des gesamten Headers an und hat deswegen mindestens den Wert 5. Da mit den zur Verfügung stehenden 4 bit der maximale Wert auf 15 festgelegt ist, kann ein Header maximal 60 Byte lang sein, also nur 40 Bytes für Protokoll-Optionen enthalten.
– Die **TCP-Prüfsumme** wird analog zur UDP-Prüfsumme gebildet, ist aber obligatorisch.
– Die **Fenstergröße** wird weiter unten erläutert.
– Dringende (urgent) Daten können außer der Reihe vorn in den Datenteil eines Segments aufgenommen werden; der **Zeiger auf Vorrangdaten** gibt dann die segmentbezogene Position des ersten folgenden „regulären" Bytes an.

Flags

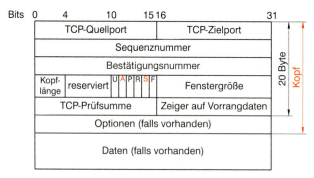

Bild 1.69: Der Header von TCP

Daneben enthält der Header eine Reihe von Flags (1-Bit-Variable), die für den weiteren Protokollablauf von Bedeutung sind. So ist der Wert im Feld Bestätigungsnummer nur dann relevant, wenn das **ACK-Flag** (acknowledgement: Bestätigung) gesetzt ist. Der Zeiger auf Vorrangdaten ist nur relevant, wenn das **URG-Flag** gesetzt ist. Das **PSH-Flag** (push) fordert den Empfänger auf, umgehend alle Empfangsdaten (einschließlich des aktuellen Segments) aus dem Empfangspuffer an die empfangende Anwendung zu übergeben. Die restlichen Flags werden weiter unten erläutert.

■ **Die TCP-Verbindung im Überblick**

Zustände!

Eine Verbindung kennt eine Reihe von Zuständen, die während ihrer Existenz durchlaufen werden (können). Bild 1.70 zeigt ein sehr stark vereinfachtes Zustandsdiagramm einer TCP-Verbindung.

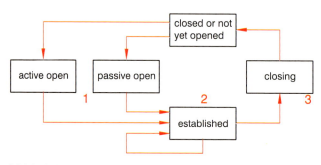

Bild 1.70: Vereinfachtes Zustandsdiagramm einer TCP-Verbindung

Streng genommen kann es den Zustand „closed or not yet opened" gar nicht geben, weil es dazu noch keine Verbindung bzw. keine Verbindung mehr gibt, die diesen Zustand einnehmen könnte. Die Verbindung besteht aus drei Phasen:

1. Ein Client, der sich mit einem Server verbindet, führt ein „active open" aus. Der empfängliche und den Verbindungswunsch annehmende Server dagegen geht in den Zustand „passive open" über.
2. Anschließend sind beide im Zustand „established" und können Daten austauschen.
3. Einer von beiden schließt die Verbindung und beendet sie damit.

drei Phasen

■ Der Verbindungsaufbau

Um den Verbindungsaufbau einzuleiten, richtet der Client einen Socket ein und wählt nach dem Zufallsprinzip eine **ISN** (**I**nitial **S**equence **N**umber). Er sendet ein Eröffnungssegment mit gesetztem **SYN-Flag** (Bild 1.69) und der ISN im Header über die IP-Schicht an den Server. Dieser nimmt die Verbindung dadurch an, dass er auch einen Socket einrichtet, seinerseits eine ISN wählt und mit einem Bestätigungssegment antwortet. In dessen Header ist das SYN-Flag gesetzt und zusätzlich das ACK-Flag, weil er den Empfang des SYN-Flags bestätigt, welches ausnahmsweise wie ein Byte im Datenstrom zählt. Die eingetragene Bestätigungsnummer ist um eins höher als die empfangene Sequenznummer. Die serverseitige ISN ist natürlich die Sequenznummer im Antwortsegment. Durch diesen fälschlicherweise als „Synchronisation" bezeichneten Vorgang werden die Bytezähler (Sequenznummer und Bestätigungsnummer) beider Seiten miteinander abgeglichen und keine Zeitinformation.

Verbindungsaufbauphase

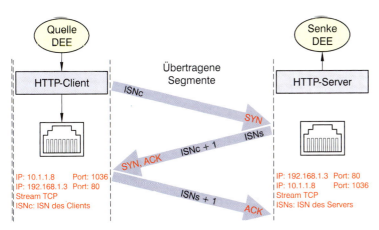

Bild 1.71: TCP-Verbindungsaufbau

Dieses Verfahren wird **Three-Way-Handshake** genannt. Es bereitet keine Probleme, wenn beide Seiten gleichzeitig einen *active open*-Vorgang einleiten; man spricht dann von *simultaneous open*.

■ 1 Planung, Aufbau und Konfiguration von Netzwerken

■ Das SYN-Flag wird nur beim Verbindungsaufbau verwendet.

Nach erfolgtem Verbindungsaufbau können beide Seiten senden und empfangen.

Eine wichtige TCP-Option heißt **MSS** (**M**aximum **S**egment **S**ize). Sie kann nur im ersten Segment bei gesetztem SYN-Flag verwendet werden. Mit ihr gibt die sendende Seite die Größe des größten Segments an, das sie empfangen kann. Die meisten hier deklarierten Werte liegen zwischen 1024 und 16 384 Byte. Fehlt die MSS, wird 536 als Standardwert angenommen.

■ Eine TCP-Verbindung ist virtuell; sie „besteht" nur aus den Zuständen der Sockets. Wenn gerade keine Daten ausgetauscht werden, darf die physikalische Verbindung sogar zeitweilig unterbrochen sein, ohne dass dies die TCP-Verbindung berührt.

■ Der Verbindungsabbau

Verbindungsabbauphase

Der Verbindungsabbau läuft nach einem modifizierten Three-Way-Handshake ab. Wegen des Vollduplex-Charakters der Verbindung kann jede Seite getrennt einen Abbau einleiten (**FIN-Flag**), wenn sie keine Daten mehr zu übertragen hat. Die Gegenseite kann aber dennoch weitersenden, bis auch sie ihre Hälfte schließt. Dieser reguläre Ablauf heißt auch *Graceful Close*. Bild 1.72 stellt ihn analog zum Verbindungsaufbau dar.

Graceful Close

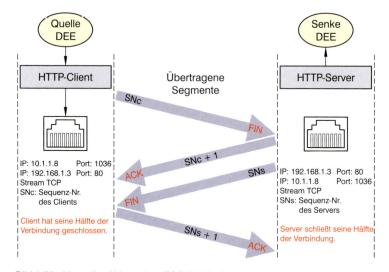

Bild 1.72: Normaler Abbau einer TCP-Verbindung

■ Das FIN-Flag wird nur beim Verbindungsabbau verwendet.

1.4 TCP/IP – Die Protokolle für Internet und Intranet

In Ausnahmesituationen gibt es noch die Möglichkeit, die Verbindungen abrupt zu beenden, indem das **RST-Flag** (**R**e**s**e**t**) im Header gesendet wird. Solche Situationen könnten sein:

Abort

- Auf dem Zielport lauscht kein Server.
- Ein System ist abgestürzt und hat alle Daten verloren.
- Trotz erfolgter Wiederholungen ist nach einer bestimmten Zeit keine Empfangsbestätigung der Gegenseite eingetroffen.

Der Empfang solcher Segmente wird nicht mehr bestätigt, sondern es werden die Verbindung und ggf. noch in Puffern gehaltene Daten unmittelbar verworfen.

■ Die Übertragungsphase

Das grundlegende Konzept von TCP heißt **PAR** (**P**ositive **A**cknowledgement with **R**etransmission): Ein Segment wird verschickt und ein diesem Segment zugeordneter *Retransmission Timer* gestartet. Dann wartet TCP darauf, von der Gegenseite ein Segment zu empfangen, dessen Bestätigungsnummer größer ist als die Sequenznummer des zu quittierenden Pakets (ein gesetztes ACK-Flag deklariert dabei die Sequenznummer als gültig). Dies kann ein reines ACK-Segment sein, wenn es in Gegenrichtung nichts zu übertragen gibt, es kann aber auch ein „normales" Datensegment dazu verwendet werden. Trifft ein solches Segment ein, bevor der Timer abgelaufen ist, gilt das Paket als ordnungsgemäß zugestellt. Läuft der Timer jedoch vorher ab (Bild 1.73), beginnt eine zeitlich begrenzte Folge von Sendewiederholungen.

Übertragungsphase

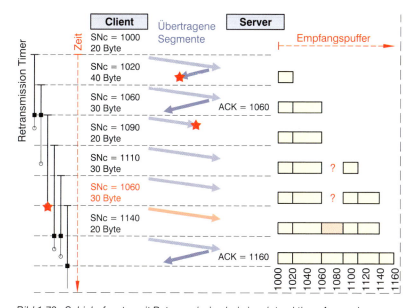

Bild 1.73: Schiebefenster mit Retransmission bei einer interaktiven Anwendung

So weit das Prinzip – nun einige ausgesuchte Spezialitäten.

65

1 Planung, Aufbau und Konfiguration von Netzwerken

■ Interaktive Anwendungen

Von der Applikation eintreffende Daten werden in internen Puffern so lange akkumuliert, bis ein maximal großes Segment (MSS) verschickt werden kann. Dadurch wird vermieden, viele kleine Segmente zu senden. Für die geschlossene Übertragung größerer Datenmengen ist dieses Verhalten angemessen, nicht jedoch für interaktive Anwendungen, wie zum Beispiel Telnet. Hier müssen Tastatureingaben vom Client zum Server und als Bildschirmecho zurückübertragen werden. Da dem Benutzer nicht zugemutet werden kann, so lange blind zu schreiben, bis die MSS erreicht ist, wird durch das Setzen des PSH-Flags erzwungen, dass für jeden Tastendruck bis zu vier Segmente über das Netz gehen.

siehe Kap. 1.4.4.1

■ Fensterbildung

Bei jedem Segment zu warten, bis die Bestätigung eintrifft, ist ineffektiv. TCP gewährt daher der Gegenseite einen Sende-„Kreditrahmen", der im Headerfeld Fenstergröße (Bild 1.69) an den Sender übermittelt wird. Er wird in Byte gemessen und gibt an, wie viele Daten der Sender aussenden darf, ohne dass er eine Bestätigung erhalten hat. Der Empfänger muss dann nicht jedes Segment einzeln bestätigen, sondern immer so viel wie möglich – im Idealfall eine ganze Fenstergröße auf einmal. Mit dem letzten Segment bestätigt er auch automatisch alle vorangegangenen (Bild 1.73), deswegen ist auch der Verlust eines reinen Bestätigungsrahmens nicht weiter tragisch. Dadurch, dass er die Fenstergröße eigenen Bedürfnissen (Speichermangel) entsprechend bis zum Wert 0 herunterfahren kann, ist eine optimale Flusskontrolle gewährleistet.

Schiebefensterprotokoll

■ Der Retransmission Timer

Die Zeit für die richtige Einstellung des Retransmission Timers ist kritisch, weil er die Performance (Leistungsfähigkeit) der Verbindung bestimmt und sein Optimalwert abhängig von der Netzlast stark schwanken kann.

der wichtigste von mehreren Timern

> ■ Ist der Wert zu niedrig, werden zu viele unnötige Sendewiederholungen ausgelöst, was die Netzlast erhöht.
> ■ Ist der Wert zu hoch, wird ein verlorenes Segment zu spät nachgesendet und es kann zum Puffer-Engpass beim Empfänger führen, der alle bis dahin aufgelaufenen Segmente zwischenspeichern muss.

Dazu misst TCP ständig die als **RTT** (**R**ound **T**rip **T**ime) bezeichnete Zeit zwischen dem Aussenden eines Paketes und dem Eintreffen der Bestätigung. Es existieren mehrere Algorithmen, die dazu dienen, abhängig von der Verkehrslast im Netz den jeweils optimalen Wert für diesen Timer zu bestimmen.

Zeit für eine Rundreise

> ■ TCP optimiert sein Verhalten in Abhängigkeit von der Netzlast.

Diese Algorithmen, die hier nicht behandelt werden können, sind in der speziellen Fachliteratur unter den Namen

die TCP-Algorithmen

- Slow-Start-Algorithmus,
- Congestion-Avoidance-Algorithmus,
- Karn-Algorithmus,

- Fast-Retransmit-Algorithmus,
- Fast-Recovery-Algorithmus und
- Silly-Window-Avoidance-Algorithmus geführt.

1.4.3.5 Network Address Translation

Der zweite Ausweg aus einer sich abzeichnenden Krise zu knapp werdender IP-Adressen neben CIDR (Kap. 1.4.2.1) ist die Verwendung offizieller globaler Adressen nur noch dort, wo es nötig ist: bei den Routern, die den Übergang von einem lokalen Netz ins Internet darstellen. Dadurch kann man innerhalb der lokalen Netze die hierfür reservierten immer gleichen Adressbereiche (Bild 1.26) verwenden und braucht keine der globalen Adressen.

■ Lokale Adressen sparen globale Adressen ein.

Das Problem ist jedoch, dass die privaten Adressen außerhalb der lokalen Netze nicht gelten und die Pakete spätestens beim Router des Providers verworfen werden.

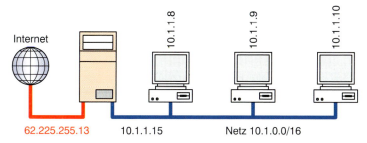

Bild 1.74: Der NAT-Router zwischen Internet und Intranet

Der lokale Router muss dazu eine Adressübersetzung durchführen, bei der alle lokalen Adressen auf seine offizielle IP-Adresse abgebildet werden. Dieser Vorgang heißt allgemein **NAT** (**N**etwork **A**ddress **T**ranslation, RFC 1631) oder bei Linux auch *Masquerading*. Nach außen tritt allein der NAT-Router als Kommunikationspartner in Erscheinung.

Zu diesem Zweck werden die Ports ab 61000 verwendet, die tabellarisch mit den Kommunikationsbeziehungen der lokalen Clients verknüpft werden.

Externe Verbindungen		Interne Verbindungsanforderungen	
		von Client	zu Server
212.1.39.34:80	62.225.255.13:61000	10.1.1.8:1036	212.1.39.34:80
194.95.249.246:80	62.225.255.13:61001	10.1.1.9:1028	194.95.249.246:80
212.63.159.72:80	62.225.255.13:61002	10.1.1.10:1234	212.63.159.72:80
	......		
	62.225.255.13:65096		

Verknüpfungstabelle

Bild 1.75: Beispiel für die Zuordnungstabelle eines NAT-Routers (rot gerahmt)

■ 1 Planung, Aufbau und Konfiguration von Netzwerken

Dem unbestreitbaren großen Vorteil der Adresseneinsparung steht aber gegenüber, dass keiner der vom NAT-Router maskierten lokalen Rechner (ohne Weiteres) von außen ansprechbar ist.

Beziehungen sollten von innen kommen

■ Zu lokalen Rechnern hinter einem NAT-Router kann von außen keine Kommunikationsbeziehung aufgebaut werden.

Ein weiteres Einsatzgebiet von NAT sind Load Balancer (Lastverteiler), die Anfragen an einen virtuellen Server auf mehrere physische Server umlenken, um alle etwa gleichmäßig stark auszulasten.

Load Balance

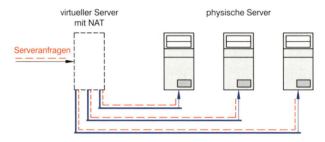

Bild 1.76: Virtueller Server als Lastverteiler

1.4.3.6 Das Stream Control Transmission Protocol (SCTP)

TCP und UDP können die Anforderungen für Multimediaanwendungen nicht vollständig erfüllen. Deshalb hat die IETF, sozusagen als Weiterentwicklung von TCP, in RFC 4960 dafür das Stream Control Transmission Protocol spezifiziert. Es stellt zurzeit der Drucklegung dieses Buches allerdings noch keinen endgültigen Standard dar, wird aber vielfach schon fast so behandelt. Während in einer bidirektionalen TCP-Verbindung (connection) ein unidirektionaler Stream in jede der beiden Richtungen führt, gehören zu einer SCTP-**Association** mehrere unidirektionale Streams in beide Richtungen, auch verknüpft mit mehreren IP-Adressen auf jeder Seite. Im Gegensatz zum byteorientierten Stream von TCP bestehen die Streams bei SCTP aus Nachrichten (Messages).

association = SCTP-Verbindung

■ Eine IP-Adresse zusammen mit einer SCTP-Portnummer definiert einen SCTP-Socket.

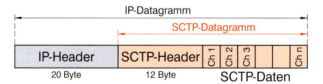

Bild 1.77: IP-Datagramm mit eingebettetem SCTP-Paket

Bei einem SCTP-Paket folgen einem gemeinsamen Header einzelne „Container" (chunks), die zu unterschiedlichen Datenströmen gehören können: Nutzlast (user data) oder Verbindungssteuerungsnachrichten (Bild 1.77).

1.4.4 Protokolle und Dienste der Anwendungsschicht (Auswahl)

Menschen sprechen **durch** das Telefon mit Menschen, sie sprechen (noch) nicht **mit** dem Telefon. Clients kommunizieren **durch** das Transportsystem **mit** Servern und umgekehrt (horizontale Kommunikation). Die Serverprogramme und die Client-Programme der einzelnen Betriebssysteme tragen oft den Namen der Dienste/Protokolle bzw. sind direkt aus ihnen abgeleitet; beispielsweise heißt der Telnet-Client von Windows einfach *telnet*, während der Telnet-Server auf vielen Unix-Servern *telnetd* heißt.

1.4.4.1 Der Telnet-Dienst

Eines der elementarsten Anwendungsprotokolle ist Telnet (abgeleitet aus **Te**lecommunications **Net**work Protocol, RFC 854/855). Es gestattet über eine TCP-Verbindung (Port 23) die Fernsteuerung eines Rechners im Textmodus; der dazu benutzte Rechner wird zum Terminal des entfernten.

Fernsteuerung

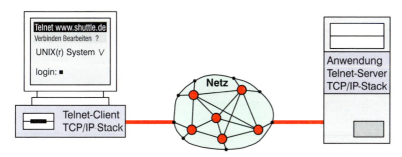

Bild 1.78: Telnet-Client und -Server

Tastatureingaben des Benutzers werden zum Serverprozess gesendet und vom Server empfangene Zeichen im Bildschirm(-fenster) des Arbeitsplatzrechners dargestellt. Client und Server gehen dabei von einem *network virtual terminal* (NVT) als gemeinsamer (virtueller!) Gerätebasis (RFC 782) aus. Insbesondere der Client muss mit den ihm auf dem Arbeitsplatzrechner zur Verfügung stehenden Möglichkeiten des lokalen Betriebssystems und der lokalen Hardware die NVT-Funktionen realisieren. Beide benutzen den 7-Bit-ASCII-Zeichensatz, bei dem in jedem Byte das höchstwertige Bit 0 ist.

Beispiel-Sitzung siehe Bild 1.84

Über die NVT-Eigenschaften hinaus können Client und Server auch Zusatzoptionen aushandeln, um beispielsweise die Fähigkeiten bestimmter Hardware zu nutzen. Dies wird durch Austausch von Protokollelementen bewirkt, denen das *IAC-Byte* (**i**nterpret **a**s **c**ommand) mit dem Wert 255 vorangestellt wird. Die Protokollelementtypen sind als Zahlen über 127 codiert (das höchstwertige Bit ist 1):

siehe auch Kap. 4.3.5 „Einfache IT-Systeme"

- WILL (Code 251: Der Rechner1 möchte die Option selbst aktivieren)
- DO (Code 253: Der Rechner1 möchte, dass der Rechner2 die Option aktiviert)
- WONT (Code 252: Der Rechner1 möchte die Option selbst deaktivieren)
- DONT (Code 254: Der Rechner1 möchte, dass der Rechner2 die Option deaktiviert)

■ 1 Planung, Aufbau und Konfiguration von Netzwerken

Mögliche Protokollabläufe sind dann:

Rechner1	Rechner2	Rechner1	Rechner2	Rechner1	Rechner2
WILL →		DO →		WONT →	
	← DO		← WILL		← DONT
WILL →		DO →		DONT →	
	← DONT		← WONT		← WONT

Bild 1.79: Telnet-Protokoll

Beispielhaft für mehrere im Protokoll vorgesehene Optionen werden hier erwähnt:

- Die Echo-Option (wer, Client oder Server, erzeugt für den Benutzer eine Darstellung seiner eigenen Eingaben?).
- Etwas ausführlicher die Option *terminal type*. Hier hat sich der im Unix-Umfeld verbreitete Typ VT-100 als Standardterminal etabliert.

Ursprünglich handelte es sich um ein Gerät (**V**ideo **T**erminal) des Herstellers DEC (**D**igital **E**quipment **C**orporation), der in der Vor-PC-Ära nach IBM zweitgrößter Computerhersteller der Welt war.
VT100 ist in der VT-102-Variante zur ANSI-Norm X3.64 erhoben worden und wird in MS-DOS als ANSI.SYS-Treiber den BIOS-Funktionen vorgeschaltet, um die Bildschirmsteuerungsfunktionen zu gewährleisten.

Bild 1.80: VT-100-Emulation als Terminaleinstellung beim Windows-Client

Jede Optionsverhandlung besteht aus drei Bytes:

- IAC-Byte.
- Type-Code (WILL ...).
- Einem numerischen Code für die Option, z. B. 24 für den dann noch gesondert auszuhandelnden Terminaltyp.

Dies geschieht dann als *subnegotiation* (negotiation: Verhandlung), die von den Protokollelementen der Typen 250 (SB: **s**ubnegotiation **b**egin) und 240 (SE: **s**ubnegotiation **e**nd) eingerahmt wird:

1. Rechner1: IAC DO TERMINAL-TYPE
             255 253 24
2. Rechner2: IAC WILL TERMINAL-TYPE
             255 251 24
3. Rechner1: IAC SB   TERMINAL-TYPE SEND   IAC SE
             255 250 24   1   255 240
4. Rechner2: IAC SB   TERMINAL-TYPE IS DEC-VT100   IAC SE
             255 250 24   0 „DEC-VT100" 255 240

1.4 TCP/IP – Die Protokolle für Internet und Intranet ■

Von der Optionsaushandlung bemerkt der Benutzer nichts, da sie vollautomatisch abläuft. (Die Aufrufoption telnet toggle options beim Telnet-Client in LINUX zeigt den Gang der Verhandlungen an.)

> ■ Während Telnet für den normalen Anwender wegen der heute üblichen grafischen Benutzeroberflächen fast nicht mehr von Bedeutung ist, kann es dem Systembetreuer gute Dienste bei der Fernwartung leisten.

siehe Kap. 1.4.4.3 bis 1.4.4.6

Wie später noch gezeigt wird, lassen sich damit auch Serverprozesse anderer Dienste ganz elementar auf ihre Funktion prüfen.

1.4.4.2 Der Namensdienst im Domain Name System (DNS)

Die in der Netzwerkschicht verwendeten Adressen sind 32-Bit-Zahlen – demnächst bei IPv6 sogar 128-Bit-Zahlen –, die zwar gut für Maschinen, weniger aber für Menschen geeignet sind. Da eine Adressierung mit Namen sinnhaft Bedeutungen darstellt, ist sie viel einfacher zu merken als Zahlengruppen.

Rechner im Internet werden mit Namen belegt und in immer größeren Gruppen, sogenannten Namensdomänen, zusammengefasst. Ein Name muss damit nur noch innerhalb einer solchen Domäne eindeutig sein, daher können alle Webserver den lokalen („Vor"-)Namen www tragen, weil sie sich durch ihre „Nachnamen" voneinander unterscheiden.

Namen weltweit eindeutig

Das DNS ist eine weltweit verteilte Datenbank, weil eine zentralisierte Datenhaltung bei diesem Volumen und dessen Änderungsgeschwindigkeit nicht mehr möglich ist. Die **I**nternet **C**orporation For **A**ssigned **N**ames And **N**umbers (ICANN) hat auf der obersten Ebene dieses hierarchischen Systems die sogenannten **T**op **L**evel **D**omains (TLD) festgelegt (Bild 1.81a).

TLD	Beschreibung
	Traditionelle TLD (USA, Generic Domains, gTLD)
com	Kommerzielle Betreiber
gov	US-Bundesregierung
mil	Militär
net	Netzprovider
edu	Universitäten
int	Internationale Organisationen, basierend auf internationalen Abkommen
org	Sonstige große Organisationen
arpa	Spezialdomain für DNS-Rückwärtsauflösung und IP-Telefonie (VoIP); vgl. auch Kap. 1.4.4.8

Bild 1.81a: Traditionelle Top-Level-Domains

■ 1 Planung, Aufbau und Konfiguration von Netzwerken

TLD	Beschreibung	TLD	Beschreibung
	Länderkürzel nach ISO 3166 (Country Code Domains)		**Neue TLD** (November 2000)
au	Australien	aero	Luftfahrtindustrie
at	Österreich	coop	genossenschaftliche Organisationen
de	Deutschland	museum	Museen
it	Italien		sponsored (ab 2003)
uk	Großbritannien (nicht gemäß ISO 3166)	asia	Region Asien/Australien/Pazifik
...	weitere 267 Kürzel (Stand: 29.4.2005, IANA)	cat	sprach-/kulturspezifisch: katalanisch
	Neue TLD (November 2000–2002)	jobs	Personalwirtschaft
	unsponsored	mobi	Web-Inhalt optimiert fürs Mobiltelefon
biz	Unternehmen	tel	VoIP
info	ohne Einschränkung	travel	Touristik-Branche
name	Privatpersonen		
pro	Anwälte, Steuerberater, Ärzte		

Bild 1.81b: Länderkürzel (ccTLDs) und neue Top-Level-Domains

DENIC e. G.

In den einzelnen Ländern gibt es Registraturen, in denen sich Behörden, Unternehmen oder Privatpersonen die sogenannten Second Level Domains gegen Gebühr einrichten lassen können. Diese Registraturen (meist Provider) sind in Deutschland in der Genossenschaft DENIC e. G. zusammengeschlossen. Diese Genossenschaft betreibt auch die für die TLD „de" zuständigen Nameserver. Die Betreiber der ccTLDs haben sich zu einem Interessenverband zusammengeschlossen, der sich unter *www.centr.org* dargestellt. Wer Inhaber einer Domain ist, kann sich mit eigenen Nameservern eine weitere Unterteilung in Subdomains einrichten.

Ein Rechner wird nun dadurch adressiert, dass man sich von seiner (Blatt-) Position im Domainbaum (*iridium*) in Richtung der Baumwurzel (in Bild 1.82) bewegt, alle durchlaufenen Knoten auflistet und die Namen (auch „lables" genannt) durch Punkte trennt. Der durch den Pfeil (Bild 1.82) gekennzeichnete Rechner heißt mit vollem Namen (FQDN, **F**ully **Q**ualified **D**omain **N**ame) also

iridium.rechenzentrum.th-beispiel.de

Arbeitet dieser Rechner nach außen als Webserver, so kann er den Zweitnamen *www* erhalten und unter *www.rechenzentrum.th-beispiel.de* angesprochen werden.

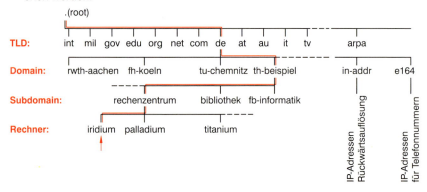

Bild 1.82: Die Hierarchie des DNS

■ Nameserver (NS)

Weltweit gibt es derzeit dreizehn Root-NS, die bei einer Anfrage wiederum auf die untergeordneten NS der (Top Level) Domainbetreiber (z. B. DENIC) verweisen, diese ggf. wieder auf die NS in den Subdomains usw. So müssen die ohnehin hoch belasteten Root-NS nicht die Details in den einzelnen lokalen Netzen kennen.

UDP Port 53

Der Domainbetreiber setzt seinen eigenen (primary) NS auf, der dann für diese Domain und die Subdomains zuständig (autoritativ, Bild 1.83) ist. Zusätzlich muss wegen der Wichtigkeit dieses Dienstes mindestens ein weiterer (secondary) NS existieren.

primärer NS

sekundärer NS

> ■ RFC 2182: „**Secondary servers** must be placed at both topologically and geographically dispersed locations on the Internet, to minimize the likelihood of a single failure disabling all of them."

Sekundäre NS werden so konfiguriert, dass sie automatisch ein Update (hier *Zonentransfer* genannt) von ihrem primären NS durchführen.

UDP und TCP Port 53

Eine wichtige Eigenschaft der Nameserver ist ihre Fähigkeit, bereits beschaffte Adressinformationen mittelfristig in einem Cache-Speicher abzulegen.

> ■ **Lokale Nameserver** vermindern das Verkehrsaufkommen nach außen und entlasten damit die Internetanbindung und die übergeordneten Netzebenen.

Netz wird entlastet

Ein Einzelplatzrechner (im privaten Bereich) kann so konfiguriert werden, dass er auf den NS des Providers zugreift. Aber gerade bei größeren lokalen Netzen sind eigene NS empfehlenswert, wenn sie nicht ohnehin vorgeschrieben sind (für Domainbetreiber).

> ■ Ein **Nameserver** verwaltet auch die Adressen der für die Domain zuständigen E-Mail-Server.

Die Konfiguration eines NS ist nicht immer ganz einfach; aber ist er einmal in Betrieb, verhält er sich nicht sehr wartungsintensiv.

■ Clients

Die Client-Applikationen (Browser, E-Mail-Programme usw.) akzeptieren grundsätzlich sowohl die numerischen Netzwerkadressen – soweit bekannt – als auch die Domainnamen. Im zweiten Falle versuchen sie selbsttätig, eine Namensauflösung (in die numerische Adresse) durchzuführen. Der Benutzer bemerkt dies normalerweise nicht. Die meisten Betriebssysteme realisieren diese Aufgabe als Bibliotheksfunktion (Linux: *gethostbyname()*) und nicht als eigenständigen Prozess. Zur Adressauflösung kann sowohl eine lokale Datenbasis oder der DNS-Dienst herangezogen werden. Die lokale Datenbasis

„Resolver"-Funktion

befindet sich bei Linux in der Datei /etc/hosts, bei WinNT in der Datei %Systemroot%\system32\drivers\etc\hosts.

In beiden Fällen handelt es sich um ASCII-Textdateien aus einfachen Zeilen des Formats

<IP-Adresse> <Rechnername> [[<weitere Namen dieses Rechners>] ...]

Telefonbuch oder Auskunft?

für jeden Rechnereintrag. Ob zuerst in der Hosts-Datei (bei überwiegendem Binnenverkehr) oder zuerst beim NS (bei überwiegend externem Verkehr) gefragt werden soll, ist konfigurierbar. Allerdings ist die Verwendung der Hosts-Datei nur in kleinen Netzen praktikabel.

Für die Fehlersuche des Netzverwalters und der interessierten Normalnutzer gibt es aber auch in WinNT und Linux ein elementares Client-Programm mit dem Namen nslookup. Der (im System voreingestellte) NS meldet sich nach Aufruf und bei jeder Anfrage mit seinem Namen (Bild 1.83). Nicht autoritative Auskünfte werden als solche gekennzeichnet.

```
# nslookup
Default Server: www-proxy.AC1.srv.t-online.de
Address: 212.185.249.84
```

Nachfrage bei der Auskunft

```
> www.coca-cola.de
Server: www-proxy.AC1.srv.t-online.de
Address: 212.185.249.84

Non-authoritative answer:     ←
Name: www.coca-cola.de
Address: 212.1.39.34

> www.k.shuttle.de
Server: Server: www-proxy.AC1.srv.t-online.de
Address: 212.185.249.84

Non-authoritative answer:     ←
Name: frankfurt.shuttle.de
Address: 194.95.249.246
Aliases: www.k.shuttle.de

> www.t-online.de
Server: www-proxy.AC1.srv.t-online.de
Address: 212.185.249.84

Name: www.t-online.de
Addresses: 194.25.134.132, 212.185.46.135
```

Bild 1.83: Direkte Befragung eines Nameservers

1.4.4.3 Das Hypertext Transfer Protocol (HTTP)

Unter Zuhilfenahme des DNS ist HTTP heute das am meisten eingesetzte Anwendungsprotokoll im Internet. Der mit HTTP erreichbare Teil des Internets wird auch Web genannt und häufig mit dem Internet gleichgesetzt. Seine Beliebtheit verdankt es der Tatsache, dass es mit ihm erstmals gelungen ist, die Internet-Kommunikation drastisch zu vereinfachen und damit jedermann zu ermöglichen. Auf dem Benutzer dargebotenen Dokumenten kann durch Mausklick auf Textstellen und Bilder zu weiteren Dokumenten verzweigt werden (Hypertext), ähnlich einfach können Optionsschalter betätigt und Datenfelder ausgefüllt werden, sodass fast beliebige Anwenderdaten über Webserver zu jeglichen Servern transportiert werden können.

Das „Web" ist ein Teil des Internets

siehe auch Kap. 8.1.1 „Anwendungsentwicklung"

■ Das HTTP-Protokoll darf nicht mit der Seitenbeschreibungssprache HTML (Hypertext Markup Language) verwechselt werden.

Im Gegensatz zum Telnet-Protokoll, bei dem binär codierte Elemente (Zahlen über 127) ausgetauscht werden, findet bei HTTP der Dialog (Client-Request/Server-Response) weitgehend in Klartext (ASCII-Text) statt, ebenfalls über eine TCP-Verbindung.

siehe Kap. 1.4.4.1

Der in Bild 1.84 dargestellte Mitschnitt eines kleinen Client-Server-Dialogs stellt beispielhaft einige wesentliche Elemente dar. Zeile 1 zeigt, dass ein einfacher Telnet-Client dazu dienen kann, die Dinge zu enthüllen, die der Browser (HTTP-Client) verbirgt. Der Telnet-Client wird aufgerufen, eine Verbindung zum Port 80 (HTTP-Standard-Port) eines Web-Servers aufzubauen. In Zeile 2 hat der Telnet-Client bereits den DNS befragt und die IP-Adresse erhalten. In Zeile 3 meldet er das Zustandekommen der Verbindung und Zeile 4 informiert den Benutzer, wie er in den Telnet-Kommandomodus gelangt (hier nicht verwendet).

■ **Ein Beispieldialog**

```
1    comcom:~ telnet www.fh-beispiel.de 80
2    Trying 192.168.1.3...
3    Connected to www.fh-beispiel.de.
4    Escape character is '^]'.
5    GET /~wefr/iuk/index.html HTTP/1.0
6
7    HTTP/1.1 301 Moved Permanently
8    Date: Wed, 18 Apr 2001 10:09:14 GMT
9    Server: Apache/1.3.19 (Unix) PHP/4.0.4pl1 mod_ssl/2.8.2 OpenSSL/0.9.6
10   Location: http://www2.fh-beispiel.de/~wefr/iuk/index.html
11   Connection: close
12   Content-Type: text/html; charset=iso-8859-1
13
14   <!DOCTYPE HTML PUBLIC "-//IETF//DTD HTML 2.0//EN">
15   <HTML><HEAD>
16   <TITLE>301 Moved Permanently</TITLE>
17   </HEAD><BODY>
18   <H1>Moved Permanently</H1>
```

■ 1 Planung, Aufbau und Konfiguration von Netzwerken

```
19   The document has moved <A HREF="http://www2.fh-beispiel.de
     /~wefr/iuk/index.html">here</A>.<P>
20   </BODY></HTML>
21   Connection closed by foreign host.
```

Bild 1.84: Bildschirmprotokoll eines HTTP-Dialogs

■ **HTTP-Request und -Response**

Die Zeilen 5 und 6 des obigen Beispieldialogs sind der obligatorische Teil eines HTTP-Requests nach RFC 2616:

Request nach RFC 2616

1	Request-Line		
	Methode	URI	HTTP-Version
	GET	/~wefr/iuk/index.html	HTTP/1.0
2	Message Header (optional), variable Zeilenzahl		
3	Leerzeile		
4	Message Body (optional)		

Bild 1.85: Struktur eines HTTP-Requests

Mit der Methode GET wird die durch den URI (**U**niform **R**esource **I**dentifier) spezifizierte Ressource und eine Fortsetzung des Dialogs nach Version 1.0 des Protokolls angefordert. Der Request in Bild 1.84 enthält weder *Message Header* noch *Message Body*. Die Zeilen 7 bis 20 stellen die Antwort des Servers dar:

Response

1	Status-Line		
	HTTP-Version	Status-Code	Status-Text
	HTTP/1.1	301	Moved Permanently
2	Message Header (optional), variable Zeilenzahl		
3	Leerzeile		
4	Message Body (abhängig von Methode und Statuscode)		

Bild 1.86: Struktur einer HTTP-Response

Die Zeile 7 heißt **Status-Line** und zeigt an, dass der Server auch die Protokollversion 1.1 versteht. Sie verweist ferner in diesem Fall darauf, dass das angeforderte Dokument „umgezogen" ist. Einige andere Statusmeldungen, denen man häufig begegnet, zeigt Bild 1.87:

Status

Status-Code	Status-Text
200	OK (Sieht man im Browser nie!)
401	Unauthorized
403	Forbidden
404	Not Found

Bild 1.87: HTTP-Statusmeldungen (Auswahl)

1.4 TCP/IP – Die Protokolle für Internet und Intranet

Die Zeilen 8 bis 12 sind der **Message Header**: allgemeine, meist für sich sprechende Informationen wie die Server-Implementation etc. Das Feld *connection* hat den Wert close, das bedeutet, dass der Server gemäß Protokollversion 1.0 die Verbindung sofort nach der Antwort schließt. Die obligatorische Leerzeile (Zeile 13) markiert das Ende des Message Headers.

Die Zeilen 14 bis 20 stellen den (in Bild 1.84 blau wiedergegebene) **Message Body** dar, eine HTML-Seite (mit eigenem Body!). Eine HTML-Seite als Message Body ist der Normalfall. Es können aber auch binäre Daten übertragen werden, dann wird im Message Header ein Feld *Content-Length* mit der exakten Länge in Bytes vorangestellt.

Transparenz für binäre Daten

Zeile 21 stammt wieder vom Telnet-Client, der das Ende der Verbindung meldet. Ein Browser würde an dieser Stelle die Umleitungsanweisung verstehen und einen neuen Request an die angegebene Adresse versenden. Für den Telnet-Client ist der Fall erledigt.

■ HTTP-Methoden
Diese Methoden können in einem HTTP-Request angegeben werden:

Methode	Beschreibung	
OPTIONS	Abfrage der verfügbaren Optionen	(optional)
HEAD	Holen der Kopfinformation eines Dokuments	(obligatorisch)
GET	Holen eines durch den URI spezifizierten Dokuments	(obligatorisch)
POST	Übergabe des Message-Body, z. B. Formulareingaben, URI spezifiziert das CGI-Programm	(optional)
PUT	Übergabe des Message-Body, URI spezifiziert das Übergabe-Objekt	(optional)
DELETE	Löschen des durch den URI spezifizierten Objekts	(optional)
TRACE	Diagnose-Funktion	(optional)

Bild 1.88: HTTP-Methoden

Insbesondere die Methode **POST** ist die Standardmethode, um Eingabedaten aus Formularen an die Applikationen über die CGI-Schnittstelle des Servers zu senden. In der neueren Protokollversion 1.1 sind HTTP-Verbindungen prinzipiell **persistent** (anhaltend), d. h., nach einer Message (Request oder Response) wird die TCP-Verbindung nicht sofort geschlossen, sondern es besteht die Möglichkeit, über die gleiche TCP-Verbindung mehrere Messages zu transferieren.

HTTP 1.1

siehe auch Kap. 8.3.4 „Anwendungsentwicklung"

```
Name:         Frisch
```
```
<form action="/cgi-bin/textresponder.phtml" method="post">
Name: <INPUT NAME="Nachname" TYPE="text" VALUE=" ">
</form>
```
```
POST /cgi-bin/textresponder.phtml HTTP/1.0
[...
   Message Header
...]

Nachname=Frisch
```

Bild 1.89: Eingabedaten („Frisch") auf dem Benutzerbildschirm, ihre Behandlung in HTML (blau) und der resultierende HTTP-Request (auszugsweise) zur Weitergabe über den Server an ein CGI-Programm

Das entlastet den Datenverkehr, weil viele Dokumente aus Einzelkomponenten (Grafiken) bestehen, für die sonst jeweils einzelne TCP-Verbindungen eröffnet werden müssten. Außerdem werden virtuelle Server auf einem physischen Server möglich und sogenannte Proxies werden besser unterstützt.

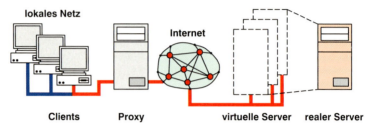

Bild 1.90: HTTP-Szenarium mit Proxy und virtuellen Servern

Proxy

■ Ein **Proxy** erfüllt die Beschaffungswünsche lokaler Clients, indem er stellvertretend für diese nach außen hin aktiv wird. Meistens wirkt er zusätzlich als Cache und kann Zugriffskontrollstrategien umsetzen.

Hat ein Proxy gerade eine Ressource beschafft, muss sie bei weiteren Anfragen anderer Clients nicht noch einmal über das Internet transportiert werden, sondern sie kann aus dem Cache des Proxies sofort an weitere Clients ausgeliefert werden.

1.4.4.4 Das File Transfer Protocol (FTP)

Dateisysteme

FTP setzt auf TCP auf und realisiert einen Dienst zur Übertragung von Dateien jeden Typs zwischen verschiedenen Computersystemen mit unterschiedlichen Dateisystemen. Zwischen einem Client und einem Server werden standardmäßig zwei Verbindungen aufgebaut: eine **Steuerverbindung** und eine **Datenverbindung.**

Die Steuerverbindung geht immer vom Client aus und zielt auf den Port 21 des Servers *(active open)*. Sie bleibt während der ganzen Sitzung bestehen, in der der Benutzer angemeldet ist, und verwendet das Telnet-Protokoll, um die Übertragungsparameter der Datenverbindung einzustellen. Der Client führt für jeden Übertragungsauftrag ein *passive open* mit einem Client-Port (z. B. 1056 im Bild 1.91) aus und teilt dem Server die Portnummer und die IP-Adresse des Clients mit.

Der Server öffnet daraufhin von seinem Port 20 aus *(active open)* die Datenverbindung zu diesem Client-Port, überträgt die Daten und schließt anschließend die Datenverbindung.

■ Auch für eine Directoryanzeige ist eine Datenverbindung nötig!

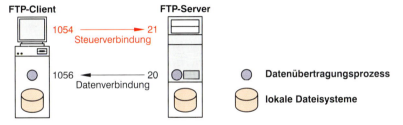

Bild 1.91: Das FTP-Arbeitsmodell (aktives FTP)

Die in Bild 1.91 veranschaulichte standardmäßige Arbeitsweise heißt **aktives FTP**. Es hat den Nachteil, dass es von Clients hinter einem NAT-Router oder einer Firewall nicht benutzt werden kann.

aktives FTP

Dafür kann die Betriebsart zum **passiven FTP** wechseln, bei dem auch die Datenverbindung vom Client zum Server aufgebaut wird.

passives FTP

Unabhängig von der Betriebsart (aktiv/passiv) kennt FTP die Übertragungstypen **ascii** und **binary**. Der Übertragungstyp binary überträgt Byte für Byte exakt. Für alle Dateien, die nicht reine ASCII-Texte enthalten, ist das angemessen. Bei den unixartigen Betriebssystemen wie Linux wird jedoch das Ende einer Textzeile durch das Steuerzeichen *Linefeed* (ASCII 10) abgeschlossen, bei den Microsoft-Betriebssystemen hingegen mit Linefeed und zusätzlichem *Carriage Return* (ASCII 13). Wird dies nicht berücksichtigt, entstehen bei einer Übertragung zwischen diesen Systemen sehr unschöne Ergebnisse (Bild 1.92).

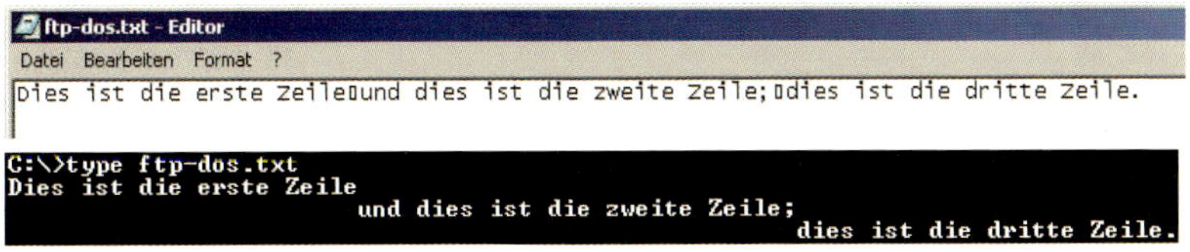

ascii oder binary

Bild 1.92: Textzeilen, die „binary" von Linux transferiert wurden

Wird im Client ascii eingestellt, findet immer die richtige Konvertierung statt. Für alle anderen Dateitypen ist die Konvertierung jedoch katastrophal!

■ Nur reine ASCII-Text-Dateien dürfen mit dem Übertragungstyp ascii übertragen werden. Voreinstellungen der Clients beachten!

Alle infrage kommenden Betriebssysteme bringen als Bordausstattung einen FTP-Client mit. Diese „elementaren" Clients basieren auf einer Kommandozeilenoberfläche und bieten unterschiedliche Sätze von etwa 30 Kommandos an. Darüber hinaus existieren für Windows einige Clients von anderen Anbietern.

■ 1 Planung, Aufbau und Konfiguration von Netzwerken

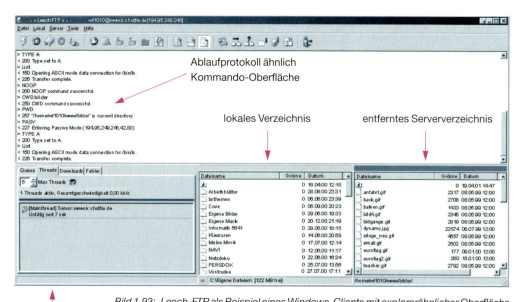

moderner Client

Bild 1.93: Leech-FTP als Beispiel eines Windows-Clients mit explorerähnlicher Oberfläche

Die wichtigsten Kommandos der elementaren Clients sind:

die wichtigsten FTP-Kommandos

Kommando	Bedeutung
open	Verbindung zum Server eröffnen
passive (*)	Umschalten in die Betriebsart passiv
dir	Anzeige des entfernten Verzeichnisses
cd	Wechseln des entfernten Verzeichnisses
lcd	Wechseln des lokalen Verzeichnisses
get	Download einer Datei vom entfernten ins lokale Verzeichnis
reget (*)	Fortsetzen einer unterbrochenen Übertragung
put	Upload einer Datei vom lokalen ins entfernte Verzeichnis
ascii	Umschalten in den Übertragungstyp ascii
binary	Umschalten in den Übertragungstyp binary
help	Anzeigen von Hilfen
close	Schließen der Steuerverbindung
quit	Verlassen des Clients

Bild 1.94: Die wichtigsten FTP-Kommandos (* = fehlt bei DOS/Windows-Client)

Die dreistelligen Zahlen im Protokollablauf-Fenster in Bild 1.93 bedeuten Statusmeldungen ähnlich denen bei HTTP.

anonymes FTP

Als Besonderheit sind noch die öffentlichen FTP-Server zu erwähnen, bei denen man sich standardisiert als „anonymous" einloggt und aus Höflichkeit als Passwort seine E-Mail-Adresse angibt. Beispielsweise bieten so Universitäten Public Domain Software an.

1.4.4.5 Das Simple Mail Transfer Protocol (SMTP)

Dieses Protokoll dient zum Versand elektronischer Post (Electronic Mail) und wurde zu einer Zeit (RFC 821, 1982) entwickelt, als UNIX noch ein Betriebssystem nur für vergleichsweise große Rechnersysteme war und E-Mail-Empfänger deren eingetragene Benutzer. Da es fast noch keine PCs gab, bedeutete Arbeit am Computer Arbeit an einem der wenigen „großen" Rechner, die, wenn sie überhaupt ans Internet angeschlossen waren, auch ständig angeschlossen waren. Deswegen leitet SMTP Mail ggf. bis auf den Rechner des Empfängers. SMTP setzt auf TCP, Port 25 oder anderen zuverlässigen Transportsystemen auf und verarbeitet nur Text in 7-Bit-ASCII-Codierung (ASCII 0–127, vergleichbar Telnet). Zur Benutzung genügt minimal wieder ein Telnet-Client.

E-Mail

Befehl	Bedeutung
HELO	Client stellt sich vor
MAIL FROM:	Absenderadresse
RCPT TO:	Empfängeradresse
DATA	Leitet den Beginn der Message ein
QUIT	Absenden

Bild 1.95: Minimaler Befehlssatz zum E-Mail-Versand mit Telnet

Das Verlaufsprotokoll zeigt in Fettschrift die Benutzereingaben (Bild 1.96).

```
myhost:~ # telnet comcom 25
Trying 10.48.19.128...
Connected to comcom.net.fh-beispiel.de.
Escape character is '^]'.
HELO myhost
220 comcom.fh-beispiel.de Smail 3.2 (#1 1999-May-1) HELO
myhost
250 comcom.fh-beispiel.de Hello myhost
MAIL FROM: wefr@myhost.net.fh-beispiel.de
250 <wefr@myhost.net.fh-beispiel.de> ... Sender Okay
RCPT TO:wefrisch@frisch.ac.shuttle.de
250 <wefrisch@frisch.ac.shuttle.de> ... Recipient Okay
DATA
354 Enter mail, end with "." on a line by itself
TEST SMTP
.
250 Mail accepted
QUIT
221 comcom.fh-beispiel.de closing connection
Connection closed by foreign host.
```

Post versenden

Bild 1.96: Verlaufsprotokoll mit minimalem Befehlssatz zum E-Mail-Versand mit Telnet

Die Statusmeldungen sind wiederum ähnlich denen bei HTTP und FTP.

■ *1 Planung, Aufbau und Konfiguration von Netzwerken*

MUA

Der Telnet-Client hat für diese Beispielsitzung die Rolle eines MUA (**M**ail **U**ser **A**gent) eingenommen. Den SMTP-Server bezeichnet man auch als MTA (**M**ail **T**ransfer **A**gent). Natürlich ist dieser „MUA" nicht praktikabel, da er keine Unterstützung bietet, nicht einmal ein Edieren des Textes. Echte MUAs bieten Adressbücher, Anhänge, 7-bit-kompatible Codierung binärer Daten und vieles mehr.

Der MTA könnte grundsätzlich schon der Rechner sein, an dem der Empfänger ein eingetragener Benutzer ist; in der Regel muss er aber über andere MTAs diesen Ziel-MTA erst erreichen.

Struktur einer
E-Mail

```
Return-Path: <wefr@myhost.net.fh-beispiel.de>
Delivered-To: wf1005@bonn.shuttle.de
Received: from comcom.net.fh-beispiel.de
 (dial-195-14-250-206.netcologne.de [195.14.250.206])
    by bonn.shuttle.de (Postfix) with SMTP id BBDA417D61
    for <wefrisch@frisch.ac.shuttle.de>;
    Thu, 19 Apr 2001 17:49:55 +0200 (CEST)
Received: from myhost(really [10.48.19.1]) by com-
com.net.fh-beispiel.de
    via smail with smtp
    id <m14qGgz-00158nC@comcom.net.fh-beispiel.de>
    for wefrisch@frisch.ac.shuttle.de;
    Thu, 19 Apr 2001 17:50:01 +0200 (MEST)
    (Smail-3.2 1996-Jul-4 #1 built 1999-May-1)
Message-Id: <m14qGgz-00158nC@ comcom.net.fh-beispiel.de >
```

Date: Thu, 19 Apr 2001 17:50:01 +0200 (MEST)
From: wefr@myhost.net.fh-beispiel.de
To: wefrisch@frisch.ac.shuttle.de
X-UIDL: m14qGgz-00158nC

TEST SMTP

Bild 1.97: Die vollständige Mail beim Empfänger

Durch das Schriftbild in Bild 1.97 unterstützt, erkennt man die drei Bestandteile einer Mail:

1. Der **Umschlag** (Envelope) für den MTA; in Normalschrift.
2. Der **Briefkopf** (Header) für den MUA; in Fettschrift.
3. Der **Inhalt** (Body) für den Nutzer; in Blau, durch eine Leerzeile vom Header abgetrennt.

Die Teile 2 und 3 entsprechen wie schon bei HTTP einem gemeinsamen Schema, das in RFC 822 definiert ist.

Die Mail würde so, wie in dem Beispiel praktiziert, wahrscheinlich nicht von jedem MTA akzeptiert, weil kein vollständiger Header eingegeben wurde. Mögliche Felder eines Mail-Headers sind (auszugsweise):

1.4 TCP/IP – Die Protokolle für Internet und Intranet

Feld	Bedeutung
From:	Absenderadresse
To:	Empfängeradresse
Date:	Datum
Subject	Betreff
Cc:	Durchschrift
Message-Id:	wird automatisch erzeugt
Reply-To:	Antwortadresse, falls vom Inhalt des „From:"-Feldes verschieden

Bild 1.98: Felder des E-Mail-Headers

Man erkennt weiterhin am Umschlag, dass jedes weiterleitende „Postamt" seinen „Bearbeitungsvermerk" hinterlässt.

1.4.4.6 POP3 und IMAP4

■ **Das Post Office Protocol (POP)**

Bis heute hat sich nichts daran geändert, dass der Empfänger eingetragener Benutzer des Ziel-MTA sein muss. Neu ist nur, dass er sich nicht mehr über ein direkt angeschlossenes Terminal oder eine Telnet-Verbindung auf diesem MTA einloggt; er würde dabei auf das Vorhandensein von (neuer) Mail hingewiesen. Heute möchte der Benutzer die Mail auf seinem Arbeitsplatzrechner bearbeiten und muss sie folglich vom Mailserver abholen. Spätestens jetzt machen sich zwei Dinge bemerkbar: *postlagernd*

1. Die E-Mail-Adresse des Empfängers kann von seiner Benutzerkennung auf dem MTA verschieden sein (Bild 1.99). Über sogenannte **Alias-Listen** kann der E-Mail-Administrator *(postmaster)* die entsprechende Zuordnung herstellen.
2. Der Server zum Abholen der Mail (POP-Server) kann vom MTA verschieden sein (Bild 1.99).   *Authentifizierung erforderlich!*

Darum bietet ein MUA grundsätzlich beide Konfigurationsfelder an.

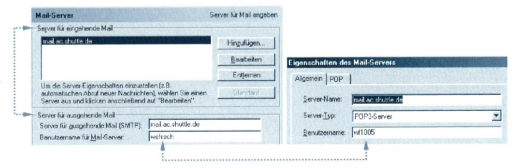

Bild 1.99: MUA-Konfiguration: MTA, POP-Server, E-Mail-Adresse und Benutzernamen

Zum Abholen genügt wieder ein Telnet-Client:

```
werner:~ # telnet mail.ac.shuttle.de 110
Trying 194.95.249.247...
Connected to mail.ac.shuttle.de.
Escape character is '^]'.
+OK POP3 Welcome to GNU POP3 Server Version 0.9.8
<2760.987779492@bonn.shuttle.de>
USER wf1005
+OK
PASS [Vorsicht! Telnet zeigt hier das Passwort an!]
+OK opened mailbox for wf1005
LIST
+OK
1 771
.
RETR 1
+OK
[Hier steht die Mail aus Bild 1.97, 22 Zeilen]
.
DELE 1
+OK Message 1 marked
QUIT
+OK
Connection closed by foreign host.
```

Post abholen

Bild 1.100: E-Mail vom POP3-Server abholen. Benutzereingaben sind fett geschrieben, die blaue Schrift ist nachträglicher Kommentar.

Das Post Office Protocol in der Version 3 (POP3, RFC 1939) arbeitet mit TCP-Portnummer 110 und wickelt wieder einen Klartextdialog ab (auch beim Passwort!). Die wichtigsten Kommandos zeigt die Tabelle (Bild 1.101):

POP3-Kommandos

Kommando	Beschreibung
USER	Übergibt die Benutzerkennung
PASS	Übergibt das Passwort
STATUS	Gibt Status des Postfaches (Anzahl, Größe der Mails) aus
LIST	Listet eine oder alle Mails auf
RETR	Holt die über Index spezifizierte Mail ab
DELE	Markiert die über Index spezifizierte Mail als gelöscht
RSET	Macht DELE rückgängig
QUIT	Beendet die Verbindung und löscht markierte Mails

Bild 1.101: Die wichtigsten POP3-Kommandos

■ **Das Interactive Message Access Protocol (IMAP4)**

Eine Weiterentwicklung stellt die Version 4 des **Interactive Message Access Protocol** dar, es ist allerdings (noch) nicht so weit verbreitet wie POP3. Die wichtigsten Eigenschaften sind

- Filterfunktionen zum selektiven Abholen der Mails,
- Teile von Mails können separat übertragen werden, z. B. nur bestimmte Anhänge, und
- Ablageverzeichnisse auf dem Server.

Es ist in RFC 2060 spezifiziert und benutzt die TCP-Portnummer 143. Die Befehlsliste für den Dialog ist erwartungsgemäß umfangreicher.

1.4.4.7 RPC und NFS

■ Remote Procedure Call (RPC)

Die **RPC** (**R**emote **P**rocedure **C**all, RFC 1831) genannte Möglichkeit, Funktionen aufzurufen, die auf einem anderen Rechnersystem ausgeführt werden, stellt einen weiteren Mechanismus der Interprozess-Kommunikation dar, neben Pipes, Signalen, Events etc.

RPC ist unabhängig vom Transportsystem

Bild 1.102 a) Local Procedure Call b) Remote Procedure Call

Für die Applikation macht es dabei keinen Unterschied, wo die Funktion ausgeführt wird – abgesehen von der um mindestens ein bis zwei Zehnerpotenzen geringeren Ausführungsgeschwindigkeit des RPC. RPC arbeitet mit verschiedenen Transportsystemen, u. a. auch mit TCP/IP. Die Serverprozesse verfügen deshalb über sogenannte RPC-Programmnummern (Bild 1.103), ähnlich den standardisierten Serverports von TCP/UDP. Beim Systemstart registrieren sich Serverprozesse auf dem Serverhost dazu bei einem sogenannten **Portmapper**, der ihnen einen Port zuweist. Der Portmapper ist selbst ein RPC-Server; er hat die feste (hexadezimale) Nummer 100000 und normalerweise den TCP/UDP-Port 111.

Programmnummern

Programm	Nummer (hex.)	Bedeutung
portmapper	100000	Portmapper
rstatd	100001	Statistik des Betriebssystemkerns
rusersd	100002	Auskunft über eingeloggte Benutzer
nfs	100003	Network File System
ypserv	100004	Network Information System
mountd	100005	Exportieren von Dateisystemen

Bild 1.103: RPC-Programmnummern (Auszug)

1 Planung, Aufbau und Konfiguration von Netzwerken

Import und Export

■ **Network File System (NFS)**
Die wichtigste Anwendung der RPC-Funktionalität ist **NFS** (**N**etwork **F**ile **S**ystem). NFS ist eine Entwicklung der Firma Sun, die diesen Verzeichnisexport schon in den 80er-Jahren zwischen unixartigen und anderen Betriebssystemen ermöglichte. Diese Komponente eines Netzbetriebssystem gestattet es, Verzeichnisse über das Netz in andere Dateisysteme einzubinden, so wie man es heute meist von Windows kennt. Windows benutzt dazu allerdings in der Regel sein eigenes Subsystem mit dem SMB-Protokoll (**S**erver **M**essage **B**lock).

a) Unter Windows   b) Unter Linux

`mount -t nfs toshiba:/david /mnt`

Bild 1.104: Import von Verzeichnissen

siehe auch
Kap. 2.6
„Einfache
IT-Systeme"

Das Verzeichnis des Rechners Toshiba erscheint nach dem Export unter dem Laufwerksbuchstaben H: auf dem importierenden Windows-Rechner beziehungsweise im Verzeichnisbaum des Linuxrechners unter dem Verzeichnisknoten */mnt*.

Bild 1.105 zeigt das Arbeitsmodell von NFS.

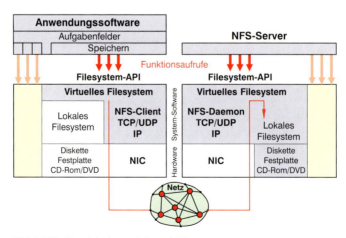

Bild 1.105: Das Arbeitsmodell von NFS

86

1.4.4.8 Internet-Telefonie (VoIP) als Multimediaanwendung

Zunehmend wird das Internet für die Übertragung von Multimediadaten verwendet. Speziell im Fall der Internet-Telefonie ist dies mit bestimmten Anforderungen verbunden: Es muss beispielsweise ein Übergang in die herkömmlichen Telefonnetze gegeben sein, damit Benutzer diese Technik akzeptieren können. Hierzu wiederum dient u. a. der Vorschlag **ENUM**, bei dem das DNS dahingehend erweitert wird, dass Telefonnummern über die Domain **e164.arpa.** als Rechnernamen gedeutet und zu IP-Adressen aufgelöst werden können.

ENUM
siehe Kap. 3.7.4

Signalisierung (Verbindungsauf- und -abbau)
Wie beim herkömmlichen Telefonnetz auch, muss zunächst eine Verbindung aufgebaut werden, d. h., es muss ein Zielteilnehmer adressiert und Verbindungsmittel belegt werden, nach Gesprächsende muss alles wieder abgebaut werden etc. Dazu existieren zwei Protokollansätze:

1. Von der ITU-T stammt ein sehr umfassendes „Framework" von Protokollen, das unter der Bezeichnung **H.323** bekannt ist. Es beinhaltet die technischen Voraussetzungen für die multimediale Kommunikation über Netzwerke, die selbst keinen „Quality-of-Service" (QoS), also keine Dienstgüte zur Verfügung stellen (z. B. ein einfaches LAN). Darin enthalten sind die technischen Anforderungen an die für eine Verbindung erforderlichen Komponenten, die Verarbeitung der Informationsströme, das Verbindungsmanagement sowie die Anbindung verschiedener Netztypen. Als H.323-SIG (abgeleitet von SIgnalisierung) bezeichnet man die beiden Protokolle H.225.0 und H.245, die zum Verbindungsaufbau dienen können. H.323-SIG setzt auf TCP auf.

H.323

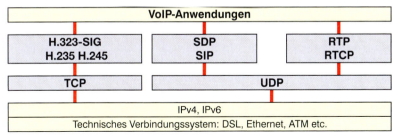

Bild 1.106: Die VoIP-Protokolle im TCP/IP-Umfeld

2. Zusätzlich gibt es eine jüngere Entwicklung, die von ITU-T und IETF gefördert wird: Das **S**ession **I**nitiation **P**rotocol (**SIP**) ist ein Signalisierungsprotokoll auf Anwendungsebene (OSI-Schicht 5–7). Es ist besser an die anderen im Internet verwendeteten Protokolle angepasst und verbreitet sich schnell. Dadurch kann es sowohl UDP als auch TCP als Transportmedium nutzen, wobei UDP vorzuziehen ist, da in diesem Fall eine ganze SIP-Meldung in ein einziges Datenpaket passt. Bei Verteilung auf mehrere Pakete steigt die Wahrscheinlichkeit eines Verlustes. Es dient zum Aufbau, zur Veränderung und zum Abbau von Verbindungen mit einem oder mehreren Teilnehmern. Im Unterschied zu H.323 beschreibt es aber nicht die Art der Datenübertragung; hier wird auf RTP bzw. RTCP zurückgegriffen. Das SIP-Protokoll ist einfacher strukturiert als H.323 und wird im RFC 2543 und 3261 ausführlich beschrieben. SIP ist textbasiert und nutzt die Möglichkeiten des Internets wie etwa das HTTP-Format. Jeder Client wird in einer

SIP-Umgebung mittels einer eindeutigen SIP-Adresse identifiziert, die ähnlich einer E-Mail-Adresse in der Form „user@host" aufgebaut ist. Der User-Teil kann ein Name oder eine Telefonnummer sein, der Host-Teil ist ein Domain-Name oder eine Netzwerkadresse. Für die Auflösung einer derartigen SIP-Adresse zur IP-Adresse verwendet SIP das Domain Name System (DNS). Alle Clients müssen sich hierzu zunächst immer bei einem SIP-Server registrieren. Ein Verbindungsaufbau erfolgt stets mit der Suche nach einem SIP-Server, gefolgt von einer REQUEST-Anfrage, in der sämtliche Informationen enthalten sind, die der gerufene Teilnehmer benötigt, um einen oder mehrere Datenkanäle zum rufenden Teilnehmer aufzubauen. **SIP** kann leicht auf das D-Kanal-Protokoll (zwischen DEE und DÜE) bei ISDN (vgl. Kap. 3.28) als auch auf das Signalisierungssystem SS7 (zwischen DÜEs) abgebildet werden. Es setzt auf UDP auf und verwendet die Ports 5060 (Server) und 5070 (Client). SIP-Terminals können auch mit H.323-Endgeräten kommunizieren, sofern ein spezielles Gateway dazwischengeschaltet ist, das die Umsetzung der SIP-Kommandos in entsprechende H.323-Befehle vornimmt. Die verschlüsselte Variante heißt **SIPS** (analog zu HTTP und HTTPS). Der Vergleich beider Protokollstrukturen zeigt, dass SIP einfacher strukturiert ist als H.323 und einen schnelleren Verbindungsaufbau ermöglicht. Da SIP das bei TCP/IP eingesetzte Domain Name System nutzt, muss außerdem keine entsprechende Datenbank mit Namenszuordnungen angelegt werden wie bei einem H.323-Gatekeeper.

STUN

SDP

Bei SIP-Telefonen hinter einem NAT-Router (vgl. Kap. 1.4.3.5 und Bild 1.75) muss erst die öffentliche IP-Adresse des maskierenden Routers bekannt sein, bevor der Client adressiert werden kann. Diese Adresse beschafft sich der Client über das STUN-Protokoll (**S**imple **T**raversal of **U**DP through **N**ATs) von einem STUN-Server (beim ISP). Der Vorgang heißt **Binding**. Danach muss bei einem **Registrar**-Server die dem Telefon eigene SIP-Adresse (z. B. sip:03222424****@tel.t-online.de) mit dieser öffentlichen IP-Adresse (z. B. 80.137.211.77) verknüpft werden. Ein weiterer Bestandteil der Initialisierung ist eine Beschreibung der Sitzungsparameter (z. B.: Art der Sprachkodierung, z. B. PCM, vgl. Kap. 4.1.5); dazu wird von SIP das **S**ession **D**escription **P**rotocol **SDP** verwendet.

Verbindungsphase

RTP

Codecs
G.711
G.726-32

vgl. Kap. 4.1.6
RTCP

Angelehnt an den Vergleich mit ISDN entspricht diese Phase der Verwendung eines B-Kanals; die digitalisierte Sprache wird über das Protokoll **RTP** (**R**eal **T**ime **P**rotocol, RFC 3550; verschlüsselte Variante SRTP) mit Echtzeitcharakteristik übertragen: logischer Kanal aus Paketen mit Zeitmarken, der auch verschiedene Multimediaformate (RTP-Profile, Payload-Typen) erweiterbar unterstützt.

Es handelt sich um ein reines Übertragungsprotokoll ohne Rückmeldung. Deshalb wird ihm das **RTCP** (**R**eal **T**ime **C**ontrol **P**rotocol) zur Seite gestellt, mit dem sich Sende- und Empfangseinrichtung über die Qualität der Kommunikation austauschen können. Beide werden immer zusammen benutzt, setzen auf UDP auf und verwenden Portnummern, die in der Verbindungsaufbauphase dynamisch vereinbart werden; vereinbarungsgemäß erhält RTP eine gerade Portnummer (2n), die zugehörige RTCP-Kommunikation erhält die nächsthöhere Portnummer (2n+1).

Ausblicke

– Internettelefonie ist heute eine Anwendung; in Zukunft könnte sie ein *Dienst* werden, der in andere Anwendungen integriert ist (wie etwa DNS).
– Weitere klassische Kommunikationsdienste werden „over IP" abgewickelt (**ISDNoIP, DECToIP**, allgemein: **TDMoIP,** TDM, siehe Kap. 4.1.7.4), wobei sie mehr und mehr drahtlos werden und damit beispielsweise als **VoWLAN** bezeichnet werden.

everything over IP-
Voice over WLAN

1.4.4.9 Gateways

Bei einem Router spricht man davon, dass er Netze miteinander verbindet, da er auf der Netzwerkschicht des OSI-Modells arbeitet und nur den *Weg* von Paketen lenkt – ungeachtet ihres *Inhaltes.* Dagegen können sogenannte **Applikations-Gateways** Dienste ineinander überführen bzw. miteinander koppeln. Sie werden im OSI-Modell so dargestellt, wie es Bild 1.107 zeigt.

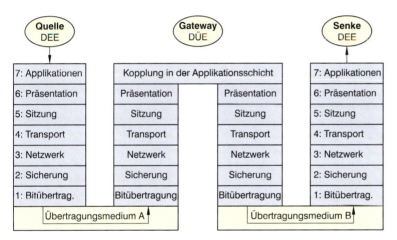

Bild 1.107: Gateways arbeiten in der Applikationsschicht

Beispiele dafür findet man

– bei jeder CGI-Anwendung (**C**ommon **G**ateway **I**nterface),
– zwischen proprietären E-Mail-Systemen (Lotus, Novell) und den SMTP-Servern im Internet sowie insbesondere
– bei Dienstleistern, die E-Mail über ein Web-Interface anbieten.

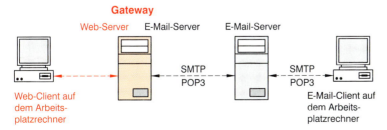

Bild 1.108: Gateway zwischen HTTP und Internet-Mail

■ *1 Planung, Aufbau und Konfiguration von Netzwerken*

Web-Mail   Diese Gateways (Bild 1.108) erzeugen eine HTTP-Benutzer-Schnittstelle hohen Komforts (Bild 1.109) zum Internet-E-Mail-System und machen IMAP4 damit teilweise überflüssig.

Bild 1.109: Der „E-Mail"-Client von WEB.DE

Multimedia-Gateways verbinden sogar völlig unterschiedliche Netzarten, wie IP-Netze mit Telefonnetzen.

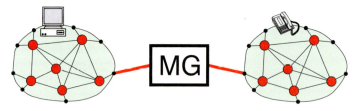

Bild 1.110: Media-Gateway

Hierbei verhält sich das Gateway in jedem der Netze wie ein Terminal; seine Aufgabe: „Übersetzungs- und Anpassfunktionen" (Transcodierung) der Mediaströme für Sprache und Video sowie der Signalisierung (MGCP: **M**edia **G**ateway **C**ontrol **P**rotocol); kann Verbindungen zu beiden Netztypen auf- und wieder abbauen.

■ Aufgaben

1. Unter welcher Portnummer ist ein Telnet-Server zu erreichen?
2. Wie viele Bytes ist ein IP-Paket mit UDP-Inhalt mindestens groß?
3. Warum kann ein UDP-Datagramm maximal gerade 65 507 Bytes transportieren?
4. Wie viele externe Kommunikationsbeziehungen zwischen Intranet und Internet kann ein linuxbasierter NAT-Router gleichzeitig unterstützen?
5. Wie viele Bits im TCP-Header sind reserviert (noch nicht definiert)?
6. Warum wird 536 als Standardwert der MSS gewählt?
7. Welche Fenstergröße bietet der Server in Bild 1.73 mindestens an?

1.5 Protokolle der technischen Verbindungsschicht, Zugriffsverfahren

1.5.1 Das IEEE-802-Referenzmodell für LAN und MAN

Die technische Verbindungsschicht kann **verschiedenen** Transportsystemen mit deren **verschiedenen** Adressierungsverfahren dienen (Bild 1.20). Sie muss deshalb ein von höheren Protokollschichten unabhängiges Subsystem sein, das seinerseits die Verwendung unterschiedlicher physikalischer (elektrischer und optischer) Übertragungstechniken (OSI-Schicht 1) ermöglicht. Die Art der physikalischen Übertragung bestimmt die Zugriffsregeln auf das Übertragungsmedium und die hardwarenahen Protokolle.

eigenes Adressierungssystem

Bild 1.111: Das technische Verbindungssystem

Für die Netzgrößen PAN, LAN und MAN (Bild 1.5) hat die IEEE-Arbeitsgruppe 802 eine Reihe von Spezifikationen erarbeitet, über die Bild 1.112 und 1.113 einen nur ausschnittartigen Überblick geben können.

Standard	Gegenstand der Standardisierung
IEEE 802.1	Netzkopplungen u. a.
IEEE 802.2	Diensttypen und logische Verbindungssteuerung
IEEE 802.3	CSMA/CD-Zugriffsverfahren
IEEE 802.4	Token-Bus-Zugriffsverfahren
IEEE 802.5	Token-Ring-Zugriffsverfahren
IEEE 802.6	Metropolitan Area Network (MAN), siehe Bild 1.5
IEEE 802.9	Sprache/Daten-Integration im LAN
IEEE 802.10	LAN-Sicherheit
IEEE 802.11	Funknetze (Wireless LAN)
IEEE 802.12	Demand-Priority-Zugriffsverfahren (100VG-AnyLAN)
IEEE 802.15	Wireless PAN
IEEE 802.16	WiMax
IEEE 802.3u	Fast „Ethernet" mit CSMA/CD
IEEE 802.3z	Gigabit-„Ethernet"

Bild 1.112: IEEE-802-Standards (Auswahl)

Die IEEE-Standards decken die meisten verwendeten Techniken ab.

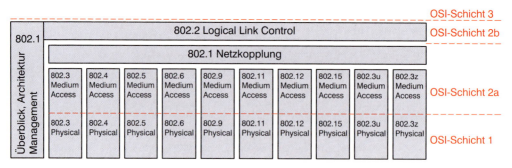

Bild 1.113: Die IEEE-Architektur (Auszug)

1.5.2 Unterteilung der OSI-Schicht 2 in LLC und MAC

IEEE 802.2

Die IEEE-802.2-Arbeitsgruppe hat die OSI-Schicht 2 (Sicherungsschicht) in zwei Teilschichten aufgespalten:

- Die OSI-Teilschicht 2b wird für die ISO-Protokolle gebraucht und **LLC-Schicht** (**L**ogical **L**ink **C**ontrol) genannt. Sie grenzt an die Netzwerkschicht (OSI-Schicht 3).

LLC
MAC
PHY

- Die OSI-Teilschicht 2a wird **MAC-Schicht** (**M**edium **A**ccess **C**ontrol) genannt und grenzt an die Bitübertragungsschicht (OSI-Schicht 1, **PHY-Schicht** bei IEEE).

■ LLC-Teilschicht

Über die LLC-Teilschicht bietet die Sicherungsschicht den Transportsystemen als eine einheitliche Schnittstelle u. a.

RFC 1042: IP in IEEE-802-Netzen

- einen Datagrammdienst (Typ 1, RFC-Empfehlung im IP-LAN) und
- einen Verbindungsdienst (Typ 2) an.

Ferner ist eine eigenständige horizontale Kommunikation zwischen Geräten der Sicherungsschicht möglich. Zusätzlich **können**, um für alle Wechselfälle gerüstet zu sein, Dienstzugriffspunkte (**DSAP**: **D**estination **SAP** und **SSAP**: **S**ource **SAP** in Bild 1.114) **ähnlich** den TCP/UDP-Ports definiert werden. Diese SAPs können Instanzen höherer Protokollebenen adressieren. Die LLC-Schicht verwendet dazu einen drei Byte großen Header.

Bild 1.114: Einbettung in einen LLC-Rahmen

Allerdings werden in den beiden SAP-Bytes je zwei Bits für eine Unterscheidung *global/lokal* und *Unicast/Multicast* verbraucht. Der verbleibende Adressraum mit 64 verschiedenen Kennungen ist ziemlich eng ausgefallen, sodass nur einige bedeutende Organisationen und Protokolle bedacht wer-

den konnten. Für alle anderen wurde DSAP = SSAP = AA (hexadezimal) und CTRL=3 festgelegt. Dann wird aber ein weiterer, mit fünf Bytes recht großzügiger Header zusätzlich eingefügt, in dem zwei Bytes zur Kennzeichnung des übergeordneten Protokolls (TYPE = 0800 für IP in Bild 1.116) dienen.
Diese Erweiterung heißt **SNAP** (**S**ub**N**etwork **A**ccess **P**rotocol).

SNAP

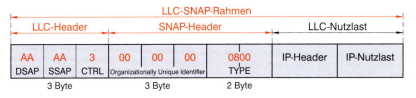

auch für ATM AAL 5

Bild 1.115: Einbettung in einen LLC-SNAP-Rahmen

Beispiele für TYPE-Kodierungen sind:

Code (hex.)	Protokoll	Code (hex.)	Protokoll	Code (hex.)	Protokoll	Code (hex.)	Protokoll
0800	IP	0806	ARP	8863	PPPoE-Discovery	809B	Appletalk
8137	IPX	86DD	IPv6	8864	PPPoE-Session	88ab	Powerlink

Bild 1.116: Kodierungen für Nutzlastprotokolle

■ **MAC-Teilschicht**

Die MAC-Teilschicht definiert die Parameter, die für das Zusammenarbeiten der verbundenen einzelnen Endsysteme erforderlich sind. Dazu zählen u. a. die **MAC-Adressen** (s. Kap. 1.4.2.8) und die **Zugriffsverfahren** (ab Kap. 1.5.3).

■ **Aufbau der MAC-Adressen**

IEEE definiert zwei Formate von MAC-Adressen: 16 bit und 48 bit. In Ethernet-Frames werden 48 Adressbits verwendet (Bild 1.117). Die beiden niedrigstwertigen Bits gestatten eine Unterscheidung zwischen Unicast-Adressierung und Multicast-/Broadcastadressierung sowie ein Attribut *global/lokal* (*lokal* koppelt die Bedeutung der nachfolgenden Bits von IEEE ab).

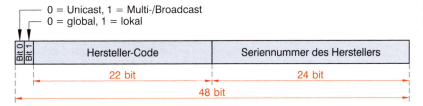

MAC-Adress-Format

Bild 1.117: Format der 48-Bit-MAC-Adressen

Der Herstellercode heißt auch OUI (Organizationally Unique Identifier) und bildet mit der exemplarspezifischen Seriennummer zusammen eine Adresse, die weltweit eindeutig sein dürfte, sodass die Wahrscheinlichkeit zweier gleicher MAC-Adressen in einem LAN/MAN praktisch null ist.

■ 1 Planung, Aufbau und Konfiguration von Netzwerken

IPv6 siehe
Kap. 1.4.2.9

Für die Bildung des 64-Bit-Interfaceteils einer IPv6-Adresse wird die 48-Bit-MAC-Adresse geteilt und in der Mitte durch den Code FFFE(hex) ergänzt, wie Bild 1.120 zeigt.

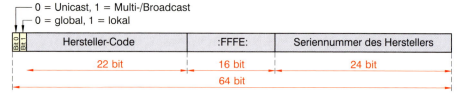

Bild 1.118: IPv6-Interface-Adresse (EUI-64) mit MAC-Adresse

1.5.3 CSMA/CD

ISO/IEC
8802-3:2000 (E)

Unter diesem Namen wird das derzeit wichtigste Zugriffsverfahren mit den zugehörigen Aspekten der Bitübertragungsschicht hier behandelt. Geläufiger ist vielleicht die Bezeichnung **Ethernet**; allerdings ist diese Bezeichnung nicht eindeutig, sondern umfasst eine Reihe von Varianten mit verschiedenen Übertragungsgeschwindigkeiten, Übertragungsmedien, Signalkodierungen und Rahmentypen (Ethernet-Frames). Wegen ihrer großen und noch zunehmenden Verbreitung wird diese Technologie hier ausführlicher behandelt als andere.

shared medium

■ **Zugriffsregeln**

Zugriff asynchron

CSMA/CD (**C**arrier **S**ense **M**ultiple **A**ccess with **C**ollision **D**etection) sieht vor, dass mehrere Stationen (multiple access) gleichberechtigt an ein Übertragungsmedium angeschlossen werden (shared medium) und wohlerzogen Konversation betreiben:

■ Eine Station darf nur senden, wenn gerade keine andere sendet.

Dazu muss ständig das Übertragungsmedium abgehört werden (carrier sense). Wird vom Interface das Übertragungsmedium als frei erkannt, muss eine Pause *(inter frame gap)* von 96 Bitzeiten eingehalten werden, bevor die Aussendung gestartet wird. Dabei kann es passieren, dass zwei Stationen diesen Zustand gleichzeitig erkennen und zu Recht zu senden beginnen. Als Folge davon werden sich die Signale beider Stationen überlagern und verfälschen (Bild 1.121). Eine solche Kollision ist ein zwar unerwünschter, aber dennoch einkalkulierter, normaler Vorgang und *kein* Fehlerzustand.

Jam:
Stören erwünscht

■ Wird vom Interface eine Kollision erkannt, wird die Datenübertragung abgebrochen und ein definiertes **Störsignal** *(jam)* gesendet.

Durch das Jam-Signal (32–48 bit) soll sichergestellt werden, dass der Kollisionszustand von allen Stationen wahrgenommen wird (collision detection).

1.5 Protokolle der technischen Verbindungsschicht, Zugriffsverfahren

■ Kollisions-**Erkennung** ist zwingend erforderlich.

Die unterbrochene Datenübertragung wird anschließend erneut versucht. Um nicht wiederholte Kollisionen vorzuprogrammieren, kommt der Zufall ins Spiel. Muss bei einer Station eine Rahmenaussendung erstmalig abgebrochen werden, kann die Station (durch Zufall) auswählen, ob sie sofort oder nach Abwarten einer (weiter unten erklärten) **Slottime** erneut zu senden versucht. Für weitere Versuche wird nach folgendem Schema (Bild 1.119) vorgegangen:

So wird gewährleistet, dass die Sendeversuche bei schwacher Netzlast (geringere Kollisionswahrscheinlichkeit) in kürzeren, bei hoher Netzlast in längeren Zeitabständen erfolgen. Nach 16 erfolglosen Versuchen wird der Rahmen verworfen und ein Fehler an die höheren Protokollschichten gemeldet.

Sendewiederholung für diesen Rahmen	Wartezeit aus diesem Intervall wählen
1	0 bis 1
2	0 bis 3
3	0 bis 7
...	...
10	0 bis 1023
...	...
16	0 bis 1023

geordneter Rückzug

Bild 1.119: „Truncated Binary Exponential Backoff"-Algorithmus in Tabellenform

■ Physikalische Signalkodierung und Kollisionserkennung

Beim Ethernetverfahren wird die Manchesterkodierung verwendet, die in Bild 1.120 dargestellt ist. Das Signal besteht aus Gleichspannungspulsen mit den Pegelwerten 0 und −2,2 V, 50 % Tastgrad. Ein logisches 1-Bit wird durch eine steigende, ein logisches 0-Bit durch eine fallende Flanke in der Mitte einer Bitzelle repräsentiert (Bild 1.120). Wird für 1,25 Bitzeiten kein Signal registriert, gilt das Medium als frei. Im Falle einer Kollision kommt es zu einer Spannungs- und Stromerhöhung am Empfängereingang, sodass die Schaltung aus der Grenzwert-Überschreitung von −1,5 V für den Mittelwert (!) eine **Kollision** erkennen kann (Bild 1.121).

Manchesterkodierung

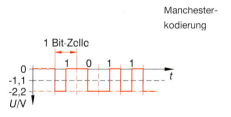

Bild 1.120: Manchesterkodierung

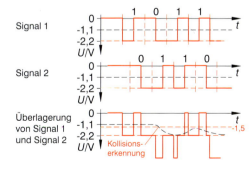

Bild 1.121: Spannungsüberhöhung bei einer Kollision

■ 1 Planung, Aufbau und Konfiguration von Netzwerken

Das kann sie nur

- während der Zeit, in der sie selbst sendet, und
- wenn der Pegel des fremden Signals nicht zu sehr gedämpft ist, damit noch sicher die Grenzwert-Erkennung anspricht.

siehe Kap. 4.1.1.2

Hier kommt die Laufzeit des Signals auf der Leitung zum Tragen, die wiederum von der Art der Leitung und deren Länge abhängt. Die maximale Leitungslänge wird durch ihre Signaldämpfung begrenzt. Der IEEE-802.3-Standard legt hierzu für die heute üblichen TP-Leitungen 100 m fest; außerdem dürfen Kollisionen nur innerhalb der ersten 576 gesendeten Bits auftreten. Da die Stationen asynchron zu senden beginnen, wird einem Rahmen eine sogenannte Präambel aus 28 1-0-Folgen vorangestellt (7 Bytes). Die **Präambel** hat zwei Aufgaben:

1. Die (Kupfer-)Leitung verhält sich elektrisch wie ein Tiefpass und braucht Zeit, um einen elektrisch eingeschwungenen Zustand zu erreichen. In dieser Zeit geht eine nicht exakt bestimmbare Anzahl der ersten gesendeten Bits verloren. Diese Zeit wird überbrückt, eine Kollisionsprüfung findet währenddessen nicht statt.

senden synchron

2. Die Empfängerschaltung kann durch die regelmäßige Folge von 0 und 1 ihren Takt mit dem des Signals synchronisieren. Erst danach können Anfang und Ende einer Bitzelle eindeutig erkannt werden: Für die Dauer der Sendung eines Rahmens herrscht Synchronität.

Nach der Präambel wird einmalig das Bitmuster 1010101**11** gesendet, das im letzten Bit die „gewohnte" Periodizität beendet und so den Beginn der eigentlichen Datenübertragung markiert. Dieses Bitmuster heißt SFD (**S**tart **F**rame **D**elimiter).

Präambel

■ Die Präambel und der SFD sind die ersten 64 gesendeten Bits und zählen selbst nicht zum Ethernet-Rahmen dazu.

Für den Frame verbleiben 512 bit (64 Bytes) als Mindestlänge, um die Forderung des Standards zu erfüllen. Denn wenn der Frame zu kurz oder die Leitung zu lang sind, besteht die Gefahr, dass eine Kollision nicht mehr erkannt wird. Im ungünstigsten Fall muss das eigene Signal die am weitesten entfernte Station erreichen und dort ein Jam-Signal hervorrufen, das seinerseits den ganzen Weg zurück muss, um die Kollision zu signalisieren.

Slottime

■ Unter der **Slottime** eines Netzes versteht man die doppelte Signallaufzeit von einem Leitungsende zum anderen. Der Standard **IEEE 802.3** legt die Slottime bei TP-Kabeln auf maximal
- **512 Bitzeiten** bis 100 Mbit/s (einschließlich) und
- **4096 Bitzeiten** bei 1000 Mbit/s fest.

Tritt bis zum Ablauf der Slottime keine Kollision auf, dann tritt bei ansonsten regelkonformer Konfiguration auch danach keine mehr auf.

1.5 Protokolle der technischen Verbindungsschicht, Zugriffsverfahren

Die Forderung nach frühestmöglicher Kollisionserkennung, um eine fehlgeschlagene Übertragung so schnell wie möglich zu beenden und damit das Übertragungsmedium besser auszunutzen, führt zu kürzeren maximalen Leitungslängen.

■ Bandbreitenausnutzung und Leitungslänge können nicht gleichzeitig optimiert werden.

Die Festlegungen des Standards stellen einen Kompromiss aus mehreren sich teilweise gegenseitig ausschließenden Anforderungen dar.

■ Die Rahmentypen

Bevor IEEE den Standard 802.3 in den frühen 80er-Jahren schuf, verwendete man die Version 2 des ursprünglich vom DIX-Konsortium (**D**EC, **I**ntel und **X**EROX) entwickelten Rahmentyps (Bild 1.122), der auch Ethernet-II-Rahmen heißt.

Ethernet II
Ethernet-DIX

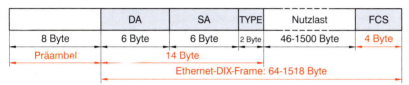

Präambel: 10101010 10101010 10101010 10101010 10101010 10101010 10101010 10101011
DA : Hardware-Zieladresse (Destination Adress)
SA : Hardware-Quelladresse (Source Adress)
TYPE : Nutzlast-Protokolltyp, Kodierung wie bei SNAP, 0800 (hex.) für IP
FCS : Frame Check Sequence, CRC (Cyclic Redundancy Check)-Prüfwert

Bild 1.122: Der klassische Ethernet-II-Rahmen

Bei diesem Rahmentyp ist die (8-Byte-)Präambel identisch mit der späteren Kombination (7-Byte-)Präambel + SFD, die Teile heißen nur anders. Das Typfeld nach den Ethernet-Adressen (MAC-Adressen) kennzeichnete direkt den Nutzlasttyp. Bei IP konnte die Software aus dem Längenfeld des IP-Headers (Bild 1.31) die Gesamtlänge des Rahmens errechnen. Header und Trailer sind zusammen 18 Byte lang, sodass als Nutzlast minimal 46 Byte zulässig sind, um die geforderte Mindestlänge von 64 Byte zu erreichen.

Seit 1985 ist der IEEE-802.3-Rahmen der **Standard**.

Ethernet-IEEE

Der Rahmen (Bild 1.123) ohne Tag (Markierung, Etikett) unterscheidet sich vom DIX-Rahmen dadurch, dass

– anstelle des Typ-Feldes ein Längenfeld auftritt, wobei „zu kleine" Nutzlasten mit Nullen im PAD-Feld aufgefüllt werden und

PAD

– die Nutzlast grundsätzlich ein LLC-Rahmen (mit oder ohne SNAP) ist und

– bei Übertragungsgeschwindigkeiten oberhalb von 100 Mbit/s nach der FCS eine Rahmenerweiterung (extension) gesendet wird, die den Rahmen auf die Länge der Slottime auffüllt.

Extension

97

■ 1 Planung, Aufbau und Konfiguration von Netzwerken

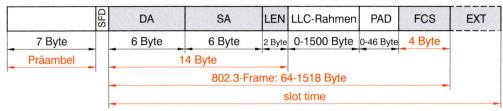

Präambel: 10101010 10101010 10101010 10101010 10101010 10101010 10101010
SFD   : 10101011
DA   : Hardware-Zieladresse (Destination Address)
SA   : Hardware-Quelladresse (Source Address)
LEN   : Längenangabe der Nutzlast in Byte
FCS   : Frame Check Sequence, CRC (Cyclic Redundancy Check)-Prüfwert
EXT   : Extension bei mehr als 100 MBit/s halbduplex

Bild 1.123: Der IEEE-802.3-Rahmen

Die Werte im TYPE-Feld sind immer größer oder gleich 1536, sodass es sich von der Längenkodierung unterscheidet. Treibersoftware kann daher in vielen Fällen die Koexistenz beider Rahmentypen im gleichen Übertragungsmedium gestatten.

Als Kuriosität sei noch der Ethernet-Novell-Rahmen (Bild 1.124) aufgeführt:

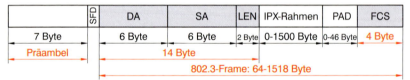

Präambel: 10101010 10101010 10101010 10101010 10101010 10101010 10101010
SFD   : 10101011

Bild 1.124: Der Ethernet-Rahmen à la Novell

Ethernet-Novell „802.3-raw"

Novell ignorierte LLC (IEEE 802.2) und nannte den Rahmentyp zunächst „Ethernet 802.3". Stattdessen definierte man als die ersten zwei Byte des eingekapselten IPX-Pakets einen IPX-Header-Prüfwert, berechnete diesen aber dann doch (meistens) nicht, sondern setzte dafür FFFF (hex.) ein. Bei den LLC-SAPs wurde FF nicht definiert, sodass man glücklicherweise diesen Rahmentyp von 802.3-Rahmen unterscheiden kann – es sei denn, eine Novell-Version berechnet den Prüfwert doch. Später benannte Novell den Rahmen in „Ethernet 802.3 raw" um, empfiehlt und unterstützt jedoch neuerdings vollständige IEEE-802.2-Konformität.

1.5.4 Token Ring und FDDI

Bei CSMA/CD findet der Zugriff auf das *gemeinsame* Übertragungsmedium durch die einzelne Station asynchron statt. Das hat zwei Konsequenzen:

1. Bei freiem Übertragungsmedium kann die Sendung den Empfänger sofort erreichen.
2. Bei belegtem Übertragungsmedium und bei Kollisionen ist im Einzelfall unbestimmbar, wie lange gewartet werden muss.

1.5 Protokolle der technischen Verbindungsschicht, Zugriffsverfahren

■ Als **stochastisch** (zufallsbasiert) bezeichnet man ein Zugriffsverfahren, bei dem das Verhalten nicht in jedem Fall vorhersagbar ist.

stochastisch

Im Gegensatz dazu stehen die *deterministischen* Zugriffsverfahren. Bei ihnen kann eine maximale Übertragungszeit garantiert werden. Dies wird durch Wartezeiten auf die Sendeberechtigung erkauft.

■ Als **deterministisch** (berechenbar) bezeichnet man ein Zugriffsverfahren, bei dem das Verhalten in jedem Fall vorherbestimmbar ist.

deterministisch

Bei dem vom *IBM Token Ring* abgeleiteten, durch **IEEE 802.5** standardisierten deterministischen Verfahren sind die maximal **250 Stationen** in einem logischen Ring aus gerichteten Punkt-zu-Punkt-Verbindungen angeordnet (Bild 1.125).

IEEE 802.5

siehe Bild 1.7

Bild 1.125: Der logische Ring bei IEEE 802.5

Jede Station hat genau einen zuliefernden Nachbarn und einen Nachbarn, dem sie zuliefert. Eine der Stationen wird zur aktiven Überwachungsstation, die zuerst das **Token** (engl.: Zeichen, Merkmal) aussendet, die Sendeberechtigung. Das Token kreist im Ring, bis es von einer sendebereiten Station „ergriffen" und in einen Datenrahmen verwandelt wird. Nur die Station, die im Besitz des Tokens ist, darf senden – Kollisionen sind ausgeschlossen. Jede Station muss ihr physikalisches Signal nur bis zum nächsten Nachbarn senden können und bewirkt eine Signalregenerierung. Für die Datenübertragungsrate sind **4** und **16 Mbit/s** vorgesehen.

Token

Der IEEE-802.5-Standard schreibt weder eine Verkabelungstopologie noch ein bestimmtes Übertragungsmedium vor. Häufig wird eine sternförmige TP-Verkabelung zu finden sein, mit einem **M(S)AU** (**M**ulti**S**tation **A**ccess **U**nit, Ringleitungsverteiler) im Sternpunkt (Bild 1.126).

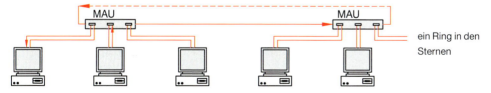

ein Ring in den Sternen

Bild 1.126: Trotz sternförmiger Verkabelung ein logischer Ring

Bereits heute führt dieser Standard ein Nischendasein in dem von IBM-Großrechnern geprägten Umfeld bei Banken und Versicherungen. Die Zukunft dieses Verfahrens ist trotz seiner unbestreitbaren Vorteile heftig umstritten. **FDDI** (**F**iber **D**istributed **D**ata **I**nterface) arbeitet prinzipiell ähnlich wie IEEE 802.5, weist aber folgende Unterschiede auf:

1 Planung, Aufbau und Konfiguration von Netzwerken

FDDI-Backbone

- Die ANSI-Norm X3T9.5 (**A**merican **N**ational **S**tandardization **I**nstitute) umfasst Bitübertragungsschicht und MAC-Teilschicht.
- Die Übertragungsgeschwindigkeit beträgt **100 Mbit/s**.
- Abstand zweier Stationen bis zu **2 km** bei LWL (**60 km** bei Monomodefasern) als Übertragungsmedium.
- Bis zu **500 Stationen** an einem bis zu **100 km** langen Ring.
- Besonders als **Backbone** zur LAN-Kopplung und im WAN eingesetzt.
- Deswegen wird zur Erhöhung der **Ausfallsicherheit** ein Doppelring verwendet: Der sekundäre Ring in Gegenrichtung wird nur im Fehlerfall aktiviert, um die Fehlerstelle zu umgehen.
- Bessere Bandbreitenausnutzung, da **gleichzeitig mehrere Rahmen** und Token im Ring kreisen dürfen.

1.5.5 Funknetze

Während CSMA/CD nach IEEE 802.3 und Token Ring nach IEEE 802.5 auf Leitungen (Kupfer-/Lichtwellenleiter) eingesetzt werden, kommen neuerdings zunehmend Funkstrecken als Übertragungsmedium zum Einsatz.
Vorteile:

- Oft das einzig mögliche Medium, z. B. in historischen Gebäuden.
- Vergleichsweise unempfindlich gegen Erdbeben und andere Katastrophen.
- Hohe Mobilität von Nutzern und Stationen möglich (Fahrzeugbetrieb bei nicht zu hoher Geschwindigkeit).

Nachteil:

- Verschlüsselung erforderlich.

Bei der Betrachtung „drahtloser" Medien muss unterschieden werden zwischen

- den etablierten und gerade am Markt eingeführten Standards (Bild 1.127) nach IEEE **802.11a, 802.11b** und **802.11g** und **Bluetooth** (IEEE **802.15**.1, adaptiert von Bluetooth SIG, Inc.) sowie
- den weniger verbreiteten Ansätzen für Wireless PANs (**WPAN**s) wie **HomeRF** (USA) und **WirelessUSB** sowie Entwicklungen wie **WiMax** (Wireless WANs).

Dieses Kapitel versucht, die grundlegenden Eigenschaften von Funknetzen aufzuzeigen. Wesentliche Unterschiede zu leitungsbasierten Netzen sind:

Besonderheiten

1. Die Verwendung von Funk unterliegt unterschiedlichen nationalen gesetzlichen Regelungen.
2. Kein Schutz vor äußerlichen Störeinflüssen und damit verbundene höhere Störanfälligkeit.
3. Ständig sich ändernde räumliche Anordnung der Stationen.
4. Stationen können sich gegenseitig überdecken; nicht jede Station kann jede Aussendung „hören".

1.5 Protokolle der technischen Verbindungsschicht, Zugriffsverfahren

5. Die Ausbreitungseigenschaften der Funksignale können sich zeitabhängig ändern.
6. Stationen mit Batteriebetrieb müssen Energieverbrauche steuern.

Alle diese Restriktionen müssen vor den höheren Protokollschichten (ab LLC aufwärts) verborgen bleiben.

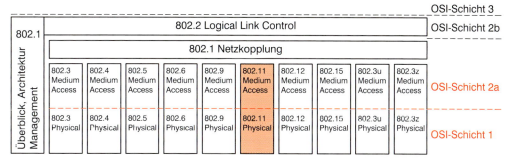

Bild 1.127: IEEE 802.11 beschreibt Funk- und Infrarot-Vernetzung

1.5.5.1 Das WLAN-Architekturmodell

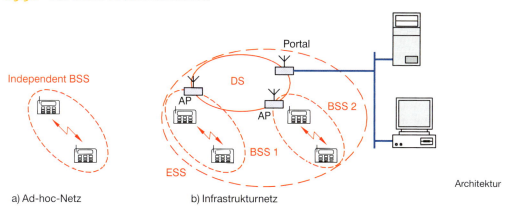

Bild 1.128: WLAN-Architekturmodell nach IEEE 802.11

Der Standard nennt einige wenige architektonische Komponenten (Bild 1.129).

Komponente	Beschreibung
Station	Rechner mit Zugriff auf das Funk-NIC
Basic Service Set (BSS)	Gruppe von Stationen, die dieselbe Frequenz benutzen
Independent BSS (IBSS)	Spontan (ad hoc) zusammengefasste Stationen
Distribution System (DS)	Verbindungsnetz belieb. Technologie, das BSS verbindet
Extended Service Set (ESS)	Zusammenfassung von DS und verbundenen BSS
Access Point (AP)	Station, die in ein DS und in ein BSS integriert ist
Portal	Station, die in ein DS und in ein Festnetz integriert ist

Bild 1.129: Komponenten im WLAN-Architekturmodell nach IEEE 802.11

101

■ 1 Planung, Aufbau und Konfiguration von Netzwerken

siehe Kap. 1.6.3.2   Portale und Access Points wirken als Brücken.

Dienste

Für dieses Architekturmodell wurde eine Reihe von Diensten (Bild 1.130) der Verbindungsschicht definiert, die den oben genannten Besonderheiten Rechnung tragen. Es wird zwischen Stationsdiensten und Diensten des DS unterschieden:

Stations-Dienst	Beschreibung
Authentication	Echtheitsprüfung der Identitätsdeklaration auf Stationsebene (nicht Benutzer!)
Deauthentication	Aufhebung der Authentication, die zur Disassociation führt
Privacy	Verschlüsselung für WEP (Wired Equivalent Privacy reicht heute nicht mehr!)
MSDU delivery	Datentransport (**M**AC **S**ervice **D**ata **U**nit Delivery)
DS-Dienst	**Beschreibung**
Association	Anmelden einer Station bei einem DS über genau einen AP
Disassociation	Abmelden von einem DS
Distribution	Weiterleitung von Datenpaketen im DS über einen AP
Integration	Weiterleitung von Datenpaketen vom DS über ein Portal ins Festnetz
Reassociation	Ummelden zu einem anderen AP bei Bewegung von einer BSS zu einem anderen innerhalb des gleichen ESS

Bild 1.130: Dienste im IEEE-802.11-WLAN

IEEE 802.11 definiert mehrere Verkehrsarten (Bild 1.131) und die Vergabe von Prioritäten (Bild 1.132 und 1.133).

Verkehrsarten

Verkehrsart	Beschreibung
DCF (Distributed Coordination Function)	Asynchron, Konkurrenzbetrieb
PCF (Point Coordination Function)	Medium zeitlich begrenzt reserviert

Bild 1.131: Verkehrsarten im IEEE-802.11-WLAN

Als Zugriffsarten gibt es (neben anderen Optionen) als Standard das Verfahren CSMA/CA, wobei CA für Collision Avoidance (Vermeidung von Kollisionen statt ihrer Erkennung) steht (Bild 1.132).

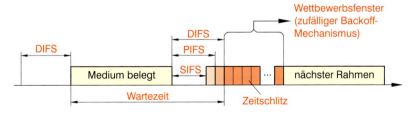

Bild 1.132: Priorisierung und Collision Avoidance im IEEE-802.11-WLAN

1.5 Protokolle der technischen Verbindungsschicht, Zugriffsverfahren

Die Prioritäten werden durch unterschiedliche Wartezeiten (IFS: **I**nter **F**rame **S**pace) für unterschiedliche Diensttypen realisiert (Bild 1.133).

Priorisierung

IFS-Typ	Priorität	Diensttyp
DCF-basiert : DIFS	niedrigste	Standard; asynchrone Datendienste
PCF-basiert : PIFS	mittlere	Konkurrenzfreie Übertragung, vom AP gesteuert
Short : SIFS	höchste	Steuerinformation

Bild 1.133: Priorisierung im IEEE-802.11-WLAN

Zur Vermeidung von Kollisionen wird wie folgt verfahren:

1. Sendewillige Station hört das Medium ab.
2. Ist das Medium für die Dauer eines IFS frei, wird ein kompletter Rahmen gesendet (IFS je nach Sendeart gewählt).
3. Ist das Medium belegt, wird auf einen freien IFS gewartet und dann zusätzlich um eine *zufällige Backoff-Zeit* verzögert (Kollisionsvermeidung, in Vielfachen einer Slottime).
4. Wird das Medium während der Backoff-Zeit von einer anderen Station belegt, bleibt der Backoff-Timer so lange stehen.

CSMA/CA

Die verschiedenen überaus variantenreichen Rahmentypen des Standards würden den Rahmen dieses Buches sprengen und bleiben deswegen unbehandelt.

1.5.5.2 Andere Funknetze

Bezogen auf das Zusammenwirken der Protokolle passten sich 802.11-Protokolle als reine Übermittlungsprotokolle harmonisch in die bisher betrachteten Modelle (TCP/IP, DoD) ein. Diese waren für LAN bzw. Internet konzipiert. Manchen Aufgabenumfeldern werden diese jedoch nicht vollständig gerecht, sodass oft nach besser angepassten (Gesamt-)Lösungen gesucht wird. ZigBee und Bluetooth (Bild 1.134) sind beispielhafte Repräsentanten hierfür.

Typ. Eigenschaft	ZigBee	Bluetooth
Anwendung	Messen, Steuern	Kabelersatz am PC
Stationsanzahl im Piconet	Viele (<= 65535)	Wenige (<= 8)
Eintritt ins Netz in ca.	15 ms	3000–10000 ms
Datenvolumen	klein (Nachrichten)	groß (Multimedia)
Datenrate	<= 250 Kbit/s	1Mbit/s

Bild 1.134: Vergleich zweier WPAN-Funktechniken

1 Planung, Aufbau und Konfiguration von Netzwerken

■ Bluetooth

siehe auch
Kap. 1.4.7
„Einfache
IT-Systeme"

Dieses Nahbereichsfunksystem wurde für viele unterschiedliche Aufgabengebiete entwickelt, deren Spektrum von der Anbindung eines Headsets an ein Mobiltelefon bis zum Anschluss einer Tastatur oder Maus an einen PC reicht.

Aus dieser Sicht ist die Datenübertragung innerhalb eines LAN nur eine von vielen Anwendungen. Entsprechend umfassend ist der Protokollstapel (Bild 1.135) ausgelegt, entsprechend grob können hier nur einige Eigenschaften skizziert werden.

SIG: **S**pecial **I**nterest **G**roup
Profile

Auf eine von der Bluetooth-SIG entwickelte und dann nach IEEE 802.15.1 standardisierte OSI-Schicht 1 und 2 setzen spezifische Protokolle auf, deren gesamte Dienstleistung für Anwendungen als Menge von sogenannten **Profilen** definiert ist.

■ Ein Profil ist eine Zusammenfassung von Diensten für eine Klasse von Anwendungen.

Natürlich müssen und können nicht alle Geräte alle Profile anbieten. Das **GAP** (**G**eneric **A**ccess **P**rofile) ist unverzichtbar und allen gemeinsam. Darauf bauen

- **SDAP** (**S**ervice **D**iscovery **A**pplication **P**rofil, die „Gelben Seiten" eines Gerätes),
- Telephony Profile = **INTP** (**Int**ercom **P**rofile, Walkie-Talkie Funktion zwischen Headsets) + **CTP** (**C**ordless **T**elephony **P**rofile) sowie
- das **SPP** (**S**erial **P**ort **P**rofile) auf, welches seinerseits allen anderen Profilen als Grundlage dient.

SPP-basierte Profile sind unter anderem:

- **HSP** (**H**eadset **P**rofile)
- **LAP** (**L**AN **A**ccess **P**rofile)
- **FAXP** (**Fax P**rofile)
- **DUNP** (**D**ial **U**p **N**etwork **P**rofile)
- **GOEP** (**G**eneric **O**bject **E**xchange **P**rofile)

Diese Anwendungsklassen werden durch das Zusammenwirken verschiedener Bluetooth-interner Dienste mit ihren Protokollen ermöglicht.

So stellt etwa der RFCOMM-„Treiber" (Bild 1.135) als „Kabelersatzprotokoll" bis zu 60 virtuelle COM-Ports für Anwendungen zur Verfügung.

Piconetz siehe
auch Bild 1.6

Kommunizierende Stationen nehmen eine Rolle als Master oder als Slave an, i.d.R. wird der Initiator zum Master. Im einfachsten Fall spricht man dann von einem **Piconetz**; eine Masterstation *eines* Piconetzes kann aber auch Slave in einem *anderen* Piconetz sein; man spricht dann von einem **Scatternetz** (Bild 1.136).

1.5 Protokolle der technischen Verbindungsschicht, Zugriffsverfahren

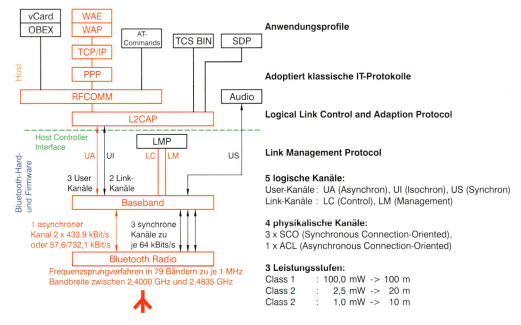

Bild 1.135: Der Protokollstapel bei Bluetooth

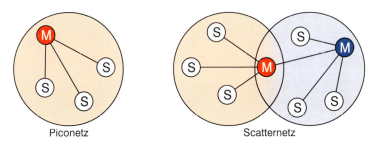

Bild 1.136: Piconetz und Scatternetz

Für den Einsatz in Unternehmen könnte sich die Beschränkung auf lediglich acht simultan aktive Stationen nachteilig auswirken, große Vorteile sind hingegen:

- geringe Strahlenbelastung,
- verhältnismäßig hoher Datendurchsatz,
- geringer Energieverbrauch,
- günstige Kosten (einstellige €-Beträge je Interface),
- hohes Sicherheitsniveau durch eingebaute Verschlüsselung,
- Ad-hoc-Netzwerkfähigkeit sowie
- hohe Konnektivität (durch Zertifizierung der Standardkonformität).

Infineon
Bluemoon
Chip

■ ZigBee

Im ZigBee-Architekturmodell werden FFD (**F**ull **F**unction **D**evice) und RFD (**R**educed **F**unction **D**evice) unterschieden. FFDs können mit FFDs **und** RFDs kommunizieren und die Funktion eines PAN-Koordinators übernehmen; RFDs können nur mit FFDs kommunizieren und können deswegen sehr einfach und

1 Planung, Aufbau und Konfiguration von Netzwerken

kostengünstig sein. Mit dem Standard IEEE 802.15.4, der nur die OSI-Schichten 1 und 2a beschreibt, können Stern- und Peer-to-Peer-Topologie verwirklicht werden. Die höheren Protokollschichten sind ZigBee-spezifisch und noch nicht endgültig standardisiert, sondern nur proprietär realisiert. Erarbeitet werden die Profile:

- Gebäudeautomation,
- Haustechnik (Beleuchtung, Heizung, Lüftung, Klima),
- Industriesteuerung,
- Fernsteuerungen und
- Consumerelektronik.

■ **HiperLAN**

HiperLAN
ETSI

Dieser von einem Industriekonsortium entwickelte Ansatz bedarf einer Integration mit dem IEEE 802.15 Ansatz. Die unter der Bezeichnung HiperLAN bekannte WLAN-Lösung der ETSI (**E**uropean **T**elecommunications **S**tandards **I**nstitute) stimmt auf der Bitübertragungsschicht mit IEEE 802.11a überein, nicht jedoch in der MAC-Schicht.

■ **WiMax**

Ursprünglich als Richtfunkstandard IEEE 802.16 für MANs mit einer Bandbreite von 75 Mbit/s bei bis zu 50 km Reichweite gedacht, wurde im WiMax-Forum (ca. 200 Unternehmen) daraus die Idee, ab 2006/2007 auch mobile Endgeräte mit bis zu 15 Mbit/s bei bis zu 5 km Reichweite zu unterstützen.

1.5.5.3 Der Stand der Dinge

Daneben bereichern proprietäre Systeme die derzeitige Phase evolutionärer Vielfalt, ähnlich wie dies in den 80er-Jahren bei den leitungsbasierenden Netzwerken der Fall war (Bild 1.137). Die Konsolidierungsphase mit stärker begrenzter Artenvielfalt steht noch bevor.

Technologie	Normung	Frequenzbereich (GHz)	Datenrate (Mbit/s)	Reichweite (m)	Typisch. Einsatz
802.11g	IEEE	2,4	54	30/100	WLAN, Local Loop („letzte Meile")
802.11b	IEEE	2,4	11	30/100	WLAN, Local Loop („letzte Meile")
802.11a	IEEE	5,15	24	30/100	WLAN, Local Loop
HiperLAN 1	ETSI	5,15	20	30/100	WLAN (EN 300 652)
HiperLAN 2	ETSI	5,15	6, 9, 12, 18, 27, 36, 54	30/100	Lokaler Zugang zu ATM- und UMTS-Netzen
ZigBee	Zigbee SIG		0,25		Messen, Steuern
WiMax	WiMax Forum	0,7–6 11–66	15–75	< 50000	MAN, WLAN, Local Loop („letzte Meile")
Bluetooth	Bluetooth SIG	2,4	1	10 -100	Peripheriegeräte

Bild 1.137: Eigenschaften einiger drahtloser Technologien

Der Frequenzbereich um 2,4 GHz ist kritisch, da er lizenzfrei ist und hier Mikrowellenherde, Garagentorfernbedienungen etc. in großer Zahl betrieben werden. Auch Bluetooth und 802.11b stören sich nachweislich. Über die elektromagnetische Unverträglichkeit hinaus trübt die Gefahr einer gesundheitlichen Gefährdung des Menschen die sonst durchaus positiven Eigenschaften dieser Technologien.

Probleme

1.5.6 Das Point-to-Point-Protokoll (PPP)

PPP ist eigentlich eine Familie (LCP, PAP, CHAP, NCP; s. u.) von Protokollen, die verwendet wird, um Pakete verschiedener Schicht-3-Protokolle auch über reine Punkt-zu-Punkt-Verbindungen übertragen zu können: Modemstrecken, ISDN oder neuerdings auch DSL in der Variante **PPP over Ethernet** (**PPPoE**). Im Gegensatz etwa zu Ethernet stellt PPP ein verbindungsorientiertes Schicht-2-Protokoll dar.

PPP: RFC1661
PPPoE: RFC 2516

DSL siehe Kap. 3.7

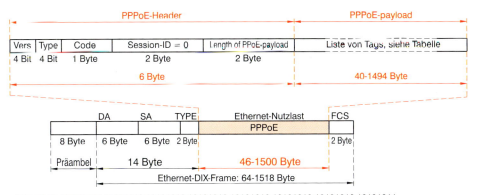

Präambel: 10101010 10101010 10101010 10101010 10101010 10101010 10101010 10101011
DA: Hardware-Zieladresse (Destination Adress)
SA: Hardware-Quelladresse (Source Adress)
TYPE: Nutzlast-Protokolltyp, 8863 (hex.) für PPPoE Discovery
FCS: Frame Check Sequence, CRC (Cyclic Redundancy Check)-Prüfwert

Vers: Version, z. Zt. = 1   Session-ID: = 0 für Discovery Phase
Type: z. Zt. = 1   Code: siehe Tabelle

Bild 1.138: Rahmenstruktur bei PPPoE während der Discovery-Phase

PPPoE stellt eine Zwischenschicht zwischen Ethernet und PPP dar, in welcher der Verbindung suchende Host (H) zunächst per Ethernet-Broadcast einen (von mehreren möglichen) **A**ccess-**C**oncentrator (AC, Zugangsserver beim ISP, „edge-router") sucht. Die folgende Tabelle (Bild 1.139) enthält die Werte aus einem realen Mitschnitt:

Discovery-Stage

■ 1 Planung, Aufbau und Konfiguration von Netzwerken

Quelle	Code (hex.)	Session-ID	Länge	Tagtyp, -länge, -wert (numerische Werte hexadezimal)	Bemerkung
H →	09 (PADI)	0	12	0103,4,C0700808 (HOST_UNIQ) 0101,0	Ethernet-Broadcast Tag: vom Host gewählter ID-Wert Tag: Service Name
AC ←	07 (PADO)	0	46	0102,10,"KLNX12-erx" 0103,4,C0700808 0101,0 0104,16, 20 44 EB ....(AC-Cookie)	Ethernet-Unicast zum Host; Tag: Name des Telekom AC; (wie bei PADI) " Tag: vom AC gewählter ID-Wert
H →	19 (PADR)	0	32	0101,0 0103,4,C0700808 0104,16,20 44 EB	Ethernet-Unicast zum AC (wie bei PADI) " "
AC ←	65 (PADS)	397	12	0101,0 0103,4,C0700808	Zuteilung einer Session-ID beendet die Discovery-Phase

Bild 1.139: Ablauf der Discovery-Phase

PADI	**PPPoE A**ctive **D**iscovery **I**nitiation packet
	Genau ein Tag des Typs 0101 ist obligatorisch; die gesamte Framelänge darf 1484 Byte nicht überschreiten.
PADO	**PPPoE A**ctive **D**iscovery **O**ffer packet
	Antwort eines dienstwilligen AC, Name des AC ist obligatorisch, ebenso die Wiederholung des Service Name Tag aus dem PADI-Paket. Der AC kann mit weiteren Tags weitere Dienste offerieren.
PADR	**PPPoE A**ctive **D**iscovery **R**equest packet
	Der Host wählt aus mehreren möglichen PADO-Offerten einen AC aus.
PADS	**PPPoE A**ctive **D**iscovery **S**ession-confirmation packet
	Der AC erzeugt eine eindeutige Sitzungs-Kennung (Session-ID).
PADT	**PPPoE A**ctive **D**iscovery **T**erminate packet
	Jeder der beiden Partner kann durch dieses Paket (mit dem Code A7 hex) die Sitzung beenden, die Session-ID verfällt umgehend und darf nicht mehr benutzt werden.

Bild 1.140: Bedeutung der Discovery-Pakete

//localhost: /var/log/messages

Bei dem dargestellten Discovery-Vorgang war der Host ein Linux-Rechner, in dessen zentraler Log-Datei folgende Meldungen (Bild 1.141) durch den Sitzungsaufbau hervorgerufen wurden:

1.5 Protokolle der technischen Verbindungsschicht, Zugriffsverfahren

```
Dec 13 13:48:20 fiwa pppd[19758]: Plugin pppoe.so loaded.
Dec 13 13:48:20 fiwa pppd[19758]: PPPoE Plugin Initialized
Dec 13 13:48:20 fiwa pppd[19758]: Plugin passwordfd.so loaded.
Dec 13 13:48:20 fiwa pppd[19758]: pppd 2.4.1 started by root, uid 0
Dec 13 13:48:20 fiwa pppd[19758]: Using interface ppp0
Dec 13 13:48:20 fiwa pppd[19758]: Couldn't increase MTU to 1500.
Dec 13 13:48:20 fiwa pppd[19758]: Couldn't increase MRU to 1500
Dec 13 13:48:20 fiwa pppd[19758]: local IP address 192.168.99.1     # Platzhalter
Dec 13 13:48:20 fiwa pppd[19758]: remote IP address 192.168.99.99   # Platzhalter
Dec 13 13:49:16 fiwa pppd[19758]: Starting link
Dec 13 13:49:16 fiwa pppd[19758]: Sending PADI
Dec 13 13:49:16 fiwa pppd[19758]: HOST_UNIQ successful match
Dec 13 13:49:57 fiwa pppd[19758]: HOST_UNIQ successful match
Dec 13 13:49:57 fiwa pppd[19758]: Got connection: 397
Dec 13 13:49:57 fiwa pppd[19758]: Connecting PPPoE socket: 00:90:1a:10:0f:f3 9703 eth2 0x80870c0
Dec 13 13:49:57 fiwa pppd[19758]: using channel 10
Dec 13 13:49:57 fiwa pppd[19758]: Connect: ppp0 <--> eth2
```

Bild 1.141: Logfile-Auszug während eines PPPoE-Sitzungsaufbaus

Sobald eine Sitzung etabliert ist, geht das Discovery-Stadium in das Session-Stadium über. Die PPPoE-Nutzlast bekommt eine andere Struktur (Bild 1.143) – es werden PPP-Pakete ausgetauscht, die ihrerseits eine simple Struktur haben: Einem 2 Byte großen Header folgt die Nutzlast. Dieser Header kennzeichnet per Protokolltyp eines der folgenden Sub-Protokolle:

Session-Stage

- **LCP: L**ink **C**ontrol **P**rotocol zur Festlegung von Übertragungsparametern, zum Verbindungsaufbau (PPP-Protokolltyp C021 hex.) sowie zum Prüfen des Bestehens der Verbindung durch Echo-Anforderungen.

■ Ein wichtiger Übertragungsparameter ist der MRU-Wert (**M**aximum **Re**ceive **U**nit, PPP-Standardwert: 1500 Byte) eines Empfängers, an den der Sender seinen MTU-Wert (**M**aximum **T**ransmit **U**nit) in speziellen Fällen anpasst, z. B. hier (bei PPPoE) auf 1492 Byte, damit die PPP-Protokoll-Information noch in den MTU-Wert 1500 Byte von Ethernet „hineinpasst".

LCP-Pakete haben die Struktur wie in Bild 1.142:

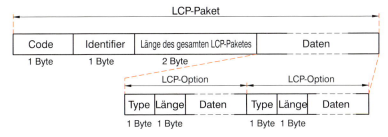

Bild 1.142: Struktur der LCP-Pakete und der enthaltenen Optionen

■ *1 Planung, Aufbau und Konfiguration von Netzwerken*

Dabei ist das Datenfeld eine Liste aus Optionen, die ebenfalls einfach strukturiert sind (Bild 1.142):

- **NCP: N**etwork **C**ontrol **P**rotocol, abhängig vom zu transportierenden Nutzlastprotokoll, z. B. **IPCP** (**IP C**ontrol **P**rotocol, PPP-Protokolltyp 8021 hex) zum Festlegen der IP-Adressen der PPP-Partner durch den AC. Der formale Aufbau der IPCP-Pakete entspricht dem von LCP-Paketen.
- **PAP** (PPP-Protokolltyp C023 hex.) oder **CHAP** (PPP-Protokolltyp C223 hex.)**:** zur Authentisierung zwecks Abrechnung und Logging.
- **IP:** Nutzlast-Protokoll, z. B. IP (PPP-Protokolltyp 0021 hex).

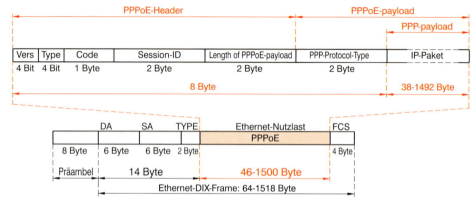

Präambel: 10101010 10101010 10101010 10101010 10101010 10101010 10101010 10101011
DA: Hardware-Zieladresse (Destination Adress)
SA: Hardware-Quelladresse (Source Adress)
TYPE: Nutzlast-Protokolltyp, 8864 (hex.) für PPPoE bei bestehender Verbindung
FCS: Frame Check Sequence, CRC (Cyclic Redundancy Check)-Prüfwert

Vers: Version, z. Zt. = 1   Session-ID: Eindeutige Kennung der Verbindung
Type: z. Zt. = 1   Length of PPPoE-payload: Length of PPP-payload + 2
Code: =0 bei bestehender PPPoE-Sitzung   PPP-Protocol-Type: 0021 (hex.) für IP, 8021 (hex) für IPCP, C021 (hex) für LCP

Bild 1.143: Rahmenstruktur eines mit PPPoE transportierten IP-Pakets bei bestehender Verbindung

CHAP: RFC 1334   Die Verbindungsaufbauphase wird meist um eine Authentisierungsphase (mit den Protokollen PAP oder CHAP) ergänzt.

IPCP: RFC 1332   Anschließend erfolgt die Konfiguration jedes übergeordneten Schicht-3-Protokolls, z. B. IP oder IPX durch das jeweils zugehörige **N**etwork-**L**ayer-**C**ontrol-**P**rotocol (NCP); so wird beispielsweise mit **IPCP** (als NCP) eine IP-Adresse zugewiesen, auch kann eine Kompression vereinbart werden.

Erst dann folgt die eigentliche **N**etwork-**L**ayer-**P**rotocol-Phase, in der die IP-Pakete übertragen werden. Die Tabelle in Bild 1.144 zeigt den Fortgang der Verbindungsaufnahme bis zur Eröffnung der TCP-Verbindung.

1.5 Protokolle der technischen Verbindungsschicht, Zugriffsverfahren

Quelle	PPP-Header	Code	Optionen/Daten
H→	LCP	Configure-Request(01)	MRU = 1492; Magic Number = 7E 36 44 FE
←AC	LCP	Configure-Request(01)	MRU = 1492; Authentification Protocol = PAP Magic Number = 1D FC 67 BA
H→	LCP	Configure-Ack(02)	MRU = 1492: Authentification Protocol = PAP Magic Number = 1D FC 67 BA
←AC	LCP	Configure-Ack(02)	MRU = 1492; Magic Number = 7E 36 44 FE
H→	LCP	Echo-Request(09)	Magic Number = 7E 36 44 FE
H→	PAP	Auth-Req	<Benutzerkennung, Passwort>
←AC	LCP	Echo-Reply(10)	Magic Number = 1D FC 67 BA
←AC	PAP	Auth-Ack	
H→	IPCP	Configure-Request(01)	IP-Address = 192.168.99.1, Host schlägt vor
←AC	IPCP	Configure-Request(01)	IP-Address = 217.5.98.47, AC gibt vor
H→	IPCP	Configure-Ack(02)	IP-Address = 217.5.98.47, Host akzeptiert
←AC	IPCP	Configure-Nak(03)	IP-Address = 80.133.18.192, AC lehnt ab, gibt Vorschlag vor
H→	IPCP	Configure-Request(01)	IP-Address = 80.133.18.192, Host schlägt vor
←AC	IPCP	Configure-Ack(02)	IP-Address = 80.133.18.192, AC akzeptiert (seine Vorgabe!)
H→	IP	80.133.18.192:2026→217.5.98.47:540, TCP-Verbindungsaufbau	

Bild 1.144: Ablauf der PPP-Sitzung bis zum Beginn der Netzwerkprotokoll-Phase

Das erste in der Tabelle (Bild 1.144) berücksichtigte Paket ist in Bild 1.145 in hexadezimaler Form vollständig (ohne Ethernet-CRC-Wert) wiedergegeben.

```
0000  00 90 1A 10 0F F3  00 60 97 9B 6D B1  88 64  11 00
0010  03 97  00 10  C0 21  01 01 00 0E 01 04  05 D4 05 06
0020  7E 36 44 FE 44 FE 44 FE 44 FE 44 FE 44 FE
0030  44 FE 44 FE 44 FE 44 FE 44 FE 44 FE
```

Bild 1.145: LCP-Paket im PPPoE-Paket im Ethernet-Frame (Zur Orientierung: Die PPPoE/PPP-Elemente sind gerahmt, die Configure-Request-Option für die MRU von 1492 ist in Blau gedruckt.)

■ Aufgaben

1. Zwischen welchen OSI-Schichten beschreibt der technische Standard IEEE 802 Schnittstellen?
2. Warum stehen die Zieladressen (DSAP in Bild 1.114 und DA in Bild 1.122 ff.) immer „links" im Rahmen?
3. An welchem TYPE-Code erkennt man ein IPX-Paket als Nutzlast eines IEEE-802.3-Rahmens?
4. Bestimmen Sie in Prozenten das Verhältnis (Nutzlastbytes)/(übertragene Bytes) im günstigsten und im ungünstigsten Fall eines IEEE-802.3-Rahmens.
5. Worin besteht der Unterschied zwischen dem PAD-Feld und dem Extension-Feld in einem IEEE-802.3-Rahmen?
6. Was ist ein „802.3 raw"-Rahmen?
7. Was kann eine Brücke an einem angeschlossenen Leitungsabschnitt messen?
8. Welches Übertragungsmedium wird vom Standard IEEE 802.5 vorgeschrieben?
9. Was ist ein „Basic Service Set"?
10. Warum ist ein Portal eine Brücke?

1.6 Komponenten eines lokalen Netzwerkes

1.6.1 Passive Netzkomponenten

1.6.1.1 Übertragungsmedien

■ **Koaxiale Kupferkabel**

siehe Kap. 4.1.1.1

Für die Datenübertragung in Computernetzwerken verwendete man früher insbesondere bei Ethernet **Koaxialkabel**. Als historisch ist heute das **Thick Ethernet** anzusehen, das vom **Thin Ethernet** (Cheapernet) abgelöst wurde.

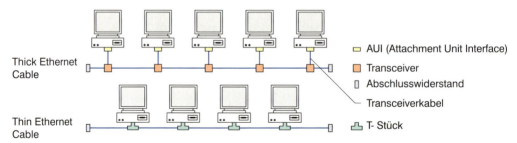

Bild 1.146: Netzaufbau mit koaxialen Kupferkabeln

Topologisch wie elektrisch handelte es sich bei diesen klassischen Ethernetvarianten um einen Bus (Punkt-zu-Mehrpunkt-Verbindung).
Ein Innenleiter im Kern wurde von einer Isolierschicht und dem strumpfartigen Außenleiter aus Kupfergeflecht umgeben.

1.6 Komponenten eines lokalen Netzwerkes

	Thick Ethernet	Thin Ethernet
Kerndurchmesser	2 mm	0,9 mm
Kabeldurchmesser	10 mm	4,5 mm
Dämpfung bei 10 MHz	1,7 dB/100m	4,6 db/100m
Max. Segmentlänge	500 m	185 m
Kurzbezeichnung	10Base5	10Base2
Wellenwiderstand	50 Ω	

Koax-Kabel
l > 100 m
siehe Kap. 4.1.1

Bild 1.147: Technische Daten der koaxialen Kupferkabel

Die Kurzbezeichnung (Bild 1.147) besagt, dass die Übertragungsgeschwindigkeit 10 Mbit/s beträgt und keine Modulation stattfindet (Base ⇒ Basisbandübertragung). Die maximale Segmentlänge wird in Vielfachen von 100 m angegeben.

Modulation
siehe Kap. 4.1.5

■ Symmetrische Kupferkabel

Seit Anfang der neunziger Jahre wurde Thin Ethernet von symmetrischen Kupferkabeln abgelöst, für die aufgrund der Adernverdrillung auch die Bezeichnung TP-Kabel (**T**wisted **P**air; to twist: verdrehen) gebräuchlich ist. Hier begann die Entwicklung bei den damals üblichen 10 Mbit/s und führte zur Kurzbezeichnung **10BaseT**; die „Längenangabe" T bedeutete automatisch maximale 100 m, bedingt durch die Dämpfung. Mitte der neunziger Jahre kam **100BaseT** und Ende der neunziger Jahre **1000BaseT** hinzu. Diese Kabel haben in der Regel 8 Adern, von denen je zwei zu einem Paar verdrillt sind.

TP-Kabel
siehe Kap. 4.1

l < 100 m

Bezeichnung	Bedeutung
10Base-T	10 Mbit/s bis zu 100 m über TP, 2 Adernpaare
100Base-T	100 Mbit/s bis zu 100 m über TP, 2 Adernpaare, Cat. 5
100Base-TX	100 Mbit/s bis zu 100 m über TP, 2 Adernpaare
100Base-T2	100 Mbit/s bis zu 100 m über TP, 2 Adernpaare, Cat. 3
100Base-T4	100 Mbit/s bis zu 100 m über TP, 4 Adernpaare, Cat. 3
1000Base-T	1000 Mbit/s bis zu 100 m über TP, 4 Adernpaare, Cat. 5
1000Base-CX	1000 Mbit/s bis zu 25 m über spezielles 150 Ohm-Kabel

Bild 1.148: Varianten mit TP-Kabeln

■ Mit TP-Kabeln werden Punkt-zu-Punkt-Verbindungen hergestellt, die mit zentralen Komponenten (MSAU, Hub) einen **topologischen Stern** formen, aber elektrisch Stern, **Ring** (Bild 1.126) oder **Bus** (Bild 1.161) darstellen.

Stern,
Ring,
Bus

Dieser Vielseitigkeit verdanken TP-Kabel ihre weite Verbreitung.

■ 1 Planung, Aufbau und Konfiguration von Netzwerken

■ LWL (Licht-Wellen-Leiter)

LWL sind preislich vergleichbar mit guten Kupferkabeln, erfordern teurere NICs und sind arbeitsaufwendiger in der Installation. Dafür warten sie mit eindeutigen Vorteilen auf:

- Keine Störeinstrahlung, keine Störabstrahlung, deswegen auch abhörsicher.

Lichtwellenleiter
siehe Kap. 4.2

- Keine elektrischen Potenzialprobleme.
- Geringes Gewicht, geringe Durchmesser.
- Geringe Dämpfung.

$l \approx 60$ km

- Großes Produkt Übertragungsgeschwindigkeit x Übertragungsstrecke: bis 100 Mbit/s bei 60 km Leitungslänge.

Bezeichnung	Bedeutung
10Base-F	10 Mbit/s, LWL allgemein
10Base-FL	10 Mbit/s, 2 Fasern, asynchroner Hub
10Base-FB	10 Mbit/s, 2 Fasern, synchroner Hub
100Base-FX	100 Mbit/s, 2 Fasern, multimode
100Base-LX	100 Mbit/s, 2 Fasern, single-/multimode, langwelliger Laser
1000Base-SX	1000 Mbit/s, 2 Fasern, multimode, kurzwelliger Laser

Bild 1.149: Einige Varianten mit LWL

1.6.1.2 Strukturierte Verkabelung

Heute würde niemand ein Gebäude beziehen, das keine Heizung und keine Wasserinstallation besitzt. Mit der gleichen Selbstverständlichkeit wird bei neuen Zweckbauten die **Verkabelungs-Infrastruktur** als **anwendungsunabhängiger** Bestandteil des Gebäudes betrachtet. Die ständige Weiterentwicklung im Netzwerkbereich hat dazu geführt, dass moderne Kabelstrukturen sich deutlich von denen der vergangenen Jahre unterscheiden. Dieser Strukturwandel ist notwendig geworden, da sich das Anforderungsprofil innerhalb der Unternehmen erheblich verändert hat.

Die Verkabelung selber, die einen großen Kostenanteil beim Aufbau eines Netzwerks ausmacht, soll auch dann noch gültig und einsatzfähig sein, wenn andere Netzwerkkomponenten durch eine neue Generation ersetzt werden. Daher müssen die neuen Verkabelungs-Infrastrukturen **Installationsreserven** enthalten, die auch die Kommunikationsanforderungen für die nächsten **10** bis **15 Jahre** umfassen.

Ein weiterer wichtiger Aspekt einer strukturierten Verkabelung ist die **Dienstneutralität** des Anschlusspunktes. Der Ansatz sollte alle LAN-Konzepte umfassen, aber auch Dienste aus dem Weitverkehrsbereich wie z. B. die

Sprachübertragung. Beim Aufbau einer neuen Netzinfrastruktur sollte darauf geachtet werden, dass das Netz problemlos auf zukünftige LAN-Technologien umgestellt werden kann und damit vorhandene und neue Produkte in das Netzwerk einbezogen werden können. Es sollte unempfindlich gegenüber Störeinflüssen sein und eine sichere Übertragung gewährleisten.

■ Als **strukturierte Verkabelung** bezeichnet man eine Verkabelungsinfrastruktur, die anwendungunabhängig ist und angemessene Installationsreserven bietet.
Hierbei unterscheidet man zwischen der **Primär-**, der **Sekundär-** und der **Tertiärverkabelung** (Bild 1.150).

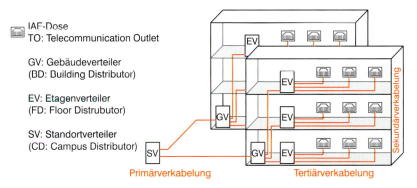

Bild 1.150: Verkabelungsbereiche einer universell einsetzbaren „Verkabelungsplattform" nach EN 50173

Die Untergliederung ist **unabhängig** von der Art oder der Form des Netzwerkes (siehe 1.6.1.1). Der genaue Geltungsbereich der strukturierten Verkabelung ist von der internationalen Standardisierungsorganisation (ISO) definiert und in der Norm ISO/IEC DIS 11801 „Universelle Verkabelung für Gebäudekomplexe" dargelegt worden. Sie wurde in die Europanorm **EN 50173** umgesetzt und europäischen Verhältnissen angepasst. Zu den funktionalen Elementen gehören jeweils der entsprechenden Kabel die Verteiler (Switch, Hub etc.), eventuelle Kabelverteiler (Patchfelder) und die Telekommunikations-Anschlussdosen. Der Definitionsbereich endet an der Dose, das Anschlusskabel bleibt unberücksichtigt. Neuere Normen allerdings behandeln auch den sog. **Channel-Link** (im Gegensatz zum Permanent-Link).

EN 50173

■ Als **Link** bezeichnet man die Kombination aus Patchfeld, symmetrischem Kupferkabel und Datendose.

Link

■ 1 Planung, Aufbau und Konfiguration von Netzwerken

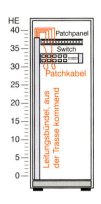

Der Channel-Link wird auch mit Patch- und Anschlusskabel erfasst, der Permanent-Link allerdings nur wie bisher mit Dose-Kabel-Patchfeld.

■ **Verteiler**

Leitungen führen, von der IAE-Dose am Arbeitsplatz abgesehen, immer zu Verteilern (Bild 1.150). Diese bestehen aus Schränken mit 19"-Aufbausystemen und Patchfeldern (Patchpanel, Bild 1.151), auf denen die Leitungen mechanisch festgelegt werden. Die Adern werden auf Anschlussdosen eines Panels geführt, sodass mit Patchkabeln rangiert werden kann, d. h., es werden gezielt Verbindungen mit anderen Verteilern, IAE-Dosen, Switches oder Routern geschaltet. Sinngemäß gilt dies für LWL und die zugehörigen Spleißboxen.

Bild 1.151: 19"-Verteilerschrank – 1" = 25,4 mm, 1 HE = 44,45 mm

■ **Primärbereich**

Standortverkabelung

Der Primärbereich bezieht sich auf die **Geländeverkabelung**. Man kann sich hier eine Firma vorstellen, die über verschiedene benachbarte frei stehende Gebäude verfügt. Der Primärbereich verbindet die Gebäude untereinander. Dabei werden die **Gebäudeverteiler** über das **Primärkabel** mit dem **Standortverteiler** verbunden. Im Primärbereich werden in aller Regel **LWL** eingesetzt. Nach den Spezifikationen des Standards EN 50173 ist die maximale Entfernung zwischen Standort- und Gebäudeverteiler auf **1500 m** begrenzt, auch wenn die heutigen LWL, technisch gesehen, größere Entfernungen überbrücken können. Die Primärverkabelung kann als Ring- oder Stern-Topologie erfolgen. Da sternförmige Verkabelungen anfällig sind gegenüber Fehlern im zentralen Konzentrator und auch gegenüber Streckenausfall, empfiehlt sich der Aufbau einer doppelten oder einer kombinierten Topologie.

■ **Sekundärbereich**

Steigbereich, vertikale Verkabelung

Der Sekundärbereich befasst sich mit der **Gebäudeverkabelung**. Hier sind der Steigleitungsbereich und die Gebäudeverteiler angesiedelt. Es ist also eine Vertikalverkabelung, mit der die einzelnen Stockwerke sternförmig an den Gebäudeverteiler angeschlossen werden. In den Verkabelungsstandards werden für eine universelle Verkabelung im Sekundärbereich entweder symmetrische Kupferkabel wie **TP-Kabel** oder **LWL** vorgeschlagen. Die Sekundärverkabelung ist auf **500 m** begrenzt und darf eine maximale Dämpfung von **11 dB** nicht überschreiten. Bei Hochgeschwindigkeitsanwendungen über Twisted-Pair-Kabel ist die maximale Entfernung auf **100 m** begrenzt. Es hat sich allerdings durchgesetzt, dass im Sekundärbereich ausschließlich LWL zum Einsatz kommen (wegen Potenzialverschleppung, hohem Datendurchsatz und auch wegen der Längenrestriktion).

■ **Tertiärbereich**

horizontale Verkabelung

Der Tertiärbereich umfasst die **Etagenverkabelung** und den Anschluss der Arbeitsplätze und wird daher auch Etagenverkabelung genannt. In diesen Bereich gehören die Etagenverteiler und die Anschlussdosen. Die Streckenlänge zwischen Verteiler und den Telekommunikations-Anschlussdosen sind in den Verkabelungsstandards auf **90 m** festgelegt. Dieser Wert kann allerdings flexibel behandelt werden. Wenn die Güte des Links um ein Vielfaches höher ist als die Norm dies vorschreibt, könnten die Linklängen auch erweitert werden.

Wird dieser Bereich mit **LWL** verkabelt, um „Fiber to the Desk" zu realisieren, kann für die Ermittlung des Dämpfungsbudgets von einer Streckendämpfung von **11 dB/km** ausgegangen werden. Dieser Wert gilt für Multimodefasern und berücksichtigt jeweils einen Spleiß und eine Steckverbindung an jedem Kabelende (Anmerkung: Monomode bis zum Arbeitsplatz kommt so gut wie gar nicht vor).

Werden TP-Kabel eingesetzt, ist es sinnvoll, ein Kabel mit vier Aderpaaren (8 Adern) zu wählen, auch wenn bei den heutigen Übertragungsgeschwindigkeiten, die Ethernet und Fast Ethernet bieten, nur 4 Adern benötigt werden. Ein Kabel mit 8 Adern kann geteilt werden, sodass ein Kabel momentan zwei Anschlüsse bedienen kann (Doppeldosen). Soll in Zukunft dann z. B. auf Gigabit-Ethernet umgestellt werden, benötigt man, nach heutigem Stand der Erfahrung, alle vier Aderpaare. Es ist heute auch möglich, in eine Verkabelung mit hochwertigem Kupferkabel über entsprechende Geräte Fernsehsignale mit einzuspielen, sodass eine eigene Koax-Verkabelung für die Videosignale entfallen kann.

Verkabelung für alle Dienste

■ **Anschlussleitungen**
Sie verbinden die Endgeräte mit den Anschlussdosen, werden vom Standard nicht abgedeckt und sollten in ihrer Länge allerdings **10 m** nicht überschreiten. Im Gegensatz zu den bisher genannten Verlegkabeln sind sie flexibler und am besten vorkonfektioniert zu verwenden.

$l \leq 10$ m

1.6.1.3 Verkabelungsmesstechnik

Die strukturierte Verkabelung erfüllt ihren Sinn als infrastrukturelle Basiskomponente im Sinne ihrer Erfinder natürlich nur dann, wenn sie die in sie gesetzten Erwartungen tatsächlich erfüllt. Dafür gibt es Qualitätsstandards, nach denen sowohl die Einzelkomponenten **kategorisiert** als auch deren Kombination zu einem Link (Kap. 1.6.1.2) **klassifiziert** werden. Der Errichter des Verkabelungssystem weist dem Auftraggeber die Einhaltung oder Überschreitung dieser Standards i. d. R. durch eine Abnahme nach, zu der auch eine Abnahmemessung gehört. Beispielhaft wird hier der häufige Fall einer symmetrischen Kupferverkabelung im Tertiärbereich angeführt.

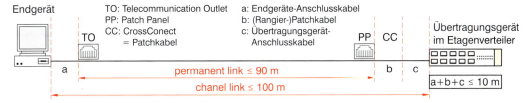

Bild 1.152: Der Definitionsbereich der EN 50173

Der Standard definiert sechs **Netzanwendungsklassen:**

Klasse	Frequenz	Beschreibung	
A	< 100 kHz	Sprachanwendungen	
B	< 1 MHz	Datenanwendungen mittlerer Bitrate	
C	< 16 MHz	Datenanwendungen hoher Bitrate	
D	< 100 MHz	Datenanwendungen sehr hoher Bitrate	
E	< 250 MHz	"	neu seit
F	< 600 MHz	"	2000

Bild 1.153: Netzanwendungsklassen nach EN 50173-2000

Um die Anforderungen einer **Klasse** zu erfüllen, ist es notwendig, dass die Einzelkomponenten für sich eine Mindestanforderung hinsichtlich ihrer Eignung erfüllen. Für Kabel, Stecker und Buchsen sind dazu im IEC 61156 Standard Kategorien definiert, die sich im Wesentlichen an der Übertragungsfrequenz orientieren. Für die heutigen Anforderungen sind dabei nur noch die Kategorien 3 und höher interessant.

> Links der Klasse C erfordern mindestens Kabel der Kategorie 3.
> Links der Klasse D erfordern mindestens Kabel der Kategorie 5.

Ob jedoch mit der Verwendung von Kategorie-5-Bauteilen ein Klasse-D-Link entstanden ist, kann nur durch Messung von Qualitätskriterien nachgewiesen werden. Eine Reihe von Verdrahtungsfehlern (Wackelkontakt, Nebenanschlüsse, Adernvertauschung innerhalb eines Paares, kreuzende Paare, gesplittete Paare, Bild 1.154) lassen sich zwar durch Sorgfalt von vornherein vermeiden, müssen aber trotzdem immer als Erstes überprüft werden, wozu einfache Kabeltester genügen.

beliebte Fehler

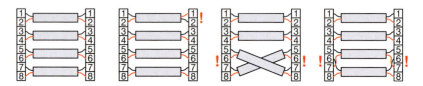

Bild 1.154: Elementare Verdrahtungsfehler

siehe Kap. 4.1.2

Andere Kenngrößen sind hochfrequenztechnischer Art (Bild 1.155 und 1.156) und erfordern Spezialmessgeräte. Die wichtigsten Kenngrößen sind die **Dämpfung** a (attenuation) in dB/100m und die Nahnebensprechdämpfung **NEXT** in dB.

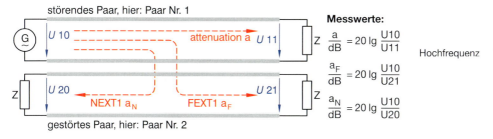

Bild 1.155: Messprinzip der Abnahmemessung

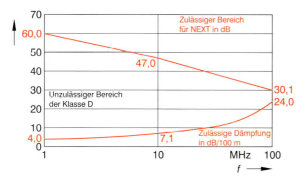

Bild 1.156: Zulässige Werte für Dämpfung und Nahnebensprechen bei **Klasse-D**-Links

Bestimmt werden (beispielhaft bezogen auf Paar 2 in Bild 1.155):

– **Dämpfung** (a in Bild 1.155)
– **Rückflussdämpfung**
– **NEXT1** (**N**ear-**E**nd-**C**ross-**T**alk, a_N in Bild 1.155)
– **FEXT1** (**F**ar-**E**nd-**C**ross-**T**alk, a_F in Bild 1.155)
– **ACR1** (Attenuation Crosstalk Ratio) = NEXT1 – a
– **ELFEXT1** (Equal Level Far End Crosstalk = Far End ACR) = FEXT1 – a
– **PSNEXT** (**P**ower **S**um NEXT) = NEXT1 + NEXT3 + NEXT4
– **PSELFEXT** (**P**ower **S**um ELFEXT) = ELFEXT1 + ELFEXT3 + ELFEXT4
– **PSACR** (**P**ower **S**um ACR) = ACR1 + ACR3 + ACR4

Bei den drei letzten Größen wird die summierte Wirkung auf Paar 2 aus drei anderen störenden Paaren bestimmt; dabei bedeutet NEXT1 den Einfluss aus Paar 1, NEXT3 aus Paar 3 usw. Für alle diese Werte gibt es einzuhaltende Grenzen (Bild 1.157).

■ 1 Planung, Aufbau und Konfiguration von Netzwerken

Grenzwerte seit 2000

Kenngröße		bei 100 MHz in dB bezogen auf	
		(alle Angaben ohne Gewähr)	
Klasse D		permanent link, ≤ 90 m	channel link, ≤ 100 m
Dämpfung		< 20,4	< 24,0
Rückflussdämpfung	>	12,0	10,0
NEXT	>	32,3	30,1
PSNEXT	>	29,3	27,1
ACR	>	11,9	6,1
PSACR	>	8,9	3,1
ELFEXT	>	18,6	17,4
PSELFEXT	>	15,6	14,4

Bild 1.157: Anforderungen der Klasse D am Messpunkt 100 MHz; die vollständige Begrenzung bezieht sich auf ein Toleranzfeld im Frequenzbereich 1–100 MHz, vgl. Bild 1.153 (Quelle: http://www.cabletesting.com)

1.6.2 Endgeräte: Workstations und Server

■ **Workstations**

Unter einer Workstation verstand man früher ausschließlich einen sehr leistungsstarken Rechner mit besonderen Ressourcen, z. B. einen CAD-Arbeitsplatz (**C**omputer **A**ided **D**esign). Heute ist das Wort ein Synonym für einen „normalen" Arbeitsplatzrechner mit Netzanschluss. Die Client-Software ist weitestgehend in die aktuellen Betriebssysteme integriert. Als Hardwareergänzung für die Vernetzung kommen im professionellen Umfeld fast ausschließlich Ethernet-NICs infrage, zunehmend auch WLAN-NICs. Im privaten Umfeld werden Einzelrechner über die serielle Schnittstelle und Modem oder über eine ISDN-Karte (als spezieller NIC) mit dem Einwahl-Server eines ISP (**I**nternet **S**ervice **P**rovider) verbunden. Die Integration/Installation der NICs unterscheidet sich nicht grundsätzlich von der anderer Systemkomponenten.

siehe Kap. 1.1.2 und Kap. 1.2

■ **Server**

Server sind Computer, die anderen Computern ihre Dienste anbieten. Technisch kann grundsätzlich jeder Arbeitsplatz-PC diese Aufgaben wahrnehmen. Für Kleinstnetze, Test- oder Übungszwecke ist dies auch durchaus sinnvoll.

In der Praxis wird man für größere Netze jedoch die Server hard- und softwaremäßig auf ihre spezielle Aufgabe hin auslegen. Server müssen

– eine hohe Dauerlast verarbeiten können und
– niedrige Ausfallzeiten = hohe Verfügbarkeit gewährleisten (angestrebt wird dabei „*Five-Nine*": 99,999 %).

Daraus leiten sich Forderungen für die verwendeten Komponenten ab, die über diejenigen von Arbeitsplatzrechnern hinausgehen.

Für typische Fileserver in serverzentrierter Umgebung sind dies:
1. **Hauptplatine**: fehlertoleranter Hauptspeicher, Speicherausbau bis in den Gigabyte-Bereich möglich, bis zu 14 PCI-Steckplätze.
2. **Prozessor**: Prozessorvariante mit optimiertem I/O-Durchsatz anstelle von hoher Rechenleistung (für Graphik), **SMP** (Symmetrischer Multiprozessorbetrieb) möglich.
3. **Festplatten**: redundante Festplattensysteme, Spiegelbetrieb und **RAID** (**R**edundant **A**rray of **I**nexpensive **D**isks).
4. **Gehäuse**: größeres Volumen, robustere Konstruktion, mehr Montageschächte für Massenspeicher, abschließbar, auch im peripheren Anschlussbereich, mehr Gehäusedurchbrüche für Verbindungselemente (Stecker/Buchsen), Netzteil für Vollbestückung ausgelegt, zweites redundantes Stand-by-Netzteil, das auch im laufenden Betrieb ausgetauscht werden kann (**hot swap**).
5. **NIC**: ggf. mit mehreren Ports für eine Bandbreitenerhöhung durch Linkaggregation (Bild 1.158b und Kap. 1.6.3.2, Switches).
6. **Systemsoftware**: entweder ein dediziertes Serverbetriebssystem wie Netware oder eine spezielle Server-Variante des Betriebssystems wie bei WinNT/2000 oder eine spezielle Parameterisierung wie bei Linux.

Auslegung der Komponenten

siehe auch Kap. 1.4.4 „Einfache IT-Systeme"

Auswahl der Komponenten

Diese Forderungen (insbesondere die vierte) führten zu stattlichen Gehäusen.

Neuerdings wird für den zunehmenden Einsatz als Kommunikationsserver der 19"-Einschub in 1–2 Höheneinheiten verwendet, der eine hohe „Serverdichte" im Rack (Rahmengestell des Aufbausystems) des Gebäude- oder Standortverteilers gestattet.

siehe Bild 1.151

Zur Gewährleistung einer hohen Betriebssicherheit werden Server sowie die im nachfolgenden Unterkapitel beschriebenen aktiven Netzkomponenten nicht direkt am Stromnetz betrieben, sondern sind über USV (**U**nterbrechungsfreie **S**trom-**V**ersorgungseinheiten) angeschlossen. Wenn die Versorgung durch das Stromnetz ausfällt, wird

– das Gerät aus Akkumulatoren mit nachgeschaltetem Wechselrichter für eine Übergangszeit weiterbetrieben und
– eine Alarmmeldung an das Serverbetriebssystem geschickt, das daraufhin ein geordnetes Herunterfahren einleitet.

Alle diese Forderungen (außer der fünften und sechsten in der Aufzählung) haben direkt nichts mit Vernetzung zu tun, sondern beschreiben Maßnahmen, die bei jeder Maschine (auch unvernetzte Einzelsysteme) mit hoher Leistung und hoher Betriebssicherheit erforderlich sind. Insbesondere Server zählen dazu.

> Anmerkung: Das Wort Server wird im alltäglichen Sprachgebrauch auch für *Serverprozesse* gebraucht. Man spricht von einem „Webserver" oder einem „Mailserver". Das kann zu Missverständnissen führen, denn auf einer *Servermaschine* können durchaus mehrere *Serverprozesse* laufen.

■ NICs

Sie verbinden den Systembus des Endgerätes mit dem Übertragungsmedium. Dabei wurden früher 10Base5-NICs mit einem 15-poligen Subminiatur-

Steckverbinder ausgestattet und über ein Transceiver-Kabel (AUI-Schnittstelle, unabhängig vom Übertragungsmedium) mit dem Transceiver am Leiter verbunden (Bild 1.146).

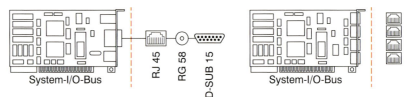

a) Mit verschiedenen Anschlüssen   b) Für Server mit vier Anschlüssen

Bild 1.158: Ausführungsformen von NICs

NICs für 10Base2 wurden mit koaxialem Anschluss gebaut und für 10BaseT mit Westernbuchse (RJ45, Bild 1.158a). In der Übergangsphase gab es häufig NICs mit beiden oder sogar mit drei Anschlüssen (von denen natürlich immer nur genau einer verwendet werden konnte). Heute gibt es für **100BaseTX** (zweipaarig) praktisch nur noch die Ausführung mit RJ45-Buchse. Eine Sondervariante heißt **100Base-T4** und gestattet die Übertragungsrate auf vier Paaren von Kabeln der Kategorie 3. Für Server werden zur Erzielung eines höheren Gesamtdurchsatzes oder bei Mangel an freien Steckplätzen auch NICs mit bis zu **vier RJ45-Ports** angeboten (Bild 1.158b).

1.6.3   Aktive Netzkomponenten

Sehr häufig bestehen Netze aus Teilnetzen oder Teilstrecken unterschiedlicher Technologie. Sie unterscheiden sich hinsichtlich der Übertragungsgeschwindigkeit, der verwendeten Übertragungsmedien und der Zugriffsregelungen der Endsysteme auf das Medium. Außerdem sind alle diese Technologien in ihrer physischen Ausdehnung begrenzt und decken diesbezüglich oft nicht die Erfordernisse der Anwender ab. In diesen Fällen müssen Netzteilstrecken durch **Datenübertragungsgeräte** miteinander gekoppelt werden. Ein Grundelement der Netzkopplung stellen die schon aus der OSI-Schicht 3 bekannten Router dar. Sie bedeuten allerdings viel Aufwand, beispielsweise muss für jedes durchgeleitete IP-Paket der TTL-Wert heruntergezählt und deswegen der Kopfprüfwert neu berechnet werden. Dadurch leidet die Geschwindigkeit, sodass Router nur dort eingesetzt werden, wo es wirklich erforderlich ist. Stattdessen sind andere Lösungen häufig sinnvoller:

– Repeater und Hub
– Brücken und Switches

Diese Lösungen sind unabhängig vom verwendeten Transportprotokoll.

1.6.3.1   Repeater und Hub

Wenn die maximal zulässige Leitungslänge den Anforderungen nicht entsprach, setzte man in der Vergangenheit bei koaxialen Leitungen nach einer maximalen Segmentlänge von 185 m sogenannte **Repeater** ein, die man als bidirektionale Verstärker auffassen kann, d. h., der Eingang ist auch Ausgang.

1.6 Komponenten eines lokalen Netzwerkes

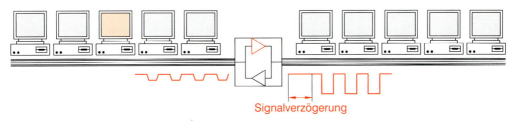

Bild 1.159: Wirkung eines Repeaters zwischen zwei koaxialen Segmenten

Repeater verändern nur das elektrische Signal (Bild 1.159):

- Anhebung des Pegels und Versteilerung der Signalflanken.
- Regeneration der Präambel und des SFD.
- Nachteil: Verzögerung um einige (bis 168) Bitzeiten, das entspricht einer Verlängerung der Leitung, die von der zulässigen Leitungslänge wieder abgezogen werden muss!

Signal aufbereiten, aber Kollisionen weiterleiten

■ Repeater sind nur für **eine** Übertragungsgeschwindigkeit geeignet.

Für die Verwendung mit CSMA/CD (Ethernet) ist ferner wichtig, dass sie die Kollisionsdomäne ausweiten.

■ Die **Kollisionsdomäne** ist der räumliche Bereich, in dem alle Stationen am *shared medium* alle Signale empfangen können (Diffusionsnetz).

Repeater sind Geräte der **Bitübertragungsschicht** (Bild 1.160).

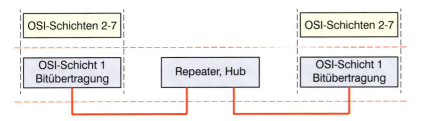

Bild 1.160: Netzkopplung auf der Bitübertragungsschicht: Repeater und Hub

Da die koaxiale Verkabelung der sternförmigen TP-Verkabelung gewichen ist, bedurfte es ohnehin eines zentralen Sternpunktes, sodass dieser heute eine aktive Komponente darstellt, als **Hub** bezeichnet wird und als Multiport-Repeater aufgefasst werden kann (Bild 1.161). Er hat 4–16 Anschlüsse.

■ Ein **Hub** (Mittelpunkt, Nabe) ist ein Verstärker im Mittelpunkt einer sternförmigen Verkabelung, der auf allen Ports die Summe aller Eingangssignale aussendet. Die elektrische **Busstruktur** (Bild 1.8) bleibt erhalten.

Hub =
Multiport-Repeater

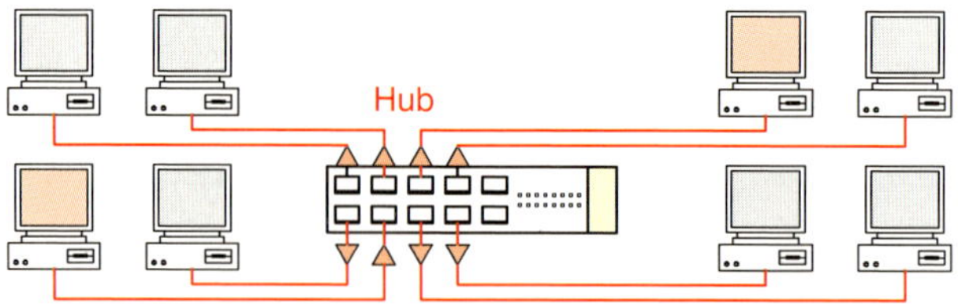

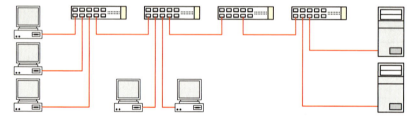

Bild 1.161: Hub in sternförmiger Verkabelung: Ausgabe auf alle Ports   Bus, Punkt zu Mehrpunkt

Hubs können auch durch gerätespezifische Verbindungen zu einem **Stack** (Stapel) zusammengefasst werden und wirken dann nach außen wie ein einziger Hub mit sehr vielen (≈ 100) Ports.
Bei der Übertragungsgeschwindigkeit 10 Mbit/s können Hubs nach der sogenannten **5-4-3-Regel** kaskadiert werden (Bild 1.162):

5-4-3-Regel

■ 5 Leitungsabschnitte dürfen mit 4 Hubs in Reihe geschaltet werden, wobei nur an 3 Leitungssegmenten Stationen angeschlossen sein dürfen.

10 Mbit/s

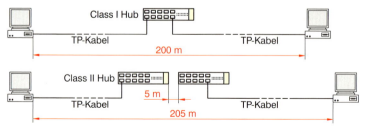

Bild 1.162: Kaskadierung von Hubs bei 10BaseT

Da hier die maximale Segmentlänge 100 m beträgt, sind bis zu 500 m erreichbar. Bei der Übertragungsgeschwindigkeit 100 Mbit/s ist das nicht mehr möglich.

■ Man unterscheidet **Class-I-Hubs** mit maximal 168 Bitzeiten Verzögerung und **Class-II-Hubs** mit maximal 92 Bitzeiten Verzögerung.
Es kann in einer Kollisionsdomäne nur einen Class-I-Hub geben, sodass ein Netz nur einen Radius von 100 m um den Hub haben kann.
Zwei Class-II-Hubs dürfen maximal 5 m voneinander entfernt stehen, sodass damit ein Netz nur 205 m Durchmesser haben kann (Bild 1.163).

Zwei-Klassen-Gesellschaft

Bild 1.163: Class-I-Hub (oben) und Class-II-Hub (unten)

Moderne Hubs besitzen die Fähigkeit „wild gewordene" NICs anhand einer überdurchschnittlich hohen Kollisionsrate zu identifizieren und den jeweiligen Port zu deaktivieren, um den übrigen Teil der Kollisionsdomäne zu schützen. Sie erlauben zusätzlich modulare Interfaces für verschiedene Übertragungsmedien (z. B. 100Base-T4, 100Base-FX) in Einschubtechnik. Für die Längenangaben in Bild 1.163 gelten dann ggf. andere Werte.

1.6.3.2 Bridge, Layer-2-Switch

Vorteilhafter, wenn auch teurer, sind **Brücken** (Bridges), die in der OSI-Schicht 2 (Bild 1.164) arbeiten.

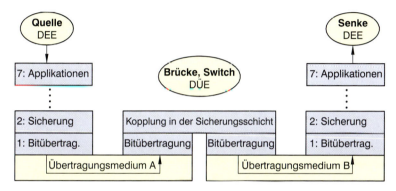

Bild 1.164: Netzkopplung auf der Sicherungsschicht: Brücke und Switch

- Brücken nehmen einen Rahmen in dem einen Netzsegment vollständig auf und senden ihn auf dem jeweils anderen Netzsegment erneut aus. Die für die Kollisionserkennung wichtige **Längenbeschränkung** endet an einer Brücke.

Schluss mit den Kollisionen!

Dabei lernen Brücken die MAC-Adressen der beiden verbundenen Segmente und transportieren einen Rahmen *nicht*, wenn Quelle und Ziel im gleichen Segment liegen. Zu jedem Port wird eine **MAC-Adresstabelle** angelegt.

Brücken sind intelligent und lernen dazu

- Brücken separieren den Netzverkehr, begrenzen die Kollisionsdomänen und entlasten damit das Netz, weil die Kollisionswahrscheinlichkeit abnimmt.

Remote Bridges

Einen Sonderfall stellen die „entfernten Brücken" dar (Bild 1.165). Je zwei Brücken mit einer WAN-Schnittstelle „verpacken" komplette Ethernet-Rahmen in Rahmen des WAN-Protokolls und transportieren sie in das entfernte Teilnetz.

■ 1 Planung, Aufbau und Konfiguration von Netzwerken

Bild 1.165: Remote Bridges koppeln räumlich entfernte Netze

Solche Remote Bridges basieren heute auf einem einzigen Chip. Trotz einer Gerätegröße von einem Steckergehäuse weisen sie einige Spezialitäten auf, wie *beispielsweise* die Verarbeitung von „Tinygrams": Einem Ethernet-Rahmen wird ein eventuell vorhandenes PAD-Feld vor der WAN-Aussendung entfernt und nach dem WAN-Empfang neu einverleibt, es werden keine Füllbits übertragen.

■ Switches

Wie die Repeater den Hubs gewichen sind, so sind die Brücken bei der Sternverkabelung den Switches (Schalter) gewichen (Bild 1.166).

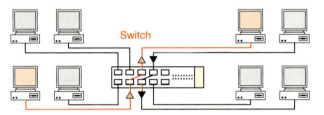

switch as switch can

Bild 1.166: Switch in sternförmiger Verkabelung: Ausgabe auf benötigten Port Punkt zu Punkt

Sie *schalten* intern elektronisch zwischen je zwei beteiligten Ports durch. Dabei sind zwei unterschiedliche Verfahren gebräuchlich:

1. **Store-and-Forward**: Ein Rahmen wird empfangen und komplett zwischengespeichert (store: speichern), bevor er am Zielport (forward: weiterleiten) wieder ausgesendet wird. Nachteil: Zeitverzögerung, große Rahmen werden länger verzögert als kleine, was ungünstig für Echtzeit-Datenverarbeitung ist. Vorteil: Der Rahmeninhalt kann analysiert werden.
2. **Cut-Through**: Es werden nur die ersten 48 bits eines Rahmens (seine MAC-Zieladresse) analysiert, dann sofort der Zielport bestimmt und alle nachfolgenden Bits über diesen gesendet. Das ist vorteilhaft für Echtzeit-Datenverarbeitung, hat aber den Nachteil, dass auch unbrauchbare Rahmenfragmente wieder ausgesendet werden, anstatt sie zu verwerfen (wie dies beim Store-and-Forward-Verfahren der Fall ist). Weiter ist von Nachteil, dass keine Geschwindigkeitsanpassung stattfinden kann.

■ Cut-Through-Switches sind keine Brücken!

(Store-and-Forward-)Switches verhalten sich nicht nur wie schnelle Multiport-Brücken mit

- Adresstabellen für jeden Port (insgesamt einige tausend MAC-Adressen) und
- Ports für verschiedene Technologien und Übertragungsgeschwindigkeiten (meist modular durch Geräte-Einschübe konfigurierbar/nachrüstbar),

mehr als nur eine Multiport-Brücke

sondern warten auch mit weitergehenden Eigenschaften auf wie:

- Ausnutzung der Punkt-zu-Punkt-Verbindung zwischen DEE und DÜE für Vollduplex-Betrieb je Port;
- Linkaggregation (Bündelung) zur Vervielfachung der Bandbreite;
- Bildung von **VLAN**s (virtuelle LANS).

Bei der Sternverkabelung findet kein *Multiple* Access auf das einzelne Leitungsstück statt, sondern auf die Gesamtheit aller an einen Hub angeschlossenen Leitungsstücke. Prinzipbedingt ist also nur Halbduplex-Betrieb möglich. Der Switch begrenzt nicht nur die Kollisionsdomäne (Bild 1.167), sondern zwischen Switches sowie zwischen Switch und Endgerät treten

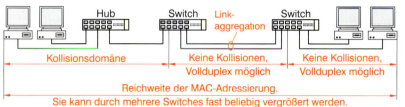

noch eine Domäne

Bild 1.167: Switch und Hub in einem Netzwerk

erst gar keine Kollisionen auf. Auf diesen Teilstrecken stehen für jede Übertragungsrichtung eigene Adernpaare zur Verfügung, sodass auf der Leitung im **Vollduplex-Betrieb** die doppelte Bandbreite zur Verfügung steht. Zwischen einem Endgerät ganz rechts in Bild 1.167 und dem rechten Switch steht die doppelte Bandbreite zur Verfügung, verglichen mit der Bandbreite einer Leitung, die von einem der linken Endgeräte zum Hub führt. Zwischen den Switches ist durch die **Bündelung** der zwei Leitungen damit die vierfache Bandbreite vorhanden.

Die PCs 1, 2, 3, 5, 8 und 9 des Switches in Bild 1.168 sind *einem* VLAN zugeordnet, die PCs 4, 6, 7 und 10 einem *zweiten* VLAN. Es werden keine Rahmen zwischen diesen VLANs ausgetauscht. Das gilt im gesamten LAN mit mehreren, entsprechend konfigurierten Switches.

teile und herrsche

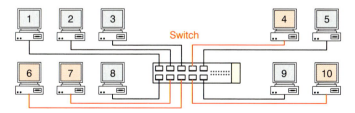

Bild 1.168: Zwei virtuelle LANs

Die Zuordnung der von den PCs einlaufenden Frames zu einem VLAN (classification) kann je nach Switch unterschiedlich erfolgen:

- über den jeweiligen Port (Layer-1-classification)
- über die MAC-Adresse des Senders (Layer-2-classification)
- über die IP-Adresse des Senders (Layer-3-classification)

Die Switche versehen die Rahmen zur Weiterleitung an andere Switche (**Trunk Link** in Bild 1.169; trunk, *engl.: Fernleitung*) gemäß IEEE 802.1Q mit einem **Tag** (Markierung, Etikett), das unmittelbar nach der Quelladresse eingefügt wird (vgl. Bild 1.169).

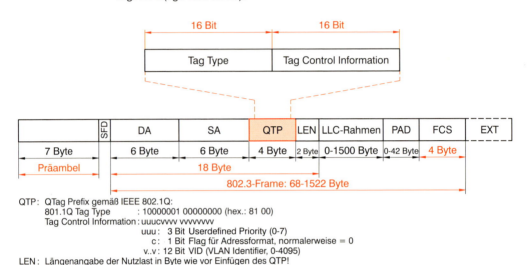

Bild 1.169: IEEE 802.3 Rahmen mit QTag

Vor Aussendung eines Frames an ein Endgerät (auf einem **Access Link**) werden die Tags wieder entfernt, da, von Ausnahmen abgesehen, Endgeräte nicht mit Tags umgehen können. Gezielt können einzelnen Ports mehrere VLANs zugeordnet werden, sodass Übergänge stattfinden können.

■ Diese Darstellung ist gegenüber dem IEEE-Standard stark vereinfacht!

■ **Das „Spanning Tree"-Verfahren**

Switches sind intelligent und kommunizieren

Bei Switches (und Brücken) besteht die Gefahr der Schleifenbildung, sodass Rahmen **endlos** kreisen und in kurzer Zeit eine Überlastung herbeiführen. Sie kommunizieren zu diesem Zweck untereinander, um auf der Basis einer gegebenen Verkabelung eine topologische Struktur zu bestimmen, die alle Teilnetze einbindet und Schleifenbildung unterdrückt.

IEEE 802.1D

Eine derartige Struktur ist der vollständige (*spanning:* alles überspannende) Baum (*tree*). Algorithmus und Protokoll wurden als **IEEE 802.1D** standardisiert.

Spanning Tree

■ Das **Spanning Tree Protocol** wird von Switches benutzt, um eine (virtuelle) Baumstruktur in einem dazu geeignet vermaschten Verkabelungssystem zu installieren (Bild 1.170).

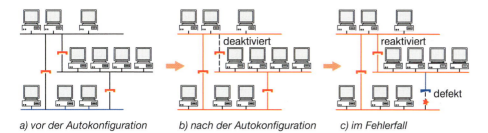

a) vor der Autokonfiguration   b) nach der Autokonfiguration   c) im Fehlerfall

Bild 1.170: Die „Eigenintelligenz" von Switches mit Spanning Tree Protocol

Nicht benutzte Teilstrecken werden **deaktiviert** (Bild 1.170b) und im Fehlerfall **reaktiviert** (Bild 1.170c). Die jeweils optimale Baumkonfiguration bestimmen die Switches ebenfalls selbsttätig durch Ausmessen der Leitungen.

Switches sind intelligent und messen

1.6.3.3 Brouter, Layer-3-Switch

Unter einem **Brouter** (**B**ridging **R**outer) versteht man ein Gerät, welches beispielsweise gegenüber (nicht routingfähigen) Net-BEUI-Paketen als Switch agiert, aber gegenüber IP-Paketen als Router.

Noch intelligenter sind **Layer-3-Switches**: Sie erkennen den ersten Rahmen, der zu einer IP-Kommunikation gehört, analysieren IP-Quelladresse und IP-Zieladresse (wie ein richtiger Router) und versuchen anschließend nachfolgende Rahmen dieses Stationspaares zu switchen.

> Brouter und Layer-3-Switches sind bislang nicht standardisiert, sondern nur proprietär realisiert worden.

■ Aufgaben

1. Welche Distanz konnte unter Berücksichtigung der „Repeaterregel" von Thick Ethernet (10Base5) überbrückt werden?
2. Welche Distanzen können demnach von 10Base2, welche von 10BaseT überbrückt werden?
3. Welche Distanz kann von 100BaseT mit Class-II-Repeatern überbrückt werden?
4. Welche Bestandteile zählen zum Channel-Link?
5. Wie lang soll das Kabel vom Etagenverteiler zu IAE-Dose höchstens sein?
6. Unter welcher Bedingung darf der Wert aus Aufgabe 5 überschritten werden?
7. Welche Link-Klasse ist für IEEE 802.5 mindestens vorzusehen?
8. Welche Dämpfung darf ein Klasse-D-Link höchstens aufweisen?

9. Wie hoch ist der zulässige ACR-Wert bei 10 MHz für einen Klasse-D-Link?

10. Wie viele Minuten im Jahr darf ein „Five-Nine"-System ausfallen?

11. Bewerten Sie den im Bild dargestellten Vorschlag zur Linkaggregation. (Der Server hat zwei NICs.)

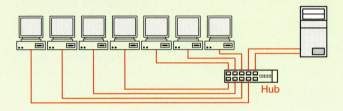

1.7 Planungskriterien

■ Planung in den anwendungsorientierten Schichten

Planung in den anwendungsorientierten Schichten ist ebenso vielfältig, wie es die Anwendungen sind. Die Planung hängt von sehr vielen Randbedingungen ab und allgemeingültige Regeln sind kaum darzustellen.

Erschwerend kommt hinzu:

– Der Anwender/Auftraggeber muss seine Erfordernisse spezifizieren, kann das aber oft nicht in der erforderlichen Präzision.
– Der Planer braucht Erfahrung und Marktkenntnis, die oft nur über Jahre hinweg erworben werden kann.
– Die Kürze der technischen Innovationszyklen liegt in der Größenordnung des Planungszeitraumes.

Einige wenige, fast banale Fragestellungen sind als minimaler Ansatz aufzufassen, an denen eine Planung beginnen kann:

1. Was genau will der Auftrageber?

2. Handelt es sich um eine völlige Neueinrichtung oder gibt es eine bestehende DV-Infrastruktur, die erweitert werden muss?

3. Ist eine ggf. bestehende DV-Infrastruktur homogen oder heterogen?

4. Wie fachkompetent ist der Auftraggeber oder sein Beauftragter?

5. Inwieweit sind Schulungsmaßnahmen für die Anwender erforderlich?

■ Planung in den transportorientierten Schichten

Hier müssen die ersten Fragen heißen:

> 1. Handelt es sich um eine völlige Neueinrichtung oder gibt es eine bestehende DV-Infrastruktur, die erweitert werden muss?
> 2. Ist eine ggf. bestehende DV-Infrastruktur homogen oder heterogen?

Wenn nicht aus diesen Fragen ausdrücklich etwas anderes zwingend folgt, gibt es bei der Wahl des **Transportsystems** gegenwärtig als Konsequenz aus Kap. 1.3.3.1 nur eine Antwort: **TCP/IP**.

Sinngemäß die gleiche Aussage lässt sich zur Wahl des **Verbindungsschicht-Protokolls** und des **Übertragungsmediums** machen:

- Bei leitungsgebundenen Netzen im Primärbereich: **FDDI-Backbone**.
- Bei leitungsgebundenen Netzen im Sekundär- und Tertiärbereich gegenwärtig: Die **Ethernet-Familie** (Fast Ethernet/Gigabit-Ethernet), als Konsequenz aus 95–98 % Marktdurchdringung mit zunehmender Tendenz.
- Bei funkbasierten Netzen: **IEEE 802.11a** oder **IEEE 802.11g**.

Den größten Planungsaufwand erfordert dabei die detaillierte Umsetzung der Vorgaben des Verkabelungs-Standards EN 50173 (Kap. 1.6.1.2) unter Beachtung der jeweiligen Gegebenheiten:

- Leistungsanforderungen
- Kostenrahmen
- Zeitrahmen für die Planung
- Brandschutzbestimmungen: Brandfortleitung, Halogenfreiheit, Brandlast (bei Brand freigesetzte Energie in MJ/m) im Zusammenwirken **alle**r verlegten Kabel (auch Signalkabel und Elektrokabel)
- Vorschriften zur EMV (Elektromagnetische Verträglichkeit) nach EN 55022, Klasse B
- Erstellung eines Leistungsverzeichnisses, Ausschreibung/Vergabe/Abrechnung
- Abnahme und Dokumentation

Die Erfassung der **Leistungsanforderungen** enthält darunter die größten Unwägbarkeiten. Beim Neubau universeller Gewerbe-Immobilien beginnt die Netzwerkplanung bei der Bauplanung, indem beispielsweise Kabeltrassen hinreichenden Querschnitts und Verteilerräume mit genügend breiten Türen vorgesehen werden. Als Planungsrichtlinie, besonders für den arbeitsintensiven Tertiärbereich, sollten die Vorgaben des Standards als **Minimum** erfüllt werden:

- 1 Etagenverteiler (EV) je 1000 m^2 Bürofläche
- 2 Endgeräteanschlüsse je 10 m^2 Etagenfläche
- Davon mindesten 1 Anschluss mit symmetrischem Datenkabel der Kategorie 5 und 100 Ω Wellenwiderstand
- Maximal 90 m Leitungslänge
- Maximal 5 m Rangierkabel im EV, maximal 10 m flexible Leitung insgesamt je Link

Standardwerte

■ 1 Planung, Aufbau und Konfiguration von Netzwerken

- Zwischen EV und SV darf höchstens ein weiterer Verteiler (GV) liegen; SV und GV dürfen zusammengefasst werden
- Zwischen EV und GV dürfen maximal 500 m liegen, zwischen EV und SV maximal 2000 m

Weitaus schwieriger wird die Aufgabe, wenn das Netz nachträglich in eine Bausubstanz eingefügt werden muss, die nie dafür vorbereitet war. Trassen und Verteilerräume sind dann Mangelware und es müssen gerade dann weitere Angaben beschafft werden:

- **Anzahl** der geplanten Clients bei Inbetriebnahme
- Örtliche **Gruppierung** der Clients
- **Wachstumsprognose** für die Anzahl der Clients
- **Platzierung der Anschlussdosen** in den jeweiligen Räumen
- Erwartete Verkehrsparameter (**Datenverkehr**: normale Daten/Echtzeitdaten/Multimediadaten, **Lastverteilung** zwischen hausinternen Datenströmen und externer Anbindung)
- Daraus folgende optimale **Platzierung von Verteilern** und das **Kabelrouting**.
- Auswahl und Dimensionierung der **aktiven Komponenten.**

Netze sind für eine Lebensdauer von mindestens 10 Jahren auszulegen!

■ Ein intensiver **Dialog mit dem Anwender** und eine **Inspektion der örtlichen Gegebenheiten** sind für eine sinnvolle Netzwerkplanung **unverzichtbar**. Denn: **Jedes Netz ist anders.**

Sind die in aller Kürze oben genannten *strategischen* Rahmenbedingungen geklärt, folgt die *taktische* Klein- und Routinearbeit:

- Erstellen von Plänen
- Bestimmung von Längenmetern und Stückzahlen
- Kennzeichnung von Dosen und Patchfeldern
- etc.

Ein Großteil dieser Routinearbeiten kann heute von spezieller Netzwerkplanungssoftware übernommen werden.

■ Aufgaben

1. Nennen Sie vier Punkte, die bei der Umsetzung des Standards EN 50173 zusätzlich berücksichtigt werden müssen.

2. Welche zwei Aktionen sind die Grundlage jeder Netzwerkplanung?

3. Wie viele Kabel kommen in einem Etagenverteiler für ein Großraumbüro von 800 m² ungefähr zusammen? Wie viele Patchpanele zu je 16 Ports werden benötigt? Welche Höhe in Millimetern ergibt sich im Schrank für die Patchpanele bei 1HE je Panel?

1.8 Administration

1.8.1 Störungsanalyse und -beseitigung

Trotz Sorgfalt bei Installation und Konfiguration zur Vorbeugung von Störungen können diese auftreten. Ziel der Netzadministration sollte es diesbezüglich sein,

- es zum einen **vorausschauend** gar nicht erst bis zur Störung kommen zu lassen, denn viele als Störung zu bezeichnende Betriebszustände eines Netzes sind nur die Endpunkte einer Entwicklung über einen längeren Zeitraum,
- und zum anderen **Sofortmaßnahmen** bereitzuhalten, die eine spontane Störung binnen Kurzem beseitigen oder bis zur endgültigen Beseitigung überbrücken.

Vorbeugung

Zu den vorausschauenden Maßnahmen gehören:

- regelmäßig aktualisierter **Virenschutz**,
- regelmäßige **Datensicherung** mit Rotation und Aussonderung überalterter Datenträger,
- regelmäßige **Software-Updates**,
- regelmäßige Inspektion der **Protokolldateien** (Logfiles) der Serverprozesse,
- regelmäßige Überprüfung des **freien Plattenplatzes** und Abschätzung des Wachstumsverhaltens der Belegung,
- regelmäßige Überprüfung der **Prozessorauslastung** auf den Servermaschinen und Abschätzung des Wachstumsverhaltens der Auslastung und
- ständige Überwachung des **Traffics** (Datenverkehr im Netz) auf Lastspitzen und Engpässe.

Manche dieser Tätigkeiten sind entweder nur schwer oder, wie der letzte Punkt, fast gar nicht „manuell" zu leisten. Dies gilt insbesondere für große (viele Komponenten) und räumlich ausgedehnte Netze (Hybridnetze: siehe auch Kap. 3.5.3; Virtual Private Networks: siehe auch Kap. 1.8.2.4). Dazu werden Netzwerk-Managementsysteme eingesetzt.

■ Bei spontanen Störungen setzt der Einsatz von Sofortmaßnahmen deren **Vorbereitung** voraus.

Zu den Sofortmaßnahmen gehören beispielsweise:

- **Restauration** (Wiedereinspielen von Datensicherungen).
- Automatische **Reaktivierung von Ressourcen**, wie z. B. in Bild 1.170c dargestellt oder mit Stand-by-Komponenten (redundante Platten und Netzteile).
- **Konfigurationsänderung**, wie im folgenden Beispiel beschrieben.

siehe Kap. 1.6.2

■ **Beispiel zur Konfigurationsänderung**

Im lokalen Netz, das vom Autor administriert wird, hat der HTTP-Traffic den bei weitem größten Anteil. Daher wird es über zwei HTTP-Proxies ans Internet angebunden (Bild 1.171).

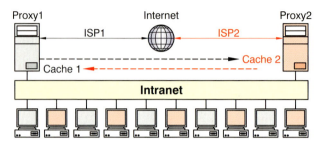

Bild 1.171: Zwei Proxies im Cacheverbund

Die Hälfte der Clients ist dazu konfiguriert, Proxy1 zu benutzen, die andere Hälfte benutzt Proxy2. Proxy1 verfügt über eine eigene physikalische WAN-Anbindung zu ISP1, Proxy2 über eine eigene physikalische WAN-Anbindung zu ISP2. Beide Proxies stehen zueinander in einem hierarchielosen Peer-to-Peer-Verhältnis (sibling relation) und arbeiten über Kreuz im Cache-Verbund. Das bedeutet, dass jeder Proxy bei einer Client-Anfrage nach einer Ressource zuerst seinen Peer befragt. Nur wenn der Peer die Ressource nicht liefern kann, wird sie extern beschafft. Beide Proxies „teilen sich die Beute" – der externe Traffic jedes Proxies wird minimiert. Als Störfall wird nun definiert, dass durch Bauarbeiten, technische Probleme beim ISP oder Defekt eines Interfaces eine WAN-Anbindungen ausfällt. Der betroffene Proxy kann nun kurzfristig manuell dahin gehend **umkonfiguriert** werden, dass er seinen bisherigen Peer nun als hierarchisch höher stehend betrachtet *(parent relation)* und keine eigenen externen Beschaffungsversuche mehr unternimmt. Er befragt nur noch den (ungestörten) Parent. Die Clients bemerken dann nur die geringere Bandbreite.

Eltern und Geschwister

■ **Netzwerk-Managementsysteme**

Netzwerk-Managementsysteme beruhen darauf, dass NICs, Hubs und Switches etc. mit sogenannter **Management-Agenten-Software** und ggf. (z. B. bei Hubs) auch mit Management-Agenten-Hardware ausgestattet werden. Die Management-Agenten registrieren vor Ort Ereignisse, sammeln sie und schicken Ergebnisse auf Anfrage zu einer **Management-Station**, auf der die eigentliche Management-Applikation läuft. Die Agenten können auch eigenständig Alarme auslösen.

Management und Spezialagenten

Die Management-Agenten kommunizieren mit der **Management-Applikation** (z. B.: „Unicenter TNG" von Computer Associates oder andere) meist über das zu administrierende Netz selbst *(„in-band-management")*. Dazu dient das UDP-basierte **SNMP** (**S**imple **N**etwork **M**anagement **P**rotocol).

Häufig sind in kleineren Netzen aber auch schon einfachere Lösungen verwendbar; so gibt es beispielsweise die Möglichkeit, einen Switch mit integriertem HTTP-Server über einen Browser zu verwalten (Bild 1.172).

a) Gesamtes Konfigurationsangebot   b) Konfiguration eines Ports

Bild 1.172: Konfiguration eines Switches über sein Web-Interface

1.8.2 Datenschutz und Datensicherheit

1.8.2.1 Datenschutz

Unter Datenschutz versteht man die gesetzlichen Regelungen über die Erhebung, Speicherung und Verarbeitung **personenbezogener** Daten von

- Bürgern durch staatliche Stellen und
- Arbeitnehmern durch Unternehmen.

Die Mitarbeiter, die dabei durch technische Vorgänge bedingt mit schutzwürdigen Daten in Berührung kommen, sind in besonderem Maße zur **Diskretion** verpflichtet.

> ■ **Datenschutz** ist ein gesellschaftspolitisch-juristisches Problemfeld, dessen **Maßgaben** durch technische **Maßnahmen der Datensicherheit** zu gewährleisten sind.

1.8.2.2 Datensicherheit

Obwohl der Begriff Datensicherheit nicht exakt definiert ist, versteht man darunter im Allgemeinen den Schutz von Daten vor:

1. Verlust der Verfügbarkeit (*denial of service*).
2. Ausspähung durch nicht autorisierte Personen.
3. Veränderung gespeicherter oder übertragener Daten.
4. Fälschung von Identitätsdeklarationen.

Diese Gefährdungen bestehen auch schon bei unvernetzten Computern und lassen sich durch geeignete Gegenmaßnahmen minimieren:

- Aufrechterhaltung der allgemeinen Betriebssicherheit (Kap. 1.8.1).
- Zwang zur Authentifizierung.
- Vergabe von Zugriffsrechten durch die Betriebssysteme (Kap. 2).

■ Durch die Vernetzung **erhöht** sich das **Risiko** unrechtmäßiger Fremdeinwirkung.

Im Folgenden wird deshalb speziell auf die Netzsicherheit gegen Sabotage eingegangen. Über zwei Dinge muss sich hierbei jeder im Klaren sein:
1. Eine vollkommene Sicherheit gibt es nicht; man kann nur die Hürden so hoch wie möglich errichten, die ein Saboteur überwinden muss.
2. Netzwerksicherheit kann man nicht durch ein Produkt erreichen, nicht durch eine einmalige Aktion, nicht durch technische Maßnahmen allein.

■ Netzwerksicherheit ist ein ständiger und vielschichtiger **Prozess**!

Als Ausgangspunkte für eigene Überlegungen kann in diesem Rahmen nur eine lose Folge von Hinweisen angeführt werden, die in jedem Fall an die jeweiligen Verhältnisse angepasst werden müssen, denn jedes Netz ist anders.

Organisatorische Maßnahmen:
1. Zugangskontrolle zu Server- und Verteilerräumen und gesondert den hierin befindlichen Schränken.
2. Einweisung der Benutzer, z. B. in Passwortrichtlinien.
3. Gewährung eines Benutzerkontos nur nach Quittierung einer Benutzerordnung.
4. Gewährung des Netzzugangs nur nach vorheriger, passwortgesicherter Anmeldung.
5. Notfallplan bei Ausfall des Administrators.

siehe Kap. 2.2.3.2

Technische Maßnahmen:
1. Verteilung aller Netzdienste auf möglichst viele Servermaschinen, insbesondere eigene Nameserver.
2. Abschalten nicht gebrauchter Serverprozesse auf jeder Servermaschine.
3. Verzicht auf unsichere Dienste. Beispiel: Bei Telnet wird das Passwort im Klartext übertragen und kann insbesondere bei Verwendung von Hubs leicht ausgespäht werden ⇒ Ersatz von Telnet durch SSH (Secure Shell, Telnetersatz mit guter Verschlüsselung) und ggf. Ersatz von Hubs durch Switches.
4. Installation von Verschlüsselungssoftware auf Systemebene (virtuelle private Netze) und Anwendungsebene.
5. Einsatz spezieller Überwachungssoftware mit dem Ziel, unautorisierte (erfolgte) Eingriffe aufzuspüren (Intrusion Detection System).
6. Einsatz von Firewalls.

Den Punkten 4 und 6 sind die nachfolgenden Unterkapitel gewidmet.

1.8.2.3 Firewalls

Eine „Brandschutzmauer" soll eine Hürde zwischen zwei Netzen darstellen, die für Unberechtigte möglichst unüberwindlich ist. Für die Konstruktion einer Firewall stehen grundsätzlich zwei Elemente zur Verfügung: Proxies und Paketfilter. Die Firewall ist meistens auf dem Router zwischen lokalem Netz und öffentlichem Weitverkehrsnetz angesiedelt (Bild 1.173).

Bild 1.173: Firewall zwischen zwei Netzen

Proxies wurden bereits in Kap. 1.4.4.3 behandelt. Man muss entweder für jedes Anwendungsprotokoll einen gesonderten Proxy betreiben oder der Universal-Proxy wird kompliziert. Eventuell muss Anwendungssoftware angepasst werden.

Paketfilter sind Router, die ihre Weginformation *(routing)* überhaupt nur dann zum Einsatz bringen, wenn vorgegebene Richtlinien *(policy of forwarding)* dies zulassen. Paketfilter inspizieren die einzelnen Felder in den TCP/UDP- und den IP-Headern und vergleichen sie mit ihrem Regelwerk. So kann ein Paketfilter beispielsweise dazu konfiguriert werden, sowohl

- UDP-Pakete an Port 53 nur dann durchzulassen, wenn sie von einem Host mit vorgegebener IP-Adresse stammen (der standardmäßige NS des Providers etwa), als auch
- TCP-Verbindungen von außen nach innen generell nicht zuzulassen (Inspektion des SYN-Flags), es sei denn, sie stammen aus einem ganz bestimmten Subnetz, oder
- abgehende Verbindungsaufbaupakete aus bestimmten internen Subnetzen an einen bestimmten externen SMTP-Server zuzulassen, an einen anderen aber zu sperren und
- alle oder manche Aktionen zu protokollieren.

Auf diesem Wege können die Datenflüsse durch den Paketfilter sehr fein „kanalisiert" werden, nachteilig ist jedoch die mit der Anzahl der Regeln zunehmende Kompliziertheit und die daraus resultierende Fehleranfälligkeit. Daneben können den Nutzern Unannehmlichkeiten entstehen (z. B. bei FTP). Gegen einige Bedrohungen können Firewalls nicht eingesetzt werden:

- Angriffe aus dem eigenen Netz.
- Kommunikationsbeziehungen, die an der Firewall vorbeigehen, z. B. durch zusätzliche Modem-Einwahl einer Station des eigenen Netzes.
- Völlig neuartige Angriffstechniken.
- Computerviren, Trojaner etc.

1 Planung, Aufbau und Konfiguration von Netzwerken

VPN

1.8.2.4 Virtuelle private Netze

Eines der primären Ziele der Vernetzung ist die Überbrückung von räumlicher Entfernung. Heute besteht vielfach der Wunsch, Außendienstmitarbeiter mit ihren Notebooks, Teleworker mit ihren PCs und entfernte Niederlassungen und Geschäftspartner mit ihren LANs an das firmeneigene Netz anzukoppeln. Dies kann vorteilhaft mit VPNs über das Internet geschehen, wie in Kapitel 3.6.1 beschrieben und in Bild 3.64 dargestellt.

Dem steht allerdings ein großer **Nachteil** gegenüber:

– Das Internet ist **öffentlich** – und damit **alles andere als privat!**

Nachteile

⇒ Schutzmaßnahmen wie Zugangskontrollen sind nicht durchführbar
  – Unerlaubter Zugriff auf lokale Einrichtungen von außen muss abgewehrt werden (Firewall).
  – **Authentizität** der Kommunikationspartner und **Integrität** (Unverfälschtheit) der Daten muss gewährleistet sein.
  – Übertragene Daten müssen durch **Verschlüsselung** gegen Ausspähung geschützt werden.

Als Methoden der Netzkopplung bieten sich an:

1. Kopplung auf der Sicherungsschicht: Frames der OSI-Schicht 2 werden komplett in IP-Pakete verpackt. In der Vergangenheit gab es dazu einige proprietäre Ansätze, wie das **PPTP** (**P**oint-to-**P**oint **T**unneling **P**rotocol) von Microsoft, welches allerdings nur einen Kanal zuließ, oder das **L2F**-Protokoll (**L**ayer **2 F**orwarding) der Firmen Cisco, Nortel und Shiva, welches mehrere Tunnel bot, aber keine Verschlüsselung.
2. Kopplung auf der Netzwerkschicht durch **IPsec**.

> ■ **IPsec** ist eine Erweiterung des IP-Protokolls um Schutzfunktionen zur Authentifizierung, Integritätsprüfung und Verschlüsselung. IPsec kann zur aktuellen IP-Version 4 hinzugefügt werden und es wird fester Bestandteil der zukünftigen IP-Version 6 sein.

IPsec ist in den RFCs 4301, 4302, 4303 und 4305 definiert.

Die zentralen Elemente von IPsec sind:

– Das AH-Protokoll (Authentification Header, Bild 1.174).
– Das ESP-Protokoll (Encapsulating Security Payload, Bild 1.175).
– Die Schlüsselverwaltung (Key Management).

siehe auch Kap. 1.8.2.5

Dabei ist IPsec nicht auf bestimmte Authentifizierungs- und Verschlüsselungstechniken festgelegt. Zur Erzielung einer minimalen Kompatibilität ist jedoch im **AH-Protokoll** das Verfahren **MD5** (RFC 1321) Pflichtbestandteil jeder Implementation. Dabei wird aus den Nutzdaten und einem geheimen Schlüssel eine Prüfbitfolge erzeugt, die eine Manipulation des Dateninhalts aufdeckt (Integritätsprüfung) und einen Absender authentifiziert. Beim **ESP-Protokoll** ist das **DES**-Verfahren (bekannt durch Scheckkarten, RFC 1829) Standard, um die Vertraulichkeit durch Verschlüsselung zu gewährleisten. Beide Protokolle fügen einen neuen Header ein und kennen jeweils einen

1.8 Administration

- Transportmodus,
- Tunnelmodus.

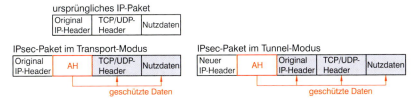

Bild 1.174: Transport- und Tunnel-Modus bei IPsec-Paketen mit AH-Protokoll

Der **Transport-Modus** ist nur für die Host-zu-Host-Kommunikation geeignet, denn es muss jede Station im VPN IPsec beherrschen; die Pakete werden geringfügig größer. Die Kommunikationsbeziehungen können analysiert werden, die Daten sind natürlich nicht einsehbar.

Beim **Tunnel-Modus** wird ein neues IP-Paket erzeugt, die Pakete werden also größer als im Transportmodus, bei gleichzeitiger Verwendung von AH und ESP um mehr als 60 Byte – es droht Fragmentierung und die damit verbundene Leistungseinbuße. Dafür müssen nur die Gateways an den Tunnelendpunkten IPsec beherrschen. Bei der Durchtunnelung des Internets und innerhalb der Intranets ist nicht mehr erforderlich, als die Fähigkeit, IP-Pakete weiterleiten zu können. Nur die Kommunikationsbeziehungen von Tunnelendpunkten können analysiert werden.

Tunnel

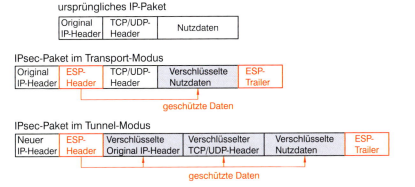

Bild 1.175: Transport- und Tunnel-Modus bei IPsec-Paketen mit ESP-Protokoll

Zum Funktionieren einer gesicherten Punkt-zu-Punkt-Kommunikation ist die Anpassung vieler Parameter erforderlich (Authentifizierung und/oder Verschlüsselung, Verschlüsselungsalgorithmen, Schlüssel etc.), die zumindest bei jedem Verbindungsaufbau neu ausgehandelt werden müssen.

siehe auch Kap. 1.8.2.5

■ Für jede Richtung einer Punkt-zu-Punkt-Kommunikation und für jedes Protokoll (AH/ESP) wird ein eigener Parametersatz benötigt.

■ 1 Planung, Aufbau und Konfiguration von Netzwerken

Die jeweils nötigen Parametersätze werden zusammengefasst und als **SA** (**S**ecurity **A**ssociation) bezeichnet und in einer **SPD** (**S**ecurity **P**olicy **D**atabase) genannten Datenbank abgelegt.
Die Verwaltung und die Verteilung der vielen erforderlichen Schlüssel können ein organisatorisches Problem werden, wenn sie „manuell" durchgeführt werden. Alternativ sollte das **IKE** (**I**nternet **K**ey **E**xchange Protocol, RFC 4306) und das **ISAKMP** (**I**nternet **S**ecurity **A**ssociation and **K**ey **M**anagement **P**rotocol) eingesetzt werden.

siehe auch Kap. 3.4
MPLS-Netze

■ **Entwicklungstrend**

Der Entwicklungstrend verweist auf zunehmende LAN-Eigenschaften im Weitverkehrsbereich wie *Multicasting und Quality of Service* (siehe Kap. 1.4.2.7). Dazu dient bei Backbone- und Core-Routern mit Bandbreiten im Gigabit-Bereich das zunehmend verwendete Verfahren **MPLS** (**M**ulti **P**rotocol **L**abel **S**witching, RFC 3031/3032/5036). Es kann dabei je nach erforderlicher Bandbreite unterschiedliche Routen zu einem bestimmten Ziel geben.
Nur noch einmal, bei Eintritt in den MPLS-Bereich an einem sogenannten **Label-Edge-Router**, wird als aufwendigster Teil des Routings der IP-Header inklusive QoS-Information im herkömmlichen Sinne analysiert. Darauf beruhend

- wird das Paket klassifiziert (Forwarding Equivalence Classes),
- ein nächster (MPLS-)Router ausgewählt und
- das Paket mit einem Zusatz-Header ausgestattet, welcher das sogenannte **Label** enthält, eine Art Kurzwahl, die der nächste Router als Tabellenindex verwenden kann (ohne weitere Analyse!).

Er kann damit unabhängig vom Protokoll der Netzwerkschicht (**Multi Protocol**: IPv4, IPv6, IPX ...) das Paket innerhalb des MPLS-Bereichs weiterleiten. Die Grundidee dazu stammt von ATM (Kap. 3.4).

■ MPLS-Router können in schnellen Switching-Technologien arbeiten und müssen nicht auf die nächste IP-Version (IPv6) umgestellt werden.

1.8.2.5 Grundlagen der Verschlüsselung

Kryptografie = Lehre von Verschlüsselung und Entschlüsselung
Kryptoanalyse = Lehre von Entschlüsselung ohne Schlüsselkenntnis
Kryptologie = Zusammenfassung aus beiden

Der Schutz vor Ausspähung von Informationen durch nicht autorisierte Personen entspricht einem alten Menschheitswunsch. Früher wurden Nachrichten dadurch verschlüsselt, dass ihre Zeichen durch andere Zeichen ersetzt oder nach komplizierten und geheimen Verfahren „durcheinander" gewürfelt wurden. Ein heute noch gelegentlich verwendetes Verfahren heißt ROT13 und zählt zu den Cäsar-Codierungen, die zur Verschlüsselung eine lineare Verschiebung von Buchstaben im Alphabet durchführen. Die jeweilige Schiebedistanz d stellt dabei den Schlüssel dar.

Beispiel

Beträgt etwa die Distanz d = 2, so wird A→C, B→D, ..., Z→B usw. abgebildet. Aus dem sogenannten *Klartext* „GEHEIM" wird der *Schlüsseltext* „IGJGKO". Zur Entschlüsselung muss eine Verschiebung um d' = – 2 bzw. um d' = 26 – d = 26 – 2 = 24 durchgeführt werden, weil mit d = 26 jeder Buchstabe auf sich selbst abgebildet wird (vollständige Rotation des Alphabets). Am einfachsten in der Handhabung ist somit ROT13, da d = d' einfach zu realisieren ist.

Im Computerzeitalter ist dies nicht ernsthaft als Verschlüsselung aufzufassen; ROT13 dient in News-Groups dazu, bei Scherzfragen die mitgelieferte Lösung nicht gleich offensichtlich zu machen und ist in manche News-Clients integriert (gewesen).

http://pflock.de/rot13.htm

Heutige Verschlüsselungsverfahren sind wissenschaftlich basiert und beruhen auf standardisierten und öffentlich bekannten Algorithmen. Es werden die zu verschlüsselnden Daten nicht mehr zeichenweise, sondern bitweise verschlüsselt. In das Verfahren gehen sowohl der „Klartext" als auch ein Schlüssel ein (Bild 1.177), der ein möglichst zufälliges und möglichst langes Bitmuster darstellt. Die Erzeugung zufälliger Muster ist mit Digitalrechnern nicht wirklich, sondern nur angenähert möglich.

http://www.cryptool.de/

Den Zusammenhang verdeutlicht die Tabelle in Bild 1.176. Die letzte Spalte nennt die 1995 für erforderlich gehaltene Schlüssellänge. Inzwischen sind 15 Jahre vergangen.

Angreifer	Budget	Tools	40 bit	56 bit	1995
Normaler Benutzer	winzig	Rechenzeit	1 Woche	unmöglich	45
Kleine Firma	$ 400	FPGA	5 Std. ($ 0.8)	38 Jahre ($ 5000)	50
	$ 10.000	FPGA	12 Min. ($ 0.08)	556 Tage ($ 5000)	55
Unternehmen	$ 300T	FPGA	24 Sek. ($ 0.08)	19 Tage ($ 5000)	60
	oder	ASIC	18 Sek. ($ 0.001)	3 Stunden ($ 38)	
Große Firma	$ 10M	FPGA	7 Sek. ($ 0.08)	13 Tage ($ 5000)	70
	oder	ASIC	.005 Sek. ($ 0.001)	6 Min. ($ 38)	
Sicherheitsdienste	$ 300M	ASIC	.0002 Sek. ($ 0.001)	12 Sek. ($ 38)	75

Bild 1.176: Kryptoanalyse-Aufwand (Quelle: Eckert, C.: „IT-Sicherheit", München 2004)

■ Je größer die Schlüssellänge (in bit), desto stärker ist die Verschlüsselung gegenüber der Kryptoanalyse.

Wird, wie in Bild 1.177 dargestellt, mit dem gleichen (oder wie im obigen Beispiel leicht abzuleitenden) geheimen Schlüssel sowohl ver- als auch entschlüsselt, so spricht man von symmetrischer Verschlüsselung.

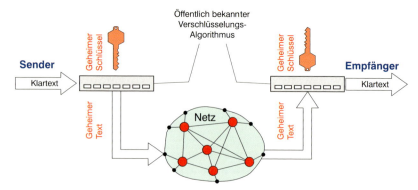

Bild 1.177: Symmetrische Verschlüsselung: Ein Schlüssel zum Verschlüsseln und zum Entschlüsseln

symmetrische Verschlüsselung: **DES** und **AES**

Zu den bekanntesten Vertretern dieser Art zählen **DES** (**D**ata **E**ncryption **S**tandard) mit 56 bit (relevanter) Schlüssellänge, **Triple-DES** mit 108 bit (relevanter) Schlüssellänge und **AES** (**A**dvanced **E**ncryption **S**tandard, Rijndael-Algorithmus, ab 1998) mit wahlweise 128/192/256 bit Schlüssellänge. Es werden „Klartext"-Blöcke in der Größe der Schlüssellänge nacheinander verarbeitet, daher auch der Name **Blockchiffren**. Die Schutzwirkung ist stark, allerdings haben die Kommunikationspartner das Problem, dass der geheim zu haltende und daher selbst zu schützende Schlüssel gesichert übergeben werden muss.

asymmetrische Verschlüsselung: **RSA**

Dazu verwendet man zumeist eine asymmetrische Verschlüsselung, etwa das nach seinen Entwicklern (**R**ivest, **S**hamir und **A**delman,1978) benannte **RSA**-Verfahren.

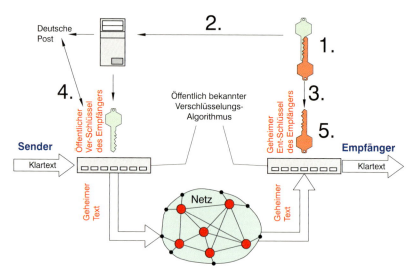

Bild 1.178: Asymmetrische Verschlüsselung: Ein Schlüssel zum Verschlüsseln und einer zum Entschlüsseln

Bild 1.178 skizziert das Verfahren im Groben:

1. Der Empfänger erzeugt ein Paar aus verschiedenen (asymmetrischen), aber exakt **aufeinander eingestellten** Schlüsseln.
2. Der öffentliche Schlüssel (Public Key) wird allen potenziellen Kommunikationspartnern (z. B. auf einem Schlüssel-Server) zugänglich gemacht und bei einer Zertifizierungsstelle hinterlegt.
3. Der private Schlüssel bleibt Geheimnis des Empfängers.
4. Jeder kann eine Nachricht an den Empfänger mit dessen **öffentlichem** Schlüssel **ver**schlüsseln. Zweifel an der Echtheit des Schlüssels beseitigt ein Zertifikat einer vertrauenswürdigen Stelle. In Deutschland werden solche Stellen von der Bundesnetzagentur (vormals RegTP) ihrerseits zertifiziert.
5. Einzig der Empfänger kann mit seinem **geheimen** Schlüssel die Nachricht **ent**schlüsseln.

Der **Vorteil** des asymmetrischen Verfahrens besteht darin, dass kein geheimer Schlüssel ausgetauscht werden muss; der **Nachteil**: Es ist um den Faktor 100–1000 rechenintensiver (= zeitaufwendiger) als etwa DES und daher weniger gut für größere Datenmengen geeignet.

Die Lösung liegt in einem Kompromiss: Mit dem asymmetrischen Verfahren wird zuerst ein Schlüssel für symmetrische Verschlüsselung geschützt übertragen (Größenordnung: 128 bis 256 bit) und diese anschließend für die eigentliche Datenübertragung eingesetzt.

elektronische Signatur

Mit der gleichen Technik – vorzugsweise, aber nicht zwingend, mit einem anderen Schlüsselpaar – ist es auch möglich, mit dem eigenen geheimen Schlüssel Dokumente elektronisch zu signieren (zu unterschreiben) und gegen Verfälschung zu schützen. Dabei wird ein Prüfwert (Hash) erzeugt und der Nachricht hinzugefügt. Jeder kann dann mit dem öffentlichen Schlüssel des Absenders dessen Authentizität prüfen.

Nicht ganz so aufwendig ist die Erzeugung von Prüfwerten zur Sicherstellung der Unverfälschtheit mit den Verfahren **MD5** (**M**essage **D**igest Version 5; digest: Auszug, Extrakt) und **SHA-1** (**S**ecure **H**ash **A**lgorithm).

■ Aufgaben

1. Nennen Sie vorausschauende Maßnahmen zur Verhinderung von Störungen im Netzbetrieb.
2. Nennen Sie Klassen von Sofortmaßnahmen bei Netzstörungen.
3. Was bedeutet SNMP und wer kommuniziert damit?
4. Was wird durch Datenschutz geschützt?
5. Welche vier Punkte umreißen das Gefährdungspotenzial der Netzsicherheit?
6. Nennen Sie organisatorische Maßnahmen zum Schutz gegen Sabotage.
7. Nennen Sie technische Maßnahmen zum Schutz gegen Sabotage.
8. Aus welche Komponenten lässt sich eine Firewall konstruieren?
9. Wogegen schützen Firewalls nicht?
10. Nennen Sie drei Vorteile eines VPN.
11. Nennen Sie drei Protokolle zur Netzkopplung über VPNs.
12. Nennen Sie zwei Vorteile des MPLS-Verfahrens.

2 Netzwerkbetriebssysteme

Betriebssysteme, mit denen man Computer miteinander vernetzen und verwalten kann, bezeichnet man als Netzwerkbetriebssysteme. Zurzeit sind folgende Netzwerkbetriebssysteme auf dem Markt:

Windows 2000/3/8
Netware OES
Linux 10.X
OS X Leopard

Windows (Microsoft), Netware (Novell), Linux (verschiedene Firmen) und OS X (Apple).

Marktführer ist Microsoft mit Windows 2003/2008. Netware von Novell hat früher den Markt beherrscht, wurde aber von Microsoft verdrängt. Inzwischen hat Novell die Firma SuSE-Linux aufgekauft und sein Betriebssystem Netware in Linux implementiert und unter dem Namen OES (Open Enterprise Server) auf den Markt gebracht. Ob diese Strategie gegenüber Microsoft erfolgreich sein wird und Novell damit Marktanteile zurückgewinnen kann, wird sich in den nächsten Jahren zeigen. Weiterhin gibt es das „reine" Linux in der Version 10.X, das vorwiegend als Einzelplatzrechner mit Internetanschluss eingesetzt wird. Apple besitzt ein eigenes Betriebssystem mit der Bezeichnung Mac OS X, das eine gewisse Ähnlichkeit mit Windows Vista hat. Die neueste Version lautet 10.5 Leopard. Apple und Linux haben gegenüber Windows den Vorteil, dass sie wesentlich weniger anfällig für Viren und Würmer aus dem Internet sind.

2.1 Die Windows-Familie

P2P

Netzwerkfähig wurden die Programme von Microsoft mit der Version Windows 3.11. Damit konnte man Peer-to-Peer-Netzwerke (P2P) aufbauen und bis zu 20 Computer sinnvoll verwalten. Auch mit allen neueren Betriebssystemen wie z. B. Windows Vista ist dies möglich. Im Gegensatz zu Peer-to-Peer-Netzwerken benötigen größere Netzwerke eine zentrale Verwaltung, um die Übersichtlichkeit zu gewährleisten. Diese zentrale Verwaltung ist eine Datenbank, die als ADS (**A**ctive **D**irectory **S**ervices) bezeichnet wird. Durch die Aufteilung der Software in Server- und Client-Versionen hat Microsoft alle anderen Konkurrenten weit hinter sich gelassen. Die erste Serverversion brachte Microsoft 1993 unter dem Namen Windows NT 3.1 auf den Markt, die 1996 von NT 4.0 abgelöst wurde. Windows NT bildet auch heute noch die Grundlage aller weiteren Betriebssysteme von Microsoft. Daher findet man sehr viele Komponenten von NT in Windows 2000, 2003 und 2008 wieder.

2.1.1 Windows Vista

Der Nachfolger von Windows XP ist das Betriebssystem Windows Vista. Ursprünglich lautete der Entwicklungsname „Longhorn" und die interne Versionsnummer NT 6.0. Für Firmenkunden ist Vista im November 2006 erschienen und für Privatkunden im Januar 2007. Windows Vista wurde unter dem Co-

2.1 Die Windows-Familie

denamen „Longhorn" schon 2001 vor der Erscheinung von Windows XP angekündigt und war als Zwischenschritt zwischen XP und der nächsten Windows-Version („Blackcomb") gedacht. Das Veröffentlichungsdatum von Vista verschob sich mehrfach, weil viele Funktionen, die ursprünglich erst für Blackcomb geplant waren, schon in Vista implementiert wurden. Inzwischen wurde Windows 2000 von XP abgelöst. Währenddessen wurde an Vista weitergearbeitet. Dennoch geriet Microsoft zunehmend unter Druck, weil die Entwicklungskosten für Vista außer Kontrolle gerieten und die technischen Probleme überhandnahmen. Microsoft entschied sich, eine abgespeckte Version von Vista auf den Markt zu bringen, die hohe Systemanforderungen besitzt und daher auf älteren Computern nicht richtig läuft. Relativ gut läuft Vista auf Apple-Rechnern. Microsoft hat 2009 eine neue Version mit dem Namen Windows 7 herausgebracht.

■ **Versionen**
Es gibt sechs verschiedene Versionen von Windows Vista. Alle Versionen befinden sich auf einer einzigen DVD. Während der Installation wird anhand des Produktschlüssels die gekaufte Version installiert.

Version	Funktion
Windows Vista Home Basic	Wie der Name schon andeutet, ist diese Version nur für den Hausgebrauch gedacht und enthält daher nicht alle Möglichkeiten. Die Aero-Glass-Oberfläche ist z. B. nicht vorhanden. Beim Kauf eines neuen PCs wird sie deshalb üblicherweise nicht mit angeboten.
Windows Vista Home Premium	Dies ist die übliche Version, die beim Kauf eines PCs angeboten wird. Sie beinhaltet schon die neue Aero-Glass-Oberfläche, die Unterstützung von HDTV und das Brennen von DVDs. Nachteilig ist, dass mit dieser Version nur Peer-to-Peer-Netze aufgebaut werden können, weil die Möglichkeit einer Integration in eine Domäne fehlt.
Windows Vista Business	Diese Version ist hauptsächlich für Firmen gedacht und entspricht in etwa Windows XP Professional. Computer mit diesem Betriebssystem können einer Domäne beitreten.
Windows Vista Enterprise	Windows Vista Business ist die Grundlage der Enterprise Version, allerdings mit zusätzlichen Funktionen wie z. B. der Festplattenverschlüsselung BitLocker, dem PC-Emulator Virtuell PC Express sowie einem Subsystem für Unix-basierte Anwendungen, mit dem Unix-Programme unter Vista laufen.
Windows Vista Ultimate	Vista Ultimate schließt alle Funktionen aller anderen Versionen ein und ist für große Netzwerke vorgesehen.

Bild 2.1: Produktpalette

Alle Versionen werden in einer 32-Bit- und 64-Bit-Version angeboten. Für den europäischen Markt werden die Vista-Versionen noch als N-Edition herausgebracht, weil die EU-Wettbewerbskommission Microsoft vorgeschrieben hat, den Windows Media-Player nicht zu integrieren, um Konkurrenten nicht zu benachteiligen.

■ 2 Netzwerkbetriebssysteme

■ **Preise**

Die Entwicklungskosten sollen angeblich 10 Milliarden US-Dollar betragen haben. Deshalb sind die Kosten der einzelnen Versionen erheblich höher als bei der Einführung von XP.

- Ultimate kostete im Jahr 2007 etwa 500,00 €,
- Business war ab 350,00 € zu haben,
- für Home Premium musste man etwa 300,00 € bezahlen und
- Home Basic kostete immerhin ca. 200,00 €.

OEM

Wesentlich preiswerter kann man OEM-Versionen erwerben, die – allerdings ohne Box und Support – ab 80,00 € für die Basic Version ausgeliefert werden. Die Premium-Version war ab 110,00 € zu haben, während man für die Ultimate-Version immerhin 180,00 € bezahlen musste. Die Preise für die 32- und 64-Bit Version waren dabei gleich.

2.1.1.1 Neuerungen

Gegenüber XP beinhaltet Vista folgende Neuerungen:

die neue Vista-Oberfläche

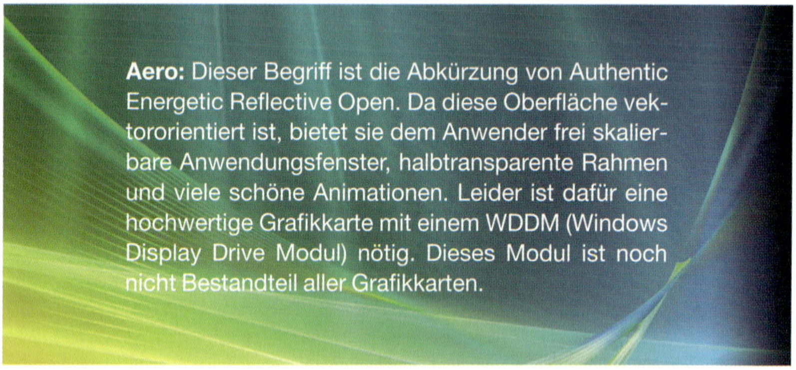

Aero: Dieser Begriff ist die Abkürzung von Authentic Energetic Reflective Open. Da diese Oberfläche vektororientiert ist, bietet sie dem Anwender frei skalierbare Anwendungsfenster, halbtransparente Rahmen und viele schöne Animationen. Leider ist dafür eine hochwertige Grafikkarte mit einem WDDM (Windows Display Drive Modul) nötig. Dieses Modul ist noch nicht Bestandteil aller Grafikkarten.

Bild 2.2: Aero

Programmierschnittstelle

Net Framework 3.0: Diese neue Programmierschnittstelle soll Win32-API ablösen. Sie bietet Anwendungsprogrammierern Zugriff auf die neuen Funktionen von Windows Vista. **WPF** (**W**indows **P**räsentation **F**oundation), **WCF** (**W**indows **C**ommunication **F**oundation) und **WF** (**W**indows **W**ork**f**low) bilden den Kern von .NET Framework 3.0.

MAC OS X

WPF: Diese neue Technik (entwickelt unter dem Codenamen *Avalon*) ermöglicht es, Objekte mithilfe der dafür entwickelten Sprache XAML auf dem Monitor darzustellen. Wie bei Quartz Extreme unter MAC OS X werden Transparenzeffekte nicht mit der CPU, sondern über die Grafikkarte berechnet.

Indigo

WCF: Der Codename lautet *Indigo* und ist eine neue dienstorientierte Kommunikationsplattform für verteilte Anwendungen. Damit will Microsoft viele Netzwerkfunktionen zusammenführen und standardisieren. Besonderen Wert legt Microsoft bei dieser Weiterentwicklung auf internetbasierte Anwendungen.

WWF: Mit dieser verbesserten Infrastruktur sollen Workflow-Anwendungen einfacher entwickelt werden können. Zukünftig sollen in Office vermehrt Funktionen von WWF verwendet werden.

Workflow

InfoCard: (Windows CardSpace) Dieser neue Standard für das Identitäts-Management will Microsoft unter anderem im Internet etablieren. Im Internet Explorer ist er schon integriert. Plug-Ins sollen auch für andere Browser wie z. B. Mozilla und Firefox entwickelt werden.

Internet Explorer

Im Gegensatz zu Windows XP werden Suchergebnisse sofort angezeigt. Zum Verfeinern der Suche wurden in Windows Vista mehrere Filter hinzugefügt. Die Suchschaltfläche im Startmenü ermöglicht das schnelle Auffinden von Dokumenten und E-Mails.

Benutzerkontenkontrolle: Das Arbeiten mit eingeschränktem Benutzerkonto wurde erleichtert. Für Administrationsaufgaben erhält der Benutzer nach Eingabe eines Passwortes nur vorübergehend Administrator-Rechte.

Benutzerkonten

DirectSound: Die Unterstützung der 3D-Hardwarebeschleunigung wurde entfernt. Dafür wird als Ersatz auf eine Software-Emulation zurückgegriffen.

3D

Mini: Diese kleinen Microsoft Minianwendungen können auf dem Desktop oder in der Sidebar eingebunden werden und sind vergleichbar mit den Dashboard Widgets unter Mac OS X.

E-Mail: Outlook Express wurde durch Microsoft Windows Mail ersetzt. Vor allem der integrierte Spam-Filter macht dieses Programm attraktiv. Völlig selbstständig kann er von Anfang an seine Aufgabe erfüllen.

Mail

Browser: Der Browser wurde in Microsoft Windows Internet Explorer umbenannt.

Jugendschutzeinstellungen: Eltern können den Internetzugriff ihrer Kinder einschränken und dabei die Uhrzeit und die Zeitdauer festlegen.

Jugendschutz

Back-up: Dieses Tool ersetzt das alte Windows-Back-up zum Sichern von Dateien.

Sichern und Wiederherstellen

XML: Dieses neue Dokumentenformat soll Benutzern erlauben, Dateien ohne das Originalprogramm, mit dem sie erstellt wurden, zu betrachten, zu drucken und zu archivieren.

DirectX 10: Diese neue Version der Grafik-API ist nur für Windows Vista verfügbar und bietet einen besseren Zugriff und eine schnellere Ausführung von Grafikfunktionen.

ReadyBoost, ReadyDrive, SuperFetch: Diese neuen Speichermanagements beschleunigen den Start von Programmen und Betriebssystemen.

■ *2 Netzwerkbetriebssysteme*

2.1.1.2 Systemvoraussetzungen

Die Systemvoraussetzungen sind wesentlich höher als unter Windows XP und werden von Microsoft folgendermaßen eingestuft:

	Minimum	Standard
Prozessor	800 MHz	1,6 GHz
Arbeitsspeicher	512 MB	1 GB
Grafikkarte	DirectX 9.0 Unterstützung	WDDM Treiberunterstützung
Grafikkarte Speicher		128 MB
Festplatte	20 GB (15 für das System)	80 GB
Netzwerkkarte	10 Mbit/s	100 Mbit/s
Hardware	DVD-ROM	DVD-RW

Bild 2.3: Systemvoraussetzungen

Jeder verkaufte Mittelklasse-PC erfüllt laut Microsoft diese Minimalanforderungen, das bedeutet jedoch nicht zwangsläufig, dass die neue Aero-Oberfläche von der Grafikkarte auch gut dargestellt werden kann.

2.1.1.3 Nachteile

Windows Vista hat gegenüber XP nicht nur Vorteile, sondern vor allem auch folgende Nachteile:

Proteste

■ Weil **DRM** (**D**igital **R**ight **M**anagement) in den Kernel integriert wurde, ist es ständig aktiv und wendet seine Funktionen auf alle Computeraktionen aus. Unangenehm ist dabei das ständige Zugreifen auf die Festplatte, ohne dass der Benutzer einen Sinn erkennen kann.

■ Ursprünglich sollte Vista nur auf einem einzigen PC installiert werden können. Änderungen der Hardware hätten automatisch den Kauf einer neuen Lizenz erfordert. Nach Protesten wurde diese Beschränkung fallen gelassen. In virtuellen Maschinen, wie z. B. Parallels unter Mac, dürfen die Versionen Home-Basic bzw. Premium nicht eingesetzt werden. Ob diese Klausel in Europa gegen geltendes Recht verstößt, ist umstritten. Software, die Microsoft in der Grundeinstellung als gefährdend ansieht, wird automatisch ohne Einfluss des Computerbesitzers vom PC gelöscht. Folge dieser umstrittenen Löschungen könnte sein, dass auch andere Programme nicht mehr funktionieren.

- Ein ganz heikles Thema ist die Zusammenarbeit von Microsoft mit den Geheimdiensten der USA. Microsoft hat diese Zusammenarbeit bestätigt, betont aber immer wieder, dass diese nur der Abwehr von Angriffen auf das Vista-Betriebssystem dienen soll. Seltsamerweise erscheint beim Arbeiten mit Vista plötzlich und unerwartet die Anfrage, ob der Benutzer damit einverstanden sei, dass aufgerufene Internetseiten ohne Zustimmung des Benutzers zur Überprüfung an Microsoft übermittelt werden dürfen. Auch wenn man verneint, kann man sich nicht sicher sein, ob es dennoch passiert.   Geheimdienst

- Weiterhin weigert sich Microsoft, die Kommunikationsschnittstellen des Betriebssystems Vista offenzulegen und verstößt damit gegen Auflagen der EU.   EU

- Viele Applikationen, wie z. B. WordPad, NotePad, Paint usw., sind nahezu unverändert übernommen worden und damit auf dem Stand von Windows 3.1. PDF-Dateien können nicht angezeigt werden und benötigen dafür ein eigenes Programm.   alt

- Notebooks, die keine Hybridfestplatte besitzen, erhalten von Microsoft ab Herbst 2007 kein Prüfsiegel mehr.

- Energisch weist Microsoft die Vorwürfe zurück, dass in Vista viele Funktionen von Mac OS X kopiert worden seien. Optisch ist in vielen Funktionen tatsächlich eine Ähnlichkeit festzustellen.

- Auch in den USA gibt es Meinungen, dass der Einsatz von Vista weder aus technischer noch aus ökonomischer Sicht sinnvoll sei. Entsprechende Verbote wurden angekündigt. Für „Otto Normalverbraucher" stellt sich diese Frage nicht, weil es keinen neuen Windows-Rechner mit einem anderen Windows-Betriebssystem zu kaufen gibt. Da der Support für XP in Kürze eingestellt wird, müssen auch große Firmen Vista anschaffen.   unnötig

- Alte DOS-Programme werden unnötig eingeschränkt, weil die Schnittstelle verkleinert wurde.   DOS

2.1.1.4 Service Pack

Für Vista gibt es inzwischen die Service Packs 1 und 2. Das Herunterladen aus dem Internet und die Installation dauern allerdings bis zu zwei Stunden. Dennoch lohnt sich dieser Aufwand, weil Vista dann fast so schnell wie Windows 7 läuft.

2.1.2 Windows 7

Windows 7 ist der Nachfolger des unbeliebten Betriebssystems Vista. Unbeliebt war Vista, weil es nur auf sehr schnellen Rechner zufriedenstellend lief. Windows 7 ist schneller, weil es weitaus weniger Ressourcen belegt und z. B. mit aktivierter Aero-Oberfläche nur etwa 430 MB Arbeitsspeicher benötigt.

■ 2 Netzwerkbetriebssysteme

Anforderungen

	Minimal	Empfohlen
Prozessor	800 MHz	> 1 GHz
Interner Speicher	512 MB	> 1 GB
Grafikkarte	DirectX	
Grafikspeicher	32 MB	> 128 MB
Festplatte	16 MB	> 80 MB

Bild 2.4: Systemvoraussetzungen

2.1.2.1 Produktübersicht

Es gibt sechs verschiedene Versionen, von denen Home Premium und Professional im Einzelhandel am verbreitetsten sind. Die höheren Versionen beinhalten natürlich alle Eigenschaften der niedrigeren.

Version	Funktion
Starter	Diese Version ist in erster Linie für sehr einfache Computer gedacht. Es fehlt die Aero-Oberfläche, die Einbindung in eine Domäne, EFS, Home Groups und vieles mehr. Daher sollte man diese Version nicht einsetzen.
Home Basic	Auch mit dieser Version können keine Home Groups erstellt werden und die Einbindung in eine Domäne ist nicht möglich. Da die Aero-Oberfläche auch nicht vollständig vorhanden ist, sollte man lieber die Version Home Premium verwenden.
Home Premium	Für kleine Netzwerke ist diese Version durchaus geeignet, auch wenn EFS und die Einbindung in eine Domäne fehlen.
Professional	Wie der Name schon andeutet, ist diese Version für den professionellen Einsatz gedacht, d. h. vor allem, dass die Einbindung in eine Domäne möglich ist.
Enterprise	Diese Version wird erst in größeren Netzen eingesetzt und verfügt über Zusatzfunktionen wie AppLocker, BitLocker Drive Encryption usw.
Ultimate	Gleiche Funktionen wie Enterprise, aber als OEM-Version limitiert.

Bild 2.5: Produktübersicht

2.1.2.2 Neuerungen

In Windows 7 gibt es zahlreiche Veränderungen und Verbesserungen, die allerdings gegenüber Vista nur gering sind und häufig nur die Optik betreffen.

■ **Oberfläche**
Die Taskleiste und die Desktopoberfläche unterscheiden sich optisch von Vista. Anwendungen können auf der Taskleiste abgelegt und offene Fenster angezeigt werden.

2.1 Die Windows-Familie

Alle Fenster erscheinen durchsichtig, wenn man rechts auf der Taskleiste die entsprechende Schaltfläche anwählt. Neu ist die „jump list", die zuletzt geöffnete Dateien auflistet.

jump list

■ Windows Explorer
Die Sidebar wurde wieder entfernt. Minianwendungen können wieder frei auf dem Desktop platziert werden. Eigene Datenquellen wie Webservices und Datenbanken können wie Dateien eigene Vorschauen und Miniaturansichten besitzen. Der neue virtuelle Ordner *libraries* kann Mediendateien aus anderen Ordnern der gesamten Festplatte oder des Heimnetzwerkes zusammenfassen.

Sidebar

■ Sicherheit
Die Sicherheit wird im sogenannten Wartungscenter durchgeführt. Gegenüber Vista wurde eine Umstrukturierung vorgenommen.

■ Multimedia
Es gibt nun erstmalig vorinstallierte Codes wie z. B. MPEG-4, DivX, MPEG-2, H.264 usw.

■ Anwendungen
Wie bei Apple-Rechnern sind einige interne Anwendungen ausgegliedert und unter Windows Live Essentials zusammengefasst worden. Windows Fotogalerie, Windows Movie Maker und Windows Mail müssen nun zusätzlich heruntergeladen werden. Paint und WordPad sind endlich überarbeitet und mit der Ribbon-Oberfläche ausgestattet worden. Der Taschenrechner wurde neu gestaltet.

Windows Live

■ DirectX
Die Programmierschnittstelle wurde durch die Version 11 erneuert.

■ Netzwerk
In Windows 7 gibt es drei vorkonfigurierte Peer-to-Peer-Netzwerke, die sich lediglich durch unterschiedlich konfigurierte Firewalls unterscheiden (Heimnetzwerk, Arbeitsplatznetzwerk und öffentliches Netzwerk). Diese vorkonfigurierten Netzwerke sollen die Installation vereinfachen und sind in erster Linie für absolute Netzwerkneulinge gedacht. Da man bei der Erstinstallation aber nicht nach der Internetadresse bzw. statischen oder dynamischen Adresseneinstellung gefragt wird, sind die vorgefertigten Netze nicht sinnvoll. Zusätzlich ergeben sich Einschränkungen im Netzverkehr, die man nicht sofort erkennen kann. Solide Netzwerkkenntnisse sind immer noch Voraussetzung einer Netzwerkkonfiguration; Halbwissen reicht nicht.

vorkonfigurierte Netzwerke

■ Tools
Es gibt einige kleine Zusatzprogramme, die das Arbeiten erleichtern. Mit Snipping Tool kann man z. B. sehr einfach Bildschirmausschnitte erstellen und unter verschiedenen Formaten abspeichern. Die Bildschirmlupe ist für Sehbehinderte ein Vorteil und die Darstellung der Tastatur auf dem Monitor kann mit der Maus bedient werden. Zum Glück gibt es immer noch die Eingabeaufforderung für DOS-Befehle, die für die Überprüfung von Netzwerken eine entscheidende Rolle spielt.

snipping tool

151

■ 2 Netzwerkbetriebssysteme

2.1.3 Netzwerke mit Windows 7

Einsatz von Windows 7

Computer mit dem Betriebssystem Windows 7 werden als Einzelplatzrechner, im Verbund mit anderen Rechnern in kleinen Netzwerken und als Clients in großen Netzwerken eingesetzt.

■ **Einzelplatzrechner**

Home Version

In vielen privaten Haushalten stehen Einzelplatzrechner, die nur mit dem Internet verbunden sind. Für diesen Einsatz hat Microsoft die abgespeckte Version Home Premium herausgebracht. Leider kann man damit die Computer nicht in eine Domäne einfügen und nur Peer-to-Peer-Netzwerke aufbauen.

Bild 2.6: Internetverbindung

In Bild 2.6 ist der Computer mit dem Namen Hölzel-PC über ein WLan (Elfie) mit dem Internet verbunden.

DSL

Für die Verbindung ins Internet muss man einen Vertrag mit einem Provider abschließen und einen Anschluss über ein DSL-Modem oder WLan besitzen. Natürlich geht es auch über eine ISDN-Karte bzw. über ein einfaches Modem. Diese Anschlüsse werden allerdings nur noch dort eingesetzt, wo kein DSL-Anschluss möglich ist. Wenn man dann noch eine Flatrate besitzt, ist das Glück vollkommen – bis Viren, Würmer und andere den Internetzugriff erschweren. Deshalb ist es ratsam, eine Firewall zwischen den Computer und das Internet zu schalten. Hundertprozentigen Schutz gewähren diese allerdings auch nicht. Der beste Schutz ist einfach, nicht im Internet zu surfen.

2.1.3.1 Kleines Firmennetzwerk

Maximal

Darunter versteht man die Vernetzung von bis zu 10 Rechnern mit einem Anschluss ins Internet. Als Betriebssystem reicht die Version Home Premium aus, weil die Rechner nur in eine Arbeitsgruppe integriert werden und nicht Mitglied einer Domäne werden sollen.

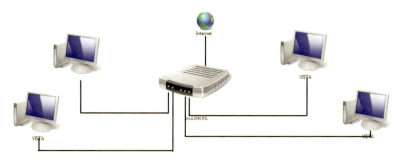

Bild 2.7: Kleines Firmennetzwerk (Peer to Peer)

Router

Alle Computer werden über einen Switch miteinander verbunden. Bei einem Internetanschluss werden Router eingesetzt, die in der Regel einen integrier-

2.1 Die Windows-Familie

ten Switch mit mehreren Anschlüssen besitzen. Sollten diese Anschlüsse nicht reichen, muss ein externer Switch davor geschaltet werden.

Wie man dem Bild 2.7 entnehmen kann, gibt es in diesem kleinen Netzwerk keinen Server für eine zentrale Verwaltung. Jeder PC kann Server oder Client sein und sich nur selbst verwalten. Zugriffe von einem PC zum anderen können jederzeit gesperrt werden. Es gibt keine Übersicht über die Anzahl der Benutzer und was diese dürfen. Deshalb müssen von einer verantwortlichen Person folgende Daten festgehalten werden:

Sprichwort: Viele Köche

1. Namen der Computer und deren IP-Adresse. Hier dürfen keine Namen und Adressen doppelt vergeben werden.
2. Mac-Adressen der Computer. Diese Angaben werden in der Regel als Firewall in den Router eingetragen.
3. Die Namen der Administratoren der Computer und deren Passwörter. Hier ist besondere Vorsicht geboten, immerhin könnte ein frustrierter Administrator seinen Computer für alle anderen sperren.
4. Die Namen aller Benutzer des Netzes und deren Zugehörigkeit zu den einzelnen PCs.
5. Alle freigegebenen Ordner müssen protokolliert werden.

■ Aufbau des Netzes

Bei der Erstinstallation von Windows 7 muss man einen Netzwerkstandort festlegen. Dieser kann als Heim (Heimnetzwerk), Arbeitsplatz (Arbeitsplatznetzwerk) oder in der Öffentlichkeit (öffentliches Netzwerk) gewählt werden. In der Regel wird zunächst ein Heimnetzwerk errichtet, das nach der Installation in ein Arbeitsplatznetzwerk bzw. öffentliches Netzwerk umgewandelt werden kann. Die Netzwerkstandorte unterscheiden sich in erster Linie durch unterschiedliche Konfigurationen der Firewall. Dabei hat das Heimnetzwerk die geringsten und das öffentliche Netzwerk die größten Einschränkungen.

LAN-Verbindung

Nach der Erstinstallation von Windows 7 kann das Netzwerk individuell konfiguriert werden.

Den Namen des Computers und der Arbeitsgruppe kann man folgendermaßen ändern:

Unter *Start*, *Systemsteuerung*, *System und Sicherheit, System* und *Einstellungen ändern* die Registerkarte *Systemeigenschaften* öffnen und die gewünschten Veränderungen eintragen.

In Bild 2.8 sind als Beispiel der Computername Hölzel-PC und die Arbeitsgruppe Kreienkoppel eingetragen. Bei allen anderen Computern im Netzwerk müssen die gleiche Arbeitsgruppe, aber unterschiedliche Computernamen gewählt werden.

Soll der Computer Mitglied einer Domäne werden, muss ein entsprechender Domänenserver im Netz vorhanden sein.

Bild 2.8: Computername und Arbeitsgruppe

153

■ 2 Netzwerkbetriebssysteme

In Windows 7 findet man die Registerkarte für die Einstellung der IP-Adresse, DNS- und DHCP-Server unter *Start, Systemeinstellungen, Netzwerk- und Freigabecenter* in den *Adaptereinstellungen* links am Bildrand.

Bild 2.9: IP-Adresse

Wie man den Bildern 2.8 und 2.9 entnehmen kann, haben die Registerkarten das gleiche Aussehen und die gleichen Funktionen wie unter Windows 2000, XP und Vista.

■ **Empfehlungen**

DHCP
Um keinen DHCP-Server installieren zu müssen, empfiehlt es sich, für ein kleines Netz statische Adressen einzutragen. Als Gateway und DNS-Router muss in den meisten Fällen die IP-Adresse des DSL-Routers angegeben werden.

■ **Test**

DOS
Auch in Windows 7 gibt es im Zubehör die DOS-Eingabeaufforderung. Diese ist für Netzbetreuer sehr wichtig, weil es dafür viele Netzwerktools gibt. Der wichtigste Befehl ist der *ping*-Befehl, mit dem man die Verbindung der Rechner über das Netz testen kann.

Syntax: ping<IP-Adresse> oder ping<Computername>

■ **Namensauflösung**

DNS
Bei Internetaufrufen oder PC-zu-PC-Verbindungen gibt man üblicherweise keine IP-Adressen an, sondern Namen. Diese Namen müssen in die entsprechenden IP-Adressen umgewandelt werden. In großen Netzen ist dafür ein DNS-Server verantwortlich. In kleinen Netzen kann dies die Hosts-Datei übernehmen, weil bei jeder Verbindung der Computer diese Datei abfragt.

hosts

Bild 2.10: Hosts-Datei

Unter Windows 7 findet man die Hosts-Datei unter *Windows, system32, drivers etc.* Mit WordPad die Datei *hosts* öffnen und die Zuordnung der IP-Adressen zu den Computernamen eintragen. Nachteilig ist, dass man dies auf jedem Rechner durchführen muss. Vorteilhaft gegenüber einem DNS-Server ist, dass bei dieser Namensauflösung die Netzzugriffe zum DNS-Server entfallen, weil jeder Rechner zuerst immer seine eigene Hosts-Datei abfragt.

Namensauflösung

2.1.3.2 Benutzerverwaltung

Während der Installation des Betriebssystems wird ein Benutzer eingerichtet, der Administratorrechte besitzt. Nach der Installation können neue Administratoren und Standardbenutzer eingerichtet werden. Allerdings sollte man pro Computer immer nur einen Administrator einrichten, da dieser vollen Zugriff auf den Computer besitzt.

Administrator

In einem Netzwerk gibt es entsprechend viele Administratoren, die sich untereinander abstimmen müssen, wer welche Zugriffrsrechte im Netz erhält. Nach dem alten Sprichwort „Viele Köche verderben den Brei" sollte man die Administratorrechte auf eine oder zwei Personen begrenzen und das Administratorpasswort im Safe aufbewahren.

Der Administrator darf	Der Standardbenutzer darf
neue Benutzer erstellen bzw. Benutzerdaten ändern.	mit installierten Programmen arbeiten.
die Hardware konfigurieren und ändern.	sein Bild in seinem Benutzerkonto austauschen.
auf alle Ordner zugreifen.	das Startmenü und den Desktop ändern.
Ordner im Netz freigeben.	seinen persönlichen Ordner öffnen und Dateien erstellen und löschen.
Programme installieren.	das eigene Kennwort ändern.

Bild 2.11: Benutzerverwaltung der Home Premium Version

■ Gruppenverwaltung
Bis auf die Gruppen Administrator und Standardbenutzer können in Windows 7 in den einfachen Versionen keine weiteren Gruppen erstellt werden. Eine Einteilung von Benutzern in Gruppen ist erst in großen Netzen sinnvoll.

Nachteil der Home Version

■ Persönliche Ordner
Jeder Benutzer erhält einen persönlichen Ordner, auf den nur er Zugriff besitzt.

■ Öffentliche Ordner
Dieser Ordner wird als öffentlich bezeichnet, weil jeder Benutzer Zugriff auf ihn hat. Dateien in diesem Ordner können von allen Benutzern gelesen, verändert und gespeichert werden.

2.1.3.3 Freigaben
Freigaben wirken nur bei Netzzugriffen und nicht lokal. Dennoch sind die persönlichen Ordner vor lokalen Zugriffen geschützt, indem sie für andere Benutzer unsichtbar sind. Dies erreicht man durch individuelle Benutzerprofile. Programme

unsichtbar

2 Netzwerkbetriebssysteme

sind davon nicht betroffen und können intern von allen Benutzern gestartet werden. Über das Netz sind diese Programme normalerweise nicht nutzbar.

■ Netzwerk- und Freigabecenter

Dieses Menü erreicht man unter Windows 7, indem man die *Systemsteuerung* öffnet, *Netzwerk* und *Internet* anwählt und das *Netzwerk- und Freigabecenter* anklickt. Unter *Erweiterte Freigabeeinstellungen* können grundlegende Einstellungen des Netzwerkes und Freigaben durchgeführt werden.

Freigabeoptionen für unterschiedliche Netzwerkprofile ändern

Für jedes von Ihnen verwendete Netzwerk wird unter Windows ein separates Netzwerkprofil erstellt. Für die einzelnen Profile können Sie bestimmte Optionen auswählen.

Privat oder Arbeitsplatz (aktuelles Profil)

Netzwerkerkennung

Wenn die Netzwerkerkennung eingeschaltet ist, kann dieser Computer andere Netzwerkcomputer und -geräte sehen, und er ist selbst sichtbar für andere Netzwerkcomputer. Was ist "Netzwerkerkennung"?

- ◉ Netzwerkerkennung einschalten
- ○ Netzwerkerkennung ausschalten

Datei- und Druckerfreigabe

Wenn die Freigabe von Dateien und Druckern aktiviert ist, können Netzwerkbenutzer auf Dateien und Drucker, die Sie von diesem Computer freigeben, zugreifen.

- ◉ Datei- und Druckerfreigabe aktivieren
- ○ Datei- und Druckerfreigabe deaktivieren

Freigabe des öffentlichen Ordners

Wenn "Freigabe des öffentlichen Ordners" aktiviert ist, können die Personen im Netzwerk (einschließlich der Heimnetzgruppen-Mitglieder) auf die Dateien in den Ordnern "Öffentlich" zugreifen. Was sind die Ordner "Öffentlich"?

- ◉ Freigabe einschalten, sodass jeder Benutzer mit Netzwerkzugriff in Dateien in den Ordnern "Öffentlich" lesen und schreiben kann
- ○ "Freigabe des öffentlichen Ordners" deaktivieren (an diesem Computer angemeldete Benutzer können weiterhin auf diese Ordner zugreifen)

Bild 2.12: Netzwerk- und Freigabecenter

- Erst wenn die Netzwerkkennung eingeschaltet ist, können andere Computer des Netzes diesen Computer sehen.
- Dateien können nicht freigegeben werden, sondern nur Ordner. Allerdings werden Dateien innerhalb freigegebener Ordner ebenfalls freigegeben.
- Auf den öffentlichen Ordner kann intern jeder jederzeit zugreifen. Über das Netz gibt es die Möglichkeit, den Zugriff von einem Passwort abhängig zu machen.
- Drucker müssen freigegeben werden, wenn man über das Netz drucken will.
- Generell kann man den Zugriff über das Netz auf Ordner von einem Passwort abhängig machen. Benutzer des Computers haben dann von anderen Computern Zugriff, wenn sie ihren Namen und das Passwort angeben. Andere Benutzer müssen entweder den Benutzernamen und das Passwort kennen oder ein Konto auf dem Rechner besitzen, auf den sie zugreifen wollen. Am besten ist es, auf jedem Computer für jeden Benutzer des Netzes ein Konto zu erstellen. Dies ist natürlich nur in kleinen Netzen möglich. In großen Netzen braucht man deshalb eine zentrale Verwaltung aller Benutzer.

Passwort

2.1 Die Windows-Familie

■ Einstellung der Freigaben

Zunächst muss man den Ordner aussuchen, der freigegeben werden soll, dann klickt man mit der rechten Maustaste auf das Ordnersymbol und anschließend wählt man die Registerkarte *Eigenschaften* aus. Im Reiter *Freigabe* klickt man die *Erweiterte Freigabe* an.

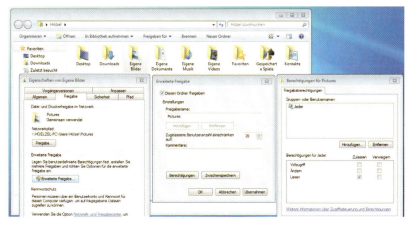

Bild 2.13: Freigaben

Die Screenshots Bild 2.13 zeigen die Freigabeberechtigungen für den Ordner *Eigene Bilder*. Wie man sieht, kann *Jeder* diesen Ordner nur *Lesen*. Der Administrator könnte die Berechtigungen auf *Ändern* und *Vollzugriff* erweitern. Die Berechtigung *Verweigern* hat dabei immer Priorität.

2.1.3.4 Sicherheit

Windows 7 basiert auf dem NTFS-Dateisystem, für das man prinzipiell Zugriffsrechte für Ordner und vor allem für Dateien festlegen kann. Diese Rechte gelten nicht nur bei Netzzugriffen, sondern auch lokal. Der Administrator eines Computers könnte z. B. auch einem lokalen Benutzer bestimmte Rechte verweigern. Diese Einstellungen werden auf dem Registerblatt *Sicherheit* durchgeführt.
Durch die NTFS-Berechtigungen können Benutzer die Rechte *Vollzugriff*, *Ändern*, *Lesen*, *Anzeigen* und *Schreiben* auf Ordner und Dateien erhalten.

Sicherheit

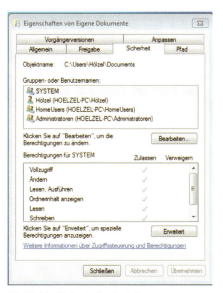

Bild 2.14: Sicherheitseinstellungen

■ 2 Netzwerkbetriebssysteme

■ **Effektive Rechte**

Ein Benutzer kann auf verschiedenen Wegen Rechte auf Ordner und Dateien erhalten:
1. Durch eine **Gruppenzugehörigkeit**: Unter Windows 7 Home Premium ist diese Möglichkeit von Microsoft eingeschränkt worden. Es gibt nur zwei Gruppen, und zwar die Administratorgruppe und den Standardbenutzer.
2. Durch **Freigaben**: Diese Berechtigungen gelten nur bei Netzzugriffen und nicht für den lokalen Benutzer.
3. **NTFS-Berechtigungen**: Diese gelten lokal und bei Netzzugriffen.

Bei Zugriffen über das Netz überschneiden sich die Freigabeberechtigungen mit den NTFS-Berechtigungen. Dabei gilt die Regel, dass die restriktivere Berechtigung Vorrang hat.

2.1.3.5 Drucker

Drucker

Grundsätzlich gibt es lokale und Netzwerkdrucker. Lokale Drucker sind direkt an den Computer angeschlossen. Wollen andere Computer diesen Drucker benutzen, muss auf ihnen ein sogenannter Netzwerkdrucker installiert werden. Dieser Drucker ist nicht physisch vorhanden, sondern eine Software, die die Verbindung über das Netz zu dem lokalen Drucker ermöglicht. Wichtig ist dabei, dass der lokale Drucker freigegeben wird.

2.2 Zentral verwaltete Netzwerke

In diesen Netzwerken übernimmt immer ein Server die zentrale Verwaltung aller Computer einer Domäne. Alle Computer müssen Mitglied der Domäne sein und alle Benutzer müssen ein Konto in dieser Domäne besitzen.

2.2.1 Grundlage der Verwaltung von Windows 2000 und 2003

ADS

Grundlage der Verwaltung ist der Verzeichnisdienst **ADS (Active Directory System)**. Dieser Dienst ist eine Datenbank, die sich auf dem Server befindet. Alle Objekte und deren Attribute werden in dieser Datenbank gespeichert und gesichert. Die Datenbank erhält während der Installation einen beliebigen Namen, der als Domäne bezeichnet wird.

Domäne

■ Eine Domäne ist eine Datenbank, in der Objekte des Netzes mit ihren Attributen gespeichert werden.

Die Datenbank kann wie eine Festplatte untergliedert werden. Alle Teilabschnitte bekommen individuelle Namen und werden als Organisationseinheiten bezeichnet. Damit kann man die Struktur einer Firma im Netz abbilden, ohne mehrere Domänen einzurichten. Bei sehr großen Netzen können mehrere Domänen zu Strukturen und mehrere Strukturen zu Gesamtstrukturen zusammengefasst werden.

2.2.2 Active-Directory-Komponenten

Unter Windows 2000/2003 können folgende Komponenten zur Erstellung von logischen Verzeichnissen benutzt werden:

- **Objekte** sind die kleinsten Einheiten, die in einer Datenbank verwaltet werden können. Alle Ressourcen und jeder einzelne Vorgang im Netz sind Objekte. Ein Benutzer, ein Drucker, ein Computer oder eine Software sind Objekte. Jedes Objekt besitzt einen Namen und einen Satz von Attributen. Außerdem können gleichartige Objekte in Klassen zusammengefasst werden. Benutzer können z. B. zu der Klasse Benutzer zusammengefasst werden.   Objekte

    Klassen

- Die **Domäne** ist das Kernstück von ADS. In ihr können Millionen von Objekten gespeichert werden.   Domäne

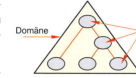

Bild 2.15: Domäne

- Um eine Domäne übersichtlicher gestalten zu können, gliedert man sie in **Organisationseinheiten (OU)**. Die Domäne Meier & Schulze kann z. B. in die OU Verwaltung, Verkauf, Warenannahme usw. unterteilt werden. Der Aufbau der Domäne entspricht dann der Struktur der Firma Meier & Schulze. In die einzelnen OUs werden die gewünschten Objekte wie z. B. Drucker, Dateien und Benutzer integriert.

Organisationseinheiten können nebeneinander und untereinander organisiert werden. Die OU Verwaltung kann z. B. nochmals in die OU *Einkauf* und *Verkauf* gegliedert werden.

> Eine Domäne kann in Organisationseinheiten gegliedert werden. OUs können weitere OUs beinhalten.   OU

- Mehrere hierarchisch angeordnete Domänen ergeben eine **Struktur**; häufig wird diese Struktur als **Baum** bezeichnet. In Bild 2.16 sind die Domänen A bis C hierarchisch angeordnet, d. h., Domäne A leitet Berechtigungen nach B und C weiter, Domäne B kann nur Berechtigungen nach C weiterleiten und Domäne C kann überhaupt keine Berechtigungen weiterleiten. Der Berechtigungsfluss geht nur in eine Richtung, und zwar von oben nach unten und nicht umgekehrt.   Baum

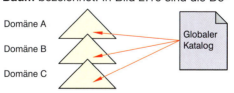

Bild 2.16: Struktur

Verwaltet werden die Domänen durch den **globalen Katalog**. Diese Datenbank beinhaltet die wichtigsten Informationen aller Objekte aller Domänen. Das hat zur Folge, dass sich Benutzer in einer beliebigen Domäne anmelden und auf ihre zugeteilten Ressourcen zugreifen können, egal in welcher Domäne sich diese befinden.   globaler Katalog

- Mehrere Strukturen (Bäume) ergeben eine **Gesamtstruktur**, die man auch als **Wald** (forest) bezeichnet.   forest

■ 2 Netzwerkbetriebssysteme

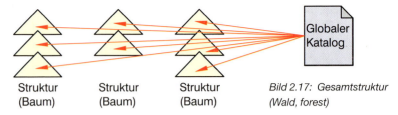

Bild 2.17: Gesamtstruktur (Wald, forest)

Schema

Alle Strukturen (Bäume) einer Gesamtstruktur benutzen ein gemeinsames **Schema**, d. h. Regeln über die Organisation von Objekten. Auch hier wird der Zusammenhalt der Gesamtstruktur durch einen globalen Katalog gewährleistet. Benutzer können sich von jedem Ort der Gesamtstruktur anmelden und auf ihre Ressourcen zugreifen, zu denen sie die entsprechende Berechtigung besitzen.

Katalog-Server

– **Attribute** aller Objekte einer Gesamtstruktur werden in einer zentralen Datenbank gespeichert. Diese Datenbank befindet sich auf dem ersten Domänencontroller der Gesamtstruktur. Der Domänencontroller wird auch als **globaler Katalogserver** bezeichnet. Für seine eigene Domäne speichert er alle Attribute seiner Objekte. Von den Objekten aller anderen Domänen speichert er nur die am häufigsten gebrauchten Objektattribute für Suchzwecke. Das sind z. B. Vor- und Nachnamen von Benutzern, Anmeldenamen usw.

Replikation

– **Replikation** bedeutet Abgleich von Daten, die sich auf verschiedenen Servern befinden. So müssen z. B. die Daten des globalen Katalogs ständig abgeglichen werden, damit Benutzer sich überall anmelden können. Innerhalb einer Domäne erfolgt die Replikation automatisch. Innerhalb einer Struktur bzw. Gesamtstruktur kann man die Replikation steuern. Der Administrator kann z. B. festlegen, wann und wie oft die Replikation erfolgen soll. Geschicktes Administrieren verringert dabei die Netzlast.

Vertrauensstellung

Windows 2000/2003 unterscheidet zwei Typen von **Vertrauensstellungen**, und zwar die transitive und nicht transitive Vertrauensstellung.
Von einer **transitiven (indirekten) Vertrauensstellung** spricht man, wenn zwei Domänen ihre gegenseitige Vertrauensstellung über eine dritte Domäne erhalten.

Bild 2.18: Transitive Vertrauensstellung

transitiv

In Bild 2.18 besteht nur eine direkte gegenseitige Vertrauensstellung zwischen den Domänen A und B und zwischen den Domänen C und B. Im Gegensatz zu Windows NT besteht in Windows 2000/2003 auch eine gegenseitige Vertrauensstellung zwischen den Domänen A und C. Auf Grundlage dieser Beziehung vertrauen sich alle Domänen in Windows 2000/2003 untereinander.

Nicht transitiv bedeutet, dass sich die Domänen A und C in Bild 2.18 nicht gegenseitig vertrauen. Hier unterscheidet sich Windows 2000/2003 von Windows NT, weil unter Windows 2000/2003 die **nicht transitive Vertrauensstellung** bis auf eine Ausnahme nicht vorkommt. Diese Ausnahme macht Windows 2000/2003 nur bei einseitigen Vertrauensstellungen, weil beim Zusammenschluss von Windows 2000/2003 mit Win NT Domänen, NT die transitive Vertrauensstellungen nicht unterstützt.

nicht transitiv

2.2.3 Standorte

Es gibt zwei Möglichkeiten, Netzwerke zu strukturieren:

– durch eine **logische Strukturierung** mithilfe von Domänen und Organisationseinheiten und

– eine **physikalische Strukturierung** in Form von Standorten.

logische und physikalische Netze

Ein Standort kennzeichnet Server, die über Hochgeschwindigkeitsdatenleitungen miteinander verbunden sind. In der Regel befinden sich diese Computer auch am gleichen physikalischen Ort, weil über Telefonleitungen die Datenübertragung zu langsam ist. Wenn Computer z. B. über Glasfaserleitungen miteinander verbunden sind, können sie auch physikalisch weit auseinanderliegen und dennoch zu einem einzigen Standort gehören.

Replikation

■ Computer befinden sich am gleichen Standort, wenn sie ihre Daten sehr schnell austauschen können.

Die Einführung von Standorten hat den Vorteil, dass die Replikationstopologie besser eingesetzt werden kann. In Bild 2.19 können z. B. die Domänen A und B zu einem einzigen Standort zusammengefasst werden, weil die Server in Berlin und Hamburg ständig ihre Daten mithilfe der Replikationstechnologie automatisch austauschen. Für die Benutzer in Hamburg und Berlin erscheinen alle Computer am gleichen Standort.

Bild 2.19: Domäne und Standort

2.2.4 Das Sicherheitskonzept von Windows 2000/2003

Ein Netzwerkbetriebssystem muss sicher sein, d. h. es muss vor unerlaubten Zugriffen geschützt werden. In den USA werden daher Betriebssysteme durch das **NCSC** (**N**ational **C**omputer **S**ecurity **C**enter) zertifiziert. Die Bewertung erfolgt gemäß dem Kriterienkatalog des amerikanischen Verteidigungsministeriums und gliedert sich in die Sicherheitsstufen D, C1, C2, B1, B2, B3 und A.

Zertifizierung

NTSC

D, C1, C2, B1, B2, B3

2 Netzwerkbetriebssysteme

C2-Zertifizierung

Folgende Kriterien müssen für die **C2-Zertifizierung** eingehalten werden:

1. Beim Anmelden muss sich jeder Benutzer mit einem eindeutigen **Passwort** und **Benutzernamen** identifizieren.
2. Alle sicherheitsrelevanten Aktionen der Benutzer werden überwacht, sodass notfalls der Benutzer zur **Rechenschaft** gezogen werden kann.
3. Nur der **Besitzer** einer Ressource hat die vollständige Zugriffskontrolle. Allerdings können Benutzer zu Gruppen zusammengefasst werden, die dann alle die Zugriffskontrolle ausüben.
4. Auf gelöschte Objekte kann nicht mehr zugegriffen werden.
5. Administratoren haben keine unbeschränkten Rechte. Sie können z. B. die Passwörter der Benutzer nicht ausspionieren, wenn der Benutzer dieses nicht will.

■ ITSEC

ITSEC
siehe Kap. 1.8.2.4

Entsprechend den Sicherheitskriterien in Amerika gibt es in Europa das **Information Technology Security Evaluation Criteria (ITSEC)** Abkommen. ITSEC entspricht weitgehend den TCSEC (**T**rusted **C**omputer **S**ystem **E**valuation **C**riteria) Kriterien. Allerdings wird es als E2/F-C2 bezeichnet. TCSEC-Systeme werden vom NCSC (**N**ational **C**omputer **S**ecurity **C**enter) zertifiziert.

■ Kerberos

Monster mit drei Köpfen

Kerberos ist ein Monster mit drei Köpfen aus der griechischen Mythologie. Es lebte in der Unterwelt, hat einen Drachenschwanz und aus seinem Körper wachsen Schlangen. Von Herakles ist es an die Oberwelt gebracht worden und bewacht seit einiger Zeit Betriebssysteme vor unberechtigten Zugriffen. Windows NT 4.0 benutzte noch nicht den Hund der Unterwelt, sondern das Protokoll NTLM (NT-LAN-Manager) für die Benutzerauthentifizierung. In Windows 2000/2003 wird dafür das Kerberos-Protokoll eingesetzt. Dieses Protokoll sorgt dafür, dass Benutzer sich nur einmal am Server anmelden müssen und dass diese Anmeldung eine sichere Authentifizierung des Benutzers gegenüber anderen Benutzern und Netzwerkdiensten darstellt. Folgende Voraussetzungen müssen erfüllt sein:

Synchron

– Alle Computer des Netzes müssen zeitlich synchronisiert sein. Dabei ist höchstens eine Abweichung von 5 Minuten erlaubt.

DoS

– Es dürfen keine Denial-of-Service-Attacken vorliegen, die beim Empfänger zum Absturz des Dienstes oder des ganzen Systems führen.

– Passwort-Attacken werden von Kerberos nicht unterbunden und müssen durch andere Maßnahmen unterbunden werden.

– Die Vertraulichkeit der privaten Schlüssel muss gewährleistet sein.

privater Schlüssel

Kerberos ist relativ sicher, weil bei der Anmeldung nicht das Passwort, sondern der private Schlüssel des Benutzers übermittelt wird. Dieser Schlüssel wird mithilfe einer mathematischen Routine aus dem Passwort gewonnen.

2.3 Windows 2000

Windows 2000 ist ein Betriebssystem, das schwerpunktmäßig im betrieblichen Umfeld eingesetzt wird. In diesem Bereich löst es Windows NT 4.0 ab.

Ablösung von NT 4.0

■ Produktpalette

Windows 2000 Professional	Diese Version ist für die Einzelplatzanwendung und für Arbeitsstationen innerhalb eines Netzes vorgesehen.
Windows XP	XP ist eine Weiterentwicklung von Windows Professional, wird allerdings überwiegend als Einzelplatzrechner bzw. in Peer-to-Peer-Netzwerken eingesetzt. Eine Weiterentwicklung von XP wird von Microsoft unter dem Codenamen Vista entwickelt und ab 2006 vertrieben.
Windows 2000 Server	Diese Version ist das einfachste Betriebssystem für den Server eines Netzes. Es löst die Serverversion von NT 4.0 ab. Multiprozessorsysteme bis zu zwei CPUs werden unterstützt.
Windows 2000 Advanced Server	Diese erweiterte Version besitzt spezielle Funktionen zur Optimierung des Netzdurchsatzes. Multiprozessoren bis zu vier CPUs werden von dieser Version unterstützt. Der Speicher kann bis zu 64 GByte ausgebaut werden.
Windows 2000 Datacenter Server	Diese Version ist am leistungsstärksten und unterstützt Multiprozessoren bis zu 16 CPUs.

Bild 2.20: Produktpalette von Windows 2000

Die Benutzeroberfläche der Windows-2000-Produkte entspricht weitgehend der Oberfläche von Windows 98 bzw. NT 4.0. Umsteiger von Windows 98 auf Windows 2000 finden in fast allen Punkten ihre gewohnte Desktopumgebung wieder.

■ Neuerungen gegenüber Windows NT

Windows 2000 basiert zwar auf Windows NT, dennoch gibt es Verbesserungen und Veränderungen. Die größte Verbesserung ist die Einführung von ADS (**A**ctive **D**irectory **S**ervice). Aus Kompatiblitätsgründen verzichtet Windows 2000 allerdings nicht auf das Domänenkonzept von Windows NT. Im Unterschied zu NT können die Domänen in Windows 2000 weiter in OU (Organisationseinheiten) untergliedert werden. Das verbessert die Übersichtlichkeit bei Verwendung nur einer Domäne.

ADS

OU

■ Kernel

Der Kernel von Windows 2000 basiert auf dem von NT 4.0. Verbesserungen bewirken allerdings, dass die Anzahl der Neustarts bei Konfigurationsänderungen stark zurückgegangen ist. Die Absicherung gegen Systemabstürze ist ebenfalls verbessert worden. Der gefürchtete *blue screen* von NT gehört damit der Vergangenheit an. Im Bereich der LANs und WANs ist der Vorsprung der Konkurrenz wettgemacht bzw. umgekehrt worden. Vor allem Novell mit seinem Verzeichnisdienst NDS ist von Microsoft jetzt mit seinem ADS (Active Directory Service) eingeholt bzw. überholt worden.

Basis NT 4.0

weniger Neustarts

blue screen

■ ADS (Active Directory Service)

ADS ist ein Verzeichnisdienst, der die Aufgabe hat, Informationen über das Netzwerk und dessen Bestandteile zu verwalten. Der Verzeichnisdienst ent-

■ 2 Netzwerkbetriebssysteme

hält alle wichtigen Informationen der Domäne wie z. B. alle Benutzerkonten und Sicherheitsinformationen.

zentrale Verwaltung

Im Gegensatz zu dem Domänenkonzept von NT ist ADS streng **hierarchisch** aufgebaut. Der Administrator kann jetzt Einträge über das ganze Netz zentral verwalten. Einschränkungen auf einzelne Server bzw. Domänen wie bei NT 4.0 gibt es nicht mehr.

■ **Sicherheit**

Gegenüber NT 4.0 wurde das Sicherheitssystem stark verbessert. So können jetzt Daten auf der Festplatte **verschlüsselt** gespeichert werden und sicherheitsrelevante Einstellungen analysiert und konfiguriert werden. Wenn das Intranet an das Internet angeschlossen wird, spielt die Sicherheit eine große Rolle. Der Schutz durch Firewalls kommt immer mehr an seine Grenzen. Eine Verschlüsselung der Daten auf der Festplatte schützt zwar nicht vor elektronischem Diebstahl, aber vor der unerlaubten Benutzung der Daten.

EFS

Die Verschlüsselung wird durch **EFS** (**E**ncrypting **F**ile **S**ystem) vorgenommen. Dabei werden im Hintergrund automatisch alle NTFS-Dateien verschlüsselt.

2.4 Windows 2003

Windows Server 2003 ist nach Angaben von Microsoft das schnellste, zuverlässigste und sicherste Windows-Server-Betriebssystem, das es je gab.

2.4.1 Produktübersicht

Unter dem Begriff Windows Server 2003 bietet Microsoft folgende Produkte an:

Web-Edition	Diese Edition eignet sich nicht als Domänencontroller, sondern nur als Mitgliedsserver. Sie wird deshalb für die Realisierung von dedizierten Web- und Webapplikationsservern eingesetzt.
Standard-Edition	Im Gegensatz zu der Web-Edition können mit der Standard-Edition serverbasierende Netze aufgebaut und mithilfe des integrierten Domänencontrollers verwaltet werden. Damit ist diese Version der direkte Nachfolger von Windows 2000 Server.
Enterprise-Edition	Mittelständische Unternehmen setzen diese Version gerne ein, da die Enterprise-Version eine hohe Verfügbarkeit garantiert. Mehrere Computer können zu einem Cluster zusammengeschlossen werden.
Datacenter-Edition	Diese Version wird von Microsoft nur im Rahmen des „Windows Datacenter Programm" angeboten und ist daher großen Firmen mit starken Belastungen und hohen Datenbeständen vorbehalten.

Bild 2.21: Produktübersicht Windows Server 2003

Zusätzlich bietet Microsoft spezielle Betriebssystempakete an, die aus dem Betriebssystem Windows Server 2003 und zusätzlicher Software wie z. B. Exchange Server 2003 bestehen.

2.4 Windows 2003

Standard Edition	Premium Edition
Kurzbeschreibung	
Die Standard Edition beinhaltet Technologien von Windows Server 2003 und Exchange Server 2003.	Die Premium Edition bietet Technologien von Windows Server 2003, Exchange Server 2003, SQL Server 2000 sowie Internet Security and Acceleration Server (ISA Server).

Bild 2.22: Small Business Server 2003 (Quelle Microsoft)

zuverlässig
schnell
sicher

2.4.2 Neuerungen gegenüber Windows 2000

Windows 2003 ist keine vollständige Neuentwicklung, sondern eine Weiterentwicklung von Windows 2000 mit vielen Verbesserungen und Erweiterungen:

- Windows 2003 benötigt mehr Speicher, schnellere Prozessoren und eine größere Festplattenkapazität.
- Die Enterprise- und Datacenter-Version unterstützen 64-Bit-Intel-Architekturen.
- Während der Installation wird die Festplatte nicht mehr mit einer FAT-Boot-Partition formatiert, sondern direkt mit NTFS.
- Der Internet-Information-Service wird während der Installation nicht automatisch mitinstalliert.
- Nach der Installation muss Windows 2003 wie XP durch einen Code von Microsoft freigeschaltet werden.
- Neue Laufwerke werden automatisch in der *boot.ini* angepasst.
- Das Betriebssystem kann direkt auf I_2O-Massenspeicher ohne spezielle Treiber installiert werden.
- Keine Unterstützung beim Upgraden von NT 4 auf 2003 für Striping und Mirroring.

Optik

Im Gegensatz zu Windows 2000 bietet Microsoft unter der Bezeichnung Windows 2003 nur Server-Versionen an. Es gibt keine speziellen Windows-Client-2003-Versionen. Natürlich können unter Windows 2003 alle bisherigen Windows-Client-Versionen wie XP, Windows 2000 Professional, Client-Version von NT und Win 98 eingesetzt werden.

■ Es gibt unter Windows 2003 nur Server-, aber keine Client-Versionen.

■ **Desktopoberfläche**
Die optische Gestaltung von Windows 2003 entspricht nicht mehr Windows 2000, sondern eher Windows XP. Daran muss man sich zunächst gewöhnen, zumal fast alle Menüs und Untermenüs nicht an der gleichen Stelle wie unter Windows 2000 zu finden sind. Allerdings kann man über die Taskleiste die „klassische Ansicht" einstellen und damit die gewohnte Umgebung erhalten.

wie XP

■ ADS (Active Directory Service)

ADS ist ein Verzeichnisdienst, der die Aufgabe hat, Informationen über das Netzwerk und dessen Bestandteile zu verwalten. Unter Windows NT gab es diesen Dienst noch nicht. Erst ab Windows 2000 ist er Bestandteil aller Serverversionen. Da ADS hierarchisch aufgebaut ist, erleichtert es die Suche nach gespeicherten Objekten.

■ Aufgaben

Windows 2003 kann folgende Aufgaben übernehmen:

- Datei- und Druckserver
- Web-Server und Web-Anwendungsserver
- Mail-Server
- Terminal-Server
- RAS-Server (Remote Access Service)
- VPN-Server (Virtual Private Network)
- Verzeichnisdienste, DNS (Domain Name System), DHCP-Server (Dynamic Host Configuration Protocol) und WINS (Windows Internet Naming Service)
- Streaming-Media-Server

■ Sicherheit

Wie Windows 2000 benutzt Windows 2003 das NTFS-Filesystem, das Verzeichnisse und Dateien durch Freigaben und Sicherheitseinstellungen vor unbefugten Zugriffen schützt. Wie unter Windows 2000 ist auch unter Windows 2003 eine Verschlüsselung der Daten der Festplatte möglich.

CLR

Die Zuverlässigkeit wird durch das Softwaremodul CLR (Common Language Runtime) gegenüber Windows 2000 stark verbessert. Diese Software verringert die Anzahl von Fehlern und Sicherheitslücken, die durch allgemeine Programmierfehler entstehen.

■ Architektur

Von Windows Server 2003 gibt es zwei Varianten:

- IA32-Version: Diese Ausführung kann 2^{32} Byte (4 GByte) Speicher direkt adressieren.
- IA64-Version: Diese Ausführung kann 2^{64} Byte (16 Millionen Terrabyte) Speicher direkt adressieren.

Kernelspeicher

Anwendungsspeicher

virtueller Speicher

Die Speicherbereiche werden in zwei gleiche Bereiche unterteilt: in einen Bereich für das Betriebssystem (Kernelspeicher) und einen Bereich für Anwendungen. Durch diese Aufteilung werden Systemabstürze durch Fehler in Anwenderprogrammen vermieden. Normalerweise besitzt ein Rechner nicht genügend physikalischen Speicher, um diese Speicherbereiche abzudecken. Um dennoch den gesamten Adressbereich ausnutzen zu können, benutzt Windows einen virtuellen Speicher-Manager (VMM), der physikalische Adressen in virtuelle umsetzt. Dabei lagert er Speicherblöcke vorübergehend auf die Festplatte aus, um im RAM Platz zu schaffen. Die Speicher werden nicht byteweise verwaltet, sondern in 4-KB-Seiten, um die Zugriffsgeschwindigkeit zu erhöhen.

IA64-Systeme benutzen in der Praxis einen Adressraum von 16 GByte, der in zwei Hälften zu je 8 GByte aufgeteilt ist. Wie beim IA32-System wird die eine Hälfte für den Kernel, die andere Hälfte für die Anwenderprogramme reserviert.

2.4.3 Aufbau des Netzes unter Windows Server 2003

Mit Windows Server 2003 werden serverbasierende und keine Peer-to-Peer-Netzwerke aufgebaut. Für den Server muss mindestens die Standard-Edition eingesetzt werden, da die Web-Edition keinen Domänencontroller beinhaltet. Als Client eignen sich Windows 98/ME, NT Client, Windows 2000 Professional und XP.

Peer-to-Peer

2.4.3.1 Serverbasierende Netzwerke

Im Gegensatz zu einem Peer-to-Peer-Netzwerk besitzt ein serverbasierendes Netzwerk mindestens einen Domänencontroller für die zentrale Verwaltung des Netzes. Diese zentrale Verwaltung erhöht die Sicherheit, weil eine Verteilung der Verwaltung auf viele Computer viel leichter angreifbar ist. Außerdem ist eine zentrale Verwaltung wesentlich einfacher zu kontrollieren und zu administrieren. Die zentrale Verwaltung wird in einer Datenbank SAM (Security Account Manager) gespeichert.

SAM

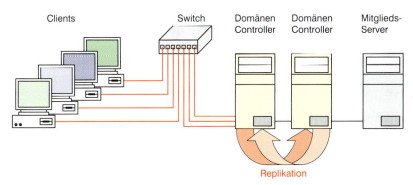

Bild 2.23: Windows 2003 Domäne

Wie unter Windows 2000 können unter Windows Server 2003 beliebig viele Domänencontroller in einer Domäne vorhanden sein. Da sie alle gleichberechtigt sind, tauschen sie ständig alle Verwaltungsdaten der Domäne untereinander aus. Das hat den Vorteil, dass für Wartungszwecke jeder Domänencontroller ohne Probleme abgeschaltet werden kann, weil die anderen die Verwaltung der Domäne sofort übernehmen. Beim Einschalten gleicht er sich automatisch mit den anderen Domänencontrollern ab.

Domänencontroller

Wie unter Windows 2000 können unter Windows Server 2003 in einer Domäne noch mehrere Mitgliedsserver eingerichtet werden. Im Unterschied zu Domänencontrollern befinden sich auf Mitgliedsservern keine SAMs für die Verwaltung der Netze. Sie können dem Netz daher nur Daten und Programme zur Verfügung stellen.

■ In einer Domäne können mehrere Domänencontroller installiert werden, die alle gleichberechtigt sind und ihre SAMs ständig abgleichen.

■ 2 Netzwerkbetriebssysteme

2.4.3.2 Hardwarevoraussetzungen

mind. 128 MB RAM

Schon die Standard-Edition benötigt einen Arbeitsspeicher von mindestens 128 MB, eine Festplatte von mindestens 2 GB und eine Prozessorgeschwindigkeit von mindestens 133 MHz. Im Gegensatz dazu benötigt die Datacenter-Edition schon 512 MB RAM und einen 400-MHz-Prozessor.

■ **Digitale Signaturen**

Da Treiber verschiedener Hersteller in der Vergangenheit immer wieder zu Instabilitäten geführt haben, hat Microsoft für seine Treiber digitale Signaturen eingeführt. Bei der Installation werden diese geprüft und entsprechende Warnmeldungen herausgegeben. Zertifikate schützen die Signaturen zuverlässig vor Fälschungen.

2.4.3.3 Installation

Die Installation des Windows Servers 2003 ist relativ einfach, weil die CD bootfähig ist und die Installation weitgehend automatisch abläuft. Die Festplatte muss vorher weder partitioniert noch formatiert werden. Einfach die CD in das CD-Laufwerk einlegen und den Computer starten.

Wie bei Windows 2000 muss man während der Installation den Namen des Computers und das Kennwort des Administrators eingeben. Im Unterschied zu Windows 2000 darf das Administratorkennwort nicht aus gleichartigen Zeichen bestehen, sondern muss folgende Kriterien erfüllen:

Administrator-Kennwort!

- mindestens sechs Zeichen
- die Worte Administrator oder Admin sind nicht erlaubt
- Großbuchstaben
- Kleinbuchstaben
- Ziffern
- Sonderzeichen wie z. B. #, &, ~

Das Kennwort muss mindestens die ersten zwei Kriterien und drei weitere der aufgeführten Bedingungen erfüllen.

Domäne Arbeitsgruppe

Während der Installation wird man nur nach dem Namen der Arbeitsgruppe gefragt und nicht nach der Domäne, in die der Server integriert werden soll. Nach der Installation ist der Server zunächst nur ein Datei- und Fileserver.

Nach dem Neustart des Servers muss man wie unter Windows 2000 die Tastenkombination Strg + Alt + Entf betätigen, um „trojanischen Pferden" das Ausspionieren der Passwörter unmöglich zu machen. Nach der Anmeldung erscheint ein Assistent für die Serververwaltung, der aber nicht besonders umfangreich gestaltet ist. Besser ist der Administrator, den man durch Anklicken des Start-Buttons erreicht.

Start Systemsteuerung Netzwerkverbindungen

Bevor man nun den Server näher spezifiziert, muss unbedingt die Konfiguration des Netzes durchgeführt werden. Dazu ruft man in der Systemsteuerung das Menü Netzwerkverbindungen auf. Sollte im Untermenü der Netzwerkverbindungen die Eintragung LAN-Verbindung fehlen, ist die Netzwerkkarte von Windows 2003 nicht automatisch erkannt worden. Ansonsten öffnet man die LAN-Verbindung und die Eigenschaften, um das Netz zu konfigurieren. Als Domänencontroller sollte der Server eine feste IP-Adresse erhalten, z. B. 192.168.0.1.

2.4 Windows 2003

Bild 2.24: Netzwerk

■ Spezifizierung des Servers

Nach der Installation muss der Server spezifiziert werden. Dazu muss man den Serverkonfigurationsassistenten starten. Man findet ihn unter *Start, Verwaltung*. Wenn im Netz noch kein Domännencontroller vorhanden ist, muss man die Standardkonfiguration wählen, damit ADS installiert wird.

Spezifikation

DHCP und DNS werden während der Spezifizierung automatisch konfiguriert. Lediglich den Namen der neuen Domäne und – wenn vorhanden – die Internetdomäne müssen angegeben werden. Wenn keine Internetdomäne vorhanden ist, schlägt das Installationsprogramm als Top-Level-Domäne das Wort „local" vor. Nach dieser Konfiguration muss noch die Festplatte freigegeben werden, damit später auch die Clients auf den Server zugreifen können.

Bild 2.25: Konfigurationsoptionen

■ Client-Installation

Als Client kommen in erster Linie Windows 2000 Professional, XP, Vista und Windows 7 infrage. Die Installation dieser Clients verläuft ebenfalls unproblematisch, weil die CDs bootfähig sind.

■ Jeder Client muss in die Domäne integriert werden.

Wenn der Server im Netz schon vorhanden ist, kann die Integration des Client in die Domäne schon während der Installation geschehen. Dies ist aber nach der Installation ebenfalls möglich. Unter Vista geht man dann folgendermaßen vor: *Start, Systemsteuerung, System* (hier die konventionelle Ansicht einstellen), Registerkarte *Einstellungen ändern* öffnen.

Vista

169

■ 2 Netzwerkbetriebssysteme

Bild 2.26: Vista-Client-Integration

Es gibt zwei Möglichkeiten, den Vista-Client in die Domäne zu integrieren: mithilfe des Assistenten über die Schaltfläche *Netzwerkerkennung* oder manuell über die Schaltfläche *Ändern*. Bild 2.26 zeigt die zweite Möglichkeit: Nachdem man den Namen der Domäne eingetragen hat, öffnet sich ein Dialogfenster, in das man den Namen „Administrator" und dessen Domänenkennwort eintragen muss, bevor die Integration des Client vollzogen wird.

Domäne-
Administrator

■ Nur der Administrator der Domäne darf Clients in die Domäne integrieren.

Alle Clients benötigen für einen reibungslosen Netzverkehr noch eine IP-Adresse. Diese kann man von Hand eingeben oder automatisch vom Server beziehen. Standardmäßig läuft unter Windows Server 2003 der DHCP-Server, der für die Adressenverteilung im Netz zuständig ist. Damit diese Verteilung funktioniert, muss auf allen Clients der DHCP-Dienst auf „Automatische IP-Adressenzuteilung" gestellt werden.

DHCP

DNS

Für die Namensauflösung ist der DNS-Server zuständig, der standardmäßig auf dem Windows Server 2003 läuft. Die IP-Adresse dieses Dienstes muss manuell bei jedem Client eingetragen werden.

Damit ist das kleinste Netz aufgebaut und funktionsfähig. Aus Sicherheitsgründen sollte man aber mindestens einen zweiten Domänencontroller installieren, damit bei Ausfall des Domänencontrollers der andere alle Netzwerkaufgaben automatisch übernehmen kann.

2.4.3.4 Automatische Installation

Die manuelle Installation von Betriebssystemen führt bei großen Netzen zu einem erheblichen Zeitaufwand, der zu hohen Kosten führen kann. Deshalb empfiehlt es sich, die Installation zu automatisieren. Dafür eignen sich folgende Methoden:

- Duplizieren des Datenträgers mithilfe einer Images-Software
- Installation durch ein selbst erstelltes Skript
- Netzwerkinstallation mit RIS (**R**emote **I**nstallation **S**ervices)

RIS

Datenträger kopieren: Bei dieser Methode wird das installierte Betriebssystem mit allen Installationsangaben auf eine bootfähige CD gebrannt. Danach werden mit dieser CD die anderen PCs installiert. Die bekanntesten Programme für das Kopieren des installierten Betriebssystems sind Norton Ghost und DriveImages Pro.

Durch das Kopieren der Festplatteninstallation entsteht ein Klon, der in allen Einstellungen identisch ist. Das führt bei der Neuinstallation häufig zu Problemen, wenn die Hardware der Computer unterschiedlich ist.

Probleme durch das Klonen

■ Die Hardware muss bei der automatischen Installation der PCs identisch sein.

Nachteilig ist außerdem, dass alle einzelplatzrelevanten Einträge in der Registry bei allen Computern identisch sind. Das führt z. B. bei der Produktkennung und bei Angaben der Netzwerkadressen unter Umständen zu Problemen. Deshalb ist es besser ein Image zu ziehen, das keine einzelplatzrelevanten Daten enthält. Diese Daten müssen dann manuell oder automatisch durch ein Skript bei jeder Neueinstellung eingegeben werden.

einzelplatzrelevante Daten

Sysprep: Mit diesem Hilfsprogramm kann man ein Image erstellen, das keine einzelplatzrelevanten Daten enthält. Man findet es komprimiert auf der Server-2003-CD im Verzeichnis \Support\Tools.

Sysrep

Installationsskripte: Während der Installation eines Betriebssystems muss man viele Fragen beantworten, die bei einer häufigen Installation unnötig viel Zeit in Anspruch nehmen. Besser ist es, diese Fragen in einem Skript zu beantworten, das während der Neuinstallation ausgeführt wird. Folgende Vorgehensweise ist zu empfehlen:

– Neues Skript erzeugen, das alle Installationsfragen beantwortet.
– Alle Installationsdateien und Skripte des Betriebssystems sollen in einen Ordner kopiert und freigegeben werden, damit man über das Netz darauf zugreifen kann.
– Boot-Diskette erstellen, die den gewünschten Computer mit dem freigegebenen Ordner verbindet.
– Mit dem Skript wird nun die Installation auf dem Zielcomputer installiert.

Skripterstellung: Skripte für die unbeaufsichtigte Installation können mit dem Programm Setupmgr.exe erstellt werden. Dieses Tool befindet sich auf der Server-CD im Verzeichnis \Support\Tools. Mit dem Explorer kann man dieses Programm direkt aus der CAB-Datei extrahieren und ausführen.

Setupmgr.exe

Netzwerkinstallation mit RIS: Diese Methode erfordert keine Eingriffe während der Installation. Der Computer, auf dem das Betriebssystem installiert werden soll, findet von allein seinen Quellcomputer, lädt alle Installationsdateien herunter, installiert sie und bootet anschließend den Computer. Damit diese automatische Installation wie beschrieben abläuft, sind einige Voraussetzungen zu erfüllen. Auf dem Server muss

– der Remote-Installationsdienst installiert werden. Man findet ihn in den Windows-Komponenten.
– das BIOS der Clients PXE-Booten unterstützen. Bei älteren PCs kann man auch eine PXE-Boot-Diskette erstellen.

PXE
RBFG

■ 2 Netzwerkbetriebssysteme

■ Installation des RIS-Servers auf dem Windows Server 2003

RIS besteht aus zwei Teilen: aus einer Server- und einer Client-Komponente. Die Serverkomponente ist der Remote-Installationsdienst selbst, der auf dem Quellcomputer installiert werden muss. Über *Start*, *Systemsteuerung*, *Software*, *Windows-Komponenten hinzufügen*, *Windows-Komponenten* wird der Remote-Installationsdienst aktiviert.

Im nächsten Schritt muss das RIS-Images auf dem Quellcomputer erstellt werden:

– Das Betriebssystem, von dem ein Image erstellt werden soll, in das CD-Laufwerk einlegen.
– Den Assistenten zur Installation der Remote-Installationsdienste öffnen und Schritt für Schritt die Daten eingeben.
– Am Schluss werden die Daten von der CD in das Images-Verzeichnis kopiert und die erforderlichen Dienste gestartet.

Mit dieser Methode hat man ein flaches Installationsabbild erstellt, das eine einfache, aber immerhin automatische Installation zulässt. Besser ist es, ein komplett voreingerichtetes System einschließlich aller Anwenderprogramme durch das Programm zu erstellen.

Bild 2.27: RIS-Images

■ Client-Installation

Neue Computer unterstützen PXE-Booten. Alte Computer können mithilfe einer Startdiskette gebootet werden. Dafür muss allerdings der DHCP- und der DND-Dienst auf dem Quellcomputer laufen. Die Startdiskette wird mit dem Programm RBFG.exe (Remote Boot Floppy Generator) erstellt. Leider werden nur Netzwerkkarten unterstützt, die einen PXE-kompatiblen Ethernetcontroller besitzen.

2.4.3.5 Cluster

Weil der Ausfall eines Computersystems erhebliche Auswirkungen auf den Betriebsablauf hat, ist man bestrebt, Hochverfügbarkeitscomputersysteme zu installieren. Diese Systeme bestehen aus mehreren redundanten Einzelcomputern, die bei Ausfall eines Systems die Verfügbarkeit aufrechterhalten.

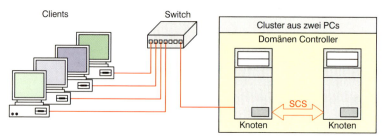

Bild 2.28: Cluster

172

In Bild 2.28 setzt sich der Domänencontroller des Netzes aus zwei Computern zusammen, die aber im Netz als eine Einheit erscheinen.

Den einzelnen Computer nennt man Knoten. Die Computer besitzen Datenspeicher, die extern miteinander verbunden sind. Die Daten werden ständig dupliziert, sodass zu jeder Zeit die gleichen Datensätze auf mehreren Datenspeichern vorhanden sind. Bei Ausfall eines Computers (Failover) oder bei Wartungsarbeiten übernimmt jeweils der andere Computer alle Anforderungen des Netzes. Nach der Reparatur werden die neuen Daten automatisch ergänzt. Diesen Vorgang nennt man Failback.

■ Mehrere parallel geschaltete Computer werden als Cluster bezeichnet.

■ Hardware

Zu Testzwecken kann man auch mit nur einem Computer (Knoten) ein lokales Quorum erstellen. Mit diesem Test-Cluster können Anwendungen auf ihre Clusterfähigkeit getestet und der Umgang mit dem Clusterdienst geübt werden. Dafür ist keine spezielle Cluster-Hard- und Software nötig.

■ Software

Unter Windows Server 2003 wird die Clusterverwaltung schon bei der Installation des Betriebssystems aktiviert. Man findet sie unter *Start*, *Verwaltung*. Bei Aufruf dieses Dienstes wird ein Assistent gestartet, der selbst erklärend ist.

Bild 2.29: Clusterverwaltung

Wie man Bild 2.29 entnehmen kann, ist hier zu Übungszwecken ein Test-Cluster ohne spezielle Hardware erstellt worden. Damit können alle Einstellungen geübt und getestet werden. Eine sehr gute und ausführliche Anleitung findet man in der Hilfe von Windows Server 2003.

2.4.4 Inbetriebnahme des Netzes

Zunächst muss der Server hochgefahren werden, bevor die Clients eingeschaltet werden dürfen.

In der Regel verlangt der Start eines Betriebssystems keine Eingriffe vom Benutzer, da er vollautomatisch abläuft. Nach dem Startvorgang wird der Anmeldevorgang eingeleitet, der vom Benutzer systemspezifische und persönliche Angaben verlangt. An den Server meldet sich in der Regel nur der Administra-

■ 2 Netzwerkbetriebssysteme

tor des Netzes an, während sich von den Work-Stationen nur Benutzer anmelden können, die ein Konto auf dem Server besitzen.

2.4.4.1 Boot-Vorgang des Windows Server 2003

POST
MBR

Nach dem Einschalten des Computers beginnt das BIOS mit einem Power ON Self Test (POST), an dessen Ende eine INT13-Routine aufgerufen wird. Diese Routine sucht nach einem bootfähigen Laufwerk, um den Master Boot Record (MBR) zu laden. Der MBR lädt den Partitionsstartsektor (512 Byte) in den Speicher ab Adresse 0X700H. Dieser Sektor enthält Codes zum Suchen eines zweiten Urladers. Der zweite Urlader muss sich im Stammverzeichnis des Boot-Laufwerkes befinden, weil der Code des Boot-Sektors keine Dateien lesen kann. Bei einem DOS-Rechner ist der zweite Urlader die Datei *Io.sys*, bei Windows 2003 die Datei *Ntldr*.

Urlader

■ **Ntldr**

Protected-Mode

Der zweite Urlader *Ntldr* initialisiert die Grafik-Hardware, den Bildschirm und schaltet anschließend den Prozessor in den Protected-Mode, um die 32-Bit-Adressierung des Speichers nutzen zu können. Miniversionen von FAT- und NTFS-Dateisystemtreibern erlauben es, die restlichen Systemdateien von Windows 2003 zu laden. Anschließend wird die *boot.ini* aufgerufen, um das Boot-Menü von Windows 2003 zu laden.

■ **boot.ini**

msconfig.exe

Die *boot.ini* dient dazu, die Liste der verfügbaren Betriebssysteme beim Start anzubieten. Wird nur ein Betriebssystem angeboten, erscheint auf dem Bildschirm kein Auswahlmenü. Über *Start*, *Ausführen* und Eingabe des Befehls *msconfig.exe* kann man auf der Registerkarte boot.ini diese Datei einsehen und bearbeiten.

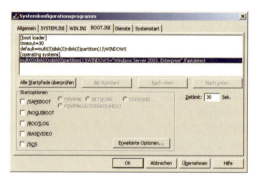

Bild 2.30: boot.ini

Die *boot.ini* ist in zwei Bereiche aufgeteilt:

- Der [bootloader]; timeout gibt bei mehreren Betriebssystemen die Wartezeit an, bevor im Auswahlmenü die Standardpartition gebootet wird.
- Das [operating system]; in diesem Abschnitt werden die bootfähigen Partitionen mit ihren ARC-Pfaden aufgelistet.

ARC-Pfad

Der Eintrag in Bild 2.30 des Operating System gibt den ARC-Pfad zur Startpartition des Betriebssystems an:

- Multi kennzeichnet IDE-Laufwerke.
- Die Zahl dahinter gibt an, ob es sich um ein primäres oder sekundäres Laufwerk handelt.

- Der Eintrag Disk gibt die SCSI-ID des Datenträgers an. Bei Windows 2003 muss dieser Eintrag immer auf 0 gesetzt werden.
- Rdisk dient der Angabe der relativen Datenträgeradresse, die sich in master (0) und slave (1) unterteilt.
- Partition ist die Sequenznummer der Boot-Partition.

■ Ntdetect.com

Nachdem die *boot.ini* geladen ist, veranlasst *Ntldr* die Datei *Ntdetect.com*, Informationen über die Hardware zu sammeln und eine Datenstruktur im Speicher zu erstellen, mit der der Kernel den Hardwarezweig der Registry konfiguriert.

Registry

■ Systemkernel

Der Betriebssystemkernel *Ntoskrnl.exe*, der Hardware-Abstractions-Layer *Hal.dll* und der Grafikkartentreiber *Bootvid.dll* werden geladen, jedoch erst nach Inbetriebnahme der Diensttreiber gestartet.

Hal

■ Diensttreiber

Im Registry-Zweig-System, im Schlüssel Select, wird das CurrentControlSet gesucht. Danach werden im Schlüssel Services im Zweig CurrentControlSet Informationen mit dem Startwert 0 gesucht. Die Treiber *Service_Boot_Start* und *Service_System_Start* werden in der Reihenfolge geladen, die im Wert Group unter *Control/Service Group Order* aufgeführt sind. Auf dem Bildschirm erscheint die Meldung, dass Windows 2003 geladen wird.

CurrentControlSet

■ Kernel

Am Ende der Ladung der Diensttreiber wird die Datei *Ntoskrnl.exe* gestartet, die die *Hal.dll* und die *Bootvid.dll* initialisiert. Der grafische Modus der Bildschirmanzeige wird aktiviert und mithilfe der Systemtreiber wird in der Registry ein flüchtiger Zweig Hardware erstellt. Zum Schluss wird noch der Sitzungsmanager *Smss.exe* aufgerufen.

Bildschirmanzeige

■ Sitzungsmanager

Im Zweig System unter *HKLM/SYSystem/CurrentControlSet/Session Manager* sucht der Sitzungsmanager nach Einträgen unter *BootExecute*. Standardmäßig ist dort Autochk eingetragen. Nachdem der Sitzungsmanager die Auslagerungsdatei *Pagefile.sys* konfiguriert hat, ruft er den Anmeldedienst *Winlogon.exe* auf, mit dem sich der Benutzer anmelden kann.

BootExecute

2.4.4.2 Anmeldevorgang des Servers

Der Anmeldevorgang unter Windows 2003 entspricht weitgehend dem Anmeldevorgang unter Windows 2000. Auch hier muss man zunächst einen „Warmstart" durchführen, um trojanischen Pferden keine Möglichkeit der Ausspionierung der Anmeldedaten zu geben.

trojanische Pferde

175

2 Netzwerkbetriebssysteme

Bild 2.31: Anmeldevorgang Windows Server 2003

STRG+ALT+ENTF

lokale Anmeldung
Netzanmeldung

Nach dem Neustart des Computers erscheint die Anmeldebox *Windows-Anmeldung* mit der Aufforderung, den Benutzernamen, das Kennwort und den Domänennamen anzugeben. Normalerweise meldet sich hier nur der Administrator des Netzes an, der automatisch durch seine Mitgliedschaft zu der Gruppe der Administratoren auch Administrator des Computers ist. Dadurch wird eine lokale Anmeldung überflüssig.

Bild 2.32: Abmeldevorgang

■ Herunterfahren

Im Gegensatz zu Windows 2000 muss man bei Windows Server 2003 den Grund angeben, warum der Server heruntergefahren werden soll. Damit werden alle Vorgänge im Zusammenhang mit dem Server protokolliert und kontrolliert.

Windows Server 2003 unterscheidet zwischen einem **geplanten** und einem **nicht geplanten** Herunterfahren. In beiden Fällen kann man als Grund die Hardware, das Betriebssystem, die Anwendungen und Sicherheitsprobleme angeben. Bei dem nicht geplanten Herunterfahren können zusätzlich noch Probleme, wie z. B. Anwendung reagiert nicht oder Anwendung ist instabil, angegeben werden. Auch Probleme mit dem Netzwerk können Ursache eines Herunterfahrens sein.

Leider kann ein Server durch unerwartete Defekte plötzlich ausfallen. Nach der Reparatur muss man dann beim Herauffahren den Grund des Ausfalles angeben. Dieser Grund wird protokolliert, um die Ausfallsicherheit des Systems festzustellen.

Nach der Installation empfiehlt Microsoft, die Protokolle der Ereignisanzeige einzusehen, um aufgetretene Installationsprobleme zu erkennen. Auch der Netzmonitor hilft bei der Erkennung von Ereignissen und Auslastungen.

2.4.4.3 Inbetriebnahme der Clients

Nachdem der Server hochgefahren wurde, können die Clients eingeschaltet werden. Dabei werden automatisch folgende Schritte durchgeführt:

- Nach dem Einschalten des Arbeitsplatzcomputers nimmt dieser sofort Kontakt mit einem DHCP-Server auf, um eine dynamische IP-Adresse zu erhalten. — DHCP
- Danach versucht er mithilfe eines DNS-Servers, die IP- und MAC-Adresse des Domänencontrollers herauszufinden. — DNS
- Nachdem der Arbeitsplatzcomputer die Daten des Domänencontrollers erhalten hat, baut er mithilfe des SMB-Protokolls und RPC-Aufrufen einen sicheren Kanal zum Domänencontroller auf. — SMB
- Jetzt erfolgt eine gegenseitige Authentifizierung durch Kerberos. — Kerberos
- Die Gruppenrichtlinie der Arbeitsplatzstation wird vom Server zum Client geladen.
- Eventuelle Client-Zertifikate werden generiert. — Zertifikate
- Die Uhrzeiten zwischen Server und Client werden synchronisiert.
- DNS wird durch den Client aktualisiert.
- Die Anmeldeaufforderung Strg+Alt+Entf erscheint auf dem Monitor. — Strg+Alt+Entf

Damit ist der Startvorgang beendet und der Anmeldevorgang eingeleitet, der vom Benutzer systemspezifische und persönliche Angaben verlangt.

2.4.4.4 Anmeldevorgang des Clients

Der Anmeldevorgang unter Windows 2000 Professional, XP und Windows Vista entspricht weitgehend dem Anmeldevorgang unter Windows Server 2003. — trojanische Pferde

Bild 2.33: Anmeldevorgang

Strg+Alt+Entf

Nach dem Neustart der Computer erscheint die Anmeldebox *Windows-Anmeldung* mit der Aufforderung, den Benutzernamen, das Kennwort und den Domänen- bzw. Computernamen anzugeben. Durch Angabe der Domäne — lokale Anmeldung / Netzanmeldung meldet sich der Benutzer an das Netz an, durch Angabe der Arbeitsgruppe loggt sich der Benutzer lediglich lokal in die Arbeitsstation ein.

Zugriffstoken

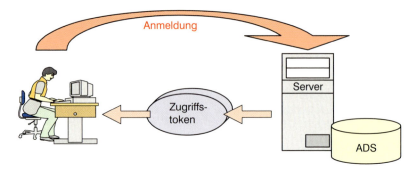

Bild 2.34: Anmeldevorgang

Durch die Anmeldung wird ein **Authentifizierungsprozess** ausgelöst, in dessen Folge der Benutzer ein Zugriffstoken zugeteilt bekommt. Ein **Zugriffstoken** ist ein kleiner Speicherbereich in der Datenbank des PDC, der die Berechtigungen und die Privilegien des Benutzers enthält. Berechtigungen bestimmen, auf welche Ressourcen ein Benutzer zugreifen und was er mit ihnen tun darf. Privilegien sind Rechte, die festlegen, welche Systemfunktionen ein Benutzer aufrufen darf.

SID

Inhalt eines Zugriffstokens	Funktion
SID des Benutzers	Der Name des Benutzers wird als eine Folge von Zahlen dargestellt.
SID von Gruppen	Alle Gruppen, in denen der Benutzer Mitglied ist, werden als eine Folge von Zahlen gespeichert.
Standard-DACL	Jedes Objekt hat eine Liste (DACL), in der die Zugriffe anderer Objekte definiert sind.
Log-on-SID	Bei jedem Einloggen erhält der Benutzer eine temporäre Sitzungs-SID zugewiesen.

Bild 2.35: Beispiele eines Zugriffstokens

Benutzer werden nicht durch ihren Namen identifiziert, sondern durch ihre SID. S-1-5-21-36548892451-5643789416-215578967-1001 ist z. B. eine typische SID eines Benutzers. Der Aufbau der Zahlen folgt dem Muster S-R-IA-SA-Sa-RID:

– **S** ist die Abkürzung für SID.
– **R** ist die Abkürzung für Revision. Alle von Windows erstellten SIDs haben den Wert 1.
– **IA** (**I**ssuing **A**uthority) bedeutet ausstellende Autorität. Diese wird in der Regel von Microsoft mit 5 angegeben.
– **SA** (**S**ub-**A**uthorities) kennzeichnen untergeordnete Gruppen oder Funktionen. 21 bedeutet z. B., dass die SID von einem Computer stammt.

- **RID** (**R**elative **ID**) ist eine eindeutige Zahl, die von dem Objekt, das die SA ausgegeben hat, zugewiesen wird, um einen Sicherheitsprincipal (Benutzer oder Computer) zu repräsentieren.

Es gibt Tools, mit denen man den Inhalt von Zugriffstoken einsehen kann.   Tools

2.4.4.5 Authentifizierung

Die eindeutige Feststellung der Identität einer Person oder eines Dienstes wird als Authentifizierung bezeichnet. Dabei wird die Person oder der Dienst als Principal gekennzeichnet. Durchgeführt wird die Authentifizierung durch einen Authentication-Server, der alle Passwörter von Benutzern und Diensten kennt. Der Gültigkeitsbereich dieses Servers erstreckt sich in der Regel auf eine Domäne.   Principal

■ Einfache Authentifizierung
Für eine erfolgreiche Authentifizierung benötigt jeder Benutzer ein Konto in der Domäne, das der Administrator vorab einrichten muss. Beim Anmelden von einer Workstation aus werden der Anmeldename und das Passwort zum Domänencontroller übertragen und dort mit den Angaben des Benutzerkontos verglichen. Bei Übereinstimmung kann sich der Benutzer anmelden. Da die Anmeldeinformationen bei der einfachen Authentifizierung unverschlüsselt zum Server übertragen werden, können Hacker sehr leicht diese Informationen lesen und missbrauchen. Deshalb wird diese einfache Anmeldung in Windows-Systemen nicht eingesetzt.   unverschlüsselt

■ Sichere Authentifizierung
Damit Hacker die Anmeldedaten nicht ausspionieren können, müssen alle Daten verschlüsselt über das Netz gesendet werden. Dabei unterscheidet man zwei grundsätzliche Verfahren:

- Symmetrische Verschlüsselung: Sender und Empfänger besitzen den gleichen geheimen Schlüssel für die Codierung und Decodierung der Nachrichten. Die Schlüssel dürfen nicht über das Netz übertragen, sondern müssen manuell in jede Sende- und Empfangsstation eingegeben werden. Eine typische Anwendung ist die Verschlüsselungstechnik von WLAN-Netzen.
- Asymmetrische Verschlüsselung: Sender und Empfänger besitzen den gleichen geheimen Schlüssel sowie einen öffentlichen Schlüssel, der durch einen mathematischen Algorithmus von dem geheimen Schlüssel decodiert werden kann.

Verschlüsselungen **siehe Kap. 1.8.2.5**

In einem Netzwerk mit mehreren Domänen haben die Benutzer üblicherweise nicht in allen Domänen ein Konto, sondern nur in einer. Dennoch können Sie sich von allen Domänen in ihre Domäne anmelden. Um dies zu gewährleisten, müssen die Anmeldeinformationen von Domäne zu Domäne weitergereicht werden, bis sie die Domäne erreichen, in der der Benutzer sein Konto besitzt. Damit die Anmeldedaten auf diesem Weg nicht verfälscht werden, werden sie digital signiert. Diese digitalen Signaturen sind Voraussetzung einer strengen Authentifizierung nach dem X.500-Standard.   digitale Signaturen

■ Digitale Signaturen

asymmetrische Verschlüsselung

Grundlage ist die asymmetrische Verschlüsselung der Anmeldeinformationen. Dabei wird vom Server zunächst ein Schlüsselpaar erzeugt, das aus einem privaten und einem öffentlichen Schlüssel besteht. Weil diese Schlüssel durch einen mathematischen Algorithmus in Beziehung stehen, können die Daten, die mit einem der beiden Schlüssel codiert werden, jeweils vom anderen Schlüssel entschlüsselt werden.

private Schlüssel

Der private Schlüssel wird dem Benutzer zugeordnet und der öffentliche Schlüssel der Allgemeinheit bekannt gegeben. Dies hat folgende Gründe:

- Wenn ein beliebiger Benutzer dem Inhaber des privaten Schlüssels eine geheime Information zukommen lassen will, braucht er nur diese Information mit dem öffentlichen Schlüssel zu codieren. Kein anderer als der Besitzer des privaten Schlüssels kann diese Informationen lesen.

öffentlicher Schlüssel

- Damit gewährleistet wird, dass empfangene Daten eindeutig vom Besitzer des privaten Schlüssels stammen, muss dieser seine Daten mit seinem privaten Schlüssel codieren, alle Empfänger müssen die Daten mit dem öffentlichen Schlüssel decodieren.

Signatur

Mit dieser Methode kann man zwar Anmeldeinformationen codieren, aber nicht umfangreichere Daten, da für die Ver- und Entschlüsselung sehr viel Rechenleistung benötigt wird. Deshalb wird aus den Daten mithilfe eines Algorithmus eine Kontrollzahl errechnet, die mit dem privaten Schlüssel codiert wird. Diese Signatur wird mit der unverschlüsselten Nachricht versandt. Der Empfänger entschlüsselt mit dem öffentlichen Schlüssel die Signatur und erhält die Kontrollzahl zurück. Nun ermittelt der Empfänger mit dem gleichen mathematischen Algorithmus aus den unverschlüsselt übertragenen Daten eine Zahl, die hoffentlich mit der vorher ermittelten Kontrollzahl übereinstimmt; nur dann wurden die Daten unverfälscht übertragen. Der öffentliche Schlüssel kann

- im Domänencontroller gespeichert oder
- bei einer Certifikate Authority (CA) hinterlegt werden.

Die Schlüssel können von einer Behörde oder einem kommerziellen Unternehmen, die für die Vergabe von Schlüsseln zuständig sind, erzeugt und vergeben werden.

■ Authentifizierungsprozess mit Kerberos

AS

Für die Authentifizierung muss auf dem Domänencontroller der Kerberos Authentification-Server (AS) vorhanden sein.

Beispiel:

> Wenn ein Benutzer den Drucker benutzen will, erzeugt der AS jeweils einen privaten Schlüssel für den Benutzer und für den Drucker. Der private Schlüssel für den Benutzer wird aus dem Passwort des Benutzers, das auf dem Domänencontroller gespeichert ist, abgeleitet. Der private Schlüssel des Druckers wird durch einen Zufallsgenerator erzeugt und an ihn übergeben. Der Benutzer kann seinen privaten Schlüssel selbst aus seinem Passwort erzeugen.

2.4 Windows 2003

> Vor jeder Sitzung erzeugt der AS einen Sitzungsschlüssel und zwei Datenpakete. Das erste Paket enthält eine Kopie des Sitzungsschlüssels und den Namen der gewünschten Anwendung; in diesem Beispiel den Namen des Druckers. Dieses Paket wird mit dem privaten Schlüssel der Anwendung verschlüsselt. Im zweiten Paket befinden sich ebenfalls eine Kopie des Sitzungsschlüssels und der Name des Benutzers, der den Drucker benutzen möchte. Dieses Paket wird mit dem privaten Schlüssel des Benutzers verschlüsselt und als Ticket bezeichnet.
>
> Beide Pakete werden an den Benutzer gesendet. Der Benutzer entschlüsselt das erste Paket mit seinem privaten Schlüssel und ist damit Besitzer des Sitzungsschlüssels für die Kommunikation mit der Anwendung.
>
> Der Benutzer erzeugt ein drittes Paket, in dem die momentane Zeit gespeichert wird. Dieses dritte Paket wird mit dem Sitzungsschlüssel verschlüsselt und gemeinsam mit dem zweiten Paket an die Anwendung, d. h. an den Drucker gesendet.
>
> Der Drucker entschlüsselt wiederum das zweite Paket mit seinem privaten Schlüssel und entnimmt ihm den Sitzungsschlüssel. Mit dem Sitzungsschlüssel kann er das dritte Paket entschlüsseln und mithilfe der Zeitangabe und der momentanen Systemzeit feststellen, wie viel Zeit für den Authentifizierungsprozess benötigt wurde. Überschreitet die ermittelte Zeit die interne Vorgabe (i.d.R. fünf Minuten), ist die Authentifizierung des Benutzer fehlgeschlagen.
>
> Nachteil dieser Authentifizierung ist die ständige Eingabe des Passworts durch den Benutzer. Eine Speicherung des Passworts stellt ein hohes Sicherheitsrisiko dar und ist praktisch nicht durchführbar, da alle Passwörter sämtlicher Benutzer auf allen Clients gespeichert werden müssten.

Ticket

Sitzungsschlüssel

■ Ticket Granting Server (TGS)

Der Ticket Granting Server ist ein Dienst, der die ständige Eingabe des Passworts überflüssig macht, wenn man nach der Anmeldung verschiedene Dienste in Anspruch nehmen will. Dies wird erreicht, indem dieser Dienst Tickets bereitstellt, die bei einem Wechsel der Anwendung vergeben werden.

■ Authentifizierungsdienste

Windows NT benutzte für die Authentifizierung den NT-LAN-Manager (NTLM), der auch bei der lokalen Anmeldung an Windows 2000 Professional zum Einsatz kommt. In Windows 2000 und 2003 Server wird die Authentifizierung durch Kerberos v5 durchgeführt.

■ Konfiguration von Kerberos

Einstellungen im ADS sind nicht möglich, weil Kerberos bereits vor der Anmeldung benötigt wird.

2.4.4.6 Windows-Sicherheit (Dialogbox)

Die Dialogbox Windows-Sicherheit kann man bei allen Computern des Netzes nach der Anmeldung aufrufen, indem man die Tastenkombination Strg + Alt + Entf betätigt. Mit diesem Dialogfeld kann man den Computer

Strg + Alt + Entf

■ 2 Netzwerkbetriebssysteme

durch ein Passwort sperren, damit Unbefugte den Computer nicht benutzen können. Man kann sein Kennwort ändern, sich abmelden, den Computer herunterfahren und mit dem Task-Manager umfangreiche Systemleistungen einsehen.

Bild 2.36: Windows-Sicherheit

Der Task-Manager gliedert sich in fünf Bereiche:

- Anwendungen: Hier können Anwendungen, die nicht mehr reagieren, geschlossen werden.
- Prozesse: Alle Prozesse, die im Hintergrund laufen, können eingesehen werden.
- Systemleistungen: Die Auslastung des Systems wird grafisch dargestellt.
- Netzwerk: Die Netzwerkauslastung, die Übertragungsrate und der Status werden angezeigt.
- Benutzer: Alle momentanen Benutzer und deren Aktivität werden aufgelistet.

2.4.4.7 Einrichten des DHCP-Dienstes (Dynamic Host Configuration Protocols)

manuelle und automatische Verteilung

Grundsätzlich gibt es zwei Möglichkeiten, IP-Adressen zu vergeben, und zwar durch eine automatische Verteilung durch einen Computer, auf dem der DHCP-Dienst läuft, oder von Hand durch den Administrator des Netzes. Beide Varianten haben Vor- und Nachteile. Während bei der manuellen Verteilung der IP-Adressen jeder Client eine feste Adresse erhält, hängt dies bei der automatischen Verteilung der IP-Adressen von der Reihenfolge der Anmeldung im Netz ab. Dadurch erhalten die Clients bei jeder Anmeldung eine andere Adresse.

■ Installation des DHCP-Dienstes

Den DHCP-Dienst erreicht man unter *Start*, *Programme*, Verwaltung und *DHCP* bzw. über den Assistenten der Serverkonfiguration.

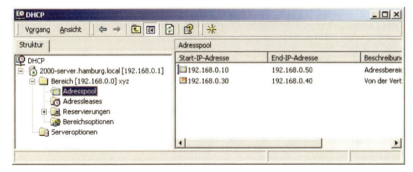

Bild 2.37: DHCP-Dienst

In der Struktur des DHCP-Dienstes ist in Bild 2.37 an erster Stelle der Server mit seiner IP-Adresse aufgeführt. Diese Adresse kann hier nicht geändert werden, sondern nur in der Netzwerkumgebung.

Folgende Einstellungen kann man vornehmen:

- Der **Bereich** der Adressen, die verteilt werden sollen, muss mit dem Bereich der IP-Adresse des Servers übereinstimmen. In Bild 2.37 gehören z. B. die Serveradresse und der Bereich, der verteilt werden soll, zu einem Netz der Klasse C. Im Kontextmenü können neue Bereiche erstellt und aktualisiert werden.   Klasse
- Der **Adressenpool** listet die Adressen auf, die der DHCP-Server an die Clients vergeben darf. Der Bereich wird durch eine Anfangs- und Endadresse markiert. Neben der Subnetzmaske wird zudem ein **Ausschlussbereich** von IP-Adressen angegeben. Dieser Bereich wird dann vom DHCP-Server nicht vergeben. Im Kontextmenü Eigenschaften kann ein neuer Ausschlussbereich erstellt werden.   IP-Adressenpool / Ausschlussbereich
- Im Feld **Adressleases** wird die Dauer der Vergabe der IP-Adressen angezeigt.   Dauer der Lease
- Im Feld **Reservierungen** werden alle statischen Adressen aufgelistet. Statisch bedeutet, dass die aufgelisteten Clients bei der Anmeldung immer die gleiche vorgegebene IP-Adresse vom DHCP-Dienst erhalten. Im Kontextmenü können neue Reservierungen erstellt werden. Dabei muss der Name des Clients und dessen IP- und MAC-Adresse angegeben werden.   statische IP-Adressen

Nach den Bereichseinstellungen muss der Server im Active Directory autorisiert werden; dieser Vorgang kann einige Minuten dauern. Nur dann kann er die IP-Adressen an die Clients verteilen. Die Autorisierung erkennt man an dem grünen Pfeil im Serversymbol.   autorisiert

■ DHCP und DNS

Der DHCP-Dienst kann den DNS-Dienst dynamisch aktualisieren, indem er nach der IP-Zuteilung die Daten der Clients an den DNS-Dienst weiterleitet. Im Kontextmenü Eigenschaften des Adressbereiches auf der Registerkarte   dynamisch

■ 2 Netzwerkbetriebssysteme

DNS wird die Weiterleitung der Client-Namen und deren IP-Adressen an den DNS-Dienst aktiviert.

■ **DHCP-Client**
Auf jedem Client muss der DHCP-Client **aktiviert** werden. Diese Aktivierung erreicht man über die Netzwerkumgebung und Eigenschaften des TCP/IP-Protokolls sowie der Aktivierung des entsprechenden Kontrollkästchens.

DHCP-Kommunikation

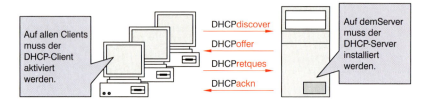

Bild 2.38: Client-Server-Modell

automatische Zuweisung

Die automatische Zuweisung einer IP-Adresse geschieht nach Bild 2.38 folgendermaßen: Der Client fragt den Server durch einen Broadcast nach einer IP-Adresse. Dieser DHCP-Discover wird vom Server ebenfalls durch einen Broadcast beantwortet. Dabei bietet der Server dem Client eine IP-Adresse an. Diese Antwort wird als DHCP-Offer bezeichnet. Der Client akzeptiert das Angebot des Servers durch einen DHCP-Request und der Server bestätigt durch einen DHCP-Acknowledge.

ipconfig /all

■ Die IP-Adressen, die durch den DHCP-Server vergeben wurden, können an jedem Client mit dem Konsolenbefehl ipconfig /all angezeigt werden.

■ **DHCP-Datenbank**
Alle Einstellungen des DHCP sind in einer Datenbank gespeichert. Diese befindet sich auf dem DHCP-Server im Verzeichnis *WINNT*, *system32*, *dhcp*.

dhcp.mdb

In diesem Verzeichnis befinden sich mehrere Dateien. Die Datei dhcp.mdb ist die eigentliche Datenbank. Die anderen Dateien sind Hilfsdateien zur Eintragung der Daten. Die Sicherung der Datenbank erfolgt standardmäßig jede Stunde. Dabei wird die Sicherungskopie in das Verzeichnis *back-up*, *jet*, *new* übertragen.

Sicherung jede Stunde

2.4.4.8 Einrichten des Windows Internet Name Service (WINS)

WINS ist ein wirkungsvolles Mittel, um in TCP/IP-Netzen eine Namensauflösung zu erreichen. WINS hat folgende Aufgaben:

NetBois

– Er wandelt NetBIOS-Namen in IP-Adressen um.
– NetBIOS-Namen (Computername) werden in einer Datenbank dynamisch registriert und gepflegt.
– Die Datenbank kann durch statische Einträge ergänzt werden. Diese Einträge werden manuell durchgeführt und können auch nur manuell gelöscht werden.

WINS besteht aus mehreren Komponenten:

- Mit dem **WINS-Manager** können alle erreichbaren WINS-Server im Netz verwaltet werden. Dieser Dienst wird automatisch durch die Aktivierung des WINS-Dienstes des Servers installiert.
- Der **WINS-Dienst** des Servers verwaltet die Datenbank.
- Der **WINS-Dienst** des Clients muss auf allen Clients aktiviert werden. Dieser Dienst führt die Kommunikation mit dem WINS-Dienst des Servers durch.

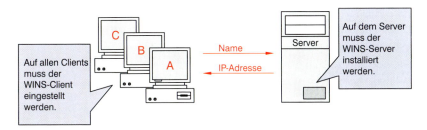

Bild 2.39: WINS-Kommunikation

Wenn der Rechner A mit Rechner B über das Netz kommunizieren möchte, muss er dessen IP-Adresse oder dessen NetBIOS-Namen kennen. Im ersten Fall erfolgt die Kommunikation direkt, im zweiten Fall muss der WINS-Server den NetBIOS-Namen in die zugehörige IP-Adresse umwandeln. Damit diese Umwandlung gelingt, müssen alle Clients mit den dazugehörigen IP-Adressen in einer Datenbank auf dem Server gespeichert sein. Die Einträge sind in der Regel dynamisch, weil jeder Computer, wenn er ins Netz geht, den WINS-Server auffordert, ihn zu registrieren. Beim Abschalten der Clients bleibt der Eintrag in der Datenbank erhalten. Er wird allerdings als „nicht verfügbar" gekennzeichnet.

dynamische Auflösung

■ Durch WINS werden Broadcasts weitgehend vermieden. Dadurch wird die Netzlast erheblich verringert.

Der WINS-Dienst hat in Windows 2000 an Bedeutung verloren, da er keine DNS-Namen auflösen kann. Er wird allerdings noch benötigt wenn,

- im Netz noch Rechner vorhanden sind, die als Betriebssystem Windows 95/98/ME oder NT einsetzen,
- Applikationen die NetBIOS-Schnittstelle benutzen oder
- Clients mit DNS nicht zurechtkommen.

wie lange noch WINS?

Wenn die DNS-Namensauflösung allerdings fehlschlägt, kann der WINS-Dienst den Host-Namen als NetBIOS-Namen interpretieren und damit im Netz den Computer suchen. Deshalb macht es Sinn, diesen Dienst auch noch unter Windows 2000 einzusetzen.

2.4.4.9 Domain-Name-Service (DNS)

Das Wort domain wird häufig in der deutschen Übersetzung als Domäne bezeichnet. Leider wird dieser Begriff unter Microsoft für unterschiedliche Objekte eingesetzt: als DNS- und Microsoft-Domäne. Während eine DNS-

Domäne einen Namespace definiert, werden in einer Microsoft Domäne Sicherheitsstrukturen gespeichert. Erst mit der Einführung des Active Directory wurde die DNS-Struktur auf die Microsoft-Domäne übertragen. Damit entfallen herkömmliche Zonenübertragungen, weil das Active Directory die Replikation übernimmt.

2.4.4.10 Einrichtung eines lokalen Domain-Name-Services (DNS)

siehe Kapitel 1.4.4.2

Ein lokaler DNS ist nicht nötig, wenn jeder Computer über eine öffentliche Adresse verfügt. In diesem Fall lösen DNS-Server des Providers die DNS-Namen in IP-Adressen auf.

In großen Netzen mit sehr vielen PCs müssten die DNS-Namen der einzelnen Computer und deren IP-Adressen zur Namensauflösung im DNS-Server des Providers gespeichert werden. Dies ist prinzipiell möglich, verursacht aber Kosten, weil kein Provider diesen Service kostenlos zur Verfügung stellt.
Da ein lokaler DNS-Server Bestandteil von Windows Server 2003 ist, bietet es sich an, diesen auch einzusetzen. Er verursacht demnach kaum Mehrkosten und lässt sich leicht installieren und verwalten.

■ DNS-Server

Installation

Die DNS-Namensauflösung geschieht unter Windows 2003 durch den DNS-Dienst, der auf einem Windows Server 2003 eingerichtet werden muss. Allen Clients muss der DNS-Server bekannt gemacht werden.
Der DNS-Server wird während der Installation des Servers automatisch eingerichtet. Nach der Installation erreicht man ihn über *Start*, *Programme*, *DNS* oder über den Assistenten der Serververwaltung.

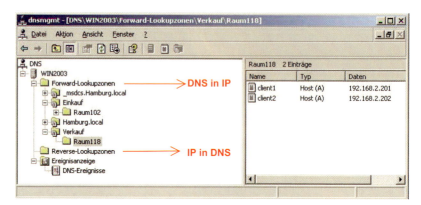

Bild 2.40: DNS-Server

Zonen
Domainen
Host

In Bild 2.40 ist die Struktur des DNS-Dienstes grafisch dargestellt. Die Angabe 2000-Server ist der Host-Name des Computers, auf dem der DNS-Dienst installiert wurde. Die Angabe **Forward-Look-up-Zonen** bedeutet, dass DNS-Namen in IP-Adressen aufgelöst werden. **Reverse-Look-up-Zonen** lösen IP-Adressen in DNS-Namen auf. Während der Installation wurde nach Angaben des Administrators die Forward-Look-up-Zone hamburg.local eingerichtet. Die Namen sind beliebig wählbar, solange sie sich nicht mit den öffentlichen Namen überschneiden.

■ Struktur einer DNS-Namensauflösung

Die Strukturierung des DNS-Dienstes unter Windows 2003 gliedert sich in Zonen, Domänen, Unterdomänen und Hosts.

In den Forward- und Reverse-Look-up-Zonen muss man mindestens jeweils eine Zone erstellen. Man kann aber auch, wie Bild 2.40 zeigt, mehrere Zonen einrichten. Jede Zone kann in beliebig viele Domänen wie z. B. Einkauf und Verkauf unterteilt werden. Diese Domänen können durch beliebig viele Subdomänen wie z. B. Raum 12 und Raum 13 weiter strukturiert werden. Zu jeder Zone oder Domäne können Computernamen und deren IP-Adresse eingetragen werden. Durch diese Strukturierung kann man die Computer einer Firma den einzelnen Abteilungen zuordnen und eine optimale DNS-Namensauflösung erreichen. In kleinen Firmen kann die DNS-Strukturierung auch auf eine einzige Zone begrenzt werden.

Der FQD-Name des Computers client1 des Bildes 2.40 lautet: client1.Raum 118.Verkauf.hamburg.local. Damit ist der Computer genau lokalisiert.

■ Unter Windows 2000 wird die DNS-Datenbank in eine oder mehrere Zonen unterteilt. Die Zonen können weiter durch Domänen gegliedert werden. Die Namen der Computer mit den zugehörigen IP-Adressen werden manuell in den Zonen oder Domänen eingegeben.

■ Client

Der Client DNS-Dienst wird auch als **Resolver** bezeichnet, weil er die Anfragen des Clients zunächst durch seinen internen Cache auflöst und erst, wenn diese Auflösung fehlschlägt, die Anfrage an den DNS-Server weiterleitet.

Resolver

■ Auf allen Clients muss unter *Netzwerk* die IP-Adresse des DNS-Servers eingetragen werden.

■ WINS und DNS

Unter Windows 2003 kann neben der DNS-Auflösung auch der WINS-Dienst zur Namensauflösung eingesetzt werden. Der WINS-Dienst wird in den Eigenschaften der Zone aktiviert.

■ DDNS (Dynamisches DNS)

Ursprünglich sollte DNS nur für die Auflösung statischer Adressen eingesetzt werden. Die DNS-Namen und deren IP-Adressen können in einem statischen Modell nur manuell in den entsprechenden Zonen bzw. Domänen eingetragen werden (Bild 2.41). Das hat natürlich fatale Folgen, wenn sich die Namen oder die IP-Adressen ändern. Im besten Fall muss der Administrator die Daten neu eingeben, andernfalls ist eine Namensauflösung nicht mehr möglich. Deshalb hat man unter Windows 2003 die dynamische Namensauflösung eingeführt. Dynamisch bedeutet, dass jede Änderung automatisch der DNS-Datenbank mitgeteilt wird.

dynamische Aktualisierung

Während des Anmeldevorgangs bittet der Client den DHCP-Server um eine IP-Adresse. Der DHCP-Server gibt dem Client eine freie IP-Adresse und teilt dem DNS-Server den Namen des Computers mit der dazugehörigen IP-Adresse mit. Mit diesen Daten wird die DNS-Datenbank dynamisch aktualisiert.

■ 2 Netzwerkbetriebssysteme

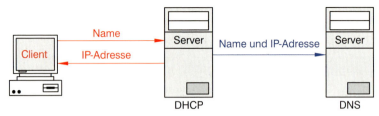

Bild 2.41: Dynamische Namensauflösung (DDNS)

■ **Primäre und sekundäre DNS-Server**

Kopie der DNS-Datenbank

Man kann in einem LAN mehrere DNS-Server installieren. Während der erste Server als primärer DNS-Server installiert werden muss, kann der zweite Server als sekundärer DNS-Server konfiguriert werden. Analog zur Funktion des PDC und BDC des NT-Netzes beinhaltet der sekundäre DNS-Server eine Kopie des primären DNS-Servers. Bei Ausfall des primären DNS-Servers ist durch diese Kopie die Namensauflösung weiterhin möglich.

2.4.5 Administration des Netzes

Verwaltung

Wie bei Windows 2000 gibt es bei Windows 2003 eine **lokale** und eine **globale** Verwaltung. Mit der lokalen Verwaltung werden alle Computer einschließlich der Server verwaltet. Mit der globalen Verwaltung wird die Domäne verwaltet. Standardmäßig kann die Domäne nicht von den Clients, sondern nur von dem Domänencontroller verwaltet werden.

2.4.5.1 Lokale Verwaltung

Geltungsbereich

Im Gegensatz zu Windows 2000 gibt es unter Windows 2003 in der Computerverwaltung nicht mehr den Menüpunkt *Lokale Benutzer und Gruppen*, da man auf dem Server keine lokalen Benutzer und Gruppen erstellen kann. Dies ist nur bei den Clients wie Windows 2000 Professional, XP und Vista möglich. Die Computerverwaltung findet man bei Windows 2003 unter *Start*, *Programme*, *Verwaltung*.

Bild 2.42: XP-Computerverwaltung

188

Mit der lokalen Computerverwaltung können auf den Clients neue lokale Benutzer und Gruppen eingerichtet werden. Daneben gibt es viele Snap-Ins für die Systemanalyse, für die Datenspeicherung und viele Dienste und Anwendungen. Alle Angaben gelten nur auf dem Computer, auf dem sie erstellt wurden, nicht aber auf anderen Computern und nicht im Netz.

■ Alle lokalen Benutzerkonten gelten nur auf dem Computer, auf dem sie erstellt wurden, und nicht im Netz.

Da man in Windows Vista in der Computerverwaltung keine Benutzerkonten und Gruppen anlegen kann, muss man unter *Start*, *Systemsteuerung* das Menü *Benutzerkonten* öffnen und den Namen, die Gruppenzugehörigkeit und ein Passwort eintragen.

2.4.5.2 Domänenverwaltung

Wie unter Windows 2000 werden in Windows 2003 die Konten der Benutzer und Computer mit dem Dienst **Active Directory-Benutzer und Computer** erstellt und verwaltet. Man findet dieses Programm unter *Start*, *Programme*, *Verwaltung*.

ADS

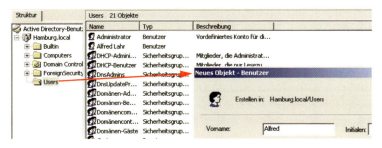

Bild 2.43: Domänenverwaltung

Die Ordner *Builtin* (eingebaut) und *Users* der Abbildung 2.43 enthalten Benutzer und Gruppen, die während der Installation eingerichtet werden. Diese automatisch erstellten Konten sind von Microsoft vorgegeben und sollen die Verwaltung vereinfachen, indem sie für unterschiedliche Verwaltungsaufgaben konfiguriert sind. Die Standardobjekte des Ordners *Builtin* können nicht gelöscht oder umbenannt werden, da sie Bestandteil des Registry-Zweigs SAM sind.

Builtin

Neue Benutzerkonten werden im Kontextmenü des Ordners *Users* mithilfe des Untermenüs *Neu* und der Registerkarte *Benutzer* angelegt. Bei der Namensgebung muss man folgende Regeln einhalten:

■ Groß- und Kleinschreibung müssen berücksichtigt werden.
■ Namen dürfen aus maximal 20 Zeichen bestehen.
■ Diese Zeichen dürfen nicht benutzt werden: „ / \ [ ] : ; | = , + * ? < >
■ Punkte und Leerzeichen dürfen innerhalb eines Namens verwendet werden.

Kennwortbedingungen

2 Netzwerkbetriebssysteme

Im Gegensatz zu Windows 2000 müssen bei Windows 2003 die Kennwörter die Komplexitätsvoraussetzungen erfüllen. In den Gruppenrichtlinien kann man diese Voraussetzungen ändern. Über *Start*, *Programme*, *Active Directory-Benutzer und Computer* im Kontextmenü *Eigenschaften* der Domäne erreicht man das Registerblatt *Gruppenrichtlinien*. Die vorgegebene Gruppenrichtlinie *Default Domain Policy* muss bearbeitet werden. In der *Computerkonfiguration*, *Windows-Einstellungen*, *Sicherheitseinstellungen*, *Kontorichtlinien* findet man die Kennwortrichtlinien.

Kennwortrichtlinien

Richtlinie	Richtlinieneinstellung
Kennwort muss Komplexitätsvoraussetzungen entsprechen	Deaktiviert
Kennwortchronik erzwingen	24 gespeicherte Kennwörter
Kennwörter mit umkehrbarer Verschlüsselung speichern	Deaktiviert
Maximales Kennwortalter	42 Tage
Minimale Kennwortlänge	3 Zeichen
Minimales Kennwortalter	1 Tage

Bild 2.44: Kennwortrichtlinien

In den Kennwortrichtlinien (Bild 2.44) kann man die Richtlinie *Kennwort muss Komplexitätsvoraussetzungen entsprechen* deaktivieren mit der Folge, dass die Kennwörter nicht mehr aus einer Kombination von Buchstaben, Zahlen und Sonderzeichen bestehen müssen.

■ Kontooptionen

Kennwort

Kontooptionen sind Angaben über die Art und Weise, wie das Kennwort vom Benutzer bei der Anmeldung angegeben werden muss. Sie enthalten außerdem Angaben über die Dauer des Kontos. Dabei ist zu beachten, dass der Administrator das Kennwort des Benutzers in die Registerkarte eintragen muss, obwohl er es eigentlich nicht kennen darf. Die Kontooption *Benutzer muss das Kennwort bei der nächsten Anmeldung ändern* löst dieses Problem.

■ Kontobeschränkungen

Anmeldezeiten Anmeldebeschränkung

In der Regel ist es sinnvoll, das Konto des Benutzers einzuschränken. Dies geschieht mithilfe der Anmeldezeiten und der Anmeldebeschränkung auf bestimmte Computer. Durch die Anmeldezeiten kann z. B. die Anmeldung des Benutzers auf bestimmte Tage und Tageszeiten beschränkt werden.

■ Home-Verzeichnisse

Wie bei Windows 2000 können auch unter Windows 2003 Home-Verzeichnisse eingerichtet werden. Die Einrichtung des Home-Verzeichnisses findet man auf der Registerkarte *Profil* auf dem Blatt *Eigenschaften von ...... (Benutzername)*.

Für Netzwerkbenutzer legt man in der Regel ein Home-Verzeichnis nicht lokal, sondern auf dem Server an. Auf dem Client erscheint dann im Arbeitsplatz ein virtuelles Laufwerk, das die Verbindung zum Home-Verzeichnis herstellt. Den Pfad zum Home-Verzeichnis muss man wie bei Windows 2000 folgendermaßen angeben:

UNC-Spezifikation

*Servername**Freigabename des Verzeichnisses**Benutzeranmeldename*

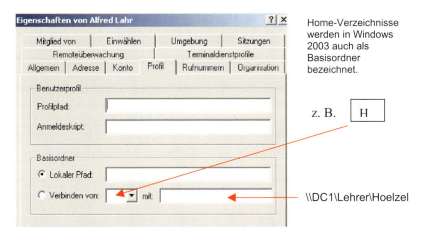

Bild 2.45: Home-Verzeichnis

Es ist üblich, ein Verzeichnis mit dem Namen *Users* einzurichten und freizugeben. Natürlich kann man, wie das obige Beispiel zeigt, auch ein Verzeichnis mit dem Namen *Lehrer* erstellen, in dem alle Lehrer einen Basisordner erhalten. Dabei sollte die Berechtigung *Jeder* entfernt und auf den jeweiligen Benutzer beschränkt werden.
In größeren Netzen empfiehlt es sich, einen separaten Computer als Dateiserver einzurichten. Auf diesem Dateiserver können dann für alle Benutzer Basis-Verzeichnisse angelegt werden.

Dateiserver

2.4.5.3 Benutzerprofile

Die Benutzerprofile von Windows 2003 unterscheiden sich nicht grundsätzlich von den Benutzerprofilen von Windows 2000.
Auch bei Windows 2003 gibt es *lokale* Benutzerprofile und *servergespeicherte* Benutzerprofile. Wenn sich ein Benutzer zum ersten Mal lokal an einen Computer anmeldet, wird automatisch ein Benutzerprofil erstellt und lokal gespeichert. Bei der nächsten lokalen Anmeldung wird das gespeicherte Benutzerprofil geladen und wirksam. Wenn der Benutzer Änderungen an seiner Desktopeinstellung vornimmt, werden diese Änderungen in seinem Benutzerprofil gespeichert und bei der nächsten Anmeldung wirksam.

lokale Benutzerprofile

■ **Lokale Benutzerprofile** wirken nur auf dem Computer, auf dem sie erstellt werden.

Servergespeicherte Benutzerprofile werden an allen Computern wirksam, von denen man sich ins Netz anmeldet. Das Profil wird nicht auf dem lokalen Computer gespeichert, sondern auf dem Domänencontroller. Bei der Anmeldung werden diese Einstellungen vom Server zum Client übertragen und dort wirksam.
Wie bei Windows 2000 gibt es auch bei Windows 2003 *verbindliche* Benutzerprofile. Diese sind schreibgeschützt und können vom Benutzer nicht geändert werden.

servergespeicherte Benutzerprofile

> ■ **Servergespeicherte Benutzerprofile** wirken auf allen Computern, von denen man sich ins Netz anmeldet.

Pfad für Benutzerprofil?

Profile werden auf der Registerkarte *Eigenschaften des Benutzers* eingerichtet. Unter *Start, Programme, Verwaltung, ActiveDirectory-Benutzer und Computer, Users* erreicht man diese Eigenschaft.

Auf der Registerkarte *Profil* muss man den Profilpfad entsprechend der UNC-Spezifikation angeben. Dieser lautet:

*Servername**Freigabename des Ordners**Benutzeranmeldename*

Das Profil des Benutzers wird in der Regel auf der Festplatte des Servers im Verzeichnis *Dokumente und Einstellungen* gespeichert. Wenn es dort nicht vorhanden ist, muss man es vom Client zum Server kopieren. Dies geschieht in der Systemsteuerung des Clients unter *System/Benutzerprofile*.

verbindliches Benutzerprofil

Das Benutzerprofil wird verbindlich, wenn man die Datei *ntuser.dat* in *ntuser.man* ändert.

2.4.5.4 Skripte

Anmeldeskripte werden automatisch während der An- und Abmeldung ausgeführt. Sie dienen dazu, die bevorzugte individuelle Arbeitsumgebung einzustellen. Wie unter Windows 2000 gibt es es in Windows 2003 nicht nur An- und Abmeldeskripte für die Benutzer, sondern auch Skripte für das Hoch- und Runterfahren der Computer.

– Die **Anmeldeskripte** für das An- und Abmelden der Benutzer findet man in der **Benutzerkonfiguration** unter *Windows-Einstellungen/Scripts*.
– Hoch- und Runterfahren-Skripte befinden sich in der **Computerkonfiguration** unter *Windows-Einstellungen/Scripts*.

Default Domain Policy

Die Benutzerkonfiguration und die Computerkonfiguration erreicht man über *Active Directory-Benutzer und Computer*. Anschließend muss man die Eigenschaften der Domäne öffnen und die Registerkarte *Gruppenrichtlinie* anklicken. Dann muss die Gruppenrichtlinie *Default Domain Policy* bearbeitet werden.

2.4.5.5 Verteiltes Dateisystem

In einem Netzwerk befinden sich Dateien auf vielen verschiedenen Computern. Benutzer müssen in der Regel relativ lange suchen, um bestimmte Dateien im Netz zu finden. Noch komplizierter wird es, wenn sich die Computer an unterschiedlichen Standorten wie z. B. Hamburg und Berlin befinden.

DFS

Die Lösung heißt DFS (**D**istributed **F**ile **S**ystem). Damit stellt Microsoft Windows 2003 ein Verwaltungsprogramm zur Verfügung, das die über das Netz verstreuten Dateien in einem einzigen Ordner integriert. Für die Benutzer erscheinen nun die Dateien, als würden sie sich an einem einzigen Speicherort des Netzes befinden.

Das lange Suchen nach der gewünschten Datei entfällt und der Administrator kann diese Dateien viel einfacher verwalten.

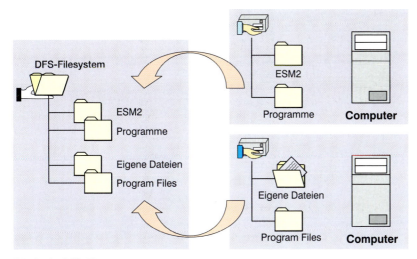

Bild 2.46: DFS-Filesystem

Die Dateien und Ordner werden nicht von ihren Stammplätzen kopiert, sondern es werden nur Verknüpfungen zu ihren physikalischen Orten erstellt. Das hat den Vorteil, dass Veränderungen immer sofort wirksam werden.

Verknüpfungen

Selbstverständlich gehen die erteilten Berechtigungen für den Zugriff auf die Ordner und Dateien nicht verloren.

Für die Erstellung eines verteilten Dateisystems müssen folgende Aufgaben durchgeführt werden:

- Zuerst muss ein DFS-Stamm angelegt werden.
- Danach müssen DFS-Verknüpfungen zu den Dateien oder Ordnern erstellt werden, die im Dateisystem dargestellt werden sollen.
- Man kann auch neue Ordner erzeugen.
- Gut ist es, eine Sicherungskopie des DFS-Stammes auf einem anderen Server herzustellen.

Das DFS-Verwaltungsprogramm findet man unter *Start/Programme/Verwaltung/DFS*.
Auf den Clients müssen DFS-Clients installiert werden, die bei Windows 2000 Professional automatisch während der Installation eingerichtet werden.

DFS-Client

2.4.5.6 Konsolen

■ **Konsolen** sind Benutzeroberflächen, die individuell zusammengestellt werden können.

Standardmäßig bietet Windows 2003 die MMC-Konsole (Microsoft Management Console) an. Diese Konsole wird in Windows 2003 für die Darstellung der Verwaltung von ADS, Computerverwaltung, DHCP, DNS, DFS, RAS usw. benutzt.

MMC

■ *2 Netzwerkbetriebssysteme*

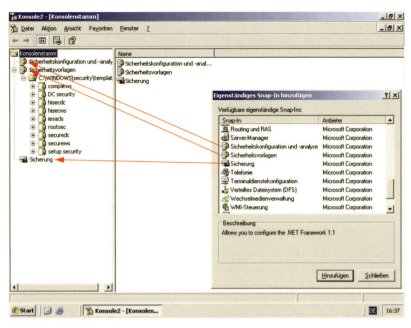

Bild 2.47: MMC-Konsole

Eine neue MMC-Konsole erstellt man über *Start/Ausführen* und *Eingabe des Befehls mmc*. Anschließend kann man mit beliebig vielen Snap-Ins eine individuelle Verwaltungsoberfläche erstellen. In Bild 2.47 ist z. B. eine neue Benutzeroberfläche für die Sicherheit zusammengestellt worden.

■ Verwaltungsanwendungen werden in Windows 2003 als **Snap-Ins** bezeichnet.

MMC Remoteverwaltung

Die neu erstellte Konsole kann im **Autorenmodus** oder im **Benutzermodus** gespeichert werden. Im Autorenmodus besitzen die Benutzer vollen Zugriff auf alle Funktionen, während im Benutzermodus Rechte wie Vollzugriff und beschränkter Zugriff an die Benutzer vergeben werden können.

Besonders für die Remoteverwaltung eignen sich individuell erstellte Konsolen, da man Verwaltungsaufgaben für verschiedene Computer im Netz sehr übersichtlich auf einer Konsole darstellen kann. Die Administration des Netzes wird übersichtlicher und damit vereinfacht.

2.4.5.7 Tasks (Vorgänge)

Der Tasksplaner automatisiert Vorgänge, die sich in regelmäßigen Abständen oder beim Eintreten von Systemereignissen wiederholen sollen. Systemereignisse können z. B. das Starten des Computers oder das Anmelden eines Benutzers sein. Dabei können Batchdateien, Programme oder Verwaltungstools abgearbeitet werden.

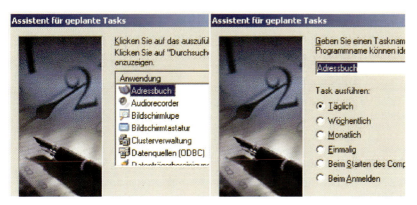

Bild 2.48: Geplante Tasks

Der Tasksplaner wird in der Systemsteuerung unter *Geplante Tasks* aufgerufen und konfiguriert.

geplante Tasks

Mithilfe des Assistenten können verschiedene Zeitpläne für einen Task erstellt werden. Die einzelnen Zeitpläne können vom Eintreten bestimmter Ereignisse abhängig gemacht werden. So könnte der erste Zeitplan beim Anmelden des Benutzers 1 und der zweite Zeitplan beim Anmelden des Benutzers 2 aktiviert werden.

Praktisch ist auch, dass man geplante Task anderen Netzwerkcomputern zur Verfügung stellen kann. Damit könnte man z. B. Defragmentierungsprogramme auf verschiedenen Computern zeitlich gesteuert ablaufen lassen.

■ Aufgaben

1. Nennen Sie den Unterschied zwischen der Computer- und der Domänenverwaltung.
2. Was versteht man unter Komplexitätsvoraussetzungen für Kennwörter? Nennen Sie einige.
3. Welche Aufgabe hat die Einstellung *Default Domain Policy*?
4. Wie kann man servergespeicherte Profile in obligatorische umwandeln?
5. Erläutern Sie die Einrichtung von Home-Verzeichnissen.
6. Wozu dienen Skripte und welche gibt es unter Windows 2003?
7. Sie möchten eine individuelle Oberfläche zusammenstellen. Wie können Sie sich diesen Wunsch erfüllen?
8. Was ist und wie funktioniert das verteilte Dateisystem DSF?
9. Erläutern Sie den Unterschied zwischen Autoren- und Benutzermodi.
10. Was ist ein Task und welche Aufgabe hat der Taskplaner?

2.4.6 Gruppen

Benutzerkonten werden zu Gruppen zusammengefasst, um die Verwaltung zu vereinfachen. Windows 2003 unterscheidet zwei Grundtypen von Gruppen:

– **Verteilergruppen** sind lediglich Listen von Benutzern, die z. B. E-Mails versenden. Berechtigungen können diesen Gruppen nicht zugeordnet werden.

Gruppentyp

– **Sicherheitsgruppen** sind Gruppen, denen man Berechtigungen für Ressourcen zuteilen kann. Deshalb benutzt Windows 2003 in der Regel nur Sicherheitsgruppen.

2.4.6.1 Gruppenbereich

Neben dem Gruppentyp muss der Gruppenbereich berücksichtigt werden. Dabei gibt es drei Gruppenbereiche: global, übergreifend und universell.

Globale Gruppen	Nur Mitglieder einer Domäne können zu globalen Gruppen zusammengefasst werden. Die Gruppe kann Ressourcen in verschiedenen Domänen nutzen.
Übergreifende Gruppen	Mitglieder verschiedener Domänen können zu einer übergreifenden Gruppe zusammengefasst werden. Die Gruppe kann nur Ressourcen einer Domäne nutzen.
Universelle Gruppen	Mitglieder verschiedener Domänen können zu einer universellen Gruppe zusammengefasst werden. Die Gruppe kann Ressourcen in verschiedenen Domänen nutzen.

Bild 2.49: Gruppenbereiche für Sicherheitsgruppen

Übergreifende Gruppen werden auch als **domänenübergreifende lokale Gruppen** bezeichnet. Dabei muss man beachten, dass es auch lokale Gruppen gibt, die sich aber von den domänenübergreifenden lokalen Gruppen unterscheiden. Lokale Gruppen wirken nur auf dem Computer, auf dem sie erstellt werden. Da sie nicht Mitglied einer anderen Gruppe werden können, spielen sie keine große Rolle in der Planung von Netzen.

2.4.6.2 Gruppenstrategie

Microsoft empfiehlt, folgende Gruppenstrategie anzuwenden:

Empfehlung

1. Verteilen Sie die Benutzer einer Domäne auf verschiedene globale Gruppen. Wählen Sie Gruppennamen, die einen Hinweis auf die Tätigkeit geben, z. B. Einkauf, Verkauf, Technik usw.
2. Erstellen Sie domänenübergreifende lokale Gruppen für verschiedene Ressourcen. So könnte man z. B. eine Gruppe Drucker und Plotter erstellen.
3. Globale Gruppen werden domänenübergreifenden lokalen Gruppen zugeordnet. Die globale Gruppe Einkauf könnte z. B. der übergreifenden Gruppe Drucker zugeordnet und die globale Gruppe Technik der übergreifenden Gruppe Plotter zugewiesen werden.
4. Berechtigungen werden den domänenübergreifenden lokalen Gruppen zugeordnet.
5. Universelle Gruppen sollen nur dann benutzt werden, wenn die Verwaltung durch globale Gruppen und übergreifende Gruppen nicht möglich ist. Durch diese Gruppen besteht die Gefahr, dass die Übersicht für den Administrator erschwert wird.

2.4 Windows 2003

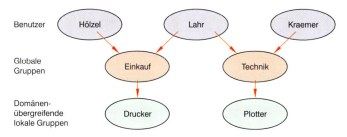

Benutzer

Globale Gruppen

Domänen- übergreifende lokale Gruppen

Bild 2.50: Gruppenstruktur

In Bild 2.50 sind als Beispiel die Benutzer Hölzel und Lahr zu einer globalen Gruppe *Einkauf* und die Benutzer Lahr und Kraemer zu einer globalen Gruppe *Technik* zusammengefasst. Durch die Zuordnung der globalen Gruppe *Einkauf* zu der domänenübergreifenden lokalen Gruppe *Drucker* können die Benutzer Hölzel und Lahr den Drucker benutzen. Entsprechend können die Benutzer Lahr und Kraemer den Plotter benutzen. Man erkennt an der Struktur sehr leicht, dass nur der Benutzer Lahr auf beide Ressourcen zugreifen darf. Die vorhergehend gezeigte Gruppenstruktur vereinfacht die Verwaltung das Netzes erheblich. Änderungen können wesentlich einfacher und schneller durchgeführt werden.

Beispiel

2.4.6.3 Standardgruppen

Diese Gruppen werden automatisch während der Installation von Windows 2003 erstellt und erleichtern die Arbeit des Administrators, da er sie nicht selbst erstellen muss.
Alle Standardgruppen sind Sicherheitsgruppen und nicht Verteilergruppen. Man kann ihnen demnach Berechtigungen zuweisen. Standardgruppen werden auf dem Server in der Verwaltung *Directory-Benutzer und Computer* erstellt. Sie befinden sich im Verzeichnis *Users* (Benutzer) und *Builtin* (eingebaut, vordefiniert).

Sicherheitsgruppen

2.4.6.4 Berechtigungen

Berechtigungen regeln, wie Benutzer und Benutzergruppen auf Ordner und Dateien zugreifen dürfen. Die Spannweite reicht von Vollzugriff über Teilzugriffe bis zur vollständigen Sperrung.
Windows 2003 bietet zwei Berechtigungsarten an:

Vollzugriff
Teilzugriff
Sperrung

– die **Freigabe**-Berechtigung und
– die **NTFS**-Berechtigung.

■ Unter Windows 2003 werden die NTFS-Berechtigungen als Sicherheitseinstellungen betitelt.

2.4.6.5 Freigabeberechtigungen

Freigabeberechtigungen sind ursprünglich für Datenträger vorgesehen, die mit dem FAT-Dateisystem formatiert sind. Auf diesen Laufwerken sind sie die einzige Möglichkeit, Berechtigungen für das Netz zu erteilen.

FAT

197

Bei der Freigabe sind folgende Punkte zu beachten:

- Laufwerke und Ordner müssen freigegeben werden, damit sie im Netz sichtbar werden.
- Freigegebene Ordner müssen einen Freigabenamen erhalten (z. B. Festplatte).
- Laufwerk und Ordner können freigegeben werden und dennoch für Unbefugte unsichtbar bleiben. Dies erreicht man durch das Anhängen des Dollarzeichens an den Freigabenamen (z. B. *Festplatte$*).
- Auf unsichtbare Laufwerke und Ordner kann man mithilfe der UNC-Konvention zugreifen (\\Servername\Freigabename des Laufwerks bzw. der Datei).
- Freigaben wirken sich nur bei Netzzugriffen aus, aber nicht lokal.
- Man kann nur Ordner freigeben, aber keine Dateien.

■ Freigaben wirken nur bei Zugriffen über das Netz. Lokal haben sie keine Wirkung.

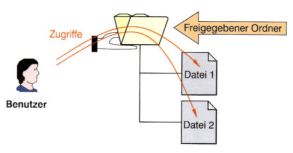

Bild 2.51: Freigabe

Der Benutzer (Bild 2.51) kann über das Netz auf den Ordner und auf die Dateien des Ordners zugreifen. Dabei gelten verschiedene Freigabeberechtigungen, die der Administrator dem Benutzer zuteilen muss (Bild 2.52). Den freigegebenen Ordner erkennt man an dem „Händchen", das den Ordner hält.

Freigabe	Abkürzung	Optionen
Vollzugriff	FC	Alle Optionen. Ändern von Dateiberechtigungen. Besitzanspruch bei NTFS-Datenträgern.
Ändern	C	Erstellen von Ordnern und Dateien. Lesen, Schreiben und Löschen von Dateien und Ordnern.
Lesen	R	Anzeigen von Ordnern und Lesen von Dateien und Dateiattributen. Ausführen von Programmdateien.
Verweigern	NA	Verweigern hat eine höhere Priorität als Zulassen. Damit werden auch Rechte, die durch eine Zugehörigkeit zu einer Gruppe wirken, außer Kraft gesetzt.

Bild 2.52: Freigabeberechtigungen

2.4 Windows 2003

■ Beschränkungen bei Freigabeberechtigungen

Freigabeberechtigungen wirken nur bei Zugriffen über das Netz, aber nicht bei lokalen Zugriffen auf Laufwerke oder Ordner.

Die Ordner und Dateien des Servers sind dennoch vor unbefugtem Zugriff geschützt, weil Benutzer standardmäßig sich nicht lokal an einem Server anmelden können. Anders sieht dies bei den Clients aus, hier kann man nur durch NTFS-Berechtigungen Ordner und Dateien vor unbefugtem Zugriff schützen. Dafür muss auf den Arbeitsstationen aber das NTFS-Dateisystem installiert werden.

Auf freigegebene Ordner kann man Benutzern und Gruppen Berechtigungen erteilen. Es gibt die Berechtigungen *Vollzugriff*, *Ändern* und *Lesen*. Diese Attribute können zugelassen oder verweigert werden. Dabei hat Verweigern eine höhere Priorität als Zulassen.

Wenn z. B. ein Benutzer über sein Benutzerkonto das Recht *Lesen* erhält und er gleichzeitig Mitglied einer Gruppe ist, der das *Lesen* verweigert wird, hat der Benutzer effektiv kein Recht, den Ordner zu lesen.

Bild 2.53: Freigabeberechtigung

■ Erteilen von Freigabeberechtigungen

Der Administrator kann eine Ressource des Servers für einen Benutzer auf zwei unterschiedliche Weisen freigeben: Administrator

– Die **erste Möglichkeit** besteht in der direkten Freigabe der Ressource für ein Benutzerkonto.

– Die **zweite Möglichkeit** besteht in einer indirekten Zuweisung über eine Gruppenzugehörigkeit des Benutzers.

Der Benutzer kann über seine Einzel- und über seine Gruppenzugehörigkeit auf den Ordner und dessen Inhalt zugreifen. Dabei hat die weitreichendste Berechtigung Vorrang. Nur die Berechtigung *Verweigern* setzt alle anderen Berechtigungen außer Kraft.

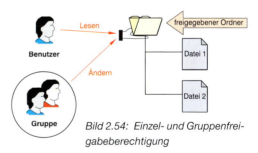

Bild 2.54: Einzel- und Gruppenfreigabeberechtigung

■ In der Regel soll man einzelnen Benutzern keine direkten Zugriffsrechte auf Ordner erteilen, sondern nur über eine Zugehörigkeit zu einer Gruppe. Einzelberechtigungen führen in einem Mehr-Domänen-Modell zu Problemen, weil sie nicht domänenübergreifend wirken.   Einzel- und Gruppen-Freigabe

■ Planungstabelle für freigegebene Ordner

Die Netzwerkadministration beinhaltet die Planung und Dokumentation von freigegebenen Ordnern.

199

■ 2 Netzwerkbetriebssysteme

Beispiel

Ordnername	UNC-Name	Gruppe (lokal)	Mitglieder	Freigabe
Office	\\Server\Office	Wordgruppe Excelgruppe Accessgruppe	Globale Gruppen: Dozenten Mitarbeiter	Vollzugriff
Users	\\Server\Users	Administrator	Standardmitgl.	Vollzugriff
User1	\\Server\User1	Keine		Vollzugriff

Bild 2.55: Planungstabelle

2.4.6.6 NTFS-Berechtigungen (New Technoloy File System)

Datenträger

Voraussetzung für die NTFS-Berechtigungen ist das Vorhandensein des NTFS-Dateisystems auf dem Datenträger. NTFS-Berechtigungen werden beim Zugriff über das Netz und auch lokal wirksam.

■ Im Gegensatz zu den Freigabeberechtigungen können NTFS-Berechtigungen auch Dateien zugeordnet werden.

Die NTFS-Berechtigungen werden über die Registerkarte Sicherheit aufgerufen.

Bild 2.56

Folgende Berechtigungen kann man Benutzern gewähren:

Verweigern	Verweigern hat Vorrang und wird auch wirksam in Gruppenmitgliedschaften.
Zulassen	Zugelassene Rechte wirken nur, wenn sie über andere Wege nicht verweigert werden.
Vollzugriff (alle)	Der Benutzer hat alle Rechte, es sei denn er ist Mitglied einer Gruppe, die dieses Recht nicht besitzt.
Ändern (RWXD)	Der Benutzer kann Dateien lesen und verändern (schreiben, löschen und ausführen).
Ordnerinhalt auflisten	Nur für Ordner möglich.
Lesen (RX) (RX)	Der Benutzer sieht die gesamte Verzeichnisstruktur und kann Dateien lesen, aber nicht verändern.
Schreiben (W)	Benutzer können dem Ordner neue Ordner und Dateien hinzufügen.

Bild 2.57: Standard-NTFS-Berechtigungen

Neben den Standard-NTFS-Berechtigungen gibt es noch die erweiterten Berechtigungen, die eine weitere verfeinerte Rechtevergabe zulassen.

■ Vererbung von Berechtigungen

NTFS-Berechtigungen eines Ordners werden auf alle Unterordner und Dateien vererbt. Allerdings kann man die Vererbung auch unterbinden, wenn man in den Sicherheitseinstellungen des Ordners die Markierung des entsprechenden Kontrollkästchen entfernt. Dieser Ordner wird dann zum obersten Vererbungsordner.

NTFS-Besitzer: Hier gilt das Verursacherprinzip, d. h., Besitzer eines Objektes ist derjenige, der das Objekt geschaffen hat. Der Besitzer eines Objektes kann Berechtigungen vergeben und sogar Administratoren vorübergehend den Zugriff verweigern. Mit der Registerkarte NTFS-Besitzer kann man den Besitzer des gewünschten Objekts ändern.

■ Kombinationen aus mehreren NTFS-Berechtigungen

Ein Benutzer kann über mehrere Wege NTFS-Berechtigungen auf ein Objekt erhalten, und zwar durch direkte Zuordnung und durch eine oder mehrere Gruppenzugehörigkeiten. Dabei werden für den Benutzer alle erteilten Rechte wirksam.

mehrere NTFS-Berechtigungen

■ Mehrere NTFS-Berechtigungen, die auf ein Objekt wirken, addieren sich.

2.4.6.7 Kombination von Freigabe- und NTFS-Berechtigungen

Die Kombination aus Freigabe und NTFS-Berechtigung bestimmt, welche Rechte der Benutzer letztendlich tatsächlich erhält. Diese effektiven Rechte müssen für jedes Objekt ermittelt werden. Dabei sind die Freigaberechte und die NTFS-Berechtigungen gleichwertig; keines von beiden besitzt Priorität.

effektive Rechte

■ Die restriktivere Berechtigung der Freigabe- und NTFS-Berechtigung wird an dem Objekt wirksam.

„Verweigern" ist die restriktivste Berechtigung und ist deshalb unabhängig von allen anderen Möglichkeiten immer wirksam. Auch über eine Gruppenzugehörigkeit ist diese Berechtigung nicht aufhebbar.

Verweigern

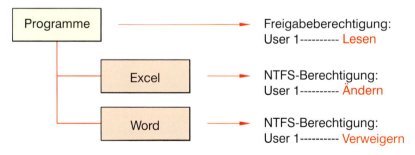

Bild 2.58: Kombination von Freigabe- und NTFS-Berechtigung

In Bild 2.58 hat der User 1 für den Ordner *Programme* nur die Freigabeberechtigung *Lesen* erhalten. Dieses Recht wirkt sich auf alle Unterverzeichnisse aus

restriktivste Rechte

2 Netzwerkbetriebssysteme

und kann nur durch restriktivere NTFS-Berechtigungen eingeschränkt werden. Auf den Ordner Excel erhält der User 1 nicht die Berechtigung *Ändern*, weil die Berechtigung Lesen restriktiver ist. Auf den Ordner Word hat der User1 überhaupt keine Berechtigungen, weil die NTFS-Berechtigung *Verweigern* restriktiver ist. Neben der Planung und Dokumentation von freigegebenen Ordnern muss ein Administrator auch die NTFS-Berechtigungen Planen und Dokumentieren.

Planungstabelle für NTFS-Berechtigung:

Beispiel

Ordner/Datei	Gruppe	Mitglieder	Berechtigung
Word	Textverarbeitung	Hölzel, Lahr, Boden	Vollzugriff
Excel	Tabellenkalkulation	Schäfer, Frisch	Lesen
usw.			

Bild 2.59: Planungstabellen

2.4.6.8 Benutzerrechte

Windows 2003 kennt neben den Freigabeberechtigungen und NTFS-Berechtigungen noch die Benutzerrechte. Während Freigabeberechtigungen und NTFS-Berechtigungen für Ordner und Dateien vergeben werden, können Benutzerrechte für Benutzerkonten, Gruppen, Computer und Ressourcen erteilt werden. Dabei können folgende Rechte eingestellt werden:

– Hinzufügen von Arbeitsstationen zur Domäne
– Sichern von Dateien und Verzeichnissen
– Ändern der Systemzeit
– Laden und Entfernen von Gerätetreibern
– Herunterfahren des Systems
– Synchronisieren von Verzeichnisdiensten usw.

Wo und wie?

Die Einstellung der Benutzerrechte muss folgendermaßen durchgeführt werden:

Start, Programme, Verwaltung, Active Directory-Benutzer und Computer, Kontextmenü der Domäne und anschließend *Eigenschaften* öffnen, *Gruppenrichtlinie, Default Domain Policy* markieren und bearbeiten, *Computerkonfiguration, Windows-Einstellungen, Sicherheitseinstellungen, Lokale Richtlinie, Zuweisen von Benutzerrechten, Gewünschte Richtlinie* mit rechter Maustaste anklicken und *Sicherheitseinstellungen* wählen, Kästchen *diese Richtlinie* definieren ankreuzen, *Hinzufügen* und *Benutzer* aussuchen, dem das gewählte Recht vergeben werden soll, *Return*.

■ Aufgaben

1. Nennen und beschreiben Sie die drei Gruppentypen von WIN 2003.
2. Nennen Sie mehrere Argumente der von Microsoft empfohlenen Gruppenstrategie.
3. Was sind Standardgruppen? Nennen Sie Beispiele.
4. Wo gelten Freigabeberechtigungen?

5. Worin besteht der Unterschied zwischen der Freigabeberechtigung und der NTFS-Berechtigung?
6. Ein Benutzer hat auf eine Datei nur Leserechte. Auf die gleiche Datei hat eine Gruppe Schreibrechte. Welche Rechte auf diese Datei hat der Benutzer, wenn er auch Mitglied der Gruppe ist, die Schreibrechte auf die Datei besitzt?
7. Was bewirkt die Berechtigung *Verweigern*?
8. Was versteht man unter Vererbung?
9. Auf einen Ordner wirkt die Freigabeberechtigung *Lesen* und die NTFS-Berechtigung *Schreiben*. Welche tatsächliche Berechtigung entsteht für den Ordner? Stellen Sie eine allgemeingültige Regel auf.
10. Erläutern Sie die Unterschiede zwischen Benutzerrechten und NTFS-Berechtigungen.

2.4.7 Anwendersoftware

Es gibt verschiedene Möglichkeiten, dem Netz Anwendersoftware zur Verfügung zu stellen:

1. Die Anwendersoftware wird auf **jeden Client** installiert. Diese Methode verursacht die *geringste Netzlast*, aber den höchsten Installations- und Verwaltungsaufwand. Bei jeder Störung, Neuinstallation oder bei jedem Update muss der Administrator vor Ort erscheinen und die Änderungen vornehmen.

    geringste Netzlast

2. Die Anwendersoftware wird **nur auf dem Server** installiert. Hierbei entsteht eine *hohe Netzlast*, weil die Software vollständig auf dem Server läuft und der Benutzer lediglich die Bildschirmanzeige des Servers sieht.

    hohe Netzlast

    Für diese Methode müssen auf dem Server und Client spezielle Terminaldienste installiert werden, die diese Betriebsart ermöglichen. Vorteilhaft ist die geringe Installations- und Verwaltungsarbeit.

    Terminaldienste

3. Die Anwendersoftware wird auf dem Server installiert und der Benutzer installiert diese Software über das Netz **temporär auf den lokalen Computer.** Durch diese Methode entsteht eine *etwas höhere Netzlast*, wenn die Software vom Server zum Client übertragen wird. Wahlweise kann die Netzwerkinstallation der Software vom Benutzer oder auch automatisch beim Einschalten des Computers erfolgen. Der Installations- und Verwaltungsaufwand ist eher gering, da nur die Software am Server bereitgestellt und verwaltet werden muss. Die hierbei angewendete Installationstechnik wird auch als IntelliMirror bezeichnet. Leider funktioniert dieses System nur bei Microsoftprodukten.

    IntelliMirror

2.4.7.1 Software-Verwaltungstools

Zur Softwareinstallation und -verwaltung bietet Windows 2003 drei Tools an:

1. Das Tool **Software** unter der Systemsteuerung ist im Prinzip ein alter Bekannter in einem neuen Gesicht. Seit Windows 2000 funktioniert die Deinstallation von Softwareprodukten einwandfrei, da gemeinsam genutzte DLL-Dateien nicht einfach gelöscht werden. Jede DLL-Datei erhält in der Registry eine fortlaufende Nummer, die bei der Löschung entsprechend herabgesetzt wird.

    Software

■ 2 Netzwerkbetriebssysteme

Installer   2. **Windows Installer** steht erst seit der Einführung von Windows 2000 zur Verfügung. Es speichert alle Installations-, Änderungs- und Deinstallationsdaten in einer Datenbank. Bei Änderungen bzw. bei einer Deinstallation findet das Betriebssystem alle notwendigen Informationen in dieser Datenbank. Zu dem Installer gehört noch eine Installationsanweisung, die vom Hersteller der Anwendersoftware in Form einer speziellen Datei mitgeliefert wird. Man

msi   erkennt sie an der Erweiterung **msi**. Microsoftprodukte für Windows 2000 enthalten diese Datei.

Softwareinstallation   3. Das Tool **Softwareinstallation** ist für die Bereitstellung und Verwaltung der Anwendersoftware im Netz gedacht. Es erweitert und vereinfacht die Administration erheblich. Dabei stellt Windows 2003 unterschiedliche Methoden zur Verfügung:
- Die Anwendersoftware wird als Image auf dem Server **veröffentlicht**. Benutzer bzw. Benutzergruppen erhalten das Recht, auf jeden beliebigen Client das Programm über das Netz zu installieren und zu benutzen.
- Die Anwendersoftware wird als Image Benutzer bzw. **Benutzergruppen zugewiesen**. Wenn diese sich über einen Client anmelden, wird automatisch die Software vom Server auf den Client übertragen.
- Die Anwendersoftware wird als Image auf dem Server gespeichert und nicht Benutzern, sondern **Computern zugeordnet**. Bei der Anmeldung des Computers in der Domäne wird automatisch die Anwendersoftware über das Netz lokal auf dem Computer installiert.

2.4.7.2 Netzwerkinstallation von Microsoft Office XP

Die Installation erfolgt in zwei Schrittem: Zunächst wird das Office-Paket auf dem Server Windows 2003 bereitgestellt und im Netz veröffentlicht. Im zweiten Schritt wird das Office-Paket über das Netz auf die Clients installiert.

■ **Bereitstellung des Office-Paketes auf dem Server**

Das Office-Paket enthält schon die notwendige Installationsdatei, um sie mithilfe von *IntelliMirro* zu installieren. Diese Datei findet man auf der Installations-CD unter dem Namen *Data1.msi*.

data1

Die Installation wird folgendermaßen durchgeführt:

1. Zuerst wird auf der Festplatte des Servers ein Ordner erstellt und freigegeben, in dem das Image der Installations-CD erstellt werden soll. Unter Windows 2003 kann man das Image besonders leicht durch die Konsoleneingabe *setup.exe /A* erstellen.

setup.exe /A

■ Ein Image eines Programms ist keine Installation des Programms, sondern nur die Übertragung der Installations-CD auf die Festplatte des Computers.

Tipp   Durch Eingabe von *setup.exe /?* werden alle Parameter aufgelistet, die man angeben kann.

2. Die Verwaltung der Anwendersoftware wird mit dem Dienst *Active Directory-Benutzer und Computer* durchgeführt. Über *Start/Verwaltung* erreicht man dieses Tool. Anschließend muss man mit der rechten Maustaste das

Kontextmenü der Domäne bzw. des Containers öffnen, in dem die Anwender-Software veröffentlicht werden soll.

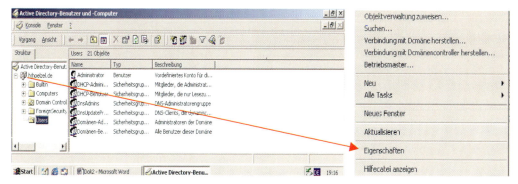

Bild 2.60: Anwendersoftware veröffentlichen

3. Unter *Eigenschaften des Kontextmenüs* muss man eine neue **Gruppenrichtlinie** erstellen. Diese könnte z. B. den Namen Office-Anwendungen erhalten. Zum Bearbeiten der Richtlinie muss man auf das entsprechende Button klicken.

Gruppenrichtlinie

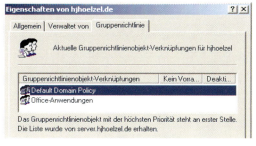

Bild 2.61: Gruppenrichtlinien

Spätestens jetzt muss man sich entscheiden, ob man die Software den Benutzergruppen oder den Computern zuordnen möchte. Wählt man die Computerkonfiguration, wird die Anwendersoftware bei der Anmeldung des Computers über das Netz installiert, wählt man die Benutzerkonfiguration, wird die Software von den Benutzern installiert.

Computerkonfiguration

4. Wenn Sie sich für die Benutzerkonfiguration entschlossen haben müssen Sie mit der rechten Maustaste das Kontextmenü des Untermenüs *Softwareeinstellungen* öffnen. Anschließend wird über *Neu* und *Pakete* das Installationspaket *data1.msi* geladen.

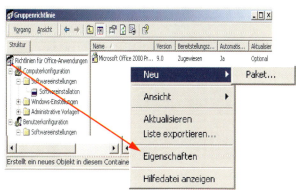

Bild 2.62: Paket

205

Benutzer-
konfiguration

■ Die Installationsdatei *data1.msi* muss unbedingt über den Netzpfad geladen werden, sonst finden die Clients diese Datei nicht.

An dieser Stelle muss eine weitere Entscheidung getroffen werden, und zwar, wie die Anwendersoftware bereitgestellt werden soll.

– **Veröffentlicht** bedeutet, dass für den Benutzer die Installation optional ist.
– **Zugewiesen** bedeutet, dass die Software zwar noch nicht auf den Arbeitsstationen installiert ist, aber in der Registry und im Startmenü werden schon die entsprechenden Einträge erstellt. Der Benutzer braucht für die Installation nur noch das Programm anzuklicken.
– **Erweiterte Methode** bedeutet, dass Änderungen konfiguriert werden können.

Öffnen Sie das Kontextmenü der Softwareeinstellungen und geben Sie auf der Registerkarte *Eigenschaften* den Netzwerkpfad zu dem Office-Softwareimage an.
Der Bereitschaftsdialog sollte markiert werden, damit bei neuen Installationspaketen das Menü angezeigt wird.
Damit ist die Anwendersoftware im Netz bereitgestellt. Allerdings muss man unter Umständen den Computer neu starten.

Bild 2.63: Bereitstellung

Bild 2.64: Netzwerkpfad

Bild 2.65: Sicherheitseinstellungen

5. Nach der Bereitstellung der Anwendersoftware im Netz muss nun unter dem Tool *Software* der Systemsteuerung im Menü *Neue Programme hinzufügen* Office 2000 erscheinen.
6. Die Anwendersoftware steht allen Benutzern zur Verfügung, weil die erstellte Gruppenrichtlinie der Gruppe *Authentifizierte Benutzer* angehört. Sollen nur bestimmte Gruppen oder Benutzer das Office-Paket nutzen dürfen, muss diese Zuweisung unterbunden werden. Die neu erstellte Gruppenrichtlinie muss anschließend den gewünschten Gruppen bzw. Benutzern hinzugefügt werden.
Unter *Start*, *Programme*, *Verwaltung*, *Kontextmenü* der *Domäne* oder *Container*, *Eigenschaften*, *Gruppenrichtlinie*, *Eigenschaften* findet man die Einstellungen des *Authentifizierten Benutzers*.

Die Berechtigung, die Anwendersoftware zu installieren, wird nur von der erstellten Gruppenrichtlinie gesteuert, Benutzerrechte haben keinen Einfluss.

Berechtigungen

■ Office-Paket auf den Clients

Durch die Netzwerkinstallation des Office-Pakets auf dem Server erscheint es auf den Clients in der *Systemsteuerung* unter *Software* und *Neue Programme hinzufügen*.

Wie Bild 2.66 zeigt, kann man das Office-Paket auf drei verschiedene Arten auf den Clients installieren. *Vom Netzwerk starten* bedeutet dabei, dass nur unbedingt notwendige Dateien auf den Clients installiert werden. In der Menüsteuerung erscheinen alle Programme des Office-Pakets. Da sie allerdings noch nicht installiert sind, werden sie beim Starten temporär vom Server auf den Client übertragen. *Vollständig* bedeutet, dass das Office-Programm vollständig auf den Client installiert wird und *Benutzerdefiniert* bedeutet, dass der Benutzer auswählen kann, welche Programme des Office-Pakets auf den Clients installiert werden sollen.

Bild 2.66: Office-Installation auf einem XP-Client.

2.4.7.3 Installation fremder Anwendersoftware

Mit dem *IntelliMirror-System* kann man standardmäßig nur Programme im Netz installieren, die ein Installer-Paket mit der Erweiterung *msi* besitzen.
Für andere Programme muss eine Installationsdatei mit der Erweiterung *zap* geschrieben werden. Dafür eignet sich ein einfacher Texteditor, mit dem die entsprechenden Befehle geschrieben werden.

zap-Dateien

■ *2 Netzwerkbetriebssysteme*

2.4.8 Drucken im Netz

In einem Netzwerk benötigt nicht jede Arbeitsstation einen eigenen Drucker. Im Prinzip reicht ein einziger Drucker im Netz aus, auf den jede Arbeitsstation über das Netz zugreifen kann. Das spart Ressourcen und fördert eine einfache Überwachung und Verwaltung der Hard- und Software.

2.4.8.1 Drucken

logische Drucker

In Windows 2003 wird der physikalische **Drucker** als Drucker und die Softwareschnittstelle als **logischer Drucke**r gekennzeichnet.

Bild 2.67: Drucken unter Windows 2003

Druck-Spooler

Warteschlange

Die Druckaufträge können direkt zum Drucker übertragen oder auf der Festplatte zwischengespeichert werden. Der Zwischenspeicher wird auch als **Druck-Spooler** bezeichnet. Der Druck-Spooler kann mehrere Druckaufträge speichern, die nach einer vorgegebenen Priorität abgearbeitet werden. In der Regel gilt: „Wer zuerst kommt, wird auch zuerst gedruckt." Als **Warteschlange** wird lediglich eine Reihe von Druckaufträgen verstanden, die in den Spool-Dateien des Druck-Spoolers zwischengespeichert werden.

2.4.8.2 Drucker

In einem Netzwerk können Drucker als

– **lokale** oder
– **Netzwerkdrucker** eingerichtet werden.

Der lokale Drucker kann nur von dem Computer benutzt werden, an dem er physikalisch angeschlossen ist. Wollen auch andere Computer auf diesen Drucker zugreifen, muss auf ihnen ein Netzwerkdrucker eingerichtet werden.

■ Der Netzwerkdrucker ist eine Software, mit der man über das Netz einen lokalen Drucker benutzen kann.

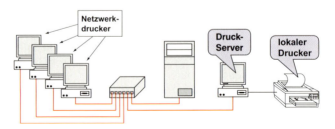

Bild 2.68: Druck-Server, Drucker

208

Der Druck-Server in Bild 2.68 wird durch Druckaufträge aller Clients unter Umständen so stark belastet, dass er keine Aufgaben wahrnehmen kann. Deshalb ist es in größeren Netzen besser, einen Druck-Server einzusetzen, der ausschließlich diese Aufgabe durchführt.

Belastung

2.4.8.3 Druck-Server

Der Drucker benötigt zum Drucken einen Druck-Server. Als Druck-Server bezeichnet man den Computer, an dem das Druckgerät physikalisch angeschlossen ist. Die Ausnahme von dieser Regel bilden Druckgeräte mit eigener Netzwerkkarte. Diese müssen nicht an den Druck-Server direkt angeschlossen werden, sondern können an einer beliebigen Stelle des Netzes stehen.

Druckgerät mit Netzwerkkarte

Wichtig!

■ Der Drucker, der am Druck-Server angeschlossen ist, muss als lokaler Drucker installiert und freigegeben werden.

Bei der Installation der Netzwerkdrucker muss der Weg zum physikalischen Drucker folgendermaßen angegeben werden:

\\Name des Druck-Servers\Freigabename des Druckers

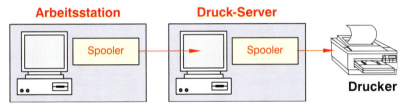

Bild 2.69: Druckvorgang

Das Dokument, das gedruckt werden soll, wird zunächst auf dem eigenen Computer im Spooler zwischengespeichert. Erst wenn der Spooler im Druck-Server frei ist, wird das Dokument übertragen und ausgedruckt.

Reihenfolge

Standardmäßig erhält jeder Benutzer die **Berechtigung *Drucken*.** Diese Berechtigung ist in den meisten Fällen ausreichend. Für besondere Fälle kann man allerdings den Benutzern die Druckrechte *Kein Zugriff*, *Drucken*, *Dokumente verwalten* und *Vollzugriff* erteilen.

2.4.8.4 Druckvorgang im Intranet

Im internen Netz wird in der Regel der Druckauftrag von einem Windows-Client zu einem Druck-Server übertragen und dort gedruckt. Dabei laufen mehrere Prozesse automatisch ab, die im Folgenden prinzipiell dargestellt werden:

■ *2 Netzwerkbetriebssysteme*

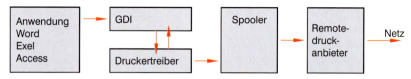

Bild 2.70: Druck-Client

Der Druckauftrag wird aus einer Windows-Anwendung heraus zu dem **G**raphics **D**evice **I**nterface (**GDI**) übertragen. Dieses Interface kontaktiert den Druckertreiber. Beide zusammen führen einen Datenaustausch durch mit dem Ziel, den Druckauftrag in die Sprache des Druckers zu übertragen. Anschließend wird der Druckauftrag im Spooler des Clients gespeichert. Die Übertragung über das Netz wird eingeleitet durch einen RPC (Remote Procedure Call; Remote-Prozeduraufruf), um mit den **Druck-Server** Kontakt aufzunehmen.

In Windows 2003 werden die Druckaufträge im EMF-Format (Erweiterte Metadaten) übertragen. Andere Anwendungen benutzen RAW-Datentypen (Ready to Print).

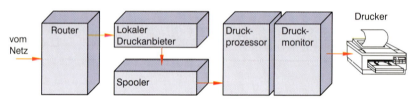

Bild 2.71: Druck-Server

Der Router des Druck-Servers empfängt die RPC-Anfrage des Clients und mithilfe des lokalen Druckanbieters wird der Druckauftrag vom Client zum Druck-Server übertragen und im Spooler gespeichert. Der Druck-Prozessor überprüft den Datentyp des Druckauftrages und leitet ihn weiter zum Druck-Monitor. Der Druck-Monitor steuert die Übertragung der Daten über die Centronics-Schnittstelle zum Drucker. Dabei wird die Kommunikation mithilfe des **Handshakeverfahrens** abgewickelt. Bei bidirektionalen Druckern wird die Datenübertragung zum Drucker nicht durch den Druck-Monitor, sondern durch einen sogenannten Sprach-Monitor durchgeführt.

Handshake-
verfahren

2.4.8.5 Drucken im Internet

In Windows 2003 gibt es die Möglichkeit, Druckaufträge über das Internet zu übertragen. Dadurch spart man einen zusätzlichen Telefonanschluss, weil der Internetanschluss in der Regel vorhanden ist.

Für die Übertragung des Druckauftrages müssen folgende Tools verwendet werden:

– Benutzen Sie den **URL** (**U**niform **R**esource **L**ocator) des Druckers als Druckernamen.

- Auf dem Druck-Server muss **IIS** (**I**nternet **I**nformations **S**ervice) vorhanden sein. Dieser Dienst wird automatisch während der Installation vom Windows-Server installiert. Auf Druck-Servern mit Windows Professional muss der Peer-Webserver (PWS) gestartet werden.

    IIS

    PWS

- Der Druckauftrag wird mit dem **IPP** (**I**nternet **P**rinting **P**rotokoll) über das Internet übertragen. Dieses Protokoll ist eingekapselt im HTTP-Protokoll. Browser verstehen HTTP und können daher den Druckauftrag entgegennehmen. Danach wird der Druckauftrag in einem Spooler gespeichert und von dort zum Drucker gesendet und gedruckt.

    IPP

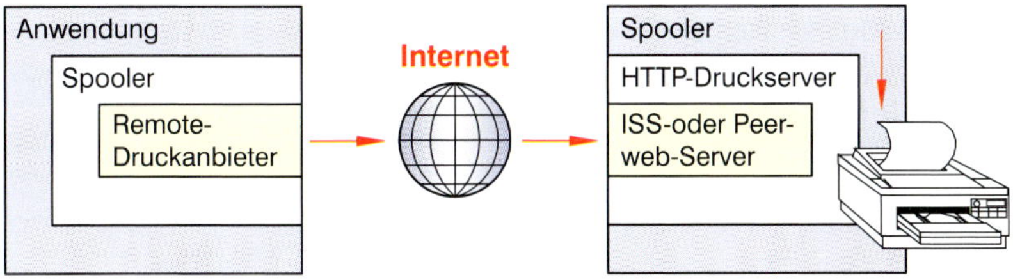

Bild 2.72: Druckvorgang über das Internet

Wenn man über das Internet mit einem Browser auf einen Drucker zugreift, wird der Druckauftrag mithilfe der RPC-Methode übertragen.

2.4.8.6 Drucker veröffentlichen

In Windows 2003 können Drucker nicht nur freigegeben, sondern auch veröffentlicht werden. Dabei wird der Drucker in den Verzeichnisdienst *Active Directory-Benutzer und Computer* übernommen und angezeigt. Durch die Veröffentlichung im ADS kann der Drucker von jedem Computer aus gesucht und installiert werden. Diese Möglichkeit vereinfacht die Installation eines Netzwerkdruckers, weil z. B. der Pfad nicht von Hand eingegeben werden muss.

2.4.8.7 Druckberechtigungen

Standardmäßig erhält jeder Benutzer über seine Mitgliedschaft zu der Gruppe *Jeder* die Berechtigung *Drucken*. Administratoren erhalten zusätzlich noch das Recht *Drucker verwalten*. Druckeinschränkungen müssen über die Gruppe *Jeder* vorgenommen werden. Man kann auch die Gruppe *Jeder* entfernen und anderen Gruppen entsprechende Druckberechtigung zuordnen.

Jeder

2.4.8.8 Drucker-Pool

Ein Druckerpool besteht aus mehreren gleichartigen Druckern. Diese Drucker werden von einer oder mehreren Software-Schnittstellen, den sogenannten logischen Druckern, angesteuert. Die Druckaufträge werden dann automatisch auf die Drucker verteilt. Prioritäten können voreingestellt werden.

nur baugleiche Drucker

■ *2 Netzwerkbetriebssysteme*

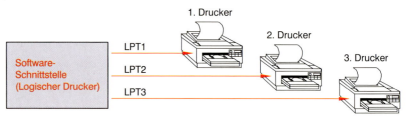

Bild 2.73: Drucker-Pool

Leider lassen sich auch unter Windows 2003 nur gleiche Drucker zu einem Pool zusammenfassen.

■ Aufgaben:

1. Wie kann man grundsätzlich Anwendersoftware dem Netz zur Verfügung stellen?
2. Was ist ein Image?
3. Erläutern Sie den Ablauf eines Druckauftrages von der Erstellung bis zum Ausdruck.
4. In Windows 2003 kann ein Drucker veröffentlicht werden. Was versteht man darunter?
5. Erläutern Sie die Unterschiede zwischen einem Netzwerkdrucker und einem lokalen Drucker.

2.4.9 Datensicherung

Um Verluste durch Hardwarefehler und Viren zu vermeiden, sollten alle Datenbestände regelmäßig gesichert werden. Dabei können folgende Aktionen durchgeführt werden:

Aktionen
– Sichern von Ordnern, Dateien oder ganzen Festplatten,
– Vergleich von gesicherten Daten mit den Originaldaten oder
– Wiederherstellung der Originaldaten durch die Sicherungskopie.

Die Daten können auf verschiedenen Medien gesichert werden. CD-ROMs sind inzwischen so preiswert, dass eine tägliche Sicherung nur geringe Kosten verursacht. Bandlaufwerke haben den Vorteil, dass sie überschreibbar sind. Windows 2000 unterstützt standardmäßig Bandlaufwerke durch sein integriertes Sicherungsprogramm.

2.4.9.1 Windows 2003 Sicherungsprogramm

Sicherungsassistent

Die grafische Oberfläche des Sicherungsprogramms bietet die Möglichkeit, Datenträger automatisch oder manuell zu sichern und wiederherzustellen. Das Programm erreicht man unter *Start, Programme, Zubehör, Systemprogramme* und *Sicherung*.

2.4 Windows 2003

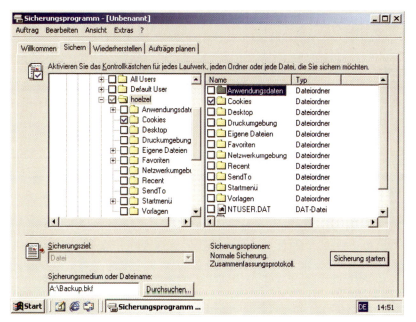

Daten, die gesichert werden sollen

Bild 2.74: Sicherungsprogramm

Statt des Assistentenmodus benutzen Administratoren besser den erweiterten Modus. Auf der Registerkarte *Sichern* (Bild 2.74) sollen z. B. im Profilordner des Administrators alle Cookies gesichert werden. Das Sicherungsmedium ist hier eine Diskette in Laufwerk A. Für größere Datenbestände reicht eine Diskette natürlich nicht aus, Bandlaufwerke können jedoch ganze Festplatten speichern. Statt Bandlaufwerken könnte man z. B. auch Festplatten mit Wechselrahmen verwenden.

Sicherungsmedien

Mithilfe der Registerkarte *Wiederherstellen* lassen sich die gesicherten Daten wiederherstellen. Nach dem Start der Sicherung öffnet sich der Sicherungsauftrag und in den erweiterten Optionen kann die Sicherungsart eingestellt werden. Allgemein gibt es fünf verschiedene Sicherungsarten:

Sicherungsart	Beschreibung	
Normale (vollständige) Sicherung	Es werden alle ausgewählten Dateien vollständig gesichert. Diese Art der Sicherung muss man zumindest das erste Mal durchführen. Die Dateien werden dabei markiert, d. h. alle Archivdateiattribute werden deaktiviert. Diese Markierung ist für die inkrementelle und differenzielle Sicherung wichtig.	Wiederherstellungsassistent
Inkrementelle Sicherung	Nur die markierten Dateien, die seit der letzten normalen oder inkrementellen Sicherung neu erstellt oder verändert wurden, werden gesichert. Dabei werden die Archivdateiattribute deaktiviert.	Archivattribut
Differenzielle Sicherung	Alle markierten Dateien, die sich seit der letzten normalen oder inkrementellen Sicherung geändert haben, werden gesichert. Das Attribut Archiv wird nicht gelöscht.	

213

■ 2 Netzwerkbetriebssysteme

Sicherungsart	Beschreibung
Kopiesicherung	Alle ausgewählten Dateien werden gesichert. Das Attribut Archiv wird dabei nicht gelöscht.
Tägliche Sicherung	Alle Dateien, die sich an dem Tag der Sicherung geändert haben, werden kopiert. Die Dateien werden dabei nicht als gesichert markiert. Das Dateiattribut Archiv wird nicht gelöscht.

Bild 2.75: Sicherungsarten

Notfall

Unter *Start*, *Programme*, *Zubehör*, *Systemprogramme* und *Sicherung* erreicht man auch den Assistenten für die Erstellung einer Notfalldiskette.

2.4.9.2 Sicherungsstrategie

Am besten ist es, die Datensicherung täglich vorzunehmen. Wenn dies zu aufwendig ist, muss eine andere Strategie entwickelt werden. So könnte man z. B. jeden Freitag eine vollständige Kopie erstellen und montags bis donnerstags immer inkrementelle Sicherungen durchführen. Insgesamt bräuchte man entsprechend maximal vier Bänder für eine vollständige Wochensicherung.

Wochensicherung

Benutzt man statt der inkrementellen die differenzielle Sicherung, so würden jeden Tag die seit dem letzten Freitag veränderten Dateien gesichert werden. Für eine Wochensicherung wären dann zwar nur zwei Bänder notwendig, aber die einzelnen Tagessicherungen würden länger dauern als bei der täglichen inkrementellen Sicherung.

Aufwand

Die täglichen Sicherungen bzw. die Kopiesicherungen sind Sicherungen, die man zwischendurch durchführen kann, ohne die gewählte inkrementelle oder differenzielle Sicherung zu beeinflussen.

■ Für ein Netzwerk muss ein Datensicherungsplan aufgestellt werden.

Der Sicherungsplan könnte folgendermaßen aussehen:

Computer (Bandlaufwerk) .... Bänder ....

Ordner und Dateien, die gesichert werden sollen			täglich	wöchentlich

Wochenplan	Montag	Dienstag	Mittwoch	Donnerstag	Freitag
Sicherungsart					
Band					

Sicherungsart: N = normal, I = inkrementell, D = differenziell, K = Kopiersicherung, T = tägliche Kopie

Bild 2.76: Sicherungsplan

214

Die Datensicherung lässt sich manuell durchführen oder automatisieren. Für die Automatisierung benutzt man den Sicherungsassistenten für die Auftragsplanung.

■ Aufgaben

1. Welche Komponenten braucht man zum Drucken im Netz?
2. Auf welchem Computer muss der Drucker lokal eingerichtet werden? Auf welchen Computer als Netzwerkdrucker?
3. Worauf ist nach der Einrichtung des Druckers zu achten, damit der Drucker auch über das Netz benutzt werden kann?
4. Was ist ein Drucker-Pool und was muss dabei beachtet werden?
5. Erläutern Sie die Begriffe Drucker, logischer Drucker, Warteschlange und Spooler.
6. Nennen Sie einige Möglichkeiten, um Dateien zu sichern.
7. Es gibt fünf verschiedene Sicherungsarten. Nennen Sie diese und beschreiben Sie ihre Funktion.

2.4.10 Systemüberwachung

Die Systemüberwachung ist Voraussetzung für die Erhaltung der Netzwerksicherheit, weil damit alle Aktivitäten im System überwacht und protokolliert werden können.
Anhand der Protokolle der Systemüberwachung kann man

– die Art der Aktion,
– den Verursacher der Aktion und
– den Zeitpunkt der Aktion feststellen.

jede Aktivität kann überwacht werden

2.4.10.1 Ereignisanzeige

Die Aktionen im System können mit der **Ereignisanzeige** eingesehen, gespeichert und verfolgt werden. Dafür muss über *Start/Programme* und *Verwaltung* die Ereignisanzeige geöffnet werden.

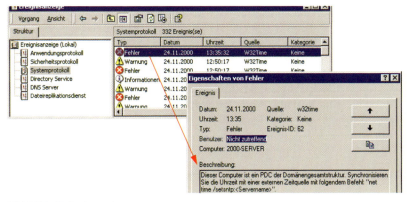

Bild 2.77: Ereignisanzeige

■ *2 Netzwerkbetriebssysteme*

wichtiges Hilfsmittel

Die Ereignisanzeige ist ein wichtiges Hilfsmittel, um Fehler, Warnungen und Informationen von Protokollen und Diensten zu erhalten. In Bild 2.77 beispielsweise meldet das System einen Fehler, der durch die Eigenschaften dieser Meldung näher spezifiziert wird. Der Administrator kann daraufhin die entsprechenden Maßnahmen ergreifen.

> ■ Nach der Installation des Servers sollte man unbedingt die Ereignisanzeige einsehen, um Systemfehler aufzudecken.

In der Ereignisansicht stehen standardmäßig drei Protokolle zur Verfügung:

– **Anwendungsprotokolle** enthalten Fehlermeldungen, Warnungen und Informationen, die von gestarteten Anwendungen kommen.

Überwachungsprotokolle

– **Sicherheitsprotokolle** enthalten Informationen über Erfolg bzw. Misserfolg von überwachten Ereignissen.

– **Systemprotokolle** zeigen Fehlermeldungen, Warnungen und Informationen, die vom System gemeldet werden.

– Neben den Standardprotokollen gibt es auch Dienste, die ihre Protokolle automatisch der Ereignisanzeige hinzufügen.

Über *Start*, *Programme* und die Sicherheitsrichtlinien für den lokalen Computer, für die Domäne oder den Server können die gewünschten Überwachungsrichtlinien aktiviert und konfiguriert werden.

2.4.10.2 Überwachungsrichtlinien/Überwachung

Der Administrator legt fest:

– welche Objekte
– und welche Ereignisse überwacht werden sollen.

Überwachungsobjekte

Grundsätzlich können alle Objekte wie z. B. Benutzer, Ordner, Dateien, Domänen und Computer in Windows 2003 überwacht und deren Aktionen protokolliert werden.

■ **Konfiguration der Überwachungsrichtlinien**

Default Domain Policy

Nach der Installation von Windows Server 2003 wird automatisch eine Standardrichtlinie für die Überwachung mit dem Namen **Default Domain Policy** angelegt. In dieser Richtlinie wird festgelegt, ob erfolgreiche oder fehlgeschlagene Ereignisse protokolliert werden sollen. Das Registerblatt erreicht man unter *Start*, *Programme*, *Verwaltung*, *Active Directory-Benutzer und Computer*. Anschließend muss man das Kontexmenü *Eigenschaften der Domäne* öffnen und die Gruppenrichtlinie anwählen. In den Richtlinien für Default Domain Policy müssen die Überwachungsrichtlinien entsprechend Bild 2.78 ausgewählt werden.

2.4 Windows 2003

vor der Überwachung Richtlinien aktivieren

Bild 2.78: Überwachungsrichtlinien

In Bild 2.78 ist z. B. durch einen Doppelklick auf die Eintragung *Active Directory-Zugriff überwachen* das Dialogfeld *Sicherheitsrichtlinie* geöffnet und aktiviert worden. Durch entsprechende Markierungen der Kontrollkästchen wird festgelegt, ob erfolgreiche oder fehlgeschlagene Zugriffe überwacht und protokolliert werden sollen. Die Art und Weise der Zugriffe wird in der *Überwachung* der Objekte konfiguriert.

■ Objekt-Überwachung

Objekte sind Festplatten, Ordner, Dateien, Drucker, Programme usw. Als Beispiel soll hier die Überwachung der Festplatte konfiguriert werden. Als erster Schritt müssen die Überwachungsrichtlinien entsprechend Bild 2.78 erstellt werden.

Beispiel einer Objektüberwachung

Danach muss festgelegt werden

- welches Objekt,
- wessen Zugriffe auf dieses Objekt,
- welche Unterobjekte des Objekts und
- welche Zugriffe auf erfolgreiche oder fehlgeschlagene Versuche

überwacht werden sollen.

Für das Beispiel der Festplatte muss man die Eigenschaften der Festplatte und anschließend die Sicherheitseinstellungen öffnen. In den erweiterten Sicherheitseinstellungen auf dem Registerblatt *Überwachung* werden die gewünschten Einstellungen vorgenommen.

217

■ 2 Netzwerkbetriebssysteme

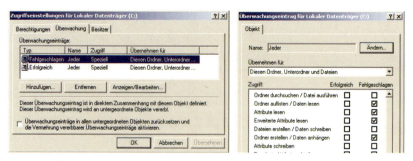

Bild 2.79: Überwachung der Festplatte

In Bild 2.79 werden durch den Eintrag *Jeder* die Aktivitäten aller Benutzer der Festplatte auf erfolgreiche und fehlgeschlagene Versuche überwacht. In großen Netzen kann dies zu einer Überlastung und Verlangsamung des Systems führen. Deshalb ist es besser, einzelne Benutzer zu überwachen. Die gleichen Überlegungen gelten hinsichtlich der Überwachung aller Ordner und Dateien der Festplatte. Eine Einschränkung entlastet das System. Auch bei der Wahl der Zugriffe sollte man sich auf das Notwendigste beschränken.

2.4.10.3 Überwachung von Systemleistungen

In Windows 2003 kann man die Konfiguration aller Domänencomputer mit dem Dienst *Active Directory Benutzer und Computer* einsehen. Mit Systeminformationen können detaillierte lokale Computerdaten angezeigt werden. Mit den Systeminformationen (Bild 2.80) kann man Informationen über:

– das System,
– den Datenspeicher und
– die Dienste und Anwendungen erhalten.

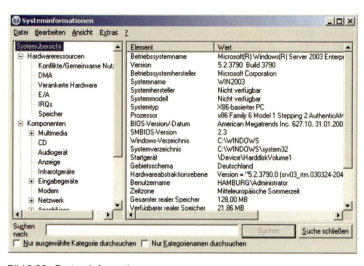

Bild 2.80: Systeminformationen

2.4.10.4 Windows-2003-Diagnose

Microsoft empfiehlt, dass der Administrator ein Kontrollbuch für jeden Computer führt. Bei schweren Systemfehlern kann man dann leichter den Computer wieder in den vorherigen Zustand versetzen. Das Kontrollbuch wird nicht von Hand, sondern mithilfe von Protokollen verschiedener Diagnoseprogramme erstellt. Man erreicht die Diagnoseprogramme über *Start* und *Verwaltung*.

Kontrollbuch

■ Systemmonitor

Durch den Systemmonitor kann der Administrator das laufende System analysieren und Engpässe und Schwachstellen aufspüren. Man erreicht es über *Start*, *Verwaltung und Leistung*. Folgende Daten können dargestellt werden:

- **Messwerte** in Form eines Diagramms,
- **Engpässe** durch grafische Warnmeldungen und
- **Speicherung** der Messwerte in Protokollen.

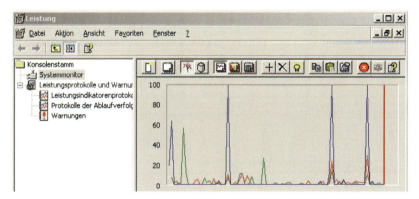

Bild 2.81: Systemmonitor

Im Kontextmenü des Indikatorsatzes muss man den Computer, das Objekt und verschiedene Leistungsindikatoren wählen, die angezeigt werden sollen. In Bild 2.81 sind z. B. verschiedene Prozessoraktivitäten dargestellt. Entsprechend der Empfehlungen von Microsoft kann man alle Aktivitäten des Systems durch die Leistungsindikatorprotokolle schriftlich festhalten und bei Problemen die Ursache damit leichter ermitteln.

■ Netzwerkmonitor

Der Netzwerkmonitor analysiert den Netzverkehr und zeigt ihn grafisch an. Außerdem überwacht er alle ein- und ausgehenden Datenpakete. In Fachkreisen werden derartige Programme auch als Sniffer bezeichnet. Seine Hauptaufgaben sind:

- Engpässe und überlastete Netzwerksegmente aufzuspüren,
- die Geschwindigkeit der Datenübertragung im Netzwerk und die Datenpakete zu überwachen und
- durch den Einsatz von Filtern Teilbereiche des Netzwerkes zu analysieren und zu überwachen.

Aufgaben

■ 2 Netzwerkbetriebssysteme

Sniffer

■ Ein **Sniffer** ist ein Programm, das Datenpakete sammeln und analysieren kann.

Das Analyseprogramm des Netzwerkmonitors (Bild 2.82) sammelt nach dem Starten alle Datenpakete und zeigt sie nach Beenden an. Die MAC-Adressen der Quelle und des Ziels sowie deren IP-Adresse bzw. DNS-Namen werden aufgelistet und das verwendete Protokoll angezeigt. Die Daten des Pakets kann man im HEX-Format einsehen und in den ASCII-Code übersetzen.

■ **Netzwerkmonitor** ist ein wirkungsvolles Programm, um Datenpakete zu analysieren.

Der Netzwerkmonitor wird bei der Installation von Windows 2003 nicht zur Verfügung gestellt, er muss nachträglich aktiviert werden.

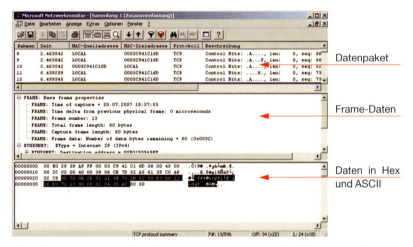

Bild 2.82: Analyse eines Client-Datenpaketes durch den Sniffer Netzwerkmonitor

■ **Supporttools**

Auf der Windows-2003-CD-ROM gibt es Hilfsprogramme (Tools), mit denen man das Active Directory überwachen, warten und Probleme lösen kann. Man findet sie unter C:\Windows\system32\drivers\etc.

Beispiele:

Ldp.exe ; Active Directory Administration Tool	Sdcheck.exe; Security Descriptor Check Utiliy
Replmon.exe; Active Directory Replication Monitor	Nltest.exe
Repadmin.exe; Replikation Diagnose Tool	Acldiag.exe
Dsastat.exe; Active Directory Diagnose Tool	Dsacls.exe

Bild 2.83: Supertools

– Mit **ldp.exe** können Benutzer LDAP-Operationen durchführen.
– **Replmon.exe** zeigt den Low-Level-Status von Active Directory Replikation an.

220

2.4 Windows 2003

- **Repadmin.exe** ist ein Befehlszeilentool, mit dem Replikationsprobleme aufgedeckt werden können.
- **Dsastat.exe** ist ein Befehlszeilenmonitor, mit dem Unterschiede von Namenskontexten oder Domänencontroller ermittelt werden.
- **Sdcheck.exe** zeigt die Sicherheitsbeschreibungen aller Objekte (ACL-Liste) an.
- **Nltest.exe** unterstützt Netzwerkverwaltungsaufgaben.
- **Acldiag.exe** hilft bei der Diagnose und Behebung von Problemen mit Berechtigungen.
- **Dsacls.exe** dient der Verwaltung von ACL-Listen.

■ Lizenzen verwalten

Während der Installation des Windows Server 2003 muss man die gewünschte Lizenzart angeben. Dabei werden zwei Arten unterschieden:

- Lizensierung pro Server: Für jede Verbindung ist eine Client-Lizenz erforderlich.   *pro Server*
- Lizenzierung pro Arbeitsplatz: Für jeden Client ist eine eigene Lizenz erforderlich.   *pro Arbeitsplatz*

Die Lizenzierung pro Server hat Vorteile, da man mehr Computer an das Netz anschließen kann als die Anzahl der erworbenen gleichzeitigen Verbindungen. Allerdings dürfen Client-Zugriffe die Anzahl der gleichzeitigen Verbindungen nicht überschreiten.

Lizenzen sind immer ein heikles Thema, da Verstöße häufig vorkommen. Deshalb hat Microsoft in seinem Betriebssystem Windows XP ein „Spionageprogramm" implementiert, das die Hard- und Software „ausspioniert" und daraus einen Zahlencode bildet. Dieser Zahlencode muss via Internet zu Microsoft gesendet werden, um die Freigabe der Lizenz zu erhalten. Bei Veränderungen an der Hard- und Software muss eine neue Lizenz beantragt werden. In Windows 2003 wird die Kontrolle durch das Verwaltungstool Lizenzierung durchgeführt. Bei Rechtsstreitigkeiten hilft diese Protokollierung zur Absicherung vor Regressansprüchen.

2.4.11 Fehleranalyse

Fehler entstehen durch die Hardware, die Software oder durch fehlerhafte Konfiguration des Systems. Eine fehlerhafte oder mangelhafte Installation der Verkabelung des Systems führt zu den häufigsten Fehlern (80 %). Die Industrie bietet für die Fehlersuche und für die Kontrolle der technischen Daten der Verkabelung effektive Diagnosegeräte an. Fehler in der Software sind seltener und können auch nur durch die Herstellerfirmen beseitigt werden. Mangelhafte Konfiguration des Systems kann durch viele Utilities (Hilfsprogramme) festgestellt werden.   *80 % Hardwarefehler*

2.4.11.1 System-Utilities

Windows 2003 bietet eine Vielzahl von Hilfsprogrammen an, mit denen man das Netz kontrollieren und testen kann. Neben Utilities mit einer grafischen Oberfläche behaupten sich vor allen Dingen viele Befehle und Kommandos, die nur von der Eingabeaufforderung eingegeben werden können. Diese Eingabeaufforderung erreicht man über *Start, Programme, Zubehör*.

■ **Net-Befehle**

Diese Befehle gab es schon, als die Netze ohne grafische Oberflächen verwaltet wurden. Heute werden sie vorwiegend in Batchdateien eingesetzt, um Routinearbeiten automatisch ablaufen zu lassen.

NET COMPUTER fügt einen Computer zu einer Domäne hinzu.

NET TIME synchronisiert die Systemzeit des lokalen Computers mit einem anderen Computer im Netz.

NET PRINT verwaltet die Netzwerkdrucker.

NET CONFIG zeigt Konfigurationen des Computers an.

NET VIEW zeigt die Ressourcen eines Computers an.

Hilfe

Es würde hier zu weit führen, alle Kommandos aufzulisten und deren Funktion zu erklären. Mit NET ? bzw. NET HELP kann man sich selbst helfen.

■ **TCP/IP-Programme**

TCP/IP-Programme dienen auch zur Diagnose und Fehlersuche in Netzwerken.

Ping (IP-Adresse) ist das fundamentalste Testmittel für eine TCP/IP-Verbindung. Wenn damit keine Verbindung zustande kommt, braucht man erst gar nicht höhere Dienste in Anspruch zu nehmen. Ohne Angabe von Optionen sendet der Ping-Befehl drei Datenpakete aus. Wenn innerhalb von 750 ms keine Antwort zurückkommt, meldet der Befehl, dass keine Verbindung zustande gekommen ist.

Ipconfig (/all) zeigt die Konfigurationsdaten der Netzwerkumgebung an.

ARP zeigt die Übersetzungstabelle der MAC-Adressen zu den IP-Adressen an.

NBTSTAT (-a) listet die NetBIOS-Namen und die dazugehörigen IP-Adressen auf dem Monitor auf.

Netstat zeigt aktuelle TCP/IP-Verbindungen an.

Route: Mit diesem Befehl können Routingtabellen manipuliert werden.

TFTP: Übertragung von Dateien von zu einem REMOTE-Computer.

TRACERT: Mit diesem Befehl kann der Weg eines Datenpakets verfolgt werden.

2.4.11.2 Fehlersuche in Netzwerkverbindungen

Neben den Hardware- und Softwarefehlern treten häufig Störungen durch fehlerhafte Konfiguration des Netzwerkes auf. Um diese Fehler aufspüren zu können, muss man detaillierte Kenntnisse über den Verbindungsaufbau zwischen den einzelnen Stationen besitzen. Dabei spielen die Adressen die wichtigste Rolle.

■ Computer können nur mithilfe ihrer physikalischen Adressen (MAC-Adressen) miteinander in Verbindung treten.

MAC-Adresse

Die MAC-Adresse kann man nicht eingeben oder gar verändern, da sie vom Hersteller der Netzwerkkarte vorgegeben und fest einprogrammiert ist. Durch Absprachen der Hersteller untereinander ist gewährleistet, dass jede MAC-Adresse weltweit einmalig ist. Von der Eingabeaufforderung kann diese Adresse mithilfe des Befehls *ipconfig* ermittelt werden. In jeder Firewall wird sie zur Zugriffssteuerung eingesetzt.

MAC-Adressen haben den Nachteil, dass sie sich bei einem Wechsel der Netzwerkkarte ändern. Deshalb hat man logische Adressen eingeführt, die unabhängig von der verwendeten Hardware sind. Automatisch, ohne dass es der Anwender merkt, ermittelt der Computer zu der IP-Adresse die aktuelle MAC-Adresse, bevor er die Verbindung aufbaut.

logische Adressen

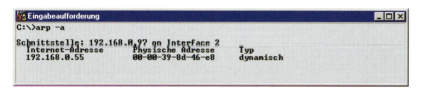

Bild 2.84: Zuordnungstabelle IP-Adresse/MAC-Adresse

Die Zuordnung der IP-Adresse zu der MAC-Adresse findet der Computer in seinem ARP-Cache (**A**ddress **R**esolution **P**rotocol). In diesem ARP-Cache kann man auch sämtliche MAC- und IP-Adressen statisch eingeben. Bei einem Verbindungsaufbau sucht der Computer zunächst in seinem ARP-Cache nach seiner eigenen und der MAC-Adresse des Ziels. Wenn er die MAC-Adresse des Ziels nicht findet, versucht er sie durch einen Rundruf (Broadcast) herauszufinden. Antwortet der gesuchte Computer, wird dessen MAC-Adresse 120 Sekunden lang im ARP-Cache gespeichert.

ARP-Cache

■ Das Konsolenprogramm ARP listet die Zuordnung der MAC-Adressen zu den IP-Adressen auf.

Für Menschen ist der Umgang mit IP-Adressen unangenehm, weil sie keinen Hinweis auf den gewünschten Kommunikationspartner zulassen. Deshalb werden z. B. in Browsern statt IP-Adressen Namen angegeben. Mit diesen Namen kann allerdings kein Verbindungsaufbau hergestellt werden. Deshalb muss der Computer für diese Namen die zugehörigen IP-Adressen und MAC-Adressen suchen und in die einzelnen Datenpakete eintragen. Bei der Namensgebung unterscheidet man NetBIOS-Namen und DNS-Namen. Net-BIOS-Namen bestehen aus maximal 16 Zeichen. DNS-Namen sind wesentlich komplizierter aufgebaut und entsprechen in ihrer Struktur dem Aufbau der Internetnamen.

NetBIOS, DNS siehe Kap. 1.4.4.2

■ Auflösung von NetBIOS-Namen

Zunächst versucht der Computer, in seinem NetBIOS-Name-Cache die IP-Adresse des NetBIOS-Namens zu finden. Der NetBIOS-Cache wird mit dem Konsolenprogramm *nbtstat* auf dem Monitor aufgelistet und verwaltet.

```
Eingabeaufforderung
C:\>nbtstat
IP-Adresse              NetBIOS-Name
192.168.1.1             2000-Server
192.168.1.12            client1
```

Bild 2.85: NetBIOS-Cache

LMHOSTS

Wenn der Computer im NetBIOS-Cache die IP-Adresse nicht gefunden hat, untersucht er auch eine eventuell vorhandene LMHOSTS-Datei, die sich im Verzeichnis *C:\WINNT\system32\drivers\etc* befindet. Mit jedem Editor kann diese Datei aufgerufen und verändert werden. Statische NetBIOS-Namen und deren IP-Adressen können eingetragen werden.

Bild 2.86: Auflisten von LM HOST mithilfe eines Editors

Gelingt die Namensauflösung auch mit der Datei LMHOSTS nicht, muss der Computer auf das Netz zugreifen und fremde Hilfe beanspruchen. Dabei gibt es verschiedene Möglichkeiten, die von der Knoteneinstellung des Computers beeinflusst werden.

Knoten

■ Computer werden in verschiedene Knoten eingeteilt, die die Namensauflösung beeinflussen.

Die Knoten haben folgende Bedeutung:

– Computer als **B-Knoten** versuchen die Namensauflösung durch broadcast zu erreichen.

– Computer als **P-Knoten** lösen den Namen mithilfe eines WINS-Servers auf. Dazu müssen sie allerdings dessen IP-Adresse kennen. Diese Methode funktioniert segmentübergreifend.

– Computer als **M-Knoten** versuchen, zunächst über die broadcast-Methode den Namen aufzulösen. Gelingt ihnen dies nicht, nehmen sie Verbindung zu einem WINS-Server auf.

Hybridknoten

– Der **H-Knoten** (Hybridknoten) verhält sich umgekehrt wie ein M-Knoten.

Der Knotentyp kann mit dem Konsolenprogramm *ipconfig* eingesehen und verändert werden.

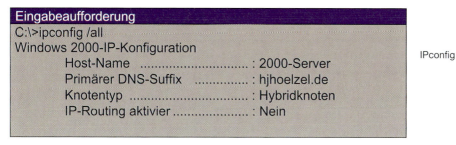

IPconfig

Bild 2.87: Knotentyp, z. B. Hybridadapter (H-Knoten)

■ **Auflösung von DNS-Namen**

DNS-Namen bestehen aus mehreren Teilnamen, die durch Punkte voneinander getrennt sind. Der vollständige DNS-Name wird auch als FQDN (**F**ully **Q**ualified **D**omain **N**ame) bezeichnet.

FQDN

Host-Name **Computer1.BFW.Hamburg.de** Domain-Name

Der Host-Anteil des DNS-Namens ist häufig auch der NetBIOS-Name des Computers.

In der Host-Datei kann man mithilfe eines einfachen Texteditors die Zuordnung der IP-Adressen zu den DNS-Namen eintragen. Diese Datei muss im Verzeichnis *C:\Windows\system32\drivers\etc* gespeichert werden, damit der Computer sie bei der Namensauflösung findet.

Host-Name
NetBIOS-Name

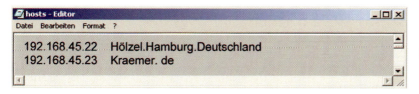

Host-Editor

Bild 2.88: Hosts

Der Computer versucht, zunächst den DNS-Namen mithilfe der Datei Hosts aufzulösen. Gelingt dies nicht, nimmt er Verbindung mit einem DNS-Server auf. Dazu muss er allerdings die IP-Adresse des DNS-Servers kennen. Schlägt auch diese Auflösung fehl, wird der Host-Anteil des DNS-Namens als NetBIOS-Name interpretiert und die NetBIOS-Namensauflösung eingeleitet.

DNS-Server

Durch die NetBIOS-Namensauflösung versucht der Computer, die IP-Adresse zu finden, um anschließend die MAC-Adresse des gewünschten Kommunikationspartners zu ermitteln.

■ 2 Netzwerkbetriebssysteme

2.5 Windows Server 2008 (Codename „Longhorn")

Windows 2008 ist der Nachfolger von Windows 2000/2003 und wird voraussichtlich im Jahr 2008 erscheinen. Ob dieses Betriebssystem unter dem Namen Windows Server 2008 vermarktet wird, ist nicht sicher, aber sehr wahrscheinlich.

Sicher ist, dass es auf Windows 2000/3 basiert und kein völlig neues Betriebssystem ist, sondern nur eine verbesserte Variante aller Vorgänger. Viele Grundfunktionen wie z. B. das ADS (**A**ctive **D**irectory **S**ystem) findet man kaum verändert wieder.

Bild 2.89: Longhorn

Codebasis

In der Betaversion 3 mit dem Codenamen „Longhorn" sind nach Angaben von Microsoft bereits alle Funktionen des zukünftigen Serverbetriebssystems enthalten. Zur Steigerung der Performance werden nur noch Fehler beseitigt und Code-Optimierungen durchgeführt.

Die Codebasis ist in XP und Windows 2003 getrennt entwickelt worden. Jeder Fehler musste daher getrennt getestet und entfernt werden. Diese Doppelarbeit hat Microsoft inzwischen beseitigt, indem es die Codebasis von Vista und Windows 2008 wieder zusammengeführt hat. Dadurch sind die Kernkomponenten in Vista und 2008 identisch.

2.5.1 Technische Neuerungen

Nach Angaben von Microsoft ist Windows Server 2008 ein flexibles und robustes Server-Betriebssystem. Für alle Einsatzbereiche und Anwendungsanforderungen stehen neue Technologien wie erweiterte Netzwerk- und Clusteringfunktionen, Server Core, PowerShell und Windows Deployment Services bereit.

■ **Windows PowerShell**

Mit dieser neuen Befehlszeilen-Shell mit über 130 Tools und einer eingebauten Skriptsprache können Skripte ohne Programmierkenntnisse erstellt werden. Diese Skripte gestatten es Administratoren, wiederkehrende Verwaltungsaufgaben leichter zu steuern und zu automatisieren.

Skripte

■ **Windows Deployment Services (WDS)**

Netzinstallation

Dieser Dienst ist die aktualisierte und neu gestaltete Version des Remote Installation Services (RIS). Mithilfe von WDS können Windows Server 2008 und Windows Vista über das Netz auf Computern installiert werden, auf denen noch kein Betriebssystem vorhanden ist.

2.5 Windows Server 2008 (Codename „Longhorn")

■ Server-Core

Core heißt übersetzt Prozessorkern. Ursprünglich bezeichnete man den CPU-Block ohne Cache als Core. Inzwischen wird dieser Begriff für die gesamte Technik auf dem Siliziumchip des Prozessors eingesetzt.

Unter Server-Core versteht man eine stark reduzierte Version des Betriebssystems Windows 2008 ohne **GUI** (**G**raphical **U**ser **I**nterface). Diese grafische Oberfläche hat die Aufgabe, Anwenderprogramme mithilfe einer Maus visuell bedienbar zu machen. Zeilenorientierte Eingaben sind dann nicht mehr notwendig. Es gibt jedoch Anwendungen wie z. B. Notepad, Task-Manager oder Regedit, die ohne GUI gestartet werden können. Microsoft hat sich gegen diese abgespeckte Version seines Betriebssystems lange gewehrt, aber sie letztendlich aus Konkurrenzgründen dennoch herausgebracht.

Minimalversion

■ Arbeitsspeicher

Im Vergleich zu Windows 2003 bietet 2008 eine wesentlich effizientere Speicherverwaltung. Es gibt keinen Unterschied mehr zwischen Cache und Anwenderspeicher. Der gesamte Speicherbereich kann kurzfristig für Caching oder Anwenderspeicher genutzt werden.

Cache

■ NTFS

Das Dateisystem NTFS wurde weiterentwickelt und verbessert. Im laufenden Betrieb können z. B. mit CHKDSK viele Arbeiten erledigt werden, ohne dass der Server im Betrieb gestört wird oder ein Neustart erforderlich ist.
Änderungen an mehreren Dateien können gleichzeitig durchgeführt und notfalls rückgängig gemacht werden. Von dieser Möglichkeit profitieren vor allem Anwendungen, die als Server-Cluster ausgelegt sind.

■ Dienste

Dienste, die im Hintergrund ablaufen und vielfältige Aufgaben erfüllen, sind deutlich verbessert und weiterentwickelt worden. Viele Neuerungen bleiben dabei naturgemäß verborgen, wie z. B. das erweiterte SMB-2.0-Protokoll. NTFS-Transaktionen können nun über das Netz durchgeführt und verschlüsselte und komprimierte Dateien im RAW-Format kopiert und gesichert werden. Durch SMB 2.0 können entgegen 1.0 die Clients und Server unabhängig voneinander kommunizieren. Dadurch entsteht eine bessere Performance, weil die Latenzzeiten reduziert werden.
Probleme gibt es allerdings mit UNIX. Noch gibt es keine Version, die mit SMB 2.0 zusammenarbeitet.

SMB 2.0

■ Active Directory

Mit dieser verteilten Datenbank wird die zentrale Verwaltung aller Resourcen des Netzes durchgeführt. Bisher wurde auf der gesamten Festplatte, die das Active Directory enthält, der Schreib-Cache abgeschaltet, um die Konsistenz der Datenbank zu gewährleisten. Es ist zzt. noch nicht klar, ob es Microsoft gelingt, diesen Nachteil zu beseitigen.

Die Wiedereinführung eines Backup-Domain-Controllers erinnert an Windows NT 4.0. Dieser Server Read-Only-Domain-Controller (RODC) enthält eine Kopie des Active-Directory und wird bei Ausfall des primären Domain-Controllers automatisch aktiviert, um den Betrieb aufrecht zu halten. Microsoft begründet diesen Schritt mit Sicherheitsaspekten. An Orten, die nicht ge-

RODC

schützt werden können, sollte ein RODC aufgestellt werden, da es hier nicht möglich ist, ein Administrator-Account einzuschmuggeln. Ob dies so funktioniert, sei dahingestellt, immerhin reduziert ein RODC die Last des Netzwerkes.

■ Virtualisierung

OS X

Darunter versteht man die Möglichkeit fremde Betriebssysteme wie z. B. Netware und Linux auf einem Server mit dem Betriebssystem Windows Server 2008 laufen zu lassen. Diese Virtualisierung ist bereits in das Betriebssystem eingebaut und benötigt keine zusätzliche Software. Nur Apple wehrt sich noch, sein Betriebssystem OS X virtuell auf Windowsmaschinen zu implementieren.

■ Sicherheit

Nach Angaben von Microsoft ist Windows Server 2008 bislang das sicherste Betriebssystem. Ein Höchstmaß an Schutz für das Netzwerk und die Daten wird durch zahlreiche Neuerungen wie Netzwerkzugriffsschutz, Datenverschlüsselung, Read Only Controller und Federated Rights Management erreicht.

X.509

Die **Network Access Protection** (**NAP**) ist ein ganz neues Feature, das es unter Windows 2003 nicht gab. NAP regelt den Zugang der Clients zu einem LAN bzw. Netzwerkserver. Dabei können sie ganz oder teilweise vom Netzwerk ausgeschlossen werden, wenn sie nicht dem Standard X.509 entsprechen oder keine Antivirensoftware besitzen. Gästen, die mit einem Notebook ins Netz wollen und die Kriterien nicht erfüllen, kann z. B. der Internetzugang erlaubt, aber der Netzzugriff verweigert werden.

Ein neuer Schutzmechanismus stellt Microsoft **BitLocker** dar. Mit diesem Tool können komplette Festplatten verschlüsselt werden. Selbst wenn sich das System in unautorisierten Händen befindet oder der Server mit einem fremden Betriebssystem gestartet wird, ist es nicht möglich, die Festplatte einzusehen.

■ Web

IIS 7.0

Webinhalte können unter Windows 2008 noch besser als früher sicher und zuverlässig durch den Internet Information Server (IIS) 7.0 bereitgestellt werden. Die modulare Architektur dieses Servers ermöglicht eine vereinfachte Webserver-Verwaltung und stellt eine aufgabenorientierte Verwaltungsschnittstelle dar.

■ Hohe Verfügbarkeit

Eigentlich sollten Server immer verfügbar sein. In der Praxis ist dies leider nicht immer möglich. Erstaunlich ist, dass sogar Server für Bahn- oder Flugtickets ausfallen und alles blockieren. Entscheidende Maßnahme zur Verbesserung der Verfügbarkeit sind Failoverclustering, Netzwerklastenausgleich und die neuen Sicherungs- und Wiederherstellungsfeature in Windows 2008.

Cluster

Failoverclustering (früher Servercluster) bestehen aus mehreren Computern, die über Kabel direkt miteinander verbunden sind und ständig ihre Daten abgleichen. Bei Ausfall eines Computers übernehmen die anderen alle Aufgaben, sodass von außen keine Störung zu erkennen ist. Diese „parallel" geschalteten Computer werden auch als Knoten bezeichnet.

In Windows 2008 wird die Clustereinrichtung und Konfiguration durch einen Prüfungsassistenten vereinfacht.

Netzwerklastenausgleich (NLB) wird benötigt, wenn bei großen Netzen ein Server nicht mehr ausreicht und weitere hinzugefügt werden müssen. NLB sorgt dafür, dass die Lasten gleichmäßig auf die Server verteilt werden. Diese Skalierbarkeit ist eine bedeutende Neuerung in Windows 2008.

Skalierbarkeit

2.5.2 Systemanforderungen

Jede neue Version von Microsoft benötigt einen schnelleren Prozessor, eine größere Festplatte und vor allem mehr Arbeitsspeicher. Trotzdem wird der Computer nicht sichtbar schneller. Ursache ist vor allem die neue grafische Oberfläche, die immer raffinierter und damit „speicherhungriger" wird.

schneller, schneller, schneller!

Komponenten	Minimum	Empfohlen
Arbeitsspeicher	512 MB	4 GB für die 32-Bit-Standard-Edition, 64 GB für die Enterprise- und Datacenter-Edition. 32 GB für die 64-Bit-Standard-Edition.
Festplattenspeicher	10 GB	40 GB für die vollständige Installation. 10 GB für die Core-Version
Prozessor	1 GHz	2 GHz oder höher
Laufwerke	DVD-ROM	DVD-ROM
Grafikkarte	Super VGA	Hochwertige Grafikkarte mit WDDM (Windows Display Drive Modul)

Bild 2.90: Systemanforderungen

Heutzutage gibt es keine Probleme mit der notwendigen Festplattenkapazität. Im Gegenteil, kleine Festplatten mit 10 oder 40 GB sind für Desktop Computer nicht mehr erhältlich. Auch für Notebooks gibt es inzwischen große Festplatten, die bei 80 GB anfangen und zurzeit bei 500 GB enden.

Arbeitsspeicher waren früher sehr teuer. Heute kostet 1 GB nur noch ca. 60 Euro. Die Prozessoren erreichen langsam die technisch realisierbare Geschwindigkeitsgrenze. Dabei muss man jedoch beachten, dass die Geschwindigkeit eines Computers nicht nur vom Prozessortakt abhängt, sondern vor allem von dem Aufbau des äußeren Bussystems. Die vielen parallelen Leitungen auf dem Motherboard, die Kabel und Steckverbindungen sind nicht hochfrequenztauglich.

2.5.3 Produktpalette

Microsoft bietet unter dem Begriff Windows Server 2008 verschiedene Versionen an. Genau genommen gibt es nur eine Version, die abgespeckt unter verschiedenen Namen verkauft wird. Meist merkt man erst nach der Installation, welche Inhalte fehlen, dann ist es jedoch zu spät und der Kauf einer teureren Version unumgänglich. Vista ist dafür ein gutes Beispiel. Will man Vista als Client für Windows 2008 einsetzen, darf man nicht die Home-Versionen wählen, weil dann die Computer nicht in die Domäne integriert werden können.

■ 2 Netzwerkbetriebssysteme

Versionen	Beschreibung
Windows Server 2008 Standard Edition	Diese Edition kann als vollständige Version oder als Core (Minimalversion) installiert werden.
Windows Server 2008 Enterprise Edition	Diese Edition ist eine Erweiterung der Standard-Edition mit einer größeren Skalierung, einer höheren Verfügbarkeit und Enterprise Technologie wie z. B. Clustering und Active Directory Federation Services.
Windows Server 2008 Datacenter Edition	Diese Version beinhaltet die Enterprise-Edition mit einem Support für alle Prozesse und das Recht, alle anderen Betriebssysteme virtuell zu installieren.
Windows Web Server 2008	Diese Edition ist kein Betriebssystem, sondern ein Web- und Applikations-Server.
Windows Server 2008 for Itanium-based Systems.	Gleiche Funktion wie der Web-Server, aber auf Intel Itanium 64-Bit-Prozessoren.

Bild 2.91: Produktpalette

2.5.4 Installation

Für die Installation wird ein DVD-Laufwerk benötigt, weil das Betriebssystem Windows 2008 mindestens 2,5 GB groß ist. Die eigentliche Installation funktioniert bereits in der Beta-3-Version ohne Probleme. Vorher sollte jedoch folgende Auswahl vorgenommen werden:

1. Computername — Hier kann ein beliebiger Host-Name gewählt werden.
2. IP-Adresse — Der Server benötigt in der Regel eine statische IP-Adresse, weil er diese von keinem anderen Server beziehen kann.
3. Arbeitsgruppenname Domänenname — Arbeitsgruppen sind nur in Peer-to-Peer-Netzen nötig. In serverbasierenden Netzen ist die Domäne Grundlage aller Vorgänge.
4. DHCP — In größeren Netzen ist ein DHCP-Server unumgänglich, weil es viel zu umständlich wäre, die IP-Adressen im Netz von Hand zu vergeben.
5. DNS — Ein DNS-Server ist die Quelle der Zuordnung von IP-Adressen zu Namen. Ohne ihn müsste im Internet statt der URL die jeweilige IP-Adresse eingegeben werden, was sehr umständlich wäre.
6. Administratorpasswort — Hier ist äußerste Vorsicht geboten. Immerhin hat der Administrator alle Rechte im Netz. Deshalb sollte das Passwort aus Groß- und Kleinbuchstaben und Zahlen bestehen. Außerdem empfiehlt es sich, dieses Passwort in einem Safe aufzubewahren, damit im Notfall autorisierte

	Personen Zugriff auf das Passwort erhalten können.
7. Dateisystem	Das FAT-Dateisystem ist überholt, weil das NTFS-Dateisystem auch auf Dateiebene Schutz vor unbefugtem Zugriff gewährleistet.
8. Primäre Partition	Neben der primären Partition sollte man mindestens eine weitere für Programme bzw. Daten erstellen. Die primäre Partition sollte ausschließlich für das Betriebssystem reserviert werden.

2.5.5 Roles

Nach der Erstinstallation ist der Computer noch kein Server, sondern lediglich eine Workstation, die in eine Arbeitsgruppe oder Domäne eines anderen Servers integriert werden kann.

Wie unter Windows 2003 muss der Computer noch spezifiziert werden. Unter Windows 2008 nennt man dies Roles. Frei übersetzt bedeutet dies, welche Rolle der Computer im Netz spielen soll. Dabei gibt es mehrere Möglichkeiten:

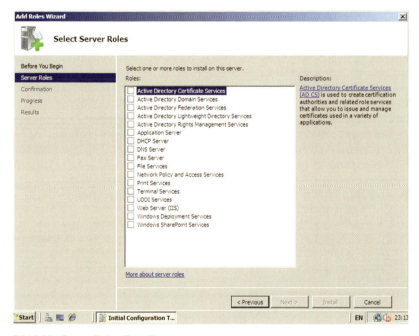

Bild 2.92: Server Roles (Beta 3)

Bild 2.92 zeigt, welche „Rollen" der Computer im Netz einnehmen kann. Mit *Active Directory* Services wird der Computer zum primären Domänencontroller. Selbstverständlich muss auch ein DHCP- und DNS-Server installiert werden.

Serverrolle

2.5.6 Lokale Computer

Leider gibt es unter Windows 2008 immer noch die Doppelrolle des Servers als lokalem Computer und Domänencontroller. Nach der Erstinstallation ist der Windows Server 2008 ein Client, der ziemlich genau Windows Vista entspricht. In dieser Rolle kann Windows 2008 in eine Arbeitsgruppe integriert und lokale Benutzer und Gruppen im Computer-Management eingerichtet werden.

Allerdings können in der Rolle als Domänencontroller aus Sicherheitsgründen keine Arbeitsgruppen, lokale Benutzer und Gruppen angelegt werden.

Bild 2.93: Lokale Benutzereinrichtung (Windows 2008 als Client)

2.5.7 Domänencontroller

Der Computer wird zu einem Domänencontroller, indem man unter Server Roles das Activ Directory Domän Services installiert. Danach ist der Computer ein richtiger Netzwerkserver, mit dem große Netzwerke mit vielen Clients verwaltet werden können. Diese Verwaltung besteht hauptsächlich aus folgenden Aufgaben:

Richtlinien

1. Richtlinien konfigurieren, die alle Objekte des ADS betreffen.
2. Benutzer zu der Domäne hinzufügen und den Zugriff konfigurieren.
3. Gruppen entsprechend der Firmenstruktur definieren und die Benutzer diesen Gruppen hinzufügen.
4. Berechtigungen für den Zugriff auf Ordner und Dateien vergeben.
5. Anwendersoftware installieren und dem Netz zur Verfügung stellen.
6. Überwachung der Systemabläufe mit den entsprechenden Tools.
7. Datensicherung durchführen bzw. diese Sicherung automatisieren.
8. Die interne und externe Sicherheit durch Firewalls und andere Maßnahmen gewährleisten.
9. Dokumentation aller Vorgänge, um Sicherheitslücken aufzuspüren.

2.5.8 Serverbasierende Netzwerke

Im Gegensatz zu Peer-to-Peer-Netzwerken besitzen serverbasierende Netzwerke mindestens einen Domänencontroller als zentrale Datenbank. Da bei Ausfall dieses Servers unter Umständen alle Daten verloren gehen und das Netz nicht mehr funktionstüchtig ist, sollte mindestens ein zweiter Domänencontroller installiert werden. Nachteilig ist, dass der primäre Domänencontroller seine Daten ständig über das Netz zum zweiten Domänencontroller übertragen muss. Unter Umständen kann eine zusätzliche Sicherheitslücke entstehen, da nun zwei Domänencontroller vor unbefugtem Zugriff geschützt werden müssen. Microsoft hat dieses Problem etwas minimiert, indem der zweite Domänencontroller nur als RODC (Read Only Domain Controller) konfiguriert wird, und da auf diesem „Nur-Lese-Controller" niemand Daten verändern kann, braucht er auch nicht so streng überwacht zu werden.

zentrale Datenbank

RODC

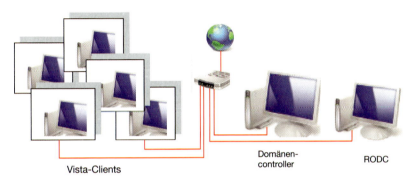

Bild 2.94: Serverbasierendes Netzwerk

Bild 2.94 zeigt, dass serverbasierende Netzwerke aus sehr vielen Clients, einem Domänencontroller und einem RODC bestehen. Statt Vista-Clients lassen sich auch XP-Clients oder Windows-2000-Clients hinzufügen. Sogar Computer fremder Betriebssysteme wie Linux, Netware (OES) und Apple können integriert werden, wenn sie das IP-Protokoll und das SMB-Protokoll unterstützen.

■ Anmeldevorgang
Auf dem Server wurde während der Installation ein Domänenadministrator eingerichtet, mit dem man sich in die Domäne anmelden kann.
Wie unter Windows 2000/3 muss man zunächst die Tastenkombination Strg + Alt + Entf drücken, um zu verhindern, dass trojanische Pferde die Passwörter ausspionieren können. Danach kann man sich durch Eingabe des Benutzernamens und des Passwortes einloggen und das System administrieren.

Auf allen Netzwerk-Clients besteht die Möglichkeit, sich lokal am Computer oder auf dem Server in die Domäne anzumelden. Voraussetzung ist, dass der Computer in die Domäne integriert ist und man einen gültigen Account in der Domäne besitzt. Auch lokal ist ein gültiger Account auf dem lokalen Computer notwendig.

■ **Abmelden**

Wie unter Windows 2000/3 muss unter Windows 2008 der Grund für das Herunterfahren des Servers angegeben werden. Ein Grund könnten z. B. Wartungsarbeiten sein.

2.5.9 Benutzerverwaltung

Die Verwaltung aller Benutzer, Gruppen und die Vergabe der Zugriffsrechte werden im ADDS (Active Directory Domän Services) vorgenommen.

Bild 2.95: ADDS

Dieser Service ist unter *Start*, *Administrative Tools*, *Active Directory Users and Computers* zu finden.

Bild 2.96: Benutzer

Wie in Windows 2000/3 gibt es in Windows 2008 von Microsoft bereits vorgefertigte Benutzer mit den entsprechend vorkonfigurierten Aufgaben und Rechten. In Bild 2.96 ist nur der Benutzer *hoelzel* hinzugefügt worden, alle anderen sind nach der Installation bereits vorhanden.

Bild 2.97: Gruppen

Wie in Windows 2000/3 gibt es in Windows 2008 viele von Microsoft vorkonfigurierte Gruppen. Das erspart dem Administrator viel Arbeit, weil diese Gruppen für bestimmte Aufgaben nicht mehr selbst erstellt werden müssen.

2.5 Windows Server 2008 (Codename „Longhorn")

Neue Benutzer sollten im Verzeichnis *users* erstellt werden. Dazu öffnet man das Kontextmenü des Verzeichnisses und wählt den entsprechenden Eintrag aus.

Bereits auf den ersten Blick ist zu erkennen, dass sich hier Windows Server 2008 nicht von seinen Vorgängern unterscheidet. Sogar die Optik ist unverändert.

Mit dem Registerblatt des Benutzers können viele sinnvolle Einstellungen vorgenommen werden.

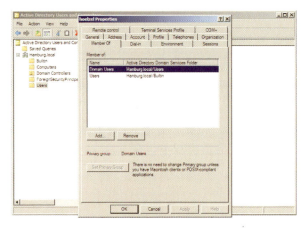

Bild 2.98: Benutzereinrichtung

Der Administrator kann bestimmen, ob der Benutzer bei der nächsten Anmeldung sein Passwort ändern darf. Dies ist sehr sinnvoll, weil der Administrator das Kennwort aus rechtlicher Sicht nicht kennen sollte. Außerdem kann der Administrator festlegen, ob der Benutzer sein Passwort ständig oder nie ändern darf. Auch der Ablauf des Benutzerkontos, sein Account, kann festgelegt werden. Diese Einstellung macht nur Sinn, wenn Benutzer nur vorübergehend das Netz nutzen.

■ Profile und Basisordner

Jeder Benutzer möchte nach dem Einloggen in die Domäne immer die gleichen Objekte auf dem Desktop vorfinden und benutzen können. Dieser Wunsch wird unter Windows-Programmen automatisch erfüllt, indem der Bildschirminhalt und alle Objekte beim Herunterfahren des Computers gespeichert und beim Herauffahren wieder geladen werden. Veränderungen sind möglich und werden beim nächsten Anmelden wirksam. Das hat Vorteile, aber auch Nachteile, da der Inhalt des ursprünglichen Bildschirmes und dessen Objekte verloren gehen. In diesem Fall kann der Administrator den ursprünglichen Bildschirminhalt „einfrieren", indem er die Endung der Datei *ntuser.dat* auf *ntuser.man* ändert. Der Benutzer kann nun die grafische Oberfläche seines Bildschirmes „verwüsten", bei der nächsten Anmeldung erscheint wieder der ursprüngliche Bildschirminhalt.

ntuser.man

Der Basisordner wird auch als Homeverzeichnis bezeichnet. Diese Einrichtung ist Linuxbenutzern seit Langem bekannt, denn auch dort hat jeder Benutzer ein Homeverzeichnis, in dem er seine Daten ablegen kann. In serverbasierenden Netzwerken ist es sinnvoll, diesen Ordner nicht lokal zu erstellen, sondern auf dem Server. Von jedem Netzwerkcomputer ist dieser Ordner dann zu erreichen.

Homeverzeichnis

2.5.10 Berechtigungen

Durch die Berechtigungen kann der Administrator bestimmen, wie die einzelnen User die Verzeichnisse, Ordner und Dateien auf den Server benutzen dürfen. Er kann z. B. festlegen, ob sie diese nur lesen oder auch verändern dürfen.

Grundsätzlich gibt es drei unterschiedliche Rechte:

- die Freigabeberechtigung
- die NTFS-Berechtigungen und
- die Benutzerrechte.

2.5.10.1 Freigabeberechtigungen

Bild 2.99: Network and Sharing Center

Wie unter Windows 2000/3 wirken diese Berechtigungen auch unter Windows 2008 nur bei Netzzugriffen und nicht lokal. Sie können auch nur auf Verzeichnisse und Ordner vergeben werden und nicht auf Dateien. Allerdings vererben sich die Freigabeberechtigungen auch auf alle Dateien innerhalb eines Ordners. Damit ist eine individuelle Einstellung für Dateien nicht möglich.

Mit dem *Network and Sharing Center* werden keine individuellen Freigaben vergeben, sondern nur die generelle Möglichkeit, Objekte dem Netz zur Verfügung zu stellen. Mit dem *Network discovery* kann der Computer andere Computer im Netz sehen. Mit *File Sharing* werden Verzeichnisse, Ordner und Dateien im Netz sichtbar und können von anderen Computern wie eigene Objekte genutzt werden.

Mit *Public folder sharing* kann der öffentliche Ordner dem Netz zur Verfügung gestellt werden. *Password protected sharing* ermöglicht den Zugriff nur unter Angabe eines Passwortes.

■ **Individuelle Freigaberechtigungen**
Diese werden für Laufwerke und Ordner individuell vergeben. Dabei gibt es die Rechte *full control*, *change* und *read*.

2.5.10.2 NTFS-Berechtigungen

Voraussetzung ist ein NTFS-Dateisystem, das unter Windows 2000/3/8 standardmäßig installiert wird. Vorteil ist, dass sich nicht nur Ordner, sondern auch Dateien vor unbefugten Zugriffen schützen lassen. Windows 2008 bezeichnet diese Rechte als Security. Es gibt die Rechte *full control*, *modify*, *read & execute*, *read*, *write* und *special permissions*.
In Bild 2.100 hat das System alle Rechte, weil diese unter *allow all* gesetzt sind. *Deny* bedeutet verweigern und hat Vorrang vor gesetzten Rechten.
Kombinationen aus mehreren NTFS-Berechtigungen durch Benutzer- und Gruppenrechte addieren sich.

NTFS-Berechtigungen vererben sich auf alle Unterordner und Dateien. Allerdings können sie bei den Unterordnern und Dateien neu gesetzt werden und damit die Vererbung aufheben.

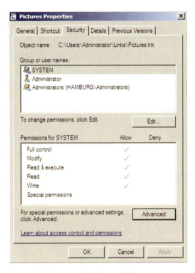

■ Effektive Rechte
Ein Benutzer kann durch Freigabeberechtigungen, NTFS-Berechtigungen und Benutzerrechte Zugriffe auf Ordner und Dateien erhalten. Diese Rechte können sich dabei überschneiden und teilweise gegeneinander aufheben. Welche Rechte letztendlich wirken, ist nur durch die Ermittlung der effektiven Rechte möglich. Dabei gilt die Regel, dass die restriktiveren Rechte Vorrang haben. Darf z. B. ein Benutzer einen Ordner durch Freigabeberechtigungen lesen und verändern, aber über NTFS-Berechtigungen nur lesen, gilt das restriktivere Recht *lesen*.

■ Policy
Diese Rechte bzw. Regeln und Verhaltensweisen werden nicht für einzelne Objekte aufgestellt, sondern für

Bild 2.100: NTFS-Berechtigungen

- Gruppen (Group Policy Management)
- Lokale Computer (Local Security Policy)
- Netzwerke (Network Policy Server)

In den lokalen Richtlinien kann z. B. der Administrator die Schreibweise der Passwörter festlegen, an die sich alle Benutzer halten müssen. Mit Gruppenrichtlinien kann der Administrator Einstellungen erzwingen. Auch im Netzwerk kann der Administrator Richtlinien aufstellen, die von allen Clients eingehalten werden müssen.

2.5.11 Back-up

Back-up ist seit jeher Bestandteil in Windows-Programmen, schließlich kann jede Festplatte einmal kaputt gehen. Dabei werden ihre Daten unweigerlich zerstört, was für eine Firma fatale Folgen haben kann. Rechtsanwälten wird vom Gesetzgeber eine Datensicherung sogar vorgeschrieben.
In Windows 2008 wird diese Datensicherung nicht mehr auf Streamern durchgeführt, sondern auf anderen Festplatten bzw. DVD-Datenträger. Dabei wird immer die ganze Festplatte kopiert, eine inkrementale Sicherung ist jedoch auch möglich.

2.5.12 Anwenderprogramme

Die einfachste Art wäre, auf allen Clients die erforderlichen Anwenderprogramme lokal zu installieren. Besser ist es, die Software nur einmal auf dem Server als Image zu speichern und allen Clients den Zugriff auf das Programm zu gewähren. Dabei gibt es folgende Methoden:

Office

237

1. Die Clients erhalten das Recht, das Programm vom Server vollständig auf ihren Computer zu installieren.
2. Auf den Clients wird nicht das Programm installiert, sondern nur notwendige Treiber und Startsequenzen. Bei Aufruf des Programms wird es dann temporär auf die Clients geladen.

2.5.13 Druckverwaltung

MMC

In großen Netzwerken gibt es nicht nur einen Drucker, sondern eine große Anzahl verschiedener Drucker. Das Installieren und Verwalten ist zeitaufwendig und verursacht Kosten. Durch das neue MMC-Snap-In in Windows Server 2008 können Administratoren alle Drucker des Netzes von einer einzigen Stelle aus verwalten und Probleme lösen. Die Druckverwaltung bietet Informationen über den Status der Drucker und Druckserver an. So kann der Administrator rechtzeitig erkennen, wenn z. B. das Druckpapier oder der Toner zu Ende geht und Gegenmaßnahmen einleiten.

2.5.14 Windows Server 2008 R2 (Release 2)

Windows Server 2008 ist bei den Kunden gut angekommen und deshalb in der Version R2 nicht grundlegend erneuert worden. Allerdings wurde diese Version besonders auf Windows 7 abgestimmt.

Verbesserungen und Neuheiten beziehen sich hauptsächlich auf die Virtualisierung und Verwaltung. Durch ein verbessertes Scripting will Microsoft gegenüber Linux punkten.

■ VirtualBox

64 Bit

Windows Server 2008 R2 gibt es nur noch als 64-Bit-Variante. Möchte man diese Version dennoch auf einem 32-Bit-Rechner testen, muss man die Virtualisierungssoftware VirtualBox vorher installieren.

■ Core Parking

Wie der Name schon andeutet, werden nicht immer alle Kerne eines Prozessors aktiviert, sondern nur so viele, wie gerade notwendig sind. Dabei wird die Applikation zunächst nur auf einen Kern verteilt und der nächste erst aktiviert, wenn dies erforderlich ist. Das spart Energie, ohne auf Rechenleistung verzichten zu müssen.

■ Applikationsserver

Die Neuerungen des Information Services 7.5 lassen Anwendungen schneller ablaufen, ohne dabei mehr Systemressourcen zu verbrauchen. Der Practice Analyser scannt automatisch die Serverkonfiguration und schlägt Verbesserungen vor.

■ Kommandozeile

Ähnlich wie unter DOS kann man den Server über die Eingabe von Kommandos verwalten. Dafür gibt es in Windows Server 2008 R2 eine erweiterte Powershell.

■ Virtualisierung

Virtualisierung ist das Zauberwort aller Software- und Betriebssystemanbieter. Ursache sind die neuen leistungsstarken Rechner, die in der Regel nicht ausgelastet sind. Deshalb ist es kostengünstiger, virtuelle PCs auf diesen schnellen Rechnern zu installieren, als neue Hardware anzuschaffen. Unterstützt wird diese Technologie durch Prozessoren mit mehreren Kernen.
Dabei unterscheidet man:

- Softwarevirtualisierung
- Systemvirtualisierung
- Hardware-Emulation
- Hardware-Virtualisierung

Die **Softwarevirtualisierung** simuliert ganze Betriebssysteme oder nur einzelne Anwendungen. Die **Systemvirtualisierung** nutzt die Funktion eines **VMM** (**V**irtuell **M**achine **M**onitor), der die Ressourcen entsprechend verteilt. Alle virtuellen Rechner erhalten alle Hardware-Komponenten des nativen (real vorhandenen) Rechners. Die Kernel des Prozessors werden dabei auf die einzelnen virtuellen Systeme aufgeteilt (Microsoft Virtual PC, VirtualBox, VMware Workstation).

VMM

Die **Hardware-Emulation** ermöglicht einem Betriebssystem, das für eine andere CPU entwickelt wurde, auf dem Rechner zu laufen.
Bei der **Hardware-Virtualisierung** werden nur Teile der nativen Hardware virtuell zur Verfügung gestellt. Natürlich muss diese Zuteilung reichen, um ein Gastbetriebssystem starten zu können. Dabei muss das Gastbetriebssystem für den gleichen CPU-Typ ausgelegt sein.

> ■ Ziel der Virtualisierung ist es, die vorhandene Hardware besser auszunutzen, die Verwaltung zu vereinfachen und Kosten zu sparen.

■ Hyper-V

Diese Servervirtualisierung wurde in Windows 2008 R2 nochmals verbessert und die Geschwindigkeit der virtuellen Rechner gesteigert. Dies gelang durch die Unterstützung der **S**econd **L**evel **A**ddress **T**ranslation (**SLAT**), die neue Funktionen der Prozessoren unterstützt.

SLAT

■ Verfügbarkeit

Server sollen ständig zur Verfügung stehen und möglichst nicht ausfallen. Dennoch müssen sie zu Wartungszwecken ab und zu abgeschaltet werden. Mit Windows 2008 R2 ist es zum ersten Mal möglich, die virtuellen Server eines physikalischen Servers vorübergehend auf einen anderen physikalischen Rechner mit wenigen Mausklicks zu übertragen, ohne dass der laufende Betrieb gestört wird.

■ Management

Außer der verbesserten Management-Konsole für Hyper-V gibt es für große Systeme mit heterogenen Betriebssystemen die neue Verwaltungssoftware **S**ystem **C**enter **V**irtual **M**achine **M**anager (**SCVMM**). Mit dieser zentralen Verwaltungsoberfläche für virtuelle Infrastruktur behalten Administratoren weitgehend die Übersicht über die einzelnen Systeme.

SCVMM

■ Bereitstellung

VHD

Microsoft hat das virtuelle Festplattenformat VHD eingeführt, mit dem Computer auch von einer lokalen VHD-Datei auf der lokalen Festplatte gestartet werden können. Außerdem können VHD-Files über virtuelle SCSI-Controller angeschlossen und entfernt werden.

■ Virtuelle Arbeitsplatzrechner

RDS

Die bekannten Terminal-Services sind in Windows 2008 R2 durch **RDS** (Remote Desktop Services) abgelöst worden. Mit der neuen Funktion **V**irtual **D**esktop **I**nfrastructure (**VDI**) kann man mithilfe von Hyper-V Client-Computer virtualisieren und im Rechenzentrum auf einem virtuellen Server speichern. Auf dem Client-Rechner sieht es so aus, als wenn alles lokal ablaufen würde. Allerdings wird bei jeder Aktivität ein Fernzugriff auf die virtuelle Welt des Rechenzentrums notwendig. Dieser Nachteil wird durch den Vorteil der einfacheren Verwaltung des Client auf dem Server des Rechenzentrums wettgemacht.

■ Hardwarevoraussetzungen

Microsoft verlangt für das Betriebssystem Windows 2008 R2 folgende Hardwarevoraussetzungen:

Komponenten	Anforderungen
Prozessor	Minimum: Singel Prozessor mit 1,4GHz (X64 Prozessor) oder 1.3GHz (Dual Core Prozessor)Hinweis: Für Itanium-Based Systeme wird ein Itanium 2 Prozeessor benötigt
Arbeitsspeicher	Minimum: 512 MB RAM. Maximum: 8 GB für die Fountation Version, 32 GB für die Standard Version oder 2 TB für die Versionen Enterprise, Datacenter und Itanium-Based
Festplatte	Minimum: 32 GB oder größer. Hinweis: Computer mit mehr als 16 GB RAM benutzen mehr Speicherplatz auf der Festplatte für die Simulierung von Arbeitsspeicher.
Laufwerke	DVD-Laufwerk, Tastatur und Maus
Display	Super VGA (800 × 600) oder höhere Auflösung des Monitors

■ Editionen

Für die verschiedenen Anforderungen von Unternehmen an Servern und Einsatzgebieten bietet Microsoft 7 verschiedene Versionen von Windows 2008 R2 an, die sich nicht nur durch ihre Funktionen, sondern vor allem durch ihren Verkaufspreis unterscheiden.

Edition	Funktion
Windows Server 2008 R2 Foundation	Dieses Produkt der Einsteigerklasse ist für kleine Unternehmen gedacht, die einfache Geschäftsanwendungen einsetzen.
Windows Server 2008 R2 Standard	Diese sehr robuste Version bietet für mittlere Unternehmen alle Funktionen für die Lösung ihrer Geschäftsanwendungen einschließlich der Virtualisierung von Computerfunktionen.

Edition	Funktion
Windows Server 2008 R2 Enterprise	Unternehmenskritische Einsatzgebiete werden zuverlässig durch eine fortschrittliche Serverplattform unterstützt. Besonders die innovativen Funktionen zur Virtuallsierung steigern die Effizient dieser Version.
Windows Server 2008 R2 Datacenter	Besonders große Firmen werden diese Version einsetzen, um große Netze sicher zu verwalten.
Windows Web Server 2008 R2	Das Einsatzgebiet reicht von einem dediziertem Webserver bis hin zu einer Webserverfarm
Windows HPC Server 2008	Diese umfassende und kostengünstige Edition bietet eine extrem hohe Rechenleistung, HPC-Dienst für Exel, die Fähigkeit zum Hinzufügen von Windows 7 Arbeitsstationen als Computerknoten und die Integration von SharePoint und Windows HPC Servern.
Windows Server 2008 R2für Itanium-Based Systeme	Itanium-Based Systeme helfen dabei die Grundlage für eine dynamische IT-Infrastruktur zu schaffen.

2.6 Mac OS X

Mac OS X ist ein Betriebssystem der Firma Apple. OS ist die Abkürzung für Operating System (dt. Betriebssystem), der Buchstabe X soll einerseits auf die Zahl 10 verweisen, anderseits auf andere Unix-Varianten, die immer mit einem X enden. Apple selbst spricht von Mac OS Ten, viele deutsche Benutzer sprechen von Mac OS Zehn oder sprechen es aus, wie es geschrieben wird.

OS Ten

■ Aufbau

OS X besteht aus vier Schichten:

- Aqua
- Frameworks
- Grafik-System
- Darwin

Aqua
Frameworks (Carbon, Cocoa, Java)
Grafik (Quartz, OpenGL, QuickTime)
Darwin

Analog zu Windows Vista wirkt die neue Oberfläche von Mac OS X transparent und soll an eine Wasseroberfläche erinnern. Deshalb wird sie auch als **Aqua** (Wasser) bezeichnet. Dieser Effekt wird durch gezeichnete Lichteffekte wie Reflexionen und Schatten hervorgerufen. Die feinen Linien der Fenster und die ausgefeilten Icons erwecken einen vornehmen Eindruck. Fenster, die eine Hardware darstellen, erscheinen in einer Brushed Metal (gebürstetes Metall) Optik.

Neue Elemente wie *sheets* und *drawers* sollen die Übersichtlichkeit erhöhen. Sheets sind kleine Fenster, die an Dokumenten angehängt werden, um für den Benutzer ersichtlich zu machen, welches Dokument zu einer geöffneten Dialogbox gehört. Drawers sind Schubladen, die links und rechts im Hauptfenster ausgefahren werden können. Diese enthalten Elemente, die nicht dauernd benötigt werden.

Aqua

■ 2 Netzwerkbetriebssysteme

Frameworks wird in der objektorientierten Softwareentwicklung verwendet und ist selbst kein fertiges Programm, sondern ein Rahmen, in dem der Programmierer eine Anwendung erstellt. Um Programme von OS auf OS X zu portieren, entwickelte Apple eine Sammlung von Programmierschnittstellen, die mit dem Namen Carbon (dt.: Kohlenstoff) bezeichnet werden. Warum Apple diesen Namen gewählt hat, bleibt ein Geheimnis.

Cocoa

Eine weitere objektorientierte API für das Betriebssystem OS X ist **Cocoa** (Kakao). Früher war es eine Multimedia-Entwicklungsumgebung von Apple für Kinder, dann wurde es von der Firma NeXT weiterentwickelt und heute besteht es hauptsächlich aus zwei Frameworks Foundation und Application Kit. In neueren Systemen kommt eine HTML-Komponente namens WebKit hinzu.

Java ist nicht nur eine Programmiersprache, sondern eine vollständige Betriebssystemumgebung für unterschiedliche Einsatzzwecke. Auch Maschinen sollten darüber gesteuert werden. Die weite Verbreitung gelang erst mit der Implementierung von Java in den Internetbrowser Netscape Navigator.

Das **Grafiksystem** besteht aus mehreren Komponenten. Die Grafikschicht des Mac OS X ist Quarz, eine Bibliothek für 2-D-und 3-D-Grafiken. Vista benutzt eine ähnliche Technik, die Microsoft als Windows Präsentation Foundation bezeichnet. Das Ergebnis ist daher vergleichbar.

API

OpenGL (Open Graphics Library) ist ein API (Application Programming Interface) zur Entwicklung von 3-D-Computergrafiken. Sie ist plattformunabhängig, d. h. sie kann auf allen Betriebssystemen eingesetzt werden und ist unabhängig von Programmiersprachen. Mehr als 250 Befehle erlauben die Darstellung der Grafiken in Echtzeit. Deshalb ist dieser OpenGL-Standard besonders für Grafikkarten interessant.

QuickTime wurde anfangs nur für die Macintosh-Plattform entwickelt und konnte ohne zusätzliche Hardware digitale Videos abspielen. Inzwischen gibt es auch eine Version für Windows. In QuickTime wurde der ISO-Standard MPEG-4 integriert. Dadurch eignet es sich besonders gut, um Audio- und Videodateien über Internetseiten zu verbreiten.

Mac OS X basiert auf dem UNIX-Betriebssystem **Darwin** der Firma Apple und wird unter der Apple Public Source herausgegeben. Der Hybridkernel Kernel XNU verbindet dabei einen monolithischen Aufbau mit dem eines Microkernels.

2.6.1 Apple-Computer

Die Firma Apple mit Sitz in Cupertino (Kalifornien) ist nicht nur ein Computerhersteller, sondern auch ein Hersteller von Unterhaltungselektronik, Betriebssystemen und Anwendersoftware. iPod ist z. B. der erfolgreichste Mediaplayer und hat Apple enorme Verkaufszahlen und Einnahmen beschert.

Die Computer von Apple zeichnen sich durch ein außergewöhnliches Design aus. Deshalb ist es für viele Menschen etwas Besonderes, einen Mac zu besitzen. Macs sind teurer als andere PCs.

2.6 Mac OS X

Bild 2.101: Produktpalette von Apple

■ Technische Ausstattung

Der Mac ist nicht modular aufgebaut wie die meisten anderen PCs, sondern monolithisch, d. h. dass alle Funktionen auf einer einzigen Platine untergebracht sind. Der iMac ist z. B. nur durch externe Anschlüsse erweiterbar. Vorteilhaft ist, dass die Entwicklung der Hard- und Software in einer Hand liegt und dadurch gut aufeinander abgestimmt ist. Alle anderen Betriebssysteme wie Windows, Novell und Linux müssen mit fremder Hardware zurechtkommen, die von vielen unterschiedlichen Firmen entwickelt werden. Die Abstimmung bleibt dabei manchmal auf der Strecke.

Seit Januar 2006 benutzt Apple ausschließlich Intel-Prozessoren.

■ Produktpalette

Produkt	Beschreibung
Mac mini	Im Lieferumfang ist zwar keine Tastatur, Maus und Monitor enthalten, dafür ist er aber das preiswerteste Modell. Er hat ein DVD-Laufwerk und wird mit dem Betriebssystem Mac OS X ausgeliefert.
iMac	Der iMac ist ein All-Included-Modell, weil Monitor und PC in einem Gehäuse vereint sind. Seitlich besitzt er einen Schlitz für die Aufnahme von DVDs und an der Rückseite die üblichen Anschlüsse wie USB usw. An der Unterseite ist das Gehäuse zu öffnen und der Arbeitsspeicher zu erweitern.
MacPro	Wie der Name schon andeutet, ist dieser Mac ein sehr leistungsfähiger Workstation-Computer, der allerdings seinen Preis hat. Durch die Intel-Prozessoren ist die Stromaufnahme geringer geworden und damit auch die Wärmeentwicklung. Er ist leiser, weil die Kühlung reduziert werden konnte. Er bietet Platz für mehrere Festplatten und optische Laufwerke.

2 Netzwerkbetriebssysteme

Produkt	Beschreibung
MacBook	Das Design dieser Laptops ist sehr ansprechend, obwohl der Bildschirm relativ klein ist. Es gibt eine weiße und wahlweise eine schwarze Ausführung. Nachteilig ist, dass die integrierte Grafikkarte keinen eigenen Speicher besitzt. Den Intel-Core2-Duo-Prozessor gibt es in zwei Ausführungen, die sich in der Geschwindigkeit unterscheiden.
Xserve	Dieser Mac präsentiert sich in einem 19"-Gehäuse und ist vor allem im Profibereich als Datenserver für den Client-Server-Bereich gedacht. Entsprechend hoch ist sein Preis. Durch mehrere Intel-Prozessoren bis 3 GHz können vier Prozessorkerne parallel arbeiten.

Bild 2.102: Mac-Produktpalette

■ **Funktionen der grafischen Oberfläche**

Beim Einschalten des Macs erscheinen am oberen Rand die Menüleiste und am unteren Rand eine Leiste, die als *dock* bezeichnet wird. In diesem *dock* findet man die wichtigsten Programme und Funktionen.

Finder: Finder ist das wichtigste Verwaltungstool, mit dem sich Programme öffnen, Dokumente suchen, bearbeiten und ablegen lassen. Die Verbindung zu anderen Computern ist damit ebenfalls möglich, man kann Dateien suchen, kopieren, ausschneiden und ersetzen.

Dashboard: Mit diesem Symbol lassen sich kleine Applikationen wie Taschenrechner, Kalender, Uhrzeit, Wetternachrichten usw. einblenden.

Safari: Dieser Internetbrowser zeichnet sich besonders durch seine Schnelligkeit aus. Er soll mehrfach schneller als Firefox sein.

System: Mit der Systemeinstellung können persönliche Einstellungen sowie Einstellungen der Hardware, von Internet und Netzwerk, sowie des Systems vorgenommen werden.

Die Symbole der Systemeinstellung sind grafische Steuerungen für UNIX-Einstellungen. Sie lassen sich vollständig umgehen, wenn man im OS X-eigenen Terminalprogramm den Befehl *defaults* startet.

Bild 2.103: Systemsteuerung

244

2.6.2 Netzwerkeinstellungen

In einem Netzwerk muss jeder Computer einen einmaligen Namen und eine einmalige IP-Adresse erhalten. Diese Einstellungen werden im Betriebssystem OS X wie folgt durchgeführt:

1. In den Systemeinstellungen muss zunächst die Registerkarte Netzwerk geöffnet werden.
2. In der „Umgebung" muss ein beliebiger Name für die Netzwerkumgebung eingetragen werden. Man kann mehrere Netzwerkeinstellungen konfigurieren und unter den jeweiligen Namen aktivieren.
3. Unter „Anzeige" wählt man die Netzwerk-Konfiguration, um vorhandene Netzwerke wie Bluetooth, Ethernet, FireWire und Airport auszuwählen. Airport ist der Name des integrierten Wireless Lan.
4. In der „Anzeige" nach Punkt 3 wählt man nun das Netzwerk aus, das konfiguriert werden soll.

Natürlich kann man unter OS X auch die IP-Adresse automatisch mithilfe von DHCP verteilen. Das lohnt sich erst, wenn mehrere PCs miteinander vernetzt sind. Der neue IP-Standard IPv6 kann manuell oder auch automatisch aus der IPv4-Adresse erzeugt werden.

Unter dem Menüpunkt Ethernet lassen sich die MAC-Adresse des Computers ermitteln und weitere Einstellungen der Datenpakete vornehmen.
AppleTalk wird nur noch bei älteren Macintosh-Rechnern eingesetzt. Standardmäßig benutzt OS X das IP-Protokoll.
PPPoE (**P**oint to **P**oint **P**rotocol **o**ver **E**thernet) ermöglicht eine direkte Verbindung zu einem Provider über das Ethernet. Bei Verwendung eines DSL-Modems wie z. B. Sinus 154 wird PPPoE überflüssig, weil es bereite im Modem integriert ist.

Bild 2.104: Konfiguration des Netzwerkes unter OS X

Ein Proxy-Server macht erst in großen Netzwerken Sinn, weil er die Anzahl der Zugriffe auf das Internet reduziert.

Die Umwandlung der IP-Adresse in DNS-Namen muss unbedingt vorgenommen werden. In großen Netzen muss dafür ein DNS-Server konfiguriert werden, in kleinen Netzen kann man auch manuell diese Zuordnung in die Datei *hosts* eintragen.

DNS

■ Arbeitsgruppe
Standardmäßig ist unter OS X eine Arbeitsgruppe mit dem Namen *Workgroup* eingerichtet. Da häufig Windows-Arbeitsgruppen anders benannt werden, empfiehlt es sich hier, den Namen der Windows-Arbeitsgruppe einzutragen.

Diese Einstellung ist unter *Macintosh HD, Programme, Dienstprogramme, Verzeichnisdienste* zu finden. Auf das Schloss muss doppelt geklickt werden, um es zu entriegeln und um sich als Administrator anzumelden. Danach das Protokoll SMB/CIFS anklicken und auf dem folgenden Registerblatt die gewünschte Arbeitsgruppe eintragen.

2.6.3 Netzwerkverbindung

Wenn nur Computer mit den gleichen Betriebssystemen über ein Netzwerk miteinander verbunden werden, spricht man von einem homogenen Netzwerk. Dagegen werden in heterogenen Netzwerken Rechner mit unterschiedlichen Betriebssystemen miteinander verbunden. Im ersten Fall sind die Netzwerkverbindungen unkritisch, weil automatisch alle das gleiche Protokoll benutzen. Computer mit unterschiedlichen Betriebssystemen müssen sich auf das gleiche Netzwerk-Protokoll einigen. In der Regel ist dies das SMB-Protokoll von Windows. Zum Glück ist in OS X dieses Protokoll bereits implementiert worden, sodass die Verbindung mit der „Windows-Welt" auf Anhieb klappt.

SMB

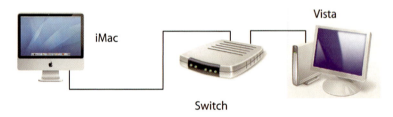

Bild 2.105: OS X mit Windows

Voraussetzung für die Verbindung ist die Aktivierung des SMB-Protokolls auf dem Mac und die Verwendung der gleichen SMB-Version. Leider hat hier Microsoft bereits die Version 2.0 herausgegeben, die für OS X noch nicht zur Verfügung steht.

■ **Durchführung der Verbindung**
Bedingung ist, dass das SMB-Protokoll auf dem Mac-Rechner aktiviert ist. Dazu muss auf dem Mac-Rechner in der Systemsteuerung der Ordner Sharing geöffnet und **Windows Sharing** aktiviert werden. Unter **Accounts** muss der Benutzer angegeben werden, der auf den Mac-Rechner zugreifen möchte. Wenn dort der gewünschte Mac-Besucher nicht vorhanden ist, muss er mithilfe der Benutzereinrichtung erstellt werden.

Sharing

Auf dem Windows-Rechner muss ein Laufwerk oder Ordner freigegeben werden. Die freigegebene Ressource erkennt man an dem „Händchen", die den Ordner oder die Festplatte „trägt".
Zum Schluss wird das Netzwerk von der Festplatte aus geöffnet und in der Arbeitsgruppe die Verbindung zu dem gewünschten Computer hergestellt. Das gelingt nur, wenn auf dem fremden Rechner Ordner oder Laufwerke freigegeben sind.

2.6 Mac OS X

■ Zugriffsrechte

Wie unter Vista gibt es unter OS X einen öffentlichen Ordner und für jeden Benutzer einen privaten Ordner. Während auf den öffentlichen Ordner jeder zugreifen darf, können auf die privaten Ordner nur die Besitzer der Ordner zugreifen. Da alle andern privaten Ordner unsichtbar sind, sind unerlaubte Zugriffe nicht möglich.
Darüber hinaus gibt es für jeden Ordner noch Zugriffsrechte, die der Administrator vergeben kann.

Bilder
Brenn-Ordn
Dokumente
Filme
Library
Musik
Neuer Ordn
Öffentlich
Registrierun
Schreibtisch
Unbenanntv
Verlag
Web-Sites

Ermittlung der Zugriffsrechte:
Der Ordner oder die Datei muss zunächst markiert werden, bevor man im *Finder* unter *Ablage* die Informationen öffnen kann.
Als Erstes werden die Rechte auf dem Ordner angezeigt, die derjenige besitzt, der den Ordner geöffnet hat. Darunter ist aufgeführt, wer Eigentümer dieses Ordners ist und welche Rechte er auf diesen Ordner besitzt. In dem Beispiel Bild 2.106 kann der Besitzer Hans-Joachimhoelzel den Ordner lesen und schreiben. Die Gruppe Hans-Joachimhoelzel darf den Ordner nur lesen, d. h. dass alle Benutzer dieser Gruppe den Ordner ebenfalls lesen dürfen. Im Prinzip gibt es hier Überschneidungen, weil alle Anderen den Ordner sowieso schon lesen dürfen. Die Vererbung *Auf alle Unterordner anwenden* ist mit Vorsicht zu genießen.

Bild 2.106: Zugriffsrechte

■ Gruppen

Wie unter Windows gibt es unter OS X natürlich auch die Möglichkeit, Benutzer in Gruppen zu organisieren. Gruppen erleichtern dem Administrator die Verwaltung der Zugriffsrechte, weil die Zugehörigkeit zu einer Gruppe automatisch auch deren Rechte auf alle Mitglieder überträgt.
In OS X sind bereits eine Menge vorgefertigter Gruppen vorhanden, denen das System automatisch die Computerbenutzer zuweist. Durch die Zugehörigkeit zu der Administratorgruppe erhält z. B. der Benutzer alle Rechte auf dem Computer.
Natürlich kann man auch Gruppen selbst erstellen, und zwar mit dem Hilfsprogramm *NetInfo Manager*. Dieser ist auf der Festplatte unter *Programme/Dienstprogramme* zu finden. Solide Netzwerkkenntnisse sollte man allerdings mitbringen, wenn man hier Veränderungen durchführt. Falsche Einstellungen können eine Neuinstallation des Betriebssystems nach sich ziehen.

NetInfo Manager

2.6.4 Kurz-Infos

Speicherverwaltung	Die Speicherverwaltung ist dynamisch, d. h., es gibt keine festgelegten RAM-Speicherbereiche für geöffnete Programme. Da die virtuelle Speicherung auf die Festplatte immer eingeschaltet ist, gibt es unter OS X keine Speicherkonflikte wie unter Windows.

247

Programme	Es gibt fünf verschiedene Programmarten, die von OS X unterstützt werden: Cocoa, Carbon, X 11, Java und Classic. Die meisten Programme sind in Cocoa und Carbon geschrieben. Diese Programme sind keine Erfindung von Apple, sondern von Softwareherstellern wie z. B. Microsoft oder Adobe. Apple ist gezwungen, diese Programmarten zu unterstützen, damit die Software auch auf Apple-Computern lauffähig ist. OS X kann auch ältere Programme verarbeiten, indem es z. B. einen Mac-9-Simulator namens Classic-Umgebung startet. Auf dem Bildschirm erscheint die Mac-OS-9-Umgebung mit dem gestarteten Programm. Softwarehersteller, die ihre Programme direkt unter OS X lauffähig machen wollen, passen ihre bestehenden Programme mithilfe der Carbon Technik entsprechend an. Apple nennt diese Programme *carbonized*. Grafische UNIX-Programme können auf OS X portioniert werden. Dazu muss allerdings auf dem Mac die X11-Umgebung installiert werden. Neue Programme werden in der Cocoa-Technik für OS X geschrieben. Cocoa bietet Programmierern bereits kleine fertige Unterprogramme an, die wie Legobausteine zu größeren Programmteilen zusammengesetzt werden. Java hat den Vorteil, dass diese Programme auch ohne spezielle Anpassungen auf verschiedenen Betriebssystemen laufen.
Komprimieren	Häufig sind Programme oder Dateien, die man aus dem Internet herunterlädt, kodiert und komprimiert. Die Ändungen lauten ∗.sit, ∗.zip, ∗.tar, ∗.gz, ∗.dmg. Zum Dekomprimieren werden spezielle Programme benötigt wie z. B. zip unter Windows. Unter OS X ist dies nicht nötig, weil der Browser Safari Programme und Dateien automatisch dekomprimiert. Heruntergeladene Programme erscheinen oft als Disk-Images-Datei mit der Endung .dmg. Ein Doppelklick auf dieses Symbol wandelt es in ein Festplattensymbol um, das man wie eine richtige Festplatte behandeln kann. Dateien können komprimiert werden, indem man bei heruntergedrückter Ctrl-Taste auf eine Datei oder einen Ordner klickt. Es öffnet sich ein Kontextmenü, in dem man die Option *Archiv von <Dateiname> erstellen* auswählt. Die Datei wird „gezipt" und somit auch für Windows-Rechner entzipbar.
iPod	Dieses Musikabspielgerät besitzt eine enorme Kapazität, weil es eine Festplatte beinhaltet. Über den FireWire-Anschluss kann es mit dem Mac verbunden und als externe Festplatte eingesetzt werden.
AppleScript	AppleSript ist eine leicht erlernbare Scriptsprache, mit der sich alle Vorgänge automatisieren lassen. Mit einem Script kann man zum Beispiel die Datenspeicherung automatisch ablaufen oder Fotos auf die gewünschte Art und Weise automatisch bearbeiten lassen. Bei einmaligen Vorgängen lohnt sich dieser Aufwand nicht, die Vorgänge müssen sich häufig wiederholen. Mit dem „Automator" geht es noch einfacher: Hier muss man kein Script erstellen, sondern kann per Drag & Drop Arbeitsabläufe individuell zusammenstellen.

2.6.5 Windows auf Mac

Seit Apple seine Computer auf Intel-Prozessoren umgestellt hat, können auch Windows Programme auf ihnen laufen. Allerdings sollte man die neueste Version von OS-X einsetzen.

Intel-Prozessoren

Grundsätzlich gibt es drei verschiedene Möglichkeiten, Windows auf dem Mac zu installieren:
1. mithilfe von Bootcamp, das ab Version 10.5 schon im Betriebssystem integriert ist
2. durch Zusatzprogramme wie Parallels oder VMWare Fusion, die käuflich erworben werden müssen
3. unter Benutzung von Crossover, das aus dem Internet kostenlos heruntergeladen werden kann

2.6.5.1 Bootcamp

Dieses Tool findet man ab der Mac-OS-X-Version 10.5 unter *Programme* und *Dienstprogramme* auf der Festplatte des Mac-Rechners. Drucken Sie die Installationsanweisung aus, damit Sie jederzeit alle Anweisungen und Empfehlungen nachlesen können. Immerhin sind es 18 DIN-A4-Seiten. Wählen Sie danach den Menüpunkt *Fortfahren,* um Windows zu installieren.

Zunächst schlägt der Assistent die Erstellung einer Windows-Partition vor. Diese muss mindestens 5 GB groß sein. Für ein Betriebssystem muss die Partition natürlich viel größer sein. Als Kompromiss wählt man am besten die Hälfte der vorhandenen Festplattenkapazität. Wenn man allerdings die Partition im FAT-Format formatieren möchte, darf die Größe der Partition nicht mit mehr als 32 GB gewählt werden. Anschließend legt man die Windows-Installations-CD ein und folgt den Anweisungen des Assistenten. Details kann man den ausgedruckten Installationsanweisungen entnehmen.

Bild 2.107: Bootcam

- Windows 7 läuft einwandfrei auf dem Mac-Rechner. Sogar Windows Vista ist sehr schnell auf dem Mac.

■ Vorteile von Bootcamp
Es ist Bestandteil von MAC OS X und verursacht damit keine zusätzlichen Kosten. Es hat vollen Zugriff auf die Hardware, d.h. dass Windows unter Bootcamp „nativ" läuft. Direct X wird unterstützt, sodass auch anspruchsvolle Spiele flott laufen. Die Mac-Partition wird durch Windows nicht beschädigt.

Kosten

■ Nachteile von Bootcamp
Man kann immer nur ein System benutzen und nicht zwischen den Betriebssystemen hin und herschalten. Will man wechseln, muss man den Computer ausschalten und das andere Betriebssystem starten. Ein weiterer Nachteil ist, dass Windows die MAC-Partition nicht lesen kann. Allerdings gibt es Tools,

■ 2 Netzwerkbetriebssysteme

mit denen dies teilweise möglich ist. Umgekehrt kann Mac Windows-Dateien lesen und bearbeiten.

■ **Starten mit Mac oder Windows**

Alt-Taste

In den Systemeinstellungen unter Startvolume kann man das Betriebssystem aussuchen, das beim Einschalten des Computers automatisch gestartet werden soll.

Wenn man beim Einschalten des Computers die Alt-Taste gedrückt hält, erscheint das Auswahlmenü der Betriebssysteme. Mit einem Klick auf den entsprechenden Pfeil wird es gestartet.

Mac   Windows
Bild 2.108: Startmenü

2.6.5.2 **Parallels**

Parallels Desktop 4.0 – Switch to Mac
Parallels Desktop 4.0 – Switch to Mac ermöglicht einen einfachen und intelligenten Umstieg auf den Mac. Alles, was du brauchst, um dein...

Bild 2.109: Parallels

Dieses Zusatzprogramm ist nicht in dem Betriebssystem Mac OS X integriert und damit auch nicht kostenfrei. Im Unterschied zu Bootcamp läuft Windows unter Parallels nicht nativ, sondern in einer virtuellen Maschine. Das bedeutet, dass Windows in einem Fenster läuft, ohne vollen Zugriff auf die Hardware.

Damit man im Internet surfen kann, muss man diesem „eingesperrten" Windows eine Netzwerkschnittstelle zuweisen. Auch alle anderen Aktivitäten muss man aktivieren bzw. deaktivieren. Die Installation ist einfach; zunächst wird Parallels geladen und anschließend Windows in der gewohnten Art und Weise installiert.

■ **Vorteile von Parallels**

Während des Betriebes kann man von einem Betriebssystem auf das andere umschalten, ohne den Computer neu zu starten. Alle Dateien können von Mac und Windows gemeinsam genutzt werden.

■ **Nachteile von Parallels**

Windows läuft etwas langsamer als unter Bootcamp und ist daher z. B. für schnelle Spiele nur bedingt geeignet.

2.6.5.3 **CrossOver**

Windows-Anwendungen

Dieses Zusatzprogramm muss aus dem Internet heruntergeladen und auf dem Mac-Rechner installiert werden. Anschließend kann man, ohne das Betriebssystem Windows zu installieren, Windows-Anwendungen wie z. B. Office auf dem Mac-Rechner installieren und nutzen.

■ Nachteil von CrossOver

Nicht alle Windows-Anwendungen lassen sich installieren. Die Anwendungen laufen etwas langsamer und lassen sich nicht immer updaten.

CrossOver Mac setup and configuration interface

Bild 2.110: CrossOver

2.6.5.4 Mac und Unix

Mac OS X ist eigentlich kein Betriebssystem, sondern nur eine grafische Bedienoberfläche, mit der das Betriebssystem Unix gesteuert wird. Unix ist eines der ältesten und besten Betriebssysteme aller Zeiten. Es besteht aus sehr vielen kleinen Programmen, die entweder über die grafische Bedienoberfläche oder über die Kommandozeilenschnittstelle aktiviert werden können. Die Eingabe von zeilenorientierten Befehlen ist zwar etwas umständlich und erinnert an das Betriebssystem DOS, für „Profis" ist sie dennoch sinnvoll, weil nicht alle Kommandos durch die grafische Bedienoberfläche aufrufbar sind.

UNIX

Kommandozeile

■ Terminal

Im Ordner Programme/Dienstprogramme findet man das Programm für die zeilenorientierte Befehlseingabe. Beispiele: pwd = Arbeitsverzeichnis auf dem Bildschirm ausgeben, ls = Dateien und Ordner auflisten, cd = Verzeichnis wechseln, usw. Die Befehle und deren Funktionen sind in den Mac-Handbüchern ausführlich beschrieben.

2.6.5.5 Snow Leopard

Das Update von Mac OS X 10.5 (Leopard) auf 10.6 (Snow Leopard) ist kein vollständig neues Betriebssystem, aber verfügt über viele Neuerungen und Verbesserungen.

Der Finder wurde neu programmiert einschließlich 64-Bit-Unterstützung. Die *Time Machine* erlaubt schnellere Backups. *QuickTime* wurde auf den neuesten Stand gebracht und *Safari* ist leistungsstärker durch die 64-Bit-Unterstützung geworden.

2.7 Netware/Open Enterprise Server

Netware war jahrelang das führende Netzwerkbetriebssystem, bis Microsoft mit seinen Serverprogrammen Windows NT, Windows 2000/2003 diese Führungsrolle übernahm. Netware drohte völlig vom Markt zu verschwinden, bis Novell eine neue Marketingstrategie entwickelte. Diese Strategie besteht hauptsächlich aus der Integration der bewährten Netware-Dienste in das Linux-System von SuSE. Dabei spielt der Verzeichnisdienst e-Directory von Netware die entscheidende Rolle. Endlich besitzt nun auch Linux einen Verzeichnisdienst, der dem von Microsoft ebenbürtig ist. Mit diesem Schachzug wird Novell sicherlich wieder Marktanteile gewinnen.

OES

2 Netzwerkbetriebssysteme

2.7.1 Produktpalette

Die Firma Novell bietet mehrere Netware-Versionen an:

Netware 2 **Netware 3** **Netware 4** **Netware 5.0** **Netware 6.0**	In Version 2 konnte jeder Rechner gleichzeitig als Arbeitsstation und Server eingesetzt werden. Netware 3 war nur für DOS-Anwendungen geeignet. Version 4 nutzte schon den NDS Verzeichnisdienst, der Grundlage des zz. aktuellen eDirectory ist. Mit Netware 5 wurde die grafische Oberfläche *console one* eingeführt und das TCP/IP-Protokoll integriert. Die Version 6 ist stark weborientiert.
Netware 6.5	Web-Anwendungen mit Open-Source-Unterstützung für Apache, MySQL usw. erlauben die Verbreiterung und Veränderung der Software ohne Nutzungsbeschränkung oder Kosten für den Anwender.
Netware 7 usw.	Diese Versionen wird es höchstwahrscheinlich nicht mehr geben. Allerdings übernimmt Novell bis 2015 den Support für vorhandene NetwareBetriebssysteme. Alle Aktivitäten von Novell laufen darauf hinaus, Linux als Basissystem einzusetzen und alle Netwaretools zu integrieren. Damit entstehen unterschiedliche Versionen für den Home- und den kommerziellen Bereich. Neuere Aktivitäten von Novell sehen eine Kooperation mit Microsoft vor.
OES **(Open Enterprise Server)**	Netware 6.5- und Linux 2.6-Kernel sind Bestandteil von OES und können wahlweise oder auch parallel genutzt werden. Allerdings wird die Auswahl nicht von Dauer sein, weil alles darauf hindeutet, dass Novell in Zukunft nur noch Linux als Basissystem einsetzen wird.
OpenSuse	Dieses Projekt ist eine Linux-Distribution der Firma Novell bzw. deren Tochterunternehmen SuSE-Linux mit dem Ziel, dass jeder sich aktiv an der Entwicklung von Linux beteiligen kann. Man kann Patches oder ganz neue Pakete zu dieser Distribution beisteuern.
SLES **(Suse Linux Enterprise Server)**	Diese Linux-Distribution wurde von Novell für Unternehmenskunden entwickelt und mit einem entsprechenden Supportangebot versehen.
SLED **(Suse Linux Enterprise Desktop)**	Nachfolger von Novell Linux Desktop 9 und eine Parallelentwicklung von SLES. Die optische Erscheinung ist unterschiedlich und das Angebot an Anwenderprogrammen erweitert.

DOS-Anwendungen

Windows-Anwendungen

ConsoleOne

Bild 2.111: Netware-Versionen

2.7.2 OES-Betriebssystem

Inzwischen gibt es die zweite Version von OES (OES 2), die auf SLES 10 basiert. Zusätzliche Komponenten sind in YaST unter Add-On gespeichert. Netware 6.5 bleibt erhalten. Eine Kombination beider Systeme ist weiterhin möglich. Dabei wird übergreifend der zentrale Verzeichnisdienst eDirectory eingesetzt.

eDirectory

2.7.2.1 Architektur von OES

Im Wesentlichen besteht die Architektur aus vier verschiedenen Ebenen. Die gemischte Serverstruktur mit Netware und Linux bildet die Basis des Systems, darüber liegen zwei Schichten des eDirectory, den Abschluss bilden die Netzwerkdienste.

Kernel

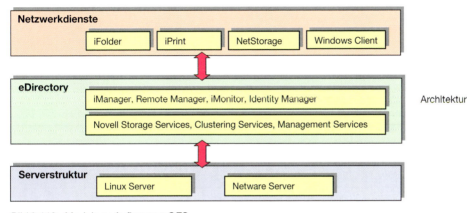

Architektur

Bild 2.112: Modularer Aufbau von OES

- **iFolder** ist ein Programm, mit dem Dateien auf mehreren Computern synchron gehalten werden können.

- Mit **iPrint** können OES-Benutzer über das Internet auf jeden Drucker zugreifen.

- **NetStorage** ermöglicht den Dateizugriff auf Novell-Serverdaten. Mithilfe der grafischen Oberfläche können die Dateien über das Internet kopiert, gelesen, geschrieben und gelöscht werden.

- **Windows Client** ist eine Software, mit der man von einem Windows-Rechner aus auf OES-Linux/Netware-Server zugreifen kann.

- **iManager** ist ein browserbasiertes Programm, mit dem die Verwaltung des Verzeichnisdienstes eDirectory über das Netz möglich ist.

- **Remote Manager** ist ein Verwaltungsstool, mit dem mehrere OES-Server über das Web bearbeitet werden können.

- **iMonitor** stellt den Status der Synchronisation der eDirectory-Partitionen dar.

- Mit **Identity Manager** können z. B. Passwortrichtlinien erstellt werden.

- **Novell Storage Services** (NSS) ist ein Dateisystem, das alternativ zum Linuxdateisystem unter OES eingesetzt werden kann.

- **Clustering Services** erlaubt das Zusammenschalten von mehreren Rechnern, die nach außen hin als eine Einheit erscheinen.
- **Management Services** ist Bestandteil von eDirectory, der die inneren Dienste steuert.

2.7.2.2 Installationsvorbereitung

Bevor die Installation von OES durchgeführt werden kann, muss die notwendige Hard- und Software bereitgestellt werden.
Wie die „Windows Welt" benötigt auch Linux bzw. OES schnelle Rechner mit einem großen Arbeits- und Festplattenspeicher.

Hardware	Minimum
Prozessortakt	600 MHz, besser ist ein schnellerer Prozessor
Arbeitsspeicher	512 MByte, besser 1 GByte
Festplattenspeicher	10 GByte, bei Nutzung von Anwendersoftware mehr
CD-ROM/DVD	

Die OES-Software ist kostenpflichtig und enthält einen mehrjährigen Support. Eine Evaluation der OES Software erhält man von der Novell GmbH oder direkt aus dem Internet.

Software Suse OES		
Downloadname	Größe in MB	CD-Label
oessp2linux01.iso	637,9	CD 1
oessp2linux02.iso	525,1	CD 2
oessp2linux03.iso	401,8	CD 3
oessp2linux04.iso	341,3	
oessp2linux06.iso	611,3	
oessp2linux07.iso	580,8	
oessp2linux08.iso	545,6	

Software Netware OES		
Downloadname	Größe	
nw65ossp6.iso	499	
nw65prodsp6.iso	631,4	

Bevor mit der eigentlichen Installation begonnen werden kann, müssen folgende Daten ermittelt werden.

- Name und Passwort; z. B. hoelzel, joHahoel1
- IP-Adresse; z. B. 192.168.2.100
- Nameserver Gateway; z. B. 192.168.2.100, wenn der DNS-Dienst auf diesen Rechner installiert werden soll.

2.7 Netware/Open Enterprise Server

- Rechner- und   z. B. oes1.local
  Domainname;
- eDirectory;   der Name des Administrators muss als FDN (full distinguished name) angegeben werden; z. B. cn=hoelzel.o=local. Prinzipiell können die Namen beliebig gewählt werden. Allerdings muss der Name *local* in diesem Beispiel später auch als Baumname gewählt werden.
- Zeitserver;   wenn kein Zeitserver vorhanden ist, wird hier die lokale Uhr angegeben.

2.7.2.3 Installation von OES

Am einfachsten geht die Installation mit der von Novell erworbenen DVD, da diese bootfähig ist und der Rechner nur neu gestartet werden muss. Alternativ können die von der Novellinternetseite heruntergeladenen Dateien verwendet werden. Diese müssen als Images auf CDs gebrannt und mit den entsprechenden Labels versehen werden. Danach sind sie bootfähig.

Die eigentliche Installation läuft wie unter Linux ab, d. h., es werden während der Installation auf der Festplatte eine root- und swap-Partition angelegt. Im Unterschied dazu muss allerdings der Verzeichnisdienst eDirectory mit den unter 2.4.2.2 festgelegten Daten konfiguriert werden. Auch die Konfiguration der Nertzwerkkarte mit Angabe des Rechnernamens, DNS und Routing darf nicht vergessen werden.

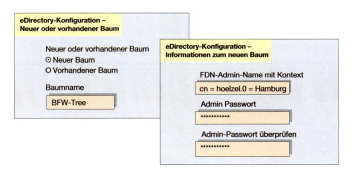

Bild 2.113: eDirectory

Im Unterschied zu einer „normalen Linuxversion" muss während der Installation der Verzeichnisdienst eDirectory konfiguriert werden. Alle Angaben des Bildes 2.113. sind hier natürlich nur beispielhaft gewählt worden und können beliebig verändert werden.

Schwieriger wird es bei der Zeitsynchronisation. Bei mehreren Servern kann dies nicht mehr durch die Rechneruhren erfolgen, weil diese naturgemäß immer etwas unterschiedlich sind. Deshalb muss im Netz ein Zeitserver installiert werden, der alle anderen Rechnerzeiten synchronisiert. Wenn nur ein Server eingesetzt wird, reicht allerdings die lokale Uhr.

Die erfolgreiche Installation lässt sich in einem Browser durch Eingabe der IP-Adresse des OES-Servers überprüfen. Es muss die Novell-Begrüßungsseite erscheinen.

■ 2 Netzwerkbetriebssysteme

Bild 2.114: Novell-Begrüßungsseite des OES-Servers

2.7.2.4 OES-Netzwerk

Wie das Windows-Netz besteht auch das OES-Netz aus vielen Clients und einem oder mehreren Servern. Sinnvoll ist es, den OES-Server als sogenannten dedizierten Server einzusetzen. Dediziert bedeutet, dass der Server ausschließlich als Server eingesetzt wird und nicht zusätzlich als Workstation.

Novell-Clients

Auf jedem Client muss ein Betriebssystem wie z. B. Windows 2000, XP, Vista oder Linux installiert werden, bevor der Netware-Client implementiert werden kann. Der Netware-Client stellt die Verbindung zum Server her.

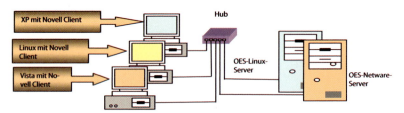

Bild 2.115: OES-Netz

Der Novell Client ermöglicht Windows- und Linuxbetriebssystemen die Anmeldung an den OES-Server und die Nutzung der Dienste. Damit übernimmt der OES-Server die gleiche Aufgabe wie ein Windows Server 2003 – mit dem Unterschied, dass auch Linuxsysteme sehr leicht integriert werden können.

■ Der Novell Client ist kein eigenständiges Betriebssystem, sondern nur die individuelle Anpassung der marktüblichen Betriebssysteme wie z. B. Windows 2000, XP, Vista und Linux an den OES-Server.

Zugriff über das Internet

Neben diesen traditionellen Methoden kann man auch Rechner ohne Novell-Clients in das Netzwerk aufnehmen. Dafür werden webbasierende Tools wie

256

2.7 Netware/Open Enterprise Server

iManager und iMonitor eingesetzt. Ein Internetzugang und Browser mit Java-Unterstützung reichen für den Zugriff aus. Auch ein OES-Netware-Server kann über das eDirectory mit dem OES-Linux-Server kommunizieren.

2.7.2.5 Novell Client

Die notwendige Software kann man kostenlos über das Internet downloaden. Dabei gibt es vier unterschiedliche Versionen für Linux 10.0, Linux Desktop, Windows und Vista.

Software Novell Client		
Downloadname	Größe	
Oessp2novellclient1.1linuxnld9.tar	13,4 MB	Für SuSE Linux 10.0
Oessp2novellclient4.91Sp4 für Windows.exe	31,4 MB	Für ältere Windows-Versionen
Novell Client for Windows Vista 1.0.exe	19,3 MB	Nur für Vista geeignet

■ **Novell Client für Vista**
Nach der Installation kann man sich wahlweise lokal oder an den OES-Server mithilfe des Novell-Clients für Vista anmelden. Im letzten Fall muss man sich zusätzlich noch an den Vista-Rechner anmelden.
Mit der Anmeldung an den OES-Server wird die Workstation mit dem Betriebssystem Windows Vista zum Netzwerk-Client.

Bild 2.116: Windows Vista als OES-Client

257

■ Novell Client für Linux

Zunächst muss von der Novell-Internetseite für das gewünschte Betriebssystem der entsprechende Novell Client heruntergeladen werden. Für SuSE-Linux 10.0 eignet sich die Version 1.1 und für SuSE10.1 die Version 1.2. Danach muss man einen neuen Ordner erstellen und den Client extrahieren und speichern. Die eigentliche Installation wird in zwei Schritten durchgeführt:

YaST

1. Mithilfe von *YaST/Installationsquelle wechseln* wird der Novell-Client-Ordner als neue Installationsquelle angegeben.
2. Mit *YaST/Software installieren* wird der Novell Client installiert.

Nach einem Neustart des Rechners ist unter *Programme* (Startleiste) das Einwahlmenü für den Novell Open Enterprise Server zu finden.

2.7.3 OES-Administration

Admin

Sowohl Netware 6.5 als auch Linux OES benutzen für die Administration den Verzeichnisdienst eDirectory, der ein Nachfolger des berühmten NDS-Verzeichnisdienstes von Novell ist. Weil eDirectory in vielen anderen Betriebssystemen eingesetzt werden kann, erhält der Verzeichnisdienst ADS (Active Directory System) von Windows erhebliche Konkurrenz.

2.7.4 eDirectory Architektur

eDirectory ist ein Verzeichnisdienst, der die Aufgabe hat, alle Ressourcen des Netzes zu verwalten. Der Verzeichnisdienst besteht aus einer verteilten Datenbank, in der alle Ressourcen des Netzes als **Objekte** dargestellt werden. Für die Strukturierung des Netzes können folgende Objekte benutzt werden:

1. Das **Stammobjekt Tree** (früher auch als root bezeichnet) kann während der Installation erzeugt und benannt werden. Novell empfiehlt dabei, diesen Baum mit dem Namen der eigenen Firma, gefolgt von dem Wort „Tree", zu benennen. Nach der Installation kann der Name zwar geändert werden, aber unliebsamen Überraschungen muss man dabei ins Auge sehen. Wenn die Firma in mehreren Ländern tätig ist, sollte man Landobjekte wie z. B. USA und Germany einfügen.
2. **Behälterobjekte O** (Containerobjekte) dienen der Strukturierung des eDirectory-Verzeichnisbaumes und könnten z. B. Zweigniederlassungen der Firma darstellen. Diese Behälterobjekte können andere Objekte enthalten.
3. **Organisationseinheiten OU** dienen der Darstellung der inneren Struktur der Firma.

Behälterobjekte

■ Behälterobjekte können andere Objekte enthalten.

2.7 Netware/Open Enterprise Server

Es gibt folgende Behälterobjekte:

Country (C)		Gibt das Land an, in dem sich die Organisationen befinden.
Organisation (O)	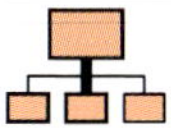	Gibt die Organisation z.B. die Firma an, die sich in dem angegebenem Land befindet.
Organisationseinheit (OU)	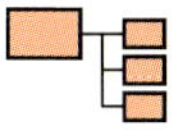	Wird für die Gliederung der Organisation benutzt.

Bild 2.117: Behälterobjekte (Containerobjekte)

4. **Blattobjekte** können nur innerhalb eines Behälterobjektes erstellt werden. Sie können auch keine weiteren Blattobjekte enthalten. Die folgende Tabelle zeigt die wichtigsten Blattobjekte:

Blattobjekte

User		Benutzer
Group		Mehrere Benutzer können zu Gruppen zusammen gefasst werden.
Organizational Role	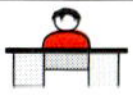	Benutzer für besondere Netzwerkaufgaben.
Volume		Speichermedium, auf das zugegriffen werden kann.
Printserver, Printer, Queue		Diese Objekte werden für das Drucken benötigt.

Bild 2.118: Blattobjekte

Ein spezielles Blattobjekt ist das Objekt *admin*. Dieses Blattobjekt wird bei der Erstinstallation erstellt und besitzt alle Rechte auf den Verzeichnisdienst. Admin entspricht damit dem Administrator von Windows. Der Name „Admin" ist frei wählbar.

admin

■ Blattobjekte können keine weiteren Objekte enthalten.

2.7.4.1 Design eines eDirectory-Verzeichnisdienstes

Grundsätzlich gilt, dass die Struktur des Verzeichnisdienstes dem Organigramm der Firma entsprechen soll.

Beispiel

> Die Firma BFW hat Zweigniederlassungen in New York und in Hamburg. In Hamburg gibt es die Abteilungen Einkauf und Verkauf, in New York die Abteilungen Entwicklung und Marketing. In allen Abteilungen gibt es Mitarbeiter, die zum Teil auch in Gruppen organisiert sind. Drucker und Computer sind ebenfalls vorhanden.

2 Netzwerkbetriebssysteme

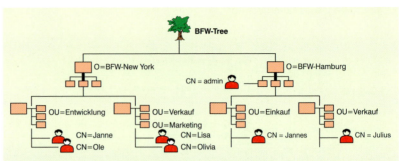

Bild 2.119: Struktur einer Firma im eDirectory abgebildet

distinguished

Da dieser Verzeichnisdienst hierarchisch aufgebaut ist, kann jedes Objekt durch seinen Namen und seinen Kontext eindeutig identifiziert werden. Dabei beinhaltet der vollständige Name (Distinguished Name) den Namen (common) und seinen Kontext. Die einzelnen Objekte werden durch einen Punkt voneinander getrennt. Ein Punkt bedeutet dabei immer einen Schritt nach oben hin zur Wurzel des Baumes.

Der Distinguished Name für Janne lautet:

CN=Janne.OU=Entwicklung.O=BFW-New York

CN, OU, O, C

Die Abkürzungen CN, OU, O können normalerweise weggelassen werden, weil Netware diese automatisch ergänzt. Die Eingabe des Namens lautet dann:
Janne.Entwicklung.BFW-New York

■ Aufgaben

1. Welche Versionen gibt es von Netware? Erläutern Sie stichwortartig die wichtigsten Eigenschaften der Versionen.
2. Was ist eDirectory? Wozu wird es eingesetzt?
3. Was sind Objekte? Nennen Sie einige Objekte des eDirectory.
4. Was sind Container-Objekte? Nennen Sie drei Beipiele.
5. Was sind Blatt-Objekte? Nennen Sie fünf Beispiele.
6. Was versteht man unter dem Distinguished Name?
7. Wie lauten die Distinguished Names für die Benutzer Hölzel, Boden, Morgenstern und Giese?

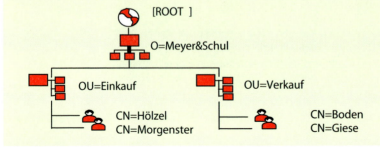

2.7.5 iManager

Die Administration des eDirctory wird mithilfe des iManagers durchgeführt. Dieser wird bereits während der Installation automatisch konfiguriert. Aufgerufen wird er in einem Browser durch die URL https://<Servername bzw. IP-Adresse>/nps.

iManager

Bild 2.120: Ausschnitt der Startseite des iManagers

Bild 2.120 zeigt die Oberfläche des Verwaltungstools iManager, die in drei Bereiche unterteilt ist. In der Symbolleiste *Uneingeschränkter Zugriff* findet man die Symbole *Funktionen und Aufgaben*, *Objekte anzeigen*, *Konfigurieren*, *Favoriten* und *Einstellungen*.

Fernverwaltung

In der linken Leiste werden die einzelnen Funktionen aktiviert und im Anzeigebereich dargestellt.

■ Der iManager kann mithilfe eines Browsers von jedem Computer aus gestartet werden. Damit ist eine Fernverwaltung des OES-Servers sehr komfortabel möglich.

■ Die Strukturierung des Baumes

Während der Installation des OES-Servers wird in der Regel schon ein Grundgerüst des eDirectory-Verzeichnisdienstes angelegt. Es besteht aus dem Namen der Firma, einer eventuell vorhandenen Zweigniederlassung und dem Administrator, der alle Rechte in diesem Verzeichnisdienst besitzt. Nach der Installation wird der Verzeichnisdienst entsprechend den Gegebenheiten der Firma erweitert. Als Beispiel soll hier Bild 2.121 dienen. Die Erweiterung sieht demnach wie folgt aus:

2 Netzwerkbetriebssysteme

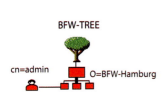

Organisation O	Organisatorische Einheit OU	Blattobjekt CN
BFW-Hamburg	Einkauf	Jannes
	Verkauf	Julius
BFW-New York	Entwicklung	Janne Ole
	Marketing	Lisa Olivia

Bild 2.121: Zustand nach der Installation und beispielhafte Erweiterung

Die Konfiguration des eDirectory entsprechend dem Beispiel nach Bild 2.121 muss in mehreren aufeinanderfolgenden Schritten durchgeführt werden.

1. Zunächst muss die Organisation BFW-USA erstellt werden. Dazu im iManager unter eDirectory-Verwaltung das Menü *Objekt erstellen* öffnen und die entsprechenden Eintragungen vornehmen.

2. Nach der gleichen Methode werden die organisatorischen Einheiten eingerichtet und die Benutzer festgelegt.

Bild 2.122: Objekterstellung mit iManager

Die gesamte Struktur des Verzeichnisdienstes ist in Bild 2.123 dargestellt. Die einzelnen Objekte erreicht man durch Anklicken der abgebildeten Pfeile.

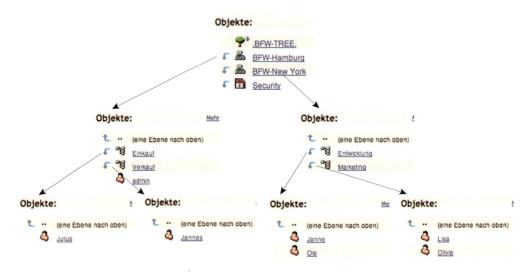

Bild 2.123: Struktur des Firmenbeispiels

2.7.5.1 Basisverzeichnis

Alle Netzwerkbetriebssysteme kennen den Begriff *Basisverzeichnis*. Damit ist ein Ordner gemeint, in dem nur der Benutzer, für den das Basisverzeichnis errichtet wurde, seine Daten ablegen darf. Diese Ordner befindet sich in der Regel auf dem Server in dem Volume *Daten*, das während der Installation angelegt wurde.

☑ Basisverzeichnis erstellen
Volume: oes_SYS.BFW-Hamburg
Pfad: /home/Janne

Hinweis: Geben Sie einen vorhandenen Pfad ein, das Benutzerverzeichnis wird erstellt.

Bild 2.124: Basisverzeichnis

Das Basisverzeichnis wird mit dem iManager im Menü *Benutzer* erstellt. In Bild 2.124 wird das Basisverzeichnis auf dem Servervolume oes_SYS erstellt. Dieser Server befindet sich im Container BFW-Hamburg.

2.7.5.2 Benutzereigenschaften

Während des Einrichtens eines neuen Benutzers können im eDirectory mehr als 80 Eigenschaften angelegt werden. Diese Eigenschaften sind für den Administrator von unschätzbarem Wert, weil sie eine enorme Informationsquelle darstellen. Auch nach dem Anlegen der Benutzer können die Eigenschaften mithilfe des iManagers erweitert und verändert werden.

Identifikation	In der Identifikation können persönliche Daten des Benutzers angegeben werden.
Umgebung	In der Umgebung werden die Sprache, der Standardserver, die IP-Adresse und das Basisverzeichnis eingetragen.
Passwort	Hier kann das Passwort für das eDirectory festgelegt und deaktiviert werden.
Beschränkung	Der Administrator kann dem Benutzer das Recht auf Passwortänderungen einräumen, die periodische Änderung erzwingen und Kulanzanmeldungen beschränken.
Zeiten	Die Anmeldezeiten für Benutzer können hier durch den Administrator individuell auf Tage und Stunden begrenzt werden.
Sperre	Der Benutzer wird nach einer bestimmten Anzahl von fehlerhaften Anmeldeversuchen gesperrt.
Skripte	In ein Anmeldeskript können Befehle eingetragen werden, die bei der Anmeldung des Benutzers ausgeführt werden.

■ 2 Netzwerkbetriebssysteme

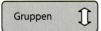
Benutzer können Mitglieder von Gruppen werden. Dabei übernehmen sie alle Rechte der Gruppe.

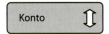
Das Konto des Benutzers kann sofort oder nach Ablauf einer vorgegebenen Zeit gesperrt werden.

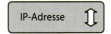
Hier kann festgelegt werden, welche IP-Adressen der Benutzer einsetzen darf.

2.7.5.3 Benutzerprofile

Allgemein versteht man unter Benutzerprofilen die Zuordnung von unterschiedlichen Desktopdarstellungen zu verschiedenen Benutzern. So könnte man Benutzer A eine andere Desktopdarstellung wie Benutzer B zuordnen.

lokal
Unter OES laufen auf den Clients Betriebssysteme wie z. B. Windows Vista und Linux mit den für diese Systeme arteigenen lokalen Profildarstellungen. Diese gelten allerdings immer nur auf dem Client, auf dem sie erstellt wurden. Meldet sich der Benutzer an einem anderen Client an, kann der Desktop anders aussehen. Leider kann das lokale Benutzerprofil nicht auf dem Server gespeichert und auf alle Clients bei der Anmeldung übertragen werden.
Nur durch Anmeldeskripte kann man z. B. bei Windows-Clients die Arbeitsplatzumgebung auf allen Rechnern identisch gestalten.

■ Netzwerkprofile werden durch Anmeldeskripte erstellt.

2.7.5.4 Anmeldeskripte

Anmeldeskripte werden automatisch während der Anmeldung des Benutzers ausgeführt. Sie dienen dazu, die bevorzugte individuelle Arbeitsumgebung einzustellen.
Bei der Client-Anmeldung an den OES-Server kann bestimmt werden, ob Skripte ausgeführt werden sollen. Werden keine anderen Angaben gemacht, wird das Standard-Skript ausgeführt.

2.7.5.5 Gruppen

Unterschied zu Windows
Unter Windows gibt es verschiedene Gruppentypen, die für die Administration des Netzes unbedingt erforderlich sind. Ursache ist das Domänenkonzept von Windows, das auch bei Windows 2003 noch teilweise zum Tragen kommt. Netware dagegen führt seine Netzverwaltung ausschließlich mithilfe seines Verzeichnisdienstes eDirectory durch und kann daher auf eine komplizierte Gruppenstrategie verzichten.

■ **Gruppenstrategie**
In einer Firma mit mehreren Hundert Benutzern und vielfältigen Aufgaben ist es sinnvoll, Benutzer in Gruppen zusammenzufassen, um die Administration zu vereinfachen. Im eDirectory-Verzeichnisdienst gibt es dafür ein spezielles Gruppenobjekt.

Beispiel

Für neue Projekte sollen in einer Firma Teams zusammengestellt werden, die sich aus Mitgliedern verschiedener Abteilungen zusammensetzen. Jedes Team benötigt für sein Projekt unterschiedliche Ressourcen des Firmennetzes. Der Netzwerkadministrator erstellt für die beiden Teams unterschiedliche Gruppen für die unterschiedlich benötigten Ressourcen des Netzes.

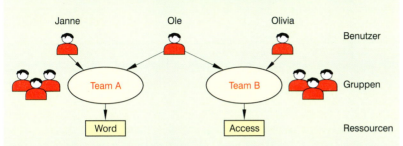

Bild 2.125: Gruppenstruktur

In der Abbildung 2.125 sind als Beispiel die Benutzer Janne und Ole zu einer Gruppe mit dem Namen Team A zusammengefasst. Die Benutzer Ole und Olivia sind Mitglieder des Teams B.
Dem Team A gewährt der Administrator Zugriffsrechte auf das Programm Word und Team B erhält Zugriffsrechte auf das Programm Access.
An der Struktur ist leicht zu erkennen, dass nur der Benutzer Ole auf beide Ressourcen zugreifen darf.
Nachdem die Teams ihre Projekte beendet haben, kann der Administrator durch Löschung der Gruppen schnell und leicht die Zugriffe der Benutzer auf die Ressourcen unterbinden.

Vorteil

■ Benutzer mit gleichen Aufgaben werden in Gruppen zusammengefasst, um die Administration zu vereinfachen.

■ Aufgaben

1. In welcher Reihenfolge sollte ein Netz, bestehend aus einem Server und mehreren Clients, hochgefahren werden?
2. Welche Angaben muss ein Benutzer machen, wenn er sich von einem Client an dem OES-Server anmelden will?
3. Welche Anmeldebeschränkungen können bei der Anmeldung wirksam werden?
Nennen Sie ein Überwachungstool, ein Konfigurationstool und ein Benutzereinrichtungstool. Schildern Sie kurz die Aufgaben der einzelnen Tools.
4. Wie heißt der Verzeichnisdienst unter OES und mit welchem Tool kann er bearbeitet werden?
5. Was sind Basisverzeichnisse und für wen werden sie eingerichtet?
6. Nennen Sie einige zusätzliche Eigenschaften von Benutzern, die der Administrator bei der Einrichtung von Benutzerkonten eingeben kann.
7. Was sind Benutzerprofile und wie werden sie erstellt?

2.7.6 Berechtigungen

Berechtigungen regeln, wie Objekte auf andere Objekte zugreifen dürfen. Jedes Objekt besitzt dabei eine Zugriffsliste ACL (**A**ccesss **C**ontrol **L**ist), in der die zugreifenden Objekte und deren Rechte eingetragen sind.

Bild 2.126: ACL (Access Control List)

Das Bild 2.126 zeigt die ACL des abgebildeten Objektes. Durch die Eintragung der Benutzer Janne, Ole und der OU=Einkauf in die ACL hat das Objekt diesen Benutzern Zugriffsrechte eingeräumt. Damit sind sie Vertraute (Trustees) des Objekts geworden.

■ Trustees sind Vertraute von Objekten, denen die Objekte Zugriffsrechte eingeräumt haben.

Generell unterscheidet eDirectory zwischen Objekt- und Eigenschaftsrechten, Rechte auf den NDS-Baum und Rechte für die Nutzung von Dateien und Ordnern. Auf den Registerkarten der Rechteverteilung werden die entsprechenden Rechte detailliert angezeigt.

Objektrechte (Entry Rights)

Recht	Tätigkeiten
Supervisor	Vergabe von Zugriffen. Alle Rechte auf die Eigenschaften des Objektes.
Browse (Durchsuchen)	Objekte innerhalb des Baumes können gesehen werden.
Create (Erstellen)	Erstellen von Dateien.
Rename (Umbenennen)	Umbenennung von Dateien.
Delete (Löschen)	Löschen von Dateien.

Eigenschaftsrechte (Attributs Rights)

Recht	Tätigkeit
Supervisor	Alle Rechte auf ausgewählte Eigenschaften.
Compare (Vergleichen)	Eigenschaftsrechte können miteinander verglichen und mit true oder false abgeschlossen werden.
Read (Lesen)	Recht auf Lesen der Eigenschaftsrechte.
Write (Schreiben)	Attribute können verändert, gelöscht oder hinzugefügt werden.
Self (Selbst)	Der eigene Name kann als Attribut eingetragen werden.

2.7 Netware/Open Enterprise Server

2.7.6.1 Zuweisung von Trustees

Allen Objekten des eDirectory-Baumes einschließlich der Datei- und Filesysteme können Trustees, d. h. Vertrauten, zugeordnet werden. Die Zuordnung wird durchgeführt, indem man im iManager das Kontextmenü *Trustees bearbeiten* öffnet und das Objekt angibt, das Trustees erhalten soll.

Vertraute

Bild 2.127: Trustees bearbeiten

Das Objekt BFW-Hamburg enthält eine Reihe von Trustees (Vertraute), die bei der Erstellung automatisch hinzugefügt wurden. Diese Objekte sollte man nicht löschen oder verändern. Allerdings kann man weitere Trustees hinzufügen. Bevor man diese Veränderungen durchführt, sollte man unbedingt zunächst einmal schriftlich festhalten, wer welche Rechte hat. Der Überblick kann sonst sehr schnell verloren gehen.

Objekt-Rechte

2.7.6.2 Vererbung

Rechte vererben sich von oben nach unten in dem Zweig, in dem sie erstellt wurden.

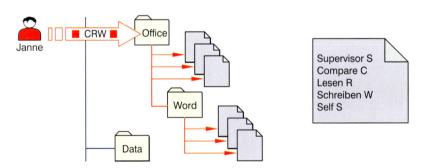

Bild 2.128: Einfache Vererbung

Der Benutzer Janne des Bildes 2.128 ist Vertrauter des Ordners *Office* mit den Rechten *Vergleichen*, *Lesen* und *Schreiben*. Durch die Vererbung besitzt der Benutzer Janne diese Rechte auch auf alle Unterordner und Dateien innerhalb des Zweiges. Er besitzt kein Recht auf den Ordner *Data*, weil sich dieser nicht im Zweig des Ordners *Office* befindet.

keine Vererbung

■ Vererbungen gelten nur innerhalb eines Zweiges.

2.7.6.3 Filter für vererbte Rechte

Für jedes Objekt im eDirctory kann ein Filter für vererbte Rechte hinzugefügt werden. Dadurch können Eigenschaftsrechte für das eDirectory-Attribut blockiert werden. Die Blockierung wirkt nicht nur für das angegebene Objekt, sondern auch für alle Objekte, die sich in der Baumstruktur darunter befinden.

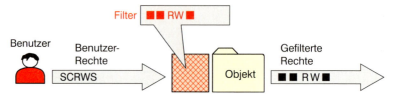

Bild 2.129: Vererbungsfilter

Die Benutzerrechte werden im Bild 2.129 gefiltert. Die Rechte S C E F werden dabei herausgefiltert. Der Benutzer erhält auf den Ordner nur die Rechte *Lesen*, *Schreiben*, *Modifizieren* und das Recht, den Filter zu ändern. Diese Rechte werden an Unterordner und Dateien weitergeleitet.

Durch die Vererbung wird der Verwaltungsaufwand reduziert, weil die Benutzerrechte nicht jedem Unterordner oder jeder Datei erneut zugewiesen werden müssen.

■ Filter können Rechte zulassen oder sperren.

2.7.6.4 Neue Trustee-Zuweisung (Explicit Trustee Assignments)

Durch eine erneute Trustee-Zuweisung kann man die Vererbung sperren.

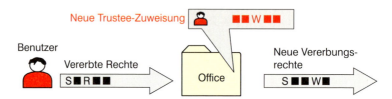

Bild 2.130: Neue Trustee-Zuweisung

Wenn die vererbten Rechte vom gleichen Benutzer stammen, werden sie durch die erneute Trustee-Zuweisung auf unterer Ebene überschrieben. Die Ausnahme von dieser Regel bildet das Supervisor-Recht.

Die erneute Trustee-Zuweisung wird eingesetzt, wenn einem Benutzer der Zugriff auf bestimmte Unterordner oder Dateien verwehrt werden soll.

■ Erneute Trustee-Zuweisungen (Explizit Trustee Assignments) sind vorrangig.

2.7.6.5 Kombination aus Einzel- und Gruppenrechten

Ein Benutzer kann auf unterschiedlichen Wegen Zugriffsrechte auf Objekte erlangen: durch die Erteilung von Einzelrechten und durch die Mitgliedschaft in einer Gruppe.

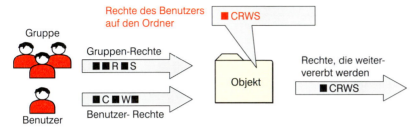

Bild 2.131: Einzel-und Gruppenrechte

In Bild 2.131 erhält z. B. der Benutzer über seine Mitgliedschaft in der Gruppe die Rechte *Lesen* und *Selbst* und über seine Einzelberechtigung die Rechte *Vergleichen* und *Schreiben*.

■ Einzel- und Gruppenrechte addieren sich.

2.7.6.6 Voreingestellte Rechte

Während der Installation des Servers werden der Benutzer *admin* und die Gruppe *Public* erstellt. Der Benutzer *admin* hat alle Rechte im gesamten Netz und ist damit der Administrator des Netzes. Die Gruppe *Public* hat die Browser-Rechte für das gesamte Netz. Da jedes Objekt innerhalb der NDS Mitglied dieser Gruppe ist, können alle Benutzer automatisch das ganze Netz auf dem Bildschirm sehen. Die Publicgruppe ist nicht, wie der Administrator admin, als Objekt vorhanden. Man sieht sie erst, wenn man die Trustees der Objekte auflistet.

2.7.6.7 Effektive Rechte

Ein Objekt kann Rechte auf ein anderes Objekt auf mehreren Wegen erlangen:

1. durch Trustee-Einstellungen
2. durch Mitgliedschaft in Gruppen und Containern
3. durch Vererbung
4. durch Sicherheitsäquivalenzen

Diese Rechte können sich überschneiden und auch teilweise gegeneinander aufheben. Welche Rechte tatsächlich zur Geltung kommen, ist manchmal schwierig zu ermitteln. Zum Glück gibt es im eDirectory die Möglichkeit mithilfe von iManager die tatsächlich wirkenden Rechte (effektiven Rechte) einzusehen.

■ 2 Netzwerkbetriebssysteme

■ Die effektiven Rechte sind die Rechte, die tatsächlich auf das Objekt wirken

2.7.6.8 User Template

Ein User Template ist ein Musterbenutzer mit den gewünschten Rechten. Wenn man neue Benutzer einrichtet, kann dieser Musterbenutzer, als Schablone geladen werden. Das spart Zeit und Arbeit, wenn viele Benutzer angelegt werden müssen.

■ Ein User-Template ist ein „Musterbenutzer".

■ Aufgaben

1. Was ist ein Trustee?
2. In welche Richtung vererben sich Rechte im eDirctory-Baum?
3. Was bewirken Vererbungsfilter?
4. Wie wirkt eine erneute Trustee-Zuweisung des gleichen Benutzers auf ein untergeordnetes Objekt?
5. Wie verhalten sich Einzel- und Gruppenrechte zueinander?
6. Warum wird die Gruppe Public schon bei der Installation eingerichtet?
7. Was sind effektive Rechte?
8. Welche effektiven Rechte besitzt der Benutzer Janne auf den Ordner Office und welche Rechte werden weitervererbt?

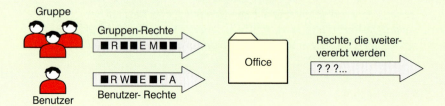

2.7.7 Anwendersoftware

Es gibt unter OES verschiedene Möglichkeiten, dem Netz Anwendersoftware zur Verfügung zu stellen:

1. Die Anwendersoftware wird auf **jedem** Client installiert.
2. Die Anwendersoftware wird auf dem Server installiert und der Client lädt die Anwendersoftware temporär in seinen Arbeitsspeicher.

geringe Netzlast

Die Installation nach 1) verursacht die **geringste Netzlast**, aber den höchsten Installations- und Verwaltungsaufwand. Bei jeder Störung, Neuinstallation oder bei jedem Update muss der Administrator vor Ort erscheinen und die Änderungen vornehmen.

2.7 Netware/Open Enterprise Server

Die Installation nach 2) verursacht eine **höhere Netzbelastung**, weil die Anwender-Software auf dem Server läuft und der Benutzer lediglich Teile des Programms in seinen Arbeitsspeicher lädt. In dieser Betriebsart wird Speicherplatz auf der Festplatte der Clients eingespart.

2.7.7.1 Microsoft Office

Das Office-Paket soll nach Methode 2) des Kapitels 2.7.6 im Netz eingesetzt werden.

Dazu muss das Office-Paket auf dem OES-Server vom Client aus in einem vorher erstellten Volume gespeichert werden. Auf den Clients wird jeweils nur eine Minimalversion des Office-Paketes von ca. 3 MByte installiert. Das Volume kann mit dem iManager erstellt werden (siehe Kapitel 2.7.5).

Volume

Vor der eigentlichen Installation sollte man ein Netzlaufwerk auf dem Client einrichten. Unter Vista muss man dazu das Menü *Computer* öffnen und das Kontexmenü der Auswahl *Computer* mit der rechten Maustaste anklicken. Die weitere Vorgehensweise kann dem Bild 2.131 entnommen werden. Voraussetzung ist, dass man sich vom Client aus als Administrator (admin) auf dem OES eingeloggt hat.

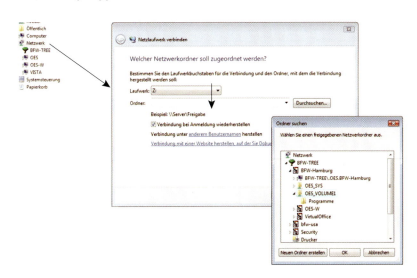

Bild 2.132: Netzlaufwerk

Nach der Installation des Netzlaufwerkes erscheint auf dem Desktop des Clients das Netzlaufwerksymbol.

Netzwerkpfad (1)

Programme
(\\OES\VOLUME...

■ Für Anwenderprogramme ist es sinnvoll, ein eigenes Volume einzurichten.

Nach diesen Vorbereitungen kann nun die Installation des Office-Paketes beginnen. Dazu muss auf dem Vista-Client unter *Start* und *Zubehör* die Eingabe-

271

aufforderung geöffnet und die Netzwerkinstallation des Office-Paketes durch die Eingabe **d:setup.exe /A** begonnen werden. (d = Laufwerk, in dem sich die Office-CD befindet).

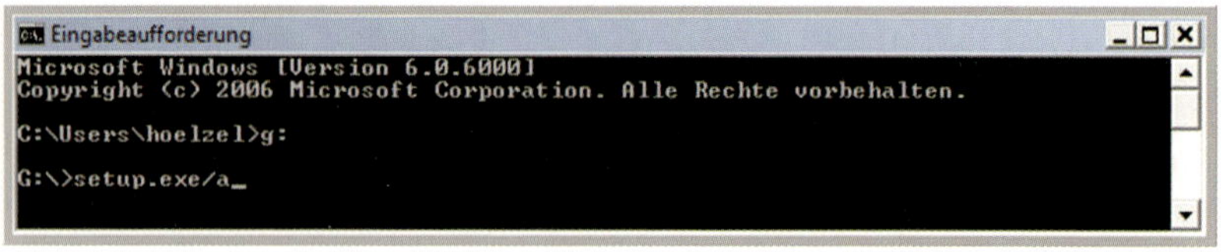

Bild 2.133: Administratorinstallation

Nach dem Start der Installation wird man aufgefordert, den Installationsordner und den dazugehörigen Pfad anzugeben. Hier muss man zunächst die Schaltfläche *Netzwerk* öffnen, um den Ordner und Pfad auf dem OES-Server zu finden.

Das Bild 2.134 veranschaulicht die Reihenfolge der Administratorinstallation des Office-Paketes auf dem Server. Wie man sieht, ist hier vorher ein Volume mit dem Namen *Volume1* und ein Ordner mit dem Namen *Programme* erstellt worden. In diesen Ordner wird das Office-Paket übertragen, aber noch nicht installiert. Die Netzwerkadresse wird entsprechend der UNC-Konvention angegeben, bei der der Zugriff auf das Netz immer mit dem doppelten Backslash beginnt.

Bild 2.134: Netzwerkserver

Netzwerkinstallation

Auf den Clients kann nun die Minimalversion (ca. 3 MByte) des Office-Paketes installiert werden. Dazu müssen Sie sich als admin vom Client aus anmelden und auf dem Server im entsprechenden Volume das **Setup** des Office-Paketes starten. Im Zuge der Installation müssen Sie die Netzwerkinstallation wählen. Auf dem Client erscheinen nach der Installation unter *Start, Programme* die Startsymbole des Office-Programms. Beim Öffnen eines Programms merkt man den regen Netzverkehr, der durch das Übertragen des Programms in den Arbeitsspeicher des Clients verursacht wird.

Bild 2.135: Startmenü

2.7.8 OES-Netzwerkdrucker

Unter Linux-OES werden zwei Drucksysteme eingesetzt:

- das iPrint-Drucksystem, das ein Drucken über das Internet ermöglicht und   iPrint
- das NPDS-Drucksystem, das im LAN benutzt wird.

Da beide Drucksysteme gleichzeitig eingesetzt werden, entstehen folgende Vorteile:

iPrint-Vorteile	Kommentar
Internetzugriff	Von jedem Internetstandort ist das Drucken möglich. Das Drucken ist dabei plattformübergreifend.
Geringe Kosten	Drucken über das Internet hat eine bessere Qualität als Faxen und verursacht weniger Telefongebühren.
Sicheres Drucken	Da iPrint im eDirectory verankert ist, können nur autorisierte Benutzer drucken.
Einfache Verwaltung	Alle Drucker im LAN oder Internet können von einer Stelle aus mithilfe des iManagers gesteuert werden.
Dienste	Über Lokalisierungsdienste kann der Administrator allen Benutzern über Webseiten die Standorte der Drucker aufzeigen. Ein Klick auf den gewünschten Drucker stellt sofort die Verbindung her.

Das iPrint-Drucksystem besteht aus den Druckmodulen Druckserver, Drucker und Warteschlange, die im sogenannten **Printer Agent** zusammengefasst sind. Außer dem Printer Agent muss noch ein NDPS-**Manager** installiert werden, der mehrere Printer Agents verwalten kann. Da die meisten Drucker nicht NDPS-fähig sind, stellt Netware **Gateways** zur Verfügung.

■ Konfiguration

Im iManager müssen nacheinander folgende Komponenten konfiguriert werden:

- Treiberablage erstellen
- Druckmanager erstellen
- Drucker erstellen

🗎 Treiberablage erstellen

Treiberablage-Name:	Deskjettreiber
Container-Name:	BFW-Hamburg
Zielserver: *	OES.BFW-Hamburg
eDir-Server-Name:	OES.BFW-Hamburg

* Hinweis: Geben Sie einen DNS-Namen oder eine IP-Adresse für den Server ein, der die Treiberablage enthalten soll. Beispiel: drucken.meinefirma.de oder 129.63.47.78

OK   Abbrechen

Bild 2.136: Treiberablage

■ **Client auf Arbeitsstationen**

Auf den Arbeitsstationen müssen die entsprechenden iPrint-Clients installiert werden, um einen OES-Drucker nutzen zu können. Diese Installation kann von dem Arbeitsplatzrechner durchgeführt werden, indem man in einem Browser die Adresse http://<IP-Adresse des Servers>/ipp aufruft. Auf der Browserseite erscheint die Liste der zur Verfügung stehenden Drucker. Durch Anklicken auf den gewünschten Drucker wird der Druck-Client auf dem Arbeitsplatzrechner installiert.

2.7.9 NSS-Dateisystem (Novell Storage Services)

nss

Dieses Dateisystem war ursprünglich ein Bestandteil von Netware und zeichnet sich durch eine hohe Zuverlässigkeit, schnelle Zugriffszeit und hohe Sicherheit aus. Inzwischen ist es Novell gelungen, dieses Dateisystem auch auf Linux zu portieren.

■ **Installation und Konfiguration**

pool

Voraussetzung ist, dass die Softwarekomponente NSS während der Installation des OES-Servers eingerichtet wurde. Nachträglich lässt sie sich mithilfe von YaST aktivieren. Wichtig ist, dass auf der Festplatte genügend freier Speicherplatz zur Verfügung steht.

Die Konfiguration wird durch den iManager unter dem Menü *Speicher* durchgeführt. Dabei müssen folgende Schritte eingehalten werden:

– Zunächst müssen sogenannte Pools erstellt werden; das sind Speicherbereiche auf dem freien Platz der Festplatte. Die Bezeichnung der Pools erfolgt analog zu Linux mit hdax für IDE-Festplatten.
– Anschließend werden die Pools in Volumes unterteilt. Volumes sind logische Speicherbereiche beliebiger Größe und Anzahl.

Pools sind mehr als nur Partitionen, weil damit auch mehrere Festplatten zu einem Pool zusammengefasst werden können.

■ **Sicherheit**

Rechte

Es gibt eDirectory-Rechte und NSS-Dateisystemrechte. Während eDirectory-Rechte nur auf Objekte innerhalb des eDirectory-Baumes wirken, regeln die NSS-Rechte den Zugriff auf Dateien und Verzeichnisse.

Verwaltungstools für NSS-Rechte:

Name des Verwaltungstools	Funktion
NetStorage	Mit einem Browser wird NetStorage folgendermaßen aufgerufen: http://IP-Adresse des Servers/netstorage

Name des Verwaltungstools	Funktion
Novell Client	Auf einem beliebigen Arbeitsplatzrechner muss der Novell-Client installiert werden. Nach der Anmeldung an den OES-Server gelangt man über das Netzwerk auf den Server und dort auf die Verzeichnisse und Dateien, die beeinflusst werden sollen.
Befehl rights	Auf der Befehlsebene können Rechte von Dateien und Verzeichnissen mit dem Befehl *rights* verändert werden. Rights -f <Datei oder Verzeichnis> -r <Rechte> trustee <username>

Die NSS-Rechte lauten: Supervisor (S), Lesen (R), Schreiben (W), Löschen (E), Erstellen (C), Modifizieren (M), Dateiabfrage (F), Zugriffssteuerung (A). Diese Rechte ähneln den eDirectory-Rechten, gelten allerdings nur auf Dateien und Verzeichnissen. Im Prinzip sind es Rechte, die schon bei früheren Netware-Versionen eingesetzt wurden.

Zusätzlich zu den NSS-Rechten gibt es noch die Datei- und Verzeichnisattribute, die Vorrang vor den NSS-Rechten besitzen. Sie lauten: *Nur Lesen*, *Archiv*, *Versteckt*, *Gemeinsam*, *Transaktion*, *Sofort entfernen*, *Sofort komprimieren*, *Nicht komprimieren*, *Umbenennen gesperrt*, *Löschen gesperrt*, *Kopieren gesperrt* und *Komprimiert*. Diese Attribute können ebenfalls mit NetStorage, Novell Client und dem Konsolenbefehl *attrib* geändert werden.

Attribute

■ SMS (Storage Management Service)
SMS ist ein System zur Sicherung und Wiederherstellung der Daten für das ganze OES-Netzwerk.

■ iFolder
iFolder ist eine Software, die in OES implementiert ist und den Dateizugriff auf verschiedene Rechner im Netz erlaubt. Dabei werden diese Dateien ständig synchronisiert und in den neuesten Stand versetzt. Mehrere Benutzer können gleichzeitig die Dateien öffnen und bearbeiten. Ein Anwenderbeispiel ist das Buchungssystem von Fluggesellschaften und Reiseveranstaltern.

■ NetDrive
Novell kennt im Gegensatz zu Windows keine Laufwerksbuchstaben. Manchmal ist diese Tatsache lästig und deshalb gibt es unter OES die Software NetDrive, mit der Verzeichnissen Laufwerksbuchstaben zugeordnet werden können.

Laufwerksbuchstaben

■ Virtuell Office
Der Portaldienst Virtuell Office ermöglicht es Netzwerkbenutzern, Netzwerkressourcen zu finden und die Kommunikation mit virtuellen Teams zu erleichtern.

virtuelle Teams

■ 2 Netzwerkbetriebssysteme

Apache

■ **QuickFinder**
Diese Software ist eine Suchmaschine, die früher als Web Search bekannt war. Sie ist im OES-Paket enthalten und im Webserver Apache integriert.

■ **iMonitor**
Dieses Überwachungstool wird in einem Browser mit folgender Adresse gestartet: https://<Rechnername>:8030/nds. Seine Hauptaufgabe ist die Darstellung der Synchronisierung der einzelnen eDirectory-Partitionen.

■ **LDAP-Schnittstelle**
Diese Schnittstelle ist in eDirectory integriert und erlaubt den sicheren Zugriff der Clients auf den Server. Dabei werden die Benutzer authentifiziert und deren Rechte überprüft.

Linux Benutzer

■ **LUM (Linux User Management)**
Diese Applikation ermöglicht eine zentralisierte Verwaltung von Linux-Benutzern. Diese werden im eDirectory gespeichert und können auf Linux und eDirectory-Komponenten zugreifen.

2.8 Linux

Linux kontra Windows

Linux ist ein vollwertiges Betriebssystem, das zunehmend an Bedeutung gewinnt. Ursache der steigenden Beliebtheit ist nicht nur der niedrige Preis, sondern auch die einfache Bedienung. In den neuesten Versionen läuft die Installation fast automatisch ab. Die *Benutzeroberfläche* unterscheidet sich kaum von der Windows-Oberfläche. Die Anwendersoftware, wie z. B. das Star-Office-Paket, ist mindestens so gut wie das Windows-Office-Paket. Im Bereich der *Internetanbindung* gibt es zwischen Linux und Windows kaum Unterschiede. Wie Windows kann Linux als Einzelplatzrechner in Peer-to-Peer- und in serverbasierenden Netzen eingesetzt werden.

2.8.1 Produktpalette

jeder kann eine Distribution herausbringen

Linux wird in verschiedenen Distributionen von mehreren Firmen vertrieben. Distributionen bestehen aus dem eigentlichen Betriebssystem (Kernel) und vielen Zusatzprogrammen, die individuell von den Firmen zusammengestellt werden.

SuSE	SuSE ist in Europa die weitverbreiteste Distribution. Durch die riesige Anzahl von vorkonfigurierten Paketen und Zusatzprogrammen ist SuSE besonders leistungsstark. Dank der umfangreichen Handbücher und Aktualität der Versionen etabliert SuSE sich auch zunehmend auf dem nicht europäischen Markt. SuSE wurde 2004 von Novell übernommen. Seit 2005 kann die OpenSuSE bzw. SuSE-Linux-Open-Source-Software für Mitglieder und Entwickler der Linux Community frei heruntergeladen und verändert werden.
Red Hat (Fedora)	Diese Distribution hat den amerikanischen Markt bis 2003 dominiert. Red Hat benutzt eine auf den amerikanischen Markt zugeschnittene Zusammenstellung der Pakete und Anwenderprogramme.

Knopix	Diese Distribution kann direkt von der CD gestartet werden. Sie hat eine automatische Hardwareerkennung und kann den Computer auf Linuxtauglichkeit testen, ohne dass das installierte Betriebssystem verändert wird.
Mandrive	Durch den gewerblichen Hintergrund können Anwender technische Unterstützung durch den kommerziellen Support und durch die Community erhalten.
Debian	Diese Distribution wird nicht von einer Firma vertrieben, sondern von engagierten Linux-Fans. Diese Fans legen besonderen Wert auf die Unabhängigkeit von kommerziellen Firmen, um die freie Entfaltung von Linux zu gewährleisten. Besonderheit: Sicherheit und Stabilität.

Bild 2.137: Linux-Versionen

2.8.2 Systeminformationen

Der Name Linux ist dem „Erfinder" Linus Torvalds nachempfunden. Dieses Betriebssystem wurde von ihm in Anlehnung an **UNIX** entwickelt. Der Kernel ist frei verfügbar und wird weltweit ständig erweitert und verbessert. Inzwischen arbeiten die Linux-Entwickler mit dem **GNU-Projekt** zusammen, das sich zum Ziel gesetzt hat, eine frei verfügbare UNIX-ähnliche Umgebung zu erstellen. Besonders die Idee der **Open Source** Software treibt die Entwicklung von Linux stark voran. Diese Idee beinhaltet zwar die freie Verfügbarkeit des Quellcodes, aber Veränderungen unterliegen der **GNU Public License (GPL)**, damit kein Entwickler ein Copyright anmelden kann.

GNU

2.8.2.1 Unterschiede zu Windows und Novell

Im Gegensatz zu Novell gibt es bei Windows und bei Linux keine dedizierten **Server**, weil jeder Server auch als Client benutzt werden kann. Vor allem in kleinen Netzen wird dadurch die Wirtschaftlichkeit erhöht. Nachteilig ist dabei die Anfälligkeit des Netzes bei Fehlbedienungen des als Client genutzten Servers. Linux kennt für die Strukturierung des Netzes weder das Domänenmodell von NT noch die Verzeichnisdienste NDS (Netware Directory Service) und ADS (Acitive Directory Service) von Windows 2003. Deshalb kann man mit Linux keine hierarchisch strukturierten Netze aufbauen, die mithilfe von **verteilten Datenbanken** verwaltet werden. In dieser Hinsicht ist Linux den anderen Netzwerkbetriebssystemen noch unterlegen.

kein dedizierter Server

■ Für die Benutzerverwaltung im Netz benutzt Linux den **NIS-Dienst** und für die Integration der lokalen Dateisysteme zu einem übergreifenden Netz-Dateisystem den **NFS-Dienst**. Der NSF-Dienst entspricht dabei in etwa dem DSF-Dienst von Windows 2003.

NIS-Client

NFS

Im Gegensatz zu allen anderen Netzwerkbetriebssystemen muss sich ein Benutzer unter Linux zunächst lokal an seinen Rechner anmelden, um anschließend das „Netz" nutzen zu können. Die Stärke von Linux liegt daher derzeit mehr in der Einzelplatzanwendung und in der Einbindung in bestehende andere Netzwerkbetriebssysteme. Die Integration in die Windows-Welt erreicht Linux z. B. durch das Zusatzprogramm **Samba.**

2.8.2.2 Struktur von Linux

Streng genommen ist Linux die Bezeichnung für den Kernel, der alle elementaren Funktionen steuert. Anwender können nicht direkt auf die Hardware des Systems zugreifen, sondern nur indirekt über den Kernel. Der Kernel umschließt sozusagen die Hardware des Systems und schützt sie vor unerlaubten oder falschen Zugriffen.

Kernel

1. Der **Kernel** (Kern) ist der wichtigste Teil des Betriebssystems. Er steuert alle Vorgänge, wie z. B. die Speicherverwaltung, die Prozessabläufe und die Zugriffe auf die Hardware. Er unterstützt Intel-, DEC-, Alpha-, Sun Sparc-, Mips- und Motorola-Prozessoren.

Prozessoren

▪ Linux unterstützt praktisch alle gängigen Prozessoren.

Multitasking
Multiuser

2. **Multitasking** und **Multiuser** werden von Linux unterstützt. Unter Multitasking versteht man die gleichzeitige Bearbeitung mehrerer Prozesse und durch die Multiuser-Fähigkeit können mehrere Benutzer *gleichzeitig* mit dem System arbeiten. Durch Paging wird Speicher auf die Festplatte ausgelagert, wenn er zu knapp werden sollte. Mehrere Prozesse können durch Shared Libraries auf eine gemeinsame Bibliothek zugreifen. Durch SMP (Symmetric Multi Processing) können mehrere Prozessoren gleichzeitig genutzt werden.

▪ Linux ist multitasking-, multiuser- und multiprozessorfähig.

Protokolle

3. Die gängige PC-Hardware einschließlich aller Bus-Systeme wird von Linux beherrscht. Selbstverständlich stehen unter Linux auch die Netzwerkprotokolle TCP/IP, PPP, SLIP etc. zur Verfügung.

Dateisystem

4. Das eigene Dateisystem (**ext2**) ist mit besonderen Sicherheitsmerkmalen ausgestattet. Dateinamen dürfen bis zu 255 Zeichen lang und Dateien bis zu 2 GByte groß sein. Fremde Dateisysteme wie DOS und Windows können unter Linux benutzt werden. Auf NFS (über Netz verfügbare Dateisysteme) kann zugegriffen werden. Die Weiterentwicklung ext3 bietet das Journaling an; damit werden wichtige Dateiinformationen, die für die Wiederherstellung bei Systemabstürzen benötigt werden, in einem Journal gespeichert. Neben diesen Dateisystemen haben sich das ReiserFS bzw. Reiser 4 etabliert.

5. Nach dem Booten stehen dem Benutzer bis zu 6 Textkonsolen zur Verfügung und mehrere parallele Sitzungen.

Konsolen

▪ Mit der Eingabe **Strg + Alt + F1 bis F6** kann der Benutzer zwischen den Textkonsolen und mit **Strg + Alt + F7** usw. zwischen den angemeldeten Sitzungen der Benutzer hin- und herschalten.

6. Linux kann auch über das X-Window-System betrieben werden. Dazu benötigt man allerdings einen X-Server wie z. B. XFree86, der frei verfügbar und in der Regel Bestandteil der Distribution ist.

7. Das **X-Window**-System ist das grafische Betriebssystem (vergleichbar GDI) und eine Netzwerkanwendung (vergleichbar NT-Terminalserver). Alle Windowmanager (FVWM95, KDE, Gnome ...) setzen auf X-Window auf.

■ Es gibt unter Linux viele grafische Oberflächen, und zwar insbesondere die Oberfläche KDE und Gnome.

8. Unter Linux können unterschiedliche Kommandointerpreter eingesetzt werden. Diese Kommandointerpreter werden als **Shell** bezeichnet und funktionieren ähnlich wie der DOS-Kommandointerpreter *command.com*, sind aber wesentlich mächtiger. Der bekannteste Interpreter unter Linux ist die *Bourne Again Shell* (bash). Diese ist leistungsfähiger als der DOS-Interpreter *command.com*. Neben bash gibt es noch *C-Shell* und *Korn-Shell*.

■ Unter Linux werden Kommandointerpreter auch als Shell bezeichnet.

9. Unter Linux kann man nicht das Windows-Office-Paket benutzen, dafür aber das Office-Paket von **Star-Office** und Word-Perfect. Diese Programme sind auf keinen Fall schlechter, sondern eher besser als die Windows-Programme. Word hat immer noch Probleme mit großen Dateien. Die ganze Welt übersetzt zurzeit fast alle gängigen Programme in das Linux-Format. Datenbanken wie SQL findet man z. B. unter Linux als **mySQL** wieder. Unter Linux können folgende Programme benutzt werden: Adabas-Datenbank, Applixware Office, Common Desktop Environment, Corel-Office, Word Perfect, Flagship Datenbank, IBM DB/2, Informix-Datenbank, JavaWorkshop, LNX-DBMS, Maple, Sun StarOffice, Poet, Oracle-Datenbank etc. Diese Aufzählung ist nicht vollständig und wird fortlaufend erweitert.

■ Unter Linux gibt es eine riesige Anzahl von Anwendersoftware, die sich nicht nur auf eine Firma beschränkt, sondern das gesamte Firmenspektrum widerspiegelt.

2.8.3 Hardware unter Linux

Ein 486-Rechner mit 16 MByte und einer Festplatte von 80 MByte reicht aus, um eine Minimalversion von Linux zu installieren. Benutzt man allerdings die grafische Oberfläche KDE oder Gnome, sollte man einen schnellen Prozessor, 128-MByte-RAM-Speicher und eine 6 GByte große Festplatte installieren.

2.8.3.1 Festplatten

Auch unter Linux kann jede Festplatte nur in maximal 4 primäre Partitionen unterteilt werden. Alternativ kann eine primäre Partition als erweiterte Partition in logische Partitionen weiter untergliedert werden. Bei IDE-Platten sind 63 logische Partitionen und bei SCSI-Platten 15 möglich.

■ *2 Netzwerkbetriebssysteme*

Partitionen

Linux (Swap)	Linux (Root)	Linux (Daten)
1. primäre Partition	2. primäre Partition	3. primäre Partition
etwa RAM-Größe	>1,6 GByte	>1 GByte

Bild 2.138: Beispiel-Aufteilung der Festplatte unter Linux

Eine Root-Partition (Wurzelverzeichnis) für das Linuxsystem wird von allen Distributionen benötigt. Häufig wird sie auch als Linux native (systemeigen) bezeichnet. Eine Swap-Partition (Auslagerungsbereich) ist auch bei einem größeren Arbeitsspeicher zu empfehlen. Die Trennung von Systemdateien und Datendateien durch eine dritte Partition ist zwar nicht unbedingt erforderlich, aber sinnvoll. Noch besser ist es, die Datenpartition als erweiterte Partition anzulegen, damit man sie in logische Partitionen für Home-Verzeichnisse und Benutzerverzeichnisse unterteilen kann. Einige Distributionen wie z. B. SuSE-Linux benutzen zusätzlich noch eine kleine Bootpartition für den Bootmanager LILO.

■ Im Gegensatz zu Windows kennt Linux keine Laufwerksbuchstaben.

2.8.3.2 Partitionierung unter Linux

Partition Magic

Nach der Installation kann die Partitionierung verändert oder weitere Festplatten folgendermaßen neu partitioniert werden:

– über die grafische Oberfläche KDE oder Gnome mithilfe von YaST (Yast1) oder Yast2 (SuSE-Linux);
– von der textbasierenden Konsole aus mit Linux-Kommandos, die ähnlich wie DOS-Kommandos funktionieren.

Die Partitionierung der Festplatte durch textbasierende Eingaben von Linux-Befehlen ist für Administratoren immer noch von großer Bedeutung, weil sie für spezielle Anwendungen optimale Möglichkeiten bietet. Wer die Partitionierung von Festplatten etwas komfortabler durchführen möchte, kann auch das Kommando *cfdisk* einsetzen. In dieser erweiterten *fdisk*-Version werden alle Daten tabellarisch angezeigt.

■ **Textbasierende Partitionierung**

Von der grafischen Oberfläche gelangt man durch die Eingabe von Strg + Alt + F1 in die textbasierende Eingabe von Linux. Durch Alt + F7 kehrt man in die grafische Oberfläche zurück.

Wie unter DOS kann man unter Linux mit dem Kommando *fdisk* die Festplatte partitionieren. Das Linux-Kommando *fdisk* funktioniert dabei etwas anders als das gleichnamige DOS-Kommando. Folgende Parameter sind möglich:

Syntax

fdisk [Optionen] [Gerätedatei]
    Optionen - l   Auflistung der zur Verfügung stehenden Partitionen
                    - n   Anlegen einer neuen Partitionstabelle
                    - t   Wechsel in eine andere Partitionstabelle
                    - w Schreiben und Aktivieren der neuen Partitionstabelle

Als Gerätedatei wird die Festplatte angegeben, die partitioniert werden soll. Dabei bedeutet z. B. */dev/hdb*, dass die zweite IDE-Festplatte partitioniert wird.

■ Unter Linux werden Festplatten folgendermaßen bezeichnet:
hd = IDE-Festplatten   sd = SCSI-Festplatten

Beispiele für IDE- und SCSI-Festplatten:

hda	**erste IDE-Festplatte**	hdb	**zweite IDE-Festplatte**
hda1	erste primäre Partition	hdb1	erste primäre Partition
hda2	zweite primäre Partition	usw.	
hda5	erste logische Partition der erweiterten Partition	**sda**	**erste SCSI-Festplatte**
		sda1	erste primäre Partition der ersten SCSI-Festplatte usw.

2.8.3.3 Formatieren von Massenspeichern unter Linux

Formatieren bedeutet die Vorbereitung der Massenspeicher für bestimmte Dateisysteme. Linux benutzt z. B. das Dateisystem ext2 bzw. Reiser 4 und unterstützt auch andere Dateisysteme, wie z. B. msdos. Partitionen werden für das ext2-Dateisystem folgendermaßen formatiert:

mke2fs [Optionen] [Gerätedatei]

Optionen: - b Blockgröße   - m Platzreservierung für den root   *Syntax*
          - c Test   - L Label
          - i Speichergröße der
               I-Node (4096)

Beispiel: Die erste Partition der ersten IDE-Festplatte soll mit dem Linux-Dateisystem formatiert werden. Für root sollen 2 % der Partition reserviert werden, die Blockgröße soll 2048 betragen und die Partition soll auf fehlerhafte Stellen untersucht werden.

Lösung: mke2fs -m 2 -b 2048 /dev/hda1

Disketten sollte man vor der Formatierung, z. B. durch den Befehl *fdformat /dev/fd0u1440,* vorformatieren. Statt des Parameters 1440 können auch andere Formate angegeben werden. Anschließend wird die Diskette folgendermaßen formatiert: *Vorformatierung*

mke2fs /dev/fd0 (e2 ist die Abkürzung für das Dateisystem ext2)
Wenn die Diskette im DOS-Format formatiert werden soll, muss man statt *mke2fs* den Befehl *mkdosfs* benutzen.

2.8.3.4 Mounten

Unter Mounten versteht man das „Einhängen" von Speichermedien in den Verzeichnisbaum von Linux. Dabei können keine Laufwerke, sondern nur die Speichermedien der Laufwerke eingebunden werden.

■ Für das „Mounten" der Speichermedien müssen „Mountpoints" vorhanden sein. Mountpoints sind Verzeichnisse, die vor dem Mounten „leer" sein müssen.

Wurzelverzeichnis
  bin
  boot
  cdrom
  dev
  etc
  floppy
  home
  mnt
  opt

281

2 Netzwerkbetriebssysteme

Als Standard-**Mountpoint** bietet Linux das Verzeichnis /*mnt* an, das sich direkt im Wurzelverzeichnis *root* des Verzeichnisbaumes befindet. Zusätzlich legt SuSE automatisch die Mountpoints /*floppy* und /*cdrom* an. An diese Vorgaben muss man sich nicht halten, weil grundsätzlich jedes leere Verzeichnis als Mountpoint eingesetzt werden kann.

Das „Mounten" der Festplatte geschieht im Gegensatz zu Disketten und CDs in der Regel automatisch während des Bootens. Nachträglich kann das „Mounten" über die textbasierte Eingabe oder aus der grafischen Oberfläche heraus durch den Aufruf eines Terminals und der Eingabe des Mount-Befehls erfolgen. Experten schätzen allerdings die textbasierte Eingabe von Befehlen, weil diese die individuellste Form darstellt.

Von der KDE-Oberfläche wird mit Strg + Alt + F1 die textbasierte Eingabekonsole aufgerufen. Mit Alt + F7 kehrt man zur KDE-Oberfläche zurück.

Von der texbasierten Eingabekonsole muss man folgendes Kommando zum „Mounten" eingeben:

Syntax

mount [Optionen] [Type] [Gerätedatei] [Mountpoint]
Optionen: - a   Automatisches Mounten im Verzeichnis /etc/fstab
                   - r   Nur Leserechte
                   - w   Lese- und Schreibrechte
                   - t (Type) Wenn man ein fremdes Dateisystem benutzen möchte

Besonders wichtig sind die Parameter -w bzw. -r, mit denen der **Schreib- und Lesezugriff** gesteuert wird. Werden diese Befehle vergessen, kann man die Festplatte, Diskette und CD nicht lesen oder Daten speichern.

Das **Dateisystem** kann nach dem Parameter -t angegeben werden, z. B. -t msdos für DOS-Disketten. Mit dem Parameter .t auto erkennt Linux automatisch das Dateisystem der Diskette.

Gerätedateien sind von Linux vorgegeben und befinden sich im Verzeichnis /*dev*. Für Festplatten lauten die Dateien *hda1, hdb1* usw., für Disketten *fd0, fd1* und *hda* bis *hdd* für ATAPI-CD-ROMs bzw. *scd0, scd1* usw. für SCSI-CD-ROMs. Als **Mountpoint** muss ein leeres Verzeichnis angegeben werden.

Der mount-Befehl ist dynamisch, d. h. nur so lange wirksam, bis der Computer ausgeschaltet wird. Durch den Parameter -a wird der Massenspeicher automatisch bei jedem Neustart des Computers gemountet, wenn in der Datei /*etc/fstab* folgende Einträge vorhanden sind:

1. Spalte	2. Spalte	3. Spalte	4. Spalte	5. Spalte	6. Spalte
Datei und Gerät	Mountpoint	System	Option	Back-up-Programmdump	Prüfreihenfolge
/dev/hda1	/boot	ext2	defaults	1	2

Bild 2.139: Automatisches Mounten

Die Angaben für die erste Partition der Tabelle werden bei der automatischen Installation der Festplatte getätigt. Folgende Angaben sind möglich:

1. Spalte: hd[Buchstabe][Zahl]   IDE-Festplatte
                  sd[Buchstabe][Zahl]   SCSI-Festplatten
                  fd[Buchstabe][Zahl]   Floppy-Laufwerke
                  cd[Buchstabe][Zahl]   CD-ROM

2. Spalte: Der Mountpoint sollte immer im Wurzelverzeichnis angelegt werden, z. B. /dev, /boot, /floppy, /cdrom etc.
3. Spalte: ext2 (Linux-Dateisystem), iso9660 (CD-ROM), msdos (DOS-Dateisystem), nfs (Dateisystem von Netzwerkressourcen), swap (Swap-Partition), proc (Prozessverwaltung), ntfs (NTFS-Filesystem), smbfs (Dateisystem mit SMB-Protokollunterstützung).
4. Spalte: default (Voreinstellung), nauto (halbautomatisches Mounten), auto (automatisches Mounten), ro (nur Lesen), rw (Lesen und Schreiben), sw (Swap), user (Benutzer dürfen Massenspeicher einrichten), nouser (Benutzer dürfen keine Massenspeicher einrichten), remount (erneutes Mounten möglich).
5. Spalte: 0 bedeutet, dass von den Daten des Massenspeichers kein Back-up möglich ist, 1 bedeutet das Gegenteil.
6. Spalte 0 unterdrückt die Überprüfung, 1 bedeutet, dass nur das Rootverzeichnis geprüft werden kann, und 2 bedeutet, dass alle Unix-Partitionen geprüft werden können.

mount
umount

2.8.3.5 Disketten und CD

Nicht die Laufwerke können gemountet werden, sondern immer nur die Diskette bzw. CD, die im Gerät liegt. Da Linux keinen generellen Unterschied zwischen Festplatten, Disketten und CDs macht, erfolgt das Mounten bzw. das Umounten wie bei den Festplatten beschrieben.

■ Die Diskette bzw. die CD darf erst gewechselt werden, wenn sie vorher mit dem Befehl *umount* aus dem Dateisystem entfernt worden ist.

CD-ROM

Dabei müssen die Gerätedateien mit *fd* **(Buchstaben)(Zahl)** für Disketten und *hd* bzw. *sc* **(Buchstabe)(Zahl)** für CDs angegeben werden. SuSe bietet auf dem Desktop die Symbole für Disketten und CDs an, die man durch Anklicken automatisch mounten kann. Auch für das Formatieren bietet SuSe ein grafisches Tool an, das man über die Startleiste und die Utilities erreicht.

2.8.3.6 Installation von Linux

Generell sollte die Installation von Netzwerkbetriebssystemen in zwei Schritten durchgeführt werden:

– Zuerst wird eine Liste der Hardware des Rechners mit allen notwendigen Daten erstellt. Diese Liste ist sehr wichtig, weil nicht jedes Netzwerkbetriebssystem mit jeder Hardware harmoniert. Für Linux erhält man im Zweifelsfall Auskunft auf folgenden Internetseiten: http://www.XFree86.org, http://linmodems.org, http://www.linux-usb.org, http://cdb.suse.de und http://www.redhat.com/support/hardware.

Liste der Hardware

– Im zweiten Schritt sollte man sich mit der Struktur von Linux vertraut machen und die gewünschten Einstellungen wie Aufteilung der Festplatte, Benutzerdaten und Einsatzgebiet des Rechners auflisten.

- Vor der Installation müssen die einzelnen Schritte geplant und dokumentiert werden.

■ Durchführung der Installation (SuSE 10.0)

bootfähig

Die Installation der Distribution SuSe 10.0 ist relativ einfach, weil die CD bootfähig ist und die Installation weitgehend automatisch abläuft. Die Festplatte muss vorher weder partitioniert noch formatiert werden. Einfach die CD oder DVD in das CD-Laufwerk einlegen und den Computer starten.

Rauf- und Runterfahren des Servers

- Schalten Sie auf keinen Fall den Computer aus, bevor er nicht ordnungsgemäß heruntergefahren ist. Aus der Oberfläche KDE oder Gnome geschieht das Herunterfahren analog zu der Windows-Oberfläche.

2.8.4 Inbetriebnahme

Nach dem Einschalten des Computers erscheinen auf dem Bildschirm **Systemmeldungen**, die den Bootvorgang beschreiben. Diese Meldungen werden durch Hinweise wie z. B. *done, failed* oder *active* ergänzt. Leider läuft der Bootvorgang so schnell ab, dass man wichtige Hinweise übersehen kann.

dmesg

Zum Glück gibt es den Befehl *dmesg*, mit dem man nach dem Bootvorgang die Systemmeldungen „in Ruhe" einsehen kann.

Nach den Systemmeldungen erscheint der **Einlogbildschirm**. Dieser kann im einfachsten Fall textorientiert sein, aber bei den meisten Distributionen erscheint ein grafischer Einlogbildschirm. Auch hier gibt es verschiedene Varianten, die von der Konfiguration des Systems abhängig sind. Allen ist gemeinsam, dass der Benutzername und das Passwort angegeben werden muss. Je nach eingestellter Sicherheitsstufe gelten für diese Angaben unterschiedliche Bedingungen.

2.8.4.1 Einstellungen zur Sicherheit

Die Einstellungen zur Sicherheit können unter Yast2 wie folgt konfiguriert werden:

Heim-Arbeitsstation: Diese Sicherheitsstufe sollte für einen Computer ohne Netzwerkverbindung gewählt werden. *Passworteinstellungen können überprüft und eingestellt werden*. Die Methode der Verschlüsselung des Passwortes kann gewählt werden. Die Länge des Passwortes, das Alter des Passwortes und der Ablauf des Passwortes können konfiguriert werden.

Vernetzte Arbeitsstation: Sicherheitseinstellungen für einen Computer, der mit einem Netz verbunden ist. Dieses Level schließt alle Einstellungen des Sicherheitslevel1 ein.

Netzwerkserver: Diese Sicherheitsstufe sollte für alle Computer gewählt werden, die anderen Computern einen Dienst anbieten. Sie schließt das Sicherheitslevel2 ein, bietet darüber hinaus allerdings noch keine weiteren Einstellungen.

2.8.4.2 Der Bootvorgang

Nach dem Einschalten des Rechners wird zunächst der **Power-On-Self-Test** (POST) durchgeführt, in dessen Verlauf die vorhandene Hardware getestet wird. Danach wird der erste Sektor der ersten Festplatte gelesen. Dieser Sektor muss den **Master-Boot-Record** (MBR) enthalten und Informationen für den weiteren Bootvorgang. In der Regel befindet sich im MBR ein Bootmanager, der den weiteren Verlauf des Bootvorganges steuert. Jedes Betriebssystem hat seinen eigenen Bootmanager; der Bootmanager von SuSE heißt z. B. **Lilo**. Lilo übergibt den Bootvorgang an den Kernel, der die Einstellungen des BIOS liest und die Hardware-Schnittstellen des Motherboards initialisiert. Danach wird das System durch den Inhalt der Datei /sbin/init hochgefahren. Diese Datei hat eine Schlüsselfunktion, weil sie die Grundlage aller Prozesse ist. Ohne diese Datei stürzt das System ab. Konfiguriert wird diese Datei durch die Datei /etc/inittab. Besonders wichtig ist dabei die Festlegung der einzelnen Runlevel und deren Inhalte.

Bootmanager Lilo

■ Runlevel signalisieren den momentanen Systemzustand von Linux.

Unter SuSE-Linux gibt es 8 Runlevel, die folgende Bedeutung haben:
Runlevel 0: Systemhalt. Der Rechner ist heruntergefahren und kann ausgeschaltet werden.
Runlevel S: Einzelbenutzerbetrieb (single user mode). Der Rechner kann nur vom Bootprompt aus mit US-Tastaturbelegung genutzt werden.
Runlevel 1: Einzelbenutzerbetrieb (single user mode). Der Rechner kann nur von einer Person lokal genutzt werden. Zugriffe auf das Netz sind gesperrt, weil alle Netzdienste gestoppt sind.
Runlevel 2: Lokaler Multiuserbetrieb ohne Netzwerk. Der Rechner kann gleichzeitig von mehreren Benutzern bedient werden.
Runlevel 3: Voller Multiuserbetrieb mit Netzwerk.
Runlevel 4: Frei
Runlevel 5: Voller Multiuserbetrieb mit Netzwerk und KDM, GDM oder XDM.
Runlevel 6: Neustart. Das System wird heruntergefahren und anschließend wieder neu gestartet (Reboot).

Der Administrator kann jederzeit den Runlevel durch die Eingabe *init* (Runlevel) ändern. *Init 0* z. B. fährt den Rechner in den Runlevel 0 und hält den Rechner an. Mit dem Befehl *runlevel* kann der aktuelle Runlevel ermittelt werden.
Zum Herunterfahren des Systems gibt es neben dem init-Befehl noch die Kommandos *halt, poweroff, shutdown* und *reboot*.

init (Runlevel)

2.8.4.3 Prozesse

Alle Aktivitäten im System werden als Prozesse registriert und verwaltet. Dabei werden folgende Informationen gespeichert:
– Name des Programms, das gestartet wurde
– aktueller Programmschritt
– Name des Benutzers, der das Programm gestartet hat
– Ort, an dem sich das Programm befindet

285

2 Netzwerkbetriebssysteme

ps ax

Die Prozessnummern mit den zugehörigen Prozessen können mit dem Befehl *ps ax* eingesehen werden. Mit dem Befehl *kill* können Prozesse zur Terminierung aufgefordert oder auch gewaltsam gelöscht werden.

■ Jeder Prozess hat eine eindeutige Prozessnummer Pid (process identification).

2.8.4.4 Shell

Wie bei allen Betriebssystemen benötigt man für die Eingabe von Kommandos einen **Kommandointerpreter**. Unter Linux gibt es verschiedene Kommandointerpreter. Weil der Kommandointerpreter den Kernel wie eine Schale umgibt, nennt man ihn auch **shell** (Schale). Folgende Kommandointerpreter gibt es:

- **Bourne-Shell (sh)**: Sie ist die älteste Shell mit dem kleinsten Kommandoumfang und wurde ursprünglich für Unix entwickelt.
- **Bourne-Again-Shell (bash)**: Sie enthält alle Kommandos der Bourne-Shell und zusätzlich noch den Aliasmechanismus und den Befehlszeileninterpreter. Unter Linux ist sie die gebräuchlichste Shell und wurde von der Free Software Foundation als Bestandteil des GNU-Projektes entwickelt.
- **C-Shell (csh)**: Sie wurde in Zusammenhang mit der BSD-Unix-Variante von Bill Joy entwickelt. Das %-Zeichen ist der Prompt dieser Shell.
- **Korn.Shell (ksh)**: Sie ist eine Weiterentwicklung der Bourne-Shell.

echo $0

Unter */etc/shells* findet man die Liste der Shells, die benutzt werden können. Die Shell-Programme sind in */bin* gespeichert. Mit dem Kommando *echo $0* kann überprüft werden, welche Shell aktiv ist.

Außer den vorhergehend angegebenen Shells gibt es noch einige andere Kommandointerpreter, die aber für Linux in der Regel nicht zur Anwendung kommen. Grundsätzlich unterscheiden sich die Shells durch den Kommandoumfang, durch das Promptzeichen und die Funktionalität der Kommandos.

■ **Kommandos der Bourne-Again-Shell**

Dieser Kommandointerpreter ist Bestandteil aller gängigen Distributionen. Die Eingabe der Kommandos kann von der KDE-Oberfläche durch Strg + Alt + F1 bis F6 erreicht werden oder durch Öffnen eines Terminalfensters. Das Terminalfenster wird über die Taskleiste der KDE-Oberfläche aufgerufen. Durch die Multitasking- und Multiuserfähigkeit stehen *6 virtuelle Textkonsolen* zur Verfügung, die man durch die Eingabe Strg + Alt + F1 bis F6 aufrufen kann. Mit Alt + F7 schaltet man auf die KDE-Oberfläche zurück.

~Tilde, d. h.
Home-Verzeichnis

Der Prompt lautet: **Linux1:~#_**.
Die allgemeine Kommandosyntax lautet:

Kommando [-Option] [Argument1] [Argument2] [.......]

Die Kommandos können thematisch folgendermaßen strukturiert werden:

siehe auch
SuSE-Handbuch

Informationsbefehle: who, whoami, id -a, uname -a, echo $O usw.
Hilfsbefehle: help, man Befehl, df, free, pstree usw.
Verzeichnisbefehle: pwd, cd, cd~, ls Verzeichnis, ls -a, mkdir, rmdir usw.
Dateibefehle: cp Quelle Ziel, rm, cat name, fdformat usw.
Prozessverwaltung: ps, halt, kill, reboot, shutdown usw.

Wie das Betriebssystem DOS unterscheidet die bash interne und externe Befehle.

2.8.4.5 DOS-Befehle unter Linux

Für Datenträger, die nicht mit dem Linux-Dateisystem ext2 (Reiser f6), sondern mit dem DOS-Dateisystem FAT formatiert sind, wurden die „**mtools**" entwickelt. Diese ermöglichen z. B. einen einfachen Zugriff auf Disketten, weil diese dabei nicht gemountet bzw. umountet werden müssen. Zur Unterscheidung von den üblichen Linuxbefehlen fangen die „mtools" immer mit einem „m" an. Mit **mcd(Verzeichnis)** wechselt man z. B. in das angegebene Verzeichnis und mit **mdir** wird der Inhalt im DOS-Format angezeigt, um sie kompatibel zu DOS bzw. Windows zu machen. Dabei muss man folgende Unterschiede beachten:

mtools

– Linux benutzt als Pfadtrenner einen *slash* /, während DOS dafür den backslash \ verwendet.
– Linux unterscheidet zwischen Groß- und Kleinschreibung, während DOS keine Unterscheidung vornimmt.

■ Aufgaben:

1. Was sind Distributionen? Nennen Sie einige und zeigen Sie Unterschiede auf.
2. Nennen und begründen Sie einige Unterschiede zu anderen Betriebssystemen.
3. Welche Aufgaben hat der Kernel?
4. Was versteht man unter Multitasking- und Multiuserfähigkeit?
5. Wie viele Textkonsolen unterstützt SuSE-Linux und wie werden sie aufgerufen?
6. Was sind Kommandointerpreter? Wie werden sie alternativ bezeichnet? Nennen Sie einige.
7. Was versteht man unter Mounten? Was muss vorher angelegt werden, damit das Mounten gelingt?
8. Was sind Runlevel?

2.8.5 Benutzerverwaltung

Während der Installation von Linux werden vom Anwender folgende Benutzer neu angelegt:

– Der Administrator des Systems mit dem Namen *root* und
– ein normaler Benutzer mit einem *beliebigen Namen*.

■ Nur der Administrator *root* besitzt alle Rechte im System und kann neue Benutzer und Gruppen anlegen.

2.8.5.1 Neue Benutzer anlegen

Neue Benutzer können mit YaST (SuSE), dem Benutzermanager der KDE-Oberfläche oder mit einem Texteditor angelegt werden. Alle drei Möglichkeiten sollte ein Administrator beherrschen, wobei die letztgenannte Möglichkeit

KEdit

2 Netzwerkbetriebssysteme

zunächst etwas umständlich erscheinen, aber letztendlich die bessere Methode darstellt, weil sie unabhängig von Distributionen ist und am flexibelsten gehandhabt werden kann.

Unabhängig von der Eingabemethode werden alle Daten in folgende Dateien eingetragen:

- */etc/passwd*   Benutzerdaten
- */etc/shadow*   Verschlüsselte Passwörter
- */etc/group*   Gruppenzugehörigkeit

Diese Dateien sind reine Textdateien und können mit einem Texteditor bearbeitet werden. Allerdings sollte man dabei größte Vorsicht walten lassen, weil diese Dateien einen ganz bestimmten Aufbau benötigen, um vom System benutzt werden zu können.

Aufbau der Benutzerangabe in der passwd:

Syntax der passwd

Name	:	X	:	UID	:	GID	:	Text	:	/	:	shell

Name: Maximal 8 ASCII-Zeichen ohne Doppelpunkt und Return.

X: Statt X wurde in früheren Versionen das Passwort eingetragen. Inzwischen wird das Passwort verschlüsselt in der Datei */etc/shadow* gespeichert.

UID: Benutzer-Identifikations-Nummer; Linux arbeitet im System nicht mit den angegebenen Benutzernamen, sondern mit der eingetragenen UID. Die Nummern 1 bis 100 sind für Benutzer reserviert, die durch eine Software angelegt werden. Standardmäßig erhalten Benutzer Nummern ab 500 oder 1000 aufwärts. Die Nummer 0 bedeutet Supervisorrechte.

GID: Gruppen-Identifikations-Nummer; jeder Benutzer muss mindestens einer Gruppe angehören. Hier wird die primäre, d. h. erste Gruppe durch eine Nummer ab 500 oder 1000 eingetragen. Alle Benutzer mit der gleichen Gruppennummer haben dieselben Zugriffsrechte.

Text: Nähere Beschreibung des Benutzers, die vom Programm nicht ausgewertet wird.

/ Home-Verzeichnis; hier muss der Pfad zum Home-Verzeichnis des Benutzers eingetragen werden. Das Verzeichnis */home* wird automatisch während der Linux-Installation angelegt. Der Benutzer hat alle Rechte auf dieses Verzeichnis.

Shell: Kommandointerpreter; wenn sich der Benutzer anmeldet, wird der hier angegebene Interpreter geladen. Der Interpreter bestimmt den Befehlssatz, den der Anwender benutzen darf (siehe Kapitel 2.5.4.4).

kuser

Außer mit einem Texteditor kann die Datei auch mit dem Konsolenbefehl *less /etc/passwd* eingesehen oder mit *useradd* verändert werden.

Einfacher geht dies aber mit YaST oder mit dem Benutzermanager der KDE-Oberfläche. Diesen erreicht man über die Taskleiste, System und Benutzermanager.

2.8 Linux

Beispiel

Es soll ein neuer Benutzer mit dem Namen Hans-Joachim Hölzel, dem Anmeldenamen hoelzel, der Benutzer-Identifikationsnummer 500, der Gruppennummer 100 angelegt werden. Das Heimatverzeichnis des neuen Benutzers soll im Verzeichnis /home errichtet und der Kommandointerpreter bash soll aktiviert werden.

Lösung mit einem Texteditor:
Mit dem Texteditor wird die Datei /etc/passwd geöffnet und folgende Zeile eingetragen:

hoelzel:X:500:100:Hans-Joachim Hölzel:/home/hoelzel:/bin/bash

KEdit

An diesem Beispiel sieht man, wie einfach das Anlegen eines neuen Benutzers mit einem Texteditor ist. Damit sich der neue Benutzer beim nächsten Systemstart anmelden kann, muss noch die Datei /etc/shadow bearbeitet werden.

Aufbau der Datei /etc/shadow:
Über jeden Benutzer gibt es in der Datei shadow eine Zeile mit Informationen über sein Passwort, dessen Gültigkeit und Einschränkungen. Insgesamt gibt es 9 Informationsfelder, die durch Doppelpunkte getrennt werden müssen.

Name	:	PW	:	lch	:	min	:	max	:	warn	:	iac	:	dat	:	flag

Name: Hier wird der Benutzer angezeigt, der in der *passwd* einen Account besitzt.
PW: Das Passwort erscheint nicht im Klartext, sondern verschlüsselt.
lch: Hier wird die Anzahl der Tage vom 1.1.1970 bis zur letzten erlaubten Änderung des Passwortes eingetragen.
min: Anzahl der Tage, die das Passwort nicht verändert werden darf.
max: Maximale Anzahl der Tage für die Gültigkeit des Passwortes.
warn: Anzahl der Tage, an denen der Benutzer von dem Ablauf des Passwortes gewarnt ist.
iac: Anzahl der Nichtanmeldungstage, nachdem der Benutzeraccount gesperrt wird.
dat: Absolutes Datum, an dem der Account des Benutzers gesperrt wird.
flag: Reserviert für zukünftige Benutzung; Wert = 0.

Syntax der Datei shadow

Das Passwort darf hier nicht im Klartext, sondern muss verschlüsselt eingetragen werden. Diese Verschlüsselung erreicht man durch spezielle Zusatzprogramme. Einfacher geht es mit YaST.

2.8.5.2 Neue Gruppen anlegen

Benutzer mit ähnlichen Aufgaben werden zu Gruppen zusammengefasst, um die Administration zu erleichtern. Informationen über die vorhandenen Gruppen erhält man in der Datei /etc/group. Jeder Benutzer muss unter Linux mindestens einer Gruppe angehören.

■ *2 Netzwerkbetriebssysteme*

Syntax der Datei group

| Gruppenname | : | Gruppenpasswort | : | GID | : | Benutzernamen |

Gruppenname: Maximal 8 ASCII-Zeichen ohne Doppelpunkt und Zeilenumschaltung.
Gruppenpasswort: Verschlüsseltes Passwort; wird selten benutzt.
GID: Zahlen zwischen 1 und 99 sind für Systemgruppen reserviert. Üblich sind Zahlen ab 500 oder 1000.
Benutzernamen: Liste aller Benutzer, die dieser Gruppe angehören.

Beispiel

Der Benutzer Hoelzel soll der Gruppe „Techniker" angehören. Als Gruppenpasswort soll das Wort *„technik"* benutzt werden. Die Gruppen-GID soll 521 betragen und der Gruppe sollen die Mitglieder *root, hoelzel, lahr* und *kraemer* angehören.

Lösung mit einem Texteditor:
    Öffnen Sie die Datei */etc/group* mit dem Texteditor und tragen Sie folgende Zeile ein:
techniker:technik:521:root,hoelzel,lahr,kraemer

KEdit

Mit einem Texteditor oder durch die Konsolenbefehle *less /etc/group* und *groupadd* kann man die vollständige Liste aller Gruppen einsehen bzw. verändern. Einfacher geht es mit YaST oder dem Benutzermanager der KDE-Oberfläche. Alle Benutzernamen, Passwörter und Gruppen gelten nur lokal auf dem Computer, auf dem sie erstellt wurden. Benutzer, die sich auf mehreren Computern anmelden wollen bzw. die über das Netz auf andere Computer zugreifen möchten, müssen überall einen Account besitzen. Abhilfe schafft nur der Dienst NIS, der in Kapitel 2.8.8.2 näher erläutert wird.

2.8.5.3 Benutzerumgebung

Wenn sich ein Benutzer an einem Linux-Rechner anmeldet, wird für ihn eine individuelle Benutzerumgebung geöffnet. Diese Benutzerumgebung besteht in erster Linie aus dem Aussehen des Desktops, den aufgeführten Symbolen und voreingestellten Zugriffsrechten.

■ **Homeverzeichnisse**
Homeverzeichnisse werden in der Regel schon bei der Anlegung jedes neuen Benutzers erstellt. In der Taskleiste der KDE-Oberfläche erscheint automatisch ein Symbol, mit dem man sein Homeverzeichnis öffnen kann. Die Zugriffsrechte sind voreingestellt; nur der Benutzer hat alle Zugriffsrechte auf sein eigenes Homeverzeichnis.

2.8.5.4 Zugriffsrechte

Nur der Administrator *root* kann Zugriffsrechte verändern!

Zugriffsrechte sollen Verzeichnisse und Dateien vor unerlaubten Zugriffen schützen. Das Einloggen mit einem Benutzernamen und Passwort gewährleistet, dass nur der angemeldete Benutzer auf seine individuelle Benutzerumgebung zugreifen kann. Nur er hat z. B. alle Rechte auf sein Homeverzeichnis. Zugriffe auf alle anderen Verzeichnisse kann er nicht einstellen oder verändern. Er ist dabei auf die Voreinstellung der Firma SuSE bzw. die Vorgaben des Administrators *root* angewiesen.

■ **Benutzer können nur die Zugriffsrechte ihres Homeverzeichnisses bestimmen.**

Es gibt folgende Zugriffsrechte:

- **r (read):** Mit diesem Recht kann man Inhalte von Dateien lesen und Verzeichnisse auflisten.
- **w (write):** Dateien und Verzeichnisse dürfen gelöscht und neu erstellt werden.
- **x (execute):** Ausführbare Dateien dürfen gestartet werden. In Verzeichnissen darf gewechselt werden.

Die Zugriffsrechte können auf drei Benutzerklassen vergeben werden:

- **u (user):** Der user ist der Besitzer (owner) der Datei oder des Verzeichnisses.
- **g (group):** Gruppe, zu der die Datei oder das Verzeichnis gehört.
- **o (other):** alle anderen Benutzer des Systems.

Mit dem Befehl *chmod* kann man von der Konsole oder einem Terminalfenster die Zugriffsrechte auf Dateien und Verzeichnisse individuell einstellen.

chmod (Rechte) (Pfad) (Dateien oder Verzeichnisse)   Syntax der Zugriffsrechte

Die Rechte können auf zwei unterschiedliche Weisen angegeben werden:

- als Oktalzahl oder
- mit alphanumerischen Zeichen.

■ **Beispiel mit Oktalzahlen**

Der User soll alle Rechte erhalten. Die Gruppe darf Lesen und Ausführen. Alle anderen Benutzer sollen keine Rechte erhalten.

	Oktal-Dezimal	Wert $2^2 = 4$	Wert $2^1 = 2$	Wert $2^0 = 1$
		read	write	execute
user	111=7	1	1	1
group	101=5	1	0	1
other	000=0	0	0	0

Bild 2.140: Ermittlung der Oktalzahl der Zugriffsrechte

Nach der Ermittlung der Oktalzahl der Zugriffsrechte werden diese dezimal folgendermaßen über ein Terminal eingegeben:

Konsoleneingabe: chmod 750 /etc/host.conf

Der Besitzer der Datei *host.conf* erhält den Zugriffswert 7 (alle Rechte), die Gruppe, die auf die Datei zugreifen darf, erhält den Wert 5 (Lese- und Ausführrechte) und alle anderen erhalten keine Zugriffsrechte.

■ Beispiele mit alphanumerischen Zeichen

Alle Buchstaben und Zahlen sind alphanumerische Zeichen. Für die Zugriffsrechte werden folgende Zeichen eingesetzt:

Syntax der Rechte

Benutzer: **u** (user), **g** (group), **o** (other) und **a** (alle)

Aktionen: **–** Recht wegnehmen, **+** Recht setzen, **=** absolutes Recht
Zugriffsrechte: **r** (lesen), **w** (schreiben), **x** (ausführen)

Beispiele: chmod u+rwx /etc/host.conf
chmod go-r /etc/host.conf
chmod ug=rwx /etc/host.conf

Im ersten Beispiel werden dem Besitzer (u) der Datei *host.conf* die Rechte *rwx* hinzugefügt (+).
Im zweiten Beispiel wird der Gruppe (g) und anderen Benutzern (o) das Leserecht (r) entzogen (–).
Im dritten Beispiel werden dem Besitzer und der Gruppe alle Rechte gewährt.

■ Zuweisung von Benutzern oder Gruppen zu Dateien und Verzeichnissen

Der Administrator kann mit dem Konsolenbefehl *chown* bzw. *chgrp* Dateien und Verzeichnissen neue Benutzer und Gruppen zuweisen.

Syntax von chown

chown (Besitzer) (Pfad) (Verzeichnis oder Datei)

Beispiel

chown Hoelzel /etc: Der Benutzer *Hoelzel* wird Besitzer des Verzeichnisses */etc*
chown Frisch /etc/host.conf: Der Benutzer *Frisch* wird Besitzer der Datei *host.conf*
chgrp aTeam /etc: Die Gruppe *aTeam* wird dem Verzeichnis *etc* zugeordnet.

Die Zuordnung von Usern, Gruppen und Zugriffsrechten kann auch mit der grafischen Oberfläche Konqueror durchgeführt werden. Dafür muss man mit der rechten Maustaste das Kontextmenü der Datei oder des Verzeichnisses öffnen und die Karteikarte Properties auswählen.

ls -l

Für eine Übersicht der Zuordnungen eignet sich allerdings das Kommando ls -l besser. Nach der Eingabe dieses Befehls erhält man beispielsweise folgende Rückmeldung: *drwxr-xr-x2 hoelzel aTeam host.conf*.
Das erste Zeichen gibt den Dateityp an; Linux unterscheidet dabei folgende 7 Dateitypen:

- d   Directory
- -   Normale Datei
- b   Blockorientierte Gerätedatei
- c   Zeichenorientierte Gerätedatei
- l   Symbolic Link
- s   Sockets
- p   Pipe

Die Zugriffsrechte werden in der Reihenfolge *user, group* und *other* eingetragen. Dafür stehen insgesamt 9 Eintragungen zur Verfügung. In dem obigen Beispiel besitzt der User hoelzel die ersten drei Zeichen *rwx*, die Gruppe ateam die nächsten drei Zeichen *r-x* und alle anderen die letzten drei Zeichen *r-x*. Die Rechte gelten nur für die oben angegebene Datei *host.conf*.

2.8.5.5 Verzeichnis- und Dateirechte

Dateirechte gelten immer nur für die Datei, für die sie vergeben wurden. Verzeichnisrechte gelten für das Verzeichnis und für alle in dem Verzeichnis erstellten Dateien. Dadurch entstehen Rechteüberschneidungen und die Frage, welche Rechte Vorrang haben. Unter Linux gilt:

Vorrang

■ Verzeichnisrechte haben Vorrang vor Dateirechten!

Beispiel: Wenn der Besitzer eines Verzeichnisses das Recht *execute* nicht besitzt, kann er es nicht öffnen und auch nicht auf Dateien zugreifen, auf die er alle Rechte besitzt.

■ **Standardeinstellungen**
Für alle Dateien und Verzeichnisse, die neu angelegt werden, vergibt Linux voreingestellte Rechte, die in der Datei */etc/profile* gespeichert sind.

Der Grundwert für Dateien beträgt 666 und für Verzeichnisse 777. Aus Sicherheitsgründen werden diese Rechte durch eine Maske verkleinert. Der Wert der Maske beträgt standardmäßig 022, sodass sich für Dateien die Werte 666 – 022 = 644 und für Verzeichnisse 777 – 022 = 755 ergeben. Dabei gibt die erste Ziffer den Wert für den Besitzer, die zweite Ziffer den Wert für die Gruppe und die dritte Ziffer den Wert für alle anderen Benutzer an. Um die tatsächlichen Rechte ermitteln zu können, müssen die Dezimalwerte in binäre Werte umgerechnet werden.

666
777

Aus den binären Werten können die Rechte *Lesen*, *Schreiben* und *Ausführen* festgestellt werden, wenn man für *Lesen* den binären Wert 4, für *Schreiben* den Wert 2 und für *Ausführen* den Wert 1 ansetzt.

Beispiel

> dezimal 7 ergibt den binären Wert 111, d. h. *read, write* und *execute*.
> dezimal 6 ergibt den binären Wert 110, d. h. *read* und *write*.
> dezimal 5 ergibt den binären Wert 101, d. h. *read* und *execute*.
> dezimal 4 ergibt den binären Wert 100, d. h. *read*.

Die Voreinstellungen der Rechte für Dateien und Verzeichnisse können mit dem Befehl *umask* verändert werden. Eine dauerhafte Änderung erreicht man durch entsprechende Einträge in die Datei */etc/profile*.

■ Aufgaben:

1. Welche Benutzer werden bei der Installation angelegt und welche Eigenschaften besitzen sie?
2. Erläutern Sie folgende Zeilen der Datei passwd:
   root:X:0:0:root: root:/root:/bin/bash
   nobody:X:65534:65534:nobody:/var/lib/nobody:/bin/bash
3. Erläutern Sie folgende Zeilen der Datei shadow:
   root:PrckB/URNiPuQ:11439:0:10000::::
   nobody:*:8902:0:10000::::
4. Erläutern Sie folgende Zeilen der Datei group:
   root:X:0:root
   users:X:100:
5. Welche Rechte besitzt der Benutzer auf sein Homeverzeichnis?
6. Mit welchen Hilfsmitteln können Zugriffsrechte vergeben werden?
7. Wandeln Sie folgende binär angegebenen Rechte in alphanumerische Rechte um:
   101, 100, 001.
8. Mit dem Kommando ls -l wurde folgende Information auf dem Bildschirm ausgegeben:
   drwx----- 3 root root 4096 May 4 14:12 KDesktop. Erläutern Sie diese Informationen.
9. a) Es gibt Verzeichnis- und Dateirechte. Welche haben Vorrang?
   b) Standardmäßig werden für Dateien die Rechte 644 und für Verzeichnisse 755 vergeben. Erläutern Sie diese dezimal angegebenen Rechte.

2.8.6 Drucken

Alle Drucker, die das PostSkript-Format unterstützen, können unter Linux benutzt werden. Bei Druckern, die dieses Format nicht unterstützen, müssen die Druckaufträge durch Filter in die jeweilige Druckersprache des Modells umgewandelt werden.

Filter

> ■ Standardmäßig unterstützen Unix/Linux-Applikationen nur das PostSkript-Format.

2.8.6.1 Lokaler Drucker

Drucker, die an der parallelen, seriellen oder USB-Schnittstelle angeschlossen sind, werden als lokale Drucker bezeichnet.

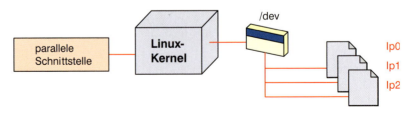

Bild 2.141: Parallele Schnittstelle und Gerätedateien

Intern wird der an der parallelen Schnittstelle angeschlossene Drucker durch die Gerätedateien **lp0**, **lp1** und **lp2** angesprochen. Wenn erstmalig auf eine Gerätedatei zugegriffen wird, lädt der **kmod** (**K**ernel **Mod**ule Loader) automatisch die Module **parport**, **parport_pc** und **lp**. Es ist ratsam, vor der eigentlichen Konfiguration des Druckers den Druckeranschluss mithilfe des Befehls *echo -en "\rDruckertest\r\f"> /dev/lp0* zu testen, \r bedeutet dabei Wagenrücklauf und \f Seitenvorschub.

kmod

/dev/lp0,lp1, usw.	Gerätedateien des parallelen Anschlusses
/dev/ttyS0, usw.	Gerätedateien des seriellen Anschlusses
/dev/usb/lp0, usw.	Gerätedateien des USB-Anschlusses
/dev/irlpt0, usw.	Gerätedateien des Infrarotanschlusses

■ Drucksysteme

Linux unterstützt zwei verschiedene Drucksysteme:

LPRng/lpdfilter: (Line Printer Daemon protocol)
Dieses Drucksystem besteht aus dem Druckerspooler LPRng und dem Druckerfilter lpdfilter. Es hat den Nachteil, dass die Konfiguration vom Systemverwalter festgelegt wird und der Benutzer keine individuellen Einstellmöglichkeiten vornehmen kann.

Dämon

CUPS: (Common Unix Printing System)
Das Programm ist in einen Druck-Client und einen Druck-Server aufgeteilt. Daher werden unterschiedliche Pakete auf dem Client und Server aktiviert. Durch den standardisierten und modularisierten Aufbau kann nicht nur der Supervisor, sondern auch der Benutzer druckerspezifische Einstellungen vornehmen. Diese sind in einer PPD-Datei (PostScript Printer Description) gespeichert und bieten alle Möglichkeiten des installierten Druckers an.

Beide Drucksysteme können nicht gleichzeitig installiert werden. In der Standardinstallation von SuSE ist das CUPS-Drucksystem installiert. Mit YaST kann man das Drucksystem wechseln.

■ Ein Dämon ist ein Programm, das im Hintergrund ständig jede Aktivität des Systems überwacht und auf vorgegebene Aktionen entsprechende Reaktionen durchführt.

■ Ablauf des Druckauftrages

Die Datei, die gedruckt werden soll, wird zunächst in einer Druckerwarteschlange gespeichert und vom Druckerspooler an den Druckfilter weitergeleitet. Der Druckfilter ermittelt den Typ der zu druckenden Datei und wandelt alle **Nicht**-PostScript-Dateien in PostScript-Dateien um. An einen PostScriptdrucker wird die Datei direkt zum Drucken geleitet, an einen Nicht-PostScriptdrucker wird die Datei mithilfe des Programms Ghostscript und des jeweiligen Treibers in die Sprache des Druckers umgesetzt.

2 Netzwerkbetriebssysteme

Bild 2.142: Druckfilter

Der Druckfilter in Bild 2.142 hat folgende Aufgaben:

- Er ermittelt den Typ der zu druckenden Daten.
- PostScript-Daten werden direkt zu einem PostScript-Drucker weitergeleitet.
- PostScript-Daten werden durch das Programm *ghostscript* in die Druckersprache des angeschlossenen Druckers umgewandelt und zum entsprechenden Drucker weitergeleitet.
- Nicht-PostScript-Daten wie z. B. ASCII- oder Grafikdateien werden in PostScript umgewandelt und entweder direkt zu einem PostScript-Drucker gesendet oder durch das Programm *ghostscript* in die Sprache des angeschlossenen Druckers umgewandelt.

■ Spooler

klpq

Der **Spooler** ist ein Programm (Dienst), der hauptsächlich die Daten vom Sender zum Empfänger bewegt. Er nimmt Daten von zulässigen Sendern entgegen, filtert sie gegebenenfalls und speichert sie, bis der Empfänger bereit ist, sie entgegenzunehmen. Er koordiniert den gesamten Druckauftrag.

■ Warteschlange (engl.: queue)

printcap

In einer Warteschlange können mehrere Druckaufträge gespeichert werden. Allerdings gilt das FIFO-Prinzip, d. h. dass die Druckaufträge nur in der Reihenfolge gedruckt werden können, wie sie abgespeichert worden sind. Zu jedem Drucker gehört auch eine Warteschlange.

■ Backend

Unter dem Begriff **backend** wird ein spezieller Filter verstanden, der die Druckdaten an den Drucker oder in das Netz sendet. Er ermöglicht die Kommunikation mit dem angeschlossenen Empfänger. Wenn z. B. die Datenübertragung nach mehrmaligen Versuchen scheitert, meldet er einen Fehler an das Drucksystem. Daraufhin wird von dem Drucksystem *cupsd* die betroffene Warteschlange abgeschaltet.

■ Einrichten des Druckers

Am einfachsten geht die Einrichtung mit Yast2, weil dieses grafische Tool gegenüber Yast1 eine umfangreichere Druckerauswahl ermöglicht.

Bei einem lokalen Drucker muss das Drucksystem CUPS als Server laufen. Der Dienst *cups* muss gestartet sein, damit der Dämon *cupsd* die Druckvorgänge überwacht. Folgende Druckeinstellungen sind möglich:

- Name   Hier kann ein beliebiger Name gewählt werden, unter dem die Konfiguration im Spooler gespeichert wird.
- Modell   Der Drucker wird hier in der Regel automatisch erkannt und eingetragen.
- PPD-Datei   Diese Datei muss aus einer Liste des gewählten Druckers ausgesucht werden.
- Anschluss   Es kann zwischen einem parallelen, seriellen, USB- und infraroten Anschluss gewählt werden.
- Druckfiltereinstellung   Hier können spezielle Einstellungen des Ausdruckes vorgenommen werden.
- Beschränkungen   Hier können die Benutzer angegeben werden, die drucken dürfen.
- Status   Zustand des Druckers wird angezeigt und kann verändert werden.

2.8.6.2 Drucken im Netz

Zunächst muss man sich entscheiden, welches Drucksystem eingesetzt werden soll. Standardmäßig ist unter SuSE das CUP-Drucksystem eingestellt. Man kann aber auch mit YaST den LPRng/lpdfilter wählen.

■ **CUB-Drucksystem**

CUB besteht aus einer Server-Client-Architektur, d. h. dass auf dem Druck-Server und -Client unterschiedliche Programmpakete installiert werden.

Druck-Server

Druck-Server	Druck-Client
cups-libs, cups-client, cups, footmatic-filter, cups-driver, cups-driver-stp	cups-libs, cups-client

Der Computer, an dem der Drucker lokal angeschlossen ist, muss als CUPS-Server installiert werden. Wenn es im Netz einen CUP-Server gibt und der Client nur dessen Warteschlange benutzen soll, kann der Client als CUP-Client konfiguriert werden.

■ Der Computer, der dem Netz seinen Drucker zur Verfügung stellt, wird als Druck-Server bezeichnet; alle anderen Computer als Druck-Clients.

Wenn der Drucker das PostSkript-Format nicht versteht, müssen die Druckaufträge durch Filter in das jeweilige druckerspezifische Format übersetzt werden. Diese Übersetzung kann:

- auf dem Druck-Server oder
- auf jedem Druck-Client durchgeführt werden.

In der Datei */etc/printcap* kann der Filter ein- oder ausgeschaltet werden, indem man die entsprechende Kommandozeile erstellt bzw. löscht.

■ CUBS-Netzwerkserver

Ein Linuxrechner, an dem ein Drucker angeschlossen und so eingerichtet wird, dass er lokal funktioniert, kann auch über das Netz bedient werden. Standardmäßig lädt YaST2 automatisch die entsprechenden Pakete und startet auch den Dienst *cupsd*.

> ■ Das Drucksystem *cupsd* hat ein HTTP-Web-Frontend. Lokal kann das Drucksystem über einen Browser mit http://localhost:631 angesprochen und konfiguriert werden. Mit http://server1.domain:631/ kann jeder cupsd im Netz aufgerufen werden. Statt server1.domain muss der entsprechende Name des Netzcomputers angegeben werden.

Damit das Drucken über das Netz funktioniert, muss der Druck-Server die

– IP-Adressen der Client kennen oder
– sie durch einen Broadcast ermitteln und
– Zugriffsrechte der Clients entsprechend einstellen.

Voreinstellung der Client-Adressen ist bei SuSE eine leere Liste, die entsprechend bearbeitet werden muss.

■ Protokolle

Das Drucksystem CUPS benutzt das IPP-Protokoll, um Daten über das Netz zu drucken. Dabei sollte man darauf achten, dass nur der Zugriff auf das lokale Netzwerk erlaubt ist und keine öffentlichen Adressen in einem Adressbuch gespeichert sind.
Das Drucksystem LPRng/lpdfilter benutzt das LPD-Protokoll. Über Port 515 nimmt es Datenpakete in Empfang. Während der LPD-Server das IPP-Protokoll nicht versteht, kann ein CUPS-Server durch entsprechende Konfiguration auch das LPD-Protokoll verarbeiten.

■ CUPS-Client

Ein Computer, der über das Netz drucken möchte, wird als Druck-Client bezeichnet. Da standardmäßig unter SuSE 10.0 ein Druck-Server installiert wird, muss der Client-Drucker auf jedem PC entsprechend mit YaST konfiguriert werden. Dabei wird die Druckerkonfiguration aufgerufen und der Button hinzufügen angeklickt. Im anschließenden Menü muss *Drucken* über CUPS-Netzwerkdrucker angewählt werden. Danach öffnet sich das Menü *Verbindungsart*. Es kann zwischen:

1. *CUPS nur Client*,
2. *CUPS-Broadcasting verwenden* und
3. *Entfernte IP-Warteschlange* gewählt werden.

Im 1. Fall muss nur der Name des Druck-Servers angegeben werden, um die Konfiguration zu beenden.
Im 2. Fall wird ein lokaler CUPS-Dämon gestartet, der auf Port 631 auf Broadcastpakete lauscht, die von anderen Druck-Servern gesendet werden. Vorteil: Alle übertragenen Warteschlangen können mit demselben Namen aufgerufen werden wie auf den entfernten Druck-Servern.

■ Aufgaben:

1. Welches Druck-Format wird von Unix/Linux-Applikationen unterstützt?
2. Erläutern Sie die generelle Funktion von Druckfiltern.
3. Schildern Sie den Einsatz von Druckfiltern im Netz.
4. Welche Aufgaben hat der CUPS-Dämon?

2.8.7 Linux im Netz

Linux unterstützt fast alle Netzwerkprotokolle und kann daher gerade in heterogenen Netzwerken eingesetzt werden. Wie fast alle Netzwerkbetriebssysteme benutzt Linux standardmäßig das TCP/IP-Protokoll.

TCP/IP

2.8.7.1 Planung

Vor der Netzwerkkonfiguration sollten alle notwendigen Einstellungen geplant und dokumentiert werden. Dabei sind folgende Punkte zu beachten:

wichtig!

- **Rechnername:** Er muss im lokalen Netz einmalig sein und darf aus maximal 8 Zeichen bestehen.
- **Domainname:** Sie dienen der Namensgliederung des Netzes und nicht wie bei Windows der Gruppierung von Computern mit gemeinsamen Merkmalen. Der FQN-Name eines Rechners besteht aus dem Rechnernamen, dem Domainnamen und dem Namen der Top-Level-Domain.
- **IP-Adresse:** Jeder Rechner im Netz benötigt eine IP-Adresse. Alle IP-Adressen müssen unterschiedlich sein. Im Intranet können die Adressen beliebig gewählt werden. Besser ist es, sogenannte private Internet-Adressen zu wählen, weil damit Konflikte bei einer Anbindung an das Internet vermieden werden. Diese lauten: 10.0.0.0 bis 10.255.255.255 und 172.16.0.0 bis 172.31.255.255 und 192.168.0.0 bis 192.168.255.255.

private Internet-Adressen

- **Netzwerkmaske:** Die IP-Adresse wird mit der Netzwerkmaske logisch UND-verknüpft mit dem Ziel, den Host-Anteil auszublenden. Damit wird festgestellt, in welchem Netzwerk eine Adresse zu finden ist.
- **Gateway-Adresse:** Die Verbindung zwischen verschiedenen Netzen wird durch einen Gateway-Rechner hergestellt. Dieser übernimmt das Weiterreichen der Datenpakete.

2.8.7.2 Durchführung

Nach der Planung der wesentlichen Netzwerkdaten (Kapitel 2.8.7.1) erfolgt der Aufbau des Netzes und der Einbau der Netzwerkkarten in die Computer.

■ **Netzwerkkarte**

Die hardwaremäßige Verbindung ins Netz wird durch den Einbau einer Netzwerkkarte realisiert. Linux unterstützt Ethernet, Arcnet und einige Token-Ring-Netze. Standardmäßig benutzt Linux Ethernet, weil es am meisten verbreitet ist. Man erkennt Ethernet an der Abkürzung ethx, wobei anstelle des Buchstabens x eine fortlaufende Nummer, beginnend mit 0, eingetragen wird.

Ethernet

2 Netzwerkbetriebssysteme

Konfiguration der Netzwerkkarte

DHCP

Im Zuge der Linux-Installation (SuSE) wird die Netzwerkkarte automatisch erkannt und eingebunden. Wenn kein DHCP-Server vorhanden ist, muss während der Installation eine IP-Adresse angegeben werden. Dafür könnte man z. B. die „private" Internetadressse 192.168.0.1 benutzen. Nach der Installation kann man die IP-Adresse und alle anderen Daten der Netzwerkkarte verändern und zusätzliche Netzwerkkarten installieren. Dafür bietet Linux neben verschiedenen Konsolen und Terminals folgende grafische Oberflächen an:

– **YaST1 (Yast):** funktioniert mit allen Versionen (SuSE) und bietet alle Tools an.
– **YaST2:** funktioniert erst ab Version 6.3 (SuSE) und bietet unter 10.0 fast alle Tools an.

Während man YaST2 von der KDE-Oberfläche erreicht, muss YaST von der textbasierenden Eingabe starten.

YaST (Yast1) bietet folgende Konfigurationen an:

Linux unterstützt Ethernet, Arcnet und Token-Ring-Netzwerktypen.

eth

Der Devicename ist von Linux vorgegeben und lautet in einem Ethernet eth0, eth1 usw. Die IP-Adresse kann statisch vorgegeben werden oder dynamisch durch einen DHCP-Dienst. Bild 2.143 zeigt die Vielfältigkeit der Einstellungsmöglichkeiten der Administration des Systems.

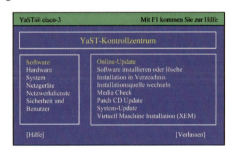

Bild 2.143: Konfiguration der Netzwerkkarte mithilfe von YaST (Yast1)

Yast1 oder Yast2

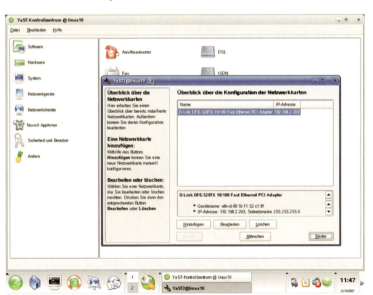

Bild 2.144: Konfiguration der Netzwerkkarte mithilfe von Yast2

2.8 Linux

Wie man an den Bildern 2.143 und 2.144 erkennen kann, unterscheidet sich Yast2 von Yast1 nur durch das äußere Erscheinungsbild.

2.8.7.3 Aufbau von Linux-Netzen

Im einfachsten Fall besteht ein Netz aus zwei Rechnern, die durch ein spezielles Kabel miteinander verbunden werden. Diese Verbindung kann über die serielle, parallele oder USB-Schnittstelle erfolgen. Wenn die Rechner Netzwerkkarten besitzen, ist auch eine Verbindung durch ein Koaxkabel oder ein TP-Kabel möglich. Unter Linux kann man nicht direkt auf die Schnittstellen des Computers zugreifen, sondern nur indirekt über den Kernel. Für diesen indirekten Zugriff stellt der Kernel dem Anwender sogenannte Gerätetreiber zur Verfügung. Die Gerätetreiber werden folgendermaßen bezeichnet:

serielle Schnittstelle

Gerätetreiber

/dev/ttyS0 usw.:   Serielle Gerätetreiber (com1 bis com4)
/dev/lp0 usw.:   Parallele Gerätetreiber (Lpt1 bis Lpt3)

Besteht das Netz aus mehr als zwei Rechnern, können die Verbindungen zwischen den Rechnern nur noch durch Koaxkabel (Bus-System) oder durch eine Sternverkabelung erfolgen. Bei der Sternverkabelung muss als „Stern" ein „Hub" bzw. ein „Switch" eingesetzt werden.

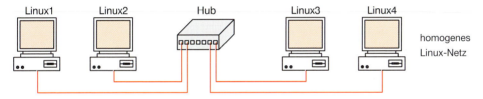

homogenes Linux-Netz

Bild 2.145: Aufbau eines homogenen Linux-Netzes

Bild 2.145 zeigt den Aufbau eines homogenen Linux-Netzes, der nur aus Linux-Rechnern besteht. Für den Verbindungsaufbau zwischen den Rechnern benötigt jeder Rechner die Adressen aller Rechner im Netz.

Netzadressen

MAC-Adr.	IP-Adr.	NetBIOS-N.	DNS-Name	Orga-N.
00:E0:29:39:A9:FF	192.168.0.10	linux1	linux1.local	nis.local
00:00:B4:5F:9B:BF	192.168.0.11	linux2	linux2.local	

Bild 2.146: Adressen der Netzwerkrechner

1. MAC-Adresse: Die MAC-Adresse ist die physikalische Adresse der Netzwerkkarte. Unter Linux kann die MAC-Adresse mit dem Konsolenbefehl *ifconfig* ermittelt werden.

2. IP-Adresse: Wenn die Netzwerkkommunikation mit dem TCP/IP-Protokoll durchgeführt werden soll, muss jeder Rechner eine IP-Adresse erhalten. Der Befehl *Ifconfig* zeigt die Konfigurationsdaten der Netzwerkumgebung, die MAC-Adresse der Netzwerkkarte und die dazugehörige IP-Adresse an.

ifconfig

3. NetBIOS-Name: Dieser Name besteht aus maximal 8 Zeichen. Sonderzeichen werden nicht vollständig unterstützt. Er wird in Zusammenhang mit Samba in einer heterogenen Linux-Welt benötigt.

■ *2 Netzwerkbetriebssysteme*

4. DNS-Name: Dieser Name besteht aus einem Host-Anteil und einer oder mehreren Domänen. Der Host-Anteil muss in der Datei */etc/HOSTNAME* gespeichert werden, weil verschiedene Programme diese Datei abfragen, um den Host-Anteil des Namens als NetBIOS-Namen zu benutzen.

5. Organisations-Name: Unter Linux können verschiedene Dienste installiert werden, die eine eigene Namensgebung benutzen. Der NIS-Dienst benutzt z. B. eigene Domain-Namen zur Strukturierung des Netzes.

2.8.7.4 Netzwerkdienste

Standardmäßig benutzt Linux das TCP/IP-Protokoll. Damit können verschiedene Dienste für die automatische Adressenzuweisung (DHCP) und Namensauflösung (DNS) eingesetzt werden.

■ **DHCP-Dienst**

■ Jeder Rechner im Netz benötigt eine IP-Adresse. IP-Adressen können statisch oder dynamisch vergeben werden.

statisch oder dynamisch?

Statisch bedeutet, dass alle Rechner fest vorgegebene IP-Adressen erhalten, die sich nicht ändern.

Dynamisch bedeutet, dass jedem Rechner durch den DHCP-Dienst eine IP-Adresse zugewiesen wird, die bei jedem Neustart anders sein kann.

■ **DHCP-Server**

Voraussetzung ist, dass der DHCP-Server installiert ist. *Über YaST, Software, Software installieren oder löschen* erreicht man das Paket *dhcp* für die Serverinstallation. Mit einem Texteditor und der Datei */etc/dhcpd.conf* wird der DHCP-Server folgendermaßen konfiguriert:

Yast1

/etc/dhcpd.conf

/etc/dhcpd.conf

#Lokales Netz

```
default-lease-time 1200;              #entspricht 20 Minuten
max-lease-time 3600;                  #entspricht 1 Stunde
option domain-name "linux.local";
option domain-name-server 192.168.1.1
option broadcast-adress 192.168.1.255;
Option subnet-mask 255.255.255.0;
}
#dynamischer Adressbereich
subnet 192.168.1.0   netmask 255.255.255.0
{
range 192.168.1.50 192.168.1.100
}
```

Die Konfigurationsdatei des vorhergehenden Beispiels lässt sich im Wesentlichen in drei Abschnitte unterteilen:

1. Abschnitt: Die Angabe *default-lease-time* legt fest, wie lange der Client eine IP-Adresse leasen darf. Nach Ablauf dieser Zeit sollte er eine Verlängerung anfordern. Die maximale Leasing-Zeit wird durch den Eintrag *max-lease-time* angegeben.
2. Abschnitt: Hier werden globale Netzwerkparameter wie z. B. Domain-Name, Adresse des DNS-Servers, Broadcastadresse usw. eingetragen.
3. Abschnitt: Der Adressenbereich, aus dem der DHCP-Server IP-Adressen an die Clients vergibt, muss hier gewählt werden.

Dynamisch verteilte Adressen haben den Nachteil, dass nicht jeder Rechner immer die gleiche Adresse erhält. Dabei spielt die Reihenfolge des Einschaltens der Rechner die ausschlaggebende Rolle. Wenn dies unerwünscht ist, muss man in der Konfigurationsdatei statische IP-Adressen vergeben.

Das folgende Beispiel zeigt die Vergabe einer statischen Adresse für den Rechner mit dem Host-Namen *client1*.

/etc/dhcpd.conf

- #statische IP-Adressen
  host client1{   :Host-Name des Rechners
  hardware ethernet 00:58:B0:30:47:12;   :MAC-Adresse des Rechners
  fixed-address 192.168.0.2; }   :Statische IP-Adresse

statische Adresse

■ DHCP-Client

Voraussetzung ist eine einwandfrei funktionierende Netzwerkkarte und eine Netzwerkverbindung zum DHCP-Server. Mit *ping Servername* wird die Verbindung zum Server und mit *ifconfig* die eigene Netzwerkkarte überprüft.

Die Installation des DHCP-Client geht am einfachsten, während man Linux installiert. Die Frage „Wollen Sie die IP-Adresse automatisch beziehen?" muss nur mit *Ja* beantwortet werden. Nach der Installation kann man den DHCP-Client über YaST konfigurieren.

■ Zeit-Server

In einem Netz mit vielen Computern ist es wichtig, dass die absolute Zeit und die Synchronisierung der Systemzeit ständig abgestimmt werden. Dies erreicht man unter Linux durch den NTP-(Network Time Protocol)Mechanismus. Dabei fungiert ein Computer als Zeitquelle, mit dem sich die Clients synchronisieren.

■ Namensauflösung

Es gibt verschiedenen Dienste, die Namen in IP-Adresen auflösen.

■ Man unterscheidet zwischen dezentraler Namensauflösung und zentraler Namensauflösung.

dezentral oder zentral?

Technisch gesehen ist die *dezentrale* Namensauflösung der *zentralen* vorzuziehen, weil dabei jeder Rechner eine Liste mit allen Rechneradressen besitzt.

■ 2 Netzwerkbetriebssysteme

Das Netz wird entlastet, weil Anfragen (broadcasts) vermieden werden. Nachteilig ist der hohe Verwaltungsaufwand. Der Administrator muss alle Adressen verwalten und ständig abgleichen. Veränderungen können nicht zentral durchgeführt werden, sondern vor Ort an allen Rechnern.

■ Eine dezentrale Namensauflösung ist nur in sehr kleinen Netzen sinnvoll.

/ect/hosts
linux.lokal

Erschwerend kommt hinzu, dass eine dynamische IP-Adressenvergabe durch einen DHCP-Dienst dabei nicht möglich ist.

Die dezentrale Namensauflösung muss auf jedem Rechner vorgenommen werden. Dafür muss auf jedem Rechner die Datei /etc/hosts mithilfe eines Texteditors geöffnet und alle Rechnernamen mit den zugehörigen IP-Adressen eingetragen werden.
Beispiel einer Hosts-Datei: 192.168.1.1 linux1.local
                                  192.168.1.2 linux2.local

Linux1 und *Linux2* sind in dem Beispiel die Host-Namen und *local* ist der Name der Standarddomäne von SuSE.

■ **DNS-Server**

named

Voraussetzung ist die Installation von *named*; enthalten im Paket bind und die Utilities des Paketes bind-utils. Unter SuSE-Linux 10.0 wird der DNS-Server mithilfe des Konfigurationstools YaST eingerichtet und gestartet. Von der Textkonsole kann es mit der Eingabe *renamed start* bzw. *stop* ebenfalls gestartet bzw. gestoppt werden. Die wichtigste Konfigurationsdatei ist */etc/named.conf*. Diese Datei enthält eine Musterlösung und muss nicht vollständig neu geschrieben werden, aber in einigen Punkten verändert werden.

Mit der Musterlösung der Datei */etc/named.conf* arbeitet *named* als Cache, d. h., dass jede erfolgreiche Namensauflösung gespeichert wird. Der Aufwand bei mehrmaligen Internetaufrufen wird dadurch erheblich reduziert.

/etc/named.conf

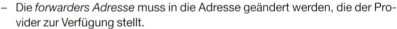
/etc/named.conf

- Die *forwarders Adresse* muss in die Adresse geändert werden, die der Provider zur Verfügung stellt.
- Die Option *directory* verweist auf weitere Konfigurationsdateien. Dabei wird vorausgesetzt, dass sich im Verzeichnis */var/lib/named* die Dateien *root.hint* und *127.0.0.zone* befinden.

■ Mit *ping* oder *nslookup* kann man den DNS-Server testen.

Für die Namensauflösung im lokalen Netz muss die Datei */etc/named.conf* erweitert werden.

/var/named

/etc/named.conf   zone „(Hier den Namen der Domain eintragen)" in {
                   type master;
                   notify no;
                   file „(Name der Domain)".zone;
                   };

Die Zone ist eine sogenannte Masterzone (type master), d. h., dass bei der Namensauflösung nicht auf externe Quellen zurückgegriffen werden kann. Die Befehlszeile *notify no* verhindert, dass Informationen an externe DNS-Server weitergegeben werden.

Die Datei */var/lib/named/(Domainname).zone* muss nur in der zweiten Zeile durch den Servernamen und die Mail-Adresse des Administrators ergänzt werden. Die genaue Syntax muss man den Handbüchern der Distributionen entnehmen.

Die Daten, d. h. die Liste der Rechnernamen und deren IP-Adresse, müssen in der *Datei /var/lib/named/(Domainname).zone* folgendermaßen eingetragen werden:

/var/lib/named/(Domainname).zone

@	In	SOA	(Servername) (mail-Adresse)	SOA = Start of Authority
		1		
		8h		
usw.				
	In	NS	Name-Server.(Domainname).	Namen in IP-Adressen
localhosts	in	A	127.0.0.1	
Client1	in	A	192.168.0.51	
Client2	in	A	192.168.0.52	

Nach dem Neustart von *named* (rcnamed restart) kann nun die DNS-Auflösung mit *ping* oder *nslookup* getestet werden.

Die DNS-Auflösung erfolgt bis hierher nur in eine Richtung, und zwar können nur Namen in IP-Adressen aufgelöst werden und nicht umgekehrt.

IP-Adressen in Namen

Dazu muss die */etc/named.conf* folgendermaßen erweitert werden:

/etc/named.conf
```
zone „0.168.192.in-addr.arpa" {
    type master;
    notify no;
    file „192.168.0.zone";
};
```

Anschließend muss die Zonen-Datei konfiguriert werden:

Zonendatei

/var/named/192.168.0.zone

	in	ns	(Name des DNS-Servers). (Domainname)
51	in	PTR	Client1.(Domainname).
52	in	PTR	client2.(Domainname).

Damit ist der DNS-Server vollständig konfiguriert und kann mithilfe von *ping* oder *nslookup* getestet werden.

■ DNS-Client

Jeder Rechner, der den DNS-Dienst benutzen will, muss den DNS-Server kennen. Mithilfe von YaST können dafür die entsprechenden Eintragungen vorgenommen werden; neben dem DNS-Namen des DNS-Servers muss dessen IP-Adresse angegeben werden.

Zur Kontrolle kann man die Hosts-Datei mit einem Editor öffnen und die Eintragungen kontrollieren. Im Regelfall dürfte in dieser Datei nur noch die Eintra-

localhost

■ 2 Netzwerkbetriebssysteme

gung 127.0.0.1 localhost vorhanden sein, weil alle anderen Informationen vom Name-Server erledigt werden.

In der */etc/resolv.conf* müssen folgende Eintragungen vorhanden sein:

/etc/resolv.conf

/etc/resolv.conf   search (Domainname)
                             nameserver 192.168.0.1

Die oben beschriebene DNS-Konfiguration ist statisch, weil man alle Rechnernamen und deren IP-Adressen in die Konfigurationsdateien manuell eingibt. Bei einer dynamischen Namensauflösung müsste der DHCP-Server jede IP-Adressenänderung an den DNS-Server weitergeben. Mit dem Perl-Skript dhcp2dns ist dies möglich. In zukünftigen Versionen von Linux wird die Integration eines DNS-Servers sicherlich einfacher werden.

■ **DNS und DHCP**

Ein DNS-Server kann auch von einem DHCP-Server Informationen über die Clients im Netz erhalten. Dabei werden Daten über die Rechnernamen, deren IP-Adresse und „lease time" übermittelt.

Damit dies funktioniert, muss in der Datei */etc/dhcp.conf* folgende Eintragung vorgenommen werden:

option domain-name-servers (IP-Adresse)

2.8.8 Administration von Linux-Netzen

Verwaltungstechnisch kann man die Netze als

dezentral oder zentral?

– dezentrale (Peer-to-Peer) oder
– zentrale (serverbasierende) Netze konfigurieren.

Dezentral bedeutet, dass jeder Rechner nur seine eigenen Ressourcen verwaltet. Problematisch wird dies bei der Vergabe von Benutzernamen, Passwörtern und Gruppenzugehörigkeiten. Während auf dem lokalen Rechner jeder Benutzer eine eindeutige UID und GID erhält, ist dies im gesamten Netz nicht möglich. Auf mehreren Rechnern können unterschiedliche Benutzer die gleiche UID und GID erhalten. Ursache ist das Fehlen einer zentralen Überwachung dieser wichtigen Daten.

Der Datenaustausch erfolgt von Rechner zu Rechner und nicht in einem übergreifenden Netzwerk. Das hat zur Folge, dass man auf jedem Rechner, mit dem man in Verbindung treten möchte, einen **Account** (Zugriff) besitzen muss.

Unter Linux/Unix gibt es verschiedene Zugriffsmöglichkeiten von Rechner zu Rechner. Einige wie z. B. *rlogin*, *rcp* und *rsh* funktionieren nur unter Linux/Unix-Maschinen, während andere wie z. B. **Telnet** und **FTP** auch in heterogenen Netzen eingesetzt werden können.

siehe Kap. 1

■ Tipp: Vor dem Verbindungsaufbau durch Netzwerkdienste sollte man mit dem Befehl *ping* (IP-Adresse) die Erreichbarkeit testen.

2.8.8.1 Zentrale Netzwerke unter Linux

Zentral bezieht sich auf die *Verwaltung* und nicht auf den Aufbau des Netzes. Alle wichtigen Informationen, wie Benutzernamen, Gruppennamen, Ressourcen, werden in einer zentralen Datenbank verwaltet, die auf einem Server installiert wird. Jeder Benutzer, der diese Datenbank benutzen will, muss einen **Account** auf dieser Datenbank besitzen. **Dopplungen** von Benutzernamen und Rechten sind damit im Netz ausgeschlossen. Auch die Zugriffsrechte auf Ressourcen der Datenbank können eindeutig und individuell vergeben werden. Unter Windows NT wird die zentrale Datenbank als Domäne bezeichnet. Windows 2000/3 und Netware benutzen verteilte Datenbanken mit der Bezeichnung ADS bzw. NDS. Linux benutzt als zentrale Datenbank **NIS** für die Verwaltung von Benutzernamen, Passwörtern und Gruppen; **NFS** wird für die zentrale Verwaltung von Ressourcen wie z. B. die gemeinsame Nutzung von Dateien eingesetzt. Neben diesen zentralen Datenbanken gibt es in allen Systemen weiterhin lokale Datenbanken, die nur die Ressourcen des lokalen Computers überwachen. Deshalb kann man sich lokal oder an das Netz, d. h. an die Datenbank des Servers, anmelden.

zentrale Datenbank

NIS
NFS

2.8.8.2 Network Information Service (NIS)

Mit diesem Dienst kann ein Linuxnetz zentral verwaltet werden. Dabei gewährleistet eine zentrale Datenbank auf einem NIS-Server, dass alle Benutzernamen, Passwörter und Gruppenzugehörigkeiten eindeutig und einmalig im gesamten Netz vorhanden sind. Außerdem macht der NIS-Server allen NIS-Clients diese Datenbank bekannt, sodass sich alle Benutzer von allen Computern anmelden können, ohne einen Account auf jedem Rechner zu besitzen.

NIS-Server

Ähnlich wie bei Windows 2000/3 muss man für den NIS-Dienst einen **Verwaltungsbereich** definieren. Diesem Bereich muss der NIS-Server und alle NIS-Clients angehören.

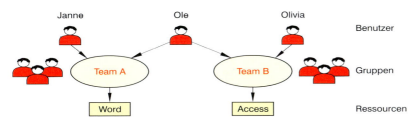

Bild 2.147: NIS-Verwaltungsbereich

Der Name des Verwaltungsbereichs ist der Name der Datenbank des NIS-Servers. Dieser Name kann beliebig gewählt werden; er muss nur einmalig sein, wenn mehrere NIS-Verwaltungsbereiche eingerichtet werden.

■ Alle Computer, die den NIS-Dienst benutzen, müssen Mitglied des NIS-Verwaltungsbereichs werden.

NIS wird häufig auch mit YP abgekürzt. YP steht für yellow pages und bedeutet so viel wie „Gelbe Seiten des Netzes".

Pakete

■ Einrichten des NIS-Servers
Vor der Nutzung des NIS-Dienstes müssen folgende Pakete installiert werden:
- ypserv: dieses Paket ist der YP-(NIS-)Server
- yp-tools: Utilities zum Testen des NIS-Dienstes
- yp-bind: wird auf dem Server nur für die Funktion der Utilities benötigt
- ypmake: Perl-Module, um NIS-Maps zu erzeugen (nicht unbedingt erforderlich)

Wenn die SuSE-Linux-DVD vorhanden ist, werden diese Pakete automatisch während der Installation des NIS-Dienstes durch YaST geladen. Die Konfiguration kann durch YaST oder über einen Texteditor vorgenommen werden.
In beiden Fällen ist das Ergebnis identisch, denn auch YaST bearbeitet nur die oben angegebenen Dateien; allerdings komfortabler. Folgende Schritte müssen dann durchgeführt werden:

1. NIS-Master: Zunächst muss immer ein NIS-Master-Server eingerichtet werden. Nachdem der Master vorhanden ist, können weitere NIS-Slave-Server eingerichtet werden, um die Netzlast besser zu verteilen.
2. NIS Domainname: Der NIS-Verwaltungsbereich wird durch eine NIS-Domain eingegrenzt. Der Name kann beliebig gewählt werden.
3. Ändern der Passwörter: Hier kann bestimmt werden, ob Benutzer, die sich in der NIS-Domain anmelden, ihre Passwörter ändern dürfen.
4. Server Maps: Der Rechner, auf dem der NIS-Server läuft, besitzt mehrere lokale Authentifizierungsdateien wie z. B. *passwd*, *group* usw. Welche Dateien der NIS-Domain zur Verfügung gestellt werden sollen, kann individuell festgelegt werden.
5. Query Hosts: Hier wird bestimmt, welche Linux-Rechner sich in die NIS-Domain anmelden dürfen.

■ Test des NIS-Servers
Der NIS-Server kann durch folgende Konsoleneingaben getestet werden:
- **ypwhich**; als Antwort erhält man den Namen des NIS-Servers angezeigt.
- **rpcinfo -u localhost ypserv**; mit dieser Eingabe testet man, ob der RPC-Portmapper als Dämon im Hintergrund läuft.

Hilfe

Weiterführende Erklärungen der Befehle erhält man durch die Eingabe von „man (Befehl)".

Pakete

■ Einrichten des NIS-Clients
Vor der Nutzung des NIS-Dienstes auf dem NIS-Client müssen folgende Pakete der Serie n mit YaST installiert werden:
- *ypbind*: wird auf dem Client unbedingt benötigt
- *yptools*: Utilities zum Testen des NIS-Dienstes
- *ypmake*: Perl-Module, um NIS-Maps zu erzeugen (nicht unbedingt erforderlich)

In der Regel werden diese Pakte automatisch während der Konfiguration durch YaST installiert.

■ Test des NIS-Clients
Auch auf dem Client muss der Portmapper für die Kommunikation mit dem Server als Dämon im Hintergrund laufen. Diese Funktion kann durch die Konsoleneingabe *rpcinfo -p* getestet werden.

rpcinfo -p

2.8 Linux

Mit *ypwhich* testet man die Verbindung zum NIS-Server und mit *ypcat passwd* die Eintragungen der NIS-Datenbank. Alle aufgelisteten Benutzer und Gruppen sind im gesamten Netz bekannt.

ypwhich
ypcat

■ NIS-Master und -Slave

Wie in anderen Betriebssystemen funktioniert bei Ausfall des NIS-Servers der NIS-Dienst nicht mehr. Deshalb gibt es auch unter Linux die Möglichkeit, in einem Verwaltungsbereich mehrere NIS-Server einzurichten. Wie bei Windows NT und im Gegensatz zu Windows 2000 werden die NIS-Server hierarchisch angeordnet, d. h., es gibt einen **NIS-Master** und mehrere **NIS-Slaves**. Die Datenbank des NIS-Masters wird dabei auf die NIS-Slaves gespiegelt, sodass bei Ausfall des Masters der NIS-Dienst durch die Slaves aufrechterhalten werden kann.

Ausfall des Servers

Damit dem NIS-Master der NIS-Slave bekannt ist, müssen in seiner Datei */var/yp/ypservers* die Namen aller Slaves eingetragen werden. Außerdem muss in der Datei */var/yp/makefile* die Variable „NOPUSH" auf false gesetzt werden. Jeder funktionierende NIS-Client kann nun zum NIS-Master heraufgestuft werden, indem man auf ihm das Programm *ypserv* startet. Durch die Eintragung YP_SERV="yes" in der */etc/rc.config* wird der NIS-Slave schon beim Hochfahren des Computers aktiviert.

Die Datenübertragung vom NIS-Server zum NIS-Slave kann durch Setzen der Variablen START_YPXFRD="yes" erhöht werden.

■ NIS+

Nach NIS2 gibt es eine neue Version NIS3, die als NIS+ vermarktet wird. Die Verbesserung besteht in erster Linie durch eine **verschlüsselte Datenübertragung** und **Authentifizierung**. Weil der Administrationsaufwand höher als bei NIS2 ist, hat sich NIS+ nur in größeren Netzen durchgesetzt. Im Unterschied zu NIS2 muss bei NIS+ die **Systemzeit** aller Rechner **synchronisiert** werden. Dies wird z. B. durch den Dämon *xntpd* erreicht. Client-Tools für die Installation von NIS+ auf Linuxsystemen sind vorhanden, während Server-Tools noch nicht zur Verfügung stehen. Da die Firma Sun selbst nicht mehr die Entwicklung vorantreibt, ist die Linuxgemeinde aufgerufen, in die Fußstapfen von Sun zu treten.

verschlüsselte Datenübertragung

2.8.8.3 LDAP kontra NIS

Die meisten Linux-Administratoren bevorzugen den Verzeichnisdienst NIS für die zentrale Verwaltung des Netzes, weil alle Konfigurationsdateien einfache Textdateien sind und deshalb relativ einfach verwaltet werden können. Die fehlende Strukturierung des NIS-Dienstes führt jedoch bei großen Datenmengen zu erheblichen Schwierigkeiten.

> ■ Durch die fehlende Strukturierung des NIS-Diensts ist dieser Dienst nur für reine Linux-Netze einsetzbar. In heterogenen Netzen muss man auf hierarchisch strukturierte Verzeichnisdienste wie z. B. LDAP zurückgreifen.

LDAP wird im Gegensatz zu NIS auch von Windows- und Novell-Betriebssystemen unterstützt.

2.8.9 Lightweight Directory Access Protocol (LDAP)

LDAP ist ein Anwendungsprotokoll, das Abfragen eines Verzeichnisdienstes über das TCP/IP-Netzwerk erlaubt. Es ist in der RFC 4511 spezifiziert.

LDAP basiert auf dem Server-/Client-Modell, d. h., es besteht aus folgenden Teilen:

– dem LDAP-Protokoll und
– dem Verzeichnisdienst.

L = lightweight

Während das LDAP-Protokoll die Kommunikation zwischen Client und Server regelt, besteht der Verzeichnisdienst aus einer Datenbank, die der LDAP-Spezifikation entspricht. Statt LDAP-Verzeichnisdienst hat sich der Begriff LDAP-Server eingebürgert.

Ursprünglich wurde das DAP entwickelt, das Bestandteil des X.500-Standards ist. Da dieses Protokoll sehr großen Funktions- und Kontrollumfang besitzt, hat es sich in der Praxis nicht durchgesetzt. Erst mit der „abgespeckten (lightweight)" Version von DAP, dem LDAP-Protokoll, gelang die weite Verbreitung.

2.8.9.1 LDAP-Verzeichnis

Directory Information Tree (DIT)

Das Verzeichnis ist hierarchisch gegliedert und hat die Form eines umgedrehten Baumes mit Wurzeln, Zweigen und Blättern. Diese Hierarchie wird auch als DIT bezeichnet, weil jedes Objekt eine genau definierte Position einnimmt. An oberster Stelle steht das Wurzelverzeichnis root. Darunter kommen die Zweige, die als Container bezeichnet werden. Diese können weitere Zweige (Container) enthalten. Am Ende des „Astes" findet man die Blätter, denen keine weiteren Blätter untergeordnet werden können.

Distinguished Name (DN)
Relative Distinguished (RDN)

Der Pfad zu einem beliebigen Objekt des Verzeichnisses wird als Distinguished Name (DN) und die Knoten als Relative Distinguished (RDN) Name bezeichnet. Es gibt zwei Klassen von Objekten:

– Container: Wie der Name schon andeutet, können Container auch andere Objekte enthalten. Dies entspricht etwa den Verzeichnissen in einem Dateisystem.
– Blatt: Analog zu den Blättern eines Baumes können diese Objekte keine anderen Objekte enthalten.

core.schema

Alle Objekte des Verzeichnisdienstes werden durch Objektklassen definiert. Dabei wird festgelegt, welche Attribute dem einzelnen Objekt zugeordnet werden müssen. Diese Angaben sind in einem Schema beschrieben, das z. B. in der RFC 2252 näher erläutert wird. Die Datei core.schema enthält z. B. für SuSE-Linux 10.0 folgende Angaben:

Objektklasse	Bedeutung	Beispiel 2.121	Attribut
dcObjekt	Namensbestandteil der Domäne	Hamburg	DC
organizationalUnit	Organisationseinheit	Einkauf, Verkauf, Vertrieb	OU
inetOrgPerson	Personen-Daten	Meier, Schulze, Merkel, Müller	SN, CN

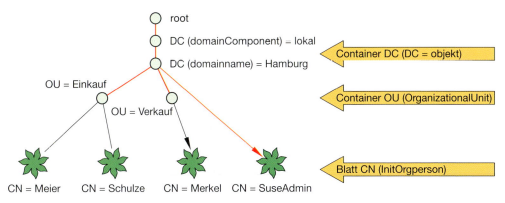

Bild 2.148: Beispiel einer LDAP-Verzeichnisstruktur

Eine ausführliche Beschreibung findet man unter /usr/share/doc/packages/openldap2/admin-guide/index.htm.

■ In einem Verzeichnisbaum werden alle Objekte durch ihren DN (Distinguished Name) eindeutig örtlich identifiziert. Dieser setzt sich aus allen Objekten zusammen, die im Pfad zwischen XXX und der Wurzel root liegen. In Bild 2.148 lautet er für das Objekt Merkel: DN = Merkel, OU = Verkauf, DC = Hamburg, DC = lokal

2.8.9.2 OpenLDAP

OpenLDAP ist eine freie Software, die dem LDAP-Standard folgt. Damit ist es möglich, eine zentrale Benutzerdatenverwaltung aufzubauen und zentral zu verwalten. OpenLDAP ist Bestandteil der meisten Linux-Distributionen. Leider gibt es unter SuSE-Linux 10.0 noch keine Möglichkeit, den LDAP-Server mit YaST zu konfigurieren. Dies muss „von Hand" durch Einträge in vorgegebene Dateien geschehen.

Die Datei /etc/openldap/slapd.conf enthält eine vollständige Konfiguration des LDAP-Servers. Die wichtigsten Einträge lauten:

include /etc/openldap/schema/core.schema	Hier wird festgelegt, welches Schema eingesetzt werden soll. Dabei ist der Eintrag *core.schema* zwingend notwendig. Weitere Schemata können geladen werden.
pidfile /var/run/slapd.pid	Mit diesen Angaben wird der *slappd*-Prozess gestartet.
argsfile /var/run/slapd.args	Änderungen sind hier nicht erforderlich.

Im globalen Abschnitt der *slapd.conf* wird die Zugangskontrolle zum LDAP-Verzeichnis geregelt. Die Grundregel lautet:

access to <what> by <who> <access>	Anstelle von <what> muss das Objekt eingetragen werden, zu dem Zugang gewährt werden soll. Statt <who> muss derjenige eingetragen werden, der Zugriff auf das Objekt erhalten soll (Tabelle). <access> muss ersetzt werden durch die Art des Zugriffes (siehe Tabelle).

Benutzer		Rechte	
users	Benutzer	none	kein Zugriff
*	alle Benutzer	read	Leserechte
anonymous	Benutzer, die nicht authentifiziert sind	write	Schreibrechte
self	Benutzer, die mit dem Zielobjekt verbunden sind	search	Anwendung von Suchfiltern
dn=<regex>	alle Benutzer, auf die dieser Ausdruck zutrifft	auth	Kontaktaufnahme mit dem ServerLeserecht

Beispiel

```
access to *
    by dn = "cn = SuseAdmin, dc = Hamburg, dc = lokal" write
    by anonymous read
    by users write

In dem Beispiel haben der Administrator und alle angemeldeten Benutzer
Schreibrechte auf alle OU-Einträge. Alle nicht authentifizierten Benutzer
dürfen nur alle OU-Einträge lesen.
```

Es gibt noch eine andere Möglichkeit, Zugriffskontrollen über den LDAP-Server zu verwalten: über ACIs (Access Control Information). Da sich diese Art der Zugangskontrolle noch im Entwicklungsstadium befindet, wird hier nicht näher darauf eingegangen.

Zum Schluss müssen in der Datei *sldap.conf* noch folgende Einträge geändert werden:

suffiix "dc = Hamburg, dc = lokal"
rootdn "cn = SuseAdmin, dc = Hamburg, dc = lokal"
rootpw "secret"

Das Passwort *secret* darf nicht im Klartext, sondern muss verschlüsselt eingetragen werden. Mit dem Konsolenbefehl *slappasswd* kann man interaktiv die Verschlüsselung ermitteln.

■ Start/Stopp des LDAP-Servers
Der Administrator root kann mithilfe der Eingabeaufforderung den LDAP-Server starten und stoppen. Die Befehle lauten: *rcldap start* und *rcldap stop*, mit *rcldap status* kann der Zustand des Servers festgestellt werden.

■ LDAP bearbeiten
Bearbeiten bedeutet das Hinzufügen, das Ändern, das Suchen und Auslesen und das Löschen von Daten des LDAP-Verzeichnisdienstes.

> ■ Daten im LDAP-Verzeichnis (auch LDAP-Server genannt) können durch Konsolenbefehle oder mit YaST-Client bearbeitet werden.

Die wichtigsten Konsolenbefehle lauten:

ldapadd   Mit diesem Befehl werden die Daten dem LDAP-Verzeichnis übergeben. Dabei ist es günstiger, die Daten nicht einzeln, sondern in Form einer LDIF-Datei (Data Interchange Format) gesammelt zu übergeben.
ldapmodify   Zuerst wird die LDIF-Datei geändert und anschließend mit ldapmodify in das LDAP-Verzeichnis importiert. Die genaue Syntax kann der Manualpage des Befehls entnommen werden.
ldapdelete   Löschen von Einträgen

2.8.9.3 LDAP-Client

Voraussetzung ist ein funktionierender LDAP-Server, weil der Client nicht mit einer komplett leeren Datenbank arbeiten kann. Aufgerufen wird der LDAP-Client über YaST. Damit wird das LDAP-Protokoll aktiviert, mit dem die Kommunikation zwischen Client und Server durchgeführt wird. Außerdem wird mit dem LDAP-Client der vorhandene LDAP-Server konfiguriert.

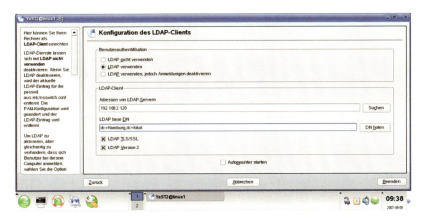

Bild 2.149: LDAP-Client

Zunächst muss man die Daten des LDAP-Servers eingeben, bevor mit den nächsten Schritten das LDAP-Verzeichnis konfiguriert werden kann.

2.8.10 Network Files System (NFS)

Durch den NFS-Dienst können den Clients Dateien, Verzeichnisse und Laufwerke des Servers zur Verfügung gestellt werden. Voraussetzung ist, dass die Benutzer der Clients sich mithilfe des NIS- oder LDAP-Dienstes autorisiert haben. Vorteilhaft ist, dass mit dem NFS-Dienst auch Windows-Clients auf den Linux-Server zugreifen können. Deshalb eignet sich der NFS-Dienst vor allem in heterogenen Netzwerken.

■ 2 Netzwerkbetriebssysteme

Dateisysteme werden exportiert

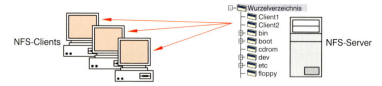

Bild 2.150: Verteiltes Dateisystem

Der NFS-Dienst ist asymmetrisch und setzt sich daher aus einem NFS-Server und NFS-Clients zusammen. Im Prinzip kann jeder Rechner beides sein. d. h., er kann Dateisysteme anderer Rechner „importieren" und eigene Dateien „exportieren".

■ Es gibt zwei NFS-Dienste: – Usespace (nfs-server) und
– Kernel-NFS.

Der Kernel-NFS wird unter SuSE ab Kernelversion 2.2 automatisch während der Installation aktiviert. Er ist schneller als die alte NFS-Version Usespace, weil er direkt vom Kernel verwaltet wird.

NFS-Dämon
Portmapper

NFS funktioniert auf der Basis von RPC (Remote Procedure Calls). Dafür müssen neben dem NFS-Dämon *(rpc.nfsd)* noch weitere Dienste wie z. B. der Portmapper *(portmap)*, der sich um die dynamische Zuordnung von UDP-Ports kümmert, gestartet werden.

Test: Der NFS-Dienst kann mit den Kommandos **ps -ax | grep nfs** und **rpcinfo -p** getestet werden.

2.8.10.1 Einrichten des NFS-Servers

Mithilfe von YaST kann der NFS-Server installiert und konfiguriert werden. Über die Eingabekonsole kann dieser Dienst auch „von Hand" gestartet und gestoppt werden. Dabei muss zunächst der Portmapper mit dem Befehl *rsportmap start* und danach der NFS-Server mit dem Befehl *rcnfsserver start* gestartet werden.

Nach dieser Vorbereitung müssen auf dem NFS-Server noch die Dateien angegeben werden, die exportiert werden dürfen.

Dafür gibt es zwei Möglichkeiten, und zwar mithilfe von YaST2 oder einem Texteditor. Es spielt keine Rolle, welche Möglichkeit man einsetzt, da die Daten immer in der Datei /etc/export landen.

Im Gegensatz zu Windows 2003 werden die Dateisysteme, die exportiert werden dürfen, mit entsprechenden Zugriffsrechten versehen. Es können die

Zugriffsrechte

Zugriffsrechte „Nur Lesen" (**ro**) und „Schreib- und Leserechte" (**rw**) vergeben werden. Daneben gibt es noch Spezialbefehle, auf die hier nicht näher eingegangen wird.

/etc/exports

/etc/exports /home Client1 (ro) Client2 (rw)
              /etc   (ro)

Bei der Angabe der Exportverzeichnisse werden automatisch alle Unterverzeichnisse und Dateien mitexportiert. Die Angabe **Client1 (ro)** bedeutet, dass der Rechner mit dem Host-Namen Client1 nur Leserechte auf das Verzeichnis

/home des Servers erhält. Ohne Angabe von Rechnernamen (Zeile 2) dürfen alle NFS-Clients das entsprechende Verzeichnis importieren.

2.8.10.2 Einrichten des NFS-Clients

Auch der NFS-Client kann durch YaST2 oder Konsolenbefehle aktiviert werden, vorausgesetzt, der RPC-Portmapper läuft auf dem Rechner. Mit dem Konsolenbefehl *rpcinfo -p* ist dies schnell getestet.
Dem Client müssen folgende Informationen zur Verfügung gestellt werden:

Portmapper

1. Host-Name des NFS-Servers.
2. Name und Pfad des Dateisystems, das importiert werden soll.
3. Der Mountpoint auf dem Client muss angegeben werden.

Die Dateisysteme, die importiert werden sollen, müssen gemountet werden.

mount

■ mount -t nfs (Servername):(Remotepfad) (lokaler Pfad)

Sollen z. B. alle Dateien des home-Verzeichnisses des Servers an das home-Verzeichnis des Clients gemountet werden, muss der Befehl folgendermaßen aussehen:

mount -t nfs 192.168.0.1:/home /home

Statt der IP-Adresse kann man auch den DNS-Namen des NFS-Servers angeben, wenn gewährleistet ist, dass die Namensauflösung durch die Hosts-Datei oder durch einen DNS-Server durchgeführt werden kann.
Durch den Befehl *umount* kann man die Dateisysteme wieder entfernen.

umount

2.8.11 Heterogene Netzwerke

homogene Netze

■ Heterogene Netze bestehen aus Netzwerkcomputern, auf denen unterschiedliche Betriebssysteme installiert sind.

So könnte z. B. ein heterogenes Netz aus einem Linux-Server und mehreren XP- und Vista-Clients bestehen.

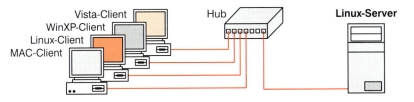

heterogene Netze

Bild 2.151: Heterogenes Netzwerk

Damit das in Bild 2.151 dargestellte heterogene Netzwerk funktioniert, müssen folgende Voraussetzungen erfüllt sein:

– Auf allen Computern muss das TCP/IP-Protokoll eingesetzt werden.
– Auf dem Linux-Server muss das Windows-Protokoll SMB installiert werden. (Dies erreicht man durch die Installation des Samba-Paketes.)

SMB

■ 2 Netzwerkbetriebssysteme

Ein weiteres Anwendungsbeispiel wäre ein Linux-Server mit Apple-Rechnern.

■ **Server Message Block (SMB)**

SMB für alle

Das SMB-Protokoll (Server Message Block) wurde von Microsoft und Intel entwickelt und ist Grundlage der Netzwerkkommunikation in allen Windows-Systemen. Auf Drängen der Firma IBM hat Microsoft dieses Protokoll auch anderen Softwareherstellern zur Verfügung gestellt, sodass diese mit Windows kommunizieren können. Softwareentwickler wie z. B. das Samba-Team haben eine Software (Samba) entwickelt, die unter Linux/Unix die Verbindung zur Windows-Welt herstellt.

■ Das **SMB-Protokoll** dient der Aufteilung (sharing) von Dateisystemen, Druckern, Schnittstellen und der Netzwerk-Kommunikation zwischen Computern.

2.8.11.1 **Samba**

Der Name Samba ist von der Abkürzung SMB abgeleitet, weil das SMB-Protokoll integraler Bestandteil von Samba ist. Alle Rechner, die Samba benutzen, können mit der **Windows-Welt** in Verbindung treten, da alle Windows-Rechner von Haus aus das SMB-Protokoll für den gegenseitigen Zugriff von Daten im Netzwerk verwenden.

Samba-Team

■ **Samba** ist ein sehr umfangreiches Produkt, das von dem Samba-Team (http://www.samba.org) betreut wird.

Paket Samba

Installation: Mithilfe von YaST/Software müssen die Pakete kaebase, samba, sambaclient, YaSTclient und YaSTserver installiert werden.

Konfiguration: Man kann die Konfiguration manuell durch Eintragungen von Befehlszeilen in die Datei /etc/Samba/smb.conf durchführen oder mit dem grafischen Tool SWAT, das von der KDE-Oberfläche aufgerufen wird.

■ **Beispielkonfiguration**

/etc/Samba/smb.conf

Grundsätzlich sollte man zunächst mit einer einfachen Beispielkonfiguration die Funktion des Samba-Netzes testen, bevor man anwendungsorientierte Konfigurationen erstellt. Es spielt keine Rolle, ob man die Konfiguration mit SWAT oder einem Texteditor durchführt; in beiden Fällen wird die Datei /etc/smb.conf gleichermaßen konfiguriert.

Sicherheitsstufe

Die Konfigurationsdatei smb.conf ist vorkonfiguriert; nur wenige Eintragungen müssen geändert werden. In den **Globalparametern** müssen angegeben werden: der Name der Workgroup, die Sicherheitsstufe und ob verschlüsselte Passwörter benutzt werden. Share ist eigentlich nur für Testzwecke sinnvoll. Stattdessen wird man bei einer anwenderorientierten Konfiguration die Sicherheitsstufe user wählen.

Der Freigabename homes wird von Linux für den Zugriff des Benutzers auf sein Heimatverzeichnis benutzt.

2.8 Linux

Bild 2.152: Beispielkonfiguration

Nach der Erstellung der Beispielkonfiguration sollte der Samba-Server zunächst gestartet und auf einwandfreie Funktion getestet werden.

■ Test der Samba-Server-Konfiguration

Gestartet wird der Server durch die Eingabe *rcsmb start* und beendet mit dem Kommando *rcsmb stop*.
Den Status des Samba-Servers ermittelt man durch die Eingabe des Befehls *smbstatus*.
Die einwandfreie Funktion prüft man durch das Kommando *smbclient -L localhost*

rcsmb start

smbstatus

linux1:   smbclient -L localhost

```
added interface ip=192.168.1.1bcast=192.168.1.255nmask=255.255.255.0
Password:
Domain=[HAMBURG] OS=[Unix] Server=[Samba 2.0.7]
       Sharename     Type          Comment
       IPC$          IPC           IPC Servicw (Samba 2.0.7)
       root          Disk          Homedirectory of root
       Server        Comment
       linux1        Samba 2.0.7
       Workgroup     Master
       Hamburg       linux1
```

smbclient -L localhost

Test des Samba-Servers

2.8.11.2 SWAT

Das Samba-Konfigurationstool SWAT wird in einem Browser gestartet. Dafür eignet sich Netscape oder Konqueror, die sich von der KDE-Oberfläche aufrufen lassen. SWAT erscheint auf dem Browser, wenn man im Adressfeld http://localhost:901 eingibt.
SWAT (Bild 2.153) meldet sich mit der Überschrift Samba, einer ausführlichen Beschreibung und mehreren Buttons für die Konfiguration des Servers.
Neben SWAT gibt es eine Reihe weiterer Tools, mit denen man den Samba-Server konfigurieren kann. Die bekanntesten sind *linuxconfig, webmin, GSMB* (Gnome) und *KSamba* (KDE).
Samba muss für die endgültige Übernahme der Parameter neu gestartet werden. Dies erreicht man über den Button *status* oder durch die Konsoleneingabe *rcsmb restart*.

http://localhost:901

linuxconfig

■ *2 Netzwerkbetriebssysteme*

Bild 2.153: SWAT

2.8.11.3 Windows-Rechner als Samba-Clients

Windows-Rechner, die auf einen Samba-Server zugreifen wollen, müssen folgende Voraussetzungen erfüllen:

TCP/IP — Das TCP/IP-Protokoll muss installiert sein.

DHCP — Wenn kein DHCP-Dienst im Netz läuft, muss auf allen Rechnern von Hand eine IP-Adresse und Subadresse eingestellt werden. Dabei muss gewährleistet sein, dass die Adressen alle unterschiedlich sind.

— Alle Rechner müssen über das Netz erreichbar sein. Getestet wird dies mithilfe des ping-Befehls. Statt mit IP-Adresse sollte der ping-Befehl auch mit den Rechnernamen ausgeführt werden, um die Namensauflösung zu testen.

Arbeitsgruppe — Der Workgroup-Name muss auf allen Rechnern gleich sein.

Benutzerkonto — Benutzernamen und Passwörter unter Windows müssen mit den Accounts unter Linux gleich sein.

Multiuser — Auf Windows-Rechnern muss der Multiuser-Betrieb eingestellt werden, um auf Dateien und Verzeichnisse des Samba-Servers mit der User-level-Sicherheit zugreifen zu können.

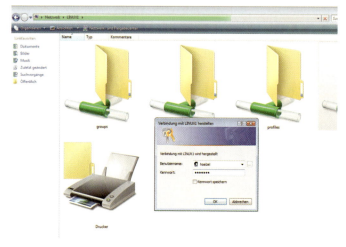

Bild 2.154: Linux-Server in der Windows-Vista-Welt

Sind alle Voraussetzungen erfüllt, muss in der Netzwerkumgebung des Windows-Rechners der Samba-Server erscheinen.

Unter Umständen muss man einige Augenblicke warten, bis das Symbol des Samba-Servers erscheint, weil der **Netzwerkbrowser** nur in gewissen Zeitabständen das Netz nach neuen Rechnern durchsucht. Durch einen Doppelklick auf das Symbol gelangt man auf dem Samba-Server in das entsprechend freigegebene Verzeichnis. Das Öffnen von Verzeichnissen und Dateien gelingt nur nach Angabe eines Benutzernamens und Passwortes, weil der Zugriff auf der Basis der **Linux-Benutzerverwaltung** erfolgt.

2.8.11.4 Security

Unter Samba gibt es 4 Sicherheitsstufen, die die Benutzerverwaltung erheblich beeinflussen. Eingestellt werden diese Stufen in der Datei */etc/smb.conf* mit dem Parameter *security*. Die Sicherheitsstufen lauten:

/etc/smb.config

1. **Security = share:** Share ist vergleichbar mit der Freigabe unter Windows. Beim Einloggen auf den Samba-Server ist kein Benutzeraccount erforderlich. Erst beim Zugriff auf Verzeichnisse oder Dateien erscheint eine Abfrage über den Benutzernamen und das Passwort.
2. **Security = user:** In dieser Sicherheitsstufe müssen Benutzer schon beim Einloggen ihren Benutzernamen und ihr Passwort angeben. Die Zugriffe auf Verzeichnisse und Dateien können dann in Abhängigkeit des Benutzeraccounts zentral vergeben werden
3. **Security = SERVER:** Der Samba-Server erscheint den Clients als Authentisierungsserver, obwohl er in Wirklichkeit diese Tätigkeit nicht selber ausführt, sondern durch einen anderen Server durchführen lässt. Dabei handelt es sich in der Regel um Windows-NT/2000-Rechner. *Vorteil:* Auf dem Samba-Server muss nicht neben der Linux-Passwortdatei zusätzlich eine Samba-Passwortdatei eingerichtet und verwaltet werden.
4. **Security = domain:** Wie security = server, nur mit dem Unterschied, dass der Anmeldeserver ein PDC sein muss.

■ **Authentifikation**

Jeder Benutzer, der von einem Windows-Rechner auf den Samba-Server zugreifen möchte, muss sich durch Angabe seines Benutzernamens und seines Passwortes authentifizieren. Standardmäßig wird dabei unter SuSE 10.0 die Datei */etcsamba/smbpasswd* abgefragt und mit den Eingaben des Benutzers verglichen. Neben der *smbpasswd* gibt es noch andere Konfigurationsquellen, und zwar:

- LDAP: Wenn im Netz ein LDAP-Server vorhanden ist, kann dieser die gesamte Authentifizierung übernehmen.
- TDB: Interne Datenbank, die ihre Daten in einem speziellen Binärformat abspeichert.
- MYSQL-Datenbank: Externe Datenbank, die zusätzlich implementiert werden muss.

■ **Benutzeraccount**

Linux und Samba haben jeweils eine eigene Benutzerverwaltung. Für Linux sind alle Daten in der *passwd* und für Samba in der *smbpasswd* gespeichert. Standardmäßig gibt es zunächst keine Eintragungen in der Samba-Datei, sodass Windows-Benutzer die Samba-Verzeichnisse und Dateien auf ihren Rechnern zwar sehen, aber nicht darauf zugreifen können. Dafür müssen zwei Bedingungen erfüllt werden:

■ 2 Netzwerkbetriebssysteme

1. Jeder Benutzer muss zunächst in die Datei *passwd* eingetragen werden.
2. Anschließend müssen alle Benutzer zusätzlich in die Datei *smbpasswd* eingetragen werden.

Die Eintragungen in der *smbpasswd* können mit dem Kommando

> Smbpasswd *Optionen Benutzername*

von der Eingabekonsole vorgenommen werden. Folgende Optionen sind möglich:

- a <Benutzername>   Ein neuer Benutzer wird in die Datei *smbpasswd* eingefügt. Dieser muss allerdings schon in der *passwd* vorhanden sein. Das Passwort wird automatisch abgefragt.
- x <Benutzername>   Der Benutzer wird aus der Datei gelöscht.

2.8.12 Webserver

Mit einem Webserver können HTML-Seiten in einem Netzwerk verbreitet werden. Alle Clients des Netzwerkes können diese Seiten mithilfe eines Browsers vom Webserver laden und darstellen. Prinzipiell könnte diese Aufgabe auch ein Webserver des Internets übernehmen. Dann müsste man jedoch Speicherplatz auf den Internetserver mieten und jedes Mal das Internet öffnen, um diese Seiten anschauen zu können.

2.8.12.1 Apache

Apache ist ein weitverbreiteter Webserver, der Bestandteil der SuSE-10.0-Distribution ist. Der Name erinnert an den nordamerikanischen Indianerstamm der Apachen. Außer Linux unterstützt Apache inzwischen auch Windows-Systeme.
Installiert wird er mit YaST und ist anschließend sofort lauffähig.

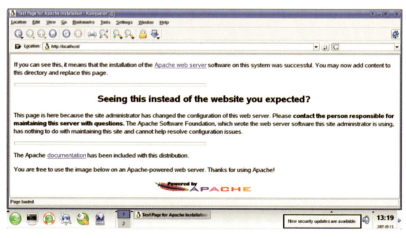

Bild 2.155: Apache-Server

Die in Bild 2.155 gezeigte Testseite des Apache-Servers erhält man mit dem Browser Konqueror und der URL http://localhost .
Jetzt kann man mit entsprechender Software HTML-Seiten erstellen, die dann von den Clients abgerufen werden können.

■ Aufgaben:

1. Nennen Sie fünf Planungsschwerpunkte der Netzwerkkonfiguration.
2. Nennen und erläutern Sie die verschiedenen Adressmöglichkeiten.
3. Wie können IP-Adressen grundsätzlich vergeben werden? Erläutern Sie die Vor- und Nachteile.
4. Welche grundsätzlichen Methoden der Namensauflösung gibt es?
5. Wie unterscheiden sich verwaltungstechnisch gesehen die Netze? Erläutern Sie die Unterschiede.
6. Mit welchem Dienst können unter Linux zentrale Netze aufgebaut werden? Welche Voraussetzungen müssen erfüllt sein?
7. Erläutern Sie die Funktion eines verteilten Dateisystems.
8. Was sind heterogene Netzwerke und wie werden sie unter Linux eingesetzt?
9. Welche Voraussetzungen müssen auf einem Windows-Rechner als Samba-Client erfüllt sein?
10. Sind die Verschlüsselungsalgorithmen auf einem Windows-Rechner und einem Linux-Rechner identisch? Erläutern Sie diese Problematik und zeigen Sie Lösungen auf.

3 Öffentliche Netze und Dienste

öffentliche Netze
nicht öffentliche Netze

Die Unterteilung von Kommunikationsnetzen in **öffentliche** und **nicht öffentliche Netze** ist historisch gewachsen und orientiert sich an den ursprünglich rechtlichen Unterschieden zwischen beiden. Bezüglich der verwendeten Technik bestehen heute zwischen öffentlichen und nicht öffentlichen Netzen keine Unterschiede.

> ■ Ein Netz wird dann als **öffentliches Netz** bezeichnet, wenn der Netzbetreiber prinzipiell jedem den Zugang ermöglicht und bestimmte staatlich kontrollierte Anforderungen erfüllt.

Zu diesen Anforderungen zählten beispielsweise beim klassischen Telefonnetz (alte Bezeichnung: Fernsprechnetz) die Veröffentlichung von Telefonbüchern und die Unterstützung von Notrufeinrichtungen.

In der Vergangenheit wurden nur von einem einzigen staatlichen Monopolbetreiber öffentliche Netze mit Dienstleistungen angeboten, die jedermann zugänglich waren (ehemaliger Dienstleister: Deutsche Post, jetzt Deutsche Telekom AG). Nach der Öffnung des Telekommunikationsmarktes für private Betreiber bietet heute eine Vielzahl von Unternehmen öffentliche Netze mit unterschiedlichen Dienstleistungen an (z. B. Mobilfunknetze).

Carrier
Service Provider
Supplier

Hierbei ist zu unterscheiden zwischen den **Betreibern von Kommunikationsnetzen** (sogenannte **Carrier**), den **Anbietern von Dienstleistungen** (sogenannte **Service Provider**) und den **Herstellern von Kommunikationslösungen** (sogenannte **Supplier**).

Die staatlichen Anforderungen, die ein Anbieter/Betreiber in Deutschland zu erfüllen hat, sind im **Telekommunikationsgesetz** (Abkürzung: TKG) festgelegt (z. B. Vorratsdatenspeicherung; siehe auch http://de.wikipedia.org/wiki/Telekommunikationsgesetz_(Deutschland); http://bundesrecht.juris.de/tkg_2004/index.html).

Im Gegensatz zu früher dienen heutige Kommunikationsnetze jedoch nicht nur zur Sprachkommunikation über ein angeschlossenes Telefon, sondern generell zur Datenkommunikation zwischen den unterschiedlichsten Endgeräten (z. B. Handy, PDA, PC).

Als **nicht öffentliches Netz** kann prinzipiell jedes firmeninterne Kommunikationsnetz angesehen werden, welches einigen Nutzungsbeschränkungen unterliegt (z. B. eingeschränkter Nutzerkreis). Diese Netze sind räumlich meist auf den Firmenstandort beschränkt. Verfügt eine Firma über verschiedene geografisch getrennt liegende Standorte, werden die lokalen privaten Netze oftmals über öffentliche Kommunikationsleitungen miteinander vernetzt. In einem solchen Fall spricht man auch von einem virtuellen privaten Netz (**VPN**:

VPN

Virtual **P**rivate **N**etwork; vgl. Kap. 1.8.2.4 und 3.6.1).

Kommunikationsnetze werden heute weniger in öffentliche oder nicht öffentliche Netze unterteilt, sondern vielmehr nach den in Kap. 1.2 genannten Merkmalen unterschieden.

siehe auch
Kap. 1.2.1

Von den hierbei in Bild 1.5 aufgelisteten Netzgrößen werden in den folgenden Kapiteln schwerpunktmäßig grundsätzliche Bezeichnungen, Strukturen und Leistungsmerkmale unterschiedlicher Weitbereichsnetze sowie die Zugangsmöglichkeiten zu diesen Netzen für Privat- und Firmenkunden dargestellt.

3.1 Grundsätzlicher Aufbau von Weitbereichsnetzen (WAN)

Ein WAN besteht prinzipiell aus den **Netzzugangspunkten** (Netzschnittstellen) und den **Netzknoten** (Vermittlungs- und Verteilstellen). Bei den Netzknoten unterscheidet man zwischen **Durchgangsnetzknoten**, die lediglich als Verteiler arbeiten, und **Zugangsnetzknoten**, an denen die Netzzugangspunkte sternförmig angeschlossen sind.

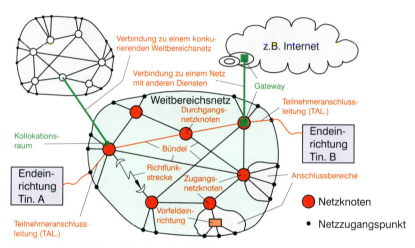

Bild 3.1: Grundsätzliche Struktur eines Weitbereichsnetzes

Die Netzknoten sind untereinander im Allgemeinen über ein Maschennetz verbunden. Alternativ werden auch ringförmige Netzstrukturen (vgl. Kap. 1.2.3) oder Mischformen verwendet. Je nach Netz erfolgen die Verbindungen zwischen den einzelnen Knoten über

- Koaxialleiter (vgl. Kap. 4.1.1),
- Lichtwellenleiter (vgl. Kap. 4.2.1),
- Richtfunkstrecken (vgl. Kap. 3.8) oder
- Satellitenfunkverbindungen (vgl. Kap. 3.9).

Verbindungsmöglichkeiten in einem WAN

Besteht die Verbindung zwischen zwei Netzknoten aus mehreren untereinander gleichwertigen Leitungen, so werden diese als **Bündel** bezeichnet. Weitbereichsnetze werden national von verschiedenen Netzbetreibern angeboten, die größtenteils über eigene Netzknoten und eigene Verbindungswege zwischen diesen Knoten verfügen. Aus diesem Grund sind in den meisten geografischen Regionen mehrere gleichartige Kommunikationsnetze vorhanden, die zwar die gleichen Dienste anbieten (z. B. Sprachkommunikation), jedoch völlig unabhängig voneinander arbeiten und gegeneinander konkurrieren.

> ■ Die Netzknoten und die dazwischenliegenden Verbindungswege eines Anbieters bezeichnet man als **Verbindungsnetz** (backbone network), **Kernnetz** (core network) oder **Transportnetz** (transport network).

Kollokationsraum

Damit auch Teilnehmer miteinander kommunizieren können, die an Netzen konkurrierender Betreiber angeschlossen sind, muss zwischen diesen Netzen eine Verbindung hergestellt werden können. Diese Verbindung erfolgt in den sogenannten **Kollokationsräumen**, die sich nur in den digitalen Ortsvermittlungsstellen der DTAG befinden (vgl. Kap. 3.2.2).

Infolge des Zusammenwachsens bestehender Kommunikationsnetze (Konvergenz der Netze) bestehen auch Verbindungen zwischen Netzen, die unterschiedliche Dienste anbieten (z. B. Sprachkommunikation, Bildkommunikation, Datenkommunikation). Diese Verbindungen werden über entsprechende **Gateways** hergestellt (siehe Kap. 1.4.4.9). Der Entwicklungstrend geht hierbei in Richtung eines vereinheitlichten Transportnetzes, bei dem die Informationsübertragung auf einer einzigen gemeinsamen Kommunikationsplattform erfolgt (NGN: Next Generation Network, siehe Kap. 3.6.7).

Der Bereich zwischen einem Netzknoten des Kernnetzes und den jeweils angeschlossenen Netzzugangspunkten wird **Anschlussbereich** genannt. Die Netzzugangspunkte befinden sich in der Regel direkt bei den jeweiligen Teilnehmern (meist im Hausanschlussraum eines Wohngebäudes; Beispiel: 1. TAE bzw. NTBA bei einem ISDN-Anschluss, siehe Kap. 3.2.3).

> ■ Die Verbindungswege zwischen einem Core-Netzknoten und den von diesem verwalteten Netzzugangspunkten werden als **Zugangsnetz** (access network) bezeichnet.

letzte Meile

Im Gegensatz zu den Kernnetzen der verschiedenen Betreiber basiert in Deutschland das Zugangsnetz für Privatkunden größtenteils auf dem vorhandenen Leitungsnetz der Deutschen Telekom AG (DTAG), welches aus Kupferdoppeladern (Twisted-Pair-Kabel, Kap. 4.1.1.3) besteht und meist noch aus dem klassischen analogen Telefonnetz stammt. Dieser Bereich wird umgangssprachlich oft auch als „**die letzte Meile**" bezeichnet.

Aufgrund der Eigentumsrechte besaß die DTAG in der Vergangenheit das Nutzungsmonopol auf diese Leitungen. Nach einem entsprechenden Gerichtsurteil musste die DTAG diesen Bereich auch konkurrierenden Mitbetreibern öffnen.

Ursprünglich wurden die Kupferleitungen der DTAG im Anschlussbereich nur für die Übertragung schmalbandiger Sprachsignale (Datenrate < 128 Kbit/s) genutzt. Heutzutage ermöglicht der Einsatz spezieller Übertragungstechniken (z. B. DSL, Kap. 3.7) über diese Leitungen auch eine weltweite breitbandige Datenkommunikation. Hierbei werden vielfach sogenannte **Vorfeldeinrichtungen** eingesetzt, um die Signale von einzelnen Kupferleitungen zu bündeln und diese dann zusammen über eine einzige Glasfaserleitung zum nächstgelegenen Netzknoten zu leiten. Die hierbei pro Teilnehmer übertragbaren Datenmengen sind umso größer, je kürzer die jeweiligen Kupferleitungen sind.

3.1 Grundsätzlicher Aufbau von Weitbereichsnetzen (WAN)

■ Die Leitung zwischen einem Core-Netzknoten (bzw. einer Vorfeldeinrichtung) und einem Netzzugangspunkt bezeichnet man als **Anschlussleitung** (Asl) oder **Teilnehmeranschlussleitung** (TAL).

Mehrere Vorfeldeinrichtungen können auch zu einer eigenständigen Netzstruktur ausgebaut werden, die dann dem Kernnetz vorgelagert ist. Bild 3.2 stellt die unterschiedlichen Anschlussszenarien vereinfacht dar.

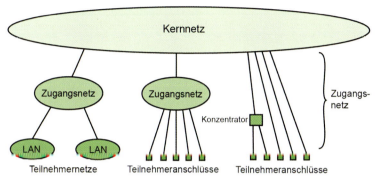

Bild 3.2: Teilnehmeranschlussszenarien

Die Verwendung alternativer leitungsgebundener Zugangswege (z. B. BK-Kabelnetz: Kap. 3.5.3, FTTH: Kap. 3.6) oder der Einsatz von Funktechnologien (z. B. WiMax: Kap. 3.9.4) bieten inzwischen aber auch Alternativen zur Überbrückung der letzten Meile.

An den Netzzugangspunkten endet im Allgemeinen die Zuständigkeit des Netzbetreibers. An einem solchen Netzzugangspunkt kann ein Teilnehmer beliebige **Endeinrichtungen** (**TE**: Terminal Equipment; z. B. Telefon, Fax, PC) anschließen, sofern diese die jeweiligen Schnittstellenspezifikationen erfüllen. In diesen Endeinrichtungen befinden sich in der Regel entsprechende Wandler (siehe Kap. 4.1.4) zur Anpassung der zu übertragenden Nachrichten an die Eigenschaften des Übertragungsmediums. Endgeräte, die der reinen Datenkommunikation dienen, werden genauer als **D**at**en**e**ind**einrichtungen (Abk.: **DEE**) bezeichnet. Bild 3.3 stellt modellhaft eine Kommunikationsverbindung über ein Weitverkehrsnetz dar.

Anschluss von Endeinrichtungen DEE

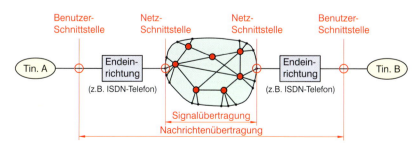

Bild 3.3: Kommunikationsmodell einer WAN-Verbindung

3 Öffentliche Netze und Dienste

Quelle
Senke
Kanal

■ Im Kommunikationsmodell wird der Ursprungsort einer Nachricht als **Quelle** und der Zielort als **Senke** bezeichnet. Die Signalübertragung erfolgt über einen so genannten **Kanal**.

Dieser Kanal wird auch **Übertragungskanal** oder **Kommunikationskanal** genannt. Ein solcher Kanal kann technisch unterschiedlich realisiert sein. Ein Kanal kann

- ein physikalisch vorhandenes Medium – z. B. in Form eines Adernpaares – sein, das nach dem Verbindungsaufbau **zeitkontinuierlich** (siehe „Einfache IT-Systeme", Kap. 4.1.2) für den Informationsaustauch zur Verfügung steht (z. B. Anschlussleitung eines analogen Telefons);
- eine Verbindung sein, bei der über eine physikalisch vorhandene Leitung lediglich **in äquidistanten Zeitabständen** (Zeitmultiplex, siehe Kap. 4.1.8.4) Übertragungskapazitäten zur Verfügung gestellt werden. Diese Übertragungskapazität bleibt nach Aufbau einer Verbindung auch dann für die angeschlossenen Endgeräte reserviert, wenn diese gerade keine Informationen austauschen (z. B. PCM-30-Übertragungssystem; siehe Kap. 3.2.7);
- eine **bedarfsorientierte zeitliche Zuordnung** von Übertragungskapazität auf einer physikalisch vorhandenen Leitung sein. Die Übertragungskapazität steht angeschlossenen Endgeräten allerdings nur dann zur Verfügung, wenn tatsächlich Informationen ausgetauscht werden. Da es sich für die Endgeräte scheinbar um eine ständige Verbindung handelt, spricht man auch von einer **virtuellen Verbindung** (z. B. Verbindung zwischen zwei ATM-Netzknoten; siehe Kap. 3.4).

virtuelle Verbindung

Bei der zeitkontinuierlichen Informationsübertragung im analogen Telefonnetz wurden die für den Verbindungsaufbau erforderlichen Signale (Teilnehmerrufnummer, Rufton usw.) über die gleiche Leitung bzw. den gleichen Kommunikationskanal übertragen wie die eigentlichen Nutzdaten (z. B. Sprache). Bei der äquidistanten und der bedarfsorientierten zeitlichen Zuordnung von Übertragungskapazität ist ein über den Verbindungsauf- und -abbau hinausgehender Signalisierungs- und Steuerungsaufwand erforderlich. Dieser ist nur durch Einsatz von digitaler Übertragungs- und Vermittlungstechnik realisierbar. Hierbei werden Signalisierungsinformationen und Nutzdaten zwar oft auf den gleichen physikalischen Leitungen, aber grundsätzlich in unterschiedlichen, voneinander unabhängigen Kanälen übertragen. Im Kernbereich einiger Netze gibt es hierzu auch Netzknoten, die nur Signalisierungsinformationen verarbeiten (**Signalisierungsnetzknoten**). Diese Netzknoten bilden zusammen mit den Signalisierungskanälen das sogenannte **Signalisierungsnetz**, das unabhängig vom Verbindungsnetz arbeitet und sämtliche Einrichtungen eines Kommunikationsnetzes mittels entsprechender Signalisierungsprotokolle steuert.

3.1.1 Anforderungen an Netzarchitekturen

Netzanforderungen

Ein technisch ausgereiftes Weitbereichsnetz muss grundsätzlich folgende Anforderungen erfüllen können:

- Abgesehen von Ausnahmen in besonderen Fällen muss zu jeder Zeit eine Verbindungsmöglichkeit von einem Zugangspunkt A zu jedem beliebigen anderen Zugangspunkt B möglich sein.
- Jeder Benutzer muss das gewünschte Ziel selbst bestimmen können, d. h., er muss steuernd eingreifen können. Die Zielbestimmung erfolgt durch entsprechende Wahlinformationen (z. B. Rufnummer oder IP-Adresse).
- Das Netz muss hinreichend groß dimensioniert sein, um eine genügende Anzahl gleichzeitiger Verbindungsmöglichkeiten für verschiedene Teilnehmer bzw. Endeinrichtungen zur Verfügung zu stellen.

Aus Kostengründen muss insbesondere bei dem letztgenannten Punkt der notwendige technische Aufwand bei der Bemessung der Anzahl der verfügbaren Übertragungswege durch statistische Auswertung des praktischen Verkehrsaufkommens begrenzt werden.

Weitere wichtige Aspekte der Architektur sind die Ausfallsicherheit, die Flexibilität und die Validierung seiner Leistungsfähigkeit.

Unter der **Netzausfallsicherheit** versteht man die Fähigkeit eines Netzes, bei Ausfall einer Netzkomponente (z. B. einer kompletten Übertragungsleitung oder eines Netzknotens) den Verkehr wiederherzustellen. Da Ausfallzeiten eines Kommunikationsnetzes in der Regel mit Umsatzverlusten angeschlossener Firmen verbunden sind, ist das Ziel eines jeden Netzbetreibers die schnelle und automatische Beseitigung einer Störung. Die Verfahren zur Wiederherstellung der Verkehrsverfügbarkeit bei Störungen von Kommunikationsnetzen werden in ITU-Empfehlungen definiert (z. B. mehrfache getrennte Verbindungsleitungen zwischen Netzknoten, parallel geschaltete Reservekomponenten). Hierdurch wird eine automatische Störungsbeseitigung in weniger als 50 ms (!) bzw. eine halbautomatische Beseitigung innerhalb von 10 Minuten angestrebt.

Netzausfallsicherheit

Die **Flexibilität** (flexibility) stellt ein Maß für die Möglichkeit des Netzes dar, auf veränderte zukünftige Verkehrsanforderungen zu reagieren.

Flexibilität

Unter **Validierung** (validity check) versteht man die Analyse von Verkehrsdaten mit dem Ziel, ihre Vollständigkeit und Konsistenz hinsichtlich vordefinierter Parameter zu prüfen. Hierzu gehören Prozeduren zur Qualitätsüberwachung, zur Fehlererkennung und zur Fehlerreduzierung (**TCM**: **T**andem **C**onnection **M**onitoring; **POM**: **P**ath **O**verhead **M**onitoring). Die Überwachung erfolgt durch vorhandene Managementsysteme und Wartungszentren.

Validierung

3.1.2 Vermittlungsprinzipien

Der Nachrichtenaustausch in einem Weitbereichsnetz erfolgt durch Vermittlung der zu transportierenden Informationen zwischen zwei oder mehreren Netzzugangspunkten.

> Unter dem Begriff „**Vermittlung**" versteht man ein Kommunikationsverfahren, bei dem Verbindungen für den Nachrichtenaustausch temporär geschaltet werden.

3 Öffentliche Netze und Dienste

Vermittlungsprinzipien

Grundsätzlich lassen sich zwei verschiedene Vermittlungsprinzipien unterscheiden:

- die Durchschaltevermittlung bzw. Leitungsvermittlung (circuit switching)
- die Speichervermittlung bzw. Paketvermittlung (store-and-forward switching, packet switching)

Circuit Switching

Bei der **Durchschalte-** bzw. **Leitungsvermittlung** wird eine Nachrichtenverbindung zwischen einem Teilnehmer A und einem Teilnehmer B nach Aufforderung von Tln. A zwischen den Knotenpunkten für die Dauer der Verbindung durchgeschaltet. Der Übertragungskanal (bzw. die Übertragungskanäle) bleibt (bleiben) für die gesamte Zeitdauer der Verbindung im durchgeschalteten Zustand. Die gesamte Verbindung steht hierbei ausschließlich den beiden Kommunikationspartnern zur Verfügung.

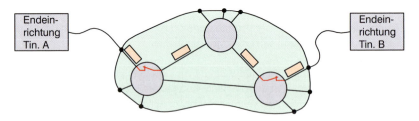

Bild 3.4: Grundprinzip Leitungsvermittlung

Packet Switching

Bei der **Speicher-** bzw. **Paketvermittlung** wird die zu übertragende Information in einzelne Blöcke bestimmter Länge aufgeteilt. Jedem Block wird zusätzlich eine Steuerinformation vorangestellt. Die Steuerinformation enthält eine Nummerierung und eine Kennzeichnung, wodurch der Block eindeutig einer Verbindung von Tln. A1 zu Tln. B1 bzw. von Tln. A2 zu Tln. B2 zugeordnet werden kann. Die Nutzinformation und die Steuerinformation bilden zusammen ein Paket.

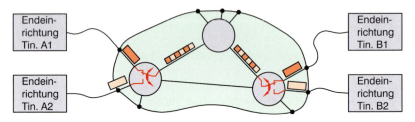

Bild 3.5: Grundprinzip Paketvermittlung

virtuelle Verbindungen

Die Pakete werden zum gewünschten Ziel übertragen, wenn sie vorliegen. Um Paketkollisionen zu vermeiden, müssen entsprechende Transportprotokolle zur Steuerung der Übertragung (im Bild vereinfacht: zur Steuerung der Schalter) verwendet werden. Obwohl für die Benutzer die Verbindung scheinbar während der gesamten Zeit zu bestehen scheint, existiert sie zwischen den jeweiligen Teilnehmern nur während der Laufzeit der Pakete. Man spricht in diesem Zusammenhang auch von **virtuellen Verbindungen**.

Der Verbindungsaufbau erfolgt bei beiden Verfahren nach Aufnahme der Wahlinformationen durch den Netzknoten des Initiators, der als „rufender" Teilnehmer oder als „A-Teilnehmer" bezeichnet wird. Das Ziel bei einem Verbindungsaufbau ist, einen möglichst kurzen Weg durch das Netz zum gewünschten Zielort („B-Teilnehmer" bzw. „gerufener" Teilnehmer) zu finden und hierbei möglichst wenig Netzknoten zu durchlaufen.

■ Die Technik der optimalen Wegesuche durch ein Nachrichtennetz bezeichnet man als **Verkehrslenkung.**

Verkehrslenkung

Der Informationsaustausch für die Steuerung einer Nachrichtenverbindung innerhalb des Netzes oder zwischen dem Netz und den Endeinrichtungen wird **Signalisierung** genannt.

Signalisierung

3.1.3 Übertragungsarten

Bei der Nachrichtenübermittlung unterscheidet man grundsätzlich zwischen verbindungsorientierter und verbindungsloser Nachrichtenübertragung.

■ **Verbindungsorientierte Übertragung** (Connection Oriented Transmission)
Bei der verbindungsorientierten Kommunikation muss zunächst eine Verbindung zwischen den Teilnehmern aufgebaut werden. Danach kann die Sendestation ihre Daten übertragen und die Empfangsstation empfängt sie in der gleichen Reihenfolge. Treten während der Übertragung Probleme auf, werden diese unmittelbar der Gegenseite mitgeteilt. Bei dieser Übertragungsart unterscheidet man zwischen Wählverbindungen und Festverbindungen.

verbindungsorientierte Nachrichtenübertragung

Bei einer **Wählverbindung** werden die Kommunikationspartner aufgrund der Zielinformation des Initiators für eine gewisse Zeit miteinander verbunden. Dieser Vorgang gliedert sich in die folgenden drei Phasen:

Wählverbindung

Die vom Initiator der Verbindung übermittelte Zieladresse (z. B. Wahl der Rufnummer) wird vom Netz ausgewertet, die Kommunikationsbereitschaft des Ziels wird überprüft; sofern diese besteht, werden die erforderlichen technischen Einrichtungen für eine Verbindung zur Verfügung gestellt.

Zwischen den Kommunikationspartnern findet ein Informationsaustausch statt.

Die Verbindung wird abgebaut, die verwendeten technischen Einrichtungen werden freigegeben und stehen für eine weitere Verbindung zur Verfügung.

Bild 3.6: Vorgänge bei einer Wählverbindung

Des Weiteren werden auch nicht gewählte Verbindungen, sogenannte **Festverbindungen,** verwendet. Diese Verbindungen werden auf Kundenwunsch zwischen zwei Netzschnittstellen fest eingerichtet und stehen dann ohne weitere Auswertung von Wahlinformationen zur Verfügung.

Festverbindung

329

■ 3 Öffentliche Netze und Dienste

verbindungslose Nachrichtenübertragung

■ **Verbindungslose Übertragung** (Connectionless Transmission)
Bei der verbindungslosen Nachrichtenübertragung stehen (in der Regel) mehrere Kommunikationspartner über entsprechende technische Einrichtungen ständig miteinander in Verbindung. Ein Verbindungsaufbau und ein Verbindungsabbau findet nicht statt; es gibt nur die Phase der Nachrichtenübertragung. Diese Art der Nachrichtenvermittlung findet man beispielsweise in einem LAN. Die angeschlossenen Stationen senden spontan Datenpakete, die neben der Nutzinformation auch die Ursprungs- und die Zieladresse enthalten. Die Zielstation übernimmt aus dem ständigen Datenstrom auf dem Verbindungsweg (Netzwerkkabel) ohne Bestätigung die an sie adressierten Informationen. Um Datenkollisionen zu vermeiden, sind entsprechende Übertragungsprotokolle (vgl. Kap. 1.3.1) erforderlich.

Vermeidung von Datenkollisionen

Während die Leitungsvermittlung nur verbindungsorientiert arbeiten kann, hängt es bei der Paketvermittlung vom verwendeten Übertragungsprotokoll ab, ob eine Datenübertragung verbindungsorientiert oder verbindungslos arbeitet (z. B. UDP: verbindungslos, siehe Kap. 1.4.3.3; TCP: verbindungsorientiert, siehe Kap. 1.4.3.4).

3.1.4 Übertragungsverfahren

Als Übertragungsverfahren werden in Abhängigkeit vom jeweiligen Kommunikationsnetz der **synchrone Transfermodus**, der **Paket-Transfermodus** und der **asynchrone Transfermodus** eingesetzt.

■ **Synchronous Transfer Mode (STM)**

STM

Beim STM-Verfahren wird für die Übertragung von Informationen eine feste Bandbreite in Form von Zeitschlitzen mit fester Bitrate in einem Übertragungsrahmen mit fester Rahmenfrequenz zur Verfügung gestellt. Hierbei wird in einem vermittelnden Netz der Weg zwischen zwei Endgeräten über Leitungen festgelegt, deren Kapazität auch dann belegt ist, wenn die angeschlossenen Endgeräte gerade keine Informationen über die aufgebaute und bestehende Verbindung austauschen. Weil diese Technik eine konstante Bitrate auf der Leitung erfordert, werden in den Pausen zwischen Datenblöcken nutzlose Bits übertragen. Dieses Verfahren liegt z. B. der Übertragung von Daten innerhalb des Schmalband-ISDN zugrunde (vgl. Kap. 3.2).

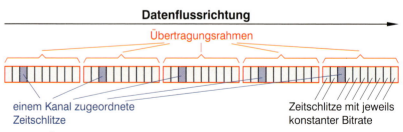

Bild 3.7: Übertragungsprinzip bei STM

Bei STM werden Steuer- und Synchronisationsinformationen jeweils zu Beginn eines Rahmens übertragen.

■ Packet Transfer Mode (PTM)

Beim PTM-Verfahren erfolgt die Übertragung von Nachrichten in Form von Datenpaketen, die aus Steuer- und Nutzinformationen bestehen. Die Menge der Nutzinformationen (Payload) in einem solchen Paket hängt vom erforderlichen Bedarf ab, d. h., die Pakete haben eine *variable* Länge.

PTM

Die zur Verfügung stehende Bandbreite einer Anschlussleitung kann gleichzeitig für verschiedene Verbindungen mit unterschiedlichen Datenraten genutzt werden.

Pakete mit variabler Länge

Die Pakete werden jeweils in den Netzknoten zwischengespeichert und zum gewünschten Ziel übertragen. Die Zielinformation ist im Steuerkopf (Header) eines jeden Pakets enthalten, abhängig vom verwendeten Protokoll können die Pakete prinzipiell auch auf verschiedenen Wegen den Zielort erreichen. Da die Verbindung nur während der Laufzeit der Pakete besteht, handelt es sich um eine **virtuelle Verbindung** (VC: Virtual Channel). Dieses Verfahren wird beispielsweise innerhalb von Datex-P-Netzen eingesetzt (vgl. Kap. 3.6.4).

virtuelle Verbindung

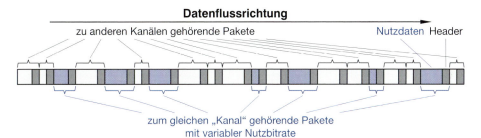

Bild 3.8: Übertragungsprinzip bei PTM

■ Asynchronous Transfer Mode (ATM)

Das ATM-Verfahren benutzt für die Informationsübertragung ebenfalls Datenpakete, die bedarfsorientiert übertragen werden. Im Unterschied zum PTM-Verfahren haben diese Pakete jedoch eine *konstante* Länge (53 Byte). Zur Abgrenzung von der PTM-Technik werden diese Pakete als **Zellen** (Cells) bezeichnet. Die Zellen bestehen ebenfalls aus Steuer- und Nutzinformationen und werden in einem Netz während einer bestehenden Verbindung zum gewünschten Ziel übertragen. Hierbei handelt es sich ebenfalls um eine **virtuelle Verbindung**. Dieses Verfahren wird beispielsweise innerhalb von ATM-Netzen eingesetzt (vgl. Kap. 3.3).

ATM

Pakete mit konstanter Länge: Zellen

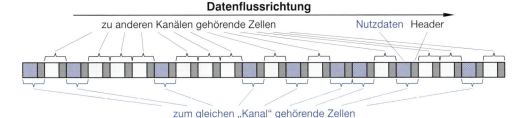

Bild 3.9: Übertragungsprinzip bei ATM

■ *3 Öffentliche Netze und Dienste*

3.1.5 Digitale Hierarchien

Öffentliche Kommunikationsnetze arbeiten weltweit digital. Durch den Einsatz verschiedener Multiplexverfahren (vgl. Kap. 4.1.8) wird hierbei eine effektive Ausnutzung vorhandener Übertragungskapazitäten ermöglicht. Die resultierenden Multiplexsignale werden in einer abgestuften Hierarchie mit jeweils festgelegten Bitraten bzw. mit festgelegten Kanalzahlen erzeugt. International haben sich folgende standardisierte Hierarchien etabliert:

PDH — plesiochrone digitale Hierarchie (**PDH**: **P**lesiochronous **D**igital **H**ierarchy)

SDH — synchrone digitale Hierarchie (**SDH**: **S**ynchronous **D**igital **H**ierarchy)

OTH — optische Transport-Hierarchie (**OTH**: **O**ptical **T**ransport **H**ierarchy)

■ **Plesiochrone digitale Hierarchie (PDH)**

Die plesiochrone digitale Hierarchie basiert auf dem PCM-Übertragungssystem, bei dem zur Digitalisierung und Mehrkanalübertragung analoger Telefonsignale mit einer Bandbreite von 3,1 kHz jeweils Datenkanäle mit einer Bitrate von 64 Kbit/s erzeugt werden. Diese Datenkanäle werden zu Pulsrahmen bzw. Mehrfachrahmen mit jeweils fest *vorgegebenen Übertragungsraten* zusammengefasst (vgl. Kap. 3.2.7).

> ■ Die **plesiochrone digitale Hierarchie** weist eine Multiplexstruktur auf, die auf Übertragungsraten mit ganzzahligen Vielfachen von 64 Kbit/s aufbauen.

Weltweit existieren verschiedene Spezifikationen der PDH. Bei der europäischen Spezifikation sind insgesamt fünf verschiedene Multiplexebenen definiert.

PDH-Multiplexebenen

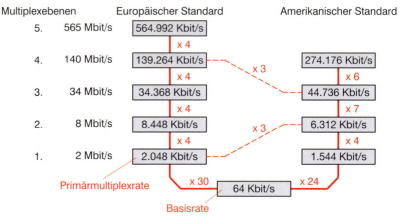

Bild 3.10: Multiplexebenen der PDH

Bei der PDH werden die einzelnen Kanäle senderseitig zu Systemen mit einer immer höheren, fest vorgegebenen Kanalzahl zusammengefasst. Auf der Empfängerseite müssen dann dieselben Hierarchiestufen vollständig in umgekehrter Reihenfolge durchlaufen werden, um die einzelnen Kanäle dann wieder

332

3.1 Grundsätzlicher Aufbau von Weitbereichsnetzen (WAN)

verteilen zu können. Diese Struktur ist nur wenig flexibel, da durch die starre Hierarchie stets Bündel mit bestimmten Kanalzahlen mit jeweils fester Bandbreite gebildet werden müssen. Die PDH erlaubt es nicht, einen Kanal von 64 Kbit/s beispielsweise aus einem 565-Mbit/s-Datenstrom direkt zu entnehmen.

Nachteile der PDH

Um einen Datentransport auf den einzelnen Multiplexebenen ohne Bitverluste zu gewährleisten, müssen wegen den entfernungsabhängigen Signallaufzeiten und den technisch bedingten Gleichlaufschwankungen der Taktgeneratoren zusätzliche „Stopfbits" eingefügt werden (daher die Bezeichnung „plesichron", d. h. „nahezu zeitlich synchron"). Hierdurch reduziert sich die übertragbare Nutzbitrate.

Stopfbit

■ Das Einfügen von zusätzlichen Bits in den Datenstrom zur Erzeugung von Synchronität zwischen den einzelnen Multiplexebenen wird als **Stopfverfahren** bezeichnet.

Stopfverfahren

Damit ist die PDH den Ansprüchen nach einem flexiblen Management vorhandener Übertragungsressourcen nicht mehr gewachsen und ist in den meisten Bereichen von den Strukturen der sogenannten synchronen digitalen Hierarchie abgelöst worden. Sie kommt aber nach wie vor auf der „letzten Meile" mit einer Bitrate von 2 Mbit/s sowie bei der Vernetzung von Firmenstandorten mit bis zu 34 Mbit/s zum Einsatz.

■ Synchrone digitale Hierarchie (SDH)

Die synchrone digitale Hierarchie ist eine wirtschaftliche Übertragungstechnik, mit der ein weltweit einheitliches Übertragungsnetz realisiert werden kann. Sie leitet sich von dem Ende der 80er Jahre in Amerika entwickelten **SONET**-Konzept (**S**ynchronous **O**ptical **Net**work) ab, bei dessen Spezifikation insbesondere die digitale Übertragung über optische Medien zugrunde gelegt wurde.

Die Übertragung von Nutzdaten zwischen den einzelnen Netzknoten erfolgt bei SDH nicht mehr in einer Rahmenstruktur mit einer fest vorgegebenen Anzahl von Kanälen, die jeweils eine konstante Bitrate aufweisen müssen, sondern in sogenannten **synchronen Transportmodulen** (**STM**: **S**ynchronous **T**ransport **M**odule).

synchrones Transportmodul

■ Unter einem **Transportmodul** versteht man einen Multiplexrahmen der SDH, in dem Nutzdaten von mehreren Kanälen, die auch unterschiedliche Datenraten aufweisen können, übertragen werden.

Das kleinste Transportmodul mit der Bezeichnung STM-1 ist ein Multiplexrahmen, der folgende vereinfacht dargestellten Strukturen aufweisen kann.

STM-1-Rahmen

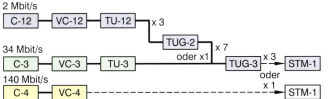

Bild 3.11: Strukturen von Transportmodulen (Auszug)

3 Öffentliche Netze und Dienste

Container

virtueller Container

Die kleinste Transporteinheit in einem STM-1 ist der „Container", der Systeme unterschiedlicher Bitraten transportieren kann (C-12, C-3, C-4). Jedem Container wird ein „Path Overhead" (POH) zugeordnet, der Informationen über die Struktur des zu transportierenden Containers sowie zusätzliche Steuerinformationen enthält. Beides zusammen bildet einen „virtuellen Container" (VC). Diese virtuellen Container lassen sich zu weiteren Einheiten zusammenfassen, die als Tributary Unit (TU) bzw. als Tributary Unit Group (TUG) bezeichnet werden. Hierbei handelt es sich – vereinfacht beschrieben – um logische Strukturen, die aus den VC und zusätzlichen Informationen bestehen, die sich teilweise im Kopffeld eines STM-1-Rahmens befinden (z. B. SOH: Sector Overhead, Pointer, siehe Bild 3.12 blaue und rote Bereiche). Diese logischen Strukturen sind für das System erforderlich, um einzelne Informationsströme im Gesamtdatenstrom identifizieren zu können.

Die Ziffern hinter den Bezeichnungen kennzeichnen den europäischen ETSI-Standard, der sich teilweise bezüglich der transportierten Bitraten innerhalb der vorgestellten Strukturen vom amerikanischen Standard (SONET) unterscheidet. Die beiden Standards sind kompatibel zueinander.

Betrachtet man den Aufbau eines STM-1-Rahmens genauer, so erkennt man folgende Strukturen. Jeder STM-1-Rahmen besteht aus einer Matrix aus 9 Zeilen mit jeweils 270 Bytes. In jeder Reihe befinden sich jeweils 9 Bytes für das Kopffeld (Overhead) und 261 Bytes für das Nutzfeld (Payload). Die STM-1-Rahmen werden alle 125 µs mit einer Bruttodatenrate von maximal 155,52 Mbit/s übertragen. In Abhängigkeit von der Struktur und der Übertragungsrate der zu transportierenden Informationen ist das Nutzfeld unterschiedlich aufgebaut.

Transportgruppe

Pointer

Wie in Bild 3.12 dargestellt, bildet beispielsweise ein 2-Mbit/s-System einen C-12-Container, der zusammen mit dem zugehörigen POH einen VC-12 ergibt. In Verbindung mit den zugehörigen Informationen im Kopffeld des STM-1-Rahmens ergibt sich als logische Einheit eine TU-12. Drei TU-12 bilden den Inhalt einer TUG-2. Sieben TUG-2 bilden wiederum einen TUG-3. Drei TUG-3 werden schließlich als Payload innerhalb eines STM-1-Rahmens transportiert.

POH: Path Overhead
SOH: Sector Overhead

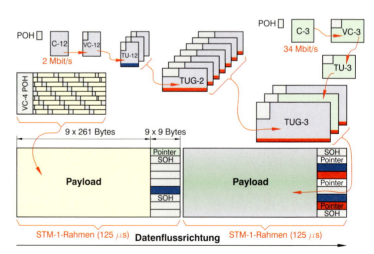

Bild 3.12: Möglicher Aufbau von STM-Rahmen (vereinfachte Darstellung)

3.1 Grundsätzlicher Aufbau von Weitbereichsnetzen (WAN)

Im folgenden Rahmen befindet sich dann beispielsweise ein VC-4 mit ATM-Zellen (ATM vgl. Kap. 3.3). Die einzelnen Rahmen werden seriell übertragen.

Welche Bitraten die zu übertragenden Systeme im Nutzfeld haben und wie sie strukturiert sind, ist ebenfalls im Kopffeld des jeweiligen Rahmens festgehalten. Der Beginn eines Informationsstroms im Nutzfeld wird jeweils über die „Pointer" gekennzeichnet.

Pointer

Durch diese Strukturen können in aufeinanderfolgenden STM-1-Rahmen sowohl mehrere 2,048-Mbit/s-Systeme, mehrere 34-Mbit/s-Systeme oder auch eine kontinuierliche Folge von ATM-Zellen transportiert werden.

Aufgrund der Kennzeichnung jeder einzelnen Transportgruppe und jedes Containers sind diese jederzeit identifizierbar und können in unterschiedlicher Zusammenstellung durch das Netz geleitet werden.

Aus dem STM-1-Rahmen leiten sich die höheren Hierarchieebenen der SDH ab (ITU-Spezifikation G.707).

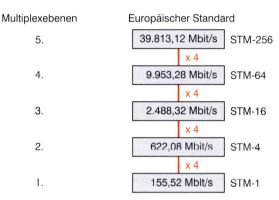

Bild 3.13: Hierachieebene der SDH (europäische Norm)

SDH-Hierarchieebenen

International gibt es auch Transportmodule anderer Größen, bis hin zum STM-1024-Rahmen. Während sich STM-1-Rahmen über elektrische und optische Schnittstellen übertragen lassen, können alle höherwertigeren Rahmenstrukturen nur über optische Schnittstellen angekoppelt werden. Insgesamt sind alle SDH-Rahmen auf höchste Dienstgüte und Dienstverfügbarkeit ausgelegt. Im Fall einer Störung auf dem Übertragungsweg erfolgt automatisch die Umschaltung auf Ersatzwege.

■ Die SDH-Technologie ermöglicht den direkten Zugriff auf Signale unterschiedlicher Bandbreite innerhalb eines hochkanaligen Systems, ohne die gesamte Multiplex-Hierarchie durchlaufen zu müssen. Mittels sogenannter **A**dd/**D**rop-**M**ultiplexer (**ADM**) können Nutzinformationen bis zur Containerebene herunter aus jeder Multiplexebene direkt hinzugefügt (add) oder entnommen (drop) werden.

3 Öffentliche Netze und Dienste

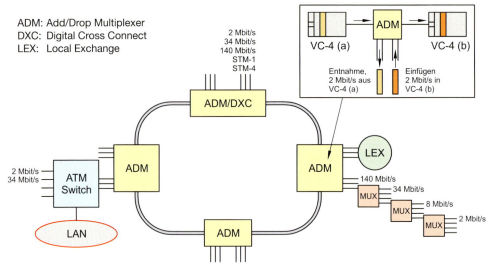

Bild 3.14: Prinzipielle SDH-Netzstruktur mit Add/Drop-Multiplexer

Bei der Entwicklung der SDH stand ursprünglich die problemlose Implementierung bestehender PDH-Netze im Vordergrund. Hieraus resultierte unter anderem die 125 µs Taktung bei der Übertragung und die den Multiplexebenen der PDH entsprechenden Größen der Container (z. B. C12: 2 Mbit/s; C3: 34 Mbit/s; C4: 140 Mbit/s).

Next Generation–SDH

Die Implementierung der heute üblichen höheren Datenströme anderer Standards ergaben allerdings Probleme bei der effizienten Nutzung der bereitgestellten Übertragungskapazität. So ist etwa bei einer 100-Mbit/s-Ethernet-Übertragungsrate (Fast Ethernet, siehe Kap. 1.5.3) innerhalb der SDH ein STM-1-Rahmen mit 155,52 Mbit/s erforderlich. Hierbei bleibt zunächst aber etwa ein Drittel des Rahmens ungenutzt. Um einen so gefüllten Rahmen mit PDH- oder anderen sehr großen Datenströmen effizient zu kombinieren, mussten zusätzliche Protokollstrukturen entwickelt werden. Die SDH-Hierarchie mit diesen Protokollerweiterungen gemäß ITU-Spezifikation G.707 bezeichnet man als **Next Generation-SDH** (NG-SDH).

■ **Optische Transport-Hierarchie (OTH)**

ITU: International Telecommunication Union

Die optische Transport-Hierarchie kann prinzipiell als eigenständige Weiterentwicklung der SDH mit anderen Spezifikationen angesehen werden. Während die ursprüngliche Entwicklung der SDH geprägt war von der Abwärtskompatibilität zur PDH mit ihren vergleichsweise geringen Datenraten, steht bei der OTH die effiziente Einbindung von Datenströmen anderer hochbitratiger Netzstrukturen im Vordergrund (z. B. Gigabit-Ethernet, Fibre-Channel). Die Übertragung dieser hohen Datenraten erfordert einen zusätzlichen Aufwand an Fehlerkorrekturverfahren sowie andere Multiplextechniken, die in der ITU-Spezifikation G.709 standardisiert sind. Wegen dieser Unterschiede werden trotz ähnlicher Rahmenstrukturen und identischer Übertragungsmedien (Glasfaser) bei der OTH zur Abgrenzung gegenüber der SDH andere Bezeichnungen für die Transportrahmen verwendet (Bild 3.15).

3.1 Grundsätzlicher Aufbau von Weitbereichsnetzen (WAN)

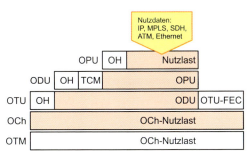

FEC: Forward Error Correction
OCh: Optical Channel
ODU: Optical Data Unit
OH: Overhead
OPU: Optical Payload Unit
OTM: Optical Transport Molule
OTU: Optical Transport Unit
TCM: Tandem Connection Monitoring

Bild 3.15: Prinzipieller Aufbau eines OTH-Transportrahmens

Der Transport von Datenströmen erfolgt bei der OTH in sogenannten **O**ptischen **P**ayload **U**nits (**OPU**), die funktional den virtuellen Containern der SDH-Technologie entsprechen. In den **O**ptical **D**ata **U**nits (**ODU**) und den **O**ptical **T**ransport **U**nits (**OTU**) werden die OPUs mit zusätzlichen Headern und Fehlerkorrekturinformationen versehen und als sogenannter **O**ptischer **Ch**annel (**OCh**) in Datenrahmen übertragen, die als **Optical Transport Module** (**OTM**) bezeichnet werden.
Gemäß ITU-Standard G.709 sind hierbei die folgenden Übertragungsraten definiert:

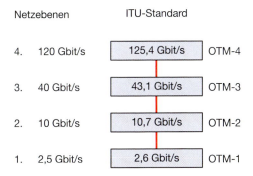

Bild 3.16: Optische Transportmodule gemäß ITU-Standard (Werte gerundet)

Bei Datenraten oberhalb von 40 Gbit/s kommt die spezielle Modulationsart **RZ-DQPSK** (**R**eturn to **Z**ero **D**ifferential **Q**uadrature **P**hase **S**hift **K**eying, siehe Kap. 4.1.5) zum Einsatz. In Kombination mit dem optischen Wellenlängenmultiplex **DWDM** (**D**ense **W**avelength **D**ivision **M**ultiplexing, siehe Kap. 4.1.8.3) lassen sich über einen Lichtwellenleiter mehrere Terabit/s (Tbit/s) übertragen.

■ 3 Öffentliche Netze und Dienste

■ Aufgaben:

1. Welche Unterschiede bestehen zwischen einem öffentlichen und einem nicht öffentlichen Kommunikationsnetz?
2. Beschreiben Sie den Aufbau und die Struktur von Weitbereichsnetzen.
3. Welcher Unterschied besteht zwischen einem Zugangsnetzknoten und einem Durchgangsnetzknoten?
4. Welche unterschiedlichen Arten von Verbindungswegen werden in der Praxis zur Kommunikation zwischen den Netzknoten eines Weitbereichsnetzes eingesetzt?
5. Welcher Unterschied besteht zwischen einer verbindungslosen und einer verbindungsorientierten Datenübertragung. Nennen Sie für beide Verfahren jeweils ein Anwendungsbeispiel.
6. Was versteht man im Zusammenhang mit der Kommunikationstechnik unter dem Begriff der „Vermittlung"? Welche Arten von Vermittlung werden in der Praxis eingesetzt und wie unterscheiden sie sich?
7. Wie unterscheiden sich grundsätzlich die in Kommunikationsnetzen eingesetzten Übertragungsverfahren STM, PTM und ATM voneinander? Nennen Sie jeweils ein Anwendungsbeispiel.
8. Ein Kunde möchte sich allgemein über Anforderungen an Kommunikationsnetze und die in öffentlichen Netzen eingesetzten digitalen Hierarchien informieren. Welche Informationen können Sie ihm geben? Bereiten Sie hierzu ggf. eine kleine Präsentation vor, bei der Sie erlernte Präsentationstechniken einsetzen.

3.2 Integrated Services Digital Network (ISDN)

■ **ISDN** (**I**ntegrated **S**ervices **D**igital **N**etwork) bezeichnet einen internationalen Standard für ein digital arbeitendes Kommunikationsnetz. Die Technik des ISDN ermöglicht erstmalig die Übertragung unterschiedlicher Kommunikationsdienste (z. B. Sprache, Fernschreiben, Daten), für die bisher stets eigene Netzformen erforderlich waren, über ein einziges gemeinsames Netz.

Die CCITT definierte ISDN folgendermaßen:

An ISDN is a network, in general evolving from telephony ISDN, that provides end-to-end digital connectivity to support a wide range of services, including voice and non-voice services, to which users have access by a limited set of standard multi-purpose user-networks interfaces.

In Deutschland wurde ISDN ab 1980 stufenweise eingeführt: Nach der Digitalisierung der Übertragungsstrecken erfolgte in einer zweiten Stufe die Digitalisierung der Vermittlungsstellen; die letzte Stufe bildete dann die Digitalisierung des Anschlussbereiches, die ca. 1997 abgeschlossen war. Damit löste ISDN nach und nach das herkömmliche analoge Telefonnetz ab. Die analoge Anschlusstechnik wird jedoch noch bis heute unterstützt (Digitalisierung im

1. Netzknoten). Bei einem digitalen Anschluss erfolgt die Digitalisierung im jeweiligen Endgerät des Teilnehmers.

Die Vorteile des ISDN sind u. a.: *Vorteile von ISDN*

- gleiche Übertragungsart für Steuer- und Nutzsignale
- komplette Digitalisierung, d. h. keine wartungsintensive Mechanik
- geringerer Platzbedarf bei größerer Leistungsfähigkeit der Technik
- kurze Aufbauzeiten einer Verbindung
- kostengünstige Herstellung der Bauelemente und Baugruppen
- verschiedene Dienste innerhalb eines Netzes
- eine Vielzahl benutzerfreundlicher Leistungsmerkmale

In den europäischen Ländern wurde ISDN zunächst mit national unterschiedlichen Standards eingeführt. So wurde beispielsweise in Deutschland zunächst das sogenannte **1TR-6-Übertragungsprotokoll** verwendet. Im Zuge der Entwicklung des europäischen Binnenmarktes war man jedoch um einen einheitlichen Standard bemüht, dem sich nach und nach nationale Entwicklungen angepasst haben. Dieser internationale Standard wird als **Euro-ISDN** bezeichnet. Er unterscheidet sich von dem in Deutschland eingesetzten nationalen ISDN unter anderem durch die Verwendung eines anderen Protokolls.

ISDN-Übertragungsprotokolle

DSS1

■ Das **Euro-ISDN** basiert auf dem sogenannten **DSS1-Protokoll** (**D**igital **S**ubscriber **S**ignalingsystem No. **1**).

Spricht man heute von ISDN, so ist damit stets das Euro-ISDN gemeint.

3.2.1 ISDN-Netzaufbau

Das nationale ISDN ist heute in zwei Ebenen gegliedert:

- Die **Ortsebene** besteht aus dem Anschlussleitungsnetz und den „Digitalen Ortsvermittlungsstellen" (Abkürzung: DIVO oder VE:O), die auch als „Vermittelnde Netzknoten" (VNK) bezeichnet werden und heute fast ausnahmslos über Lichtwellenleiter miteinander verbunden sind. Man unterscheidet hierbei „Teilnehmernetzknoten" (TNK), an die die Endeinrichtungen der Teilnehmer (Tln.) angeschlossen sind, und „Durchgangsnetzknoten" (DNK), über die die Verbindungen zur Fernebene hergestellt werden (Bild 3.17). Die Verbindung zum Internet oder zu den Netzen anderer Diensteanbieter erfolgt über entsprechende Gateways oder Kollokationsräume.

ISDN-Netzebenen
DIVO

- Die **Fernebene** wird durch „Digitale Fernvermittlungsstellen" (DIVF oder VE:F) gebildet, die miteinander über ein Maschennetz verbunden sind. Dieses Netz ist mit Lichtwellenleitern, Richtfunkstrecken und Satellitenfunkverbindungen zwischen den Fernvermittlungsstellen für höchste Übertragungsraten ausgerüstet. Die in der Fernebene ursprünglich eingesetzte PDH-Multiplextechnik (34–565 Mbit/s) ist heute nahezu durch SDH- bzw. OTH-Strukturen ersetzt worden.

DIVF

■ *3 Öffentliche Netze und Dienste*

APE: abgesetzte periphere Einheit
Asl.: Anschlussleitung
DIVF: digitale Fernvermittlungsstelle
DIVO: digitale Ortsvermittlungsstelle
DIVA: digitale Auslandsvermittlungsstelle
DNK: Durchgangs-Netzknoten
TNK: Teilnehmer-Netzknoten

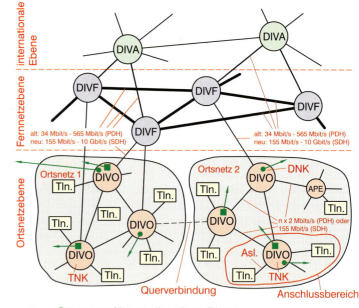

Bild 3.17: Grundsätzliche ISDN-Netzstruktur

Querverbindungen abgesetzte periphere Einheit APE

Zur Entlastung der Fernnetzebene werden benachbarte Ortsnetze auch über direkte Verbindungsleitungen – sogenannte **Querverbindungen** – zwischen den Ortsvermittlungsstellen miteinander verbunden (Bild 3.17).
Durch die Verwendung von Lichtwellenleitern (LWL) mit wesentlich geringeren Widerstands- und Dämpfungswerten können die Anschlussbereiche um die jeweiligen Ortsvermittlungsstellen heute größer gestaltet werden als früher bei der Verwendung von Kupferkabel. Dabei kommen Konzentratoren (**A**bgesetzte **P**eriphere **E**inheiten, APE) im Anschlussnetz zum Einsatz.

■ Ein **Konzentrator** ist eine Anschlusseinheit außerhalb einer DIVO, an der sowohl analoge als auch digitale Teilnehmeranschlüsse angeschlossen und zusammengefasst werden können.

Die dargestellte Struktur wird ergänzt durch digitale **Auslandsvermittlungsstellen** (DIVA oder VE:A), über die die internationale Kommunikation abgewickelt wird.

3.2.2 ISDN-Netzknoten

Die Hauptaufgabe der ISDN-Netzknoten besteht darin, für eine bestimmte Dauer eine Verbindung zwischen zwei Netzzugangspunkten (Tln.) herzustellen. Zunächst erfolgte diese Verbindungsherstellung auf allen Netzebenen nur lei-

tungsvermittelnd, inzwischen kommen zunehmend auch paketvermittelnde Verfahren zum Einsatz (z. B. VoIP, siehe Kap. 1.4.4.8, Kap. 3.7.4).
In den leitungsvermittelnden Netzknoten der Deutsche Telekom AG (DTAG) kommen vorwiegend die digitalen Vermittlungssysteme EWSD (**E**lektronisches **W**ähl**S**ystem **D**igital; Siemens) und S 12 (**S**ystem **12**; Alcatel) zum Einsatz. Beide Systeme sind modular mit einer verteilten Steuerung aufgebaut. Bild 3.18 zeigt den Aufbau einer Teilnehmervermittlungsstelle nach dem System 12 in einer vereinfachten Übersicht.

EWSD
S 12

Aus dieser Darstellung wird deutlich, dass alle Funktionen des Systems auf einzelne Funktionssteuereinheiten und Anschlussmodule verteilt sind, die jeweils eine eigene, speziell für das betreffende Modul angepasste Steuerung enthalten.

Funktionssteuereinheiten und Anschlussmodule

Allgemein gilt:

- Eine **Funktionssteuereinheit (FS)** besteht aus einer einzigen Baugruppe, der ihre Aufgabe durch eine Software zugeteilt wird. Hardwaremäßig sind alle FS gleich aufgebaut. Sie können daher durch Laden einer anderen Software andere Aufgaben übernehmen. Die verschiedenen Aufgaben des Vermittlungssystems können daher relativ freizügig den einzelnen FS zugeordnet werden. Neue Leistungsmerkmale oder Hardware-Baugruppen können modular angefügt werden, ohne vorhandene Einheiten zu beeinflussen.
- **Anschlussmodule (AM)** bestehen grundsätzlich aus einer Modulsteuereinheit und besonderen, der jeweiligen Aufgabe angepassten Anschlussbaugruppen.

Die FS und AM, soweit sie für Verkehrsabläufe, Koppelnetzsteuerung und Systemmanagement der Vermittlungsstelle zuständig sind, können hier ebenso wenig besprochen werden wie die Funktionsweise des Koppelnetzes (**S**witching **N**etwork; SN). Dieses mit Raum- und Zeitstufen aufgebaute Koppelnetz bildet den zentralen Bestandteil jedes Netzknotens; in ihm werden die Verbindungen den Teilnehmerwünschen entsprechend durchgeschaltet (Bild 3.18). Weitere Informationen hierzu sind bei Bedarf der entsprechenden Fachliteratur oder dem Internet zu entnehmen.

Koppelnetz

Die Verbindung zwischen den vermittlungstechnischen Einrichtungen einer DIVO und dem Anschlussleitungsnetz wird schaltungstechnisch am **Hauptverteiler (HVT)** hergestellt. Der HVT besteht aus einem Gestell, das auf beiden Seiten mit Anschlussleisten („Schaltstreifen") besetzt ist. Man unterscheidet:

- die **waagerechte Seite des HVT**, an der die vermittlungstechnischen Einrichtungen der DIVO fest angeschlossen sind, und
- die **senkrechte Seite des HVT**, mit der die Leitungen des Anschlussnetzes fest verbunden sind.

Aufbau des Hauptverteilers HVT

3 Öffentliche Netze und Dienste

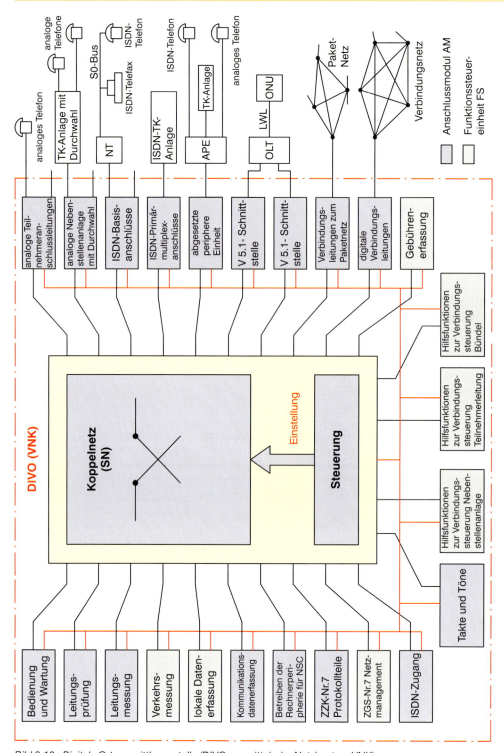

Bild 3.18: Digitale Ortsvermittlungsstelle (DIVO: vermittelnder Netzknoten, VNK)

Zwischen den beiden Seiten werden mit zweiadrigen, verdrillten Rangierdrähten die Verbindungen der Anschlussleitungen (Asl.) zu bestimmten Ports der Vermittlungsstelle geschaltet. Den einzelnen Ports wird durch entsprechende Programmierung von der Betriebszentrale eine bestimmte Rufnummer zugeordnet.

Bei der Einrichtung von ISDN-Primärmultiplexanschlüssen mit einer Übertragungsrate von 2,048 Mbit/s (empfindlich gegen Einkopplung elektromagnetischer Störsignale) müssen für Schalt- und Rangierarbeiten am HVT geschirmte Schaltkabel verwendet werden, deren Abschirmung an der waagerechten HVT-Seite zu erden ist.

Rangieren von Anschlüssen

■ Am **Hauptverteiler (HVT)** einer Vermittlungsstelle kann jede Anschlussleitung aus dem Netz auf jeden Port der DIVO rangiert werden.

In den DIVOs werden auch die Verbindungen zwischen dem Netz der DTAG und den Netzen der verschiedenen lokal und regional tätigen **k**onkurrierenden **N**etzbetreiber (KN) hergestellt. Da die DTAG – als Nachfolger der Deutschen Bundespost – fast alleiniger Besitzer des Anschlussleitungsnetzes von den DIVOs bis zu den Endgeräten ist, müssen die KN diese Leitungen mieten.

In der praktischen Durchführung der Netzverbindung unterhalten die KN im Gebäude der DIVO/DTAG einen sogenannten **Kollokationsraum** (collocare = anordnen, verbinden), in dem ein **Ü**berga**b**everteiler (ÜVT) untergebracht ist (Bild 3.19).

Kollokationsraum

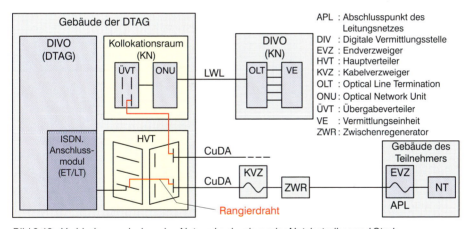

Bild 3.19: Verbindung zwischen den Netzen konkurrierender Netzbetreiber und Struktur einer Anschlussleitung

Von einer Seite des ÜVT führt ein Bündel von Kupferdoppeladern (CuDA) zum HVT der DTAG. Von der anderen Seite des ÜVT wird die Verbindung zur DIVO/KN meist über Lichtwellenleiter (LWL) hergestellt (wie zwischen Netzknoten allgemein üblich). Daher muss im Kollokationsraum eine optische Netzabschlusseinheit (ONU = Optical Network Unit) eingesetzt werden, die

■ 3 Öffentliche Netze und Dienste

den Übergang von der Glasfaser auf die CuDA bildet. Entsprechend muss in der DIVO/KN ein optischer Leitungsabschluss (OLT = Optical Line Termination) die Umsetzung der optischen in elektrische Signale vornehmen (solange die optische Vermittlungstechnik noch nicht verfügbar ist).

Kabelverzweiger

Endverzweiger
Abschlusspunkt

Zwischen-
regeneratoren

Bild 3.19 zeigt auch den Aufbau einer Teilnehmeranschlussleitung (TAL). Sie wird in der Regel von der DIVO aus in einem vielpaarigen Kabel bis zu einem **Kabelverzweiger** (KVZ) geführt. Im Zuge des kontinuierlich fortschreitenden breitbandigen Netzausbaus im Anschlussbereich werden die KVZs zunehmend mit sogenannten Outdoor-DSLAMs (siehe Kap. 3.7) ausgestattet. Die Verbindung zwischen Vermittlungsstelle und KVZ erfolgt dann über eine Glasfaserleitung.

Vom KVZ bis zum APL werden Kupferdoppeladern verlegt. Der APL bildet die Schnittstelle zum Haus- oder Endleitungsnetz des Teilnehmers. Je nach Bedarf wird der APL als **EVZ** (**E**nd**v**er**z**weiger) oder als **VVD** (**V**erbindungs- und **V**erteil**d**ose) ausgeführt. Auf den einzelnen elektrischen Leitungsabschnitten können bei zu großen Entfernungen und dadurch verursachten unzulässig hohen Dämpfungswerten Verstärker (Zwischenregeneratoren, ZWR) eingesetzt werden.

3.2.3 ISDN-Anschlusskonfiguration

Grundsätzlich weist jeder ISDN-Anschluss die gleiche Struktur auf. Diese Struktur lässt sich mithilfe verschiedener Funktionseinheiten darstellen, die sich entweder im Netzknoten oder beim Teilnehmer befinden. Zwischen diesen Funktionseinheiten sind sogenannte **Referenzpunkte** definiert, die mit den Buchstaben R bis V bezeichnet werden. Die Realisierung erforderlicher Schnittstellen darf im ISDN nur an diesen Referenzpunkten erfolgen.

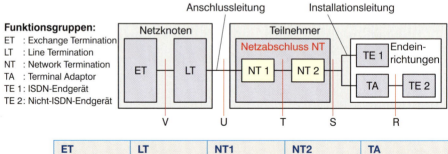

ET	LT	NT1	NT2	TA
Zeichen-gabe, Funktions-prüfung	4/2-Draht-Wandlung, Funktions-prüfung	2/4-Draht-Wandlung, Funktions-prüfung	Endgeräte-verwaltung	Schnittstellen-anpassung, Bitraten-anpassung

Bild 3.20: *Funktionseinheiten und ISDN-Referenzpunkte*

Network
Termination

Beim Teilnehmer erfolgt der ISDN-Zugang über den installierten **Netzabschluss NT** (**N**etwork **T**ermination). Dieser beinhaltet ursprünglich die Funktionseinheiten NT 1 und NT 2. Der NT 1 stellt den übertragungstechnischen Abschluss des

3.2 Integrated Services Digital Network (ISDN)

Netzes dar, der NT 2 hat lediglich Verwaltungs- und Konzentratorfunktionen für angeschlossene Endgeräte. Die NT-2-Funktion ist in Deutschland im Netzabschluss nicht vorhanden, diese Funktionen übernimmt hier beispielsweise eine nachgeschaltete TK-Anlage. Der T-Referenzpunkt entspricht elektrisch dem S-Referenzpunkt, da die Anschlussbedingungen identisch sind. Da der Netzabschluss in Deutschland lediglich die Funktionseinheit NT 1 enthält, bezeichnet man diesen im allgemeinen Sprachgebrauch als den NT.

Der NT(1) beinhaltet sämtliche Funktionen für den Transport der Signale auf dem Übertragungsmedium zum Netzknoten und zurück.

Aufgaben des NT

■ Durch den **NT** werden die Signale auf der Teilnehmerseite von der Übertragung auf der Anschlussleitung entkoppelt.

In Bezug auf das OSI-Modell (vgl. Kap. 1.3.2) führt der NT reine Schicht-1-Funktionen aus. Hierzu zählt auch die Funktion der Leitungsüberprüfung. Auf Veranlassung durch das Netz lassen sich hierzu Prüfschleifen erzeugen, um die Qualität der Anschlussleitung zu überprüfen.

Der Schleifenwiderstand der Anschlussleitung – d. h. der Widerstand der Leitung gemessen am Netzknoten, wenn der NT angeschlossen ist – soll ca. 600 Ω betragen. In Abhängigkeit vom genormten Durchmesser d der Anschlussleitung darf deshalb die Entfernung zwischen dem Netzknoten und dem NT die Werte 4,2 km (d = 0,4 mm) bzw. 8 km (d = 0,8 mm) nicht überschreiten.

Schleifenwiderstand

Jeder ISDN-Teilnehmeranschluss basiert auf der fest vorgegebenen Kanalstruktur des ISDN, d. h., es werden **Nutzkanäle** mit einer Übertragungsrate von jeweils 64 Kbit/s zur Verfügung gestellt. Die Übertragungsrate von 64 Kbit/s ergibt sich aus dem zugrunde liegenden digitalen PCM-Übertragungsverfahren (siehe Kap 4.1.5).

Nutzkanal

■ Aufgrund der festgelegten Kanalbandbreite von lediglich 64 Kbit/s wird das ISDN als „**Schmalband-ISDN**" bezeichnet.

Schmalband-ISDN

Die Splittung eines solchen Nutzkanals ist nicht möglich, aber es besteht die Möglichkeit der **Kanalbündelung**. Hierbei werden mehrere vorhandene Nutzkanäle für die Übertragung zusammengehörender Daten genutzt.

Kanalbündelung

Zur Synchronisation und zur Übertragung von verbindungstechnischen Informationen (z. B. Rufnummerübertragung, Dienstanforderung, Gebührenanzeige) werden die Nutzkanäle durch einen **Steuerkanal** ergänzt. Wird dieser Steuerkanal nicht durch die Übertragung verbindungstechnischer Informationen belegt, lassen sich hier in begrenztem Umfang auch Nutzinformationen für Datendienste übertragen.

Steuerkanal

■ Bei einem ISDN-Anschluss wird ein Nutzkanal auch als **B-Kanal** (Bearer Channel) und der Steuerkanal als **D-Kanal** (Data Channel) bezeichnet.

B-Kanal
D-Kanal

Die Anzahl der Nutzkanäle und die Übertragungsrate des Steuerkanals hängen von der gewählten Anschlussvariante ab.

3.2.3.1 ISDN-Basisanschluss

a/b-Ader

Der **Basisanschluss** (base rate access) ist die standardmäßige Anschlussvariante für die Anbindung eines Teilnehmers an das ISDN. Die Netzanbindung erfolgt über eine Kupferdoppelader (CuDA), die auch mit **a/b-Ader** bezeichnet wird. Hierbei handelt es sich im Allgemeinen um ungeschirmte Leitungen (U/UTP, vgl. Kap. 4.1.1.3).

Dieser Anschluss stellt **zwei B-Kanäle** mit einer Übertragungsrate von jeweils 64 Kbit/s sowie **einen Steuerkanal** mit einer Übertragungsrate von 16 Kbit/s zur Verfügung. Die B-Kanäle können gleichzeitig und unabhängig voneinander zur digitalen Übertragung von Sprache, Texten, Bildern und Daten genutzt werden. Während einer bestehenden Verbindung ist ein Dienstewechsel möglich (z. B. von Fernsprechen zu Fax). Durch Bündelung beider B-Kanäle lässt sich eine Übertragungsrate von 128 Kbit/s erzielen (z. B. für eine Videokonferenz). Bei einem Basisanschluss trägt der Netzabschluss die Bezeichnung **NTBA** (**N**etwork **T**ermination **B**asic **A**ccess).

NTBA

Schnittstellen des Basisanschlusses

- Der U-Referenzpunkt auf der Netzseite des NTBA wird als U_{K0}-**Schnittstelle** und der S-Referenzpunkt auf der Teilnehmerseite wird als S_0-**Schnittstelle** bezeichnet.

Die U_{K0}-Schnittstelle ist eine 2-Draht-Schnittstelle. Die Datenübertragung erfolgt in beiden Richtungen im Gleichlageverfahren mit Echokompensation (vgl. Kap. 4.1.7).

Die Bitrate beträgt auf der Anschlussleitung je Richtung 160 Kbit/s und wird als **Bruttobitrate** bezeichnet. Sie setzt sich zusammen aus den beiden B-Kanälen zu je 64 Kbit/s, dem D-Kanal mit 16 Kbit/s und zusätzlich 16 Kbit/s, die zwischen dem NT und dem ET in der DIVO zu Synchronisations- und Wartungszwecken übertragen werden. Diese letztgenannten 16 Kbit/s stehen an der S_0-Schnittstelle nicht mehr zur Verfügung. Die Datenrate der B-Kanäle (2 x 64 Kbit/s) zusammen mit derjenigen des D-Kanals (16 Kbit/s) wird deswegen auch als **Nettobitrate** (144 Kbit/s) bezeichnet. Als Leitungscode wurde national ursprünglich der **4B/3T-Code** eingesetzt; international wird der **2B/1Q-Code** verwendet (vgl. Kap. 4.1.9.3 und 4.1.9.4).

U_{K0}-Leitungscode

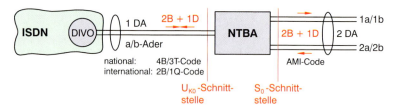

Bild 3.21: Schnittstellen beim ISDN-Basisanschluss

passiver S_0-Bus

Die S_0-Schnittstelle auf der Teilnehmerseite ist eine 4-Draht-Schnittstelle. Für jede Übertragungsrichtung steht jeweils eine Kupferdoppelader zur Verfügung. Diese Anordnung wird auch als vieradriger **S_0-Bus** bezeichnet. Hierbei handelt es sich um einen passiven Bus, da keine Verstärker- oder Regeneratorelemente vorhanden sind. Die Anschlüsse dieses Busses werden mit 1a/1b (Sendeader

3.2 Integrated Services Digital Network (ISDN)

NT → Endgeräte) und 2a/2b (Empfangsadern Endgeräte → NT) bezeichnet. Als Leitungscode kommt ein modifizierter **AMI-Code** zur Anwendung, bei dem die logische „1" durch den Signalwert 0 V und die logische „0" entsprechend der AMI-Regel wechselweise durch positive und negative Impulse (+0,75 V; –0,75 V) dargestellt wird (vgl. Kap. 4.1.9.1). Die Umcodierung vom Code auf der Anschlussleitung zum Code auf dem S_0-Bus (und umgekehrt) erfolgt im NTBA, hierzu ist eine Trennung der Signale in Sende- und Empfangsrichtung erforderlich (Bild 3.22 und 3.23).

S_0-Leitungscode

Codeanpassung
$U_{K0} \Leftrightarrow S_0$

Um die Reflexion von gesendeten Signalen zu unterdrücken, wird das digital arbeitende **Echokompensationsverfahren** eingesetzt (vgl. Kap. 4.1.7).

Echokompensation

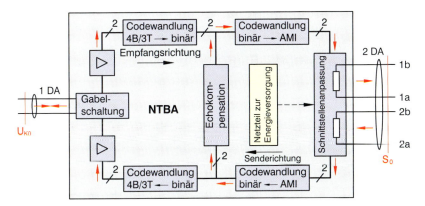

Bild 3.22: Signalaufbereitung im NTBA

In den meisten Fällen erfolgt der Anschluss des NTBA an das Netz über eine vom Netzbetreiber installierte TAE-Dose (vgl. Kap. 3.2.4). An diese Dose darf der Kunde den NT und alle weiteren Geräte selbst anschließen. Die Anschaltung des S_0-Busses kann entweder über die im NTBA vorhandene vierpolige Klemmleiste oder über eine der integrierten IAE-Buchsen erfolgen.

■ Ein S_0-Bus muss an beiden Enden jeweils mit zwei 100-Ω-Widerständen terminiert werden, um Reflexionen zu vermeiden.

In der Regel befinden sich hierzu im NTBA zwei Widerstände von jeweils 100 Ω, die den S_0-Bus NTBA-seitig abschließen. Die Terminierung des zweiten Endes erfolgt in der *letzten* installierten Anschlussdose (ebenfalls zwischen den Anschlüssen 1a/1b und 2a /2b).

Terminierung des S_0-Busses

Die auf den B-Kanälen übertragenen Nutzdaten werden in 48 bit langen Rahmen zusammengefasst; ein Rahmen hat eine Dauer von 250 µs. Die Übertragungsgeschwindigkeit beträgt brutto 192 Kbit/s, sie setzt sich aus der Nettobitrate 144 Kbit/s sowie Paritätsbits, Füllbits und Synchronisationsbits zusammen. Der Rahmenaufbau ist für beide Übertragungsrichtungen unterschiedlich, außerdem beginnt die Übertragung eines S_0-Rahmens vom Endgerät zum NT stets zwei Bit später als die Übertragung eines Rahmens vom NT zum Endgerät.

S_0-Rahmenstruktur

Senderichtung (vom NT zu Endgerät)		Empfangsrichtung (vom Endgerät zum NT)	
Bezeichnung	**Bedeutung**	**Bezeichnung**	**Bedeutung**
1 F-Bit	Rahmenkennungsbit, Rahmensynchronisation	1 F-Bit	Rahmenkennungsbit, Rahmensynchronisation
1 FA-Bit	zusätzliches Rahmensynchronisationsbit (stets logisch 0)	1 FA-Bit	zusätzliches Rahmensynchronisationsbit (stets logisch 0)
2 x 8 B1-Bits	Nutzdaten für den B1-Kanal	2 x 8 B1-Bits	Nutzdaten für den B1-Kanal
2 x 8 B2-Bits	Nutzdaten für den B2-Kanal	2 x 8 B2-Bits	Nutzdaten für den B2-Kanal
4 D-Bits	Bits für den D-Kanal zur Übertragung des D-Kanal-Protokolls	4 D-Bits	Bits für den D-Kanal zur Übertragung des D-Kanal-Protokolls
1 L-Bit	Paritätsbit, Bit für den Gleichstromausgleich (je nach Bedarf logisch 0 oder 1)	10 L-Bits	Paritätsbits, Bits für den Gleichstromausgleich (je nach Bedarf logisch 0 oder 1)
4 E-Bits	Bits für die Echokompensation		
1 A-Bit	Anzeigebit, mit dem der NT den Synchronisierungszustand anzeigt		
1 N-Bit	freies Bit für die Anwendungserkennung, das bisher auf logisch 1 gesetzt ist		
S1, S2	freie Bits für künftige Anwendungen, die bisher auf logisch 0 gesetzt sind		

Bild 3.23: *Rahmenaufbau des S_0-Busses für beide Übertragungsrichtungen*

Bei einem Basisanschluss stehen zwei verschiedene Anschlusskonfigurationen zur Verfügung:

Anschlusskonfigurationen des Basisanschlusses

– der Mehrgeräteanschluss
– der Anlagenanschluss

Bei der Beantragung eines Basisanschlusses muss dem Netzbetreiber die gewünschte Konfiguration mitgeteilt werden, da hiervon die Programmierung des Anschlusses im Netzknoten abhängt.

■ Mehrgeräteanschluss

Terminal Adapter

Bei dieser Konfiguration besteht die Möglichkeit, maximal 8 ISDN-Endgeräte an den passiven S_0-Bus anzuschließen. Hierzu dürfen bis zu 12 IAE-Dosen (IAE: informationstechnische Anschlusseinheit oder ISDN-Anschlusseinheit) parallel an den S_0-Bus angeschlossen werden (siehe Ausschnittsvergrößerung in Bild 3.24). Eine Installation ist an jedem Punkt des in der Regel 120–200 m langen Busses möglich. Der Anschluss von nicht ISDN-fähigen Geräten ist durch die Verwendung entsprechender Adapter (TA: Terminal Adapter) möglich.

Auch andere Konfigurationen sind möglich, sofern die vorgegebenen Dämpfungswerte nicht überschritten werden.

■ Die **Dämpfung auf dem S_0-Bus** darf 6 dB nicht überschreiten.

Von einem **erweiterten passiven Bus** spricht man, wenn Endgeräte nur im Endbereich des Buskabels angeschlossen werden. Hiermit lassen sich Entfernungen bis zu 600 m zwischen NT und Endgeräten überbrücken, sofern die Endgeräte im Endbereich nicht weiter als 50 m auseinanderliegen. Einen anderen Spezialfall stellt der Anschluss nur eines Endgerätes an der einzigen vorhandenen IAE-Dose dar. Hierbei lassen sich Entfernungen bis ca. 1000 m überbrücken.

erweiterter passiver Bus

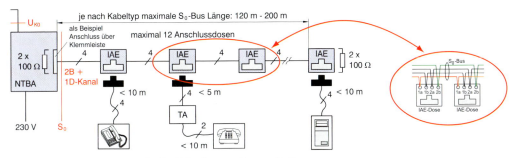

Bild 3.24: Mögliche Konfiguration eines Mehrgeräteanschlusses

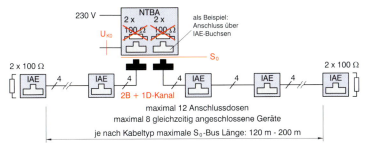

Bild 3.25: „Y-Konfiguration" eines Mehrgeräteanschlusses

Bei der Y-Konfiguration müssen gemäß Spezifikation die beiden im NTBA vorhandenen 100-Ohm-Widerstände abgeschaltet/deaktiviert werden! Deshalb sind sie im Bild durchgestrichen. Die Deaktivierung erfolgt durch Betätigung kleiner Miniaturschalter auf der NTBA-Platine.

Dem ISDN-Teilnehmer werden in der Regel drei, auf Antrag bis zu 10 Rufnummern zugeteilt. Diese werden auch als **Mehrfachrufnummern** (**MSN**: **M**ultiple **S**ubscriber **N**umber) bezeichnet. Mithilfe der MSN kann eine Rufnummernverteilung programmiert werden. Hierdurch kann der Teilnehmer bestimmen, welches Endgerät über welche Rufnummer angesprochen werden soll. Auch eine mehrfache Zuweisung ist möglich. Die Übertragung entsprechender Informationen erfolgt über den D-Kanal.

Multiple Subscriber Number

■ Bei dem Mehrgeräteanschluss handelt es sich um eine **Punkt-zu-Mehrpunkt-Konfiguration**.

Point-to-Multipoint-Konfiguration

■ 3 Öffentliche Netze und Dienste

Notspeisung

Die Energieversorgung des NTBA selbst erfolgt aus der ISDN-Vermittlungsstelle. Von dem im NTBA vorhandenen 230-V-Stromversorgungsteil können bis zu vier an den S_0-Bus angeschlossene Endgeräte mit Strom versorgt werden (Fremdspeisung: ca. 40 V/4,5 W). Der Anschluss des NTBA an das 230-V-Energieversorgungsnetz ist also nur erforderlich, falls Endgeräte ohne eigene Stromversorgung verwendet werden. Bei Ausfall der Stromversorgung beim Teilnehmer kann eine Notspeisung vom ISDN-Netzknoten aus erfolgen. Der Netzknoten stellt dann eine Versorgungsleistung von maximal 380 mW zur Verfügung. Die hierbei zugrundeliegende Gleichspannung hat eine entgegengesetzte Polarität zu der vom NTBA bereitgestellten Gleichspannung. Mit dieser vom Netzknoten stammenden Gleichspannung kann lediglich ein einziges notspeiseberechtigtes Endgerät betrieben werden. Dies ist jedoch nur möglich, wenn das Leistungsmerkmal der **Notspeiseberechtigung** am Endgerät vorhanden ist und auch aktiviert wurde (Schaltungszusatz bei Endgerät 2 in Bild 3.26).

U_B: Betriebsspannung für Endgerät

DC: Direct Current (Gleichstrom)

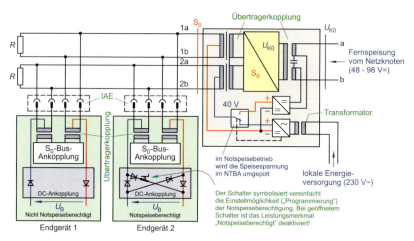

Bild 3.26: Grundprinzip der Notstromspeisung auf dem S_0-Bus

■ **Anlagenanschluss**

Point-to-Point-Konfiguration

Bei einem Anlagenanschluss wird dem NTBA eine telekommunikationstechnische Anlage (TKAnl.) nachgeschaltet. Hierbei ist eine Umstellung des NTBA von der üblichen Standardeinstellung „Punkt zu Mehrpunkt" auf „Punkt zu Punkt" erforderlich, da ansonsten Störungen möglich sind. Die Umstellung erfolgt durch einen integrierten DIP-Schalter (DIP: **D**ual **I**n-Line **P**ackage; kleiner aufgelöteter Schiebeschalter in einem gemeinsamen Gehäuse).

■ Bei einem Anlagenanschluss handelt es sich um eine **Punkt-zu-Punkt-Konfiguration**.

Die Leistungsfähigkeit des Anlagenanschlusses wird von der Komplexität der TK-Anlage und der Anzahl der vorhandenen Ports bestimmt. Man unterscheidet zwischen dem externen S_0-Bus auf der Netzseite und dem internen S_0-Bus auf der Teilnehmerseite (Bild 3.27). Je nach Anlagentyp sind ein oder mehrere S_0-Busse auf der Teilnehmerseite anschaltbar. Für jeden internen S_0-

3.2 Integrated Services Digital Network (ISDN)

Bus gelten die oben genannten Grenzwerte bezüglich der Leitungslängen und der anschließbaren Endeinrichtungen.

■ In einer TK-Anlage sind kostenfreie **Internverbindungen** zwischen angeschlossenen Endgeräten möglich.

Der Verbindungsaufbau dieser Internverbindungen erfolgt durch die TK-Anlage. Bei einer Verbindung zwischen zwei Endgeräten an dem gleichen internen S_0-Bus werden beide B-Kanäle dieses Busses belegt. Die B-Kanäle des externen Busses und die von anderen vorhandenen internen S_0-Bussen stehen weiterhin zur Verfügung.

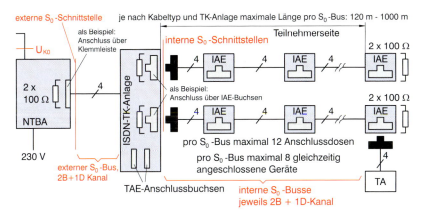

Bild 3.27: Mögliche Anschlusskonfiguration eines Anlagenanschlusses

Obwohl die Leistungsfähigkeit der Anordnung intern von den Eigenschaften der TK-Anlage bestimmt wird, stehen bei dieser Konfiguration extern lediglich zwei B-Kanäle zur Verfügung. Einige TK-Anlagen ermöglichen deshalb auch den Anschluss mehrerer externer S_0-Busse. Für jeden externen S_0-Bus ist dann die Anschaltung eines separaten NTBA erforderlich.

Im Gegensatz zum Mehrgeräteanschluss wird beim Anlagenanschluss in der Regel nur eine Rufnummer zugewiesen. Auf Kundenwunsch – insbesondere bei Geschäftskunden – kann es sich hierbei auch um einen **Rufnummernblock** handeln, mit dem es möglich ist, einzelne Endgeräte gezielt anzusprechen. Die Auswertung der letzten Ziffern erfolgt dann durch die TK-Anlage (EAZ: Endgeräteauswahlziffer).

Rufnummernblock

Beispiel:

In einem Ortsnetz mit 7-stelligen Rufnummern wird einem Geschäftskunden ein Anlagenanschluss mit der Rufnummer 12345 zugewiesen. Damit stehen dem Kunden die „Durchwahlnummern" 12345–00 bis 12345–99 zur individuellen Nutzung zur Verfügung. Diese Rufnummern können anderen ISDN-Teilnehmern dann nicht mehr zugeteilt werden. Die Ziffern 12345 werden vom Netz ausgewertet, die beiden letzten Ziffern von der TK-Anlage beim Kunden.

■ *3 Öffentliche Netze und Dienste*

TAE: Telekommuni-
kationstechnische
Anschlusseinheit,
siehe Kap. 3.2.4

Aktuell angebotene TK-Anlagen verfügen vielfach auch über

- integrierte TAE-Dosen; dadurch ist es möglich, auch analoge Endgeräte direkt an der Anlage zu betreiben. Bei diesen stehen allerdings nicht alle ISDN-Leistungsmerkmale zur Verfügung;
- die Funktionalität einer ISDN-Karte; hierdurch kann ein PC direkt angeschlossen werden, ohne dass für diesen eine ISDN-Karte angeschafft werden muss; hierbei steht eine Datenrate bis zu 128 Kbit/s zur Verfügung.
- die Funktion eines DSL-Modems (siehe Kap. 3.7); hierbei kann ein PC über seinen Netzwerkanschluss mit einer Datenrate abhängig von der DSL-Anschlussvariante mit dem Internet kommunizieren;
- einen integrierten LAN/WLAN-Router; hierdurch kann ein kleines privates Netzwerk aufgebaut werden;

VoIP
siehe Kap. 3.7.4

- eine Unterstützung der IP-Telefonie (VoIP); somit sind sie interoperabel, d. h., es lassen sich die Standard-Leistungsmerkmale sowohl mit ISDN- als auch mit jedem IP-Telefon nutzen.

DSL
siehe Kap. 3.7

Die Verbindung eines DSL-Anschlusses mit einem entsprechenden Kommunikationsrouter ermöglicht die Abwicklung der gesamten Kommunikation über das Internet. Insbesondere Unternehmen mit verteilten Standorten bietet sich die Möglichkeit, TK-Anlagen über IP miteinander zu vernetzen. So lassen sich firmenintern auch über viele Kilometer hinweg kostengünstige Gespräche führen.

In der Praxis lässt sich eine TK-Anlage auch an einem Mehrgeräteanschluss betreiben. Protokollmäßig handelt es sich hierbei aber weiterhin um einen Mehrgeräteanschluss und nicht um einen Anlagenanschluss.

3.2.3.2 ISDN-Primärmultiplexanschluss

Der **Primärmultiplexanschluss** (primary rate access) stellt 30 Nutzkanäle mit je 64 Kbit/s, einen 64-Kbit/s-Signalisierungskanal (D-Kanal) sowie einen zusätzlich erforderlichen Synchronisierungskanal mit ebenfalls 64 Kbit/s zur Verfügung. Der Struktur nach handelt es sich hierbei um ein PCM-30-Übertragungssystem (vgl. Kap. 3.2.7).

■ Bei einem Primärmultiplexanschluss beträgt die Übertragungsrate 2,048 Mbit/s.

Network
Termination
Primary Multiplex

Die Anbindung an das ISDN-Netz kann über eine vieradrige Kupferleitung (zwei Kupferdoppeladern, USTP, Kap 4.1.1.3), ein Koaxialkabel oder zwei Lichtwellenleiter erfolgen. Der Netzabschluss trägt die Bezeichnung **NTPM** (**N**etwork **T**ermination **P**rimary **M**ultiplex). Die Schnittstelle auf der Teilnehmerseite wird S_{2M}-Schnittstelle genannt. Dem NTPM muss in jedem Fall eine TK-Anlage nachgeschaltet werden, d. h., der Primärmultiplexanschluss ist nur als Punkt-zu-Punkt-Konfiguration (Anlagenanschluss) betreibbar! Die Anzahl der internen S_0-Busse sowie die Leistungsmerkmale werden von der TK-Anlage bestimmt.

3.2 Integrated Services Digital Network (ISDN)

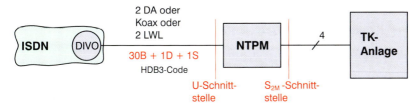

Bild 3.28: Konfiguration eines Primärmultiplexanschlusses

3.2.4 ISDN-Anschlusstechniken IAE/U$_{po}$/TAE

■ IAE

Für den Anschluss von ISDN-Endgeräten an den S$_0$-Bus werden ISDN-Anschluss-Einheiten (IAE) bzw. universelle Anschluss-Einheiten (UAE) verwendet. Die klassische IAE-Dose hat zwar 8 Anschlusskontakte, von denen jedoch nur 4 mit Anschlussklemmen versehen sind, die meistens mit 1a, 1b sowie 2a und 2b bezeichnet werden (Bild 3.29).

IAE
UAE

Bei einer UAE-Dose werden in der Regel alle Kontakte auf eine 8-polige Klemmenleiste geführt (Bild 3.29).
Zu beachten ist allerdings, dass es auch modifizierte UAE-Dosen gibt, deren Anschlussklemmleiste lediglich auf 4 Klemmen reduziert ist, deren interne Beschaltung jedoch 1:1 auf die Anschlussklemmen übertragen ist. In der Regel tragen die Klemmen dann die gleichen Bezeichnungen wie die belegten Steckerkontakte, d. h. 3, 4, 5 und 6! Oftmals verfügen UAE-Dosen zusätzlich noch über einen weiteren Anschluss für die Abschirmung (Schirmungspunkt S). Die UAE-Stecker bzw. UAE-Dosen werden nach der Firma Western Bell, die diese Technik entwickelt hat, auch als **Westernstecker** bzw. Westerndose bezeichnet.

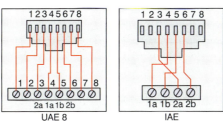

Bild 3.29: Prinzipielle Beschaffungen von IAE- und UAE-Anschlussdosen

Westernstecker
RJ-45

■ Die normgerechte Bezeichnung dieser von der Firma Western Bell entwickelten Anschlusstechnik lautet **RJ-45-Stecker** bzw. **RJ-45-Buchse**.

In der Praxis findet man u. a. folgende technischen Spezifikationen:

Bezeichnung	Beschreibung
IAE 2 x 8 (4)	IAE-Dose mit 2 x 8-poligen Buchsen, die parallel geschaltet sind; von den 8 Kontakten sind jeweils nur 4 belegt (siehe Bild 3.29).

353

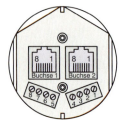

Bild 3.30: UAE 2 x 8 (8)

Bezeichnung	Beschreibung
UAE 2 x 8 (4)	UAE-Dose mit 2 x 8-poligen Buchsen, die parallel geschaltet sind; von den 8 Kontakten sind jeweils nur 4 belegt. Die Kontaktposition in der Buchse kann, aber muss nicht identisch sein mit der Bezeichnung der Anschlussklemmen!
UAE 2 x 8 (8)	UAE-Dose mit 2 x 8-poligen Buchsen, die parallel geschaltet sind; alle 8 Kontakte sind 1:1 belegt, d. h., die Bezeichnungen der Kontaktpositionen sind identisch mit den Bezeichnungen auf der Klemmleiste.

Bild 3.31: Beispiele für Bezeichnungen von IAE/UAE-Anschlussdosen

■ U_{p0}

Alternativ zur dargestellten klassischen Anschaltung von ISDN-Endgeräten an einen S_0-Bus kann eine entsprechende private Telekommunikationsanlage (TK-Anlage) auch sogenannte U_{p0}-Schnittstellen zur Verfügung stellen.

> ■ Die **U_{p0}-Schnittstelle** ist eine **Zweidrahtschnittstelle** (1 Kupferdoppelader) für digitale Endgeräte.

Die TK-Anlage wird hierbei netzseitig an die U_{K0}-Schnittstelle angeschlossen. Die von der TK-Anlage kundenseitig bereitgestellten U_{p0}-Schnittstellen entsprechen funktional der U_{K0}-Schnittstelle des öffentlichen Netzes, verwenden jedoch andere Leitungscodierungen und Übertragungsverfahren. Die Umcodierung der Signale der zweiadrigen U_{K0}-Schnittstelle auf die zweiadrige U_{p0}-Schnittstellen erfolgt in der TK-Anlage, die auch die Verwaltung der angeschlossenen Endgeräte übernimmt und sämtliche ISDN-Leistungsmerkmale und Dienste zur Verfügung stellt. Die verwendeten Übertragungsprotokolle unterscheiden sich zum Teil bei den einzelnen TK-Anlagen, sodass jeweils auch nur zu einer TK-Anlage passende Endgeräte/Telefone angeschlossen werden können. Ein solches Telefon wird als **Systemtelefon** bezeichnet.

Der Vorteil von U_{p0}-Schnittstellen gegenüber dem S_0-Bus ist, dass eine in einem Gebäude bereits vorhandene sternförmige Verkabelung mit Kupferdoppeladern, an denen ursprünglich analoge Telefone betrieben wurden, nun für den Anschluss von Systemtelefonen mit ISDN-Funktionalität verwendet werden kann. Im Gegensatz zum S_0-Bus sind hierbei Leitungslängen bis zu 4 km möglich. Allerdings kann an einer U_{p0}-Dose ohne zusätzliche technische Maßnahmen nur ein einziges digitales Endgerät betrieben werden, obwohl wie beim S_0-Bus 2 B-Kanäle und der D-Kanal zur Verfügung stehen. Bei der U_{p0}-Schnittstelle werden für die Anschaltung von Endgeräten in der Regel auch RJ-45-Anschlussdosen verwendet. Die beiden Anschlussdrähte werden hierbei auf Pin 4 und 5 aufgelegt.

■ TAE

Die TAE-Steckdosen und -Stecker werden für den Anschluss analoger Endeinrichtungen (z. B. am Terminaladapter TA a/b) und für den Anschluss des NTBA an das öffentliche Netz verwendet, sofern dieser nicht über eine Klemmleiste angeschlossen wird.

3.2 Integrated Services Digital Network (ISDN)

■ Die erste vom Netzbetreiber beim Teilnehmer installierte TAE-Dose wird als **1.TAE** bezeichnet.

1.TAE

In dieser befindet sich zusätzlich ein sogenannter **passiver Prüfabschluss** (PPA), bestehend aus einem Widerstand und einer Diode. Hiermit ist es möglich, die elektrischen Eigenschaften der Anschlussleitung vom Netzknoten aus messtechnisch zu überprüfen, ohne dass der Endteilnehmer Geräte angeschlossen hat.

passiver Prüfabschluss (PPA)

TAE-Dosen und -Stecker verfügen über 6 elektrische Kontakte. Hierbei unterscheidet man zwischen einer F- und einer N-Codierung. Die Codierung erfolgt durch eine vorstehende Nase. F-codierte Anschlüsse (F steht für Fernsprechen) sind für Telefonapparate vorgesehen, N-codierte Anschlüsse (N steht für Nichtfernsprechen) für Zusatzgeräte wie Anrufbeantworter, Fax oder Modem.

TAE F-codiert

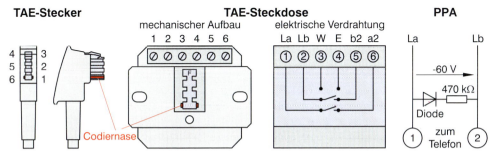

Bild 3.32: F-codiertes TAE-Steckersystem

Zum direkten Anschluss von unterschiedlichen Endgeräten an einem Telefonanschluss werden Mehrfachdosen angeboten. Am gebräuchlichsten ist die NFN-TAE-Steckdose, bei der man neben einem Telefon zwei Zusatzgeräte anschließen kann. Die drei Steckpositionen dieser TAE sind nicht einfach parallel geschaltet, sondern liegen in Reihe. Durch das Einstecken eines entsprechenden TAE-Steckers werden die Verbindungen der Anschlussleitungen innerhalb der Dose unterbrochen und meistens über die angeschlossenen Zusatzeinrichtungen wieder zurück zur Anschlussdose geschleift. Eine Unterbrechung zu den nachfolgenden Steckerpositionen erfolgt erst, wenn die Zusatzeinrichtung tatsächlich aktiv ist. Obwohl die mechanische Kodierung dieser TAE-Dose die Reihenfolge N-F-N aufweist, liegt die Steckposition für die Fernsprecheinrichtung (F-Kodierung) elektrisch betrachtet an der letzten Stelle (Bild 3.33).

TAE-Mehrfachdosen

TAE NFN-codiert

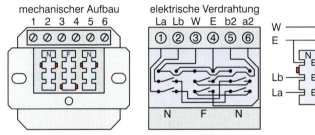
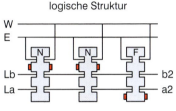

Bild 3.33: NFN-codierte TAE-Anschlussdose

355

3.2.5 ISDN-Adressierung

Der Aufbau von ISDN-Adressen ist in der ITU-Richtlinie E.164 international festgelegt. Jede ISDN-Adresse besteht aus der **ISDN-Rufnummer** und ggf. einer **ISDN-Subadresse**.

Bild 3.34: Aufbau einer ISDN-Adresse

Verkehrsausscheidungsziffer

Die ISDN-Rufnummer enthält die meist zweistellige **Länderkennzahl** (LKZ; Country Code: CC), die **Ortsnetzkennzahl** (OKZ; National Destination Code) sowie die **Teilnehmerrufnummer** (TlnNr; Subscriber Number: SN). Sie enthält nicht ggf. vorhandene Verkehrsausscheidungsziffern wie etwa die Null (Bild 3.34).

ISDN-Subadressierung

Die **ISDN-Subadresse** dient zur weiteren Adressierung, nachdem die Endeinrichtung am S_0-Bus erreicht wurde. Sie wird nur dann mit der Rufnummer versendet, wenn sie zur weiteren Adressierung erforderlich ist. Ob sie erforderlich ist, muss dem sendenden Teilnehmer vorher bekannt sein. Auf diese Weise kann beispielsweise ein spezieller Server innerhalb eines LANs adressiert werden, der an den S_0-Bus angeschlossen ist. Ebenso ist es möglich, die Subadresse zur Übermittlung von Parametern etwa zur Verschlüsselung einer Verbindung zwischen Quelle und Senke zu übermitteln. Im Gegensatz zur ISDN-Rufnummer wird die Subadresse vom Netz nicht ausgewertet, sondern transparent zur gewählten Endeinrichtung übertragen.

Um dieses Dienstmerkmal nutzen zu können, muss es zunächst beantragt und freigeschaltet werden.

3.2.6 ISDN-Dienste und -Leistungsmerkmale

Ein Teilnehmer benötigt zur Nutzung aller angebotenen Dienste und Leistungsmerkmale ein ISDN-fähiges digitales Endgerät. Er kann auch mittels Zusatzeinrichtungen seine bisherigen analogen Endgeräte mit Leistungseinschränkungen weiter benutzen.

Bearer Services
Tele Services

Im ISDN unterscheidet man **Übermittlungsdienste** (Bearer Services) und **Teledienste** (Tele Services). Die Übermittlungsdienste stellen dem Teilnehmer einen Informationstransport zur Verfügung und sind nur in den Schichten 1 bis 3 des OSI-Referenzmodells (vgl. Kap. 1.3.2) standardisiert, die Teledienste in allen 7 Schichten.

Beide Dienstarten werden vollständig vom Netz unterstützt, d. h. Endgeräte können einen bestimmten Bearerdienst oder einen bestimmten Teledienst über ein entsprechendes Protokoll anfordern. Außerdem können zusätzliche Leistungen oder Dienste erbracht werden, die über die Leistungen des Netzes hinausgehen und von Servern erbracht werden, die beispielsweise von privaten Anbietern angeschlossen werden. Diese Dienste werden als **Mehrwertdienste** (Value Added

3.2 Integrated Services Digital Network (ISDN)

Services) bezeichnet und ergänzen das Leistungsangebot des Netzbetreibers. Die Grenzen zu den Telediensten sind allerdings fließend. Jeder Dienst bietet einem Teilnehmer unterschiedliche Dienstmerkmale an. Zu den wichtigsten Dienstmerkmalen innerhalb des Euro-ISDN gehören:

Value Added Services

Abk.	Bezeichnung	Beschreibung
3PTY	three party service	**Dreierkonferenz;** ein Tln. kann nacheinander zwei Verbindungen aufbauen und anschließend das Netz veranlassen, beide Verbindungen zusammenzuschalten.
AOC	advice of charge	**Übermitteln von Tarifinformation**
CCBS	completion of calls to busy subscriber	**automatischer Rückruf bei Besetzt;** ruft ein A-Tln. einen B-Tln., so veranlasst dieses Dienstmerkmal einen Rückruf durch den B-Tln., nachdem er seine bestehende Verbindung beendet hat.
CD	calling deflection	**Verbindung weitervermitteln;** der B-Tln. hat noch während des ankommenden Rufes die Möglichkeit, den Ruf zu einem anderen Ziel umzuleiten.
CFB	call forwarding on busy	**Anrufweiterschaltung bei Besetzt;** Rufe werden nur dann an einen angegebenen C-Anschluss weitergeleitet, wenn der B-Anschluss besetzt ist. Im öffentlichen Netz ist nur eine einmalige Umleitung möglich.
CFNR	call forwarding on no reply	**Anrufweiterschaltung bei Nichtmelden;** Rufe werden nur dann an einen C-Anschluss weitergeleitet, wenn der B-Tln. den Ruf in einer vorgegebenen Zeit nicht annimmt. Im öffentlichen Netz ist nur eine einmalige Umleitung möglich.
CFU	call forward unconditional	**direkte Anrufweiterschaltung;** alle eingehenden Rufe beim B-Tln. werden zu einem C-Tln. umgeleitet; der A-Tln. erhält die Information, dass umgeleitet wurde; der C-Tln. erhält die Information über den umleitenden B-Anschluss. Im öffentlichen Netz ist nur eine einmalige Umleitung möglich.
CLIP	calling line identification presentation	**Rufnummernübermittlung;** die Rufnummer des A-Tln. wird dem B-Tln. vor der Gesprächsannahme mitgeteilt.
CLIR	calling line identification restriction	**Unterdrückung der Rufnummernübermittlung zum B-Tln.;** der A-Tln. kann entscheiden, ob die Unterdrückung dauerhaft oder für den Einzelfall gelten soll.
COLP	connected line identification presentation	**Übermittlung der Rufnummer des B-Tln. zum A-Tln.;** dient der eindeutigen Identifikation, mit welchem Anschluss bzw. welcher Subadresse der rufende Tln. verbunden ist.
COLR	connected line identification restriction	**Unterdrückung der Rufnummernübermittlung zum A-Tln.;** der gerufene Tln. hat die Möglichkeit der dauerhaften oder fallweisen Unterdrückung.
CONF	conference	**Konferenzschaltung** mit bis zu 10 Tln.
CUG	closed user group	**geschlossene Benutzergruppe;** mehrere Tln. lassen sich zu einer Gruppe zusammenfassen; innerhalb dieser Gruppe ist eine Kommunikation möglich, jedoch sind die Tln. innerhalb der Gruppe in der Regel von externen Tln. nicht anrufbar.

3 Öffentliche Netze und Dienste

Abk.	Bezeichnung	Beschreibung
CW	call waiting	**Anklopfen;** während eines Telefonats wird dem B-Tln. ein weiterer Ruf signalisiert; die Anklopfdauer ist auf 120 s beschränkt. Der B-Tln. entscheidet, ob er den Ruf annimmt, zurückweist oder ignoriert. Der rufende A-Tln. wird mit der Nachricht „call is a waiting call" vom Anklopfen unterrichtet, sofern dies nicht vom B-Tln. unterdrückt wurde. Bei Rufannahme durch den B-Tln. wird die bereits bestehende Verbindung ausgelöst oder mit dem Dienstmerkmal „Hold" in den Haltezustand gebracht.
HOLD	call hold	**Halten der Verbindung;** unterbricht eine bestehende Verbindung vorübergehend. Die unterbrochene Verbindung wird nicht ausgelöst, sie kann bei Anforderung durch den B-Tln. jederzeit wieder durchgeschaltet werden. Ständiges Hin- und Herschalten zwischen zwei gehaltenen Verbindungen bezeichnet man als Makeln.
MCID	malicious call identification	**Feststellung unerwünschter Anrufe;** der gerufene Tln. kann bis maximal 30 s nach Gesprächsende das Netz veranlassen, die Rufdaten der Verbindung festzuhalten.
MSN	multiple subscriber number	**Mehrfachrufnummer;** Zuteilung von bis zu 10 verschiedenen Rufnummern, die der Tln. beliebigen Endgeräten seines Anschlusses zuordnen kann.
SUB	subaddressing	**Subadressierung;** zusätzliche Informationsübertragung zum B-Kunden möglich zur Auslösung zusätzlicher Prozeduren in einem angeschlossenen Endgerät (z. B.: PC).
TP	terminal portability	**Umstecken am Bus;** eine aktive Verbindung kann für maximal 180 s geparkt werden, wenn z. B. ein Endgerät am Bus umgesteckt werden muss; TP ist nur für Sprachdienste möglich.
UUS	user to user	**Zeichengabe zwischen Teilnehmern;** begrenzte Übertragung von signalling Informationen über den D-Kanal

3.2.7 PCM-30-Übertragungssystem

Im nationalen und im europäischen ISDN wird das PCM-30-System als Basissystem zur Informationsübertragung innerhalb der im Anschlussbereich eingesetzten plesiochronen digitalen Hierarchie verwendet.

Pulsrahmendauer
Die Struktur des PCM-30-Systems basiert auf einem **Pulsrahmen** mit 32 Zeitschlitzen, die von t_0 bis t_{31} gezählt werden. Die Pulsrahmendauer beträgt 125 µs. Jeder Zeitschlitz bildet einen Übertragungskanal für ein 8-Bit-Wort. Die Zeitschlitze t_0 (Kanal K0) und t_{16} (Kanal KZ) werden hierbei nicht für die Übertragung von Nutzsignalen verwendet. Vielmehr bildet der Zeitschlitz 0 die Rahmenkennung und die Synchronisation des Rahmens. In Zeitschlitz 16 eines Pulsrahmens werden die vermittlungstechnischen Informationen – wie Rufnummern, Beginn und Ende eines Gesprächs usw. – nacheinander für die 30 Nutzkanäle übertragen. Hierzu werden jeweils 16 Pulsrahmen zu einem

Kennzeichenrahmen
sogenannten **Mehrfachrahmen** zur Kennzeichenübertragung (Kennzeichenrahmen) zusammengefasst.

3.2 Integrated Services Digital Network (ISDN)

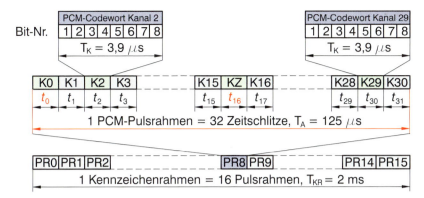

Bild 3.35: Struktur des PCM-30-Übertragungssystems

Zusammengefasst ergeben sich für das PCM-30-Übertragungssystem folgende charakteristische Kenndaten:

Abtastfrequenz	8 kHz
Anzahl der Abtastwerte pro Nutzkanal	8000/s
Pulsrahmendauer	125 µs
Anzahl der Bits pro Codewort	8 bit
Anzahl der Zeitschlitze pro Pulsrahmen	32
Anzahl der Bits pro Pulsrahmen	256 bit
Dauer eines Zeitschlitzes	3,9 µs
Übertragungsgeschwindigkeit	2048 Kbit/s
Bitrate eines Kanals	64 Kbit/s

Bild 3.36: Merkmale des PCM-30-Systems

Die Signalisierung im Kennzeichenkanal (KZ) erfolgt mit dem sogenannten zentralen Zeichengabesystem Nr. 7 (ZZG Nr. 7) mit einer Bitrate von 64 Kbit/s. Das PCM-30-System bildet die Grundlage für die digitalen PDH-Übertragungssysteme höherer Ordnung (vgl. Kap. 3.1.5).

3.2.8 Beispiel für einen Protokollablauf

Sämtliche Vorgänge bei einem Verbindungsauf- und -abbau werden über den D-Kanal gesteuert und protokolliert. Die Signalisierung im D-Kanal erfolgt hierbei in den unteren drei Schichten des OSI-Referenzmodells (vgl. Kap. 1.3.2).

Die Bitübertragungsschicht stellt hierbei die synchronisierte Übertragung der binären Signale in den Kanälen zwischen Endeinrichtung und Netz gleichzeitig für beide Richtungen sicher (U- und S-Schnittstelle).   OSI-Schicht 1

Die Sicherungsschicht überwacht den Nachrichtenaustausch der Schicht 3 zwischen den Endstellen und der Teilnehmervermittlungsstelle. Die Sicherung erfolgt mithilfe von HDLC-Prozeduren (High-level Data Link Control).   OSI-Schicht 2

3 Öffentliche Netze und Dienste

OSI-Schicht 3

In der Vermittlungsschicht des D-Kanal-Protokolls erfolgt die eigentliche Signalisierung (SETUP, ALERT, CONN usw.) zwischen den Endeinrichtungen und der Teilnehmervermittlungsstelle.

Bild 3.37 zeigt ein einfaches Beispiel für die D-Kanal-Signalisierung bei dem Aufbau einer leitungsvermittelten Verbindung zwischen zwei Basisanschlüssen.

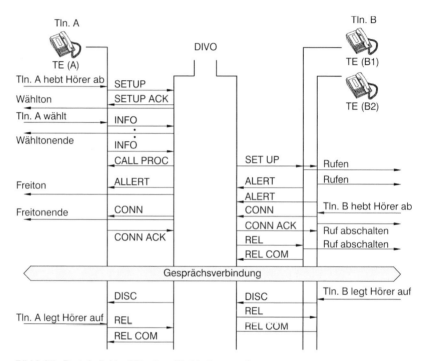

Bild 3.37: Protokollablauf für einen Verbindungsaufbau

SETUP

SETUP ACK

CALL PROC

Nachdem Tln. A seinen Handapparat abgehoben hat, wird dem Netz die Belegung durch Senden einer SETUP-Information über den D-Kanal signalisiert. Im vorliegenden Fall wird der Dienst „Fernsprechen" angefordert. Im D-Kanal wird die Information SETUP-ACKnowledge an das Endgerät von Tln. A gesendet. Hiermit wird dem Endgerät der zu nutzende B-Kanal mitgeteilt und auf diesen der Wählton (Freizeichen) gelegt. Beginnt der A-Tln. zu wählen, so wird für jede eingegebene Ziffer eine entsprechende INFO-Nachricht gesendet. Nach dem Empfang der ersten Wahlinformation wird der Wählton von der Vermittlungsstelle abgeschaltet. Die Vermittlungsstelle sendet die CALL-PROCeeding-Nachricht an das Endgerät, wenn

- sie bei der Verarbeitung der Wahlinformationen feststellt, dass die Wahl vollständig ist und ein B-Tln. angesprochen werden kann, oder
- die Zeitüberwachung in der Vermittlungsstelle abläuft, die nach Empfang jeder Wahlinformation neu gestartet wird. Wird nach Ablauf dieser Zeit (ca. 12 s) keine vollständige Wahl durch den A-Tln. durchgeführt, wird die Verbindung durch die Vermittlungsstelle unterbrochen (DISConnect-Nachricht).

3.2 Integrated Services Digital Network (ISDN)

Die Wahlinformationen werden vom Netz ausgewertet und der Wunsch nach einem Verbindungsaufbau zur Vermittlungsstelle des gerufenen B-Tln. übertragen. Da in den Vermittlungsstellen die Konfiguration von Basisanschlüssen nicht gespeichert ist, wird zunächst an alle angeschlossenen Geräte eine SETUP-Nachricht (kommender Ruf) gesendet. Diese Nachricht beinhaltet insbesondere den geforderten Dienst der Verbindung (im Beispiel: Fernsprechdienst). Alle Endgeräte, die den Anforderungen entsprechen, antworten der Vermittlungsstelle, indem sie ihren jeweiligen Status mitteilen (ALERT). — SETUP

— ALERT

■ Die Vermittlungsstelle des B-Tln. kann die Informationen der Endgeräte voneinander unterscheiden, da jedem Endgerät am S_0-Bus eine eindeutige **TEI**-Nummer (**T**erminal **E**ndpoint **I**dentifier: Endgeräteidentität) zugeordnet ist. Hierbei handet es sich um eine Schicht-2-Adresse, die zwischen 0 und 127 liegen kann. Zu beachten ist, dass die TEI-Nummer völlig unabhängig von einem Dienst oder der Rufnummer des Teilnehmers ist und in der Regel beim ersten Anschalten eines Endgerätes an den S_0-Bus von der Vermittlungsstelle vergeben wird. — TEI-Nummer

Die Bereitschaft zur Entgegennahme des Rufes durch mindestens ein Endgerät von Tln. B wird Tln. A durch den im B-Kanal übertragenen Rufton mitgeteilt (ALERT). Im Beispiel klingeln anschließend beide Telefone des B-Tln. Wird der Handapparat eines dieser Telefone abgehoben, so sendet dieses die CONNect-Nachricht. Eine gleichzeitige Übertragung zweier CONNect-Nachrichten von verschiedenen Endgeräten ist durch die D-Kanal-Zugriffsmethode (HDLC-Protokoll-Struktur) ausgeschlossen. — ALERT

Die CONNect-Information wird dem Endgerät von Tln. A mitgeteilt, die Verbindung wird durchgeschaltet und die Gebührenpflicht beginnt. — CONN

Außerdem wird zusätzlich die CONNnect-Information bestätigt (CONNect ACKnowledge). — CONN ACK

Das zweite Endgerät von Tln. B, zu dem die Verbindung nicht durchgeschaltet wurde, wird durch die RELease-Nachricht von der Vermittlungsstelle ausgelöst. Dieses bestätigt den Empfang durch die RELease COMplete-Information und befindet sich anschließend wieder im Ruhezustand. — REL

Der Verbindungsabbau beginnt mit dem Auflegen des Handapparates durch einen der beiden Teilnehmer. Im Beispiel beendet Tln. B das Gespräch, wodurch die DISConnect-Nachricht gesendet wird. Hierdurch wird die B-Kanalverbindung getrennt und die Gebührenpflicht endet. Mit der Übertragung der RELease-Nachricht wird der Abbau der Signalisierungsverbindung eingeleitet, die mit der RELease COMplete-Nachricht von beiden Endgeräten bestätigt wird. Anschließend befinden sich beide Geräte wieder im Ruhezustand. — DISC

— REL
— REL COM

Mit einem entsprechenden D-Kanal-Protokollgerät lassen sich die beschriebenen Vorgänge einzeln protokollieren und dokumentieren. Weitergehende Informationen zum D-Kanal-Protokoll sind bei Bedarf der entsprechenden Fachliteratur zu entnehmen.

■ 3 Öffentliche Netze und Dienste

■ Aufgaben:

1. Was versteht man unter der Abkürzung ISDN und welche Vorteile bietet diese Technologie gegenüber der vorher verwendeten Technik?
2. Formulieren Sie in Deutsch, wie ISDN ursprünglich von der CCITT definiert wurde.
3. In welche Netzebenen ist das nationale ISDN unterteilt? Erläutern Sie die Verbindungsstrukturen innerhalb dieser Netzebenen.
4. Nennen Sie charakteristische Merkmale bezüglich des Aufbaus und der Funktionalität moderner digitaler Vermittlungsstellen (z. B. S 12).
5. Erläutern Sie den Aufbau und die Funktion des HVT in einer Vermittlungsstelle.
6. Welche Funktion hat der sogenannte Kollokationsraum in einer Vermittlungstelle?
7. Zwischen den Funktionseinheiten eines ISDN-Basisanschlusses sind die Referenzpunkte V, U, T, S und R definiert. Begründen Sie, welche dieser Referenzpunkte für den Kunden maßgebliche Bedeutung haben.
8. Ein Kunde möchte über die technischen Voraussetzungen für die Installation eines ISDN-Basisanschlusses sowie über mögliche Konfigurationen und technische Leistungsmerkmale informiert werden. Tragen Sie die erforderlichen Informationen zusammen und führen Sie das Kundengespräch in Form eines Rollenspiels durch.
9. Welche Bitraten werden auf der U_{K0}-Schnittstelle und auf der S_0-Schnittstelle übertragen? Erläutern und begründen Sie Ihre Angaben.
10. Ein S_0-Bus kann bei unterschiedlichen Anschlussvarianten verschiedene Entfernungen überbrücken. Nennen Sie die jeweils möglichen Leitungslängen und die jeweils erforderlichen Anschlussvoraussetzungen.
11. Was versteht man im Zusammenhang mit dem ISDN-Basisanschluss unter der MSN?
12. Nennen Sie den Unterschied zwischen einem externen und einem internen S_0-Bus!
13. Bei einem Kunden wird eine TK-Anlage an den NTBA angeschlossen. Dem Kunden wird ein Rufnummernblock für 9 Endstellen zugewiesen, die an 2 internen S_0-Bussen angeschaltet werden können. Handelt es sich bei dieser Konstellation um eine Punkt-zu-Punkt- oder um eine Punkt-zu-Mehrpunkt-Konfiguration (Antwort mit Begründung!)?
14. Welche Vorteile bietet der Anschluss einer TK-Anlage an den NTBA?
15. Erläutern Sie den Aufbau und die mögliche Stellenzahl einer ISDN-Teilnehmer-Rufnummer.
16. Von Ihrem ISDN-Anbieter erhalten Sie die Information, dass Ihnen künftig u. a. die Dienstmerkmale CCBS, CLIP, COLP und CW zur Verfügung stehen. Erläutern Sie die Abkürzungen und erklären Sie die Leistungsmerkmale.
17. Beschreiben Sie den Unterschied zwischen einer IAE-, einer UAE- und einer TAE-Anschlussdose!
18. Geben Sie an, warum der S_0-Bus terminiert werden muss, und beschreiben Sie, in welcher Weise diese Terminierung in der Praxis realisiert werden muss.

3.3 ATM-Netze

■ **ATM** steht für **A**synchronous **T**ransfer **M**ode (Asynchoner Transfermodus) und bezeichnet ein verbindungsorientiertes Übertragungsverfahren. Netzstrukturen, die das ATM-Verfahren zur Übertragung von Daten nutzen, werden allgemein als **ATM-Netze** bezeichnet.

3.3 ATM-Netze

Beim ATM-Übertragungsverfahren werden aus einem Datenstrom „Pakete" mit einer konstanten Länge erzeugt und nacheinander übertragen. Wie bereits bekannt, werden diese Pakete als **Zellen** bezeichnet, um sie sprachlich von der PTM-Übertragungstechnik abzugrenzen (vgl. Kap. 3.1.4, Bild 3.8).

Durch die Übertragung von Daten in lediglich 53 Byte großen Zellen (siehe Kap. 3.3.2) ist es möglich, die sehr unterschiedlichen Anforderungen von Breitband-Kommunikationsquellen bezüglich ihrer jeweils erforderlichen Übertragungsbandbreite zu erfüllen und diese Daten gemeinsam über eine einzige Kommunikationsverbindung zu übertragen. Bild 3.38 verdeutlicht das Grundprinzip.

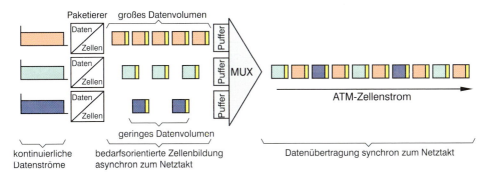

Bild 3.38: Zellenbildung und ATM-Multiplexing

Der zu übertragende Datenstrom einer Quelle wird zunächst mithilfe eines Paketierers zerlegt. Die erzeugten Zellen werden mit einem Header versehen und sind sendebereit, sobald sie durch die Nutzbits der zugehörigen Datenquelle aufgefüllt sind. Aufgrund der geringen Zellengröße entstehen vergleichsweise kurze Wartezeiten, bis eine Zelle aufgefüllt ist und gesendet werden kann. Die Bildung der Zellen erfolgt nicht in einem festen Zeitraster, sondern asynchron zum Übertragungstakt des Netzes und nur abhängig von der zu übertragenden Datenmenge. Mittels Zeitmultiplex (siehe Kap. 4.1.8.4) lassen sich auch Datenströme mit unterschiedlich großen zu übertragenden Datenmengen kombinieren, ohne dass jeweils längere Wartezeiten bei der Übertragung entstehen. Hierbei belegen Quellen mit höherem Datenaufkommen eine größere Anzahl von Zellen innerhalb eines Zeitabschnitts als Quellen mit geringerem Datenaufkommen (siehe Bild 3.38). Dadurch ist eine effiziente Ausnutzung der vorhandenen Übertragungskapazität einer Übertragungsstrecke möglich.

ATM-Multiplex

■ Der asynchrone Transfer-Modus (ATM) basiert auf einem Zeitmultiplex-Verfahren, bei dem Zellen fester Größe asynchron zum Netztakt erzeugt werden. Hierdurch können Datenströme mit unterschiedlichen Bitraten bedarfsorientiert übertragen und flexibel vermittelt werden.

Die Zellen werden zwar asynchron zum Übertragungstakt erzeugt (daher die Bezeichnung des Verfahrens), sie werden jedoch in einem festen Netztakt übertragen. Bis zum nächsten Sendezeitpunkt nach der Paketierung der Zellen kann deshalb gegebenenfalls eine kleine Wartezeit entstehen, in der die

■ *3 Öffentliche Netze und Dienste*

Zellen zwischengespeichert werden müssen (Pufferspeicher). Hierdurch kann eine tolerierbare Übertragungsverzögerung entstehen, die in der Praxis zwischen 100 μs und 250 μs liegt. Im Einzelnen werden diese Verzögerungen verursacht durch:

Zellenverzögerungen
- die Zeit für das Bilden der Zellen
- die Übertragungsverzögerung aufgrund der Laufzeit der elektrischen Signale auf der Leitung
- die Vermittlungsverzögerungen innerhalb der Netzknoten
- die Zeit zur Rückwandlung der Zellen in einen kontinuierlichen Datenstrom

Wegen ihrer asynchronen Arbeitsweise lässt sich die ATM-Zellenbildung sowohl auf kontinuierliche Datenströme von leitungsvermittelnden Netzen als auch – mit einigen Einschränkungen – auf Datenpakete von paketbasierenden Netzen anwenden. Dadurch lassen sich vielfältige Datenströme unterschiedlichster Art zusammenführen und übertragen.

Die ATM-Technik wird heute in öffentlichen Breitbandnetzen beispielsweise für globale Internet- und Telefonie-Backbones als Transportmittel verwendet. Hierbei bilden die erzeugten Zellen dann beispielsweise die „Nutzdaten" im Payload von SDH-Transportmodulen (siehe Kap. 3.1.5). Im Anschlussbereich öffentlicher Netze werden hierbei in der Regel Datenraten von 155 Mbit/s (STM-1) bis 622 Mbit/s (STM-4) zur Verfügung gestellt.

ATM-LAN
Mit hiervon abweichenden Übertragungsraten (z. B. 34 Mbit/s) findet man die ATM-Technik teilweise aber auch im LAN-Bereich (**ATM-LAN**: Anstelle von bus- oder ringförmigen Strukturen wie bei Ethernet oder Token Ring werden die Endgeräte sternförmig an einen zentralen ATM-Router oder ATM-Switch angeschlossen).

Die Datenübertragung bei DSL-Anschlüssen basiert derzeit ebenfalls auf einer ATM-Zellenstruktur. Allerdings werden hier die „Zelleninhalte" mit analogen Modulationsverfahren auf einer Kupferleitung übertragen (siehe Kap. 3.7). Die jeweiligen Spezifikationen wurden ursprünglich vom sogenannten **ATM-Forum** entwickelt, einer Non-Profit-Organisation namhafter Hersteller der Telekommunikationsbranche. Inzwischen ist diese Organisation Teil des **IP/MPLS-Forums** geworden (MPLS siehe Kap. 3.4).

3.3.1 ATM-Netzaufbau

Ein öffentliches ATM-Netz weist ähnliche Strukturen auf wie das Schmalband-ISDN. Daher wurden Teile dieser breitbandigen Kundenanbindung auf ATM-Basis früher einmal als **B-ISDN** (**B**reitband-**ISDN**) bezeichnet. Bei den ATM-Netzknoten unterscheidet man zwischen **Teilnehmervermittlungsstellen** (**LEX**: **L**ocal **Ex**change) und **Transitvermittlungsstellen** (**TEX**: **T**ransit **Ex**change), die im Wesentlichen Router- und Switchfunktionen haben. An die Teilnehmervermittlungsstellen werden Endeinrichtungen und Leitungen zu anderen Vermittlungsstellen angeschlossen, während die Transitvermittlungsstellen lediglich Verbindungen zwischen Netzknoten herstellen. Die Schnittstelle zwischen einem Teilnehmer und dem öffentlichen Netzwerk ist standardisiert und wird allgemein als **Public-UNI** (Public **U**ser **N**etwork **I**nterface) bezeichnet, sie weist eine

UNI
NNI
andere Spezifikation auf als die ebenfalls standardisierten Schnittstellen zwischen den Netzknoten (**NNI**: **N**etwork **N**ode **I**nterface).

3.3 ATM-Netze

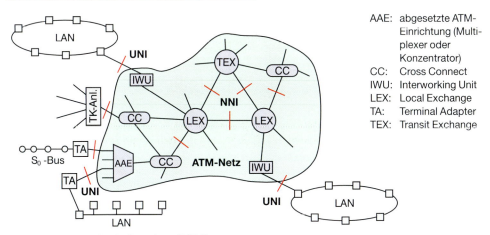

AAE: abgesetzte ATM-Einrichtung (Multiplexer oder Konzentrator)
CC: Cross Connect
IWU: Interworking Unit
LEX: Local Exchange
TA: Terminal Adapter
TEX: Transit Exchange

Bild 3.39: Prinzipieller Aufbau eines ATM-Netzes

Zusätzlich findet man neben den Vermittlungsstellen noch sogenannte **Vorfeldeinrichtungen**. Hierbei handelt es sich um abgesetzte Einheiten oder zusätzliche Netzelemente, die dem Zusammenfassen, dem Verzweigen, dem Umleiten oder der Anpassung von Verkehrsströmen dienen.

Vorfeldeinrichtung	Funktion
Multiplexer	Zusammenfassen von Verkehrsströmen ohne Bearbeitung der Signalisierung
Konzentratoren	Zusammenfassen von Verkehrsströmen mit Bearbeitung der Signalisierung; ausgelagerter Teil einer VSt
Cross-Connect (CC)	Umlenken und Verteilen von zusammengehörenden Kanalbündeln; Einsatz im Anschlussbereich; bearbeitet keine Signalisierung
Interworking Unit (IWU)	Anpasseinrichtungen für die Verbindung zwischen bestehenden größeren PC-LANs oder MANs

Bild 3.40: Vorfeldeinrichtungen

In einem ATM-Netz erfolgt die Übertragung der Zellen verbindungsorientiert (vgl. Kap. 3.1.3). Um über ein solches Netz auch Verbindungen zwischen verschiedenen verbindungslos arbeitenden Netzen aufbauen zu können (z. B. zwischen lokalen IP-basierenden PC-Netzen), sind spezielle Maßnahmen erforderlich, die im Folgenden vereinfacht dargestellt werden.
Bei verbindungslos arbeitenden IP-Netzen erfolgt die Adressierung bekanntlich in den höheren Schichten des OSI-Modells (Layer-3, siehe Kap. 1.3.2), die in verbindungsorientiert arbeitenden ATM-Netzen nicht ausgewertet werden. Mittels spezieller Anpasseinrichtungen (z. B. IWU) lassen sich die IP-Pakete zerlegen und in ATM-Zellen packen. Die IP-Adressinformationen werden in eine ATM-Adressinformation umgewandelt und im Header der ATM-Zelle (siehe Kap. 3.3.2) hinterlegt. Mit dieser Information können die Zellen zur nächsten Vermittlungsstelle übertragen werden. In jeder ATM-Vermittlungsstelle (LEX) befindet

3 Öffentliche Netze und Dienste

Hop-by-Hop-Verfahren

sich ein spezieller Server (**CLS: Connectionless Server**), der die implementierte IP-Adressinformationen erneut auswertet und dann jeweils den nächsten günstigsten Wegeabschnitt festlegt (**Hop-by-Hop-Verfahren**).

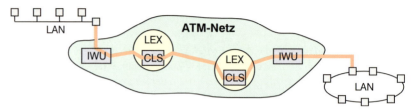

Bild 3.41: Verbindungslose Kommunikation mittels Connectionless Server

Die Auswertung von Layer-3-Zieladressen in jedem Netzknoten sowie das jeweils erforderliche „Umcodieren" in eine ATM-Adressierung verzögert das Routing von IP-basierenden Datenpaketen. Bei den heutigen Übertragungsraten oberhalb von 622 Mbit/s stoßen die Server deshalb an ihre technischen Grenzen. Daher werden zunehmend Verfahren eingesetzt, bei denen die verbindungslosen IP-Datenpakete zerlegt und lediglich zu Beginn der Datenübertragung in einem verbindungsorientierten Netz Routinginformationen zugefügt werden. Diese werden dann auf einem vordefinierten Weg übertragen; am Übertragungsende werden diese Informationen wieder entfernt (vgl. Kap. 3.4).

Alternativ werden zukünftig auch vermehrt kostengünstigere und bei hohen Datenraten effizientere Verfahren zum Einsatz kommen (z. B. Ethernet-basierend).

3.3.2 ATM-Zellen

Aufbau einer ATM-Zelle

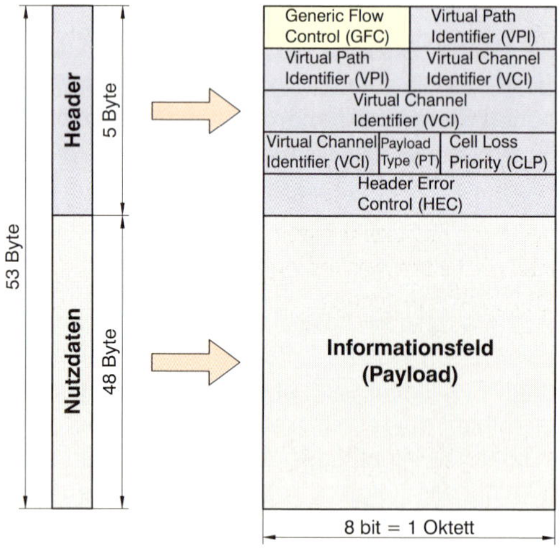

UNI-Zellen
NNI-Zellen

Eine ATM-Zelle hat stets eine konstante Länge von 53 Bytes, von denen fünf Bytes den Zellkopf (Header) mit den Adress- und Steuerinformationen bilden. Die restlichen 48 Bytes der Zelle beinhalten die jeweiligen Nutzinformationen (Payload). Die einzelnen Bytes werden auch als **Oktetts** bezeichnet, da sie jeweils aus 8 bit bestehen. Man unterscheidet zwei Arten von ATM-Zellen, **UNI**-Zellen (**U**ser **N**etwork **I**nterface) und **NNI**-Zellen (**N**etwork **N**ode **I**nterface). Die UNI-Zellen werden zur Kommunikation an der Benutzer-Netzwerk-Schnittstelle verwendet, die NNI-Zellen entsprechend an den Schnittstellen zwischen den ATM-Netzknoten.

Bild 3.42: Aufbau einer ATM-Zelle (UNI-Zelle)

Im Einzelnen beinhalten die Felder des UNI-Zellkopfes folgende Informationen:

Bezeichnung	Größe	Erläuterung
Generic Flow Control (GFC)	4 bit	**Datenflusskontrolle** Steuerung und Kontrolle des Datenverkehrs auf der Teilnehmerseite
Virtual Path Identifier (VPI)	4 bit + 4 bit	**Verbindungserkennung** Kennzeichnung einer eindeutigen virtuellen Verbindung zwischen Quelle und Senke; setzt sich zusammen aus der Pfadkennung (VPI) Identifier 8 bit + und der Kanalkennung (VCI)
Virtual Channel Identifier (VCI)	4 bit + 8 bit + 4 bit	
Payload Type (PT)	3 bit	**ATM-Zellentyp** Festlegung des ATM-Zellentyps: man unterscheidet u. a. Nutzzellen, OAM-Zellen (**O**perating **A**nd **M**aintenance) und RM-Zellen (**R**esource **M**anagement)
Cell Loss Priority (CLP)	1 bit	**Zellenwertigkeit** CLP = 0: niedrige Wertigkeit, CLP = 1: hohe Wertigkeit
Header Error Control (HEC)	8 bit	**Fehlerkontrolle** Prüfung der ersten vier Oktetts zur Fehlerkontrolle des Headers

Bild 3.43: Informationsgehalt des Zellkopfes an der UNI-Schnittstelle

Die Aufteilung des Zellkopfes an einer NNI-Schnittstelle unterscheidet sich von der an der UNI-Schnittstelle dadurch, dass die Bits für die Datenflusskontrolle (GFC) entfallen und zusätzlich der Pfadkennung (VPI) dienen. Die Länge des Informationsfeldes (Payload: 48 Byte) einer Zelle stellt einen Kompromiss zwischen den Anforderungen der Daten- und der Echtzeitdienste dar.

_{unterschied NNI- und UNI-Zelle}

> ■ Ein **Echtzeitdienst** stellt kommunikationstechnisch die Datenübertragung eines Vorgangs dar, die ohne zeitliche Verzögerung zu diesem real ablaufenden Vorgang erfolgt.

_{Echtzeitdienst}

Für Datendienste sind längere Dateneinheiten sinnvoll, um die Informationen möglichst schnell, d. h. mit wenig Unterbrechungen durch jeweilige Steuerinformationen, zu übertragen. Bei Echtzeitdiensten, wie etwa Audio- und Videoübertragungen, sind vergleichsweise kleine Dateneinheiten vorteilhafter, um die für das Füllen benötigten Wartezeiten (Paketierungsverzögerung) möglichst gering zu halten (geringe Latenzzeit). Bei zu großen Pausen zwischen zwei Zellen können Störungen in der Übertragung auftreten.

3.3.3 ATM-Vermittlungs- und -Übertragungstechnik

Der ATM-Zellentransport erfolgt über sogenannte virtuelle Verbindungen.

> ■ Unter einer **virtuellen Verbindung** versteht man beim ATM-Verfahren die bedarfsorientierte Reservierung einer Übertragungskapazität auf einer physikalisch vorhandenen Übertragungsstrecke.

_{virtuelle Verbindung}

Hierbei ist es unerheblich, ob die zu übertragenden Daten ursprünglich einen verbindungsorientierten oder einen verbindungslosen Charakter hatten. Zu beachten ist, dass für eine bidirektionale Kommunikation für jede Richtung jeweils eine separate virtuelle Verbindung erforderlich ist.

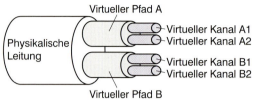

Die physikalisch vorhandene Leitung wird hierbei in mehrere virtuelle Kanalbündel aufgeteilt, die auch als virtuelle Pfade (**VP**: **V**irtual **P**ath) bezeichnet werden. Ein solcher Pfad ist durch den Virtual Path Identifier (VPI) im Zellheader gekennzeichnet.

Bild 3.44: Virtueller Pfad mit virtuellem Kanal

virtueller Pfad

■ Ein **virtueller Pfad** (**VP**: **V**irtual **P**ath) ist der logische Weg zwischen zwei Netzknoten bzw. zwischen einem Netzknoten und einem Endgerät.

Jeder virtuelle Pfad beinhaltet eine begrenzte Anzahl von virtuellen Kanälen (VC: Virtual Channel), in denen einzelne **Dienstekomponenten** übertragen werden. Dienstekomponenten können Bestandteile eines Dienstes sein, z. B. bei einer Multimediaanwendung Bild, Sprache und Texte. Für den Datentransfer zwischen einer Quelle und einer Senke können ein oder mehrere virtuelle Kanäle erforderlich sein. Ein solcher Kanal ist durch den Virtual Channel Identifier (VCI) im Zellheader gekennzeichnet.

virtueller Kanal

■ Ein **virtueller Kanal** (**VC**: **V**irtual **C**hannel) ist die logische Verbindung für den Datentransfer eines Dienstes.

Ein virtueller Pfad wird an einem Referenzpunkt aus einer Gruppe virtueller Kanäle gebildet, die die gleiche Pfad-Identifikation enthalten. Ein solcher Referenzpunkt ist beispielsweise eine ATM-Vermittlungsstelle. Die zu einem virtuellen Pfad zusammengefassten virtuellen Kanäle können auch unterschiedlichen Kommunikationsverbindungen angehören, die für eine Teilstrecke den gleichen Weg durch das Netz gehen.

CC: Cross-Connect
LEX: Local Exchange
TE: Terminal Equipment
VCI: Virtual Channel Identifier
VPI: Virtual Path Identifier

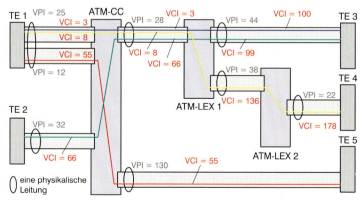

Bild 3.45: VPI- und VCI-Zuordnung bei einer ATM-Verbindung

3.3 ATM-Netze

Bild 3.45 stellt lediglich eine Kommunikationsrichtung von TE 1 nach TE 3, 4 und 5 sowie von TE 2 nach TE 3 dar. Für die Gegenrichtungen sind entsprechend andere Kanäle erforderlich. Die Kanalnummern für beide Richtungen sind hierbei jeweils identisch. In den ATM-Netzknoten (LEX) und dem vorgelagerten Cross-Connect (CC) werden die Zellen anhand der VPI- und der VCI-Informationen einer Verbindung zugeordnet und vermittelt. Der VCI-Wert wird abschnittsweise vergeben, d. h., er gilt jeweils nur für die Verbindung zwischen zwei Netzknoten und nicht für die gesamte Verbindung. In einem CC hingegen werden nur die VPI-Werte verändert. Für jede Verbindung wird der Weg durch das Koppelnetz in sogenannten **Verbindungstabellen** (VCI- und VPI-Werte) festgelegt.

VPI- und VCI-Werte

ATM				ATM-LEX 1				ATM-LEX 2			
VPI	VCI	VPI	VCI	VPI	VCI	VPI	VCI	VPI	VCI	VPI	VCI
25	8	28	8	28	8	38	136	38	136	22	178
25	3	28	3	28	3	44	100				
32	66	28	66	28	66	44	99				
12	55	130	55								

Bild 3.46: Prinzipieller Aufbau der Routingtabellen

Jede Zelle einer Verbindung nimmt dann nicht nur den gleichen Weg durch das Koppelnetz in der ATM-VSt, sondern auch durch das gesamte ATM-Netz. Damit wird sichergestellt, dass beim Zellentransport im Netz die ursprüngliche Reihenfolge erhalten bleibt.

Die Verbindungstabellen werden in den Netzknoten aufgrund der Signalisierung angelegt. Zu diesem Zweck findet vor der eigentlichen Nutzdatenübertragung ein gesonderter Datenaustausch zwischen den Endeinrichtungen und den ATM-Vermittlungsstellen statt. Für diese Signalisierung sind ebenfalls virtuelle Kanäle erforderlich. Diese Kanäle sind in Bild 3.45 nicht dargestellt.

Ein wesentlicher Bestandteil der Signalisierung ist u. a. die Anmeldung des Bedarfs an Übertragungsbandbreite durch die Nachrichtenquelle. Die Bereitstellung entsprechender Leitungskapazitäten muss vor der Übertragung der Nutzdaten vom Netz bestätigt werden, um Überlastungen des Netzes zu vermeiden. Steht die angeforderte Bandbreite nicht zur Verfügung, kann keine Verbindung aufgebaut werden oder die Übertragung erfolgt – sofern dies datentechnisch möglich ist – mit geringerer Bandbreite.

ATM-Signalisierung

■ ATM stellt einer Anwendung oder einem Dienst lediglich die tatsächlich erforderliche Übertragungskapazität zur Verfügung. Dies bezeichnet man als **flexibles Bandbreitenmanagement.**

Der Vorteil der ATM-Technologie ist, dass für die Übertragung verschieden großer Datenstöme keine unterschiedlichen Übertragungseinrichtungen benötigt werden.

3.3.4 ATM-Referenzmodell

Die komplexen Vorgänge einer ATM-Kommunikation werden mithilfe des sogenannten ATM-Referenzmodells dargestellt. Dieses basiert auf den Prinzipien des OSI-Referenzmodells (vgl. Kap. 1.3.2), jedoch lassen sich nicht alle Funktionen auf die bekannten OSI-Schichten abbilden. Neben der Bitübertragungsschicht (physikalische Schicht, Schicht 1) werden im ATM-Referenzmodell zwei ATM-spezifische Schichten definiert, die speziell für den asynchronen Transfer-Modus erforderlich sind. Diese beiden Schichten sind die ATM-Schicht und die Adaptionsschicht. Im Allgemeinen wird das ATM-Referenzmodell als Quader dargestellt:

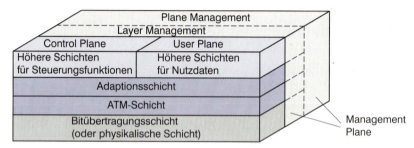

Bild 3.47: ATM-Referenzmodell

■ **Kommunikationsebenen**

Entsprechend den ITU-Festlegungen werden in diesem Modell drei verschiedene Kommunikationsebenen (Planes) unterschieden:

- Die **Nutzer-Ebene** (User Plane) stellt einer Anwendung verschiedene Adaptionsdienste für den Transport von Nutzdaten zur Verfügung. Sie nutzt hierzu die Bitübertragungsschicht, die ATM-Schicht und die Adaptionsschicht.
- Die **Steuer-Ebene** (Control Plane) regelt und überwacht den Aufbau, die Dauer und den Abbau einer Verbindung in der Nutzebene. Hierzu wird in den entsprechenden Schichten oberhalb der Adaptionsschicht ein spezielles Signalisierungsprotokoll verwendet.
- Die **Management-Ebene** (Management Plane) besteht aus den Teilbereichen Schichten-Management (Layer Management) und Ebenen-Management (Plane Management). Während das Schichtenmanagement die Aufgaben der einzelnen Schichten überwacht und koordiniert, erfüllt das Ebenen-Management diese Funktionen im Netz.

■ **Bitübertragungsschicht (Physical Layer)**

Die Bitübertragungsschicht stellt den höheren Schichten die Übertragung von Signalen auf einem physikalisch vorhandenen Übertragungsmedium zur Verfügung. In Abhängigkeit vom Medium kann es sich hierbei um elektrische oder optische Signale handeln. Zu den Aufgaben gehören:

- **Zellensynchronisation**, d. h. die Erkennung des Zellenkopfes und des Zellenendes
- Erzeugung von **Leerzellen**, damit ein kontinuierlicher Zellenstrom erzeugt wird, falls keine Zellen aus der ATM-Schicht zur Übertragung vorliegen. Die Leerzellen erhalten hierbei eine besondere Kennung im Header

- Erzeugen von **Prüfbits** zur Fehlererkennung und zur Fehlerbehebung innerhalb des Headers (Header Error Control)

■ ATM-Schicht (ATM-Layer)

Innerhalb der ATM-Schicht wird dem Nutzfeld der Zelle der Zellenkopf hinzugefügt. Da sich die einzelnen Elemente des Zellenkopfes in den Übermittlungsabschnitten ändern können, werden diese bearbeitet und den Erfordernissen angepasst. Die ATM-Schicht ist zuständig für den Zellentransport und die Zellenvermittlung. Sie stellt alle Funktionen bereit, die sich im Header jeder Zelle wiederfinden. Hierzu gehören die Bereitstellung, Bearbeitung und Identifizierung der virtuellen Kanäle (VC) und der virtuellen Pfade (VP).

Aufgaben der ATM-Schicht

> Die **Aufgaben der ATM-Schicht** sind unabhängig vom gewählten Dienst. Das Informationsfeld wird transparent durch das Netz bis zur Endeinrichtung transportiert.

Die beiden untersten Schichten des ATM-Referenzmodells enthalten also die dienstunabhängigen Funktionen der Zellenübermittlung.

■ Adaptionsschicht (AAL: ATM Adaptation Layer)

Die Adaptionsschicht stellt das Bindeglied zwischen den zu übertragenden Nutzdaten und der zellenorientierten Übertragung durch die ATM-Schicht dar. Die Protokolldaten der Adaptionsschicht sind dienstabhängig definiert und werden im Informationsfeld einer Zelle übertragen. Die Nutzdaten werden in der Adaptionsschicht in Blöcke aufgeteilt, die sich dann innerhalb der ATM-Zelle transportieren lassen. Die Nutzinformationen werden dabei in vier verschiedene Klassen unterschieden.

Aufgaben der Adaptionsschicht

	Klasse A	**Klasse B**	**Klasse C**	**Klasse D**
Übertragungsart	zeitkontinuierlich	zeitkontinuierlich	nicht zeitkontinuierlich	nicht zeitkontinuierlich
Übertragungsrate	konstant	variabel	variabel	variabel
Verbindungsart	verbindungsorientiert	verbindungsorientiert	verbindungsorientiert	verbindungslos
Diensttyp	1	2	3 / 4	5
Beispiel	Sprachübertragung	Bildkommunikation	verbindungsorientierte Datenübertragung (z. B. Frame Relais)	verbindungslose Datenübertragung (z. B. LAN to LAN)

Bild 3.48: ATM-Dienstklassen

Je nach gewähltem Diensttyp werden den Nutzinformationen zusätzliche Steuerdaten je Zelle angefügt. Diese Protokolldaten sind erforderlich, da die Nutzdaten der höheren Schichten in der Regel auf mehrerer Zellen aufgeteilt werden müssen, damit sie innerhalb einer ATM-Zelle transportiert werden können. Beim Empfänger muss die Adaptionsschicht die Daten wieder in ihre ursprüngliche Form zurückführen, wobei die richtige Reihenfolge der Zellen bereits durch die ATM-Schicht sichergestellt wird.

■ **Höhere Schichten**

Die höheren Schichten teilen sich in einen Nutzdatenteil und einen Steuerungsteil auf. Der Nutzdatenteil stellt die von der Adaptionsschicht abgebildeten Dienstetypen an den Netzzugangspunkten zur Verfügung. Der Steuerteil bewirkt die entsprechende Signalisierung. Beide Teile werden innerhalb des Informationsfeldes einer Zelle übertragen (OAM-Zellen).

■ Aufgaben

1. Erläutern Sie den prinzipiellen Aufbau einer ATM-Zelle. Welche Zellentypen unterscheidet man?
2. Ein Telefongespräch soll mithilfe von ATM-Zellen übertragen werden. Wie lange dauert es, bis das Nutzfeld einer Zelle voll ist und die Übertragung der Zelle erfolgen kann?
3. Was versteht man unter einer virtuellen Verbindung, einem virtuellen Pfad und einem virtuellen Kanal?
4. Was versteht man bei einem ATM-Netz unter dem flexiblen Bandbreitenmanagement?
5. Erläutern Sie den Begriff „asynchron" in der Bezeichnung Asynchroner Transfer Modus.
6. Welche Schichten unterscheidet man beim ATM-Referenzmodell? Erläutern Sie kurz die Funktionen der einzelnen Schichten.

3.4 MPLS-Netze

■ **MPLS** ist die Abkürzung für **M**ulti-**P**rotocol **L**abel **S**witching. Hierbei handelt es sich um eine Technik, die eine verbindungsorientierte Übertragung von Datenpaketen innerhalb eines an sich verbindungslosen Netzes entlang eines zuvor festgelegten Weges ermöglicht. Ein Netz, welches diese Übertragungstechnik bereitstellt, wird als **MPLS-Netz** bezeichnet.

Die MPLS-Technik macht die Vorteile verbindungsorientierter Protokolle (z. B. QoS) auch in verbindungslosen Netzen (in der Regel IP-Netze) nutzbar. Mittels MPLS lassen sich insbesondere IP-Datenströme schneller verbindungsorientiert transportieren als in einem klassischen ATM-Netz. Bild 3.49 zeigt den prinzipiellen Aufbau eines MPLS-Netzes.

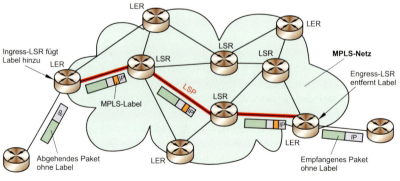

Bild 3.49: Prinzipieller Aufbau eines MPLS-Netzes

3.4 MPLS-Netze

Ein MPLS-Netz besteht aus untereinander vermaschten **Label Switching Routern** (LSR). Vor einer Nutzdatenübertragung erhalten zunächst alle beteiligten LSRs in einer verbindungslosen Übertragung die notwendigen Verbindungsinformationen. Diese werden den Headern der IP-Pakete im ersten auf dem Weg durch das MPLS-Netz liegenden LSR entnommen. Dieser erste LSR-Router trägt die Bezeichnung **Ingress-LSR** oder allgemein **Label Edge Router** (LER). Er teilt die zu transportierenden IP-Datagramme in sogenannte **Forwarding Equivalents Classes** (FEC) ein, wobei er sich an den Layer-3-Zieladressen orientiert. Diejenigen IP-Pakete, die zu derselben FEC gehören, bilden einen gemeinsamen Datenstrom (Stream) und werden alle auf demselben Weg zum Ziel übertragen. Der hierzu geschaltete Verbindungsweg innerhalb eines MPLS-Netzes heißt **Label Switch Path** (LSP). Der letzte Router auf dem Verbindungsweg trägt die Bezeichnung **Engress-LSR** oder ebenfalls allgemein **Label Edge Router** (LER).

Damit die einzelnen Datenpakete ihren Weg durch das MPLS-Netz finden, wird deren Adresskopf um eine Information erweitert.

■ Die Kennzeichnung eines Datenpaketes innerhalb eines MPLS-Netzes wird als **Label** bezeichnet. Das Weiterleiten von Datenpaketen anhand dieses Labels nennt man **Label-Switching**.

Bei IP-Paketen wird dieses Label vom Ingress-LSR zwischen dem Layer-2- und dem Layer-3-Header (siehe Kap. 1.4.2.8) eingeschoben und auch als **MPLS-Shim-Header** oder **MPLS-Shim-Layer** bezeichnet. Dieser Layer ermöglicht innerhalb eines MPLS-Netzes das Switchen von Datenpaketen allein auf der Grundlage der Label-Information.

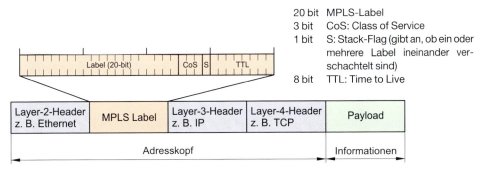

Bild 3.50: MPLS-Label im IP-Header

Die Labelinformation beinhaltet quasi einen Tabellenindex, in dem der nächste Knoten genannt ist. In jedem Knoten wird der Tabellenindex aktualisiert und das Datenpaket zum nächsten Knoten gesendet. Beim Austritt aus dem MPLS-Netzwerk werden die vorhandenen MPLS-Label vom Engress-LSR aus den Datenpaketen entfernt.

Anhand der Labelinformation erkennt jeder LSR, zu welchem Stream ein Datenpaket gehört. Dadurch ist bei den nächsten Knoten keine Analyse der Layer-3-Information mehr erforderlich. Über zusätzlich vorhandene Informationen lassen sich sowohl Prioritäten (Service Class) als auch Bandbreiten (QoS) zuordnen.

Die Labelzuweisung erfolgt durch die Signalisierungsprotokolle **LDP** (**L**abel **D**istribution **P**rotocol) bzw. **RSVP-TE** (**Re**source Reser**v**ation **P**rotocol-**T**raffic **E**ngineering). Während das LDP einen Verbindungsweg anhand vorgegebener Algorithmen findet, umfasst das RSVP-TE sämtliche Maßnahmen für eine Optimierung des Weges für die jeweilig unterschiedlichen Anforderungen einer Übertragung (z. B. Echtzeitdaten, Streaming, File-Transfer, E-Mail usw.). Hierzu gehören das **Traffic-Shaping** für optimale Wegewahl, das **Traffic-Policing** für die Kontrolle der Konformität das Datenverkehrs, das **Bandbreitenmanagement** zur effektiven Ausnutzung vorhandener Leitungsressourcen sowie die Überwachung der Verzögerungszeiten und der Laufzeitschwankungen bei der Übertragung.

Der Vorteil des Label-Switching im Gegensatz zu den Hop-by-Hop-Verfahren liegt in der höheren Effizienz bei der Weiterleitung von IP-Paketen, bei denen die Weiterleitung für jedes einzelne Paket durch Analyse des Headers im Router getroffen wird. Mit dieser Technik lassen sich auch Layer-2-VPNs und Layer-3-VPNs als Punkt-zu-Punkt-Verbindungen schalten. Die Datenströme verschiedener VPNs werden hierbei logisch getrennt über die gleichen Verbindungswege übertragen.

Darüber hinaus zeichnet sich als neue Entwicklung **VPLS** (**V**irtual **P**rivate **LAN** **S**ervices) ab. VPLS bietet als Layer-2-VPN auch Multipoint-Verbindungen, die auf der bestehenden Ethernet-Technologie abgebildet werden können. Aus Sicht des Kunden verhält sich ein solches Netz wie ein herkömmlicher LAN-Switch; der Einsatz teurer WAN-Interfaces und -Router ist nicht mehr erforderlich. Die komplette MPLS-Architektur ist in RFC 3032 beschrieben.

Eine Erweiterung des MPLS-Standards stellt **GMPLS** (**G**eneralized **M**ulti-Protocol **L**abel **S**witching) dar. Hierbei werden die Label-Mechanismen von MPLS auf optische Switching-Komponenten (z. B. Add/Drop-Multiplexer, optische Switches) übertragen. Hierdurch lassen sich auch in rein optischen Netzen die vorhandenen Ressourcen dynamischer und effizienter zuweisen. GMPLS wird beispielsweise in den sogenannten **Automatically Switched Optical Networks** (ASON; intelligente optische Netze, siehe Kap. 4.2.7) in Verbindung mit **Wellenlängenmultiplex** (WDM, siehe Kap. 4.1.8.3) eingesetzt.

3.5 Broadcast-Netze

> Unter einem **Broadcast-Netz** versteht man ein flächendeckendes Verteilnetz, über das Informationen an eine größere Gruppe **unbestimmter** Empfänger übertragen werden können.

Im Gegensatz zu den Kommunikationsnetzen, in denen jeder Teilnehmer über eine eindeutige Adresse (Telefon-Nr., IP-Adresse, MAC-Adresse) verfügen muss, um Informationen empfangen zu können (und über die er dann auch identifizierbar ist), ist in einem klassischen Broadcastnetz ein Teilnehmer zunächst unbestimmt, d. h. auch nicht identifizierbar. Eine eindeutige „Adresse" ist nicht erforderlich, das Vorhandensein entsprechender technischer Einrichtungen genügt, um Informationen empfangen zu können (z. B. Antenne und Receiver).

3.5 Broadcast-Netze

Zu den bekanntesten öffentlichen Broadcast-Netzen gehören das Fernseh- und das Rundfunk-Netz, bei denen bislang analoge, zunehmend jedoch digitale Übertragungstechniken eingesetzt werden. Hierbei kommen die folgenden von der ETSI international festgelegten Standards zum Einsatz:

ETSI: European Telecommunications Standards Institute

Abk.	Bezeichnung	Erläuterung
DVB	Digital Video Broadcasting	flächendeckendes Verteilnetz zur digitalen Übertragung von Video-, Audio- und Datendiensten
DAB	Digital Audio Broadcasting	digitale terrestrische Übertragung von Hörfunksignalen im UKW-Bereich
DRM	Digital Radio Mondiale	digitale terrestrische Übertragung von Hörfunksignalen im Mittel-, Lang- und Kurzwellen-Bereich

Bild 3.51: Digitale Broadcast-Netzstandards

Diese digitalen Techniken können die Anforderungen einer modernen Informationsgesellschaft, die insbesondere durch Mobilität gekennzeichnet ist, wesentlich besser erfüllen als die herkömmlichen analogen Broadcast-Netze.

3.5.1 DVB

Beim DVB-Standard wird je nach Übertragungsweg unterschieden zwischen **DVB-S** (Satellit), **DVB-C** (Kabel) sowie **DVB-T** (terrestrisch). Als Bestandteil von DVB-T kann **DVB-H** (Handheld) angesehen werden, der bei Einsatz der gleichen Übertragungstechnik speziell für den mobilen Einsatz entwickelt wurde.

DVB-Standards

DAB
siehe Kap. 3.5.2

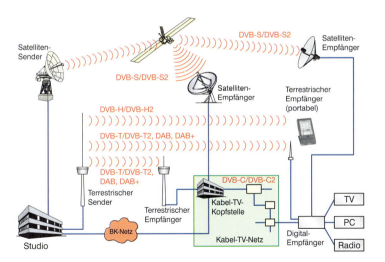

Bild 3.52: DVB-Technologien

Die jeweils technisch verbesserten Nachfolgestandards werden mit DVB-S2, DVB-T2, DVB-H2 bzw. DVB-C2 bezeichnet. Obwohl die genannten DVB-Techniken unterschiedliche Übertragungswege nutzen, liegt allen das gleiche technische Prinzip zugrunde, welches in Bild 3.53 vereinfacht dargestellt ist.

■ 3 Öffentliche Netze und Dienste

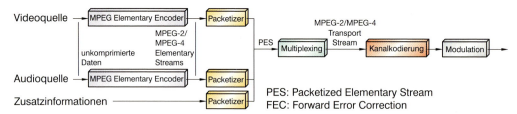

Bild 3.53: Grundprinzip der DVB-Technik

MPEG siehe
Kap. 1.6.5.3
„Einfache
IT-Systeme"

Dolby Digital, 5.1-
Surround siehe
Kap. 1.6.2
„Einfache
IT-Systeme"

Die zunächst analogen Audio- und Videodaten werden separat mittels entsprechendem Encoder in sogenannte digitale **Elementary Streams** umgewandelt (Quellcodierung, siehe Kap. 4.1.9). Alle DVB-Standards verwenden hierzu je nach Standard **MPEG-2** bzw. **MPEG-4** zur Datenreduktion, wodurch eine Kompressionsrate von bis zu 40:1 ermöglicht wird. Hierdurch lässt sich ein derzeitiger analoger TV-Kanal zu einem digitalen Datenstrom auf bis zu 3 Mbit/s komprimieren. Die Audiodaten werden hierbei standardmäßig mit 192 Kbit/s codiert (Stereo), in Sonderfällen auch in Dolby Digital oder als 5.1-Surround-Information mit den entsprechend größeren Datenvolumen.

Anschließend werden die Daten in einzelne Pakete gepackt (**PES: Packetized Elementary Stream**), gegebenenfalls mit Zusatzinformationen versehen und dann gemultiplext. Zur Anpassung an die Eigenschaften des jeweiligen Übertragungskanals erfolgt dann die Kanalcodierung (siehe Kap. 4.1.9), bei der unter anderem verschiedene Fehlerschutzmaßnahmen zur Verringerung von Übertragungsfehlern hinzugefügt werden (z. B. FEC: Forward Error Correction; Blockcodierung; Byte-Verschachtelung). Hierdurch können DVB-Decoder das Signal bei Bitfehlerraten (**BER: Bit Error Rate**) von bis zu 10^{-3} noch einwandfrei decodieren! Erst darüber hinaus treten zunächst Blockartefakte und dann komplett zerstörte Videobereiche auf, im schlimmsten Fall bleibt das Bild einfach stehen. Die Pakete bestehen aus 188 Bytes, sie beginnen jeweils mit einem vier Byte großen Header.

Bit Error Rate

Für die eigentliche Übertragung werden die DVB-Ströme dann auf elektromagnetische Trägerwellen moduliert. Hierbei werden je nach Standard unterschiedliche Modulationsverfahren eingesetzt und verschiedene Frequenzbereiche genutzt.

	DVB-S/DVB-S2	**DVB-C/DVB-C2**	**DVB-T/DVB-T2**	**DVB-H/DVB-H2**
ETSI-Standard	DVB-S: EN 300421 DVB-S2: EN 302307	DVB-C: EN 300429	DVB-T: EN 300744	DVB-T: EN 300744
Modulations-verfahren (Kap. 4.1.5)	DVB-S: QPSK DVB-S2: APSK-32	DVB-C: QAM-64, QAM-256 DVB-C2: OFDM	DVB-T: COFDM in Verbindung mit QPSK DVB-T2: COFDM in Verbindung mit QAM-64	DVB-H: COFDM-QPSK, QAM-16 DVB-H2: COFDM-QAM-64

376

3.5 Broadcast-Netze

	DVB-S/DVB-S2	DVB-C/DVB-C2	DVB-T/DVB-T2	DVB-H/DVB-H2
Frequenzbereiche (Europa)	ca. 10,7–12,7 GHz	ca. 68–862 MHz, aufgeteilt in einzelne Frequenzbänder	terrestrische UHF und VHF-Frequenzbänder (ca. 174–836 MHz)	im UHF-Bereich (ca. 470–860 MHz)
Kanalbandbreite	36 bis 54 MHz	7 bzw 8 MHz	7 bzw. 8 MHz	8 MHz
Audio/Videokompression (Kap. 4.1.6)	DVB-S: MPEG-2 DVB-S2: MPEG-4/AVC	DVB-C: MPEG-2 DVB-C2: MPEG-4/AVC	DVB-T: MPEG-2 DVB-T2: MPEG-4/AVC	DVB-H: MPEG-2 DVB-H2: MPEG-4/AACPlus/AVC
Nutzkapazität (downstream)	22 bis 54 Mbit/s	QAM-64: bis 32 Mbit/s QAM-256: bis 52 Mbit/s	QPSK: bis 10 Mbit/s QAM-64: bis 32 Mbit/s	QPSK: bis zu 9 Mbit/s
Sender pro Kanal	6–10 (ca. 200 Transponderkanäle)	10 (derzeit ca. 20 Kanäle)	2–4 (derzeit ca. 20 Kanäle)	geplant: 25 Kanäle bei 384 Kbit/s für Bildauflösungen bis 320 x 240)
Rückkanalfähig	prinzipiell ja, aber kaum angeboten: DVB-RCS (return channel for satellite)	ja Docsis-Standard (siehe Kap. 3.5.3); DVB-RCC (return channel for cable) kaum angeboten und nicht kompatibel zu Docsis	prinzipiell ja, aber kaum angeboten: DVB-RCT (return channel for terrestrial)	abhängig vom mobilen Endgerät über hybride Netzstrukturen (siehe Kap. 3.5.3)
Sonstiges	– Transponder werden auch zur Radioübertragung genutzt (Stereo: 320 Kbit/s; Dolby Digital: 448 Kbit/s) – DVB-S2 mit effizienterer Fehlerkorrektur (LDPC-Codec)	Zur Zeit der Drucklegung wird in Deutschland nur das Hyperband (300–450 MHz) für DVB-C genutzt; im übrigen Frequenzbereich wird Radio und TV noch analog übertragen.	– Frequenzen nur nach Abschaltung von Analogfernsehen verfügbar – DVB-T2: kürzeres Guard-Intervall, dadurch höhere Nutzdatenrate; verbesserter Fehlerschutz durch LDPC (Low density parity check)	Zur Zeit der Drucklegung wird der UHF-Bereich regional noch zur Ausstrahlung des terrestrischen Analogfernsehens benutzt.

Bild 3.54: Technische Daten der DVB-Übertragungsstandards

Die Anzahl der übertragbaren Sender pro Kanal ist unter anderem abhängig von der gesendeten TV-Qualität und damit von der jeweils erforderlichen Datenrate.

Qualitätsstufe	Auflösung	Datenrate
LDTV: Low Definition-TV	376 × 282	bis 1,5 Mbit/s
SDTV: Standard Definition-TV	640 × 480	bis 6 Mbit/s (MPEG-2) bis 3 Mbit/s (MPEG-4)
EDTV: Enhanced Definition-TV	704 × 480	bis 8 Mbit/s
HDTV: High Definition-TV (Full-HD)	1920 × 1080	bis 30 Mbit/s bis 8 Mbit/s (MPEG-4)

Bild 3.55: TV-Qualitätsstandards

Wegen der zu ihren jeweiligen Vorgängern unterschiedlichen Modulationsverfahren bzw. Kompressionsverfahren sind sämtliche Nachfolgestandards nicht abwärtskompatibel. Um die neuen Standards nutzen zu können, sind entsprechende neue Empfangsgeräte bzw. Decoder erforderlich. Für den terrestrischen DVB-T2-Empfang reicht zudem keine einfache Stabantenne mehr aus, sondern es ist eine Antenne mit Richtwirkung erforderlich (sogenannte **Yagi-Antenne**).

Neben den aufgeführten Standards existiert auch ein DVB-Standard für die Übertragung von Audio- und Videodiensten über das Internet-Protokoll (**DVB-IPTV** bzw. **DVB-IPI**: DVD-**I**nternet **P**rotocol **I**nfrastructure). Hierbei werden die Audio- und Videodaten wie bei DVB-C zunächst digital aufbereitet und komprimiert und können dann eingebettet in eine IP-Rahmenstruktur über jedes IP-basierende Netz verteilt werden. Dieses Verfahren liegt derzeit auch der Verbreitung der öffentlichen Sender im VDSL-Netz der Deutschen Telekom zugrunde (T-Home-Entertain).

Die Bereitstellung eines Rückkanals wird von den jeweiligen Broadcast-Netzbetreibern zügig vorangetrieben. Hieraus ergeben sich unter anderem die folgenden realisierbaren Dienste-Szenarien:

- Ausstrahlung von TV mit bidirektionalem, programmgebundenem Punkt-zu-Punkt-Rückkanal (z. B. Chat über aktuelles Programm, E-Commerce per Direktbestellung, interaktive Icons im Bild)
- Abruf von TV-Sendungen oder auch Webseiten in Kombination mit einem programmgebundenen oder -ungebundenen Punkt-zu-Punkt-Interaktionskanal (z. B. Video-on-Demand, Web-on-Demand, Pay-TV, E-Mail, Chat)
- Internetzugang mit Video-Abruf mittels Punkt-zu-Punkt Ausstrahlung (z. B. PC-basiertes Web-Video-Portal mit spezialisierten Video-Archiven, Multi-Channel-Live-TV)

Diese neuen zielgerichteten Dienste erfordern stets die vorherige eindeutige Identifizierung des Teilnehmers. Der vorhandene Rückkanal ermöglicht darüber hinaus auch vielfältige Kontroll- und Überwachungsmöglichkeiten des individuellen TV-Konsumverhaltens. Die Anonymität eines Teilnehmers wie in einem klassischen (analogen) Broadcastnetz ist somit nicht mehr gegeben!

3.5 Broadcast-Netze

Eine zusammenfassende Darstellung möglicher Übertragungswege und Zugangstechniken von flächendeckenden TV-Verteilnetzen zeigt das Bild 3.56.

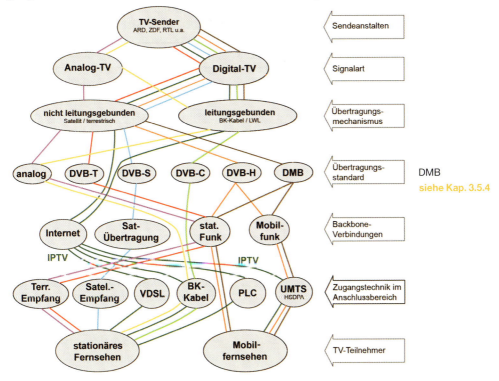

Bild 3.56: Zugangstechniken und Übertragungswege von TV-Broadcastnetzen

3.5.2 Gleichwellennetz

Im analogen terrestrischen TV-Netz lässt sich pro Kanal nur ein einziges TV-Programm übertragen.
Zudem müssen benachbarte Sendestationen das gleiche TV-Programm stets auf unterschiedlichen Frequenzen ausstrahlen, um sich aufgrund von **Interferenzen** des **HF-Signals** nicht gegenseitig zu stören. Bei einer flächendeckenden Ausstrahlung wird somit ein großer Frequenzbereich belegt.
Der analoge TV-Empfänger (TV-Tuner) verarbeitet bekanntlich alle empfangenen Signale in Echtzeit. Durch Reflexionen des Sendesignals an Hindernissen (z. B. Berge, Häuser) und dem physikalisch bedingten, zeitlich verzögerten Eintreffen der reflektierten Signale an der Empfangsantenne ergeben sich dann die sogenannten „Geister- oder Schattenbilder" (**Mehrwegempfang**).

Durch den Einsatz komplexer digitaler Multiplextechniken ist es bei DVB möglich, mehrere Programme pro Kanal zu übertragen, wodurch die Anzahl der TV-Programme im Vergleich zur analogen Übertragung in den zur Verfügung stehenden Frequenzbändern steigt.

HF: High Frequency
Interferenz: z. B. Eigenschaft von Wellen sich bei Überlagerung gegenseitig auszulöschen

Mehrwegempfang

379

■ 3 Öffentliche Netze und Dienste

Gleichwellennetz

Die geringere Nutzkapazität eines Kanals bei DVB-T bzw. DVB-H gegenüber DVB-S und DVB-C (siehe Bild 3.54) resultiert aus dem wesentlich höheren Aufwand bei terrestrischer Signalausstrahlung, der für den störungsfreien Empfang bei Eigenbewegung im mobilen Empfangsbetrieb erforderlich ist. Bei DVB-H werden außerdem die gesendeten Bildinhalte noch speziell aufbereitet und an die Bildschirmgrößen der portablen Geräte angepasst. Die Übertragung erfolgt bei DVB-T und DVB-H über ein sogenanntes Gleichwellennetz.

■ Unter einem **Gleichwellennetz (SFN: S**ingle **F**requency **N**etwork) versteht man ein flächendeckendes Sendernetzwerk mit verteilten Sendeanlagen, bei dem die Sender dieselben Programme isochron auf den gleichen Sendefrequenzen ausstrahlen.

SFN-Synchronisation

Isochron bedeutet in diesem Zusammenhang, dass die Sendeantennen die Informationen zeitgleich und bitidentisch ausstrahlen. Etwaige Zeitdifferenzen aufgrund von Signallaufzeiten auf den Leitungen vom Signaleinspielpunkt zu den Sendeanlagen müssen hierbei ausgeglichen werden (**SFN-Synchronisation**). Um diese zeitliche Synchronität der Ausstrahlung unabhängig vom Sendeort zu realisieren, verwendet man ein weltweit empfangbares Signal, den Sekundenimpuls des **Global Position Systems (GPS)**.

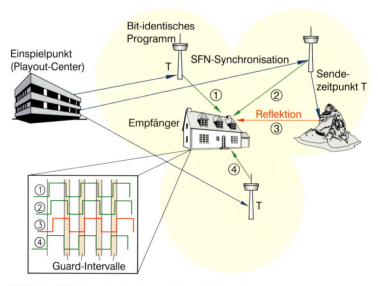

Bild 3.57: SFN-Synchronisation und Guard-Intervall

Guard-Intervall

Zu den wesentlichen Vorteilen eines digitalen Gleichwellennetzes zählt auch die Bewältigung der oben dargestellten Mehrwegempfangssituationen. Bei einem DVB-T- bzw. DVB-H-Empfänger erfolgt die Auswertung der blockweise ausgestrahlten Nutzinformationen nämlich nicht direkt, sondern erst nach Ablauf einer festgelegten Zeitspanne, dem sogenannten **Guard-Intervall**.
Aufgrund von Reflexionen können zwar auch hierbei gleiche Informationsblöcke zeitlich versetzt beim Empfänger ankommen, die Auswertung nach Ablauf des Guard-Intervalls verändert jedoch nicht den Informationsgehalt und führt

somit auch nicht zu einer Bildverschlechterung. In Gebieten, in denen DVB-T-Signale verfügbar sind, ist der Empfang mit einer einfachen Stabantenne (DVB-T2 mit Yagi-Antenne) und einem DVB-T-Decoder (Set-Top-Box) möglich, der an einen handelsüblichen Fernseher angeschlossen wird. DVB-Empfänger aller Übertragungsstandards sind aber auch als Erweiterungskarten oder in Form eines USB-Sticks für den PC erhältlich.

3.5.3 Breitband-Kabelnetz (BK-Netz)

Der Begriff Breitband-(Kabel)Netz wird im allgemeinen Sprachgebrauch mit unterschiedlicher Bedeutung verwendet.

- Als **Breitband-(Kabel)Netz** wird einerseits generalisierend ein Kommunikationsnetz bezeichnet, welches – unabhängig von der Übertragungsart – über eine hohe Datenübertragungsrate verfügt.
- Als **Breitband-(Kabel)Netz** wird andererseits ein Netz bezeichnet, welches Signale – unabhängig von der Datenübertragungsrate – auf unterschiedliche Trägerfrequenzen aufmoduliert und in einzelnen Frequenzkanälen überträgt.

Modulation siehe Kap. 4.1.5

Die trägermodulierte Technik wird in Deutschland im sogenannten **TV-Kabelnetz** eingesetzt; die Bezeichnung BK-Netz resultiert somit aus der Verwendung einzelner Frequenzkanäle für die Datenübertragung. Dieses Kabelnetz basiert auf den in den 1980er Jahren vor allem durch die Deutsche Bundespost verlegten Koaxialkabeln (siehe Kap. 4.1.1.2) und wurde ursprünglich als **unidirektionales Breitband-Verteilnetz** (Informationsfluss nur vom Sender zu den Empfängern) konzipiert.

BK-Netzstruktur

Organisatorisch wird das deutsche BK-Netz in 5 Netzebenen unterteilt (Bild 3.58).

Vom Studio oder einem externen Veranstaltungsort (Ebene 1) gelangt das Signal über Lichtwellenleiter oder eine Richtfunkstrecke zu einer Sendestation (Ebene 2). Von dort wird das Signal terrestrisch oder über Satellit zu den regional verteilten **Kopfstationen** (head end stations) übertragen. Die Signale der verschiedenen Fernsehsender (ARD, ZDF, RTL usw.) werden mit entsprechenden Wandlern auf unterschiedliche Trägerfrequenzen aufmoduliert (ursprünglich nur Analog-TV und Radiokanäle, heute auch digital DVB-C und DAB, siehe Kap. 3.5). Die Trägerfrequenzen werden dann in die Stammleitungen (LWL) des Netzes zur regionalen Weiterverbreitung eingespeist (Ebene 3). Über Verteilstellen (Hubs), Verstärker und Abzweiger gelangt das Signal dann über Koaxialleiter (z. B. RG-6-Kabel: doppelt geschirmtes Kabel, Außendurchmesser 8,4 mm, Durchmesser Innenleiter 0,72 mm) zum Teilnehmer. Die Zuständigkeit des Netzbetreibers endet am Übergabepunkt beim Teilnehmer.

Lichtwellenleiter siehe Kap. 4.2.2

3 Öffentliche Netze und Dienste

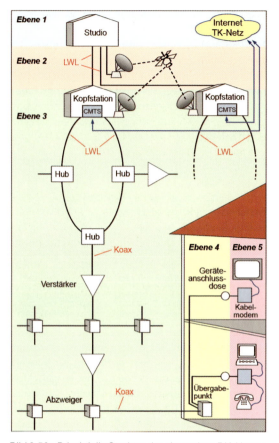

Bild 3.58: Prinzipielle Struktur des deutschen BK-Netzes

Koaxialleiter
siehe Kap. 4.1.1.2

Die hausinterne Signalverteilung erfolgt über die stationär verlegten Koaxialleitungen zwischen Übergabepunkt und den Geräteanschlussdosen (Ebene 4). Wurden früher die Anschlussdosen mehrerer Wohneinheiten seriell an einem einzigen Leitungsstrang angeschlossen, erfolgt heute die Verkabelung vom Übergabepunkt ausgehend sternförmig zu jeder Wohneinheit. An jede Geräteanschlussdose (Antennensteckdose) kann ein Teilnehmer dann mit flexiblen Koaxialleitungen seine Endgeräte anschließen (Ebene 5). Eine Anschlussdose verfügt hierzu meist über zwei getrennte Buchsen für Radio und TV, sowie eine zusätzliche Buchse für den Anschluss eines Kabelmodems (siehe unten).

Die Netzebene 3 des BK-Netzes (grüne Tönung in Bild 3.58) ist in Deutschland inzwischen im Besitz privater Netzbetreiber. Um die vorhandenen Netzstrukturen auch für den bidirektionalen Betrieb nutzen zu können, haben diese Netzbetreiber ihre Netze sukzessive mit einem Rückkanal ausgestattet. Hierzu mussten sämtliche Abzweiger und Verstärker technisch nachgerüstet werden. Der Rückkanal ermöglicht dem Teilnehmer neben dem Fernsehempfang auch den individuellen Zugang zum Internet sowie die Nutzung von Telefondiensten. Das TV-Netz hat sich damit zu einem **bidirektionalen Breitband-Kommunikationsnetz** entwickelt.

■ Die Bereitstellung von TV-Zugang, breitbandigem Internetzugang und Telekommunikation über ein gemeinsames Zugangsmedium bezeichnet man als **Triple-Play-Dienst**.

■ **CMTS**
Die Verbindung des Kabelnetzes zu allen erforderlichen Daten- und Kommunikationsnetzen (Internet, Stadtnetze, Telefon-Festnetz usw.) erfolgt über das

3.5 Broadcast-Netze

in der Kopfstelle befindliche **CMTS** (**C**able **M**odem **T**ermination **S**ystem, siehe Bild 3.58).

Das CMTS besteht aus mehreren Downstream- und Upstream-Modulatoren, die jeweils einen logischen Port bilden und die bidirektionale Verbindung zum Kabelmodem beim Teilnehmer herstellen. Seine Funktion ist vergleichbar mit einem DSLAM in einem DSL-Netzwerk (siehe Kap. 3.7). Da Up- und Downstream jeweils in unterschiedlichen Frequenzbereichen übertragen werden (Getrenntlageverfahren, siehe Kap. 4.1.7), sind für eine bestehende Duplexverbindung immer zwei physikalische Ports im CMTS pro Teilnehmer nötig. Ein CMTS kann mehrere tausend Teilnehmer verwalten.

■ **Kabelmodem**

Der Teilnehmerzugang erfolgt über das sogenannte **Kabelmodem**. Dieses Kabelmodem stellt den Netzabschluss des Kabelnetzes beim Teilnehmer dar. Es übernimmt die Anpassung der Signalisierung eines angeschlossenen Teilnehmer-Endgerätes an die Kanalstruktur des Kabelnetzes. Zusätzlich zum herkömmlichen Fernsehempfang an der Anschlussdose stellt das Kabelmodem Schnittstellen für die Telekommunikation und den Datentransfer zur Verfügung (z. B. S_0, Ethernet, USB). Die Teilnehmer-Endgeräte (Customer Premises Equipment) sind also mit dem Kabelmodem und weiterhin über das CMTS mit dem gewünschten Backbone-Kommunikationsnetz verbunden.

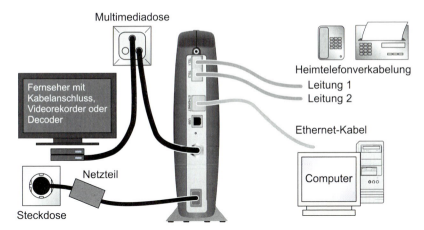

Bild 3.59: Beispiel für einen Breitbandanschluss mit Kabelmodem

Ein Kabelmodem besteht aus folgenden wesentlichen Funktionseinheiten:

Bezeichnung	Funktion
Tuner	Sender/Empfänger für die jeweils erforderlichen Frequenzen (upstream und downstream)
Diplexer	Richtungstrennung kommender und gehender Signale; vergleichbar mit der Gabelschaltung bei analogen Telefonen

Bezeichnung	Funktion
Modulator/ Demodulator	Umsetzung digitaler Daten auf die für den Upload erforderlichen Frequenzen; Umsetzung der für den Download verwendeten Frequenzen in digitale Daten
Media Access Controller	Codierung/Decodierung der zu übertragenden Daten, Fehlerkorrektur, Trennung/Zusammenführung von Internetdaten/ Telefondaten usw. und Verteilung auf die bereitgestellten Anschlüsse (z. B. Ethernet, USB, S_0 usw.); Zugriffssteuerung und Kontrolle in Verbindung mit der CPU
CPU	Gerätesteuerung und Überwachung sämtlicher Vorgänge und Funktionen

Bild 3.60: Wesentliche Funktionseinheiten eines Kabelmodems

■ **EuroDOCSIS**

Die angebotenen Triple-Play-Dienste stellen unterschiedliche Anforderungen an die bidirektionale Übertragungstechnik. Dies führte letztendlich zur Entwicklung eines gemeinsamen europäischen Standards für die bidirektionale Übertragung von Daten über das Kabelnetz.

> ■ Die europäische Version der Standardisierung von bidirektionalen Datenübertragungen im Breitband-Kabelnetz trägt die Bezeichnung **EuroDOCSIS** (Euro **D**ata **O**ver **C**able **S**ervice **I**nterface **S**pecification).

EuroDOCSIS existiert in verschiedenen Entwicklungsstufen (z. B. Version 2.0; Version 3.0) und umfasst im Wesentlichen die Festlegungen von Übertragungsfrequenzen, von Kanalbandbreiten, von unterstützten Protokollen und von verwendeten Modulationsverfahren. Darüber hinaus werden die Teilnehmerschnittstellen sowie die Anbindung des Kabelnetzes an Daten- und Kommunikations-Backbonenetze (z. B. Internet, Fernsprechnetz) festgelegt.

Hierbei sind die speziell für die Triple-Play-Dienste vorgesehenen Frequenzen eingebettet in die bereits genutzten Bereiche für die Übertragung der klassischen Radio- und Fernsehkanäle (Bild 3.61). Diese unterscheiden sich in Europa frequenzmäßig von der ursprünglichen amerikanischen DOCSIS-Spezifikation.

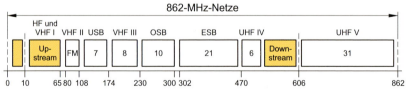

VHF: Very High Frequency
USB: unteres Sonderband (Midband)
VHF: Very High Frequency
OSB: oberes Sonderband (Superband)
ESB: erweitertes Sonderband (Hyperband)
UHF: Ultra High Frequency
Zahlenwerte: Anzahl möglicher Kanäle

Bild 3.61: Frequenzaufteilung und Frequenznutzung im BK-Netz (Koaxialkabel)

3.5 Broadcast-Netze

Der bidirektional nutzbare Frequenzbereich von 4 MHz bis 10 MHz dient der Netzwerküberwachung und dem Netzwerkmanagement. Hierüber kann der Kabelnetzbetreiber den Teilnehmeranschluss steuern und überwachen, Übertragungsbandbreiten anpassen sowie bestimmte Dienste aktivieren oder sperren (**MAC**: **M**edia **A**ccess **C**ontroller, siehe unten). Da in einem Breitband-Kabelnetz gesendete Informationen wegen seiner Baumstruktur prinzipiell von mehreren angeschlossenen Teilnehmern empfangen werden können, ermöglicht zudem die **MAC-Verschlüsselung,** die Privatsphäre der Teilnehmer untereinander zu schützen (**DES**: **D**ata **E**ncryption **S**tandard; 128-Bit-Verschlüsselung).

Der Bereich von 10 MHz bis 65 MHz ist für den interaktiven Datentransfer (z. B. Internet-Chat) und für Telefonanwendungen (VoIP bzw. „**Voice over Cable**") vorgesehen. Das speziell für den individuellen Downstream (z. B. Video on demand) reservierte Frequenzband liegt im UHF-Bereich Band IV bei etwa 530 MHz bis 600 MHz.

Im Gegensatz zu einem DSL-Anschluss, bei dem jeder Teilnehmer über eine eigene Anschlussleitung verfügt (zweiadrige Telefonleitung), sind bei einem Kabelanschluss alle Teilnehmer eines Baumes an einem gemeinsamen Übertragungsmedium angeschlossen (Koaxialleitung). Diese müssen sich dann gegebenenfalls die für den Datenverkehr reservierten Frequenzbereiche teilen (shared medium). Über diese Koaxialleitung stehen einem Teilnehmer theoretisch Datenraten bis zu 200 Mbit/s downstream (dynamische Kanalbündelung bei EuroDOCSIS 3.0) und bis zu 100 Mbit/s upstream über wesentlich größere Entfernungen zur Verfügung als bei einem DSL-Anschluss. Als Modulationsverfahren wird downstream QAM und upstream QPSK eingesetzt.

QAM, QPSK,
siehe Kap. 4.1.5

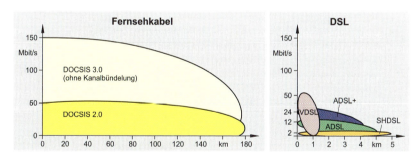

Bild 3.62: Vergleich möglicher Datenraten bei BK-Anschluss und DSL-Anschluss

3.5.4 DAB und DRM

Unter Verwendung vergleichbarer Codiertechniken wie bei DVB werden bei **Digital Audio Broadcasting** und **Digital Radio Mondiale** für die nicht leitungsgebundene Übertragung ebenfalls Gleichwellennetze eingesetzt. Die technischen Entwicklungen von DAB und DRM beruhen insgesamt auf der Grundlage der internationalen Standardisierung EN 300401.

Die Audiosignale werden hierbei zur Bitratenreduzierung einer Quellcodierung gemäß dem Standard **MPEG 1 Layer 2** unterzogen. Dieser Vorgang wird bei DAB auch als **MUSICAM-Verfahren** bezeichnet. Je nach gewünschter Audioqualität resultieren hieraus Nettobitraten für einen DAB-Sender zwischen

MUSICAM:
Masking-Pattern
Adapted Universal
Subband Integrated
Coding and Multiplexing

32 Kbit/s und 384 Kbit/s (Mono- bis nahezu CD-Qualität), standardmäßig erfolgt eine Übertragung mit 192 Kbit/s. Zusätzlich lassen sich programmbegleitende Informationen übertragen (**PAD: Programm Associated Data**). Die Bandbreite eines Kanals beträgt 1,536 MHz, die Verwendung der **OFDM-Modulation** (**O**rthogonal **F**requency **D**ivision **M**ultipexing, siehe Kap. 4.1.5) ermöglicht die störungsfreie Übertragung von bis zu sechs Sendern pro Kanal. Für die Übertragung werden unterschiedliche Frequenzbänder genutzt, schwerpunktmäßig der Bereich 47–240 MHz. Die verbesserte Variante von DAB wird als **DAB+** bezeichnet. Sie arbeitet mit dem effizienteren Kompressionsverfahren MPEG-4 AAC+ und ermöglicht die Übertragung von bis zu 25 gemultiplexten Sendern auf einem Kanal.

DMB Als technische Erweiterung von DAB kann das sogenannte **Digital Multimedia Broadcasting (DMB)** angesehen werden. DMB verwendet ebenfalls OFDM als Modulationsverfahren, jedoch mit einer einfacheren Codierung. Hierbei können Hörfunkprogramme um audiovisuelle Inhalte erweitert werden. Dieser Standard richtet sich schwerpunktmäßig an Mobilgeräte als Alternative für DVB-H. Er konnte sich jedoch bislang im europäischen Raum nicht durchsetzen, wird aber häufig von asiatischen Mobilfunkanbietern verwendet.

DRM verwendet prinzipiell die gleichen Techniken, ist allerdings wesentlich schmalbandiger ausgelegt. Hierdurch ist zwar keine UKW-Qualität erreichbar, die Übertragung ist jedoch auch hier störungsfrei möglich.

Empfänger als Erweiterung vorhandener Radio-Receiver sind ebenso auf dem Markt erhältlich wie entsprechende PC-Einsteckkarten oder Module mit USB-Anschluss. Der Empfang ist ebenfalls mit einer einfachen Stabantenne möglich.

3.5.5 Hybridnetze

Sofern ein Broadcast-Netz technisch bedingt (noch) keinen Rückkanal zur Verfügung stellen kann, besteht die Möglichkeit, einen solchen Rückkanal über andere existierende Netze bereitzustellen.

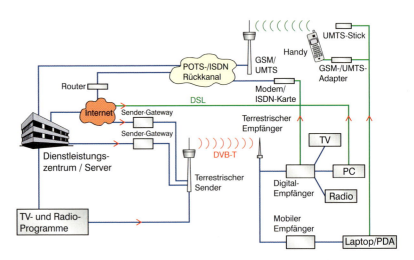

Bild 3.63: Beispiele für hybride Netzstrukturen

> Eine Kommunikationsstruktur, die für eine interaktive Kommunikation verschiedene Netzarten nutzen, bezeichnet man als **hybrides Netz**.

Als Netze für die Bereitstellung eines Rückkanals kommen infrage:
- GSM-Netz in Verbindung mit GPRS, HSCSD oder EDGE
- UMTS-Netz
- POTS bzw. ISDN
- Breitbandnetz mit Zugang über DSL

■ Aufgaben

1. Welcher Unterschied besteht zwischen einem Verteilnetz (z. B. PC-LAN) und einem TV-Broadcast-Netz?
2. Ein Kunde möchte sich über die unterschiedlichen DVB-Standards informieren.
   a) Erläutern Sie die Abkürzung und erklären Sie die unterschiedlichen DVB-Technologien.
   b) Erklären Sie die der DVB-Technik zugrunde liegenden technischen Methoden der Signalverarbeitung mithilfe einer geeigneten Skizze.
3. Beantworten Sie die folgenden Fragen zu TV-Broadcastnetzen mithilfe von Bild 3.56:
   a) Welche Signalarten werden verwendet?
   b) Welche Übertragungsmechanismen kommen zum Einsatz?
   c) Welche Zugangstechniken stehen im Anschlussbereich zur Verfügung?
   d) Welche Zuordnungen bezüglich Signalart, Übertragungsmechanismus, Backboneverbindung und Zugangstechnik ergeben sich bei einem mobilen TV-Teilnehmer?
4. Bei analogem terrestrischem TV-Empfang entstehen durch Mehrwegeempfang Bildstörungen.
   a) Was versteht man unter Mehrwegeempfang und welche Bildstörungen werden hierdurch verursacht?
   b) Erläutern Sie, durch welche Maßnahmen diese Bildstörungen beim terrestrischen DVB-Empfang verhindert werden.
5. Was versteht man unter einem Gleichwellennetz?
6. Welche Netzebenen unterscheidet man bei einem BK-Netz. Erläutern Sie diese.
7. Was versteht man unter einem Triple-Play-Dienst?
8. Was verbirgt sich hinter den Abkürzungen EuroDOCSIS und CMTS? Erläutern Sie diese.
9. Aus welchen wesentlichen Funktionsbaugruppen besteht ein Kabelmodem?
10. Erläutern Sie, welche Techniken mit den Abkürzungen DAB und DRM bezeichnet werden.
11. Was versteht man unter einem hybriden Netz?

■ 3 Öffentliche Netze und Dienste

3.6 Sonstige Netzstrukturen

3.6.1 Virtual Private Network (VPN)

■ Unter einem **Virtual Private Network (VPN)** versteht man im Allgemeinen ein in sich geschlossenes logisches Kommunikationsnetz, bei dem private Endgeräte oder lokale Firmennetze über Einrichtungen eines öffentlichen Netzes miteinander kommunizieren. Die zu übertragenden Daten werden durch entsprechende Sicherheitsmechanismen gegen unbefugte Zugriffe geschützt.

Der Betreiber des öffentlichen Netzes stellt hierbei lediglich die Infrastruktur für den Datentransport zur Verfügung.

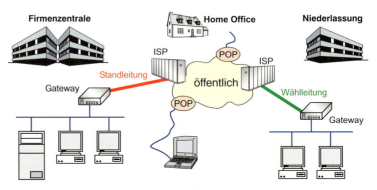

Bild 3.64: Beispiel für den Aufbau eines VPN

Auf diese Weise lassen sich beispielsweise die lokalen Kommunikationsnetze voneinander entfernter Niederlassungen einer Firma ohne große Investitionskosten für Verbindungsleitungen miteinander verbinden. Die Standorte werden in der Regel über VPN-Gateways mit dem öffentlichen Netz verbunden. Für den Anwender erscheint die gesamte Kommunikationsstruktur als ein einziges, zusammenhängendes privates Netz (daher die Bezeichnung „virtuelles privates Netz"). Mit einer entsprechenden VPN-Software (VPN-Client) ist auch die individuelle Einwahl eines Außendienstmitarbeiters in ein solches Netz weltweit über flexible Zugangstechnologien möglich (Remote-Access-VPN). Man unterscheidet folgende Anschlussszenarien:

Bezeichnung	Beschreibung
Side-to-Side	Verbindung von VPN-Gateway zu VPN-Gateway
Side-to-End	Verbindung eines VPN-Gateways zu einem (Privat)-PC
End-to-End	Verbindung eines (Privat)-PCs zu einem (Firmen)-PC, z. B. einem Server

Bild 3.65: Anschlussvarianten bei einem VPN

3.6 Sonstige Netzstrukturen

Über eine End-to-End-Verbindung ist es auch möglich, temporär ein logisch abgekapseltes virtuelles Netz nur zwischen Teilnehmern aufzubauen, die sich ebenfalls mit dem Server verbunden haben.

Die Höhe der bereitgestellten Datenrate wird in allen Fällen nur begrenzt durch die Übertragungskapazität der verfügbaren Übertragungsleitungen des Anbieters; der Anwender kann den erforderlichen Bandbreitenbedarf hierbei selbst definieren oder dynamisch konfigurieren (Bandwidth on demand). Die Verbindungen werden heutzutage in der Regel IP-basierend aufgebaut, die Übertragung ist innerhalb von ATM-Netzen oder MPLS-Netzen möglich. In Abhängigkeit von der Art der bereitgestellten Verbindungsleitungen kann man zwischen „Internet-VPN" und „Backbone-VPN" unterscheiden:

VPN	Aufbau und Eigenschaften
Internet-VPN	– verbindet Firmenstandorte zu einem Gesamtnetzwerk über das öffentliche Internet – Verbindungsaufbau über die Firmenzentrale mittels Modem, ISDN, DSL, Standleitung oder Funk, auch mobiler Zugriff über GPRS, UMTS oder WLAN – Weiterleitung der Daten erfolgt durch Auswertung von Routing-Tabellen in jedem Router – i. Allg. keine Bandbreitenreservierung, da nur freie Übertragungskapazitäten zur Verfügung stehen – Bandbreitenreduzierung durch erforderliche Verschlüsselung zum Schutz vor unberechtigtem Zugriff – Investitionskosten für Endgeräte oder Einrichtungsgebühren
Backbone-VPN	– Nutzung von nicht öffentlichen Backbone-Netzen entsprechender Anbieter – direkter Verbindungsaufbau ohne Umweg über eine Firmenzentrale möglich – Datenfluss erfolgt über fest vorgegebene Wege bei definierter Bandbreite – vereinfachtes Routing: durch den Einsatz von MPLS-Technologie erfolgt das Suchen von IP-Adressen in einer Routing-Tabelle jeweils nur am Anfang und am Ende einer Verbindung

Backbone siehe **Kap. 3.6.2**

MPLS: Multi-Protocol Label Switching

Bild 3.66: Merkmale verschiedener VPN-Realisierungen

VPN setzen in der Regel auf den Schichten 2 oder 3 des OSI-Referenzmodells auf und verwenden Tunneling-Mechanismen für den IP-Verkehr. Zum Schutz vor Datenspionage werden Verschlüsselungsmechanismen eingesetzt (IPSec, SSL, siehe Kap. 1.8.2.4).

Ähnlich wie bei der Kommunikation über öffentliche Netze können auch beliebige Clients eines Firmennetzes ein separates, speziell gesichertes und datentechnisch abgekapseltes VPN-Netz bilden. Diese Clients verwenden bis zum VPN-Gateway dieselbe physikalische Leitung wie alle anderen Clients des Netzes auch – mit dem Unterschied, dass sämtliche VPN-Netzpakete bis zum Gateway verschlüsselt übertragen werden können.

3.6.2 Metropolitan Area Network (MAN)

■ Als **Metropolitan Area Network** (**MAN**) bezeichnet man ein Backbone-Netz zur Verbindung von LANs innerhalb eines Stadt- oder Regionalbereiches.

DTAG: Deutsche Telekom AG
Datex M

Es erstreckt sich bis zu einem Durchmesser von ca. 50 km bis 100 km und liegt damit in seiner Ausdehnung zwischen einem LAN und einem WAN. Netzwerke dieser Art werden von der DTAG unter der Bezeichnung Datex M angeboten. Stadtnetze (bzw. Regionalnetze) weisen meist ringförmige Netzstrukturen auf.

CGW: Customer Gateway
EGW: Edge Gateway
IR: Inter-Router
LAN: Local Area Network
MAN: Metropolitan Area Network
NMC: Network Management Center
R: Router

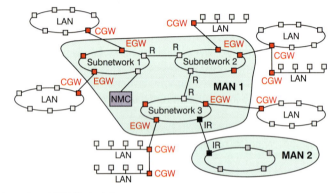

Bild 3.67: Struktur eines MAN (Beispiel)

MAN-Subnetze

Das dargestellte MAN besteht aus verschiedenen Subnetzen, die von einem **Management-Center** (NMC) verwaltet werden. Die einzelnen LANs werden an ein **Customer Gateway** (CGW) angeschlossen und über ein **Edge Gateway** (EGW) an ein Subnetz herangeführt. Die einzelnen Subnetze sind miteinander über **Router** (R) verbunden. Die Verbindung zwischen zwei MANs erfolgt über sogenannte **Inter-Router** (IR).

CGW-Schnittstellen

An einen CGW lassen sich bis zu 6 LAN anschließen. Das CGW stellt Schnittstellen gemäß IEEE 802.3 (Ethernet) und IEEE 805.5 (Token Ring) sowie eine Multibus-Einheit zur Verfügung. Über die Multibus-Einheit können auch verschiedene LAN-Typen direkt miteinander kommunizieren. Die Übertragungsgeschwindigkeit innerhalb des MAN liegt zwischen 100 Mbit/s und 10 Gbit/s.

MAN-Datenraten

Die Verbindungen zwischen den einzelnen Stationen (Router, Edge- oder Customer-Gateways) erfolgt über zwei Busleitungen, die gegenläufig in Sende- und Empfangsrichtung verwendet werden. Der Zugriff auf den Bus erfolgt konkurrierend zwischen den angeschlossenen Endgeräten. Der Zugriff wird nach dem

DQDB: distributed queue dual bus

DQDB-Verfahren geregelt, das nach IEEE 802.6 standardisiert ist. Die Daten auf dem Bus werden hierbei in Rahmen (Frames) mit einer Länge von 125 μs übertragen. Innerhalb dieser Rahmen werden die Nutzdaten in sogenannte DQDB-Slots aufgeteilt, die in ihrer Funktion und in ihrem Aufbau einer ATM-Zelle sehr ähnlich sind (DQDB-Slot: Informationsfeld mit 48 Oktett; Header mit 5 Oktett).

In einem MAN sind sowohl verbindungslose als auch verbindungsorientierte Datenübertragungen möglich. Die Datenübertragung erfolgt auf der Basis der SDH-Technologie. Als vermittelnde Techniken werden neben STM zunehmend auch Ethernet-Technologien eingesetzt (**MEN**: **M**etro **E**thernet **N**etwork).

3.6.3 Datex-P-Netz

Datex ist eine Abkürzung, die sich aus dem Begriff „**data ex**change" zusammensetzt. Der nachfolgende Buchstabe bezeichnet dann die Art des Datenaustausches. Der Buchstabe P steht in diesem Falle für Paketvermittlung.

> ■ **Datex-P** bezeichnet ein paketvermittelndes, verbindungsorientiertes Kommunikationsnetz, das auf dem Schnittstellenprotokoll X.25 basiert.

Mit dem Buchstaben X und einer durch einen Punkt getrennten Ziffernfolge werden die von der ITU als „Empfehlungen" für öffentliche Datennetze bezeichneten Spezifikationen bezeichnet. X.25 stellt eine Schnittstellenspezifikation für die Anbindung von **Datenendeinrichtungen** (**DEE**) dar und gehört zu den ersten Protokollen, die für jeden Privatkunden einen paketorientierten Zugang zu einem globalen Datennetz zur Verfügung stellt. Es ermöglicht eine kostengünstige, sichere Datenübertragung sowie – durch Zwischenspeicherung der Pakete in den Datenpaketvermittlungsstellen (DVST-P) – auch die Kommunikation zwischen Datenendeinrichtungen mit unterschiedlichen Übertragungsgeschwindigkeiten (Schichten 1 bis 3 im OSI-Referenzmodell).
Um auch nicht paketfähige Endeinrichtungen (z. B. „nicht-intelligente" Komponenten wie Kassenautomaten usw.) am Datex-P-Netz betreiben zu können, existieren Anpasseinrichtungen, die den Datenfluss dieser Endgeräte an das paketorientierte Netz anpassen. Solche Anpasseinrichtungen sind in der ITU-T-Empfehlung X.3 beschrieben, sie werden allgemein als **PAD**-Einrichtung (**P**acket **A**ssembly/**D**isassembly Facility) bezeichnet. Zwischen den Paketvermittlungsstellen wird das X.75-Protokoll verwendet.

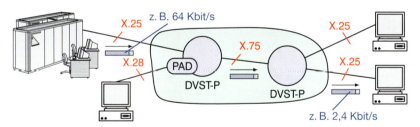

Bild 3.68: Protokollstrukturen im Datex-P

Der Informationsübertragung innerhalb des Datex-P-Netzes liegt das PTM-Verfahren zugrunde (vgl. Kap. 3.1.2 und 3.1.4). Bei Paketgrößen bis zu 256 Bytes ergaben sich ursprünglich nur Datenraten bis zu 64 Kbit/s.
Über die physikalisch vorhandene Leitung einer Teilstrecke können mehrere Verbindungen gleichzeitig realisiert werden. Hierbei handelt es sich nicht um eine durchgehende, sondern jeweils um eine virtuelle Verbindung. Ähnlich wie beim ATM-Verfahren benutzt jede Verbindung pro Übertragungsrichtung einen logischen Kanal, der durch eine entsprechende Kanalnummer gekennzeichnet ist.
Trotz der nach heutigen Maßstäben vergleichsweise geringen Übertragungsrate werden Datex-P-Netze nach wie vor unterstützt, da sie weltweit verfügbar sind. Weltweit bedeutet in diesem Fall, dass insbesondere in den

sogenannten Entwicklungsländern, die meist nicht über moderne Hochgeschwindigkeitsnetze verfügen, diese Technik in Verbindung mit Frame-Relais (siehe Kap. 3.6.4) eingesetzt wird. Zunehmend wird jedoch auch hier auf eine IP-basierende Übertragung umgestellt.

3.6.4 Frame Relay

■ **Frame Relay** (2. Schreibweise: **Frame Relais**) ist eine paketvermittelnde, verbindungsorientierte Datenübertragungstechnik, die auf X.25 aufbaut, jedoch Übertragungsraten bis zu einigen Mbit/s zur Verfügung stellt.

Durch den Verzicht auf wesentliche Kontrollelemente des X.25-Protokolls entsteht ein vergleichsweise geringer Overhead, wodurch die Nutzdatenrate steigt. Die Daten werden nicht mehr in nummerierten Frames übertragen und arbeiten ohne Fehlerkorrektur. Die Header bestehen lediglich aus einem bis zu 4 bit großen Adressfeld (Data Link Connection Identifier). Da keine Fehlerkorrektur vorhanden ist, kann das Netz den Verlust von Rahmen nicht erkennen bzw. ein neues Senden anfordern. Frame Relay wird oft als preiswertere Alternative zu einer geschalteten Standleitung eingesetzt, mehr und mehr jedoch ebenfalls durch IP-basierende Verfahren ersetzt.

3.6.5 Next Generation Network (NGN)

■ Unter dem Begriff **Next Generation Network (NGN)** versteht man allgemein das Konzept einer zukünftigen Netzstruktur, in der sämtliche bestehende verbindungslose und verbindungsorientierte Kommunikationsnetze integriert sind.

Diese Struktur zeichnet sich insbesondere durch folgende Merkmale aus:

MPLS siehe Kap. 1.8.2.4

- paketorientiertes Kernnetz (Backbone) auf der Basis von MPLS (Multi Protocol Label Switching) für möglichst alle angebotenen Dienste
- Trennung der Verbindungs- und Dienstesteuerung vom Nutzdatentransport; die Steuerung erfolgt mittels zentralem Call Server (CS), der Datentransport erfolgt IP-basierend über das Kernnetz
- Anschaltung kanalorientiert arbeitender Netze über Gateways (MGW: Media Gateway für die Nutzdaten; SGW: Signalling Gateway für die Signalisierung)
- Integration bestehender Zugangsnetze (z. B. DSL, UMTS, GPRS)
- übergreifendes einheitliches Netzmanagement
- garantierter Quality of Service (QoS), insbesondere für sämtliche Echtzeitdienste
- Realisierung zukünftiger Dienste durch den Einsatz entsprechender Applikationsserver
- Verwendung möglichst einheitlicher Technologien (Hardware und Protokollsoftware) zur Verringerung entstehender System- und Betriebskosten

Im Zusammenhang mit dem NGN und der damit verbundenen Selbststeuerung wird vielfach auch von sogenannten **Intelligent Network (IN)** gesprochen.

■ Aufgaben

1. Welche besondere Struktur weist ein VPN auf? Erläutern Sie Vor- und Nachteile eines VPN.
2. Bei einem VPN unterscheidet man die Anschlussvarianten „Side-to-Side", „Side-to-End" und „End-to-End". Erläutern Sie die Unterschiede.
3. Erläutern Sie allgemein die Struktur eines MAN sowie die Aufgaben der Komponenten, die mit den Abkürzungen CGW, EGW, NMC, R und IR bezeichnet werden.
4. Beschreiben Sie das Übertragungsverfahren innerhalb eines Datex-P-Netzes. Welcher Vorteil ergibt sich aus diesem Verfahren?
5. Welches Übertragungsprotokoll wird in einem Datex-P-Netz üblicherweise an der Teilnehmerschnittstelle verwendet? Wie unterscheidet sich dieses Protokoll von einer Übertragung mittels Frame Relay?
6. Was bedeutet die Abkürzung NGN und durch welche Merkmale ist ein NGN gekennzeichnet?

3.7 DSL-Techniken

■ **DSL** ist die Abkürzung für **D**igital **S**ubscriber **L**ine (Digitale Anschlussleitung) und bezeichnet eine Gruppe von Übertragungsverfahren, die eine breitbandige Nutzung vorhandener Telefonleitungen (Kupferdoppeladern) zwischen dem letzten Netzknoten und dem Teilnehmeranschluss ermöglichen.

Digital Subscriber Line

Die DSL-Technik ist nur auf Kupferleitungen einsetzbar und ermöglicht einen wesentlich schnelleren Datentransport als mit Modems oder ISDN-Anschlüssen erreichbar ist. Hierdurch wird die Verbindung zu einem Breitbandnetz oder ins Internet realisierbar, ohne dass eine neue Anschlussleitung verlegt werden muss.

Bei den DSL-Verfahren wird mit folgenden Bezeichnungen zwischen den beiden Übertragungsrichtungen unterschieden:

– **Upstream** für die Richtung vom Teilnehmer zum Netz und
– **Downstream** für die Richtung vom Netz zum Teilnehmer.

3 Öffentliche Netze und Dienste

DSL-Technologien Die DSL-Übertragungsverfahren werden grundsätzlich in symmetrische und asymmetrische Verfahren unterteilt:

Bezeichnung	Merkmal	Beispiele
Symmetrisches Verfahren	Die übertragbaren Datenraten sind Upstream und Downstream gleich groß.	**SDSL:** Symmetrical Digital Subscriber Line **HDSL:** High Bit-Rate Digital Subscriber Line **VDSL:** Very High Bit-Rate Digital Subscriber Line **UHDSL:** Ultra High-Speed Digital Subscriber Line
Asymmetrisches Verfahren	Die Downstream-Datenrate ist wesentlich höher als die Upstream-Datenrate.	**ADSL:** Asymmetrical Digital Subscriber Line **READSL:** Reach Enhanced Asymmetrical Digital Subscriber Line **T-DSL:** Marketingbezeichnung der Deutschen Telekom für ihr ADSL-Angebot

Bild 3.69: Unterscheidung der DSL-Übertragungsverfahren

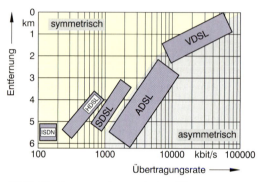

Bild 3.70: Zusammenhang zwischen Übertragungsrate und Reichweite

Bei einigen symmetrischen Verfahren lassen sich die Daten bei Bedarf auch asymmetrisch übertragen (z. B. VDSL). Zur Übertragung verwenden die verschiedenen DSL-Verfahren unterschiedliche Frequenzbereiche; dabei ist im Allgemeinen die Reichweite der Übertragung umso geringer, je höher die Übertragungsrate ist. Bei allen Verfahren wird die praktisch erreichbare Übertragungsrate bestimmt durch die frequenzabhängige Dämpfung der Leitung, den Leitungsdurchmesser sowie durch Störeinflüsse, die von Funkdiensten oder anderen elektrischen Geräten und Leitungen ausgehen können oder die durch Einkopplungseffekte (Nebensprechen) von gleichlaufenden Adern im selben Kabel verursacht werden.

3.7.1 ADSL

ADSL-Anschluss **ADSL** (**A**symmetrical **D**igital **S**ubscriber **L**ine) wurde entwickelt, um gleichzeitig mit einem analogen Telefon (**POTS**: **P**lain **O**ld **T**elephone **S**ervice) oder mit einem ISDN-Telefon einen Breitbanddienst – insbesondere einen Internetzugang – über eine herkömmliche zweiadrige Telefonanschlussleitung zu ermöglichen. Es ist das zurzeit am häufigsten eingesetzte DSL-Verfahren. Ein ADSL-Anschluss erfordert eine spezielle Anschaltung beim Teilnehmer und im Netzknoten (Bild 3.71).

3.7 DSL-Techniken

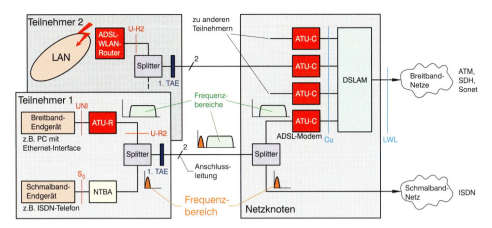

Bild 3.71: Aufbau eines ADSL-Anschlusses

Im **Netzknoten** befindet sich ein Modem mit der Bezeichnung **ATU-C** (**A**DSL **T**ransmission **U**nit **C**entral-Office), das als Zentrale des Übertragungssystems arbeitet und die für die Übertragung erforderliche Modulation/Demodulation vornimmt. Die ATU-C mehrerer Teilnehmer werden über den **DSLAM** (**DSL**-**A**ccess **M**ultiplexer) zusammengefasst und mit den vorhandenen Breitbandnetzen verbunden. Hier findet in der Regel auch der Übergang zwischen Kupferleitungen (Cu) und Lichtwellenleiter (LWL) sowie die Anpassung an die im Breitbandnetz angewandte Übertragungstechnik statt. Das ATU-C empfängt das Upstream-Signal und sendet jeweils das Downstream-Signal, das dann in einem sogenannten Splitter dem Telefonsignal überlagert und auf die Anschlussleitung gelegt wird.

Beim **Teilnehmer** trennt der **Splitter** (**BBAE** = Breit-Band-Anschluss-Einheit) das Telefonsignal vom ADSL-Signal und leitet dieses auf das **ATU-R** (**A**DSL **T**ransmission **U**nit **R**emote, auch **NTBBA** = Network Termination Breit-Band-Anschluss). Dieses empfängt das Downstream-Signal und sendet das Upstream-Signal; es wird über ein Steckernetzteil mit Spannung versorgt. An die Benutzerschnittstelle **UNI** (User Network Interface) kann ein PC mit einer entsprechenden Netzwerkkarte oder andere Breitbandgeräte angeschlossen werden (Teilnehmer 1 in Bild 3.71). Mit einem Anschluss eines ADSL-WLAN-Routers, der die von der Telekom spezifizierte U-R2-Schnittstelle des Splitters unterstützt und die Funktionen eines ADSL-Modems, eines Routers und eines WLAN-Sende-/Empfangsmoduls vereint, ist beispielsweise auch der direkte Anschluss eines WLAN möglich (Teilnehmer 2 in Bild 3.71).

Der **Splitter** ist eine Frequenzweiche und meist aus passiven Bauteilen (Widerstände, Spulen, Kondensatoren) aufgebaut, weil er dann auch bei Stromausfall funktionstüchtig und zumindest Telefonverkehr möglich ist. Er wird entweder über eine codierte RJ-11-Buchse oder über Klemmkontakte mit der Anschlussleitung verbunden. Für die Verbindung zum NTBA ist eine NFN-codierte TAE-Buchse, für den Anschluss des ADSL-Modems eine RJ-45-Buchse in den Splitter integriert. Die Verbindung zwischen Splitter und Modem ist 2-adrig. Die Entfernung zwischen ADSL-Netzabschluss (ATU-R) und Endgerät darf in Abhängigkeit vom verwendeten Kabel 100 m und mehr betragen!

Randnotizen:
ATU-C
Modem: Modulator/Demodulator
Modulation
siehe Kap. 4.1.5
DSLAM

BBAE

Splitter
passive Bauelemente siehe
**Kap. 5
„Einfache
IT-Systeme"**

3 Öffentliche Netze und Dienste

> **ADSL** ermöglicht den asymmetrischen Zugang zu einem Breitbandnetz über die vorhandene zweiadrige Telefon-Anschlussleitung bei gleichzeitiger Nutzung eines Telefondienstes.

ADSL existiert in den Varianten ADSL 1, ADSL 2 und ADSL 2+, die sich in einigen Kenngrößen voneinander unterscheiden.

Kenngrößen	ADSL 1	ADSL 2	ADSL 2+
ITU-Standard	G.992.1	G.992.3	G.992.5
Anschlussleitung	1 Cu-DA	1 Cu-DA	1 Cu-DA
Upstream	≤ 800 Kbit/s	≤ 1,2 Mbit/s	≤ 1,2 Mbit/s
Downstream	≤ 6 Mbit/s	≤ 8 Mbit/s	≤ 25 Mbit/s
Reichweite	≤ 5 km	≤ 5,5 km	≤ 1,5 km
Frequenzbereich (in Kombination mit ISDN)	138 kHz–1,1 MHz	138 kHz–1,1 MHz	138 kHz–2,2 MHz
Übertragungsverfahren	DMT	DMT	DMT

Bild 3.72: Vergleich von ADSL-Spezifikationen

Die praktisch erreichbaren Übertragungsraten hängen maßgeblich von der Leitungslänge zwischen Teilnehmeranschluss und erstem Netzknoten ab, sie sind meist geringer als die in Bild 3.72 aufgeführten Werte, die von den Netzbetreibern unter Idealbedingungen gemessen werden. Auch aus marktstrategischen Gründen werden die technisch möglichen Up- und Downstreamraten den Kunden zunächst nur begrenzt zur Verfügung gestellt.

ADSL 2 verwendet gegenüber ADSL 1 verschiedene Techniken, um bei gleichem verfügbaren Frequenzbereich die Übertragungsrate zu erhöhen. Hierzu gehören:

Sub-Channel siehe DMT-Modulation

Signal/Störverhältnis siehe Kap. 4.1.3

– Verringerung des Verwaltungsaufwandes: Gegenüber ADSL 1 mit statisch 32 Kbit/s werden die zu übertragenden Steuer- und Synchronisationsinformationen dynamisch bis auf 4 Kbit/s reduziert.
– 1-Bit-Modulation eines Sub-Channels: Sub-Channels werden bei Störungen mit minimal 1 bit moduliert und zur Übertragung genutzt, bei ADSL 1 musste mindestens eine Modulation mit 2 bit störungsfrei möglich sein, sonst wurde der Kanal bereits abgeschaltet.
– Regulierung der Sendeleistung: Die Übertragung in den Sub-Channels erfolgt lediglich mit einer so großen Sendeleistung, wie es für ein hinreichendes Signal/Störverhältnis auf der Empfangsseite erforderlich ist (Power-Cutback); hierdurch wird eine Reduzierung des Übersprechens im Kanalbündel erreicht, wodurch die Störeinflüsse geringer werden.

Auf den bei ADSL 2 verwendeten Techniken baut ADSL 2+ auf und nutzt zusätzlich den bis auf 2,2 MHz erweiterten Frequenzbereich. Hierdurch erhöht sich die übertragbare Datenrate bei kurzen Entfernungen bis auf 25 Mbit/s, bis zu einer Entfernung von 3,5 km sind noch Übertragungsraten ≤12 Mbit/s möglich. ADSL 2 und ADSL 2+ sind abwärtskompatibel zu ADSL 1.

3.7 DSL-Techniken

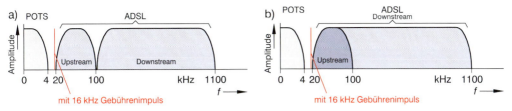

Bild 3.73: Frequenzspektrum eines POTS-kompatiblen ADSL1-Systems mit Richtungstrennung
a) durch das Frequenzgetrenntlageverfahren (ANSI 1)
b) durch das Echokompensationsverfahren (ANSI 2)

Zur Richtungstrennung der Upstream- und Downstreamsignale kann bei ADSL entweder das **Frequenzgetrenntlageverfahren** oder das **Echokompensationsverfahren** (siehe Kapitel 4.1.7) eingesetzt werden. Die beiden Verfahren unterscheiden sich in der Aufteilung des verfügbaren Frequenzbereichs.

Die Echokompensation ist aufwendiger und teurer als das Getrenntlageverfahren, bietet jedoch eine größere Reichweite, da auch Downstream die tieferen Frequenzen genutzt werden können. Beide Verfahren sind nicht kompatibel zueinander; sie entsprechen dem **ANSI**-Standard (**A**merican **N**ational **S**tandards **I**nstitute) und sind nur in Verbindung mit POTS einsetzbar (**Annex A**: ADSL-over-POTS).

Werden **ADSL** und **ISDN** kombiniert, so überlappen im Bereich von 20 kHz bis 120 kHz ihre Frequenzbänder. Denn das nationale ISDN-Band für Deutschland reicht bis 120 kHz (4B3T-Leitungscode) und das Frequenzband für Euro-ISDN reicht bis 80 kHz (2B1Q-Code).

Leitungscodes
siehe Kap. 4.1.9

Um die Anschlussleitung auch gemeinsam mit einem ISDN-Basisanschluss nutzen zu können, muss der Übertragungsbereich von ADSL eingeengt werden; dadurch verringert sich die Reichweite bzw. die maximale Übertragungsrate.

Die **ETSI** (**E**uropean **T**elecommunications **S**tandards **I**nstitute) hat hierzu ein ISDN-kompatibles ADSL-System (**Annex B**: ADSL-over-ISDN) standardisiert, bei dem die Übertragung Upstream im Frequenzbereich zwischen 138 kHz und 276 kHz unter Verwendung des Echokompensationsverfahrens erfolgt.

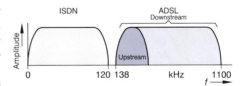

Bild 3.74: ISDN-kompatibles ADSL1-System gemäß ETSI-Spezifikation

Derartige ISDN-kompatible Systeme werden von der Deutschen Telekom unter der Bezeichnung T-DSL eingesetzt. Bei diesen Systemen betragen die standardmäßig angebotenen Übertragungsraten Downstream bis zu 16.000 Kbit/s (entfernungsabhängig ggf. auch mehr). Die Upstreamrate liegt je nach Angebot bei Werten bis zu 1024 Kbit/s. Die Telekom und auch andere Anbieter offerieren aber auch alternative Übertragungsraten. Neben den Datenraten unterscheiden sich diese hinsichtlich des Preis-Leistungsverhältnisses oder der landesweiten Abdeckung.

T-DSL

Charakteristisch für alle ADSL-Varianten ist die Anwendung eines Übertragungsverfahrens mit der Bezeichnung **DMT** (**D**iscrete **M**ultitone **T**ransmission

DMT

■ 3 Öffentliche Netze und Dienste

= diskrete Mehrträgerübertragung). Bei diesem Verfahren wird der auf der Anschlussleitung verfügbare Frequenzbereich beispielsweise bei ADSL1 in bis zu 255 einzelne schmale Frequenzbänder (Sub-Channels) zerlegt.

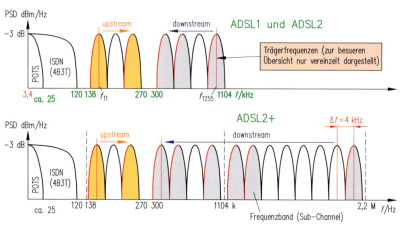

Bild 3.75: Grundprinzip der Discrete Multitone Modulation

In der Mitte eines jeden Frequenzbandes liegt die jeweilige Trägerfrequenz (f_{T1}, f_{T2} usw. siehe Bild 3.75). Der Abstand zwischen den Trägerfrequenzen beträgt ca. 4 kHz. In jedem dieser Frequenzbänder wird ein eigener Übertragungskanal aufgebaut, über den jeweils mittels Quadratur-Amplitudenmodulation (QAM) eine Datenrate von maximal 32 Kbit/s übertragen werden kann. Die zu übertragenden Daten werden hierbei vor der Modulation in ATM-Zellen (siehe Kap. 3.3) gepackt. Vor Inbetriebnahme des Systems wird jeder Kanal auf seine Übertragungsqualität geprüft.

QAM
siehe Kap. 4.1.5

Bitallokation

■ Die Qualitätsprüfung der einzelnen Kanäle in einem ADSL-System wird als **Bitallokation** bezeichnet; durch sie wird bestimmt, wie viele Bits auf jedem einzelnen Kanal übertragen werden können.

Ist die Qualität eines Kanals gut, so wird über ihn eine hohe Bitrate übertragen, ist sie schlechter, so wird eine geringere Bitrate zugeteilt. Diese Zuteilung der Bitraten für die einzelnen Kanäle erfolgt durch eine Software. Daher kann sich das System immer optimal an die Übertragungsqualität der Kanäle anpassen. Die insgesamt im System übertragene Datenrate ist die Summe der auf den einzelnen Kanälen übertragenen Bitraten. Zur Erhöhung der übertragbaren Nutzdatenrate lässt sich das standardmäßig implementierte **Interleaving** (verbesserte Fehlerkorrektur durch verschachtelte Übertragung von Datenpaketen) abschalten. Hierdurch wird die sogenannte Ping-Zeit (Hin- und Rücklaufzeit der Datenpakete) verkürzt. Diese als **FastPath** bezeichnete Option beschleunigt zwar den Download, kann unter Umständen jedoch zu vermehrt auftretenden Übertragungsfehlern führen.

Interleaving

FastPath

Neben den genannten Entwicklungen existieren weitere spezielle asymmetrische Verfahren. Hierzu gehört:

– READSL (Reach Enhanced-DSL), welches eine komplexere Aufteilung der Up- und Downstream-Freqenzbereiche verwendet, wodurch nochmals eine Reichweitenvergrößerung gegenüber ADSL 2 von bis zu 900 m erzielt werden kann. READSL ist bislang allerdings nur in Kombination mit einem analogen Telefonanschluss definiert.

Hauptanwendungsbereich für ADSL-Systeme ist die Bereitstellung eines breitbandigen Internetzugangs für den Privatkunden. Voraussetzung für die Nutzung von ADSL ist eine vorhandene Kupferdoppelader als Anschlussleitung, die lediglich von **einem** Teilnehmer genutzt wird. Besteht ein Teilnehmeranschluss über Lichtwellenleiter („Fibre to the home") ist hierüber ein Netzzugang mit DSL nicht möglich!

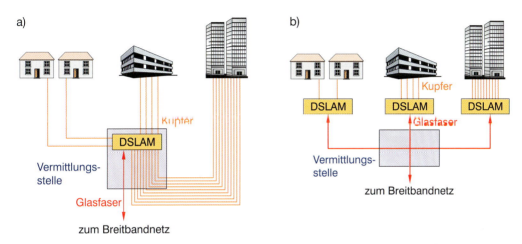

Bild 3.76: a) Zentraler DSLAM   b) Dezentrale Outdoor-DSLAMs

Bei einem DSL-Anschluss hängt der mögliche Datendurchsatz maßgeblich von der Länge der Anschlussleitung ab. Je kürzer die Kupferleitung zum Teilnehmer ist, desto größer ist die übertragbare Datenrate. Aus diesem Grunde werden anstelle eines zentralen DSLAMs in der Vermittlungsstelle (Bild 3.76a) zunehmend sogenannte **Outdoor-DSLAMs** kundennah in Straßen- oder Hausverteilern eingesetzt (Bild 3.76b).

3.7.2 VDSL

VDSL (**V**ery High Bit-Rate **D**igital **S**ubscriber **L**ine) ist ein symmetrisches Verfahren, mit dem sich aber auch Daten asymmetrisch übertragen lassen, sodass eine Kompatibilität zu ADSL 2/2+ gegeben ist.
VDSL 1 nutzt in der Regel das Frequenzband zwischen 138 kHz und 12 kHz, welches in zwei Downstream- und zwei Upstreambereiche aufgeteilt ist, VDSL 2 verwendet Frequenzen bis 30 MHz. Bei der LR-VDSL-Technik (**L**ong **R**each-VDSL: VDSL für lange Reichweiten) beginnt das genutzte Frequenzband bereits bei 25 kHz. Neben den dargestellten Bandaufteilungen sind auch andere Bandprofile einstellbar, sodass VDSL 2 und LR-VDSL auch kompatibel zu ADSL 2/2+ betrieben werden kann. Ein entsprechender VDSL-2-

■ 3 Öffentliche Netze und Dienste

Chipsatz bietet somit sämtliche technischen Voraussetzungen, sowohl als VDSL-2- als auch als ADSL-2/2+-Baustein zu arbeiten. Dies erlaubt den Betreibern einen problemlosen Wechsel zwischen den in einem Netz eingesetzten Verfahren mit nur einer einzigen Chip-Technologie.

Die hohen symmetrischen Datenraten bei VDSL 2 lassen sich nur auf wenigen hundert Metern erreichen.

	VDSL 1	VDSL 2	LR-VDSL
ITU-Standard	G.993.1	G.993.2	G.993.3
Frequenzbereich	138 kHz–12 MHz	138 kHz–30 MHz	25 kHz–30 MHz
Bandaufteilung (Beispiele)	up/down/up/down 0,138 3,75 5,2 8,5 12 Frequenz in MHz	up down up down up 0,138 3,75 5,2 8,3 21,567 30 Frequenz in MHz	up down up down 0,025 3,75 5,2 8,5 30 Frequenz in MHz
Reichweite	≤ 350 m ≤ 1,5 km	≤ 350 m ≤ 1,5 km ≤ 5 km	≤ 350 m ≤ 5 km
Up/Downstream (symmetrisch)	≤ 50/50 Mbit/s ≤ 10/10 Mbit/s	≤ 100/100 Mbit/s ≤ 30/30 Mbit/s ≤ 6/6 Mbit/s	≤ 100/100 Mbit/s ≤ 8/8 Mbit/s
Up/Downstream (asymmetrisch)	≤ 1/100 Mbit/s ≤ 1/10 Mbit/s	ADSL 2/2+ kompatible Datenraten	ADSL 2/2+ kompatible Datenraten
Modulationsverfahren	QAM oder DMT	DMT	DMT

Bild 3.77: Kenngrößen verschiedener VDSL-Verfahren

BK-Netze
siehe Kap. 3.5.3

Im Gegensatz zu Breitbandzugängen über Fernsehkabel oder drahtlose Zugangstechniken handelt es sich bei VDSL aber um eine Punkt-zu-Punkt-Verbindung. Die angebotenen Datenraten von bis zu 100 Mbit/s stehen somit jedem Teilnehmer garantiert zur Verfügung und sind nicht abhängig von der Anzahl der gleichzeitig aktiven Teilnehmer (Quality of Service). Hiermit lassen

Triple-Play-Dienste

sich die gewinnversprechenden sogenannten **Triple-Play-Dienste** (Sprache, Daten und Video) uneingeschränkt vermarkten.

3.7.3 Sonstige DSL-Verfahren und -Anwendungen

HDSL (**H**ighbitrate **DSL**) ist ein symmetrisches Verfahren; es arbeitet mit Übertragungsraten von 144 Kbit/s bis zu 2048 Kbit/s, allerdings abhängig von der Leitungslänge und dem Adernquerschnitt (typisch: bis zu 2 km). Durch den Einsatz von Repeatern lässt sich die überbrückbare Entfernung wesentlich vergrößern. Die Datenübertragung kann auf einem Adernpaar oder verteilt auf mehrere Adernpaare erfolgen; bei mehrpaariger Übertragung summieren sich die Einzel-Übertragungsraten. Das Hauptanwendungsgebiet für HDSL-Systeme ist die Verbindung und Vernetzung von Firmen. Durch die bidirektionale Übertragung der Daten ermöglicht es Videokonferenzen und LAN-Kopplungen.

Mittels **UHDSL** (Ultra Highbitrate DSL) lassen sich bis zu 100 Mbit/s über eine Entfernung bis zu 400 m vollduplex übertragen.

Der Begriff **SDSL** kann zwei unterschiedliche Bedeutungen haben: Symmetric oder Single-Line DSL. Innerhalb Europas ist die unter der Bezeichnung SDSL geführte Technologie eine Erweiterung von HDSL und bietet skalierbare Bandbreiten zwischen 256 Kbit/s und 2,3 Mbit/s auf einer Entfernung bis zu 2,5 km über eine Kupferdoppelader. Bei Transferraten bis zu 1 Mbit/s sind größere Entfernungen als mit ADSL überbrückbar (bis zu 6 km). Up- und Downstream belegen zusammen den Frequenzbereich von 0 bis 387 kHz. SDSL kann also nicht gleichzeitig mit einem Telefonanschluss betrieben werden, sondern wird beispielsweise von der Deutschen Telekom als reiner Datenanschluss ohne physikalische Kopplung an einen herkömmlichen Telefonanschluss angeboten. Abgerechnet wird hierbei nicht die Nutzungsdauer, sondern der tatsächliche Datentransfer. SDSL kommt zum Einsatz in Multimediaanwendungen und zur LAN-Kopplung.

VoDSL

Mit dieser Technik lassen sich Telefongespräche bei gleichzeitigem Internetzugang über eine einfache zweiadrige Kupferleitung übertragen. Die Leitung vom Teilnehmer zur Vermittlungsstelle wird an beiden Enden ohne Verwendung eines Splitters jeweils auf ein digitales Modem geführt. Ein Splitter ist hierbei nicht mehr erforderlich, weil die Sprachsignale in Form von digitalen Sprachpaketen direkt in den DSL-Datenstrom eingeschleust werden (VoIP siehe Kap. 3.7.4).

Der Paketstrom mit Sprach- und Datenpaketen gelangt von der Vermittlungsstelle beispielsweise über ein ATM-Netz auf ein Gateway, in dem Daten und Sprache getrennt werden. Der Datenstrom wird auf ein IP-Netz geleitet, der Sprachverkehr gelangt z. B. in das Telefonnetz (PSTN).

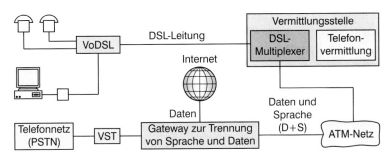

Bild 3.78: VoDSL-Anschlusskonfiguration

TVoDSL

Infolge der Weiterentwicklung moderner Komprimierungsverfahren (z. B. MPEG-4) ist es möglich, Fernsehprogramme in klassischer PAL-Fernsehnorm mit Datenraten unter 1 Mbit/s ohne Qualitätseinbußen über einen DSL-Anschluss zu übertragen. Damit ergibt sich gleichzeitig eine Lösung für den beim interaktiven Fernsehen notwendigen Rückkanal (siehe auch Kap. 3.5).

Beim Teilnehmer erfolgen in einer DSL-Set-Top-Box die Decodierung und die Umsetzung der digitalen in analoge Signale zum Anschluss an einem Fernsehempfänger.

■ SkyDSL, SatellitenDSL

SkyDSL ist ursprünglich eine Marketingbezeichnung für einen asymmetrischen unidirektionalen breitbandigen Internetzugang über einen geostationären Satelliten (siehe Kap. 3.10.1.1); allgemein wird die Bezeichnung **SatellitenDSL** verwendet.

Übertragungstechnisch handelt es sich hierbei jedoch nicht um eine DSL-Technologie, die ja bekanntlich an die Übertragung über eine Kupferleitung gebunden ist! Die breitbandige Internetzugangstechnik via Satellit stellt insbesondere für Gegenden ohne schnelle terrestrische DSL-Leitungen eine Alternative dar.

Hierbei existieren am Markt zwei unterschiedliche technische Lösungskonzepte.

Ein-Wege-Technik	– nur der Download von Daten aus dem Internet wird über Satellit realisiert – Download-Datenrate: bis zu 36.000 Kbit/s (je nach Anbieter ggf. auch höher) – der Upload erfolgt herkömmlich über ISDN oder UMTS (Hybridnetz, siehe Kap. 3.5.5)
Zwei-Wege-Technik	– sowohl der Download als auch der Upload erfolgen über Satellit – Download-Datenrate: bis zu 4.000 Kbit/s – Upload-Datenrate: bis zu 2.000 Kbit/s (beides je nach Anbieter ggf. auch höher)

Bild 3.79: Techniken bei SatellitenDSL

Der Empfang ist jeweils mit einer handelsüblichen Satellitenschüssel und einer entsprechenden PC-Empfangskarte möglich. Bei der Zwei-Wege-Technik sind zusätzliche Investitionen für eine entsprechende Sendeanlage (Rückkanal) erforderlich. Wegen der großen zu überbrückenden Entfernungen zum Satelliten ist mit Verzögerungszeiten von ca. 250 ms zu rechnen (hohe Ping-Zeiten). Anders als bei DSL über Kupferleitung müssen sich bei SatellitenDSL alle aktiven Teilnehmer die Gesamtkapazität des Satelliten teilen. Um Engpässe zu vermeiden, besteht bei allen Anbietern daher eine sogenannte **Fair Use Policy**. Diese erlaubt den Anbietern, die Übertragungsgeschwindigkeit bei Usern mit überdurchschnittlichem Download-Volumen zu drosseln.

3.7.4 Voice over IP (VoIP)

Mit **Voice over IP** wird allgemein die Möglichkeit des Telefonierens über IP-basierende Netze bezeichnet. Neben den im Vergleich zum herkömmlichen Telefonnetz (**PSTN: P**ublic **S**witched **T**elephone **N**etwork) anfallenden geringeren Verbindungsgebühren stellt der Einsatz der IP-Telefonie einen weiteren

3.7 DSL-Techniken

Schritt zur angestrebten Konvergenz der Netze („Everything over IP") und damit die Integration der wichtigsten Kommunikationsform in computergestützten Anwendungen dar. Neben Sprache lassen sich hierbei zugleich weitere multimediale Daten per IP-Verbindung austauschen (Video over IP, verteiltes kooperatives Arbeiten usw.). Allerdings stellt die Integration von Sprache und Daten das gemeinsam genutzte IP-Netz vor die schwierige Aufgabe, Dienste mit völlig unterschiedlichem Verkehrsverhalten über eine Leitung übertragen zu müssen. Die Integration von zeitkritischen Diensten wie Sprache, Streaming, Audio und Video ist zum Teil mit neuartigen Anforderungen an die Netzinfrastruktur verbunden.

■ Als **zeitkritisch** bezeichnet man einen Dienst, bei dem bereits kleine Verzögerungszeiten während der Übertragung zu einem Qualitätsverlust führen bzw. als störend empfunden werden.

Die grundsätzliche Funktionsweise von VoIP zeigt Bild 3.80.

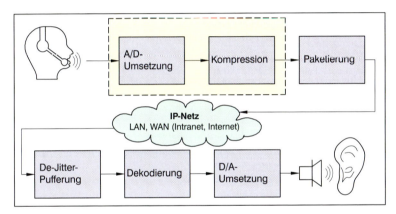

Bild 3.80: Grundsätzliche Funktionsweise von VoIP

Die menschliche Sprache wird zunächst wie bei einem herkömmlichen Telefon mit einem Mikrofon in ein analoges elektrisches Signal umgewandelt. Ein Analog/Digital-Wandler erzeugt hieraus einen Bitstrom, der anschließend mehrfach komprimiert wird. Beide Vorgänge zusammen werden in der Praxis von einem sogenannten **Encoder**-Chip vorgenommen. Anschließend wird der konstante Bitstrom von einem Paketierer in IP-Pakete umgewandelt, die schließlich über ein IP-Netz übertragen werden.

Wandler
Kap. 4.1.4

Komprimierungsverfahren
siehe Kap. 4.1.6

Beim Empfänger werden diese Pakete zunächst in einem Puffer zwischengespeichert. Dies ist erforderlich, da in einem paketorientierten Netz die Wege der einzelnen Pakete nicht grundsätzlich vorherbestimmt werden können und sich hierdurch Schwankungen der Laufzeitverzögerung ergeben können, was wiederum einen Einfluss auf die Wiedergabequalität hat.

■ Die Schwankung der Laufzeitverzögerung verschiedener Pakete wird als **Jitter** bezeichnet.

403

■ 3 Öffentliche Netze und Dienste

Durch die Pufferung wird sichergestellt, dass an die nachfolgenden Decodier- und A/D-Wandeleinheiten ein kontinuierlicher (= isochroner) Datenstrom abgegeben werden kann. Ein Lautsprecher wandelt die elektrischen Signale dann wieder in akustische Signale um.

Um eine optimale Sprachübertragung zu realisieren, sollte die Signallaufzeit gemäß einer ITU-Empfehlung maximal 100 ms und die Jitterzeit höchstens bis zu 10 ms betragen. Wegen der erforderlichen Signalbearbeitung sowohl im Sender als auch im Empfänger ergeben sich zusätzliche Verzögerungen, die in Summe mit der reinen Übertragungszeit durchaus Werte größer 1 Sekunde annehmen können (Bild 3.81).

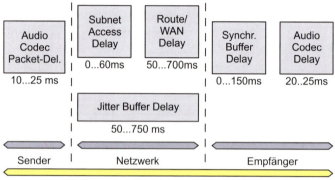

Bild 3.81: Verzögerung bei VoIP-Übertragung

Durch den Einsatz entsprechender Gateways werden auch Sprechverbindungen zwischen einem IP-basierenden Datennetz und dem öffentlichen Telefonnetz (PSTN, ISDN) ermöglicht.

Bei VoIP werden Telefonnummern zu IP-Adressen; Sprache wird nicht mehr wie bei ISDN über geschaltete Leitungen vermittelt, sondern digitalisiert in Form von Datenpaketen bis zur gewünschten Zieladresse geroutet. Mit einer vergebenen eindeutigen IP-Adresse ist man auch nicht mehr an einen bestimmten Standort gebunden.

PSTN: Public Switched Telephone Network

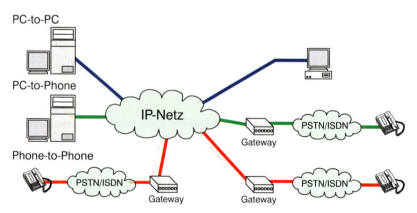

Bild 3.82: Anwendungsmöglichkeiten von VoIP

3.7 DSL-Techniken

IP-Netze verwenden vom Grundsatz her allerdings keine Signalisierung wie bei Anwendungen im herkömmlichen Telefonnetz erforderlich. Vor der eigentlichen Informationsübertragung müssen aber auch in IP-Netzen bestimmte Parameter festgelegt werden. Hierzu gehören neben der Auswertung der Rufnummer eines gewünschten Ziels der Austausch von Codierverfahren oder Informationen über die erforderliche Bandbreite. Hierfür haben sich – neben herstellerspezifischen Signalisierungsprotokollen – für VoIP-Anwendungen allgemein die Protokolle **H.323** und **SIP** etabliert. Der H.323-Standard wurde von der ITU-T entwickelt und beinhaltet die technischen Voraussetzungen für die multimediale Kommunikation über Netzwerke, die selbst keinen „Quality-of-Service", also keine Dienstgüte zur Verfügung stellen. Das **Session Initiation Protocol (SIP)** ist ein von der IETF entwickeltes Signalisierungsprotokoll auf Anwendungsebene (OSI-Schicht 5–7). Beide Protokolle sind nicht kompatibel zueinander. Für die Signalisierung ist in jedem Fall ein eigener Kommunikationsweg im IP-Netz erforderlich.

H.323 und SIP
siehe Kap. 1.4.4.8

Zu den erforderlichen Elementen einer H.323- bzw. SIP-Umgebung gehören:

Bezeichnung	Erläuterung
Terminal	„Multimedialer Endpunkt" einer Kommunikationsverbindung (z. B. IP-Telefon, Software mit Telefoniefunktion), der die erforderlichen Audio- bzw. Video-Codecs sowie die Signalisierung unterstützt; gemäß H.323 muss ein Terminal mindestens die Sprachübertragung unterstützen.
Gateway	Verbindungselement zwischen dem IP-Netz und einem anderen Netztyp (z. B. leitungsvermittelndem Netz ISDN); hierbei verhält sich das Gateway in jedem der Netze wie ein Terminal; Aufgabe: „Übersetzungs- und Anpassfunktionen" (Transcodierung) der Mediaströme für Sprache und Video sowie der Signalisierung (**MGCP**: **M**edia **G**ateway **C**ontrol **P**rotocol); kann Verbindungen zu beiden Netztypen auf- und wieder abbauen.
Gatekeeper/ SIP-Proxy	Optionale Komponente, da innerhalb eines LAN auch direkte Verbindungen von Terminal zu Terminal möglich sind (direct routed call). Sofern vorhanden, erfüllt ein Gatekeeper folgende Aufgaben: – Terminal-Registrierung – Steuerung von Verbindungsauf- und -abbau zwischen registrierten Terminals – Steuerung des Bandbreitenmanagements – Aushandeln von Leistungsmerkmalen (vergleichbar mit den Dienstmerkmalen bei ISDN) – Adressumsetzung: Umsetzung von Alias-Namen nach IP-Adressen und/oder E.164-Adressen (ENUM: Electronic Numbering, RFC 2916: globale Nummerierung in Telekommunikationsnetzen), z. B. 10.121.12.99/16 nach 0241/12345678
Multipoint Control Unit (MCU)	Erforderlich bei Sprach- und Videokonferenzen mit mehr als zwei Terminals; besteht aus Multipoint Controller (MC) und Multipoint Processor (MP). MC: – Aushandeln der Terminaleigenschaften – Steuerung der Konferenz MP: – Mixen, Switchen und Verarbeiten von Sprache, Daten und Video

Bild 3.83: Komponenten einer H.323-Umgebung

■ 3 Öffentliche Netze und Dienste

In Bild 3.84 ist die grundsätzliche VoIP-Netzstrukur prinzipiell dargestellt.

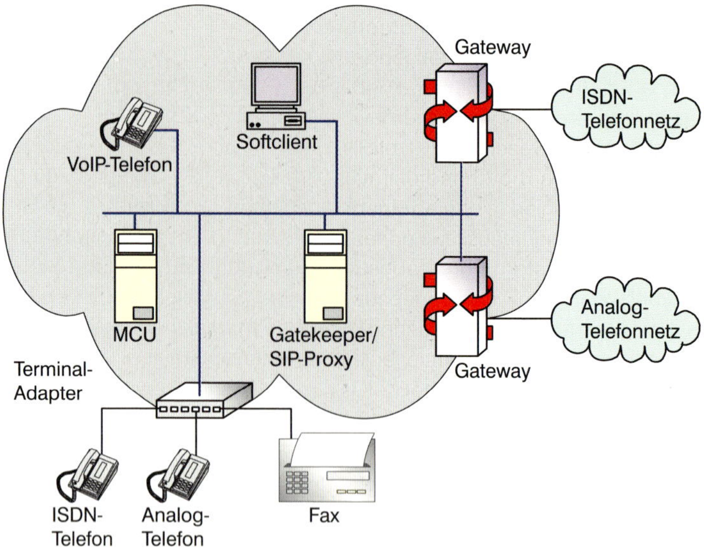

Bild 3.84: Komponenten einer VoIP-Umgebung

Die Sprachdaten werden bei VoIP mittels UDP unter Einbeziehung von RTP (**R**ealtime **T**ransport **P**rotocol) und RTCP (**R**ealtime**T**ransport **C**ontrol **P**rotocol) übertragen. SIP vermag sowohl VDP als auch TCP als Transportmedium zu nutzen. Der Bandbreitenbedarf einer VoIP-Verbindung beträgt bei Verwendung eines G.711-Codecs ohne Berücksichtigung der erforderlichen Signalisierung ca. 165 Kbit/s.

SIP-Terminals können auch mit H.323-Endgeräten kommunizieren, sofern ein spezielles Gateway dazwischengeschaltet ist, das die Umsetzung der SIP-Kommandos in entsprechende H.323-Befehle vornimmt.

Unabhängig vom verwendeten Protokoll besteht bei der IP-Telefonie das Sicherheitsproblem, dass es ohne großen Aufwand möglich ist, sich in eine Multimediakommunikation einzuschalten, sodass ohne entsprechende Schutzmaßnahmen ein Abhörschutz nicht gegeben ist. Neben einer Reihe herstellerspezifischer Verfahren bietet der Einsatz von IPSEC eine Ende-zu-Ende-Verschlüsselung, die unabhängig von der gewählten VoIP-Applikation ist.

IPSEC
siehe Kap. 1.8.2.4

Damit ein Teilnehmer bei einer IP-basierenden Kommunikation weiterhin die ihm bekannten E.164-Rufnummern (ISDN-Rufnummern, siehe Kap. 3.2.5) verwenden kann, wird für die IP-Adressierung **ENUM** (Te**l**ephone **Nu**mber **M**apping) eingesetzt. In der Spezifikation RFC 3761 zu ENUM wird das Verfahren zur Umwandlung von Telefonnummern zu einer IP-Adresse beschrieben. Bild 3.85 zeigt prinzipiell die einzelnen Schritte am Beispiel der Telefonnummer +4921474757.

3.7 DSL-Techniken

Umwandlungsschritte	Ergebnis
Entfernen aller nichtnumerischen Zeichen	4921474757
Einsetzen von Punkten zwischen den Ziffern	4.9.2.1.4.7.4.7.5.7
Umkehren der Reihenfolge	7.5.7.4.7.4.1.2.9.4
Anfügen der Zeichenfolge „e164.arpa"	7.5.7.4.7.1.2.9.4.e164.arpa

Bild 3.85: Umwandlung einer E.164-Rufnummer in eine IP-Adresse

■ Wireless VoIP

Eine ideale Ergänzung findet WLAN in VoIP. WLAN ermöglicht den drahtlosen Datenaustausch, z. B. über WLAN-fähige Notebooks oder PDAs. In Verbindung mit VoIP verwandeln sich diese zu mobilen Endgeräten mit Telefonfunktion. Durch das sogenannte Wireless VoIP wird jeder Hotspot zu einer Telefonzelle.

■ Aufgaben

1. Ein Kunde verfügt über einen ISDN-Basisanschluss und möchte sich über einen gleichzeitigen ADSL-Netzzugang informieren. Skizzieren Sie eine mögliche Anschlussvariante mit allen erforderlichen Baugruppen, die beim Kunden zu installieren sind. Erläutern Sie die Funktionen dieser Baugruppen und geben Sie zugehörige technische Daten an.
2. Welche Funktionen haben die Baugruppen ATU-C und DSLAM?
3. Bei der Kombination von ISDN und ADSL gemäß ANSI-Spezifikation kommt es in einem gewissen Frequenzbereich zu Überlappungen der beanspruchten Frequenzbänder. Erläutern Sie diesen Sachverhalt mit einer Skizze. Welche technische Maßnahme beseitigt diese Problematik bei T-DSL?
4. Welche Unterschiede bestehen zwischen den Standards ADSL1, ADSL 2 und ADSL 2+?
5. Erläutern Sie das der ADSL-Technik zugrunde liegende DMT-Übertragungsverfahren.
6. Bei welcher Anschlusskonfiguration werden sogenannte Outdoor-DSLAMs eingesetzt? Welche Vorteile ergeben sich dadurch?
7. Vergleichen Sie die technischen Leistungsmerkmale von ADSL 2 mit denen von VSDL 1 und VDSL 2. Erstellen Sie hierzu eine entsprechende Tabelle.
8. Welcher Unterschied besteht grundsätzlich zwischen der Übertragung von Sprache über ISDN und der Sprachübertragung mittels VoIP?
    a) Welche Probleme ergeben sich bei der Sprachübertragung mittels VoIP und wodurch werden sie verursacht?
    b) Nennen Sie die Vorteile von VoIP.
9. Benennen Sie die erforderlichen Hardwarekomponenten einer VoIP-Umgebung und erläutern Sie deren Funktionen.
10. Was versteht man unter der Abkürzung ENUM? Erläutern Sie das mit dieser Abkürzung bezeichnete Verfahren.

3.8 Powerline Communication (PLC)

■ **PLC** ist die Abkürzung für **Powerline Communication** und bezeichnet allgemein eine Technik, die eine Datenkommunikation über vorhandene elektrische Energieversorgungsleitungen ermöglicht. Mit dieser Technik kann einerseits im Anschlussbereich eine Verbindung eines Gebäudes mit öffentlichen Kommunikationsnetzen (z. B. Internet, Telefonnetz) realisiert werden (**Access Power Line**); sie kann andererseits aber auch zur Kommunikation innerhalb eines Gebäudes eingesetzt werden (**Inhouse Power Line**).

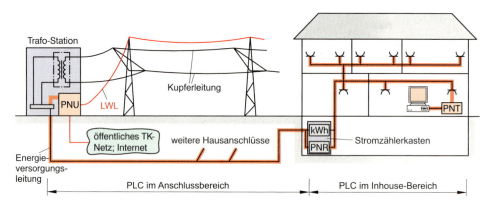

Bild 3.86: Grundprinzip von PLC

Der **Anschlussbereich** umfasst hierbei die Leitungen zwischen der Trafostation, in der die Versorgungsspannung des Energieversorgungsnetzes auf 230/400 V heruntertransformiert wird, und dem Stromzählerkasten beim Kunden. Dieser Teil des elektrischen Leitungsnetzes weist eine Baumtopologie auf und ist Eigentum des zuständigen **V**erteil**n**etz**b**etreibers (**VNB**).

Der **Inhouse-Bereich** besteht prinzipiell aus sämtlichen elektrischen Leitungen und Einrichtungen (z. B. Steckdosen, Schalter, Verteiler), die im Rahmen der Elektroinstallation in einem Wohngebäude verlegt worden sind. Diese Leitungen gehören dem jeweiligen Hauseigentümer.

3.8.1 PLC im Anschlussbereich

Das bestehende Energieverteilnetz ist für die Übertragung elektrischer Energie bei einer Frequenz von 50 Hz optimiert (z. B. Leiterquerschnitt, Isolierung, Verlegung). Im Anschlussbereich wird die Energieversorgungsleitung zu den einzelnen Gebäuden mittels Access Power Line zusätzlich zur Informationsübertragung verwendet.

Shared Medium

Die Verbindung mit öffentlichen Kommunikationsnetzen erfolgt in der Trafostation (**PNU** = **P**owerline **N**etwork **U**nit); hier befinden sich die Schnittstellen zum Internet, zum öffentlichen TK-Netz und gegebenenfalls auch zu einem vom VNB betriebenen Weitverkehrsnetz, das mit Lichtwellenleitern (LWL) entlang der Hochspannungsleitungen des Verbundnetzes verlegt ist. Alle an einem Versorgungsstrang angeschlossenen Hausanschlüsse müssen sich die maximal mögliche Übertragungsrate der Leitung teilen („Shared Medium"). Die zeitliche Zuordnung der vorhandenen Übertragungsrate auf die einzelnen Teilnehmer erfolgt durch ein leistungsfähiges Bandbreitenmanagement von der PNU aus. Um die Daten möglichst störungsfrei über die Stromleitung transportieren zu können, werden unterschiedliche Übertragungsverfahren angewendet, z. B. **DMT** (**D**iscrete **M**ulti**T**one) oder **OFDM** (**O**rthogonal **F**requency **D**ivision **M**ultiplexing).

DMT: siehe Kap. 3.7.1
OFDM: siehe Kap. 4.1.5

Den Übergang vom Anschlussnetz zum Inhouse-Bereich bildet ein Signalumsetzer (**PNR** = **P**owerline **N**etwork **R**epeater) zur Überbrückung des Stromzählers und zur Entkopplung des Inhouse-Netzes. Die Verteilung der Datenströme im Haus ist dann prinzipiell ebenfalls über die vorhandenen Stromleitungen möglich. Hierzu benötigen die Endgeräte jeweils einen Adapter (**PNT**: **P**owerline **N**etwork **T**ermination, Bild 3.86), der die Datenströme aus der Netzspannung herausfiltert. So besteht praktisch an jeder Steckdose ein Zugang zum Internet.

Bei der Nutzung der Leitungen im Anschlussbereich können Frequenzen bis ca. 30 MHz (Kurzwellenfunkbereich) verwendet werden. Hierbei lassen sich bis zu 2 Mbit/s über mehrere Kilometer übertragen. Wegen der großen Entfernungen sind hierzu vergleichsweise hohe Signalpegel (Sendeleistung mehrere Watt) erforderlich.

Allerdings ist dieser Frequenzbereich gemäß den „Verwaltungsvorschriften für die Frequenznutzung" bereits in 165 Teilbereiche aufgeteilt, die 25 verschiedenen Funkdiensten zugewiesen sind (z. B. Amateurfunk, Mobilfunk u. a.).

Um Störungen dieser Dienste auszuschließen, hat der Deutsche Bundesrat am 30. März 2001 die „Frequenzbereichs-Zuweisungsplanverordnung" (FreqBZPV) und die darin enthaltene „Nutzungsbestimmung 30" (NB 30) verabschiedet. Darin sind die **zulässigen Grenzwerte von Störabstrahlungen** von Leitern bei Frequenzen zwischen 9 kHz und 3 GHz festgelegt. Die Sendeleistungen, mit denen die PNU die Datenströme in der Trafostation einspeist, werden hierdurch stark begrenzt, sodass keine höheren Übertragungsraten über längere Strecken möglich sind.

NB 30

Dadurch konnte sich PLC bislang im Zugangsbereich gegen die DSL-Techniken nicht durchsetzen.

3.8.2 PLC im Inhouse-Bereich

Die im Inhouse-Bereich eingesetzte Technik zur Datenkommunikation über die vorhandenen Stromleitungen unterscheidet sich maßgeblich von der Übertragung auf der Anschlussleitung, da hier die Leitungslängen wesentlich kürzer sind und somit wesentlich geringere Signalpegel erforderlich sind (Sendeleistung $\leq$ 200 mW).

International existieren mehrere Vereinigungen namhafter Entwicklungs- und Vertriebsfirmen von PLC-Komponenten, die sich mit der Standardisierung von Inhouse-Powerline beschäftigen (z. B. **OPERA**: **O**pen **P**LC **E**uropean **R**esearch **A**lliance; **UPA**: **U**niversal **P**owerline **A**ssociation; oder die **HomePlug Power Alliance**). Diese Gremien haben zum Teil unterschiedliche Standards entwickelt, beispielsweise seitens der UPA den **DHS-Standard** (**D**igital **H**ome **S**tandard) oder von der HomePlug Power Alliance den gleichnamigen

http://www.ist-opera.org/
http://www.upaplc.com/
http://www.homeplug.org/

■ 3 Öffentliche Netze und Dienste

HomePlug-Standard, der auf Patenten der Firma Intellon basiert. Die entwickelten Standards waren in der Vergangenheit jedoch untereinander nicht immer kompatibel.

Bei dem in Europa weitverbreiteten **HomePlug-Standard** unterscheidet man die Spezifikationen HomePlug 1.0 und HomePlug AV (**AV**: **A**udio **V**ideo); beide weisen unterschiedliche technischen Daten auf (Bild 3.87).

Standard	HomePlug 1.0	HomePlug AV
Frequenzbereich	4,3–20,9 MHz	2–32 MHz
Kanalzahl	84 (*)	917 (*)
Max. Übertragungsrate (brutto)	≤ 14 Mbit/s	≤ 200 Mbit/s
Reichweite (theor./prakt.)	≤ 300 m/≤ 200 m	≤ 300 m/≤ 200 m
Zugriffsverfahren	CSMA/CD	TDMA
Modulationsverfahren (siehe Kap. 4.1.5)	OFDM	OFDM
Verschlüsselung	DES mit 56 bit	AES mit 128 bit
Triple Play	nein	ja

DES: **D**ata **E**ncryption **S**tandard
AES: **A**dvanced **E**ncryption **S**tandard
siehe Kap. 1.8.2.5

(*): verschiedene Frequenzbereiche sind hierbei herausgefiltert; herstellerabhängig können die Werte geringfügig abweichen

Bild 3.87: technische Daten des HomePlug-Standards

Die genannten Frequenzbereiche werden nicht durchgängig für die Datenübertragung verwendet. Mit speziellen Filterschaltungen (sog. Kerbfilter bzw. Notchfilter) werden bestimmte Frequenzbereiche ausgeblendet, die andere Funkdienste stören könnten (z. B. 20-Meter-Amateurfunkbereich, 14–14,35 MHz). Die aufgeführten Übertragungsraten sind entfernungsabhängig; vorhandene Störeinflüsse (z. B. Schaltvorgänge im Netz, elektronische Dimmer, Überspannungsableiter in Mehrfachsteckdosen) können die Übertragungsraten zusätzlich verringern.

In der nächsten Entwicklungsstufe werden dann Geräte angeboten, die je nach Hersteller theoretisch bis zu 500 Mbit/s über nahezu 500 m übertragen können.

■ Die **HomePlug-Technologie** ermöglicht die Datenkommunikation über die vorhandenen 230-V-Energieversorgungsleitungen im Heimbereich. Zur Datenübertragung werden die Datenendgeräte mit entsprechenden **HomePlug-Adaptern** mit dem Energieversorgungsnetz verbunden. Die Adapter werden auch unter der Produktbezeichnung **dLAN-Adapter** vermarktet (dLAN: **d**irect **L**ocal **A**rea **N**etwork).

dLAN ist eine eingetragene Produktbezeichnung der Firma devolo AG

3.8 Powerline Communication (PLC)

Die HomePlug-Technik stellt selbst keine direkte Verbindung zu einem externen Kommunikationsnetz (z. B. Internet) her. Hierzu ist ein separater Internetzugang in einem Gebäude erforderlich (z. B. ein DSL-Anschluss).

Das vorhandene Internet-Modem (DSL-Modem) wird dann über ein handelsübliches Patchkabel (RJ-45-Anschlüsse) mit einem HomePlug-Adapter verbunden. Die von dem Modem stammenden Datensignale werden dann über den in einer Steckdose befindlichen Adapter auf die Netzspannung aufmoduliert. Diese Daten sind anschließend im Inhouse-Bereich prinzipiell an jeder Steckdose verfügbar. Je nach Leitungsführung müssen allerdings die drei Phasen des Energieversorgungsnetzes am Zählerkasten mit speziellen **Phasenkopplern** verbunden werden. Diese Phasenkoppler stellen nur für die Datenübertragungsfrequenzen eine Verbindung zwischen den drei Stromleitungen her (Phasen L1, L2 und L3, siehe Einfache IT-Systeme, Kap. 5.7.3). Jedes netzwerkfähige Datenendgerät (PC, Drucker, Kamera usw. mit RJ 45 Buchse) kann über einen entsprechenden HomePlug-Adapter angeschlossen werden und auf alle übertragenen Daten zugreifen. Somit kann zwischen allen über Adapter angeschlossenen Datenendgeräte eine Kommunikation stattfinden. Die Adapter erkennen sich automatisch anhand eines zugeordneten Kennwortes. Sämtliche Adapter mit dem gleichen Kennwort bilden

Energieversorgung des PCs
Datenkabel zum PC

Bild 3.88: Beispiel für einen dLAN-Adapter (Quelle: devolo AG)

automatisch ein zusammengehörendes logisches Netz. Das Standardkennwort aller Homeplug AV-Adapter lautet bei der Auslieferung stets „HomePlug AV", damit sich auch Geräte unterschiedlicher Hersteller finden können. Aus Sicherheitsgründen sollte dieses Kennwort mittels entsprechender Software, die den Geräten beiliegt oder die von der jeweiligen Hersteller-Homepage (z. B. www.devolo.de) downloadbar ist, bei Erstbetrieb geändert werden.

Bei einer Datenübertragung zwischen zwei Endgeräten werden stets sämtliche Übertragungskanäle belegt. Wollen mehrere Geräte gleichzeitig kommunizieren, konkurrieren sie gegeneinander um die verfügbaren Kanäle. Bei HomePlug 1.0 regelt das Zugriffsverfahren CSMA/CD über ausgehandelte Prioritäten die jeweilige Zuweisung sämtlicher Kanäle. In einem HomePlug AV-Netz mit dem effizienteren TDMA-Verfahren übernimmt diese Funktion automatisch der erste aktive Adapter (**CCo**: **C**entral **Co**ordinator), zusätzliche Hardware ist nicht erforderlich. In einem HomePlug-Netz lassen sich theoretisch bis zu 253 Adapter adressieren, in der Praxis sollten aber nicht mehr als 10 Geräte angeschlossen werden.

Die Standard-Übertragungsrate bei HomePlug 1.0 lässt sich mit speziellen dLAN-Highspeed-Adaptern durch Einsatz einer effizienteren Kanalcodierung und einer ausgefeilteren Übertragungstechnik entfernungsabhängig auf bis zu 85 Mbit/s brutto steigern (z. B. dLAN Ethernet Highspeed 85). Diese dLAN-Adapter sind sendemäßig dazu ausgelegt, Leitungslängen bis zu 200 m zu überbrücken, ihre Leistungsaufnahme liegt im aktiven Betrieb unter 5 W, im Standby-Betrieb unter 0,5 W. Für größere Entfernungen werden Repeater benötigt.

Ab einem Datendurchsatz von ca. 100 Mbit/s lassen sich mit HomePlug AV ohne weiteres Internetdaten, Video-over-IP und VoIP (Triple-Play-Dienste) gemeinsam und störungsfrei über das Stromnetz übertragen. Auch Fernsehübertragungen in HDTV-Qualität sind möglich. Um die unterschiedlichen Anforderungen der verschiedenen Kommunikationsdienste zu erfüllen, bietet HomePlug AV eine Kombination von verbindungsorientierter Übertragung (z. B. für Echtzeitdienste) mit einer Bandbreitenreservierung (QoS, soweit die Leitungslänge dies zulässt) und verbindungsloser Übertragung (z. B. für zeitunkritische Datenübertragungen).

Somit sind mit entsprechenden dLAN-Adaptern ohne zusätzliche Verkabelungsmaßnahmen unter anderem folgende grundsätzliche Anschlussszenarien denkbar:

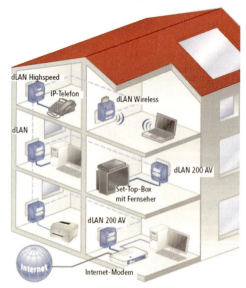

Bild 3.89: Beispiele für Anschlussszenarien

– Verbindung eines oder mehrerer PCs von verschiedenen Steckdosen im Haus mit einem zentral gelegenen DSL-Internetzugang

– Verbindung zweier PCs oder eines PCs mit einem anderen Netzwerkgerät (z. B. Drucker) über beliebige Steckdosen im Haus

– Drahtlose Verbindung (WLAN) eines Laptops mit einem zentral gelegenen DSL-Internetzugang bei Verwendung eines Wireless dLAN-Adapters (IEEE 802.11b)

– Übertragung von Triple-Play-Diensten (z. B. Video-on-demand, T-Home-Entertain, Audio-Streaming, VoIP), gegebenenfalls unter Verwendung einer entsprechenen Set-Top-Box und/oder eines VoIP-Telefons

Bild 3.89 veranschaulicht die genannten Anschlussszenarien.

Darüber hinaus können auch mehrere unabhängig voneinander arbeitende dLAN-Netze im gleichen Stromnetz betrieben werden. Die logische Trennung dieser Netze erfolgt durch Zuordnung unterschiedlicher Kennworte. Bei der Übertragung müssen sich die Netze untereinander allerdings die zur Verfügung stehende Übertragungsbandbreite teilen.

3.8 Powerline Communication (PLC)

Auch die Kopplung von logischen Netzen ist möglich, indem zwei dLAN-Adapter über ein Patchkabel verbunden werden und jedem das entsprechende Netzkennwort zugeteilt wird (Bild 3.90).

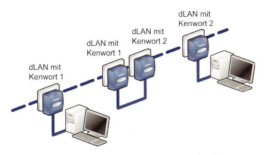

Bild 3.90: dLAN-Kopplung zweier logischer Netze

Wird ein Ethernet-Switch mit einem dLAN-Adapter an das Stromnetz angeschlossen, können alle an diesem Switch angeschlossenen PCs mit sämtlichen anderen dLAN-Teilnehmern kommunizieren.

Die Gefahr einer gesundheitlichen Beeinträchtigung bei Inhouse-Powerline, bedingt durch Signalabstrahlungen, ist umstritten, kann aber nach derzeitigem Kenntnisstand wegen der vergleichsweise niedrigen Signalpegel als gering angesehen werden.

■ Aufgaben

1. Welcher Grundgedanke bewirkte die Entwicklung der PLC-Technik?
2. Zur Beurteilung der Übertragungsgeschwindigkeit wurde ein identisches Datenvolumen über ADSL 2+, VDSL 2 und PLC (dLAN 200 AV) übertragen. Das Ergebnis ist in folgendem Diagramm dargestellt.

    a) Wie groß ist das in allen drei Verfahren übertragene Datenvolumen?

    b) Geben Sie das Verhältnis der Übertragungszeiten an für PLC : ADSL 2+ und PLC : VDSL 2.

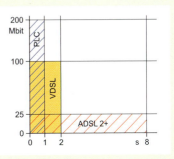

3. a) Über welche Bereiche erstrecken sich im PLC-System der Netzzugang und das Inhouse-Netzwerk?

    b) Welche zusätzlichen Geräte sind von der Trafo-Station bis zu den Endgeräten erforderlich, und an welchen Orten müssen diese Geräte im System platziert werden?

4. a) Welche Übertragungsraten sind theoretisch bei den Übertragungsstandards HomePlug 1.0 und HomePlug AV möglich?

    b) Durch welche technischen Maßnahmen erreicht man die Vergrößerung der Übertragungsrate bei HomePlug AV?

5. Wozu werden im Zusammenhang mit der HomePlug-Technik Phasenkoppler benötigt? Erläutern Sie deren Funktionsweise.

3.9 Mobilfunknetze

In Mobilfunknetzen werden die verwendeten Endgeräte nicht über einen festen leitungsgebundenen Anschluss mit dem Netz verbunden, sondern der Netzzugang erfolgt Leitungsungebunden mithilfe elektromagnetischer Wellen hoher Frequenz (HF: **H**igh **F**requency). Überall dort, wo die verwendeten Endgeräte diese Frequenzen empfangen können, besteht die Möglichkeit zur Kommunikation mit anderen Teilnehmern.

▪ Innerhalb des Sende- und Empfangsbereichs eines Mobilfunknetzes erfolgt der **Netzzugang *ortsunabhängig* über eine Funkschnittstelle.**

Die Entwicklungsgeschichte des kommerziellen Mobilfunks wird in Abhängigkeit von den verwendeten Übertragungstechniken in verschiedene „Generationen" unterteilt:

Generationen der Mobilfunknetze

	Zeit	Merkmale	Beispiel
1. Generation (1G oder G1)	ab 70er Jahre	analoge Sprachübertragung, national unterschiedliche Verfahren ohne Kompatibilität zueinander; leitungsvermittelnd	C-Netz
2. Generation (2G oder G2)	ab 90er Jahre	digitale Sprach- und Datenübertragung gemäß internationalem GSM-Standard, Übertragungsrate bis ca. 9,6 Kbit/s; leitungsvermittelnd	D-Netz, E-Netz
(2,5G oder G2,5)		digtale Sprach- und Datenübertragung; HSCSD, GPRS, EDGE, Übertragungsrate bis ca. 384 Kbit/s; leitungs- und paketvermittelnd	
3. Generation (3G oder G3)	ab ca. 2000	digitale Datenübertragung gemäß internationalem UMTS-Standard, Übertragungsrate bis 2,048 Mbit/s; paketvermittelnd	in Deutschland verfügbar ab 2002
(3,5G oder G3,5)	ab ca. 2005	digitale Datenübertragung; HSPA, HSPA+; ggf. DMB-fähig; Datenrate bis ca. 14 Mbit/s; paketvermittelnd	Aufbau entsprechender Netzstrukturen ab 2004
4. Generation (4G oder G4)	ab ca. 2010	LTE; digitale Sprach- und Datenübertragung; Übertragungsraten download bis 100 Mbit/s (im Nahbereich bis 1 Gbit/s), upload bis 50 Mbit/s; packetvermittelnd	

Bild 3.91: Entwicklungsstufen der kommerziellen Mobilfunktechnik

3.9 Mobilfunknetze

Mobilfunknetze der 1. Generation werden nicht mehr betrieben, da sie technisch veraltet sind.

3.9.1 GSM-Netze

GSM-Netze bilden die 2. Generation der Funknetze. Sie basieren auf dem zurzeit am weitesten verbreiteten **GSM**-Standard (GSM: **G**lobal **S**ystem for **M**obile Communications) und werden national von verschiedenen Betreibern angeboten. Jeder GSM-Netzbetreiber ist eindeutig durch seinen **Mobile Network Code** (MNC) identifizierbar. Dieser wird in jedem Land unabhängig voneinander vergeben (in Deutschland durch die Bundesnetzagentur, z. B. 01 für T-Mobile; 02 für Vodafone, 07 für O2). Die Netze unterscheiden sich hinsichtlich der geografischen Verfügbarkeit und der Tarifierung. Bezüglich ihres Aufbaus und der verwendeten Übertragungstechnik bestehen jedoch prinzipiell keine Unterschiede. Zu einem GSM-Netz gehören als wesentliche Bestandteile die Endgeräte, die Basisstationen und die Vermittlungsstellen.

GSM-Standard

Bestandteile eines GMS-Netzes

3.9.1.1 Multifunktionale Endgeräte

Die mobilen Endgeräte eines Funknetzes sind Funktelefone, die umgangssprachlich auch als „Handy" bezeichnet werden. Aufgrund der fortgeschrittenen Integrationstechnologie lassen sich jedoch nicht nur diejenigen elektronischen Komponenten integrieren, die für eine mobile Sprachkommunikation erforderlich sind, vielmehr sind moderne Handys Endgeräte mit multifunktionalen Eigenschaften. Je nach Modell und Preis verfügen sie über unterschiedliche Leistungsmerkmale, wie zum Beispiel:

- Senden und Empfangen von Textnachrichten (**SMS**: Short Message Service; maximal 160 Zeichen, bei Informationen mit mehr als 160 Zeichen Aufteilung in mehrere SMS-Nachrichten);
- Senden und Empfangen von multimedialen Nachrichten (**MMS**: Multimedia Messaging Service, z. B. Grafiken, Fotos, Video-Streaming);
- Senden und Empfangen von Sprachnachrichten (**PoC:** Push to Talk over Cellular bzw. **PTT:** Push to Talk)
- Personal-Informations-Managementsystem (PIM); PDA-Funktionalität zur Verwaltung persönlicher Daten wie Adressen und Termine auf einer dem PC vergleichbaren Benutzeroberfläche;
- Sprachaufzeichnung (mit eingebautem Mikrofon), Bildaufzeichnung (mit eingebauter Kamera);
- Audio- und Videowiedergabe (Musikdateien meist als mp3-Files; Videodateien entsprechend vorhandener Codecs);
- Internetzugang (Abruf von Internetseiten, E-Mail-Fähigkeit);
- Installation von Java-Applikationen (Softwarepakete, Businessanwendungen, Mobile Banking, Spiele); Download von Java-Midlets (Mobile Information Devices) entweder direkt über einen WAP-Browser (OTA: Over-The-Air) oder über den PC mittels Bluetooth- oder USB-Verbindung. Mit einer installierten sogenannten „Java Virtual Machine" lassen sich auch komplexe Client-Server-Anwendungen auf einem Handy realisieren;

SMS
MMS

PDA: Personal Digital Assistant

WAP
siehe Kap. 3.9.1.6

■ 3 Öffentliche Netze und Dienste

GPS: Global Position System

– „Location Awarenesevs" (Kenntnis über den geografischen Standort eines Nutzers mit seinem Gerät) und Navigation (Verkehrslenkung in Verbindung mit GPS oder anderen Systemen, z. B. über Cell-ID);
– Dual-Mode-Fähigkeit, d. h. nicht nur in GSM-Netzen, sondern auch innerhalb eines UMTS-Netzes einsetzbar (Interoperabilität zwischen 2,5G- und 3G-Netzen).

> **Handys** mit Multimediaeigenschaften werden auch als **Smartphones** bezeichnet.

Um die aufgeführten Dienste mit einem entsprechenden Endgerät nutzen zu können, müssen diese natürlich auch vom jeweiligen Netzbetreiber angeboten und freigeschaltet werden.

OLED siehe Kap. 1.9.4 „Einfache IT-Systeme"

Die Eingabe von Daten (Rufnummer, SMS) erfolgt bei Handys über das Tastaturfeld oder über das sensitive TFT- oder OLED-Display. Künftige Handys werden auch mit biegsamen und aufrollbaren OLEDs ausgestattet sein, wodurch trotz kleiner werdender Handys wesentlich größere Displays möglich sind.

Ein typisches Mobilgerät umfasst im Wesentlichen die folgenden Funktionsblöcke:

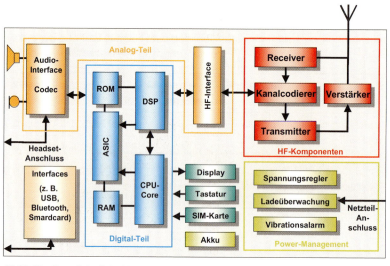

Bild 3.92: Grundsätzliche Funktionseinheiten eines Handys

Funktionsblock	Merkmale und Eigenschaften
HF-Komponenten	– Multi-Mode/Multi-Band-Transceiver (Transmitter und Receiver: Sender und Empfänger) – Unterstützung verschiedener Übertragungsverfahren und Frequenzbereiche (z. B. für GSM und UMTS) – HF-Verstärker mit automatischer Leistungsregelung – Kanalcodierung und -decodierung

416

3.9 Mobilfunknetze

Funktionsblock	Merkmale und Eigenschaften
Digital-Teil	– Kernelemente sind ein digitaler Signalprozessor (DSP), ein leistungsfähiger Prozessorkern (CPU-Core), ein programmierbarer und damit künftigen Entwicklungen anpassbarer ASIC-Baustein (Application Specific Integrated Circuit) sowie ROM- und RAM-Bausteine zur Speicherung von Software und von benutzerabhängigen Daten (z. B. Adressen, Telefonnummern, Applikationen)
Analog-Teil	– Datenschnittstelle zu den HF-Komponenten – A/D- bzw. D/A-Wandlung für die Signalumsetzung zwischen DSP und analogem Audio-Interface sowie zwischen DSP und HF-Teil – Ansteuerung elektro-akustischer Wandler (siehe Kap. 4.1.4) – automatische Verstärkungsregelung (AGC: Automatic Gain Control)
Power-Management	– Steuerung von Batterieaufladung und -entladung – Realisierung langer Betriebszeiten durch Stromsparfunktionen (Sleep, Stand-by, Abschalten ungenutzter Funktionsblöcke) – Steuerung von leistungsabhängiger Spannungsversorgung (DVS: Dynamic Voltage Scaling)

Bild 3.93: Merkmale der wesentlichen Handy-Funktionsblöcke

Ein für die Funktion des Handys erforderlicher Bestandteil ist die Benutzeridentitätskarte (**SIM**-Karte: **S**ubscriber **I**dentity **M**odule). Diese kann aus dem Gerät entnommen werden und enthält neben der international gültigen benutzerspezifischen Teilnehmerkennung/Rufnummer (**IMSI**: **I**nternational **M**obile **S**ubscriber **I**dentity) ebenfalls einen kleinen Speicherbereich für individuell einstellbare Benutzermenüs und ein elektronisches Telefonbuch. Des Weiteren ist eine geheime Kennung gespeichert, die zur Verschlüsselung und Entschlüsselung übertragener Daten dient.

SIM-Karte

IMSI-Nummer

■ Die **SIM-Karte** dient der eindeutigen Identifizierung eines Mobilfunk-Teilnehmers.

Bei einem Austausch der SIM-Karte in einem Gerät ändert sich zwangsläufig die Teilnehmerrufnummer. Für den Netzbetreiber ist dies gleichbedeutend damit, dass ein anderer Teilnehmer telefoniert. In einem **Dual-SIM-Handy** lassen sich zwei SIM-Karten unabhängig voneinander betreiben (z. B. zwei Rufnummern in einem Handy).
Neben der IMSI-Nummer ist jedem Handy zusätzlich eine international gültige Gerätekennung zugewiesen (**IMEI**: **I**nternational **M**obile **E**quipment **I**dentity).

IMEI-Nummer

■ Die **IMEI-Nummer** dient der eindeutigen Identifizierung eines Gerätes.

Zum Schutz eines Handys vor unbeabsichtigter bzw. unbefugter Benutzung lassen sich folgende Maßnahmen treffen:

– **Sperrcode**
Der Sperrcode/Entsperrcode sichert ein Handy gegen unbefugte Benutzung. Je nach Einstellung muss dieser nach jedem Einschalten zunächst eingegeben werden, um das Handy nutzen zu können. Der Sperrcode wird

Nutzungssperren bei Handys

417

auf der SIM-Karte gespeichert, er kann nur nach vorheriger Eingabe eines „Sicherheitscodes" (PIN-Code) verändert werden.

PIN-Code

– **PIN-Code**
Als weitere Schutzmaßnahme vor unbefugter Nutzung von Daten auf der SIM-Karte dient der PIN-Code (PIN: **P**ersonal **I**dentity **N**umber). Ist dieser aktiviert, kann ohne vorherige Eingabe der PIN nicht auf die SIM-Karte zugegriffen werden. Besonders schutzrelevante Daten können auch durch einen zweiten PIN-Code geschützt sein (z. B. Aufladen einer Gebührenkarte).

Energieversorgung
Kap. 5.3.1.3
„Einfache
IT-Systeme"

Die Energieversorgung eines Handys erfolgt über einen wiederaufladbaren NiMH-Akku, einen Li-Ion-Akku oder einen Lithium-Polymer-Akku. Zur Schonung des Akku-Ladezustandes wird die Sendeleistung bedarfsorientiert reguliert, wodurch auch die Belastung des menschlichen Kopfes durch elektromagnetische Strahlung auf ein Minimum reduziert wird.

Verkaufsfördernde Leistungsmerkmale von Handys sind die geringe Größe, das geringe Gewicht, die Größe und die Auflösung des Displays, die maximale Sprechzeit und die maximale Stand-by-Zeit.

3.9.1.2 GSM-Basisstationen

Base Transceiver Station

GSM-Netze sind stets zellular aufgebaut. In jeder Zelle befindet sich eine **Basisstation** (**BTS**: **B**ase **T**ransceiver **S**tation), die drahtlos mit den in der jeweiligen Zelle vorhandenen Endgeräten in Verbindung steht (Funkschnittstelle).

Zellenstruktur eines GSM-Netzes

PCM
siehe Kap 4.1.5

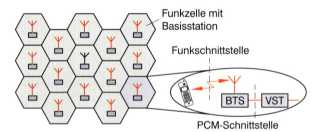

Bild 3.94: Prinzipielle Zellenstruktur eines Mobilfunknetzes

Bild 3.94 stellt die Zellenstruktur eines Mobilfunknetzes vereinfacht dar. In der Praxis sind die Zellen weder eckig noch gleich groß, vielmehr variieren sie in Größe und Form in Abhängigkeit von der Geländebeschaffenheit und dem erwarteten Verkehrsaufkommen einer Region. In der Regel verfügt eine Basisstation über drei voneinander unabhängige Sende- und Empfangsantennen mit je einem 120° breiten Öffnungswinkel. Diese decken jeweils einen Oberflächenbereich von 120° sende- und empfangsmäßig ab, sodass insgesamt eine Rundumabstrahlung von 360° gewährleistet ist.

Aufgaben einer Basisstation

Zu den wesentlichen Aufgaben einer Basisstation gehören:

– Verwalten der zugewiesenen Funkkanäle
– Kanalcodierung und -decodierung
– Verschlüsselung und Entschlüsselung
– Verbindungskontrolle

- Überwachung des Empfangspegels
- Steuerung des Sendepegels
- Signalanpassung an die PCM-Schnittstelle, über die die Verbindung zu anderen Netzkomponenten erfolgt
- Steuerung des „Handover"

■ Als **Handover** bezeichnet man die Umschaltung einer bestehenden Verbindung auf einen anderen Übertragungskanal oder in eine andere Zelle.

Jede Basisstation prüft laufend die Empfangssignalstärken der innerhalb einer Zelle aktiven Endgeräte. Sinkt der Empfangspegel eines Endgerätes an einer Basisstation ab (z. B. bei einer Durchreise mit dem Auto) oder wird er an einer anderen größer, so erfolgt eine entsprechende Umschaltung des Übertragungskanals zu der besser empfangenden Station. Diese Umschaltung erfolgt unbemerkt vom Teilnehmer über eine GSM-Mobilvermittlungsstelle. Um eine sichere Kommunikation zu gewährleisten, überlappen sich die Sende- und Empfangsbereiche benachbarter Zellen. Obwohl beim Handover aus Datenschutzgründen anstelle der IMSI-Nummer neuerdings eine lokale, zeitlich begrenzt zugeordnete Identitätsnummer vergeben wird (**TMSI**: **T**emporary **M**obile **S**ubscriber **I**dentity), lassen sich bereits dann individuelle Bewegungsprofile erstellen, wenn ein Handy lediglich eingeschaltet ist. Auch eine Positionsbestimmung ist unbemerkt vom Teilnehmer möglich, sofern mindestens drei Basisstationen das Handysignal empfangen können.

TMSI

3.9.1.3 GSM-Mobilvermittlungsstellen

Eine **Mobilvermittlungsstelle** (**MSC**: **M**obile **S**witching **C**enter) ist jeweils über eine (oder mehrere) leitungsgebundene 2-Mbit/s-Übertragungsstrecke(n) mit benachbarten Basisstationen verbunden. Sie arbeitet prinzipiell wie eine Vermittlungsstelle (VSt) im Festnetz und stellt die gewünschte Verbindung mit einem anderen Mobilteilnehmer oder einem Teilnehmer eines anderen Netzes her. Die einzelnen Mobilvermittlungsstellen eines Netzbetreibers sind in der Regel maschenförmig miteinander vernetzt. Diese Vernetzung erfolgt entweder über ein eigenes Leitungsnetz oder über gemietete Kommunikationsleitungen eines Fremdanbieters.

Mobile Switching Center

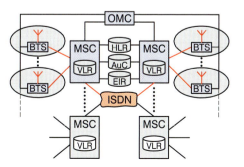

Funktionseinheiten eines GSM-Netzes

Bild 3.95: Wesentliche Funktionseinheiten eines GSM-Netzes

Folgende netzspezifische Funktionseinheiten, die teilweise in den Räumlichkeiten eines MSC untergebracht sind, liefern die für einen Verbindungsaufbau erforderlichen Informationen:

- **Heimdatei**

Home Location Register

Alle benutzerspezifischen Daten eines in einem Mobilfunknetz angemeldeten Teilnehmers werden in einer sogenannten Heimdatei (**HLR**: **H**ome **Lo**cation **R**egister) erfasst. Hierzu gehören seine international gültige IMSI-Nummer sowie Zugriffsberechtigungen, Dienste und Dienstmerkmale, die der jeweilige Teilnehmer nutzen kann. Diese Informationen werden bei Bedarf von den Mobilvermittlungsstellen abgefragt. Eine Heimdatei kann mehrere mobile Vermittlungsstellen bedienen.

- **Besucherdatei**

Visitor Location Register

Jede Mobilvermittlungsstelle verfügt über eine Besucherdatei (**VLR**: **V**isitor **L**ocation **R**egister), in der Informationen über diejenigen Mobilteilnehmer gespeichert sind, die sich gerade in ihrem Einzugsbereich befinden. Beim Einschalten eines Endgeräts nimmt dieses automatisch eine Verbindung zur nächsten Basisstation auf und meldet sich an. Die übertragenen Daten werden dann in der zugehörigen Besucherdatei gespeichert, nachdem sie von der Heimdatei bestätigt wurden. Verlässt ein Teilnehmer den Bereich einer Mobilvermittlungsstelle, so werden die Daten dieser Benutzerdatei bei eingeschaltetem Endgerät automatisch an die Besucherdatei der nächsten Mobil-VSt weitergereicht und in der Heimdatei aktualisiert.

- **Beglaubigungszentrale**

Authentication Center

Die Beglaubigungszentrale (**AuC**: **Au**thentication **C**enter) ist eine geschützte Datenbank, in welcher alle Informationen gespeichert sind, die zum Schutz der Funkschnittstelle gegen unberechtigtes Abhören erforderlich sind. Hierzu gehört eine Kopie des jeweils auf der SIM-Karte des Teilnehmers gespeicherten Geheimschlüssels. Dieser wird zur Authentisierung und zur Verschlüsselung der übertragenen Daten über den Funkkanal verwendet.

- **Identitätsdatei**

Equipment Identity Register

Jedes Handy ist mittels seiner international gültigen Gerätekennung (IMEI-Nummer) identifizierbar. Die Identitätsdatei (**EIR**: **E**quipment **I**dentity **R**egister) enthält eine Liste der Endgeräte eines Mobilnetzes, mit deren Hilfe sich bei Bedarf defekte oder als gestohlen gemeldete Geräte erkennen lassen.

Operating and Maintenance Center

Die **Betriebs- und Wartungszentrale** (**OMC**: **O**peration and **M**aintenance **C**enter) stellt das Managementsystem eines GSM-Netzes dar. Es steuert und überwacht sämtliche GSM-Funktionseinheiten und dient mithilfe von Hardwareredundanzen und intelligenten Fehlererkennungsmechanismen der Aufrechterhaltung aller Netzfunktionen.

Zu diesen Netzfunktionen zählen auch Dienste wie z. B. Rufweiterschaltung, Rufnummernanzeige oder Voice-Mailbox.

3.9.1.4 GSM-Netzarten

Weltweit existieren unterschiedliche Arten von GSM-Netzen. Sie unterscheiden sich durch die Frequenzbereiche, die für die drahtlose Kommunikation zwischen der Basisstation und den Funktelefonen innerhalb der zugehörigen Zelle verwendet werden. In Europa werden größtenteils die Frequenzbereiche um 900 MHz und um 1800 MHz verwendet, in Amerika kommt der Bereich um 1900 MHz zum Einsatz. Die Zuteilung und die Freigabe der Frequenzbereiche erfolgt durch die ITU (International Telecommunication Union). Die genannten Frequenzbereiche dienen international der jeweiligen Netzbezeichnung, zusätzlich werden national noch länderspezifische Benennungen verwendet. Innerhalb dieser freigegebenen Bereiche erfolgt die Datenübertragung von der Basisstation zum Funktelefon bzw. vom Funktelefon zur Basisstation im Getrenntlageverfahren (siehe Kap. 4.1.7).

Netzbezeichnungen

GSM-Frequenzbänder

Internationale Netzbezeichnung	Uplink (von der Mobilstation zur Basisstation)	Downlink (von der Basisstation zur Mobilstation)	Bandbreite (jeweils Uplink und Downlink)
GSM 900	890–915 MHz	935–960 MHz	25 MHz
GSM 1800	1710–1785 MHz	1805–1880 MHz	75 MHz
GSM 1900	1850–1910 MHz	1930–1990 MHz	60 MHz

Bild 3.96: Frequenzbereiche entsprechend der GSM-Spezifikation

Ein Handy, das in allen drei Frequenzbereichen kommunizieren kann, wird als **Triple-Band-Handy** bezeichnet. Aufgrund des zunehmenden Frequenzbedarfs wird in Europa inzwischen auch der Frequenzbereich bis nahezu 850 MHz für die GSM-Kommunikation genutzt. Ein Handy, das diese zusätzlich freigeschalteten Frequenzen nutzen kann, wird dann werbewirksam als **Quad-Band-Handy** bezeichnet. Allerdings werden in der Praxis unter dieser Bezeichnung oft auch Handys verkauft, die neben den drei Standard-GSM-Frequenzbändern zusätzlich UMTS-fähig sind.

In Deutschland gibt es verschiedene Anbieter, die untereinander konkurrierende GSM-Mobilfunknetze betreiben:

Netzanbieter

Nationale Mobilfunknetze	Betreiber	Netzvorwahl (Beispiele)
D1 (GSM 900, GSM 1800)	T-Mobil (Congstar)	0170; 0171; 0175; 0151; 0160; 0161
D2 (GSM 900, GSM 1800)	vodafone; 1&1	0172; 0173; 0174; 0152; 0162
E1 (GSM 1800)	E-Plus Mobilfunk GmbH	0177; 0178; 0157; 0163
E2 (GSM 1800)	O_2, Tschibo, Fonic	0176; 0179

Bild 3.97: Konkurrierende Mobilfunknetze in Deutschland

3 Öffentliche Netze und Dienste

Mobile Number Portability

Allerdings lässt sich heute anhand der Netzvorwahl bei der Rufnummer eines Teilnehmers nicht mehr erkennen, zu welchem Netz dieser momentan gehört, da ein Mobilfunk-Kunde heutzutage auch bei einem Anbieter-Wechsel seine bisherige Rufnummer behalten kann (**MNP: M**obile **N**umber **P**ortability). Im Zusammenhang mit eventuell anfallenden Roaming-Gebühren (siehe Kap. 3.9.1.5) kann hierbei ein durchaus ernst zu nehmendes Problem entstehen.

■ GSM 900

GSM-Übertragungstechnik

Innerhalb eines GSM-900-Netzes werden die Daten in einem Frequenzbereich von jeweils 25 MHz uplink und downlink übertragen (vgl. Bild 3.96). In diesen Bereichen stehen insgesamt je 124 Trägerfrequenzen mit einer Bandbreite von jeweils 200 kHz zur Verfügung. Über jede Trägerfrequenz können bis zu acht Kanäle in einem kombinierten Zeit- und Frequenzmultiplexverfahren

TDM

(TDMA/FDMA, siehe Kap. 4.1.8.1) übertragen werden. Ähnlich wie bei ISDN weist dieses Übertragungsverfahren eine Rahmenarchitektur auf, zu deren Steuerung allerdings komplexere Protokollstrukturen erforderlich sind.

Die Basisstation einer Funkzelle erhält eine oder mehrere dieser Trägerfrequenzen zugeteilt. Die Basisstationen der benachbarten Zellen erhalten dann andere Trägerfrequenzen.

> ■ Obwohl aneinander grenzende Funkzellen teilweise überlappen, können sie sich aufgrund der Frequenzzuordnung gegenseitig nicht stören.

Nach einer bestimmten Entfernung können die gleichen Trägerfrequenzen dann von anderen Basisstationen wieder benutzt werden.

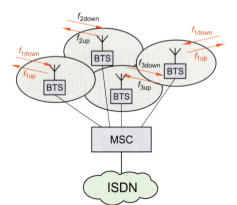

Frequenzzuteilung (Beispiele)	
f_{1up}	890,1 MHz
f_{2up}	890,3 MHz
f_{3up}	890,5 MHz
f_{1down}	935,1 MHz
f_{2down}	935,3 MHz
f_{3down}	935,5 MHz

Bild 3.98: Grundprinzip der Frequenzaufteilung in einem GSM-Netz

Über einen Kanal lassen sich Nutzsignale mit einer Standardrate von 9,6 Kbit/s übertragen. Als erweiterter Standard sind auch 14,4 Kbit/s möglich.

Signalisierungs- und Hilfskanäle

Neben den Nutzkanälen sind noch zahlreiche Signalisierungs- und Hilfskanäle mit unterschiedlichen Übertragungsraten vorhanden, die ebenfalls in den genannten Frequenzbereichen übertragen werden:

3.9 Mobilfunknetze

Kanalbezeichnung	Funktion
Kontrollkanäle (**DCCH**, **D**edicated **C**ontrol **Ch**annels)	Signalisierung beim Verbindungsaufbau, Übertragung von Feldstärkedaten, Roamingkontrolle, Handoversteuerung
Anrufkanal (**PCH**, **P**aging **C**hannel)	nur downlink, Information der BTS an die Mobilstation über eingehende Rufe
Sende-Kontrollkanal (**BCCH**, **B**roadcast **C**ontrol **Ch**annel)	Übertragung zellenspezifischer Parameter (z. B. Liste benachbarter Zellen)
Synchronisationskanal (**SCH**, **S**ynchronization **Ch**annel)	Rahmensynchronisation

Bild 3.99: Beispiele für vorhandene Kontrollkanäle

Bei Sendeleistungen der Mobilstationen von bis zu 2 W sind theoretisch Funkzellen bis ca. 35 km Durchmesser möglich.

■ GSM 1800

Das GSM-1800-Netz wurde ursprünglich unter der Bezeichnung: DCS 1800 (**D**igital **C**ellular **T**elecommunication **S**ystem) angeboten. Aufgrund physikalischer Gesetzmäßigkeiten ergibt sich bei diesen Frequenzen zwar eine geringere Reichweite bis ca. 5 km, allerdings stehen bei einer Bandbreite von 75 MHz (siehe Bild 3.96) insgesamt 374 Trägerfrequenzen zur Verfügung, über die bei gleichem Übertragungsverfahren wie beim GSM-900-Netz wiederum jeweils 8 Kanäle übertragen werden können. Die Übertragungsrate pro Kanal liegt in der Praxis ebenfalls bei 9,6 Kbit/s. bzw. 14,4 Kbit/s. Die Sendeleistung der Endgeräte liegt zwischen 0,25 W und 1 W.

Bandbreite bei GSM 1800

Um sowohl in einem GSM-900-Netz als auch in einem GSM-1800-Netz arbeiten zu können, muss ein mobiles Endgerät auf beiden Frequenzbereichen senden und empfangen können (**Dual-Band-Handy**).

3.9.1.5 Verbindungsaufbau

Der Verbindungsaufbau mit einem Mobilfunkteilnehmer ist ein komplexer Prozess, dessen wesentliche Schritte im Folgenden am Beispiel eines Verbindungswunsches aus dem ISDN dargestellt werden.

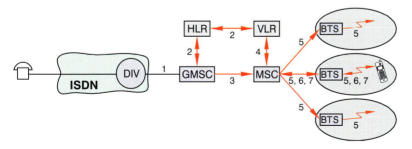

Bild 3.100: Verbindungsaufbau vom ISDN in ein GSM-Netz

423

■ *3 Öffentliche Netze und Dienste*

Ablauf eines Verbindungsaufbaus

1. Ein kommender Ruf aus dem ISDN wird an die dem rufenden Festnetzteilnehmer nächstgelegene Mobilfunk-VSt geleitet. Diese bezeichnet man dann als **Gateway-MSC** (GMSC).
2. Auf der Grundlage der IMSI-Nummer des gewünschten Mobilfunk-Teilnehmers wird eine Verbindung zur zuständigen Heimdatei (HLR) des Mobilfunkteilnehmers aufgebaut. Diese prüft die Existenz des Teilnehmers. Anschließend wird die vom jeweiligen VLR regelmäßig aktualisierte Information, über welche MSC der Teilnehmer zurzeit erreichbar ist, an die Gateway-MSC übertragen.
3. Mithilfe dieser Information baut die Gateway-MSC eine Verbindung zu dieser momentan zuständigen Mobil-VSt auf.
4. Die zuständige Mobil-VSt prüft mittels der Besucherdatei erneut die Angaben zum Aufenthaltsbereich und zur Erreichbarkeit (z. B. Rufumleitung aktiv?).
5. Ist der Mobilteilnehmer als erreichbar erkannt, wird ein Funkruf aktiviert und über die entsprechenden Basisstationen (BTS) in alle der Besucherdatei zugeordneten Funkzellen gesendet.
6. Sobald das Mobilfunktelefon des gewünschten Teilnehmers auf die Anruf-Aufforderung (Page Request) reagiert hat, wird nur die Basisstation der Zelle, in der es sich befindet, ein Rufzeichen aussenden und alle notwendigen Sicherheitsprozeduren ausführen, um einen sicheren Übertragungskanal aufbauen zu können (Beglaubigung, Verschlüsselung).
7. Reagiert der gerufene Teilnehmer auf das Rufzeichen und nimmt den Ruf an, signalisiert das Handy über die Basisstation der Mobil-VSt, dass die Verbindung hergestellt werden kann.

Der Verbindungsaufbau zwischen zwei Mobilfunkteilnehmern des *gleichen* Netzes verläuft analog, der Verbindungsaufbau zwischen Teilnehmern konkurrierender Netze erfolgt über den Kollokationsraum einer ISDN-VSt (vgl. Kap. 3.1 und 3.2.2).

Roaming

Grundsätzlich ist es möglich, jeden Teilnehmer trotz unterschiedlicher Anbieter in *jedem beliebigen* Mobilfunknetz unter der stets gleichen zugewiesenen Rufnummer zu erreichen. Voraussetzung hierfür ist allerdings ein sogenanntes **Roaming-Abkommen** zwischen den jeweiligen Netzbetreibern. Außerdem muss das verwendete Endgerät die jeweils verwendeten Frequenzbereiche unterstützen.

■ **Roaming** bedeutet, dass ein Teilnehmer in jedem beliebigen GSM-Netz Rufe aussenden kann und unabhängig vom Standort stets unter der gleichen Rufnummer erreichbar ist.

Die Tarifierung bei Gesprächen zwischen verschiedenen nationalen Netzanbietern unterscheidet sich in der Regel von den Gebühren, die bei Gesprächen innerhalb des gleichen Netzes entstehen.

Verwendet ein Teilnehmer sein im Inland zugelassenes Handy im Ausland, so entstehen ihm auch bei einem Anruf aus dem Heimatland Kosten. Die Gebühren für die Verbindung bis zur „Landesgrenze" trägt der Rufende, die Gebühren von der Landesgrenze bis zu seinem momentanen Standort trägt der Gerufene! Durch staatliche Regelungen wurde inzwischen eine Gebührengrenze für die Tarifierung europaweiter Verbindungen festgelegt.

3.9 Mobilfunknetze

3.9.1.6 GSM-Erweiterungen

Um zusätzliche Dienste anzubieten und um eine höhere Datenübertragungsrate mit den bestehenden GSM-Netzen zu erzielen, verwenden die Netzanbieter spezielle Übertragungstechnologien:

■ WAP

Um trotz der geringen Nutzdatenrate von 9,6 Kbit/s und der eingeschränkten Displayformate einen mobilen Internet-Zugriff zu ermöglichen, wurde das Kommunikationsprotokollpaket **WAP** (Wireless Application Protocol) entwickelt. Zu diesem Paket gehört die Wireless Markup Language (WML), eine „Sprache", mit der sich von mobilen Browsern lesbare Internetseiten auf Handys oder PDAs darstellen lassen. Hierzu wird der Umfang der übertragenen Daten reduziert und den begrenzten Anzeigemöglichkeiten des vorhandenen Displays angepasst. Da mobile Endgeräte nicht direkt mit dem Internet verbunden werden können, werden spezielle WAP-Gateways als Schnittstelle zwischen dem Mobilfunknetz und dem Web eingesetzt.

WAP: Wireless Application Protocol

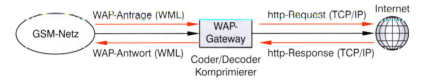

Bild 3.101: WAP-Gateway

Zur Darstellung ist ein WAP-fähiges Endgerät erforderlich. Die Rolle von WML wird zukünftig **XHTML-basic** (Extensible Hypertext Markup Language) übernehmen, quasi eine geringfügig reduzierte Ausgabe von XHTML, dem Nachfolger der Websprache HTML.

■ HSCSD

■ **HSCSD** (**H**igh **S**peed **C**ircuit **S**witched **D**ata) bezeichnet einen von der ETSI definierten *leitungsvermittelnden* Standard für eine schnelle Datenkommunikation in GSM-Netzen.

Mittels HSCSD lassen sich bis zu 8 Sprachkanäle (Zeitschlitze) zu einem einzigen Übertragungskanal bündeln. Dieser Übertragungskanal steht dann ausschließlich den beiden Teilnehmern zur Verfügung. Die Teilnehmer-Endgeräte müssen diese Übertragungstechnik unterstützen (z. B. USB-Stick oder PC-Card mit entsprechendem Funkmodul). Bei einer Übertragungsrate von 9,6 Kbit/s pro Kanal ergibt sich somit eine Gesamtdatenrate von bis zu 76,8 Kbit/s. Die Datenraten lassen sich unabhängig voneinander für beide Übertragungsrichtungen einstellen, sodass unterschiedliche Datenraten Up- und Downstream möglich sind. Mithilfe effizienterer Fehlerkorrekturverfahren und spezieller Kanalcodierung sind theoretisch mit 8 Kanälen auch Übertragungsraten bis zu 115,2 Kbit/s möglich. Praktische Angebote liegen im Bereich von 38,4 Kbit/s (4 × 9,6 Kbit/s). Die Abrechnung erfolgt in Abhängigkeit von der Verbindungsdauer.

■ GPRS

> ■ **GPRS** (**G**eneral **P**acket **R**adio **S**ervice) bezeichnet einen von der ETSI definierten Standard für eine *paketvermittelnde* Datenübertragung in GSM-Netzen.

Die zu übertragenden Daten werden in Pakete verpackt, die je nach Bedarf und Kapazität übertragen werden. GPRS belegt im Gegensatz zu HSCSD einen Übertragungskanal nicht für die Dauer der Verbindung zwischen Mobiltelefon und Basisstation, sondern lediglich für die Laufzeit der einzelnen Pakete. Dadurch lassen sich mit entsprechenden Zieladressen versehene Datenpakete von mehreren Nutzern über einen einzigen Kanal transportieren, wodurch die vorhandenen Netzressourcen wesentlich effizienter genutzt werden. Die Tarifierung erfolgt jeweils nach dem Übertragungsvolumen.

Je nach Codierverfahren können in einem Kanal Datenraten zwischen 9,05 Kbit/s und 21,4 Kbit/s übertragen werden. Durch Kanalbündelung ergeben sich theoretisch Datenraten bis zu 171,2 Kbit/s (maximal 8 Kanäle mit je 21,4 Kbit/s).

GPRS unterstützt die Übertragungsdienste „**Point-to-Point**" (PTP) und „**Point-to-Multipoint**" (PTM). Zur Übertragung von Sprache ist GPRS jedoch nicht geeignet. Moderne Handys unterstützen deshalb sowohl den GSM- als auch den GPRS-Standard, die Umschaltung zwischen beiden Übertragungsarten erfolgt automatisch. GPRS-fähige Endgeräte eignen sich besonders für den sogenannten „**Always-on Betrieb**". Da kein Kanal dauerhaft belegt wird, kann man sich einmal in eine Datenverbindung in das Internet, das Intranet oder die Mailbox einwählen. Nur nach Bedarf werden dann Daten übermittelt, wenn etwa eine neue E-Mail gesendet oder empfangen wird oder man eine neue Internet-Seite aufruft. Die Abrechnung erfolgt hierbei nur nach wirklich übertragener Datenmenge und nicht nach Verbindungszeit. Für den Downlink werden im Always-on-Betrieb in der Regel 4 Kanäle gebündelt, für den Uplink wird lediglich ein einziger Kanal verwendet.

Der Nachfolgestandard **EGPRS** (**E**nhanced **G**eneral **P**acket **R**adio **S**ervice) wurde in die EDGE-Spezifikation eingebunden (siehe unten).

■ EDGE

> ■ **EDGE** (**E**nhanced **D**ata-Service for **G**SM **E**volution) bezeichnet einen von der ETSI definierten Standard für eine schnelle Datenübertragung in GSM-Netzen, die speziell auf mobile Echtzeitanwendungen ausgerichtet ist.

EDGE umfasst sowohl die leitungsvermittelnde als auch die paketvermittelnde Datenübertragung. Der Einsatz spezieller Modulationsverfahren (PSK, GMSK, siehe Kap. 4.1.5) in Kombination mit effizienten Kanalcodierungen ermöglicht die Übertragung von bis zu 59,2 Kbit/s pro Kanal. Dies ergibt bei einer Bündelung von 8 Kanälen theoretisch eine Datenrate von bis zu 473,6 Kbit/s (in der Praxis wegen Übertragungsstörungen bis zu 384 Kbit/s). Für die Nutzung sind entsprechende Endgeräte erforderlich.

3.9.2 UMTS-Netze

■ **UMTS** ist die Abkürzung für **U**niversal **M**obile **T**elecommunications **S**ystems und stellt die *europäische* ETSI-Bezeichnung für den weltweiten Standard von Mobilfunknetzen der 3. Generation (3G) dar. Die *internationale* ITU-Bezeichnung für diesen Standard lautet **IMT-2000**.

UMTS-Netze weisen grundsätzlich die gleiche zellulare Struktur wie GSM-Netze auf. Sie unterscheiden sich allerdings bezüglich der verwendeten Frequenzbereiche, der Übertragungsverfahren sowie der bereitzustellenden Qualitätsanforderungen und Verkehrsprofile der angebotenen Dienste.

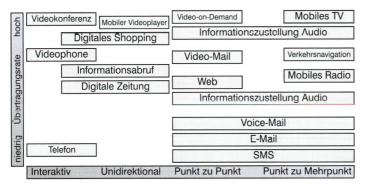

ETSI: European Telecommunications Standards Institute
IMT: International Mobile Telecommunications
ITU: International Telecommunications Union

Bild 3.102: Mögliche Dienste im UMTS-Netz

Aufgrund der bestehenden Abwärtskompatibilität kann man in Europa die jetzt in Betrieb befindlichen GSM-Handys für den Sprechverkehr und den eingeschränkten Datenverkehr (z. B. SMS) weiter benutzen. Um die von Mobilfunknetzen der 3. Generation angebotenen Leistungsmerkmale vollständig nutzen zu können, sind jedoch entsprechende UMTS-Endgeräte erforderlich (Dual-Mode-Handys).

GSM-Kompatibilität

■ **UMTS-Netze** stellen gleichzeitig und unabhängig voneinander Breitbanddienste mit unterschiedlichen Datenraten an der Funkschnittstelle zur Verfügung.

Netze der 3. Generation werden weltweit ab 2001 aufgebaut, in Deutschland haben verschiedene Betreiber eine entsprechende Lizenz zur Nutzung der zur Verfügung stehenden Frequenzbereiche erhalten.

UMTS-Frequenzbänder

Bild 3.103: UMTS-Frequenzbereiche in Europa

DECT: Digital Enhanced Cordless Telecommunication
GSM: Global System for Mobile Communications
MSS: Mobile Satellite System

Der UMTS-Standard (3G) sieht eine Übertragungsrate von 2 Mbit/s vor. Allerdings handelt es sich hierbei um einen Wert, der nur unter idealisierten Bedin-

3 Öffentliche Netze und Dienste

gungen erreichbar ist. Die praktisch realisierbaren Werte sind geringer und hängen von verschiedenen Faktoren ab.

UMTS-Übertragungsraten

maximale Übertragungsrate	Übertragungsbedingungen
2 Mbit/s	quasistationärer Betrieb in einer **Picozelle** (Versorgungsradius < 500 m) mit geringer Nutzerzahl
384 Kbit/s	mobiler Betrieb mit Bewegungsgeschwindigkeiten bis ca. 50 km/h in einer **Mikrozelle** (Versorgungsradius < 3 km) mit geringer Nutzerzahl
144 Kbit/s	mobiler Betrieb mit Bewegungsgeschwindigkeiten über 120 km/h in einer **Makrozelle** (Versorgungsradius < 10 km)

Bild 3.104: Übertragungsraten bei UMTS

3G: Netz der 3. Generation

Darüber hinaus lässt sich eine sogenannte globale Weltzelle definieren, in der durch die Einbindung eines Satellitennetzes auch bei hohen Geschwindigkeiten (z. B. im Flugzeug) Übertragungsraten bis 144 Kbit/s möglich sind. Diese Kommunikation erfolgt in einem separaten 3G-Frequenzbereich.

UMTS-Übertragungsverfahren

Als Übertragungsverfahren wird für die Luftschnittstelle eine Kombination aus Zeitmultiplex und Breitband-Code-Multiplex eingesetzt (**TD/W-CDMA**; **T**ime **D**ivision/**W**ideband-**C**ode **D**ivision **M**ultiple **A**ccess, siehe Kap. 4.1.8). Dieses Übertragungsverfahren ist zwar störunanfällig, jedoch nimmt die Übertragungsrate aufgrund von Überlagerungseffekten bei elektromagnetischen Wellen mit zunehmender Bewegungsgeschwindigkeit des Endgerätes ab (Bild 3.104).

Beim TD/W-CDMA-Verfahren wird einem Nutzer nicht ein spezieller Übertragungskanal zur Verfügung gestellt, sondern ihm steht bis zu 2 Mbit/s von der einer Zelle zugeordneten Bandbreite zur Verfügung. Sind mehrere Endgeräte innerhalb einer Zelle aktiv, muss die Bandbreite der Zelle aufgeteilt werden (shared medium). Bei einer sehr großen Anzahl von aktiven Geräten sinkt somit automatisch die Übertragungsgeschwindigkeit pro Gerät.

> ■ Bei dem im UMTS-Netz eingesetzten **TD/W-CDMA-Übertragungsverfahren** ist die Übertragungsrate abhängig von der Anzahl der in einer Zelle aktiven Geräte.

UMTS-Zellgrößen

Hieraus ergibt sich grundsätzlich die Forderung nach kleinen Zellgrößen (Picozellen), die in Ballungsgebieten durchaus auch weniger als 50 m im Durchmesser betragen können! Diese kleinen Zellgrößen lassen sich jedoch nicht flächendeckend einrichten, da die Errichtung entsprechender Basisstationen in der erforderlichen Anzahl mit erheblichen Investitionskosten für die Betreiber verbunden wäre. Abhilfe schaffen hier Funkzellen nur für den Inhouse-Bereich mit Ausdehnungen kleiner als 25 m. Diese bezeichnet man als **Femtozellen**. Die Netzanbindung erfolgt hierbei über ein „UMTS-Hotspot", welcher über einen vorhandenen leitungsgebundenen privaten Anschluss (z. B. über DSL-Leitung) eine Verbindung zum UMTS-Backbonenetz herstellen kann.

Um auch bei hohem Verkehrsaufkommen in Spitzenzeiten akzeptable Übertragungsraten zur Verfügung stellen zu können, lassen sich bei UMTS die Zellgrößen dynamisch in ihrer Größe verändern. Des Weiteren ist bei Bedarf ein temporäres „Ausleihen" von Übertragungsfrequenzen von benachbarten Zellen möglich.

■ Der Effekt der sich dynamisch verändernden Zellgröße wird als **Cell-Breathing,** die gegenseitige „Ausleihe" von Übertragungskapazität wird als **Soft-Capacity** bezeichnet.

3.9.2.1 UMTS-Erweiterungen

■ **HSPA** (**H**igh **S**peed **P**acket **A**ccess) bezeichnet eine von der 3GPP definierte Gruppe von Weiterentwicklungen zu UMTS, die unter Nutzung der vorhandenen UMTS-Infrastruktur eine Erhöhung der Datenraten ermöglicht.

3GPP ist die Abkürzung für **3**rd **G**eneration **P**artnership **P**roject, einer weltweiten Kooperationsgruppe von internationalen Standardisierungsgremien für den Mobilfunkbereich. Zu dieser Gruppierung gehört inzwischen auch das **ETSI** (**E**uropean **T**elecommunication **S**tandards **I**nstitute). Zu den angestrebten Projektzielen dieser Gruppe zählt unter anderem auch die Weiterentwicklung des funktechnischen Teils des UMTS-Netzes (**UTRAN**: **U**MTS **T**errestrial **R**adio **A**ccess **N**etwork, Funkschnittstelle) und die Standardisierung des Mobilfunknetzes der 4. Generation (**LTE**: **L**ong **T**erm **E**volution).

Mit HSPA-Techniken lassen sich über die Funkschnittstelle im Anschlussbereich schnellere paketvermittelnde Hochgeschwindigkeitszugänge realisieren als mit dem klassischen UMTS. HSPA verwendet hierbei unter anderem das schnelle Datenübertragungsprotokoll **HARQ** (**H**ybrid **A**utomatic **R**epeat Re**q**uest), bei dem ein Empfänger fehlerhaft empfangene Datenpakete direkt neu anfordern kann. Die Anforderungszeit verkürzt sich dadurch von durchschnittlich 10 ms auf ca. 2 ms. Hiervon profitieren insbesondere die angebotenen mobilen Echtzeitdienste (z. B. Videokonferenz). Als leistungsfähigere Variante von HSPA wurde inzwischen auch **HSPA+** standardisiert (z. B. mit höheren Datenraten und kürzeren Pingzeiten).

Insgesamt unterscheidet man die Übertragungstechniken HSDPA, HSUPA und HSOPA.

■ HSDPA

■ **HSDPA** (**H**igh **S**peed **D**ownlink **P**acket **A**ccess) ist eine Weiterentwicklung des UMTS-Standards zur Vergrößerung der **Downlink-Datenrate** an der Funkschnittstelle zwischen Basisstation und mobilem Endgerät.

HSDPA gehört zur Mobilfunkgeneration 3,5G und arbeitet mit dem Zugangsverfahren WCDMA (**W**ideband **C**ode **D**ivision **M**ultiplex **A**ccess, siehe Kap. 4.1.8.5). Durch den Einsatz einer verbesserten Modulationstechnik (Kombination aus QPSK und QAM, siehe Kap. 4.1.5) ergeben sich je nach Empfangslage und Störeinfluss Download-Datenraten zwischen 8 Mbit/s und 14 Mbit/s. Hierdurch kann ein Netzbetreiber den gesamten Datendurchsatz innerhalb einer Funkzelle wesentlich erhöhen, sodass eine größere Anzahl von Anwendern mit höheren Datenraten versorgt werden kann.

Ermöglicht wird diese Verbesserung auch durch die Implementierung folgender prinzipieller Techniken:

- Einführung eines zusätzlichen Transportkanals (**HS-DSCH**: **H**igh **S**peed **D**ownlink **S**hared **Ch**annel); auf diesen können mehrere Benutzer im Zeitmultiplex zugreifen. Hierbei wird das Zugriffszeitraster von 40 ms auf 2 ms verkürzt.
- Einsatz von adaptiver Modulation und Codierung (**AMC**: **A**daptive **M**odulation and **C**oding); hierbei werden Modulation und Codierrate durch die Basisstation kontinuierlich an die jeweiligen Kanaleigenschaften angepasst. So muss etwa bei einem Teilnehmer in Basisstationsnähe bei der dann guten Übertragungsqualität ein geringerer Schutz vor Übertragungsfehlern vorgesehen werden als bei einem Teilnehmer in größerer Entfernung.

Durch den Einsatz von MIMO-Techniken (**MIMO**: **M**ultiple **I**nput **M**ultiple **O**utput, siehe Kap. 3.10.3) und erweiterten Kompressionsverfahren sollen auch Datenraten bis zu ca. 21 Mbit/s erreichbar sein.

HSDPA ist vor allem für stark asymmetrische Datendienste mit großem Downlink-Datentransfer und geringerem Uplink-Transfer geeignet.

Gegenüber dem vom Grundsatz her schnelleren WiMax (siehe Kap. 3.9.4) bietet HSDPA den Vorteil, dass bereits vorhandene Infrastrukturen genutzt werden können. Handys benötigen meist nur ein Update, Notebooks müssen nur mit einer entsprechenden HSDPA-Karte ausgestattet werden.

■ HSUPA

> ■ **HSUPA** (**H**igh **S**peed **U**plink **P**acket **A**ccess) ist eine Weiterentwicklung des UMTS-Standards zur Vergrößerung der **Uplink-Datenrate** an der Funkschnittstelle zwischen Basisstation und mobilem Endgerät.

HSUPA verwendet die gleichen Techniken wie HSDPA zur Vergrößerung der Übertragungsrate im Uploadbereich. Hierdurch ergeben sich Datenraten bis zu 1,5 Mbit/s, durch den Einsatz erweiterter Techniken wie dem **Enhanced Uplink** (EUL: Nutzung eines zusätzlichen Uplink-Kanals mit dynamischer Anpassung der Uploadrate) sogar bis zu 5,76 Mbit/s.

■ HSOPA

> ■ **HSOPA** (**H**igh **S**peed **O**FDM **P**acket **A**ccess) ist eine Hochgeschwindigkeits-Zugangstechnik für beide Übertragungsrichtungen an der Funkschnittstelle zwischen Basisstation und mobilem Endgerät.

Im Gegensatz zu HSDPA und HSUPA arbeitet HSOPA mit der **OFDM-Modulation** (**O**rthogonal **F**requency **D**ivision **M**ultiplex, siehe Kap. 4.1.5). In Verbindung mit der MIMO-Technik und der bedarfsorientierten Einstellung der Kanalbandbreite zwischen 1,25 MHz und 20 MHz lassen sich im Downlink bis zu 100 Mbit/s, im Uplink bis zu 50 Mbit/s übertragen. Über einen 5 MHz-Kanal lassen sich so beispielsweise Datenraten von 40 Mbit/s erzielen.

Mit diesen Übertragungsraten gehört HSOPA bereits zur 4. Generation der Mobilfunknetze und stellt die Übertragungstechnik für **LTE** (**L**ong **T**erm **E**volution) – dem Nachfolgestandard von UMTS – zur Verfügung.

Die Entwicklungsschritte der Datenraten in der kommerziellen Mobilkommunikation sind in Bild 3.105 zusammengefasst dargestellt.

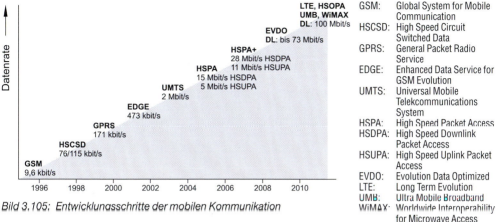

Bild 3.105: Entwicklungsschritte der mobilen Kommunikation

EVDO (**E**volution **D**ata **O**ptimized) bezeichnet eine in Europa weniger eingesetzte drahtlose Breitband-Zugangstechnik ausschließlich zur Datenübertragung ohne separaten WLAN-Hotspot, da das mobile Endgerät selbst als Hotspot fungiert. So ermöglicht ein EVDO-fähiges Endgerät beispielsweise in Zügen oder Autos einen direkten Zugang zum Internet unter Ausnutzung vorhandener CDMA 2000-Mobilfunkstrukturen (CDMA 2000: von der ITU-R spezifizierter amerikanischer Mobilfunkstandard der 3. Generation, vergleichbar mit dem europäischen UMTS).

Zu den Mobilfunksystemen der 4. Generation zählt auch **UMB** (**U**ltra **M**obile **B**roadband), ein für den asiatischen und amerikanischen Raum entwickelter alternativer Standard zu LTE mit gleich großen Übertragungsraten. Zusätzlich unterstützt UMB auch die gängigen IP-Standards.

3.9.3 WLAN und DECT/IP-DECT

■ Als **WLAN** (**W**ireless **L**ocal **A**rea **N**etwork) bezeichnet man allgemein ein lokales Netzwerk, dessen Endgeräte miteinander drahtlos über eine Funkschnittstelle kommunizieren.

WLAN

Bei den WLANs kommen unterschiedliche Funktechnologien zum Einsatz, die sich voneinander in der Übertragungsart, den Protokollen und den verwendeten Frequenzbereichen unterscheiden. Die Eigenschaften der verschiedenen WLAN-Technologien sind im IEEE-802.11-Standard spezifiziert (siehe Kap. 1.5.5).

Der Einsatz dieser Funktechniken ermöglicht nicht nur den Aufbau räumlich begrenzter drahtloser Kommunikationsnetze, vielmehr lassen sich auch drahtlose Verbindungen zu einem WAN realisieren.

■ 3 Öffentliche Netze und Dienste

DECT

Neben den in Kap. 1.5.5 aufgeführten WLAN-Technologien wird hierbei sowohl in privaten Netzen als auch im Zugangsnetz (Überbrückung der „letzten Meile") die **DECT-Technologie** eingesetzt. Hierbei handelt es sich um einen europäischen Standard für ein digitales Übertragungsverfahren, welches ursprünglich für die digitale Sprachtelefonie zwischen dem Mobilteil (**P**art, PP) und der zugehörigen Feststation (**F**ixed **P**art, FP) bei Schnurlostelefonen konzipiert wurde. Der DECT-Standard definiert in erster Linie die Parameter der Luftschnittstelle (CAI: Common Air Interface) zwischen Mobilteil und Feststation. Mit DECT lassen sich komplette Netzwerke aufbauen, wodurch mit ein und demselben Mobilteil sowohl standortweites als auch standortübergreifendes Roaming möglich ist.

■ Die Anbindung von Teilnehmern mit DECT-Mobilteilen an Telekommunikationsnetze wird mit dem Begriff **Cordless Terminal Mobility** (CTM) bezeichnet.

DAP: DECT Access Point
DECT: Digital Enhanced Cordless Telecommunication
FP: Fixed Part
PBX: Private Branch Exchange (private TK-Anlage)
PP: Portable Part

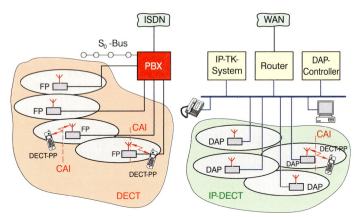

Bild 3.106: Beispiel für eine DECT- und eine IP-DECT-Kommunikationsstruktur

ARQ: Automatic Repeat Request
CRC: Cyclic Redundancy Check
FEC: Forward Error Correction
GAP: Generic Access Profile

Zu den wesentlichen Merkmalen des DECT-Standards gehören:
– gute Übertragungsqualität durch digitale Übertragung
– Reichweite bis ca. 300 m im Freien (ca. 200 m in Gebäuden)
– hohe Abhörsicherheit durch Datenverschlüsselung (Encryption)
– Fehlererkennungs- und Fehlerkorrekturmöglichkeit mittels ARQ, CRC und FEC
– dynamische Bandbreitenzuordnung
– durch Selbststeuerung keine Frequenzplanung erforderlich

Bei Geräten, die zusätzlich die **GAP**-Funktionalität erfüllen, ist auch die Funktion zwischen DECT-Komponenten verschiedener Hersteller sichergestellt.
DECT-Geräte arbeiten im 1900-MHz-Frequenzbereich, d. h. nahe dem Bereich, in dem auch UMTS arbeitet (siehe Bild 3.103). Zur Mehrfachausnutzung der zur Verfügung stehenden Bandbreite wird mit einem kombinierten Zugriffsverfahren aus Frequenzmultiplex und Zeitmultiplex gearbeitet (FDMA/TDMA, Kap. 4.1.8). Aufgrund der implementierten Fehlererkennungs- und Fehlerkorrekturmöglichkeiten bietet der DECT-Standard auch gute Voraussetzungen für die Datenübertragung. Die Anbindung eines Datenendgerätes erfolgt mit einem entsprechenden DECT-Sende- und Empfangsmodul.

3.9 Mobilfunknetze

Modulationsverfahren	spezielle Form von FSK	technische Daten von DECT
Frequenzbereich	1880 MHz–1900 MHz	
Trägerabstand	1,728 MHz	
Trägeranzahl	10	
Duplex-Kanäle pro Träger	12	
Reichweite	bis ca. 300 m	
Sprachübertragung (ohne ARQ und FEC)	32 Kbit/s	
Datenübertragung (mit ARQ)	25,6 Kbit/s	
Datenübertragung (mit FEC)	24 Kbit/s	
Kanalbündelung (symmetrisch)	24 bis 264 Kbit/s pro Träger	
Kanalbündelung (unsymmetrisch)	24 bis 552 Kbit/s pro Träger	

Bild 3.107: Technische Daten des DECT-Standards

Eine zusätzliche DECT-Anwendung firmiert unter der Bezeichnung **IP-DECT**, bei der die DECT-Technologie weiterhin zwischen Mobilteil und Basisstation eingesetzt wird, bei der aber für die Kommunikation zwischen der Basisstation und dem vorhandenen TK-System die IP-Technologie verwendet wird (siehe Bild 3.106). Zu den zentralen Komponenten eines IP-DECT-Funkzellennetzes gehören:

IP-Dect

Bezeichnung	Beschreibung und Aufgaben
DAP	DECT Access Point; Basisstation zum Aufbau einer Funkzelle; die Kommunikation der Funkschnittstelle erfolgt gemäß DECT-Standard, die Verbindung zum IP-TK-System erfolgt über 10/100 Base-T-Ethernet-Schnittstelle zur IP-basierten Anschaltung an das LAN. Die Stromversorgung des DAP erfolgt über das LAN (Power over Ethernet gemäß Spezifikation IEEE 802.3 af)
DAP-Controller	Konfiguriert und verwaltet die DAPs durch Bereitstellung entsprechender Dienste (DDS: DECT DAP Services) und steuert die Endgeräte; der Zugriff auf den DAP-Controller erfolgt über einen Konfigurations-PC
IP-TK-System	Internet-Protokoll-Telekommunikations-System; IP-fähige TK-Anlage, übernimmt die Funktion des Gatekeepers und weist den angeschlossenen Endgeräten IP-Adressen bzw. Portnummern zu
Router	Übernimmt die Kommunikation mit dem WAN

Gatekeeper
siehe Kap. 3.7.4

Bild 3.108: Komponenten einer IP-DECT-Umgebung

3.9.4 WiMAX

WiMax (Worldwide Interoperability for Microwave Access) wurde ursprünglich als Richtfunkstandard IEEE 802.16d für MANs mit einer Bandbreite von 75 Mbit/s bei bis zu 50 km Reichweite entwickelt. Inzwischen existiert auch eine nichtkompatible Variante für den mobilen Einsatz (IEEE 802.16e-2005), mit der einerseits auch solche Gegenden einen IP-basierenden Breitbandzugang erhalten können, die bisher nicht über eine ausreichende DSL-Infra-

433

struktur im Anschlussnetz verfügen, mit der andererseits aber auch unabhängig von bestehenden kleinflächigen WLAN-Funk-Hotspots innerhalb großflächiger Funkzellen und überall in Gebäuden mit einem portablen Endgerät der Zugang zu einem Breitbanddienst möglich ist.

Spezifikation	IEEE 802.16d	IEEE 802.16e
Einsatzbereich	stationär	mobil
Frequenzbereich (Europa)	450 MHz, 2–11 GHz (nicht durchgängig)	3,5 GHz, 5 GHz
Datenrate (bidirektional)	≤ 75 Mbit/s	≤ 15 Mbit/s
Zellengröße	5 bis 50 km, abhängig von Antennenhöhe und Sendeleistung	1,5 bis 5 km, abhängig von Geländebeschaffenheit
Modulation (siehe Kap. 4.1.5)	OFDM, QPSK, 16QAM, 64QAM	OFDM, QPSK, 16QAM, 64QAM
Kanalbandbreite	20 MHz	1,25–20 MHz
Unterstützte Protokolle	ATM, Ethernet, IP	ATM, Ethernet, IP

Bild 3.109: Technische Daten von WiMAX

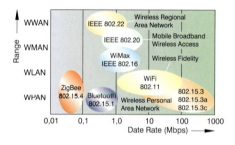

Bild 3.110: Mobilfunkstandards im Vergleich

Im Gegensatz zu WiFi, das weltweit in Frequenzbändern arbeitet, die nicht lizenziert sind und bei welchem CSMA als Protokollstruktur ausreicht, erfordert WiMAX einen wesentlich strengeren Kontrollmechanismus für den Netzwerkzugriff. Beide WiMax-Standards unterstützen Point-to-Point- und Point-to-Multipoint-Verbindungen. Wesentliches Merkmal des mobilen Standards ist das sogenannte **Handoff** (Übergabe), vergleichbar mit dem Handover bei Mobilfunknetzen, mit dem der unterbrechungsfreie Breitbandzugang auch bei Bewegung mit höherer Geschwindigkeit möglich ist.

WAC: WiMax Access Control
AAA: Authentification, Authorization, Accounting
OMC: Operation and Maintenance Center (Traffic Routing, Mobility Management, Roaming)

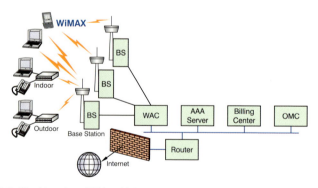

Bild 3.111: Prinzipielle Struktur eines WiMax-Netzes

Aufgaben

1. Nennen Sie die maßgeblichen Entwicklungsschritte der Mobilfunktechnik sowie deren jeweiligen technischen Merkmale.
2. GSM-Handys sind durch eine IMSI- und eine IMEI-Nummer gekennzeichnet. Erläutern Sie die Bedeutung dieser Abkürzungen.
3. Ein Kunde fragt nach den unterschiedlichen Akkuarten, die in Handys verwendet werden. Insbesonders interessieren ihn technische Leistungsmerkmale. Welche Informationen geben Sie ihm und welche Kaufempfehlung sprechen Sie aus?
4. Was versteht man bei GSM-Netzen unter dem sogenannten „Handover"?
5. Zu den maßgeblichen Elementen eines GSM-Netzes gehören die Funktionseinheiten BTS, MSC, VLR, HLR, AuC und OMC. Erläutern Sie die Abkürzungen und die Aufgaben der genannten Einheiten.
6. Welche Anbieter betreiben in Deutschland ein GSM-900-Netz? Welche Frequenzbereiche werden hierbei benutzt?
7. Berechnen Sie die Anzahl der Übertragungskanäle, die in einem GSM-900- und einem GSM-1800-Netz jeweils maximal zur Verfügung stehen.
8. Wieso ist es möglich, innerhalb eines GSM-Netzes vorhandene Übertragungsfrequenzen mehrfach zu benutzen?
9. Was versteht man bei GSM-Netzen unter Roaming?
10. Erläutern Sie einem Kunden die Bezeichnungen Dual-Band-Handy, Triple-Band-Handy, Dual-Mode-Handy und Smartphone! Geben Sie jeweils eine begründete Kaufempfehlung für die genannten Handy-Typen.
11. Erläutern Sie die einzelnen Schritte bei einem Verbindungsaufbau vom D1-Netz ins D2-Netz! Fertigen Sie ggf. eine Skizze zur Visualisierung der einzelnen Schritte an.
12. Mit welcher Geschwindigkeit werden in GSM-Netzen standardmäßig Daten übertragen? Beschreiben Sie Übertragungstechnologien, die in der Praxis zur Vergrößerung dieser Übertragungsgeschwindigkeit eingesetzt werden.
13. Mittels HSCSD sind in Abhängigkeit von der Kanalcodierung mittels Kanalbündelung bis zu 76,8 Kbit/s (Codierung 1) bzw. bis zu 115,2 Kbit/s (Codierung 2) übertragbar.
    a) Wie viele Kanäle müssen hierzu jeweils gebündelt werden?
    b) Erstellen Sie eine Tabelle, in der jeweils die erreichbaren Datenraten bei beiden Codierverfahren in Abhängigkeit von der Anzahl der verwendeten Kanäle (von 1 bis zur unter a angegebenen maximalen Kanalzahl) gegenübergestellt werden.
    c) Erweitern Sie Ihre Tabelle mit den jeweils erreichbaren Datenraten bei Verwendung von GPRS (wiederum in Abhängigkeit vom Codierverfahren und der Kanalzahl).
14. a) Welche Übertragungsraten lassen sich in klassischen UMTS-Netzen (3G, d. h. ohne technische Maßnahmen zur Geschwindigkeitssteigerung) realisieren?
    b) Benennen und erläutern Sie die technischen Maßnahmen, die in UMTS-Netzen zur Steigerung der Übertragungsgeschwindigkeit eingesetzt werden.
15. Mit welchen Maßnahmen kann man in UMTS-Netzen Engpässen bei Übertragungskapazitäten aufgrund von zeitweiligem hohen Verkehrsaufkommen entgegenwirken?

16. a) Geben Sie die Bedeutung der in Bild 3.105 dargestellten Abkürzungen der Übertragungsverfahren in der Mobilkommunikation an.

    b) Ordnen Sie jeder Abkürzung jeweils die zugehörige Entwicklungsstufe zu (Beispiel: GSM: 2G).

17. Erläutern Sie die Unterschiede und die Vorteile der unterschiedlichen HSDPA-Techniken.

18. Was versteht man unter dem DECT-Standard und durch welche wesentlichen Merkmale zeichnet sich dieser Standard aus?

19. Erläutern Sie die Unterschiede zwischen einem reinen DECT-Funknetz und einem IP-DECT-System.

20. Welche Technik verbirgt sich hinter der Bezeichnung WiMax und wo kann sie eingesetzt werden?

3.10 Richtfunk

3.10.1 Grundlagen

Richtfunkverbindungen können zur Übertragung von Sprach- und Bildinformationen sowie von Rechnerdaten eingesetzt werden. Große Bedeutung gewinnt der Richtfunk zurzeit auch als Zugangstechnologie für den breitbandigen Teilnehmeranschluss zum Ortsnetz. Man unterscheidet grundsätzlich zwischen elektromagnetischen und optischen Richtfunksystemen.

3.10.1.1 Elektromagnetischer Richtfunk

Beim elektromagnetischen Richtfunk (Mikrowellen-Richtfunk) wird das zu übermittelnde Nachrichtensignal einer Trägerfrequenz aufmoduliert; die verwendeten Frequenzen liegen zwischen 2 GHz und 60 GHz. Bei diesen hohen Frequenzen können elektromagnetische Wellen über Richtantennen gesendet und empfangen werden. Durch die starke Bündelung kann die Sendeleistung relativ klein gehalten werden. Dadurch ist es möglich, die benutzten Frequenzen in gewisser Entfernung wieder einzusetzen, ohne dass sich die räumlich getrennten Systeme störend beeinflussen.

Die im Richtfunk benutzten Frequenzbänder werden in eine Vielzahl von Übertragungskanälen unterteilt. Diese als **Kanalraster** bezeichnete Aufteilung dient mit den entsprechenden Kanalabständen zur Verringerung von Störeinflüssen. Aus dem gleichen Grunde wird zusätzlich die Schwingungsebene der elektromagnetischen Wellen benachbarter Kanäle um 90° gegeneinander gedreht (**H**orizontal und **V**ertikal in Bild 3.112).

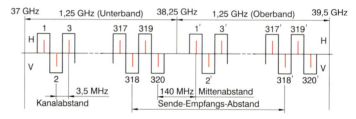

Bild 3.112: Anordnung der Übertragungskanäle im 38-GHz-Band

Die Abstrahlung bzw. der Empfang der zu übertragenden Trägerwellen erfolgt über Sende- bzw. Empfangsantennen, zwischen denen eine **Sichtverbindung** bestehen muss; damit sind Übertragungsentfernungen bis zu 100 km möglich. Für größere Entfernungen – sogenannte Überhorizontalverbindungen – können zwischen den Endstellen eine oder mehrere Relaisstationen erforderlich sein.

Als Antennen werden in der Regel **Parabolantennen** eingesetzt, bei denen der Sender bzw. Empfänger im Brennpunkt eines Parabolspiegels untergebracht ist. Dadurch wird die vom Sender abgegebene Strahlung gebündelt und gerichtet (Richtantenne). Auf der Empfangsseite wird die auf den Parabolspiegel treffende Strahlung auf den Brennpunkt des Spiegels fokussiert.

Antennen

Um eine sichere Richtfunkverbindung zu gewährleisten, müssen die Antennen sowohl gegen Windeinflüsse durch eine stabile Konstruktion und eine feste Montage als auch gegen Schnee- und Eisansatz durch entsprechende Abdeckungen geschützt werden.
Die Größe der Parabolantennen hängt in starkem Maße von der Länge und Beschaffenheit des **Funkfeldes** ab.

> ■ Ein **Funkfeld** besteht aus den Antennenanlagen der sendenden und der empfangenden Richtfunkstation und dem Raum zwischen ihnen.

Wird die Ausbreitung der Funksignale in einem Funkfeld nicht behindert (Bäume, Gebäude), so spricht man von „Freiraumausbreitung".
Die Planung des Funkfeldes gehört zu den wichtigsten Schritten bei der Errichtung einer Richtfunkstrecke. In diesem Zusammenhang kommt der Ermittlung der Funkfelddämpfung hohe Bedeutung zu.

> ■ Als **Funkfelddämpfung** bezeichnet man die Dämpfung (Kap. 4.1.2) zwischen den Klemmen der Sendeantenne und der Empfangsantenne eines Funkfeldes.

Wichtigster Teil der Funkfelddämpfung ist die Freiraumdämpfung, deren Betrag mit zunehmendem Abstand von Sende- und Empfangsantenne (Funkfeldlänge) sowie zunehmender Frequenz ansteigt. Zusätzliche Dämpfung kann entstehen durch Hindernisse, wie z. B. Bäume und Gebäude, die in das Funkfeld ragen, oder durch unterschiedliche Wetterbedingungen, wie Regen- oder Schneefälle oder sonstige Luftverunreinigungen.
Eine Sonderform des Richtfunks sind die **Satellitenfunksysteme.** Über Satellitenfunkverbindungen werden durch Einsatz digitaler Übertragungsverfahren alle Möglichkeiten der Breitbandkommunikation eröffnet. Hierbei werden durch Mehrfachausnutzung der benutzten Frequenzbereiche Übertragungskapazitäten von 30 000 Fernsprechkanälen erreicht und gleichzeitig können mehrere Fernsehprogramme weltweit ausgestrahlt werden.

■ 3 Öffentliche Netze und Dienste

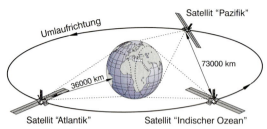

Bild 3.113: Geostationäre Satelliten

Hierzu werden meist geostationäre Satelliten eingesetzt, die mit ihrer „Ausleuchtzone" (footprint) etwa ein Drittel der Erdoberfläche abdecken. Zur vollständigen Versorgung der Erde (mit Ausnahme der Polarzonen) werden daher nur drei Satelliten benötigt (Bild 3.113). Diese Satelliten kreisen auf einer Umlaufbahn, von ca. 36 000 km Abstand von der Erde und scheinen von der Erde aus gesehen stillzustehen; daher müssen die Sende- und Empfangsantennen nur einmal ausgerichtet werden. Da die Satelliten mit Sonnenenergie betrieben werden, haben sie eine relativ geringe Sendeleistung.

Die Bodenstationen, sogenannte Erdfunkstellen, bilden den Übergang zwischen den erdgebundenen Kommunikationssystemen und den Satellitenfunksystemen. Sie senden und empfangen über Parabolantennen, deren Durchmesser von der geforderten Empfangsleistung abhängt.

Satellitenfunkverbindungen arbeiten in den gleichen GHz-Frequenzbereichen wie die erdgebundenen Richtfunksysteme. Bild 3.114 zeigt das Prinzip einer solchen Verbindung.

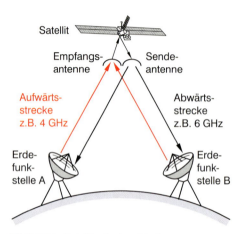

Bild 3.114: Satellitenfunkverbindung

3.10.1.2 Optischer Richtfunk

Optische Funkverbindungen sind heute fast jedem Laien bekannt als sogenannte „Fernsteuerung" für Fersehgeräte, Videorecorder u. Ä.
Weniger bekannt und auch geringer verbreitet sind Kommunikationsverbindungen über **optische Richtfunkstrecken**.

Grundsätzlich beruht der optische Richtfunk auf der Tatsache, dass optische Wellen – auch das sichtbare Licht – elektromagnetische Wellen sind, nur in einem anderen Frequenzbereich (vgl. Kap. 4.2). Für praktische Anwendungen hat sich der Frequenzbereich „Nahes Infrarot" (NIR = **N**ear **I**nfra**R**ed) mit Wellenlängen von 780 nm bis 1000 nm als günstig erwiesen; die meisten handelsüblichen Systeme arbeiten mit Wellenlängen von ca. 850 nm.

Ein optisches Richtfunksystem besteht in der Regel aus zwei Stationen, die jeweils einen (oder mehrere) Sender und Empfänger enthalten. Sie werden an den zu verbindenden Standorten aufgestellt und aufeinander ausgerichtet.
Im **Sender** werden zur Übertragung der digitalen Signale die als Impulsfolgen vorliegenden Daten dem NIR-Licht von Leuchtdioden (LED) oder Laserdioden aufmoduliert. Nach dem Zurücklegen der Luftstrecke werden im **Empfänger** die optischen Signale durch große Linsen gebündelt und durch Fotodioden in elektrische Impulse zur Weiterverarbeitung umgewandelt.

3.10 Richtfunk

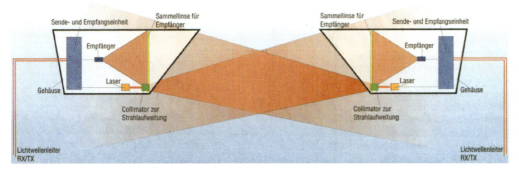

Bild 3.115: Grundprinzip einer optischen Richtfunkübertragung

Für das Betreiben von Anlagen zur optischen Freiraumübertragung (optische Richtfunkanlagen) gelten in Deutschland die Bestimmungen des Telekommunikationsgesetzes vom 17.12.1997. Demgemäß entstehen beim Betrieb der Anlagen keine einmaligen oder laufenden Gebühren; lediglich das Überschreiten von Grundstücksgrenzen ist anzeigepflichtig.

Vorteile optischer Richtfunkverbindungen sind:

- **Hohe Übertragungsraten** zwischen einigen Mbit/s bis 1,25 Gbit/s (weiter zunehmend) sind verfügbar.
- **Keine Frequenzzuteilung** durch die Regulierungsbehörde für Telekommunikation und Post (RegTP) ist notwendig. Eine Zulassung für den Betrieb der Anlagen ist nicht erforderlich, weil es in diesem Wellenbereich keine gegenseitigen Beeinflussungen gibt.
- Die **Abhörsicherheit** ist im Vergleich zum Mikrowellenrichtfunk oder zu Kupferverkabelungen hoch. Es ist praktisch unmöglich, die Verbindung abzuhören, ohne den stark gebündelten infraroten Lichtstrahl zu unterbrechen; es ist äußerst schwierig, den unsichtbaren NIR-Strahl überhaupt zu finden.
- Die **schnelle und relativ einfache Installation** führt in vielen Fällen zu erheblicher Kosteneinsparung.

Nachteile:

- **Direkte Sichtverbindung** erforderlich; allerdings besteht die Möglichkeit einer aktiven Umlenkung über eine Zwischenstation (Hopping-Punkt). Damit ist auch dann eine Verbindung möglich, wenn die direkte Sichtverbindung durch ein festes Hindernis (z. B. Hochhaus, Berg o. Ä.) unterbrochen ist.
- **Wetterabhängigkeit**; bei dichtem Nebel, Schneefall oder starkem Regen ist eine Übertragung nicht möglich; die maximale Reichweite wird auch stark beeinträchtigt durch Luftverwirbelungen, die z. B. durch Sturm oder intensive Sonneneinstrahlung entstehen können.
- **Geringe Reichweite**; bei den in Deutschland gegebenen Wetterbedingungen ergibt sich – mit Rücksicht auf die Verfügbarkeit der Anlage – eine sichere Reichweite von 2 km.

■ *3 Öffentliche Netze und Dienste*

Optische Richtfunkanlagen werden hauptsächlich eingesetzt zur Überbrückung der „letzten Meile" (Teilnehmeranschluss; vgl. Kap. 3.10.2) und zur Verbindung zwischen zwei Gebäuden. Außerdem werden sie verwendet für zeitlich begrenzte Anbindungen (z. B. von Baustellen).

Als zukünftiges Anwendungsfeld für den optischen Richtfunk wird zurzeit die direkte optische Breitbandübertragung über tausende Kilometer zwischen Satelliten im Weltraum erforscht und entwickelt.

3.10.2 Richtfunk für den Teilnehmeranschluss

Während Richtfunkstrecken in Weitverkehrsnetzen immer schon betrieben wurden, ist nun mit der Vergabe der Richtfunkfrequenzen durch die RegTP an die Betreiber von Richtfunksystemen der Wettbewerb um die „letzte Meile" weiter intensiviert worden. Die RegTP sorgte bei der Vergabe der Frequenzen dafür, dass in allen Landkreisen und kreisfreien Städten mindestens zwei miteinander konkurrierende Unternehmen Frequenzzuteilungen zum Aufbau von Punkt-zu-Mehrpunkt-Richtfunkanlagen (PMP = Point-to-Multipoint) für den drahtlosen Teilnehmeranschluss erhielten. Die Frequenzen ermöglichen den Unternehmen die drahtlose Verbindung ins Ortsnetz für breitbandige Sprach- und Datendienste.

Bild 3.115 zeigt die Möglichkeiten, die sich mit einem Breitband-PMP-Richtfunksystem auftun. Das Gebäude ist über eine strukturierte Verkabelung (vgl. Kap. 1.6.1.2) erschlossen und wird durch eine Richtfunkstrecke mit der Zentrale verbunden. Über diese können alle öffentlichen und gegebenenfalls auch privaten Netze erreicht werden. Die Richtfunkstrecke ersetzt also den leitungsgebundenen Netzzugang jeglicher Art.

Richtfunkverbindungen sind seltener von Betriebsstörungen betroffen als andere Anschlusstechniken. Sie bieten außerdem die Möglichkeit, schnell auf Kundenwünsche – z. B. größere Bandbreiten und höhere Datenraten – einzugehen.

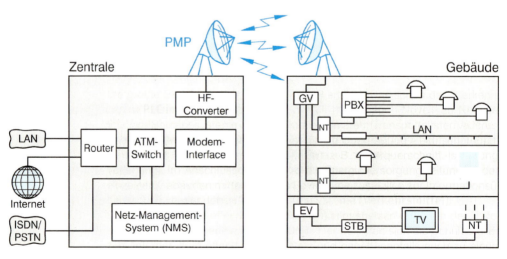

Bild 3.116: Prinzipieller Aufbau eines PMP-Richtfunksystems

3.10.3 MIMO-Technik

MIMO ist die Abkürzung für **M**ultiple **I**n **M**ultiple **O**ut und bezeichnet in der Übertragungstechnik ein **Mehrantennensystem**, welches durch Verwendung spezieller Codierverfahren über identische Funkfrequenzen gleichzeitig unterschiedliche Datenströme übertragen kann.

Dieser Technik liegen komplexe mathematische Berechnungen zugrunde, da sich die Funkfrequenzen abhängig von den örtlichen Gegebenheiten verschieden überlagern können (z. B. wegen Reflexionen an Gegenständen oder räumlicher Anordnung der Antennen). An dieser Stelle soll lediglich vereinfacht das Grundprinzip dargestellt werden (Bild 3.117).

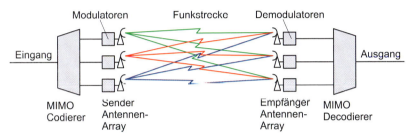

Bild 3.117: Grundprinzip von MIMO

Ein Gesamtdatenstrom wird zunächst in Teilströme zerlegt, speziell codiert und auf mehrere Antennen verteilt. Das räumlich verteilte Antennen-Array strahlt von allen Antennen dieselben Frequenzen aus. Durch die Aufteilung der Datenströme auf die Antennen werden somit auf identischen Frequenzen unterschiedliche Nutzdaten moduliert übertragen. Auf der Empfängerseite treffen diese Funkfrequenzen bei allen ebenfalls räumlich verteilten Empfangsantennen minimal zeitversetzt ein. Ein leistungsfähiger Prozessor kann dann die jeweils empfangenen Summensignale (in Bild 3.117 jeweils aus blauen, roten und grünen Funklinien zusammengesetzt) decodieren und wieder zu dem Gesamtdatenstrom zusammensetzen. Im dargestellten Beispiel ist dadurch im Vergleich zu einer einfachen Antennenanlage innerhalb der gleichen Zeit theoretisch die Übertragung des dreifachen Datenvolumens möglich, ohne dass eine zusätzliche Übertragungsbandbreite (d. h. ohne zusätzliche Sendefrequenzen) erforderlich ist.

Die Möglichkeiten der MIMO-Technik können allerdings nur dann vollständig ausgenutzt werden, wenn beide Seiten das MIMO-Verfahren beherrschen. Nutzt nur die Sende- oder nur die Empfangsseite diese Technik, ergibt sich lediglich eine Steigerung der Übertragungsleistung von bis zu 50 %.

Die MIMO-Technik wird in Kombination mit OFDM bei WiMax eingesetzt, beim IEEE 802.11n-WLAN-Standard sowie zukünftig auch bei LTE.

Die vielen Möglichkeiten für einen breitbandigen Zugang zu einem Kommunikationsnetz wird in Bild 3.118 noch einmal zusammenfassend dargestellt. Alle diese Möglichkeiten wurden in den vorangegangenen Kapiteln des Buches mehr oder weniger eingehend behandelt. Die im Bild benutzten Abkürzungen können beim Erarbeiten der einzelnen Themen leicht entschlüsselt werden.

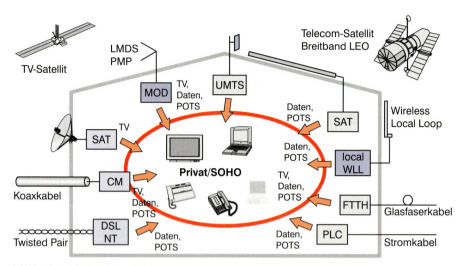

SOHO: Small Office/Home Office
LMDS: Local Multipoint Distribution Service
PMP: Portable Media Player
POTS: Plain Old Telephone System
CM: Cable Modem

Bild 3.118: Zugangstechnologien für den breitbandigen Teilnehmeranschluss

■ Aufgaben

1. Beschreiben Sie den grundsätzlichen Aufbau einer Richtfunkstrecke.
2. Was verstehen Sie unter einem Kanalraster?
3. Nennen Sie einige Satellitenfunksysteme, die weltweit bzw. europaweit arbeiten.
4. Nennen Sie Unterschiede zwischen elektromagnetischen und optischen Richtfunksystemen.
5. Erläutern Sie prinzipiell das zur drahtlosen Datenübertragung eingesetzte MIMO-Verfahren. Worin liegen die Vorteile dieses Verfahrens?
6. Geben Sie anhand von Bild 3.118 eine kurze Beschreibung der verschiedenen Zugangstechnologien für Breitband-Teilnehmeranschlüsse.

4 Grundlagen der Übertragungstechnik

4.1 Elektrische Übertragungstechnik

In modernen Kommunikationssystemen werden die folgenden Übertragungsmedien bzw. die genannten Übertragungsmechanismen zur Nachrichtenübertragung eingesetzt:

Übertragungsmechanismus	Beschreibung/Medium	Anwendungsbeispiele
leitungsgebundene Übertragung elektrischer Signale	gerichtete Bewegung elektrischer Ladungen über elektrische Leitungen	– Anschlussbereich ISDN – LAN
nicht leitungsgebundene (drahtlose) Übertragung elektromagnetischer Wellen im Spektrum der klassischen Funkfrequenzen	Ausbreitung elektromagnetischer Wellen vom kHz- bis zum GHz-Bereich	– Radio, TV-WLAN – GPS – Richtfunksysteme – terrestrische und satellitengestützte Funknetze
leitungsgebundene Übertragung optischer Signale	elektromagnetische Wellen bestimmter Wellenlänge, geführt über Glasfaserleitungen (Lichtwellenleiter)	– Leitungen zwischen den Netzknoten des ISDN – WAN
nicht leitungsgebundene (drahtlose) Übertragung elektromagnetischer Wellen im Spektrum optischer Wellenlängen	Ausbreitung elektromagnetischer Wellen im Nanometer-Bereich (i. Allg. vom menschlichen Auge nicht wahrnehmbares Licht)	– IR-Schnittstelle – optischer Richtfunk (zurzeit nur einige Kilometer) – Satellitenübertragungen im Orbit (**OISL: O**ptical **I**nter**s**atellite **L**ink)

Bild 4.1: Übersicht über Mechanismen und Medien der Übertragungstechnik

4.1.1 Elektrische Leitungen

Elektrische Leitungen gehören zu den passiven Komponenten eines Kommunikationssystems. Ihre Aufgabe besteht darin, elektrische Signale möglichst unbeeinflusst und möglichst verlustfrei zu übertragen. Die Übertragungseigenschaften elektrischer Leiter hängen von ihren elektrischen Merkmalen und ihrem geometrischen Aufbau ab. Neben dem elektrischen Widerstand weisen Kabel stets auch kapazitive und induktive Eigenschaften auf. Diese Eigenschaften werden vereinfacht in einem sogenannten **Kabelersatzschaltbild** dargestellt. Alle Leitungskennwerte hierzu werden in den Datenblättern der Hersteller angegeben.

Kapazität und Induktivität siehe Kap. 5.4.2.1 und Kap. 5.5.2.1 „Einfache IT-Systeme"

■ 4 Grundlagen der Übertragungstechnik

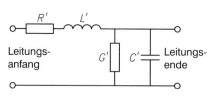

R' Widerstandsbelag in Ω/km
G' Ableitungsbelag in µS/km
L' Induktivitätsbelag in mH/km
C' Kapazitätsbelag in nF/km

Bild 4.2: Ersatzschaltbild einer elektrischen Leitung und Leitungskennwerte

Wellenwiderstand
Impedanz

Eine wichtige charakteristische Kenngröße elektrischer Leitungen ist ihr sogenannter **Wellenwiderstand Z_W**; er wird auch allgemein als (Kabel-)**Impedanz** bezeichnet. Je nach Art des Leiters betragen typische Werte 50 Ω, 75 Ω, 100 Ω oder 150 Ω. Der Wellenwiderstand ist ein Rechenwert. Er hängt vom geometrischen Aufbau und den verwendeten Materialien ab, er ist jedoch unabhängig von der Leiterlänge und somit nicht identisch mit dem Leitungswiderstand R der Leitung. Um eine möglichst störungsfreie und effiziente Übertragung zu gewährleisten, müssen angeschlossene Geräte (z. B. Netzwerkkarten) über einen Eingangswiderstand verfügen, der diesem Wellenwiderstand entspricht.

Anpassung

■ Ist der **Eingangswiderstand** eines angeschlossenen Gerätes **gleich** dem **Wellenwiderstand** der Anschlussleitung, so bezeichnet man dies als **Anpassung**.

Kommunikationskabel dürfen zur Vermeidung von Signalreflexionen kein „offenes Ende" haben, sondern müssen grundsätzlich an den Leitungsenden mit einem Widerstand abgeschlossen werden, dessen Wert dem Wellenwiderstand der Leitung entspricht!

Terminierung

■ Einen Leitungsabschluss mit einem Widerstand von der Größe des Wellenwiderstandes der Leitung bezeichnet man als **Terminierung** der Leitung.

Durch die Terminierung lassen sich Übertragungsstörungen infolge von Signalreflexionen an den Leitungsenden verhindern. Bei der Verlegung und der Installation elektrischer Leitungen sind die in der DIN EN 50174 beschriebenen Vorschriften zu beachten.

4.1.1.1 Symmetrische und unsymmetrische Leiter

Bei den elektrischen Leitungen unterscheidet man zwischen symmetrischen und unsymmetrischen Leitern. Im allgemeinen Sprachgebrauch wird hiermit der gleichartige (= symmetrische) bzw. unterschiedliche (= unsymmetrische) Kabelaufbau von Hin- und Rückleiter bezeichnet. Zu beachten ist allerdings, dass – unabhängig vom Kabelaufbau – die gleichen Bezeichnungen auch für die Art der Signalübertragung in Bezug zum Erdpotenzial (Bezugspotenzial 0 V) verwendet werden (siehe „Einfache IT-Systeme", Kap. 1.4.5).

444

4.1.1.2 Koaxialleiter

Koaxialleitungen (Coaxial Cable) bestehen aus einem zentralen Innenleiter, um den konzentrisch eine Isolierschicht (Dielektrikum), ein Außenleiter (Abschirmung) und eine Außenisolierung angebracht sind. Der Innenleiter dient als „Hinleiter", der Außenleiter dient als „Rückleiter". Aufgrund seiner Abschirmungsfunktion führt der Außenleiter das Potenzial 0 V (Bezugserde). Da dieser Leiter auch als Rückleiter dient, wird dieses Erdpotenzial für die Datenübertragung mitverwendet. Somit handelt es sich hier sowohl vom Aufbau als auch vom elektrischen Verhalten her um einen unsymmetrischen Leiter.

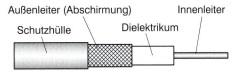

Koaxialkabel ermöglichen Übertragungsraten bis zu einigen Gigabit pro Sekunde und besitzen dank dem Außengeflecht eine wirkungsvolle Schirmung gegen Fremdstörungen. Wichtige **Kabelparameter** sind die Impedanz, die Bandbreite und die Einstreuung, die durch die Qualität (und die Mehrlagigkeit) der äußeren Schirmung bestimmt werden. Koaxialkabel gibt es für die Datenübertragungstechnik mit unterschiedlichen Wellenwiderständen (z. B. 50 Ω, 75 Ω).

Bild 4.3: Grundsätzlicher Aufbau eines Koaxialleiters

Die Eigenschaften der Koaxialleitungen werden durch die Art des Außenleiters beeinflusst, sodass für unterschiedliche Einsatzzwecke unterschiedliche Ausführungen existieren. Bei Leitungen für Basisbandübertragungen (d. h. keine „Verschiebung" der Daten in einen anderen Frequenzbereich durch Modulation, siehe Kap. 4.1.5) besteht die Abschirmung meistens aus einem Kupfergeflecht, bei Leitungen für Breitbandübertragungen (siehe Kap. 3.5.3) werden zusätzlich Aluminiumfolien verwendet.

4.1.1.3 TP-Leitungen

Bei mehradrigen Leitungen sind die einzelnen Adern jeweils mit einem isolierenden Kunststoff überzogen und werden innerhalb einer gemeinsamen Ummantelung entweder parallel geführt oder paarweise miteinander verdrillt.

■ Leitungen, die in einer gemeinsamen Ummantelung paarweise verdrillt sind, werden als **Twisted-Pair-Kabel** – kurz **TP-Kabel** – bezeichnet.

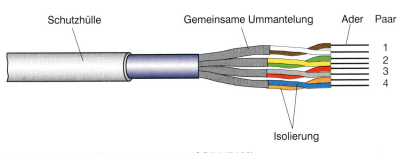

Bild 4.4: TP-Kabel (Farbzuordnung gemäß DIN 47100)

■ 4 Grundlagen der Übertragungstechnik

Ausführungen von TP-Kabeln

Bezüglich ihres Aufbaus handelt es sich bei TP-Kabeln um symmetrische Leiter, da Hin- und Rückleiter gleichartig aufgebaut sind. Die vorhandene Verdrillung verringert die gegenseitige Beeinflussung durch magnetische und elektrische Effekte.

Bei den TP-Kabeln unterscheidet man grundsätzlich zwischen folgenden Ausführungen:

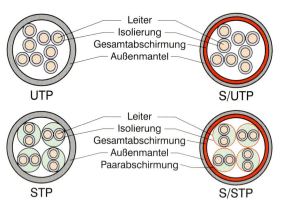

Bild 4.5: Ausführungen von TP-Kabeln

Bezeichnungen		Merkmale
neu	alt	
U/UTP	UTP	**Unscreened/Unshielded Twisted Pair;** Kabel ohne Gesamtabschirmung (U: Unscreened) und ohne Paarabschirmung (U: Unshielded)
U/FTP; kurz: FTP	STP	**Unscreened/Foiled Twisted Pair**; Kabel ohne Gesamtabschirmung (U: Unscreened), aber mit Paarabschirmung (F: Foiled) (alte Bezeichnung STP: Shielded Twisted Pair)
S/UTP, F/UTP, SF/UTP	S/UTP	**Screened/Unshielded Twisted Pair**; Kabel mit Gesamtabschirmung aus Metallgeflecht (**S: Screened**) oder Metallfolie (**F: Foiled**) oder beidem (**SF: Screened Foiled**), aber ohne Paarabschirmung (U: Unshielded)
S/FTP, F/FTP, SF/FTP	S/STP	**Screened/Shielded Twisted Pair**; Kabel mit Gesamtabschirmung aus Metallgeflecht (S: Screened) oder Metallfolie (F: Foiled) oder beidem (SF: Screened Foiled), und zusätzlich mit Paarabschirmung (F: Foiled)

Bild 4.6: Bezeichnungen von TP-Kabeln

Im Standard ISO 11801 werden des Weiteren verschiedene Kabel-Kategorien definiert, mit deren Hilfe TP-Kabel klassifiziert werden können.

■ Eine **Kabel-Kategorie** definiert eine bestimmte Güte eines Kabels und garantiert dadurch entsprechende Übertragungseigenschaften.

4.1 Elektrische Übertragungstechnik

Zu den in diesen Kategorien spezifizierten Gütekriterien gehören beispielsweise die Impedanz, die Bandbreite, die Dämpfung und das Nah-Nebensprechen. Im Einzelnen unterscheidet man:

Bezeichnung	Eigenschaften	Anwendungsbeispiele
Cat 1	geeignet bis 100 kHz, ohne Abschirmung, ohne Verdrillung	nur für analoge Sprachübertragung (Telefon)
Cat 2	geeignet bis ca. 1 MHz, ohne Abschirmung	Sprachübertragung, ISDN-Hausverkabelung
Cat 3	geeignet bis ca. 16 MHz, UTP-Kabel	ISDN, 10 Mbit-Ethernet, heute aber kaum noch eingesetzt
Cat 4	geeignet bis ca. 20 MHz, UTP- oder STP-Kabel	bis 20 Mbit/s, heute kaum noch eingesetzt
Cat 5	geeignet bis ca. 100 MHz; F/FTP-Kabel; Standardkennzeichnung der Adern gemäß EIA/TIA 568 (siehe Bild 4.8)	derzeit am weitesten verbreitet, Einsatz in Computernetzen (Fast-Ethernet); heute auch für Gigabit-Ethernet tauglich (früher mit Cat 5e bezeichnet, da höhere Schirmungsanforderungen wegen Nutzung aller 8 Adern)
Cat 6	geeignet bis ca. 250 MHz; F/FTP-, S/FTP- oder SF/FTP-Kabel	ATM, Gigabit-Ethernet
Cat 6a	geeignet bis ca. 500 MHz; SF/FTP-Kabel	10 Gigabit-Ethernet; höhere Anforderungen an Rauschverhalten
Cat 7	geeignet bis ca. 650 MHz; SF/FTP-Kabel; 4 einzeln abgeschirmte Adernpaare	10 Gigabit-Ethernet; neue Steckverbindungen erforderlich wegen höherer Anforderung an Abschirmung (RJ-45 nicht verwendbar, daher zurzeit wenig verbreitet)
Cat 7a	geeignet bis ca. 1000 MHz; SF/FTP-Kabel; 4 einzeln abgeschirmte Adernpaare	10 Gigabit-Ethernet; neue Steckverbindungen erforderlich (RJ-45 nicht verwendbar, daher zurzeit wenig verbreitet)
Cat 8	geeignet bis ca. 1200 MHz	Spezifikation in Planung

Bild 4.7: TP-Kategorien

Standardmäßig sind TP-Kabel entweder **zweipaarig**, d. h. sie besitzen vier Adern, oder **vierpaarig**, d. h. sie besitzen acht Adern, die jeweils paarweise verdrillt sind.

Die einfachste Ausführung eines TP-Kabels stellt der sogenannte **Sternvierer** dar, der in vielen Fällen als Anschlusskabel bei Telefonleitungen verwendet wird. Die Bezeichnung resultiert daraus, dass der Sternvierer aus zwei Adernpaaren besteht, die sich jeweils stets gegenüberliegen. Jedes Paar wird hierbei als Stamm bezeichnet. Sofern die Mantelfarben aller Leiter gleichfarbig ist, tragen die Adern meist eine typische Kennzeichnung (Bild 4.8b). Die Wellenwiderstände von TP-Kabeln betragen in der Regel 100 Ω, 120 Ω oder 150 Ω; die 100-Ω-Variante ist am Weitesten verbreitet.

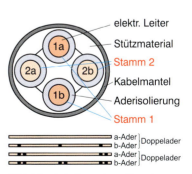

Bild 4.8: a) Aufbau eines Sternvierers b) typische Adernkennzeichnung

447

4 Grundlagen der Übertragungstechnik

Die Schirmung erfolgt bei TP-Kabeln je nach Ausführung mit einem feinen Drahtgeflecht (Gesamtschirmung) und/oder mit einer alukaschierten Polyesterfolie (Paarschirmung). Ein Kabel, bei dem jedes Adernpaar mit einer eigenen Metallfolie abgeschirmt ist, wird auch als **PiMF-Kabel** bezeichnet (**P**air in **M**etal-**F**oil). Durch die Schirmung der Adernpaare können sich elektromagnetische Felder, die auf die Stromführung in den Adern zurückzuführen sind, nicht über andere Adernpaare ausbreiten. Außerdem bieten sie auch Schutz gegen äußere Störfelder und EMV-Einflüsse.

EMV
siehe Kap. 5.5.3
„Einfache
IT-Systeme"

■ Die Qualität einer Schirmung wird mit dem sogenannten **Schirmungsmaß** in der Einheit dB (Dezibel) angegeben.

Je größer der angegebene dB-Wert ist, desto besser ist die Abschirmung. Durch mehrlagige Folien- und Geflechtschirme lässt sich das Schirmungsmaß beträchtlich erhöhen.

Schutz vor	Folienschirm	Geflecht	Folie und Geflecht	Folie und Geflecht, beides in doppelter Ausführung
niederfrequenten elektrischen oder kapazitiven Einflüssen	sehr gut	gut	sehr gut +	sehr gut +
hochfrequenten elektrischen oder kapazitiven Einflüssen	gut	gut	sehr gut	sehr gut +
niederfrequenten induktiven oder magnetischen Einflüssen	ausreichend	ausreichend	gut	sehr gut
hochfrequenten induktiven oder magnetischen Einflüssen	zufriedenstellend	zufriedenstellend	sehr gut	sehr gut +
elektromagnetischen Einflüssen	zufriedenstellend	zufriedenstellend	gut	sehr gut +

Bild 4.9: Vergleich der Eigenschaften von Schirmungsmaterialien

4.1.1.4 Kabelmantel

Neben der elektrischen Isolation muss die Ummantelung moderner Datenkabel nicht zuletzt aus Umweltschutzgründen eine Reihe wichtiger Eigenschaften erfüllen:

– mechanischer Schutz: Leiter und Schirmung sollen vor mechanischen Einflüssen geschützt werden.

– Feuchtigkeitsschutz: Adern und Schirme sollen vor korrodierender Feuchtigkeit geschützt werden.

- chemische und thermische Beständigkeit: Der Mantel darf seine Eigenschaften in stark erwärmten Umgebungen oder aufgrund von Alterung nicht verändern.
- keine Brandfortleitung und nur geringe Brandlast: Der Mantel darf einen Brand nicht selbstständig fortleiten (etwa wie eine Zündschnur). Unter der Brandlast eines Kabels versteht man die Wärme, die bei seiner Verbrennung entsteht. Sie wird üblicherweise in den Datenblättern in kWh/m angegeben und sollte möglichst gering sein.
- Halogenfreiheit: Halogene sind chemische Stoffe (Chlor, Brom, Fluor), die einen Kabelmantel zwar widerstandsfähiger gegenüber äußeren Einflüssen machen können, die jedoch im Brandfall giftige Gase freisetzen und so zu einer erheblichen Gesundheitsschädigung führen können.

■ **Farbkodierung**

Durch eine farbliche Kennzeichnung wird die Zuordnung einzelner Adernpaare möglich. In der Praxis sind hierbei unterschiedliche Normungen anzutreffen.

Adernpaar	DIN 47100 (siehe Bild 4.4)		IEC 189-2		EIA/TIA 568 A		EIA/TIA 568 B	
1	weiß	braun	grün	rot	weiß/blau	blau	weiß/blau	blau
2	grün	gelb	schwarz	gelb	weiß/orange	orange	weiß/grün	grün
3	grau	rosa	blau	orange	weiß/grün	grün	weiß/orange	orange
4	blau	rot	braun	schiefer	weiß/braun	braun	weiß/braun	braun

mögliche Paar- und Farbzuordnungen

Bild 4.10a: Mögliche Farbkodierungen eines 8-adrigen TP-Kabels

Die Eigenschaften elektrischer Leiter sowie die verwendeten Werkstoffe werden durch entsprechende Buchstaben- und Zahlenkombinationen auf dem Kabelmantel kenntlich gemacht (siehe „Einfache IT-Systeme", Kap. 5.3.2.4).

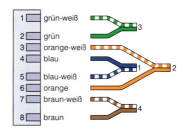

Bild 4.10b: Paarkennzeichnung nach **EIA 568 A** und deren Kontaktzuordnung (bei **EIA 568 A** sind die Farben grün/weiß-grün und orange/weiß-orange vertauscht)

4.1.2 Dämpfung und Pegel

4.1.2.1 Dämpfungsbelag einer TP-Leitung

Ein elektrisches Signal wird bei seiner Ausbreitung längs der Leitung infolge der Leitungsverluste gedämpft.

■ Als **Dämpfung** bezeichnet man die Abnahme der Signalenergie bei der Übertragung elektrischer Signale.

Die Größe der Dämpfung wird angegeben durch das Dämpfungsmaß a.

■ Das **Dämpfungsmaß a** ist das logarithmische Verhältnis der Eingangsspannung U_1 zur Ausgangsspannung U_2 (Bild 4.11).

Aufgrund dieser Definition ergibt sich für a keine Einheit; es wird in der Praxis mit der Bezeichnung **Dezibel (dB)** angegeben.

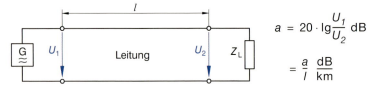

Bild 4.11: Dämpfungsmaß und Dämpfungsbelag einer Leitung

Das Dämpfungsmaß steigt mit zunehmender Leitungslänge; daher wird es pro Kilometer angegeben und als **Dämpfungsbelag** α bezeichnet. α wird von den Kenngrößen der Leitung bestimmt und steigt mit zunehmender Frequenz. Typische Dämpfungswerte für Datenkabel sind:

Kategorie	Cat 3	Cat 4	Cat 5	Cat 6	Cat 7
Frequenz in MHz	Dämpfungswerte in dB/km				
1,0	2,6	2,1	2,1	2,1	2,0
4,0	5,6	4,3	4,3	4,2	3,8
10,0	9,9	7,2	6,6	6,4	6,0
16,0	13,1	8,9	8,2	8,0	7,6
100	–	–	22,0	21,0	19,0
200	–	–	–	23,0	25,0
300	–	–	–	–	33
600	–	–	–	–	50

Bild 4.12: Typische Dämpfungswerte für Datenkabel

4.1.2.2 Dämpfungsmaße in Übertragungssystemen

Die einzelnen Glieder einer Übertragungsstrecke (Leitung, Verstärker usw.) bezeichnet man als **Vierpole**, weil sie 2 Eingangs- und 2 Ausgangsklemmen besitzen (im Gegensatz zu einem Zweipol, z. B. einem Widerstand).
Ist das Ausgangssignal eines Vierpols größer als das Eingangssignal, so bewirkt dieser eine Verstärkung. Ein Maß für die Verstärkung ist der **Verstärkungsfaktor A** (Übertragungsfaktor, Bild 4.13).

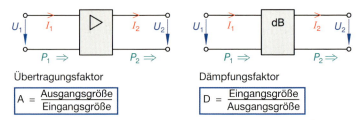

Bild 4.13: Verstärkungsfaktor und Dämpfungsfaktor

Ist hingegen das Ausgangssignal eines Vierpols kleiner als das Eingangssignal, so verursacht dieser eine Dämpfung; ein Maß hierfür ist der **Dämpfungsfaktor D** (Bild 4.13).

Zur Beurteilung eines Übertragungssystems wird vorwiegend das Dämpfungsmaß *a* verwendet.

■ Das **Dämpfungsmaß *a* eines Vierpols** ist der Zehnerlogarithmus des Leistungsdämpfungsfaktors D_P (Bild 4.14).

B = Bel
dB = Dezibel

$$a = \lg D_p \ B = 10 \lg D_p \ dB$$

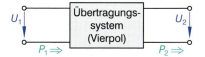

$$a = \lg \frac{P_1}{P_2} \ B = 10 \lg \frac{P_1}{P_2} \ dB$$

Bild 4.14: Dämpfungsmaß

$$a = 10 \lg \left(\frac{U_1}{U_2}\right)^2 \ dB = 20 \lg \frac{U_1}{U_2} \ dB$$

Zur messtechnischen Ermittlung von *a* ist die Leistungsmessung nicht besonders geeignet, weil hierfür die Stromkreise aufgetrennt werden müssen. Daher rechnet man das Leistungsverhältnis in ein Spannungsverhältnis um (Bild 4.14). Für das Dämpfungsmaß ergibt sich ein positiver Wert, wenn U_1 größer ist als U_2 (Dämpfung); der Wert ist negativ für den Fall, dass U_1 kleiner ist als U_2 (Verstärkung). Der Vorteil des Dämpfungsmaßes liegt darin, dass zur Ermittlung des Gesamtdämpfungsmaßes eines Übertragungssystems die Dämpfungsmaße aller Teile des Systems addiert werden können.

Gesamtdämpfungsmaß

Wird in eine Übertragungsstrecke ein zusätzlicher Vierpol eingebaut, so kann eine zusätzliche Dämpfung entstehen. Daher wird für solche Elemente vom Hersteller die **Einfügungsdämpfung** angegeben.

■ Als **Einfügungsdämpfungsmaß a_{in}** eines Vierpols bezeichnet man das logarithmische Verhältnis der Leistungen, die der Empfänger Z_L aufnimmt, wenn dieser ohne und mit dem Vierpol an die Signalquelle angeschlossen wird (Bild 4.15).

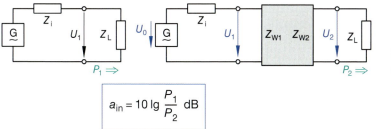

Bild 4.15: Einfügungsdämpfungsmaß

$$a_{in} = 10 \lg \frac{P_1}{P_2} \ dB$$

Bei Verstärkern ergibt sich für a_{in} ein negativer Wert.

4.1.2.3 Pegel in Übertragungssystemen

Das Dämpfungsmaß ermöglicht zwar die Berechnung der Abnahme der Signalenergie bei der Übertragung, es gibt jedoch keine Auskunft über den tatsächlichen Wert der Signalleistung an einem konkreten Messpunkt innerhalb des Systems. Zu diesem Zweck wurde der **Pegel L** (Level) definiert, der auch als absoluter Pegel bezeichnet wird (Bild 4.16).

■ Der **absolute Pegel L** ist das logarithmische Verhältnis der Leistung P_M an einem Messpunkt zu einer festgelegten Bezugsleistung P_0.

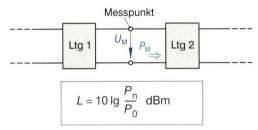

$$L = 10 \lg \frac{P_n}{P_0} \text{ dBm}$$

Bild 4.16: Pegel in Übertragungssystemen

In der Telekommunikationstechnik dient als Bezugsgröße die Nennleistung eines **Normalgenerators**. Dieser liefert bei einer Frequenz von $f_0 = 800$ Hz eine Leistung $P_0 = 1$ mW, wenn er mit einem Widerstand von $R_0 = 600\ \Omega$ belastet wird; daraus ergibt sich als Bezugswert der Spannung $U_0 = 775$ mV.

In der Bezeichnung dBm für den absoluten Pegel weist das „m" auf die Bezugsgröße 1 mW hin (Bild 4.16). Ein Pegel von $L = 0$ dBm bedeutet, dass die Leistung am Messpunkt gleich der Leistung $P_0 = 1$ mW ist. Für Pegel $L < 0$ (negativer Pegelwert) ist die gemessene Leistung kleiner als P_0; für $L > 0$ (positiver Pegelwert) ist sie größer als P_0.

Anstelle der für den absoluten Pegel verwendeten Bezugsleistung $P_0 = 1$ mW wird häufig die Leistung in einem Bezugspunkt innerhalb des Übertragungssystems zum Vergleich herangezogen. Als Bezugspunkt kann z. B. der Einspeisepunkt der Signalspannung am Anfang der Fernleitung gewählt werden. Ein Pegel, der auf einen solchen Bezugspunkt bezogen ist, wird als **relativer Pegel L_{rel}** bezeichnet und in **dBr** angegeben.

■ Der **relative Pegel L_{rel}** ist das logarithmische Verhältnis der Leistung P_M in einem Messpunkt zur Leistung P_{Bez} in einem Bezugspunkt innerhalb des Übertragungssystems.

In der Praxis werden die relativen Pegel aller Messpunkte einer Übertragungsstrecke in einem **Pegeldiagramm** dargestellt (Bild 4.17).

In Bild 4.17 hat der Einspeisepunkt als Bezugspunkt des Systems einen relativen Pegel von $L_{rel} = 0$ dBr. Auf den Leitungsabschnitten nimmt der Pegel infolge der Dämpfung ab; zwischengeschaltete Verstärker heben ihn wieder an. Die Differenz der Pegel zweier Messpunkte ergibt jeweils die Dämpfung zwischen diesen Punkten; z. B.:

$$a_3 = L_{rel3} - L_{rel4} = -2 \text{ dBr} - (-10 \text{ dBr}) = 8 \text{ dBr}$$

Die Summe der Dämpfungen aller Übertragungsabschnitte ist das **Restdämpfungsmaß a_{rest}** des Übertragungssystems.

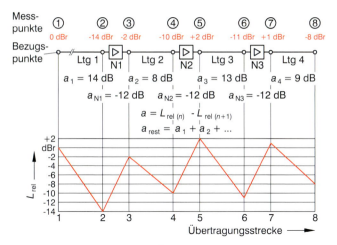

Bild 4.17: Pegeldiagramm einer Übertragungsstrecke

4.1.3 Störungen der Signalübertragung

Ein Signal kann bei der Übertragung durch sehr unterschiedliche Einflüsse gestört werden, denn eine Störung kann sowohl durch die Betriebsmittel des Übertragungskanals verursacht werden als auch von außen auf den Kanal einwirken.
Nicht systembedingte Störungen haben ihre Ursache außerhalb des Übertragungskanals. So können z. B. Störspannungen von Energieversorgungsleitungen in den Kanal eingekoppelt werden oder sich zwei benachbarte Übertragungskanäle gegenseitig stören (Nebensprechen).

Störungsarten

Durch Maßnahmen wie Verseilung und Abschirmung können derartige Störungen weitgehend vermieden werden.
Systembedingte Störungen werden durch die Betriebsmittel des Übertragungskanals verursacht. Induktivitäten, Kapazitäten, Übertrager, Verstärker usw. verändern den zeitlichen Verlauf des Nachrichtensignals; das Signal wird verzerrt.

■ Als **Verzerrung** bezeichnet man die **Änderung der Kurvenform** eines Nachrichtensignals.

Verzerrungen

Zum Verständnis der Verzerrungen muss man wissen, dass die verschiedenen Signalformen alle als Überlagerung reiner Sinusschwingungen mit unterschiedlichen Frequenzen zu betrachten sind. Werden also auf einer Leitung die verschiedenen Frequenzen des Eingangssignals unterschiedlich stark gedämpft (höhere Frequenz = höheres Dämpfungsmaß), so ist das Ausgangssignal verzerrt.

■ Eine Signalverzerrung, die durch die unterschiedliche Dämpfung der Teilschwingungen eines Signals verursacht wird, bezeichnet man als **Dämpfungsverzerrung**.

Bei der Übertragung breiten sich Schwingungen mit einer höheren Frequenz schneller längs der Leitung aus als die mit einer kleineren Frequenz. Die Laufzeit eines Signals nimmt mit steigender Frequenz ab.

4 Grundlagen der Übertragungstechnik

■ Eine Signalverzerrung, die aufgrund der unterschiedlichen Laufzeiten der Teilschwingungen eines Signals entsteht, bezeichnet man als **Laufzeitverzerrung**.

Dämpfungsverzerrungen und Laufzeitverzerrungen sind „**Lineare Verzerrungen**", die sich durch geeignete Vierpolschaltungen (Entzerrer) weitgehend beseitigen lassen.

Übertrager, Dioden und Transistoren verursachen durch ihre gekrümmte Übertragungskennlinie sogenannte „**nicht lineare Verzerrungen**"; ein Maß für deren Größe ist der Klirrfaktor. Nicht lineare Verzerrungen können gering gehalten werden, indem der Arbeitsbereich in den relativ geradlinigen Teil der Übertragungskennlinie gelegt wird.

Rauschen

Zu den unvermeidlichen Störungen bei der Signalübertragung gehört das sogenannte **Rauschen** (noise). Ursachen hierfür sind beispielsweise die temperaturabhängigen unregelmäßigen Wärmebewegungen der Elektronen in einem Leiter oder die durch natürliche Ereignisse hervorgerufenen Entlade- und Ionisationsvorgänge in der Atmosphäre. In der Praxis interessiert in der Regel nicht der absolute Wert dieses Rauschens, sondern vielmehr das Verhältnis zum eigentlichen Nutzsignal (signal). Abhängig vom Übertragungssystem muss das Nutzsignal nämlich um einen Mindestfaktor größer sein als das Rauschsignal, da sonst der Informationsgehalt sinkt.

Signal-Rausch-Abstand; S/N

■ Das Verhältnis der Signalleistung eines Nutzsignals zu der Signalleistung eines Rauschsignals wird als **Signal-Rausch-Abstand** bezeichnet und in Dezibel (dB) angegeben.

Alternative Bezeichnungen sind Signal-Rausch-Verhältnis, Signal-Stör-Verhältnis oder kurz SNR bzw. S/N (signal-to-noise-ratio; signal/noise).

4.1.4 Wandler

Zwischen der Quelle und dem Übertragungskanal bzw. dem Übertragungskanal und der Senke sind Wandlersysteme erforderlich, welche die von der Quelle erzeugten Signale an das Übertragungsmedium anpassen und nach durchgeführter Übertragung wieder in ein für die Senke verständliches Format zurückwandeln.

In einem Telefon erfolgt die Wandlung von Schallwellen in elektrische Signale durch ein Mikrofon (**akustisch-elektrischer Wandler**), die Rückwandlung der elektrischen Signale in akustische Wellen bewirkt ein kleiner Lautsprecher

Wandlersysteme

(**elektrisch-akustischer Wandler**).

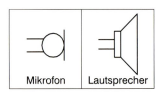

Bild 4.18: Schaltsymbole

Die Umwandlung eines elektrischen in ein optisches Signal erfolgt mithilfe eines licht*emittierenden* Halbleiterbauelements (**elektrisch-optischer Wandler**: z. B. Leuchtdiode, Laserdiode), die Umwandlung eines optischen in ein elektrisches Signal erfolgt mit einem licht*empfindlichen* Halbleiterbauelement (**optisch-elektrischer Wandler**: z. B. Fototransistor). Sind Leuchtdiode und Fototransistor in einem gemeinsamen Gehäuse untergebracht, spricht man von einem **Optokoppler**.

Hiermit lassen sich zwar keine weiten Übertragungsstrecken überbrücken, jedoch wird dieses Bauelement dazu verwendet, um innerhalb einer Schaltung elektrische Stromkreise voneinander zu entkoppeln.

Optokoppler

Die Umwandlung eines *analogen* elektrischen Signals in ein *digitales* elektrisches Signal erfolgt mit einem Analog-Digital-Wandler (A/D-Wandler), die Rückwandlung mit einem entsprechenden Digital-Analog-Wandler (D/A-Wandler; vgl. „Einfache IT-Systeme", Kap. 4.4.5)

4.1.5 Modulation

Für die Übertragung ist es oftmals erforderlich, die Nutzinformationen aus ihrem normalen Frequenzbereich (z. B. Frequenzbereich beim Telefon-Sprechverkehr: 300 Hz bis 3400 Hz) in einen anderen Frequenzbereich zu „verschieben". Gründe hierfür sind beispielsweise:

- Mehrfachausnutzung:
  Vorhandene Verbindungsmedien sollen gleichzeitig von mehreren, im gleichen Frequenzbereich liegenden Nutzsignalen verwendet werden, ohne dass diese sich gegenseitig stören (vgl. Kap. 4.1.7);
- nicht leitungsgebundene Übertragung:
  Die Nutzsignale müssen in einen Frequenzbereich verschoben werden, der sich mithilfe einer Sendeantenne abstrahlen und mit einer zweiten Antenne wieder empfangen lässt.

Gründe für den Einsatz von Modulationen

Diese „Verschiebungen" erfolgen mithilfe der Modulation einer Trägerschwingung durch das Nutzsignal.

■ Unter **Modulation** versteht man die Beeinflussung einer der Kenngrößen einer hochfrequenten Trägerschwingung durch ein Nutzsignal.

Als Trägerschwingungen werden sinusförmige Wechselspannungen oder periodische Rechtecksignale eingesetzt.

Arten von Trägersignalen

Eine sinusförmige Wechselspannung wird bekanntlich durch ihre Kenngrößen **Amplidude** $\hat{u}$ (Spitzenwert, Maximalwert), **Periodendauer** T bzw. **Frequenz** f ($T = 1/f$) und **Phasenwinkel** φ (Phasenlage, Phasenverschiebung) eindeutig beschrieben (vgl. „Einfache IT-Systeme", Kap. 5.1.1.6). Mit diesen Kenngrößen lassen sich auch rechteckförmige Signale eindeutig beschreiben. Zusätzlich erforderlich ist hierbei ggf. noch eine Information über die **Impulsdauer** und die **Pausendauer** des rechteckförmigen Signals. In Bild 4.19 sind hierzu zur Veranschaulichung untereinander ein symmetrisches Rechtecksignal (d. h. ein Rechtecksignal mit Polaritätswechsel und gleicher positiver und negativer Amplitude), ein unsymmetrisches Rechtecksignal (d. h. ein Rechtecksignal ohne Polaritätswechsel) und ein Rechteckimpuls dargestellt.

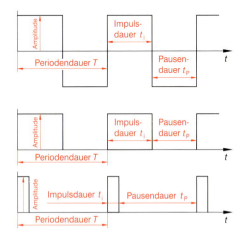

Bild 4.19: Kenngrößen rechteckförmiger Signale

4 Grundlagen der Übertragungstechnik

Tastgrad

- Von einem **Rechteckimpuls** spricht man, wenn die Impulsdauer t_i ungleich der Pausendauer t_p ist. Es gelten grundsätzlich folgende Zusammenhänge:

$$T = t_i + t_p \text{ mit } T = 1/f$$

Das Verhältnis von Impulsdauer zur Periodendauer wird als **Tastgrad g** bezeichnet:

$$g = \frac{t_i}{T}$$

Die Art der Modulation wird nach derjenigen Kenngröße benannt, deren Wert von einem Nutzsignal verändert wird. Hieraus resultieren die folgenden Modulationsarten:

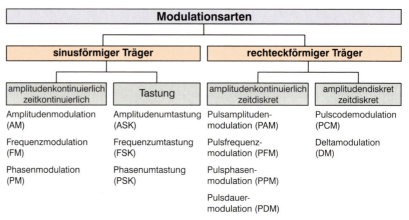

Bild 4.20: Modulationsarten

Amplitudenkontinuierlich bedeutet, dass die modulierte Spannung *beliebige* Werte zwischen einem Maximal- und einem Minimalwert annehmen kann; **zeitkontinuierlich** bedeutet, dass die modulierte Spannung *ständig* übertragen wird. **Amplitudendiskret** besagt, die Amplitude des modulierten Signals kann nur bestimmte *festgelegte* Werte annehmen; **zeitdiskret** heißt, das modulierte Signal wird mit Unterbrechungen nur in vorgegebenen *festen Zeitintervallen* übertragen (äquidistante Zeitabstände).

Anwendungsbeispiele für Modulationsarten

Die Bezeichnung **Tastung** drückt aus, dass eine der Kenngrößen eines *sinusförmigen Trägers* von einem definierten *Rechtecksignal* (d. h. von einem binären Datensignal) verändert wird. Bei dieser Art der Ansteuerung kann das modulierte Signal lediglich zwei verschiedene Werte annehmen.

Bei den amplituden- und zeitkontinuierlichen Modulationen (AM, FM, PM) handelt es sich um rein analoge Übertragungsverfahren, die zurzeit beispielsweise im Radio- und Fernsehbereich eingesetzt werden, die dort aber wegen ihrer Störanfälligkeit künftig durch digitale Verfahren ersetzt werden (siehe Kap. 3.5). Die Digitalisierung vorhandener analoger Audio- und Videosignale erfolgt hierbei in den meisten Fällen auf der Basis der Pulscodemodulation.

Einen Überblick über die prinzipiellen Unterschiede der Pulsmodulationen und der Tastungen zeigt Bild 4.21. Bei den Pulsmodulationen kann das Nutzsignal jede beliebige Form annehmen, zur Darstellung der Funktionsprinzipien wird hier allerdings auf einen einfachen sinusförmigen Verlauf zurückgegriffen. Den Tastungen liegt als Nutzsignal stets ein binäres Digitalsignal zugrunde.

Bei Bedarf können weitergehende Informationen über digitale Modulationen entsprechenden Quellen entnommen werden (Fachbücher, Internet).

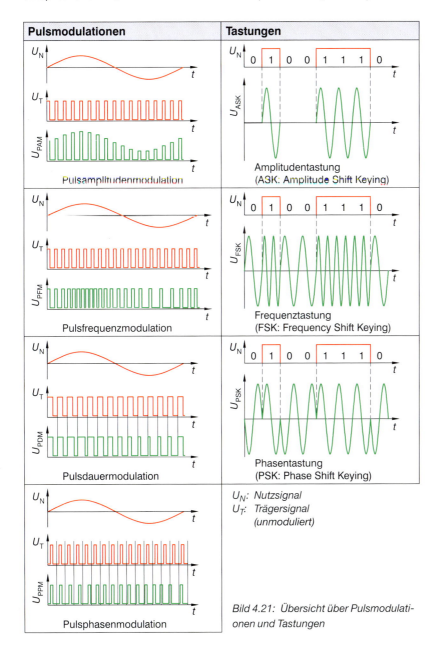

Bild 4.21: Übersicht über Pulsmodulationen und Tastungen

■ *4 Grundlagen der Übertragungstechnik*

Multiplexverfahren
siehe Kap. 4.1.8

Die genannten Modulationen bilden oft die Basis für höherwertige Verfahren, die in der Praxis meist aus einer Kombination verschiedener Modulationsarten bestehen.

Die in Bild 4.21 dargestellte Phasentastung arbeitet beispielsweise nur mit zwei jeweils 180° phasenverschobenen Signalen gleicher Amplitude und Frequenz (U_{PSK}). Damit können die beiden logischen Zustände „0" und „1" übertragen und auf der Empfängerseite eindeutig wiedererkannt werden.

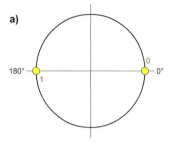

Die 180°-Phasenverschiebung dieses U_{PSK}-Signals lässt sich im sogenannten **Amplituden-Phasendiagramm** durch Punkte visualisieren (gelbe Punkte in Bild 4.22a). Der Abstand dieser Punkte vom Kreismittelpunkt entspricht der U_{PSK}-Signalamplitude.

Die dargestellte Phasentastung mit zwei Phasenlagen (0° und 180°) kann um weitere Phasenlagen ergänzt werden. Bei Verwendung von vier verschiedenen Phasenlagen (z. B. 0°, 90°, 180°, 270°; gelbe Punkte in Bild 4.22b) kann die Übertragung binärer Daten doppelt so schnell erfolgen, da nun pro Signalzustand jeweils 2 bit übertragen und auf der Empfängerseite eindeutig wiedererkannt werden können.

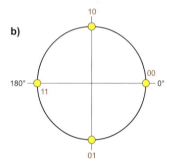

■ Eine Phasentastung mit vier verschiedenen Phasenlagen bezeichnet man als **QPSK** (**Q**uadrature **P**hase **S**hift **K**eying) bzw. **4PSK** (Vierphasenmodulation).

Signale, deren Phasenverschiebung zueinander jeweils 90° beträgt, können gemeinsam übertragen werden, ohne sich gegenseitig zu stören. Dadurch sind solche Signale in der Übertragungstechnik von besonderer Bedeutung.

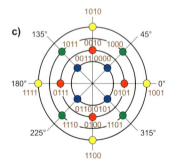

■ Signale, die zueinander jeweils um 90° phasenverschoben sind, bezeichnet man als **orthogonal** zueinander.

Verwendet man für ein Signal nicht nur vier Phasenlagen, sondern darüber hinaus auch noch vier verschiedene Amplitudenwerte (Amplitudentastung), ergeben sich insgesamt 16 verschiedene Signalzustände (farbige Punkte in Bild 4.22c). Pro Signalzustand lassen sich 4 bit (**1 Quadbit**) übertragen, die auf der Empfängerseite eindeutig

Bild 4.22: Amplituden-Phasendiagramme

■ Die Kombination aus Amplitudentastung und Phasentastung bezeichnet man als **QAM** (**Q**uadrature **A**mplitude **M**odulation).

Die Bezeichnung **QAM-16** (oder **16QAM**) bedeutet, dass insgesamt 16 verschiedene Signalzustände existieren, die sich in ihrer Amplitude oder ihrer Phasenlage voneinander unterscheiden. Möchte man beispielsweise die

Quadbits 0010, 1100 und 0101 an einen Empfänger senden, so muss das folgende 16QAM-Signal in drei Signalschritten übertragen werden (Bild 4.23).

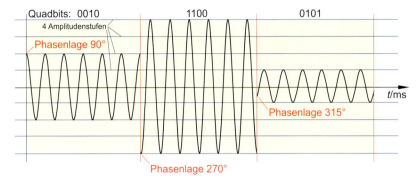

Bild 4.23: Liniendiagramm eines 16QAM-Signals((/BU))

Je größer die Anzahl der Signalzustände ist, desto mehr binäre Daten lassen sich pro Signalschritt übertragen. In der Praxis werden Systeme bis QAM-256 eingesetzt.

QPSK und QAM bilden die Grundlage der modernen Übertragungstechnik und kommen in unterschiedlichen Varianten in aktuellen Kommunikationssystemen zum Einsatz. Die Nutzdaten werden hierbei meist nicht nur über ein einziges QPSK- oder QAM-moduliertes Trägersignal (**Ein-Träger-Modulation**) transportiert, sondern auf viele, meist eng benachbarte Trägersignale (**Mehr-Träger-Modulation**) aufgeteilt.

Abk.	Bezeichnung	Erläuterung	Verwendung
DQPSK	Differential Quadrature Phase Shift Keying	Variante der Phasentastung, bei der das Datensignal nicht direkt der Phasenlage eines Trägers zugeordnet wird, sondern die Phasenlage durch die Modulation eine definierte Änderung gegenüber dem Vorzustand erfährt (z. B. beginnend bei 10° folgt dann 25°, 40°, 55° usw.)	DVB-S, Mobilfunk
RZ-DQPSK	Return to Zero Differential Quadrature Phase Shift Keying	Spezielle Form der DQPSK, die eine geringere Fehlerhäufigkeit bei LWL-Unsymmetrien aufweist	Optische Transportmodule bei Datenraten > 40 Gbit/s
APSK	Asymmetric Phase Shift Keying	Mehrwertige Form der Phasentastung, bei der zu übertragene Bits auf Trägersignale unterschiedlicher Amplitude und unterschiedlicher Phasenlage verteilt werden; je höher die Amplitude, desto größer wird hierbei die Anzahl möglicher Phasenzustände	DVB-S2
GMSK	Gaussian Minimum Shift Keying	Vergleichbar mit der Frequenzumtastung; durch den Einsatz spezieller Filter (sog. Gauss-Filter) können sehr eng benachbarte Trägerfrequenzen verwendet werden, ohne dass diese sich gegenseitig stören	GSM

■ 4 Grundlagen der Übertragungstechnik

Abk.	Bezeichnung	Erläuterung	Verwendung
OFDM	Orthogonal Frequency Division Multiplex	Ein Nutzdatenstrom wird in Teilströme zerlegt, die auf eine große Anzahl (N>>10) benachbarter, orthogonaler Trägerwellen verteilt werden. Jeder Teilstrom moduliert dann jeweils einen Träger mittels QPSK, QAM-16 oder QAM-64 (Subträger).	UMTS, Powerline, DVB-T, WiMax, LTE
COFDM	Coded Orthogonal Frequency Division Multiplex	Erweiterung der OFDM-Modulation durch Implementierung speziell codierter Fehlerschutzmechanismen, die auch bei gestörtem Empfang eine Decodierung der übertragenen Information ermöglichen.	DVB-T, WiMax, LTE Drahtlose ATM- und SDH-Netze (Hyperlan-Typ-2)

Bild 4.24: Varianten höherwertiger Modulationsarten

Eine elektrotechnische Schaltung, mit der eine Trägerwelle (Trägerspannung u_T) durch ein Nutzsignal (Nutzspannung u_N) verändert werden kann, bezeichnet man als **Modulator**. Unabhängig vom komplexen technischen Aufbau einer solchen Schaltung wird ein Modulator allgemein durch das in Bild 4.25 angegebene Symbol dargestellt. Dieses Symbol wird auch für einen Demodulator verwendet.

Die prinzipielle Funktion eines Modulators wird in Bild 4.25 durch die beispielhafte Darstellung der zeitlichen Verläufe der Eingangssignale und des Ausgangssignals bei der Amplitudenmodulation (AM) verdeutlicht. Die AM lässt sich im Gegensatz zu anderen Modulationen relativ einfach grafisch visualisieren. Die Nutzinformation ist bei dieser Modulationsart in der sogenannten **Hüllkurve** der Modulationsspannung erkennbar.

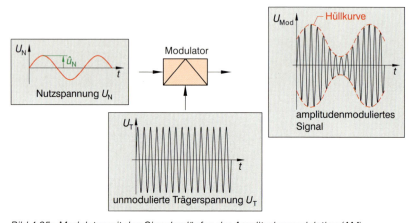

Bild 4.25: Modulator mit den Signalverläufen der Amplitudenmodulation (AM)

Linienspektrum

■ Die Darstellung des Verlaufs eines Signals in Abhängigkeit von der Zeit t bezeichnet man allgemein als **Liniendiagramm** oder **Linienspektrum**.

Für die Übertragung benötigt ein moduliertes Signal einen bestimmten Frequenzbereich, der auf einer Übertragungsstrecke zur Verfügung gestellt werden muss. Hierüber lässt sich dem Liniendiagramm augenscheinlich keine

4.1 Elektrische Übertragungstechnik

Information entnehmen. Aus diesem Grunde verwendet man eher die sogenannte spektrale Darstellung.

■ Bei der **spektralen Darstellung** wird jede in einem Signal enthaltene Frequenz auf einer Frequenzachse als senkrechte Linie dargestellt, deren Länge dem jeweiligen Scheitelwert der Spannung dieser Frequenz entspricht (**Frequenzspektrum**).

Frequenzspektrum

Eine derartige Zerlegung wird technisch von sogenannten **Frequenzanalysatoren** (Frequency Analyzer) durchgeführt. Mithilfe mathematischer Methoden kann eine solche Zerlegung ebenfalls realisert werden (Fourier-Analyse). Grundlage einer solchen Zerlegung ist, dass sich periodische Signale beliebiger Kurvenformen stets in sinusförmige Teilschwingungen zerlegen lassen, deren Überlagerung (Addition) dann jeweils wieder den ursprünglichen Kurvenverlauf ergibt. Bild 4.26 a stellt den Modulationsvorgang aus Bild 4.25 als Frequenzspektrum dar. In dieser Darstellung erkennt man:

– Die sinusförmige Nutzspannung U_N hat die Frequenz $f_N = 2$ kHz.
– Die sinusförmige Trägerspannung U_T hat die Frequenz $f_T = 10$ kHz.
– Die modulierte Spannung U_{Mod} besteht in diesem Fall aus den sinusförmigen Frequenzen $f_U = 8$ kHz, $f_T = 10$ kHz und $f_O = 12$ kHz (f_U: untere Seitenfrequenz; f_O: obere Seitenfrequenz).
– Für die Übertragung von U_{Mod} ist somit der Frequenzbereich von 8 kHz bis 12 kHz erforderlich.

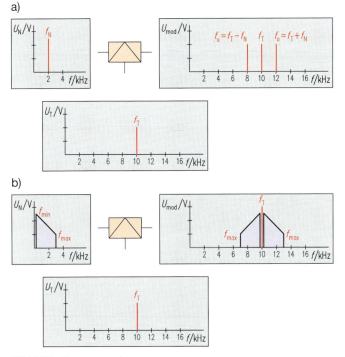

Bild 4.26: Frequenzspektren
a) AM mit einem sinusförmigen Nutzsignal gemäß Bild 4.25
b) AM mit einem komplexen Sprachsignal

■ 4 Grundlagen der Übertragungstechnik

In der Praxis verlaufen die Frequenzspektren zu übertragender Signale wesentlich komplexer als bei der Modulation mit einem einzigen sinusförmigen Nutzsignal (Bild 4.26a). Darstellungstechnisch reicht es hierbei in den meisten Fällen aus, den Bereich der zu übertragenden Frequenzen anzugeben, ohne die darin enthaltenen Teilfrequenzen einzeln zu kennen (Bild 4.26b).
Die Größe des für die Übertragung eines Signals erforderlichen Frequenzbereiches wird Bandbreite genannt.

■ Unter der **Bandbreite b** versteht man den Bereich zwischen der höchsten und der niedrigsten in einem Signal enthaltenen Frequenz:

$$b = f_{max} - f_{min}$$

Bandbreite

Beim Fernsprechen wurde beispielsweise international der zu übertragende Frequenzbereich auf 300 Hz bis 3400 Hz festgelegt. Dies entspricht einer Nutzsignalbandbreite von 3,1 kHz (3400 Hz–300 Hz) und dient als Grundlage der Darstellung in Bild 4.26b. Die Bandbreite des amplitudenmodulierten Signals beträgt dementsprechend 6,8 kHz (13,4 kHz–6,6 kHz).
Durch den Einsatz spezieller Modulationsverfahren oder durch Komprimierung lässt sich diese Bandbreite noch verringern (siehe Kap. 4.1.6).

■ **Pulscodemodulation (Pulse Code Modulation, PCM)**
Die Pulscodemodulation ist ein Verfahren zur digitalen Übertragung analoger Signale. Durch die Digitalisierung lassen sich auf dem Übertragungsweg auftretende Signalveränderungen – z. B. infolge der Leitungsdämpfung und der Verzerrung – rückgängig machen, sodass auf der Empfängerseite das gesendete Signal unverfälscht zur Verfügung steht. Die Digitalisierung erfolgt in den drei Schritten **Abtasten**, **Quantisieren** und **Codieren**.

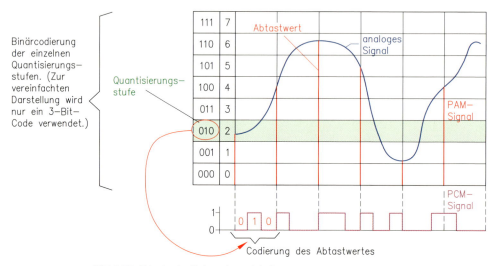

Bild 4.27: Prinzip der Pulscodemodulation

Beim Abtasten werden der analogen Signalspannung (blaue Linie in Bild 4.27) zunächst in festen Abständen Signalproben entnommen. Als Zwischenergebnis entsteht ein pulsamplitudenmoduliertes Signal U_{PAM} (rote Abtastwerte in Bild 4.27). Um aus diesen Signalproben die ursprüngliche Analogspannung wiedergewinnen zu können, muss die sogenannte **shannonsche Abtastbedingung** erfüllt sein.

▮ Aus einem pulsamplitudenmodulierten Signal lässt sich der analoge Spannungsverlauf dann rekonstruieren, wenn gilt:
$$f_{Tast} \geq 2\, f_{Nmax}$$

Shannonsche Abtastbedingung

Dies bedeutet, dass die Abtastfrequenz f_{Tast} mindestens doppelt so groß sein muss wie die höchste vorkommende Frequenz f_{Nmax} und dass das zu übertragende Analogsignal bandbegrenzt werden muss (ohne Bandbegrenzung gäbe es keine höchste vorkommende Frequenz f_{Nmax}).
Gemäß der Abtastbedingung müsste die Abtastfrequenz des oben genannten Fernsprechsignals mindestens 6800 Hz betragen. International hat man diese Abtastfrequenz auf 8000 Hz festgelegt. Der zeitliche Abstand zwischen zwei Abtastwerten beträgt demnach 125 µs.
Die Schaltung zur Abtastung eines Signals und zum Halten des abgetasteten Signalwertes bis zum nächsten Abtastzeitpunkt trägt auch die Bezeichnung **Sample-and-Hold-Schaltung**. Die Abtastfrequenz wird auch **Sample**- oder **Sampling-Rate** genannt.

Sample-and-Hold

Das analoge Signal besteht aus unendlich vielen unterschiedlichen Spannungswerten, die durch einen positiven und einen negativen Höchstwert begrenzt sind. Verwendet man zur Codierung eines Abtastwertes jeweils ein 8-Bit-Codewort, so lassen sich insgesamt $2^8 = 256$ verschiedene Amplitudenwerte codieren. Der analoge Spannungsbereich wird hierzu in 256 Teilbereiche (Intervalle) zerlegt (Quantisierung). Jedem Intervall wird eindeutig ein Codewort zugeordnet (Codierung). Obwohl in einem Intervall liegende Abtastwerte geringfügig unterschiedliche Amplituden aufweisen können, wird ihnen das gleiche Codewort zugeordnet. Den hierbei möglicherweise auftretenden Fehler bezeichnet man als **Quantisierungsfehler**, der sich im Empfänger als Geräusch bemerkbar macht. Um diesen Quantisierungsfehler möglichst gering zu halten, verwendet man keine linearen Quantisierungsstufen mit gleichen Intervallgrößen, sondern eine **nicht lineare Quantisierung**, bei der die Intervalle bei kleinen Signalspannungen kleiner sind als bei großen (Bild 4.28).

Quantisierung

Jeder codierte Abtastwert des digitalisierten Signals wird parallel in ein Schieberegister eingelesen und seriell ausgelesen. Es ergibt sich eine Aneinanderreihung von 8-Bit-Codewörtern, die übertragen werden (violettes PCM-Signal in Bild 4.27). Auf diese Weise lässt sich das Signal über eine Kupferdoppelader senden.

Schieberegister siehe Einfache IT-Systeme Kap. 4.4.4.2

PCM-Werte

▮ Bei der **Pulscodemodulation** ergibt sich bei einer **Abtastfrequenz von 8000 Hz** und einer **Wortlänge von 8 bit** eine **Übertragungsgeschwindigkeit von 8000 /s · 8 bit = 64 Kbit/s**.

Auf diesen Festlegungen basiert u. a. die Kanalrasterung von 64 Kbit/s innerhalb des ISDN.

4 Grundlagen der Übertragungstechnik

Um die Übertragungsgeschwindigkeit bei gleicher Bandbreite des Übertragungskanals zu erhöhen, verwendet man in vielen Bereichen **AD-PCM** (**A**daptive **D**ifferential **P**ulse **C**ode **M**odulation), eine Pulscodemodulation mit zusätzlicher Datenkompression (siehe Kap. 4.1.6).

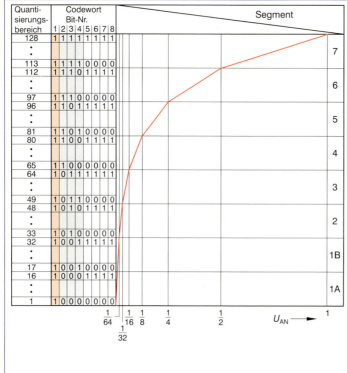

Nicht lineare Quantisierungen werden international festgelegt und in Quantisierungskennlinien dargestellt. Das Diagramm zeigt die 13-Segment-Kennlinie, die in Europa verwendet wird. In dem Diagramm ist der positive Bereich der 13-Segment-Kennlinie vergrößert dargestellt und die Zuordnung der Quantisierungsintervalle zu den 8-Bit-Codewörtern angegeben. Aus der Zuordnung geht deutlich hervor, dass die kleinen Signalwerte mit einer feineren Stufung quantisiert werden als die großen. Für die Codierung der 256 Quantisierungsintervalle wird ein symmetrischer Binärcode verwendet. Die 8 Bit eines Codewortes haben folgende Bedeutung:

– Bit 1 (2^7) ist das Vorzeichenbit, „0" kennzeichnet einen negativen, „1" einen positiven Signalwert.
– Bit 2, 3 und 4 (2^6, 2^5, 2^4) kennzeichnen die jeweils acht Segmente der Grobstufung im positiven und im negativen Bereich.
– Bit 5 bis 8 (2^3 bis 2^0) kennzeichnen die 16 Feinstufen jedes Segments.

Bild 4.28: Nicht lineare Quantisierung

Als spezielle Form der Pulscodemodulation kann die **Deltamodulation** angesehen werden. Hierbei wird ein Analogsignal mit einer sehr hohen Tastrate abgetastet, wobei allerdings jeweils nur geprüft wird, ob ein Abtastwert größer oder kleiner als sein jeweiliger Vorgänger ist. Ist der Wert größer, so wird eine logische 1 übertragen, ist der Wert kleiner, so wird eine logische 0 übertragen.

Deltamodulation

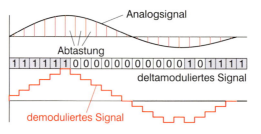

Durch anschließende Filterung lässt sich aus dem demodulierten Signal das Analogsignal zurückgewinnen.

Bild 4.29: Prinzip der Deltamodulation

4.1.6 Kompressionsverfahren

Um die bei einer Datenübertragung erforderliche Bandbreite zu reduzieren oder bei gleicher Bandbreite die Übertragungsgeschwindigkeit zu erhöhen, werden Kompressionsverfahren eingesetzt.

> Unter **Komprimierung** bzw. **Kompression** versteht man in der Übertragungstechnik technische Verfahren zur Reduzierung des zu übertragenden Datenstroms.

Komprimierung

Beim Einsatz von Kompressionsverfahren wird somit nicht das eigentliche Signal übertragen, sondern nur ein entsprechender Code mit einer geringeren Bandbreite. Die Berechnung eines solchen Codes ist im Hinblick auf die Rechenleistung komplex und erfordert leistungsfähige Chips.

Die Komprimierung bzw. die Dekomprimierung erfolgt durch sogenannte **Codecs** (**C**oder-**D**ecoder). Entsprechend ihrer Einsatzgebiete lassen sich diese in **Sprachcodecs**, **Audiocodecs** und **Videocodecs** unterteilen. Der **Kompressionsfaktor** gibt hierbei das Verhältnis der Datenmenge des Quellmaterials zur Datenmenge nach der Bearbeitung an. Ein Kompressionsfaktor von 12:1 bedeutet also, dass ein Codec einen Datenstrom um das 12-fache reduzieren kann.

Codec

Man unterscheidet zwischen **verlustloser** und **verlustbehafteter** Kompression. Bei der verlustlosen Komprimierung lässt sich das Signal auf der Empfängerseite wieder original rekonstruieren, während eine verlustbehaftete Komprimierung stets mehr oder weniger große Qualitätseinbußen mit sich bringt. Bei der Übertragung von Audio- und Videodaten wird als Gütekriterium die Wahrnehmbarkeit der Qualitätsveränderung angesetzt, bei der Sprachübertragung im Bereich der Telekommunikation ist in der Regel die Verständlichkeit und nicht die Originalqualität das maßgebliche Kriterium.

verlustlose und verlustbehaftete Kompression

Die eingesetzten Sprachcodecs arbeiten mit genormten Komprimierungsverfahren, die im Allgemeinen untereinander nicht kompatibel sind.

Die Wiedergabequalität von Sprache wird in der Praxis durch den **MOS-Wert** von 0 bis 10 beurteilt. Je größer der MOS-Wert, desto besser wird die Wiedergabequalität empfunden.

MOS: Mean Opinion Score

Codec-Standard	G.711	G.728	G.729A	G.723	G.723.1
Bezeichnung	Pulse Code Modulation (PCM) Keine Kompression!	Low Delay Code Excited Linear Prediction (LD-CELP)	Conjugate Structure Algebraic Code Excited Linear Prediction (CS-ACELP)	Algebraic Code Excited Linear Prediction (ACELP)	Multiple Maximum Likelihood Quantization (MPLMQ)
Übertragungsrate/ Bandbreite	64 Kbit/s	16 Kbit/s	8 Kbit/s	5,3 Kbit/s	6,3 Kbit/s
MOS	4,1	3,6	3,7	3,6	3,9
Rechenleistung in MIPS	<1	5	10	16	16

Bild 4.30: Sprachcodecs im Vergleich

MPEG: Moving Picture Expert Group

In Bild 4.31 werden beispielhaft einige Audio- und Videocodecs sowie Komprimierungsstandards und zugehörige Software aufgelistet.

Standards und Software	
H.261	– Standard zur Komprimierung von Bildsequenzen für Videokonferenzen und Bildtelefonie (Einsatz z. B. über ISDN) – Kompressionsraten zwischen 100:1 und 2000:1
3ivX	– Kommerzielle Software zur Wiedergabe von MPEG-4-Video, MPEG-4-Audio – beinhaltet verschiedene Filter für die Codierung und Wiedergabe der verschiedenen Audio- und Video-Files (**MPEG** siehe „Einfache IT-Systeme", Kap. 1.6.5.3)
Nero Digital	– zu MPEG-4 konformer Audio- und Videocodec von Nero – verwendet eine effiziente AAC-Kompression, unterstützt 5.1-Mehrkanalton – kann auch andere MPEG-4-Implemetierungen wie XviD oder 3ivx decodieren
Quicktime	– von Apple entwickelte plattformübergreifende Multimedia-Architektur für die Aufnahme, Wiedergabe und Bearbeitung von Multimedia-Daten – Kompressionsfaktoren liegen zwischen 5:1 und 25:1. – Unterstützt bis zu 32 Spuren für Audio und Video – Einsatz bei Computerspielen, Präsentations-CDs und bei Streaming-Media aus dem Internet
LPCM	– **L**inear **P**ulse **C**ode **M**odulation – verlustfreies Verfahren für die Aufzeichnung von digital codierten Analogsignalen – unterstützt bis zu 8 Kanäle bei Abtastraten bis zu 192 kHz – Dynamikbereich bis zu 144 dB – eingesetzt bei Audio-CDs, DVDs und Blu-Ray-Discs
Audiocodecs	
Windows Media Audio	– Audiocodec von Microsoft; Verwendung zum Herunterladen von Dateien aus dem Internet und zur Darstellung von Streaming-Media – neben **WMA-Audiocodec** (2 Tonkanäle) gibt es auch **WMA Pro** (7.1-Tonkanäle) und **WMA Lossless** (5.1-Tonkanäle verlustfrei) – bietet Vorkehrungen für Kopierschutz und digitales Rechtemanagement (DRM) sowie einen Tag für die Speicherung weitere Informationen
MP3/ MP3pro	– basierend auf MPEG-1-Audio-Layer-3 – Kompressionsfaktor 10:1 – mp3Pro ist eine Weiterentwicklung von MP3 – Dateigröße bei gleicher Klangqualität hierbei etwa nur halb so groß wie die einer MP3-Datei – abwärtskompatibel; um das volle Klangbild von mp3Pro hören zu können, sind Musik-Player mit mp3Pro-Audiocodecs erforderlich
Ogg Vorbis	– offene, lizenzfreie Audiokompression für die Übertragung von qualitativ hochwertigem Audio – Kompressionsrate liegt in Abhängigkeit von der Bitrate bei ca. 95 %
Lame	– lizenzfreier MP3-Audio-Encoder

RealAudio	– komprimiertes Internet-Audiodateiformat von Real Networks – Einsatz zur Übertragung von Echtzeit-Audio und Radio über das Internet – Download mit einem speziellen Programm, das in allen gängigen WWW-Browsern eingebunden werden kann – Wiedergabe erfolgt direkt nach Aufruf, ohne dass vorher die komplette Audio-Datei heruntergeladen wird (Dateiendung für RealAudio-Dateien ist *.ra oder *.ram) – Kompressionsfaktor zwischen 16:1 und 24:1
AAC/AAC+ (Advanced Audio Coding)	– internationaler Standard der ISO und Bestandteil von MPEG-2 und MPEG-4 – Weiterentwicklung von MP3; verlustbehaftete Codierung für qualitativ hochwertiges Audio mit Übertragungsraten von 64 Kbit/s bis 320 Kbit/s; – Kompressionsrate liegt bei ca. 95 % – AAC ist lizenzpflichtig; die Lizenzen liegen bei AT&T, Sony, Dolby und dem Fraunhofer Institut – AAC+ (AACplus, MPEG-4 HE-AAC) ist eine Weiterentwicklung der AAC-Kompression, speziell für niedrige Bitraten bis zu 64 Kbit/s.
Videocodecs	
DivX	– entwickelt von DivXNetworks – basierend auf „MPEG-4 Part 2 Video Coding" – Kompressionsfaktor 10:1
Xvid	– Open Source-Video-Codec – basiert auf dem Kompressionsalgorithmus „MPEG-4 Part 2 Video Coding" – unterstützt diverse Kompressionsformate
HDX4	– lizenzpflichtiger kommerzieller Videocodec, basierend auf MPEG-4 – extrem schnell, benötigt weniger Speicherbedarf als vergleichbare Codecs wie XviD oder DivX – unterstützt alle gängigen Bildschirmauflösungen von 32 x 32 bis hin zu HDTV (1.920 x 1.080)
H.264/AVC	– **H.264**: ITU-Standard, unterstützt konstante Bitraten (CBR) und variable Bitraten (VBR), auch bekannt als MPEG-4 Part 10 oder MPEG-4 AVC, – hochentwickelte Videokompression, Steigerung des Kompressionsfaktors gegenüber MPEG-2 um bis zu 50 % – **A**dvanced **V**ideo **C**oding: Weiterentwicklung von MPEG-4, basiert auf einer effizienteren netzwerkfähigen Codiermethode mit mehreren anwendungsspezifischen Profilen (z. B. Videotelefon, Videokonferenz, HDTV, Datei-Archivierung)

Bild 4.31: Komprimierungsstandards und Codecs (Beispiele)

4.1.7 Mehrfachnutzung eines Übertragungskanals

Dem ständig steigenden Bedarf nach Übertragungskapazitäten im Bereich der Übertragungsmedien wird neben dem Einsatz entsprechender Quellcodierungsverfahren zur Datenreduktion auch durch die Entwicklung von Verfahren zur effizienteren Ausnutzung vorhandener Medien Rechnung getragen.

■ Simplexverfahren

Die Ausnutzung einer Übertragungsstrecke (z. B. einer Kupferdoppelader) nur in einer Richtung wird als **Simplexverfahren** bezeichnet. Es kommt beispiels-   *Simplexübertragung* weise bei Messwertgebern zur Anwendung, bei denen Daten nur zur Auswertestelle übertragen werden müssen. Weitere Anwendungen stellen Radio- oder TV-Übertragungen dar.

■ Duplexverfahren

Duplexübertragung

Das einfachste Verfahren zur Mehrfachausnutzung eines Übertragungskanals besteht in der Einrichtung eines Duplexsystems.

Bild 4.32: Grundprinzip des Duplexverfahrens

Hierbei wird ein Übertragungsmedium (z. B. eine Kupferdoppelader) von zwei Kommunikationsteilnehmern in entgegengesetzer Richtung genutzt. Die Endeinrichtungen fungieren in der Regel sowohl als Quelle wie auch als Senke. Man unterscheidet zwischen:

Bezeichnung	Beschreibung	Beispiel
Halbduplex	abwechselnde Übertragung in jeweils nur einer Richtung	Funkverbindungen (Piloten-Funkverkehr, Polizeifunk, Funkamateure)
Vollduplex	gleichzeitige (kontinuierliche) Übertragung in beide Richtungen	analoge Telefone, die über eine zweiadrige Leitung (a/b-Ader) mit der zuständigen Vermittlungsstelle verbunden sind; GSM-Funknetze, VDSL 2

Bild 4.33: Halbduplex- und Vollduplexverfahren

Halbduplex

Bei **Halbduplex** können sich die wechselweise entgegengesetzt laufenden Datenströme systembedingt nicht beeinflussen. Der Duplexer besteht im einfachsten Fall aus einem Umschalter, der bedarfsorientiert die Übertragungsrichtung wechselt.

Vollduplex

Bei **Vollduplex** hingegen muss verhindert werden, dass eine Quelle ihr eigenes Signal empfängt (z. B. beim Telefon: Quelle 1 = Mikrofon, Senke 1 = Lautsprecher im Handapparat).
Hierzu werden zwei verschiedene Verfahren eingesetzt:

■ Getrenntlageverfahren

Getrenntlage-verfahren

Bei diesem Verfahren werden die Signale in Sende- und Empfangsrichtung mittels Modulation auf verschiedene Bereiche der Frequenzachse verschoben und auf der gleichen Leitung übertragen.

Bild 4.34: Beispiel für das Zweidrahtgetrenntlageverfahren

■ Gleichlageverfahren

Hierbei werden die Signale in Sende- und Empfangsrichtung im gleichen Frequenzbereich übertragen. Die erforderliche Richtungstrennung von gesendeten und empfangenen Signalen erfolgt in den jeweiligen Endgeräten.

Gleichlageverfahren

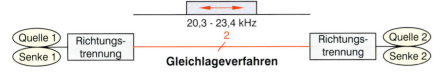

Bild 4.35: Beispiel für das Zweidrahtgleichlageverfahren

Die Richtungstrennung erfolgt mithilfe einer sogenannten **Gabelschaltung**.

Gabelschaltung

> ■ Eine **Gabelschaltung** ist eine technische Schaltung, mit deren Hilfe sich elektrische Signale in Sende- und Empfangsrichtung trennen bzw. zusammenfassen lassen.

In technischen Unterlagen wird die Gabelschaltung meist mit dem abgebildeten Symbol dargestellt (Bild 4.36a). Die Gabelschaltung wird beispielsweise im (analogen) Telefon eingesetzt, um Sprech- und Hörwechselspannung voneinander zu trennen (Bild 4.36b). Man findet sie aber auch in Verbindung mit Zwischenverstärkern auf Übertragungsstrecken, da die Verstärkung getrennt für die Sende- und die Empfangsrichtung durchgeführt werden muss, um auch hier gegenseitige Beeinflussungen zu vermeiden (Bild 4.36c).

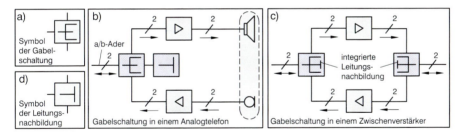

Bild 4.36: Symbol und Anwendungsbeispiele der Gabelschaltung

Treten auf dem Übertragungsweg Reflexionen auf, so überlagert sich dem empfangenen Signal der Gegenstation das eigene gesendete Signal, wodurch sich eine Störung ergibt. Diese Störung wird durch den Abschluss der Leitung mit einer sogenannten **Leitungsnachbildung** (Bild 4.36d), die dem Wellenwiderstand der Leitung entspricht, vermieden oder zumindest stark reduziert (Leitungsterminierung). Die Leitungsnachbildung ist zum Teil auch bereits in der Gabelschaltung integriert (Bild 4.36b).

Leitungsnachbildung

■ Echokompensation

Während bei analogen Übertragungen die Informationen (z. B. Sprache) von derartigen Störungen nur wenig beeinträchtigt werden, können Signalreflexionen eine digitale Datenübertragung unmöglich machen. Aus diesem Grund werden auf digitalen Übertragungsstrecken, die das Gleichlageverfahren verwenden, spezielle „Echokompensationsschaltungen" eingesetzt (vgl. Kap. 3.2.3).

■ 4 Grundlagen der Übertragungstechnik

> ■ Unter dem Begriff **Echokompensation** versteht man technische Verfahren zur Unterdrückung reflektierter Signalanteile (Echos) des Sendesignals bei der elektrischen Signalübertragung.

Die genannten Verfahren zur Richtungstrennung sowie die Echokompensation finden auch bei den im Folgenden beschriebenen Multiplexverfahren Anwendung.

4.1.8 Multiplexverfahren

Im Gegensatz zum Duplexverfahren wird bei den **Multiplexverfahren** das Übertragungsmedium in derselben Übertragungsrichtung gleichzeitig *mehrfach* benutzt.

Bild 4.37: Grundprinzip des Multiplex

Multiplexer

Demultiplexer

In Bild 4.37 ist lediglich die Senderichtung dargestellt. Die entsprechend aufbereiteten Nutzsignale verschiedener Quellen werden hierbei von einem **Multiplexer** (MUX) gebündelt und als gemeinsames Signal auf den Übertragungskanal gelegt. Empfangsseitig spaltet der **Demultiplexer** (DX) das übertragene Signal wieder in die ursprünglichen Nutzsignale auf. Diese werden anschließend den entsprechenden Senken zugeführt.

In Abhängigkeit vom verwendeten Multiplexverfahren kann das Übertragungsmedium in der Regel auch bidirektional verwendet werden. Hierzu ist sowohl am Sende- wie auch am Empfangsort ein Multiplexer-Demultiplexer-Paar erforderlich.

Grundsätzlich lassen sich die folgenden Multiplexverfahren unterscheiden:

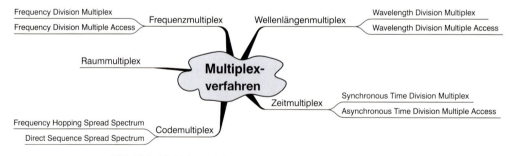

Bild 4.38: Multiplexverfahren

4.1.8.1 Zugriffsverfahren der Multiplextechnik

Der Zugriff auf vorhandene Übertragungskapazitäten lässt sich bei den genannten Multiplexverfahren sowohl zentral als auch dezentral steuern. Obwohl die zugrunde liegenden Multiplextechniken in beiden Fällen gleichartig sind, werden zur Unterscheidung international die folgenden Bezeichnungen und Abkürzungen verwendet:

Zentral gesteuerte Multiplexverfahren	Abk.	dezentral gesteuerte Multiplexverfahren	Abk.
Frequency Division Multiplex	FDM	Frequency Division Multiple Access	FDMA
Wavelength Division Multiplex	WDM	Wavelength Division Multiple Access	WDMA
Time Division Multiplex	TDM	Time Division Multiple Access	TDMA
Code Division Multiplex	CDM	Code Division Multiple Access	CDMA
Space Division Multiplex	SDM	Space Division Multiple Access	SDMA

Bild 4.39: Internationale Bezeichnungen der verschiedenen Multiplexverfahren

Im Zusammenhang mit den Steuerungsmechanismen spricht man auch von einer **zentralen** und einer **dezentralen Reservierungstechnik**.

■ Zentrale Reservierungstechnik

Bei der zentralen Reservierungstechnik unterscheidet man zwischen **statischer** und **dynamischer Zugriffssteuerung**. Der wesentliche Unterschied besteht darin, dass bei der zentralen statischen Zugriffssteuerung jedem Quelle-Senke-Paar ein festgelegter Teil der insgesamt verfügbaren Übertragungskapazität eines Übertragungsmediums zur Verfügung gestellt und für die Dauer der Übertragung garantiert wird. Im Gegensatz dazu wird bei der zentralen dynamischen Zugriffssteuerung die verfügbare Übertragungskapazität bedarfsorientiert geändert.

Eine Quelle kann beispielsweise nacheinander oder gleichzeitig mehrere Senken ansprechen, sie kann auch zeitlich begrenzt mehrere Kanäle parallel belegen. Beide Arten der Steuerung werden vornehmlich in öffentlichen Telekommunikationsnetzen verwendet.

■ Dezentrale Reservierungstechnik

Bei der dezentralen Reservierungstechnik erfolgt keine Zuweisung von Kanalkapazitäten, vielmehr konkurrieren die Benutzer (Quellen und Senken) um den Zugriff auf den gemeinsamen Übertragungskanal.

Dieser **Konkurrenzbetrieb** (Contention Mode) unterscheidet sich von der zentralen Vergabe von Übertragungskapazitäten im Wesentlichen durch folgende Merkmale:

- Freigabe von Übertragungskapazität durch Prioritäten, die an Quellen und Senken vergeben werden, Merkmale des Contention Modes
- ggf. entstehende Wartezeiten bis zur Zuweisung von Übertragungskapazität
- ggf. gestörte Übertragung bzw. Kollisionen bei zeitgleich zugreifenden Quellen
- keine Garantie dafür, dass die Übertragung einer Nachricht von einer Quelle zur Senke erfolgreich verlaufen ist

■ *4 Grundlagen der Übertragungstechnik*

- Abhängigkeit der Performance (z. B. Datendurchsatz, Netzlaufzeit) von der Belastungssituation (Verkehrsaufkommen)

Angewendet werden die dezentral gesteuerten Multiplexverfahren insbesondere bei breitbandigen LANs und WANs sowie beim Mobilfunk.

4.1.8.2 Frequenzmultiplex (FDM bzw. FDMA)

Das Frequenzmultiplex ist ein elektrisches Multiplexverfahren, bei dem die Nutzsignale durch Modulation und Filterung in verschiedene Frequenzbänder verschoben werden, die dann auf dem Übertragungsmedium gleichzeitig übertragen werden können.

Technisch betrachtet besteht ein FDM-Multiplexer im Wesentlichen aus einer oder mehreren Modulationsstufen sowie Filter- und Koppelelementen.

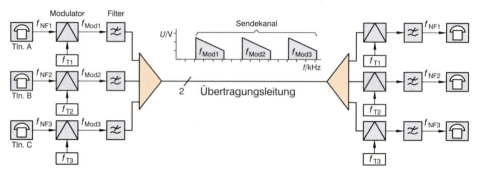

Bild 4.40: Anwendungsbeispiel für Frequenzmultiplex

Das dargestellte Beispiel zeigt prinzipiell die Übertragung von drei niederfrequenten Telefonsignalen über einen gemeinsamen elektrischen Sendekanal mithilfe der Einseitenband-Amplitudenmodulation mit unterdrücktem Träger (vgl. Kap. 4.1.5). Die einzelnen Nutzsignale werden frequenzversetzt übertragen und am Ende der Übertragung wieder in ihre ursprüngliche Frequenzlage zurücktransformiert. Die tatsächliche Bandbreite eines einzelnen Nutzsignals beträgt beim Telefon-Sprechverkehr 3100 Hz. Da man in der Praxis mit einer Bandbreite von 4000 Hz „rechnet", entstehen zwischen den einzelnen Nutzsignalen nicht belegte Frequenzlücken. Diese Lücken ermöglichen eine bessere Entkopplung der Nutzsignale. Die Gesamtbandbreite des Sendekanals beträgt 12 kHz. Die Übertragungsleitung lässt sich auch für den entsprechenden Empfangskanal nutzen, dessen Bandbreite ebenfalls 12 kHz beträgt und der dann beispielsweise frequenzversetzt zu dem Sendekanal übertragen werden kann (Getrenntlageverfahren).

Bezogen auf das OSI-Modell üben Multiplexer dieser Art eine Funktion in der Schicht 1 in Form einer zentralen Verwaltung des Zugriffs auf den gemeinsamen Übertragungskanal aus.

Das FDM-Verfahren (Frequency Division Multiplexing) arbeitet mit statischer Reservierungstechnik und wird beispielsweise bei der Rundfunk- und Fernsehübertragung (Funkstrecken und Kabelnetze) angewendet.

Das FDMA-Verfahren (Frequency Division Multiple Access) findet Anwendung in lokalen Rechnernetzen.

Bandbreite eines FDM-Signals

4.1.8.3 Wellenlängenmultiplex (WDM bzw. WDMA)

Wellenlängenmultiplex (WDM = Wavelength Division Multiplexing) lässt sich als Frequenzmultiplex im optischen Bereich interpretieren. Bei der Technik der **Direktdetektion** werden die elektrischen Nutzsignale einzeln jeweils mithilfe eines elektrooptischen Wandlers in ein Lichtsignal mit der exakt erforderlichen Wellenlänge (vgl. Kap. 4.1.4) umgewandelt. Die Wandler werden so angesteuert, dass sie jeweils kurze Lichtimpulse aussenden. Diese Lichtimpulse besitzen unterschiedliche Wellenlängen. Mithilfe eines **optischen Wellenlängenkopplers**, der aus passiven und aktiven Bauelementen (vgl. Kap. 4.1.4) bestehen kann, werden die einzelnen Wellenlängen zusammengeführt. Das entstandene wellenlängendiskrete Multiplexsignal wird übertragen und am Empfangsort durch ein **optisches Wellenlängenfilter** wieder getrennt. Anschließend werden die einzelnen optischen Signale mit optoelektronischen Wandlern wieder in die ursprünglichen Nutzsignale umgesetzt.

Wellenlängenkoppler

Wellenlängenfilter

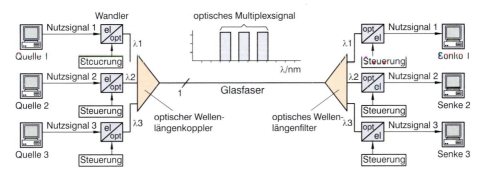

Bild 4.41: Anwendungsbeispiel für Wellenlängenmultiplex

Auch beim Wellenlängenmultiplex lassen sich prinzipiell beide Übertragungsrichtungen auf einer einzigen Glasfaser übertragen. Bei diesem sogenannten Einfaserbetrieb verfügen beide Übertragungsrichtungen über verschiedene optische Übertragungsspektren. Aus Sicherheitsgründen wird oft aber auch jeweils eine Faser pro Richtung verwendet.

Einfaserbetrieb

■ Übertragungstechnisch betrachtet entspricht der elektrische Zweidrahtbetrieb dem optischen Einfaserbetrieb und der elektrische Vierdrahtbetrieb dem optischen Zweifaserbetrieb.

Bezeichnung	Kennzeichen
Standard-Wellenlängenmultiplex	Der Abstand der Wellenlängen des Multiplexsignals ist größer oder gleich 10 nm.
Dichtes Wellenlängenmultiplex (DWDM: **D**ense **W**avelength **D**ivision **M**ultiplex)	Der Abstand der Wellenlängen des Multiplexsignals beträgt ca. 1 nm.
Optisches Frequenzmultiplex (OFDM: **O**ptical **F**requency **D**ivision **M**ultiplex)	Der Abstand der benutzten optischen Frequenzen (!) liegt in der Größenordnung der Bandbreite des Nutzsignals.

Bild 4.42: Varianten bei Wellenlängenmultiplex

4.1.8.4 Zeitmultiplex (TDM bzw. TDMA)

Die Mehrfachausnutzung eines Übertragungskanals mittels Zeitmultiplex (TDM = Time Division Multiplexing) basiert auf der zeitlich begrenzten Zuordnung von Kanalkapazitäten zu einem Quelle-Senke-Paar.

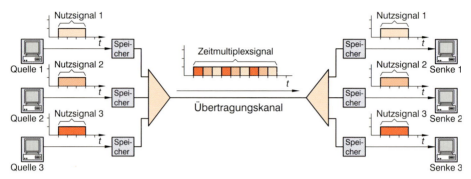

Bild 4.43: Grundprinzip der Zeitmultiplexübertragung

Die zu übertragenden Nutzsignale werden in einem Zwischenspeicher abgelegt. Dort werden sie in einzelnen Paketen an den Eingang eines Multiplexers gelegt, der die Datenpakete der verschiedenen Quellen in zeitlichen Abständen auf den Übertragungskanal legt. Auf dem Übertragungskanal entsteht ein kontinuierlicher Datenstrom. Auf der Empfängerseite wird der Datenstrom durch den Demultiplexer wieder den entsprechenden Senken zugeordnet.

STDM
ATDM

Beim Zeitmultiplex unterscheidet man zwischen dem synchronen Zeitmultiplex (**STDM**: **S**ynchronous **T**ime **D**ivision **M**ultiplex) und dem asynchronen Zeitmultiplex (**ATDM**: **A**synchronous **T**ime **D**ivision **M**ultiplex).

■ Synchrones Zeitmultiplex

Zeitschlitz

Beim synchronen Zeitmultiplex werden die Signale verschiedener Nutzkanäle zeitversetzt mit jeweils einer festen Anzahl von Bits in äquidistanten Zeitabschnitten – sogenannten Zeitschlitzen (Time Slots) – übertragen. Die Bezeichnung „synchron" rührt bei diesem Verfahren daher, dass es sich um einen zentral gesteuerten periodischen Zugriff auf das Übertragungsmedium handelt.

Pulsrahmen

Der entstehende periodische Signalabschnitt zwischen zwei Zeitschlitzen, die zu dem gleichen Nutzsignal gehören, bezeichnet man als **Pulsrahmen**.

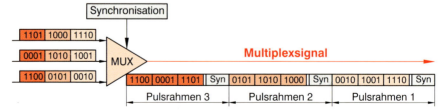

Bild 4.44: Prinzip der Pulsrahmenstruktur beim synchronen Zeitmultiplex

4.1 Elektrische Übertragungstechnik

Damit der Demultiplexer am Ende der gemeinsamen Übertragung die einzelnen Zeitschlitze wieder zu einem zusammengehörigen Datenstrom zusammensetzen kann, sind Informationen über die zeitliche Lage der einzelnen Pulsramen sowie der darin enthaltenen Zeitschlitze erforderlich. Hierfür sind an festgelegten Rahmenorten Synchronisationsfelder mit festgelegten Bitmustern vorgesehen (Rahmenkennungswort, Synchronisationskanal).

Synchronisation von Pulsrahmen

Nachteilig bei diesem Verfahren ist, dass der Zugriff des einzelnen Kanalsignals auf das Multiplexsignal nur während des periodischen Auftretens des zugehörigen Zeitschlitzes erfolgen kann. Hierdurch können sich Laufzeitverzögerungen ergeben. Das synchrone Multiplexverfahren ermöglicht allerdings auch Mehrkanalübertragungen, sofern die Nutzdatenrate ganzzahlige Vielfache der Kanalbitrate bildet.

■ Die gleichzeitige Übertragung von Nutzdaten *einer* Quelle über *mehrere* Kanäle innerhalb eines Pulsrahmens wird als **Kanalbündelung** bezeichnet.

Kanalbündelung

Das synchrone Zeitmultiplex bildet die Grundlage für die Datenübertragung im Schmalband-ISDN (vgl. Kap. 3.2).

■ Asynchrones Zeitmultiplex

Beim asynchronen Zeitmultipex werden die zu übertragenden Daten von Datenendeinrichtungen zwar auch zeitlich versetzt in Zeitschlitzen übertragen, allerdings erfolgt die Zuordnung von Übertragungskapazitäten nicht periodisch innerhalb eines festen Zeitrasters, sondern bedarfsorientiert in Abhängigkeit vom konkreten Übertragungsbedarf. Es liegt somit kein zentral gesteuerter Zugriff vor, sondern ein bedarfsgesteuertes Ressourcen-Sharing (TDMA = Time Division Multiple Access). Für stets kontinuierliche Datenströme – wie etwa bei Sprachsignalen im ISDN – ist dieses Verfahren weniger geeignet. Im Bereich der Rechnerkommunikation treten jedoch oftmals Verkehrsprofile auf, die zeitlich stark variieren. Aus diesem Grunde wird das asynchrone Zeitmultiplex vielfach in Rechnernetzen auf der Basis von Ethernet, Token Ring, Token Bus oder FDDI verwendet. Weitere Anwendungsbereiche sind beispielsweise X.25-Datennetze, der paketvermittelnde Datendienst GPRS innerhalb der GSM-Netze, alle auf ATM basierende Datennetze sowie das Internet. Das **optische Zeitmultiplex** (OTDM) ist die Anwendung des asynchronen Zeitmultiplexes im optischen Bereich. Hierbei werden die Datenströme mehrerer Quellen bitweise optisch miteinander verschachtelt und nacheinander über einen Lichtwellenleiter übertragen.

bedarfsorientiertes Ressourcensharing

4.1.8.5 Codemultiplex (CDM bzw. CDMA)

Das Codemultiplex (CDM = Code Division Multiplex) gehört zu den modernsten Verfahren unter den Multiplextechniken; es wird vornehmlich bei der nicht leitungsgebundenen Kommunikation verwendet. Man unterscheidet verschiedene Varianten, die alle darauf beruhen, dass zur Übertragung ein größerer Frequenzbereich verwendet wird, als eigentlich erforderlich wäre. Wegen dieses größeren Frequenzbereiches werden diese Verfahren als **Spread-Spectrum-Techniken** bezeichnet. Mit diesen Techniken lassen sich Abhörgefahr und Störempfindlichkeit von Übertragungen drastisch reduzieren.

Spreiztechnik

Folgende Verfahren werden eingesetzt:

■ Frequency Hopping Spread Spectrum (FHSS)

Innerhalb eines festgelegten Frequenzbereiches wird eine Verbindung über wechselnde Frequenzen aufgebaut. Die Frequenzfolge und die Umschaltzeitpunkte müssen den jeweiligen Sendern und Empfängern bekannt sein, d. h., es muss eine Synchronisation stattfinden. Die jeweils freien Kanäle können von anderen Sendern und Empfängern genutzt werden. Je nachdem, wie schnell die Frequenzwechsel erfolgen, unterscheidet man:

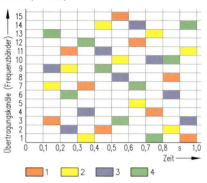

Bild 4.45: Grundprinzip des Frequenzsprungverfahrens

Frequenzhoppingverfahren

Bezeichnung	Beschreibung
Fast Frequency Hopping (FFH)	Die Hoppingrate ist größer als die Bitrate, d. h., während einer Bitdauer findet ein Frequenzwechsel statt.
Slow Frequency Hopping (SFH)	Die Bitrate ist größer als die Hoppingrate, d. h., mehrere Bits werden auf einer Frequenz übertragen (z. B. in GSM Netzen).

Bild 4.46: Frequenzhoppingverfahren

■ Direct Sequence Spread Spectrum (DSSS)

Das DSSS-Verfahren gewinnt im Zusammenhang mit der Einführung neuer digitaler Funktechniken (z. B. LTE, Satellitenkommunikation) zunehmend an Bedeutung. Es basiert auf der Spreizung des Frequenzspektrums des zu übertragenden Nutzsignals und kann vereinfacht folgendermaßen beschrieben werden:

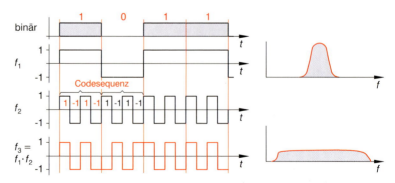

Bild 4.47: Spreizung eines Nutzsignals (Liniendiagramm und Frequenzspektrum)

Eine zu übertragende binäre Bitfolge wird durch die Signalwerte +1 und −1 dargestellt und mit einer periodischen Pulsfolge f_2 multipliziert, deren Frequenz wesentlich höher ist als die der Nutzdaten. Diese Pulsfolge bewirkt eine Art Codierung des Nutzsignals. In der Regel ist die Periodendauer der Pulsfolge hierbei ein ganzzahliges Vielfaches der Dauer eines Datenbits. Durch die Multiplikation entsteht ein Sendesignal f_3, bei dem ein Bit durch n Impulse der Codesequenz dargestellt wird (im Beispiel $n = 4$).

Erzeugung eines DSSS-codierten Signals

Mithilfe einer Frequenzanalyse lässt sich nachweisen, dass durch diesen Vorgang das Spektrum des Signals – wie prinzipiell dargestellt – gespreizt wird und die Amplituden der enthaltenen Frequenzen kleiner werden. Der Spreizfaktor wird durch die Codelänge N bestimmt.

Frequenzanalyse siehe Kap. 4.1.5

Auf der Empfangsseite muss das Signal nach der Übertragung wieder entspreizt werden, um die ursprüngliche Datenfolge zurückzugewinnen. Dies kann durch eine erneute Multiplikation mit derselben Codesequenz erfolgen, die zur Erzeugung des Sendesignals verwendet wurde.

Demodulation eines DSSS-Signals

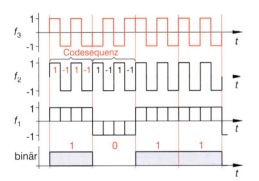
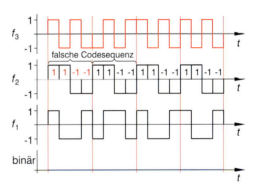

Bild 4.48: Entspreizung mit richtiger Codesequenz   *Bild 4.49: Entspreizung mit falscher Codesequenz*

Ein Decodierungsversuch mit einer anderen Codesequenz ergibt auf der Empfängerseite nicht mehr das ursprüngliche Nutzsignal.

> ■ Das ursprüngliche Signal kann nur mit der richtigen Codefolge zurückgewonnen werden.

Wird in demselben Frequenzbereich gleichzeitig eine weitere Verbindung zwischen einem zweiten Sender-Empfänger-Paar aufgebaut, auf der Nutzdaten übertragen werden, die mit einer anderen Impulsfolge codiert werden, so kann jedes Quelle-Senke-Paar nur die ihm zugeordneten Nutzdaten verwerten. Eine gegenseitige Störung oder Beeinflussung findet nicht statt. Die Spreizfunktion wirkt wie eine Codierung, bei der die Nachricht nur dann zu entschlüsseln ist, wenn die zur Spreizung verwendete Funktion (Code) im Empfänger bekannt ist.

■ Durch die Zuordnung unterschiedlicher Spreizfunktionen (Codesequenzen) zu verschiedenen Sender-Empfänger-Paaren ist bei Mehrfachnutzung desselben Frequenzbereichs eine selektive Adressierung möglich.

Dieses Verfahren bildet die Grundlage für CDMA, welches in Kombination mit FDMA beispielsweise innerhalb von GSM-Netzen verwendet wird. Die Codefolge, mit der die Nutzdaten multipliziert werden, wird in GSM-Netzen aus der auf der SIM-Karte gespeicherten Kennung generiert (vgl. Kap. 3.9.1).
In der Praxis kann die Codelänge bis $N = 20$ betragen. **WCDMA** (**W**ideband **C**ode **D**ivision **M**ultiplex **A**ccess) verwendet neben einer extremen Spreizung zur Verringerung der Störanfälligkeit zusätzlich orthogonale Frequenzen zur Vergrößerung des Datendurchsatzes (Einsatzbereiche: UMTS, HSDPA, LTE).

4.1.8.6 Raummultiplex

Als Raummultiplex bezeichnet man die Umverteilung von Informationsströmen von sogenannten „kommenden" Leitungen auf „gehende" Leitungen. In der Regel wird ein Raummultiplex in Kombination mit einem Zeitmultiplex eingesetzt (Raum-Zeit-Multiplex).

4.1.8.7 Kombinierte Multiplexverfahren

In der Praxis werden die dargestellten Multiplexverfahren oft in Kombination eingesetzt, um die zur Verfügung stehenden Übertragungswege optimal auszunutzen. Insbesondere wird eine Kombination aus TDMA und FDMA eingesetzt, wie beispielsweise bei den GSM-Netzen (vgl. Kap. 3.9.1).

4.1.9 Leitungscodes

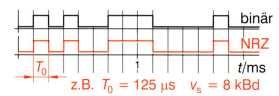

z.B. $T_0 = 125\ \mu s$ $v_s = 8\ kBd$

Bild 4.50: NRZ-Code

Die **Verarbeitung** von Steuer- und Nutzsignalen erfolgt in der Datenverarbeitung mit binären Signalen. Hierbei werden den *logischen* Zuständen „Eins" („1"-bit) und „Null" („0"-bit) die *elektrischen* Zustände „Gleichspannung ein" und „Gleichspannung aus" (oder umgekehrt) zugeordnet. Der Spannungszustand bleibt für die Zeitdauer eines Bits unverändert. **Übertragungstechnisch** betrachtet handelt es sich bei dieser Art der Codierung um einen sogenannten **NRZ-Code** (**n**on **r**eturn to **z**ero).

■ Das kürzeste in der binären Zeichenfolge vorkommende Signalelement wird **Schritt** genannt, seine zeitliche Dauer wird als **Schrittdauer T_0** bezeichnet. Den Kehrwert der Schrittdauer nennt man die **Schrittgeschwindigkeit v_S**, sie wird in **Baud (Bd)** angegeben (1 Bd = 1/s).

4.1 Elektrische Übertragungstechnik

Für die **Übertragung** werden an digitale Steuer- und Nutzsignale eine Reihe von Forderungen gestellt, die vom NRZ-Code (d. h. von einem binären Signal) nicht erfüllt werden:

- Zur einwandfreien Verarbeitung übertragener Signale muss neben der Nutzinformation auch eine Taktinformation zur Synchronisation vorliegen. Diese wird oftmals aus den Impulsflanken des Nutzsignals gewonnen. Aus diesem Grund sollte das Nutzsignal möglichst viele Flankenwechsel aufweisen. Ein binär codiertes Signal kann jedoch lange Null- oder Einsfolgen beinhalten, sodass die Taktinformation zeitweise fehlt.
- Zur galvanischen Trennung von elektrischen Stromkreisen werden in übertragungstechnischen Einrichtungen oftmals Übertrager verwendet (z. B. im Bereich der Telekommunikation). Da diese keine Gleichspannungen übertragen können, muss das zu übertragende Signal gleichspannungsfrei sein. Der NRZ-Code ist nicht gleichspannungsfrei, da nur positive Spannungen für die logische „1" verwendet werden.
- Da die Dämpfung elektrischer Leitungen mit zunehmender Frequenz ansteigt, können hochfrequente Signale ohne entsprechend teure Zwischenverstärker weniger weit übertragen werden. Die Schrittgeschwindigkeit – und damit die Frequenz des zu übertragenden Signals – sollte also möglichst gering sein. Trotz niedriger Schrittfrequenz sollten große Datenmengen übertragen werden können.

Übertrager siehe **Kap. 5.5.1.6** „Einfache IT-Systeme"

Diese Forderungen führten insbesondere im Weitverkehrsbereich zur Entwicklung verschiedener Leitungscodes.

■ Die **Leitungscodierung**/der **Leitungscode** passt das zu übertragende Signal an die Eigenschaften des Übertragungsmediums an, um es optimal übertragen zu können (z. B. Herstellen der Gleichspannungsfreiheit).

Die Aufgabe der Leitungscodierung/des Leitungscodes unterscheidet sich hierbei maßgeblich von der Quellcodierung/dem Quellcode und der Kanalcodierung/dem Kanalcode!

Begriffsbestimmung	Beispiel
Die **Quellcodierung**/der **Quellcode** entfernt überflüssige (z. B. nicht erforderliche oder nicht übertragbare) Informationen einer Datenquelle, um das zu übertragende Datenvolumen zu verringern.	Bei einem Musikstück im mp3-Format werden zunächst sämtliche Frequenzanteile herausgefiltert, die vom menschlichen Ohr nicht wahrnehmbar sind (z. B. mehrere laute Töne überdecken einen leisen Nachbarton).
Die **Kanalcodierung**/der **Kanalcode** schützt das zu übertragende Signal durch Hinzufügen redundanter Informationen vor Störungen auf dem Übertragungsweg.	Ein mit 8 bit codiertes PCM-Signal erhält pro Abtastwert zusätzlich ein Paritätsbit, um auf der Empfangsseite eine Bitveränderung erkennen zu können.

Bild 4.51: Quellcodierung und Kanalcodierung

4.1.9.1 AMI-Code

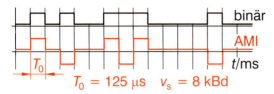

$T_0 = 125\ \mu s \quad v_s = 8\ kBd$

Bild 4.52: AMI-Code

Der AMI-Code (**A**lternate **M**ark **I**nversion) verwendet zur Übertragung der logischen „1" abwechselnd eine positive und eine negative Spannung (AMI-Regel). Auf diese Weise wird die Gleichspannungsfreiheit realisiert. Der AMI-Code verhindert allerdings keine langen Nullfolgen. Er wird auch als pseudoternärer Code bezeichnet, da zur Übertragung von zwei logischen Zuständen (0;1) insgesamt drei Spannungszustände (+1;0;–1) zur Verfügung stehen. Die Schrittdauer bei einem pseudoternären Code entspricht der Schrittdauer des NRZ-Codes.

Eine modifizierte Form dieses Codes wird zur Datenübertragung auf dem S_0-Bus verwendet (vgl. Kap. 3.2.4).

4.1.9.2 HDB3-Code

Der HDB3-Code (**H**igh **D**ensity **B**ipolar) ist eine Erweiterung des AMI-Codes. Diese Erweiterung bewirkt, dass eine Folge von mehr als drei aufeinander folgenden „0"-bits ausgeschlossen ist. Für den HDB3-Code gelten folgende Regeln:

Bild 4.53a: HDB3-Code

a) Folgen vier (oder mehr) „0"-Zustände aufeinander, so wird das vierte „0"-Bit durch ein „Verletzungsbit" („V"-Bit) ersetzt. Dieses V-Bit nimmt hierbei die gleiche Polarität an wie das letzte, vorangegangene „1"-Bit.

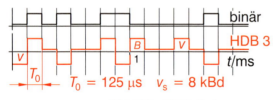

$T_0 = 125\ \mu s \quad v_s = 8\ kBd$

Bild 4.53b: HDB3-Code

b) Liegt zwischen dem letzten „V"-Bit und dem nach Regel 1 einzusetzenden nächsten V-Bit eine gerade Anzahl von „1"-Bits, so muss zusätzlich das erste der vier „Null"-Bits auf „1" gesetzt werden. Dieses Bit wird als B-Bit (Bipolar-Bit) bezeichnet. Die Polarität dieses B-Bits entspricht der AMI-Regel. Das B-Bit und das folgende V-Bit besitzen – entsprechend Regel a) – stets die gleiche Polarität.

Der HDB3-Code wird auf PCM-30-Übertragungsstrecken eingesetzt.

4.1.9.3 4B/3T-Code

Der 4B/3T-Code ist ein Blockcode, der jeweils 4 Bit des binären Codes als drei Zeichen eines ternären Codes darstellt. Bei einem ternären Code werden die Informationen durch drei unterschiedliche Signalzustände (–, 0, +) dargestellt. Den 16 möglichen Kombinationen von 4 Bit wird jeweils eine Kombination aus drei ternären Zeichen zugeordnet. Die Zuordnung der 4B-Worte zu den 3T-Elementen erfolgt nach einer Code-

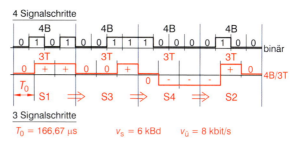

Bild 4.54: 4B/3T-Code

tabelle, die vier „Statusspalten" (S1, S2, S3, S4) für die 3T-Worte enthält. Nach welchem Status ein 4B-Wort jeweils codiert wird, hängt von der Codierung des vorherigen 4B-Wortes ab. Aus diesem Grund wird jeder Statusspalte ein Folgestatus (FS) zugewiesen, nach dem dann das folgende 4B-Wort zu codieren ist. Auf diese Weise wird die Gleichstromfreiheit und eine niedrige Schrittgeschwindigkeit gewährleistet.

Der 4B/3T-Code benötigt zur Übertragung von 4 bit in der gleichen Zeit nur drei Schritte. Der 4B/3T-Code hat eine geringere Schrittgeschwindigkeit als etwa der NRZ-Code. Trotz der Reduzierung der Schrittgeschwindigkeit verringert sich nicht die Anzahl der Bits, die pro Sekunde übertragen werden. Aus diesem Grunde muss hier zwischen der **Schrittgeschwindigkeit** v_S und der **Übertragungsgeschwindigkeit** $v_Ü$ unterschieden werden.

4B-Wort	\multicolumn{8}{c}{3T-Wort und Folgestatus FS}
	Status S1	FS	Status S2	FS	Status S3	FS	Status S4	FS
0000	+ 0 +	3	0 – 0	1	0 – 0	2	0 – 0	3
0001	0 – +	1	0 – +	2	0 – +	3	0 – +	4
0010	+ – 0	1	+ – 0	2	+ – 0	3	+ – 0	4
0011	0 0 +	2	0 0 +	3	0 0 +	4	– – 0	2
0100	– + 0	1	– + 0	2	– + 0	3	– + 0	4
0101	0 + +	3	– 0 0	1	– 0 0	2	– 0 0	3
0110	– + +	2	– + +	3	– – +	2	– – +	3
0111	– 0 +	1	– 0 +	2	– 0 +	3	– 0 +	4
1000	+ 0 0	2	+ 0 0	3	+ 0 0	4	0 – –	2
1001	+ – +	2	+ – +	3	+ – +	4	– – –	1
1010	+ + –	2	+ + –	3	+ – –	2	+ – –	3
1011	+ 0 –	1	+ 0 –	2	+ 0 –	3	+ 0 –	4
1100	+ + +	4	– + –	1	– + –	2	– + –	3
1101	0 + 0	2	0 + 0	3	0 + 0	4	– 0 –	2
1110	0 + –	1	0 + –	2	0 + –	3	0 + –	4
1111	+ + 0	3	0 0 –	1	0 0 –	2	0 0 –	3

Bild 4.55: Codetabelle 4B/3T-Code

■ Die **Übertragungsgeschwindigkeit** ist das Produkt aus Schrittgeschwindigkeit und der Anzahl der Bits, die je Schritt übertragen werden. Sie wird in bit/s angegeben.

Der 4B/3T-Code wird national bei einem ISDN-Anschluss zwischen DIVO und dem NTBA des Teilnehmers verwendet.

4.1.9.4 2B/1Q-Code

2B-Wort	1Q-Wort	Spannung
0 0	−3	−2,5 V
0 1	−1	−0,833 V
1 0	+3	2,5 V
1 1	+1	0,833 V

Bild 4.56: Codiertabelle 2B/1Q-Code

Dieser Code fasst jeweils 2 bit des Binärsignals zu einem aus vier möglichen Spannungspegeln bestehenden Leitungssignal zusammen. Der 2B/1Q-Code ist ein quaternärer Code. Für diesen Code gibt es lediglich eine Übersetzungstabelle.

Durch die Verwendung des 2B/1Q-Codes reduziert sich die Übertragungsgeschwindigkeit gegenüber dem 4B/3T-Code von 120 Kbit/s auf 80 Kbit/s. Der 2B/1Q-Code wird international bei einem ISDN-Anschluss zwischen DIVO und dem NTBA des Teilnehmers verwendet (Euro-ISDN).

■ Aufgaben

1. Nennen Sie die Übertragungsmechanismen und die zugehörigen Übertragungsmedien, die in modernen Kommunikationssystemen eingesetzt werden. Geben Sie jeweils ein Anwendungsbeispiel an.
2. Nennen Sie die Unterschiede im geometrischen Aufbau bzw. in der Leiteranordnung bei einem Koaxialleiter und einem TP-Leiter. Welche Vorteile ergeben sich jeweils aus diesen Anordnungen?
3. Erläutern Sie mithilfe des im Kapitel dargestellten Ersatzschaltbildes die Eigenschaften einer elektrischen Leitung. Welche Auswirkungen haben diese Eigenschaften auf die Signalübertragung?
4. Welche Ausführungen und welche Kategorien unterscheidet man bei TP-Leitern? Nennen Sie jeweils die Leistungsmerkmale und ein Anwendungsbeispiel.
5. Ein Auszubildender im IT-Bereich hat in einem Fachaufsatz über elektrische Übertragungssysteme die ihm unbekannten Begriffe Dämpfung, Dämpfungsmaß, Verstärkungsfaktor, Einfügedämpfung und Übertragungsfaktor gelesen. Er bittet Sie um Erklärungen. Welche Informationen geben Sie ihm?
6. Am Ende einer Übertragungsstrecke (Z_W = 600 Ω) wird bei einer Frequenz f_0 = 800 Hz die Spannung U_M = 0,14 V gemessen. Wie groß ist jeweils der absolute Pegel, wenn das Übertragungssystem mit den Lastwiderständen Z_{L1} = 600 Ω bzw. Z_{L2} = 1260 Ω abgeschlossen ist?
7. Lassen sich aus der Größe des relativen Pegels in einem Übertragungssystem Rückschlüsse auf den tatsächlichen Wert der Signalleistung am Messpunkt ziehen? Begründen Sie Ihre Antwort.
8. Was versteht man unter der Verzerrung eines Nachrichtensignals? Welche Arten von Verzerrungen unterscheidet man und wodurch werden diese Verzerrungen verursacht?
9. Was versteht man übertragungstechnisch unter einem Wandler? Nennen Sie Beispiele.
10. Was versteht man übertragungstechnisch unter dem Begriff Modulation? Aus welchen Gründen werden in der Praxis Signale moduliert?
11. Beschreiben Sie die einzelnen Schritte, die erforderlich sind, um ein analoges Sprachsignal in ein PCM-Signal umzuwandeln. Welche Bedingung muss bei dieser Umwandlung erfüllt werden?

12. Bei einigen Audioprogrammen lässt sich die Samplingrate für Tonaufnahmen auf verschiedene Werte einstellen (z. B. 8 kHz; 24 kHz; 44,1 kHz). Berechnen Sie, bis zu welchen Audiofrequenzen jeweils eine Speicherung möglich ist. Bewerten Sie die einzelnen Einstellungen bezüglich ihrer Wiedergabequalität.
13. Im Zusammenhang mit den Übertragungsverfahren werden die Begriffe Gleichlageverfahren, Getrenntlageverfahren, Simplex, Halbduplex, Vollduplex, symmetrische und asymmetrische Übertragung verwendet. Erläutern Sie die einzelnen Begriffe.
14. Bei den Multiplexverfahren werden die zentrale und die dezentrale Reservierungstechnik eingesetzt. Vergleichen Sie beide Verfahren miteinander und nennen Sie Vor- und Nachteile.
15. Beschreiben Sie grundsätzlich das Frequenzmultiplex- und das Zeitmultiplexverfahren. Nennen Sie Anwendungsbeispiele.
16. Für die Übertragung von Daten werden auf der OSI-Schicht 1 unterschiedliche Leitungscodierungen eingesetzt. Hierzu gehören der AMI-Code, der HDB3-Code, der 4B/3T-Code und der 2B/1Q-Code. Nennen Sie jeweils charakteristische Merkmale dieser Codierungen. Geben Sie Anwendungsbeispiele an.
17. Erläutern Sie die Unterschiede zwischen der Quellcodierung, der Kanalcodierung und der Leitungscodierung.

4.2 Optische Übertragungstechnik

Bei der optischen Nachrichtenübertragung erfolgt die Übertragung von Daten mithilfe elektromagnetischer Wellen im Bereich von Frequenzen, die physikalisch als „optische Strahlung" bzw. „Licht" bezeichnet werden. Dieser Frequenzbereich reicht von ca. $3 \cdot 10^{11}$ Hz bis ca. $3 \cdot 10^{15}$ Hz des elektromagnetischen Spektrums und umfasst das mit unseren Augen wahrnehmbare (sichtbare) Licht, den Infrarot-Bereich (IR) und den Bereich des ultravioletten Lichts (UV).

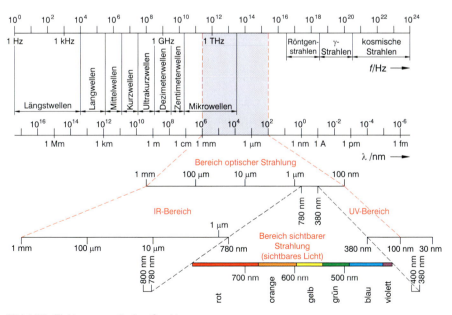

Bild 4.57: Elektromagnetisches Spektrum

4 Grundlagen der Übertragungstechnik

Wellenlänge, Frequenz

Wegen der großen Zahlenwerte bei der Frequenzangabe verwendet man im optischen Bereich bei Größenangaben nicht die Frequenz, sondern die jeweils zugehörige **Wellenlänge**.

> ■ Zwischen der **Frequenz f** einer Schwingung und deren **Wellenlänge λ** (sprich: Lambda) besteht der durch folgende Gleichung dargestellte Zusammenhang:
>
> $$c_0 = \lambda \cdot f$$
>
> mit $c_0 \approx 3 \cdot 10^8$ m/s (Ausbreitungsgeschwindigkeit elektromagnetischer Wellen im Vakuum)

Die Wellenlänge wird hierbei in der Regel in Nanometer (nm) angegeben (siehe Wellenlängenachse in Bild 4.57). So entspricht beispielsweise der Wellenlänge 760 nm (sichtbares Licht der Farbe Rot) der Frequenz von $3{,}9 \cdot 10^{14}$ Hz.

In der Regel werden die bei der optischen Datenübertragung verwendeten Wellenlängen über ein optisch leitfähiges Medium übertragen. Eine direkte Abstrahlung wie bei den elektrischen Funkfrequenzen ist zwar möglich, allerdings ist hierbei eine direkte „Sichtverbindung" zwischen Sender und Empfänger erforderlich, sodass sich hiermit nur relativ geringe Entfernungen überbrücken lassen (bis ca. 3 km). Das in der Praxis zur Lichtleitung verwendete Medium wird als **Lichtwellenleiter** (LWL) bzw. **Glasfaserleitung** bezeichnet. Als Ausgangsmaterial für LWL dient normalerweise Quarzsand, aus dem mit entsprechenden Fertigungsverfahren Quarzglas (Siliziumoxid, SiO_2) gemacht wird, welches dann zu dünnen Fäden gezogen wird. Teilweise werden heutzutage aber auch spezielle Kunststoffe verwendet.

LWL

Bei der Verwendung von Lichtwellenleitern ist der Einsatz von optischen Sendern und Empfängern erforderlich. Als Sender werden Leuchtdioden (LED) oder Laserdioden (LD), als Empfänger werden Fotodioden oder PIN-Dioden verwendet.

Bild 4.58: Grundprinzip einer optischen Übertragungsstrecke

Im optischen Sender werden die – meist digital-elektrisch – vorliegenden Signale in optische Strahlung umgewandelt.

> ■ Die digital-elektrisch vorliegende Information wird dem optischen Signal durch Intensitäts- bzw. Helligkeitsschwankungen aufmoduliert.

Die Rückwandlung erfolgt dementsprechend im optischen Empfänger. Bedingt durch die Eigenschaften der optischen Sender und Empfänger ist hierbei zunächst nur eine unidirektionale Datenübertragung möglich. Glasfaserleitungen werden deshalb häufig in Paaren genutzt, damit eine Datenübertragung in beiden Richtungen (2 x unidirektional) möglich ist. Erst der Einsatz von sogenannten **optischen Weichen** ermöglicht die bidirektionale Nutzung einer Glasfaser.

optische Weiche

Die hohen Frequenzen im Bereich optischer Strahlung ermöglichen wesentlich größere Datenübertragungsraten als im elektrischen Bereich. Aufgrund der Verwendung optischer Komponenten ergeben sich allerdings wesentliche Unterschiede zur (konventionellen) elektrischen Übertragungstechnik. Dies ist insbesondere darin begründet, dass der Leitungsmechanismus auf völlig anderen physikalischen Gesetzmäßigkeiten beruht.

4.2.1 Optischer Leitungsmechanismus

Der Frequenzbereich des Lichts zeichnet sich durch einige besondere Eigenschaften aus. Zu diesen Eigenschaften gehört die **Lichtbrechung**.

> ■ Als **Brechung** bezeichnet man die Eigenschaft von Licht, beim Übergang in ein anderes Ausbreitungsmedium seine Richtung zu verändern.

Ein Maß für die Größe der Brechung ist der **Brechungsindex n** (Beispiele: Luft n = 1; Acrylglas n = 1,5). Ursache der Lichtbrechung ist die Tatsache, dass Licht sich in verschiedenen Medien unterschiedlich schnell ausbreitet. Die größte Ausbreitungsgeschwindigkeit c_0 erreicht Licht im Vakuum. Ein Medium, in dem sich Licht langsamer ausbreitet (z. B. Wasser, Acrylglas), wird als „optisch dichter" bezeichnet.

> ■ Bezüglich der **Ausbreitungsgeschwindigkeit c von Licht** in einem Medium gilt:
> $$c = \frac{c_0}{n}$$
> c_0: Ausbreitungsgeschwindigkeit von Licht im Vakuum

Mithilfe dieses Zusammenhangs lässt sich beispielsweise die Geschwindigkeit bestimmen, mit der Daten über Glasfaserleitungen übertragen werden können. In der Übertragungstechnik spricht man in diesem Zusammenhang von der **Signalgeschwindigkeit** (vgl. „Einfache IT-Systeme" Kap. 5.1.2.3). Die Signalgeschwindigkeit in einem Glasfaserkabel ist um ein Vielfaches kleiner (!) als in einem Kupferkabel gleicher Länge! Dennoch sind Glasfaserleitungen wegen ihrer extrem hohen Übertragungskapazität gegenüber Kupferkabeln vorzuziehen. Die Gesetzmäßigkeiten der Lichtbrechung werden in der Physik mit dem sogenannten **Brechungsgesetz** beschrieben. In Abhängigkeit von den verwendeten Medien und dem Winkel, unter dem ein Lichtstrahl auf die Grenzfläche auftritt (Einfallswinkel φ_e), können hierbei die drei folgenden Phänomene auftreten:

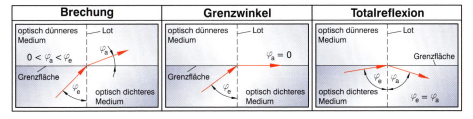

Bild 4.59: Auftretende Phänomene bei der Lichtbrechung

■ *4 Grundlagen der Übertragungstechnik*

Bei der Totalreflexion verbleibt der Lichtstrahl im Inneren des optisch dichteren Mediums. Dieser Effekt bleibt auch bei einer Biegung des Mediums erhalten, solange der Einfallswinkel $_e$ auch im Biegebereich stets kleiner als der Grenzwinkel ist.

optischer Leitungsmechanismus

■ Der **Leitungsmechanismus bei einem Lichtwellenleiter** basiert maßgeblich auf dem Phänomen der Lichtbrechung.

4.2.2 Lichtwellenleiter (Fibre Optic Cable)

Lichtwellenleiter bestehen prinzipiell aus einem lichtleitenden Kern (core) und einem ebenfalls lichtleitenden Mantel. Dieser Mantel wird von einer dünnen Kunststoffschicht umgeben (Primärcoating, Dicke 2 µm bis 5 µm). Beide lichtleitenden Bereiche weisen unterschiedliche optische Dichten auf. Dieser Aufbau gewährleistet, dass Licht aufgrund von Brechung bzw. Reflexion an den Faserrändern auch bei Biegung des Leiters innerhalb der Faser verbleibt und somit auch um Ecken geführt werden kann. Aus Gründen des mechanischen Schutzes und zur Erhöhung der Zugfestigkeit sind die lichtleitenden Bereiche neben dem Primärcoating von weiteren zusätzlichen Hüllen umgeben. Diese werden mit Sekundärcoating bezeichnet.

Lichtwellenleiter unterliegen keinem witterungs- oder nutzungsbedingten Alterungsprozess und haben daher eine sehr lange Lebensdauer. Sie weisen ein Reihe von Eigenschaften auf, die für den technischen Einsatz von Bedeutung sind:

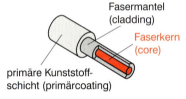

Bild 4.60: Prinzipieller Aufbau eines Lichtwellenleiters

- unempfindlich gegenüber elektromagnetischer Einstrahlung
- keine elektromagnetische Abstrahlung
- galvanische Entkopplung von Sender und Empfänger (Potenzialtrennung)
- geringe Dämpfung, dadurch große Übertragungsentfernungen
- geringes Gewicht, geringe Abmessungen
- geringe Herstellungskosten
- unempfindlich gegenüber Temperaturschwankungen

In der Praxis eingesetzte Lichwellenleiter weisen unterschiedliche geometrische Abmessungen und Querschnittsprofile auf. Diese beeinflussen maßgeblich die Art der Ausbreitung von Lichtstrahlen und das Brechungsverhalten. Hieraus resultieren unterschiedliche Leitungseigenschaften.

4.2.3 Eigenschaften von Lichtwellenleitern

Modenausbreitung

Liegt der Kerndurchmesser d_K in der Größenordnung der Wellenlänge λ des Lichts, können sich – physikalisch bedingt – nur noch ganz bestimmte Lichtstrahlen entlang der Faser ausbreiten. Betrachtet man Licht als elektromagnetische Wellen (siehe Bild 4.50), so weisen diese Lichtstrahlen – vereinfacht dargestellt – eine stets gleichbleibende Energieverteilung längs ihrer Ausbreitungsrichtung auf und sie breiten sich auch stets mit gleicher Geschwindigkeit aus. Diese Lichtstrahlen werden als **Moden** bezeichnet. Durch die Größe des Kerndurchmessers lässt sich also die Anzahl der übertragbaren Moden beeinflussen.

> Lichtwellenleiter, auf denen sich mehrere Lichtstrahlen entlang der Faser ausbreiten können, bezeichnet man als **Multimodefaser**.
> Lichtwellenleiter, auf denen sich nur ein einziger Lichtstrahl entlang der Faser ausbreiten kann, bezeichnet man als **Monomode-** bzw. **Singlemodefaser**. Ein solcher Lichtstrahl kann aber durchaus unterschiedliche benachbarte Wellenlängen beinhalten.

Bei Multimodefasern werden als optischer Sender in der Regel LEDs im Infrarotbereich eingesetzt, bei Monomodefasern kommen Laserdioden zum Einsatz.

Modendispersion
In einen Lichtwellenleiter eingekoppelte Lichtstrahlen werden an den Grenzflächen reflektiert und durchlaufen den Kern zickzackförmig. Hierdurch ergeben sich unterschiedliche Weglängen, damit unterschiedliche Laufzeiten und eine Impulsverbreiterung am Leitungsende.

> Unter **Modendispersion** versteht man unterschiedliche Ausbreitungswege und damit verbunden unterschiedliche Signallaufzeiten in einem Lichtwellenleiter. Dies führt zu einer zeitlichen Verbreiterung von Lichtimpulsen.

Materialdispersion
Die Lichtemissionen optischer Sender bestehen nicht nur aus einer einzigen Wellenlänge, sondern umfassen einen bestimmten Bereich. Dieser Bereich wird als Bandbreite B angegeben und beträgt bei „normalen" Sendedioden typisch ca. 70 nm, bei Laserdioden hingegen ca. 1 nm. Da die Ausbreitungsgeschwindigkeit c in einem Medium wellenlängenabhängig ist, resultieren hieraus geringfügige Laufzeitunterschiede Δt_{Lauf} zwischen den eingekoppelten Wellenlängen. Diese Laufzeitunterschiede bewirken ebenfalls eine Impulsverbreiterung am Ende einer Übertragungsstrecke. Eine solche Verbreiterung von impulsförmigen Signalen erfordert einen bestimmten zeitlichen Mindestabstand zwischen zwei Signalimpulsen am Anfang der Übertragungsstrecke, da ansonsten zwei Impulse zeitlich „verschmieren" und nicht mehr eindeutig voneinander zu unterscheiden sind. Dieser zeitliche Mindestabstand ist gleichbedeutend mit einer Begrenzung der Übertragungsgeschwindigkeit und damit der maximal übertragbaren Bitrate.

Dämpfung
Die Ausbreitung von Licht in einem Lichtwellenleiter erfolgt nicht verlustlos, d. h., die Lichtleistung wird mit zunehmender Leitungslänge geringer. Allerdings ist der Dämpfungsverlauf in Abhängigkeit von der Wellenlänge nicht linear. Als Ursache der Dämpfung sind im Wesentlichen die **Lichtabsorption** und die **Lichtstreuung** zu nennen. Bei der Absorption wird das Licht quasi „verschluckt" und steht als Informationsträger nicht mehr zur Verfügung, bei der Streuung wird das Licht „abgelenkt" und steht in Ausbreitungsrichtung nicht mehr zur Verfügung.

4 Grundlagen der Übertragungstechnik

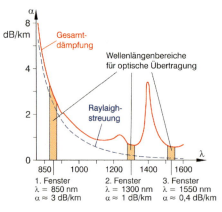

Bild 4.61: Dämpfungsverlauf von Lichtwellenleitern

Aus dem Dämpfungsverlauf ist ersichtlich, dass es „lokale Minima" der Dämpfungswerte gibt.

■ Bei Lichtwellenleitern bezeichnet man einen Wellenlängenbereich mit einer vergleichsweise geringen Dämpfung als **optisches Fenster**.

Die technisch nutzbaren optischen Fenster liegen im Bereich der Wellenlängen 850 nm, 1300 nm und 1550 nm. Der bevorzugte Bereich der optischen Übertragungstechnik liegt im Bereich des 2. und des 3. Fensters.

■ Bandbreite-Länge-Produkt

Das Bandbreite-Länge-Produkt ist ein wichtiger Qualitätskennwert für eine Glasfaserleitung. Diese Größe hat kein eigenes Formelzeichen, sondern wird in Tabellenbüchern und Herstellerunterlagen stets nur mit „$B \cdot L$" bezeichnet und mit der Einheit „MHz · km" bzw. „GHz · km" angegeben. Die Einheit MHz bzw. GHz resultiert hierbei aus dem Kehrwert der durch die Dispersionen verursachten Signallaufzeiten Δt_{Lauf}. Je größer der Zahlenwert des Bandbreite-Länge-Produkts ist, desto geringer sind die auftretenden Impulsverbreiterungen; umso höher liegen dann die erreichbaren Datenübertragungsraten. Häufig findet man auch die Angabe in Gbit/s · km.

4.2.4 Lichtwellenleitertypen

Obwohl alle Lichtwellenleiter prinzipiell den gleichen Faseraufbau aufweisen, unterscheiden sie sich in der Praxis bezüglich ihrer geometrischen Abmessungen und ihrer Übertragungseigenschaften.

■ Multimode-Stufenindexfaser

Bei Stufenindexfasern ändert sich der Brechungsindex n sprunghaft an der Grenze zwischen Kern und Mantel, wodurch sich eine Totalreflexion ergibt. Aufgrund des Kerndurchmessers lassen sich mehrere Moden leiten.

Bild 4.62: Eigenschaften einer Multimode-Stufenindexfaser

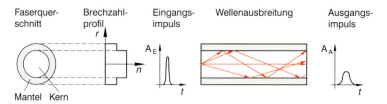

Diese Fasern weisen eine große Moden- und Materialdispersion auf. Aufgrund der dadurch bewirkten Impulsverbreiterung ergibt sich eine relativ starke Signaldämpfung und eine geringe verfügbare Bandbreite. Bei neuen Netzwerken wird dieser Fasertyp nicht mehr verwendet.

■ Multimode-Gradientenfaser

Bei diesem Fasertyp ändert sich die Brechzahl n von der Kernmitte bis zum Mantel kontinuierlich. Dadurch werden die Moden beim Durchlaufen der Faser zum Mantel in sehr kleinen Schritten gebrochen und kehren dann wieder zur Fasermitte zurück.

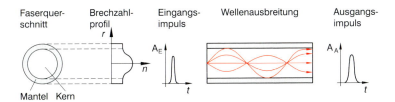

Bild 4.63: Eigenschaften einer Multimode-Gradientenfaser

Die Dispersionen sind wesentlich geringer und das Bandbreiten-Längen-Produkt ist höher als bei der Multimode-Stufenindexfaser. Aus diesen Gründen wird die Gradientenfaser zurzeit standardmäßig in lokalen Netzen bei einer Ausdehnung bis zu ca. 5 km eingesetzt.

■ Einmoden-Stufenindexfaser

Bei diesem Fasertyp ist der Kerndurchmesser so weit verkleinert, dass nur noch eine einzige Mode ausbreitungsfähig ist. Man spricht hierbei auch von einer sogenannten Wellenführung im Kern. Bei dieser Einmodenausbreitung können keine modenabhängigen Laufzeitunterschiede und keine Dispersion auftreten. Aufgrund physikalischer Gesetzmäßigkeiten ist dieser Fasertyp erst bei Wellenlängen oberhalb von 1250 nm einsetzbar.

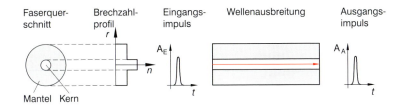

Bild 4.64: Eigenschaften einer Monomode-Stufenindexfaser

Aufgrund ihrer guten Übertragungseigenschaften sind die Einmode-Stufenindexfasern für Entfernungen bis zu 100 km ohne Signalverstärker einsetzbar.

Die folgende Tabelle fasst typische Werte von in der Praxis eingesetzten Glasfaserleitungen zusammen.

Typ	Moden	Durchmesser (in µm) Kern	Durchmesser (in µm) Mantel	B-L-Produkt	Dämpfung	Einsatzbereich
Gradienten-index	Multimode	50	125	< 1 GHz km	0,7 bis 3 dB/km (durchmesser- und wellenlängen-abhängig)	Kurzstrecken, LAN
		62	125	< 1 GHz km		
		85	125	< 1 GHz km		
		100	140	< 1 GHz km		

4 Grundlagen der Übertragungstechnik

Typ	Moden	Durchmesser (in µm) Kern	Durchmesser (in µm) Mantel	B-L-Produkt	Dämpfung	Einsatzbereich
Stufen-index	Multimode	100 200	140 280	< 100 MHz km < 100 MHz km	< 4 dB/km	Kurzstrecken, keine Verwendung mehr bei Neuinstallationen
	Singlemode	10	125	> 10 GHz km	ca. 0,3 dB/km	Weitverkehrsnetz, LAN

Bild 4.65: Typische Werte von Lichtwellenleitungen

4.2.5 Kabelbezeichnungen

Die Kabelbezeichnung für LWL-Kabel erfolgt nach DIN/VDE 0888. Eine typische Kennzeichnung kann beispielsweise folgendes Aussehen haben:

```
A  -  D  S  F  (L)2Y  B2Y  3x2  G  50/125  3.5  B  400  LG
↑     ↑  ↑  ↑   ↑     ↑    ↑   ↑    ↑      ↑   ↑   ↑   ↑
1     2  3  4   5     6    7   8    9     10  11  12  13  14
```

	Bedeutung	Symbol	Erläuterung
1	Kabelart	I A AT	Innenkabel Außenkabel Außenkabel, teilbar
2	Faserschutz	F V H W B D	Faser Vollader Hohlader, ungefüllt Hohlader, gefüllt Bündelader, ungefüllt Bündelader, gefüllt
3	Metallseele	S	Kabelseele mit Metall
4	Füllung	F	Petrolatfüllung der Hohlräume
5	Schutzhülle	H Y 2Y (L) 2Y (D) 2Y (Z) 2Y IIP	halogenfreies Material PVC PE Schichtenmantel PE mit Kunststoffschicht PE mit nichtmetallischer Zugentlastung PUR
6	Bewehrung	V IIP H B BY B2Y	PVC-Mantel PUR-Mantel halogenfreier Mantel Bewehrung Bewehrung mit Schutzhülle Bewehrung mit PE-Schutzhülle
7	Fasernzahl		Anzahl der Bündel x Anzahl der Fasern pro Bündel

	Bedeutung	Symbol	Erläuterung
8	Faserart	E G S K Q P	Single-Mode Gradientenfaser Stufenfaser (Glas/Glas) Stufenfaser (Glas/Kunststoff) Quasi-Gradientenfaser (Glas/Glas) Plastikfaser (Kunststoff/Kunststoff)
9	Kern		Kerndurchmesser in µm
10	Mantel		Manteldurchmesser in µm
11	Dämpfung		Dämpfungsbelag in dB/km
12	Wellenlänge	B F H	850 nm 1300 nm 1550 nm
13	Dispersion		B · L-Produkt in MHz · km
14	Zusatzinformation	LG	Lagenverseilung

Bild 4.66: Kennzeichnung von LWL Kabeln

4.2.6 Verbindungstechniken

Bei der optischen Verbindungstechnik unterscheidet man zwischen lösbaren und nicht lösbaren Verbindungen. Die lösbaren Verbindungen basieren auf dem Stecker-Kupplungs-Prinzip, die nicht lösbaren Verbindungen werden durch sogenannte Spleiße realisiert.

LWL-Spleiß

■ Unter einem **LWL-Spleiß** versteht man technische Verfahren für das dauerhafte Verbinden von Lichtwellenleitern.

Bei der LWL-Spleißtechnik werden folgende Verfahren unterschieden:

Spleißart	Dämpfungswerte	Kurzbeschreibung
thermischer Spleiß, Lichtbogenspleiß	< 0,1 dB	Mithilfe eines thermischen Lichtbogens werden die Faserenden dauerhaft miteinander verschmolzen.
mechanischer Spleiß	0,2–0,4 dB	Die Fasern werden mittels einer Hülse mechanisch zusammengepresst und dauerhaft gehalten; Einsatz zu Reparaturzwecken.
Klebespleiß	0,2–0,4 dB	Dauerhafte Verbindung der Fasern mit UV-härtendem Zweikomponentenkleber.

Bild 4.67: LWL-Spleißarten

LWL-Stecker (Fibre Optic Connector) sorgen für eine lösbare Steckverbindung zwischen zwei Lichtwellenleitern. Hierbei wird meist nicht zwischen Stecker und Buchse unterschieden, die Steckverbindung besteht vielmehr aus zwei Steckern, die über eine Führungskupplung präzise miteinander verbunden werden. Geringste mechanische Fertigungstoleranzen oder Veränderungen durch häufiges Ein- und Ausstecken können die übertragungstechnischen Eigenschaften beeinträchtigen. Hierzu gehören insbesondere die Einfügedämpfung und die Rückflussdämpfung.

- Die **optische Einfügedämpfung** (optical insertion loss) ist ein Maß für die Abschwächung eines optischen Signals durch ein Bauteil, das in einen Signalweg eingefügt wird. Die Einfügedämpfung wird in dB angegeben und sollte möglichst klein sein.
- Die **optische Rückflussdämpfung** (optical return loss) ist das logarithmische Verhältnis von eingespeister Lichtenergie zu der von einer Grenzfläche reflektierten Lichtenergie. Die Rückflussdämpfung wird in dB angegeben und sollte möglichst groß sein.

Bei der Übertragung von Licht in einem LWL-Steckverbinder werden beide Fasern möglichst nahe zusammengeführt, um möglichst viel Lichtenergie von einer Faser in die andere Faser zu übertragen. Hierbei kommen unterschiedliche Techniken zum Einsatz (Bild 4.68).

Bezeichnung	Beschreibung	Grundprinzip
Linsenkopplung	– LWL-Steckverbinder mit eingebautem Linsensystem – Zwischen den Linsen werden die Lichtstrahlen parallel durch Glasplatten geführt – Hohe Rückflussdämpfung, da vergleichsweise wenig Reflexionen	
Stirnflächenkopplung	– Beide LWL haben geringen Abstand voneinander, dadurch geringe Rückflussdämpfung (< 15 dB) wegen vergleichsweise starken Reflexionen – Kein mechanischer Verschleiß, da sich die Stirnflächen nicht berühren – Geringe Fertigungskosten	
	– Stirnflächenkopplung ohne Luftspalt (**PC-Kopplung: P**hysical **C**ontact) – Nahezu keine Reflexionen, daher hohe Rückflussdämpfung – Empfindlich gegenüber seitlichem Versatz der Fasern und Zerkratzen der Oberflächen – Stirnflächen können auch linsenförmig geschliffen sein	

4.2 Optische Übertragungstechnik

Bezeichnung	Beschreibung	Grundprinzip
Schrägschliff-kopplung	– Stirnflächen sind ca 8° gegeneinander geneigt (angled polished) – Geringer Luftspalt (ca. 1 μm) – Hohe Rückflussdämpfung (> 50 dB)	Mantelglas / Mantelglas; Kernglas → Kernglas
	– Schrägschliffkopplung mit **APC**-Schliff (**A**ngle **P**hysical **C**ontact) – Nahezu ohne Reflexionen, d. h. sehr hohe Rückflussdämpfung (> 60 dB) – Hoher Aufwand an Stirnflächenpolitur – Einfügedämpfung < 0,5 dB	Mantelglas / Mantelglas; Kernglas → Kernglas

Bild 4.68: Grundsätzliche LWL-Stecker-Techniken

Für die Anschlusstechnik von Lichtwellenleiter gibt es eine Vielzahl von Steckverbindungen, die untereinander inkompatibel sind. Zu den gängigen Typen zählen der ST-Stecker, der FC-Stecker, der SC-Stecker und der LC-Stecker. Sämtliche Steckertypen sind untereinander inkompatibel, da sie sich grundsätzlich in der Bauform, dem Verschluss und dem Einsatzbereich voneinander unterscheiden.

a) SC-Stecker   b) LC-Stecker

Bild 4.69: Beispiele für LWL-Stecker und Kupplungen

4.2.7 Optische Netze

■ Als **optisches Netz** (**ON**: **O**ptical **N**etwork) bezeichnet man allgemein ein breitbandiges Hochgeschwindigkeitsnetz, welches auf einer optischen Übertragungstechnologie beruht. Ein optisches Netz verwendet Lichtwellenleiter zur Übertragung modulierter Lichtsignale.

■ Als **passives optisches Netz** (**PON**: **P**assive **O**ptical **N**etwork) bezeichnet man ein optisches Netzwerk, das bei der Übertragung modulierter Lichtsignale von der Signalquelle bis zum Empfänger ohne aktive (Verstärker)-Komponenten auskommt.

■ Als **All Optical Network** (**AON**) bezeichnet man ein optisches Netz, bei dem die Vermittlung und die Zwischenverstärkung der Lichtsignale (Signalregeneration) auf rein optischer Basis, d. h. ohne die zwischenzeitliche Umsetzung des Lichtsignals in ein elektrisches Signal, erfolgt.

Optische Netze findet man heutzutage standardmäßig im Weitverkehrsbereich, bei den Stadtnetzen, aber auch innerhalb von Firmennetzen. In allen Bereichen sind die Längen der Übertragungsstrecken, die maximal erlaubte

Dämpfung sowie die mögliche Anzahl von Regeneratoren in einer ITU-Spezifikation festgelegt.

Bezeichnung		Leitungslänge	max. Dämpfung	Bemerkung
I	Intra-Office	bis 25 km *	6 dB	Anschlussbereich und Firmengelände; Multimode- oder Monomodefaser
SH	Short Haul	bis 40 km *	10 dB	Erweiterter Anschlussbereich, Stadtnetze; Monomodefaser
LH	Long Haul	bis 80 km *	22 dB	Weitverkehrsbereich; durch Zwischenverstärkung erweiterbar bis auf 640 km; Monomodefaser
VLH	Very Long Haul	bis 120 km *	33 dB	Weitverkehrsbereich; durch Zwischenverstärkung erweiterbar bis auf 600 km; Monomodefaser
ULH	Ultra Long Haul	bis 160 km *	44 dB	Weitverkehrsbereich; Monomodefaser

* abhängig von der Wellenlänge!

Bild 4.70: ITU-spezifizierte Leitungslängen

Zur Erzeugung des optischen Signals werden Laserdioden oder LEDs eingesetzt (E/O-Wandler). Die Lichtmodulation erfolgt entweder direkt durch die Laserdiode oder durch einen nachgeschalteten Modulator; die Signalübertragung erfolgt in NRZ-Codierung (siehe Kap. 4.1.9). Die Rückwandlung des Lichtsignals in ein elektrisches Signal wird mit speziellen, lichtempfindlichen Dioden oder Fototransistoren durchgeführt (O/E-Wandler).

Je nach Aufbau eines optischen Netzes werden die Lichtsignale über optoelektrische Wandler (O/E-Wandler) in elektrische Signale umgeformt, anschließend über Netzknoten wie ATM-Switches, IP-Router, SDH-Multiplexer und Ethernet-Switches vermittelt und über elektro-optische Wandler (E/O-Wandler) wieder in Lichtsignale umgesetzt.

■ Passive optische Netze

Passive optische Netze findet man vornehmlich im Anschlussbereich (optische Zugangsnetze). Ein PON kommt von der Signalquelle im letzten Netzknoten bis zum Empfänger ohne aktive Komponenten aus, es werden lediglich passive Elemente wie z. B. Lichtwellenleiter, Spleiße und optische Verteiler eingesetzt. Man unterscheidet folgende PON-Varianten:

Bezeichnung	Eigenschaften und Merkmale
APON	ATM PON; symmetrische Datenrate bis 622 Mbit/s; Datenkommunikation innerhalb eines Unternehmens; ATM-Übertragungstechnik

4.2 Optische Übertragungstechnik

Bezeichnung	Eigenschaften und Merkmale
BPON	Broadband PON; symmetrische Datenrate bis 622 Mbit/s, Entfernungen bis zu 20 km; Uplink auch bis zu 1,2 Gbit/s bei Verwendung separater Wellenlängenbereiche für unterschiedliche Dienste; ATM-Übertragungstechnik, Zeitmultiplex (TDMA)
EPON	Ethernet PON; symmetrische Datenrate bis ca. 1,25 Gbit/s; Entfernungen bis zu 20 km; Übertragungstechnik Ethernet-basierend (IP-Protokoll)
GPON	Gigabit PON; symmetrische Datenrate bis ca. 2,5 Gbit/s; Entfernungen bis ca. 20 km, mit FEC bis zu 60 km; Übertragungstechnik ATM- oder Ethernet-basierend
10GEPON	10 Gigabit PON; symmetrische Datenrate bis 10 Gbit/s; Entfernungen bis ca 20 km; Ethernet-basierend
NGPON	Next Generation PON; symmetrische Datenübertragung; Wellenlängenmultiplex; pro Wellenlänge bis zu 10 Gbit/s; Entfernung bis ca. 20 km

Bild 4.71: PON-Varianten

Am weitesten verbreitet sind zurzeit BPON-Netze; diese sind so konzipiert, dass ein einziger Lichtwellenleiter die Sprach-, Daten- und Videoströme (Triple Play) von bis zu 32 Teilnehmern bidirektional bewältigen kann. Hierbei wird bis zum jeweiligen Splitter nur ein einziger Lichtwellenleiter benötigt. Beide Kommunikationsrichtungen arbeiten per WDM mit drei Wellenlängen (1490 nm, 1310 nm, 1550 nm). Zwei Wellenlängen werden für die Sprach- und Datenübertragung, die dritte für Videoübertragung genutzt.

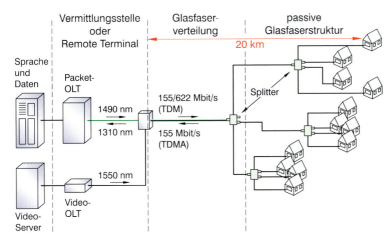

Bild 4.72: Prinzipieller Aufbau eines B-PON

Zu den Hauptkomponenten eines PON gehört eine OLT (Optical Line Termination) im Netzknoten, passive Verteiler zur Aufteilung der für jeden Teilnehmer einzeln verschlüsselten Kanäle (Splitter) sowie das Endgerät (ONU: Optikal

■ 4 Grundlagen der Übertragungstechnik

Network Unit bzw. ONT: Optical Network Termination), das bei FTTH/FTTB-Systemen direkt beim Kunden installiert wird. Je nach Anschlussvariante unterscheidet man:

Abürzung	Glasfaser-Anschlusstechnik
FTTEx	**Fiber to the Exchange** – Glasfaser wird nur bis zum letzten Netzknoten geführt – einzige Anschlusstechnik, die derzeit flächendeckend im Teilnehmer-Anschlussbereich verfügbar ist – die Signalumssetzung auf Kupferleitung erfolgt im Netzknoten – im Allgemeinen wird pro Teilnehmer eine separate Kupferleitung geschaltet – typische Datenrate: entsprechend dem jeweiligen ADSL-Angebot (siehe Kap. 3.7.1)
FTTN	**Fiber to the Node** – Glasfaser wird bis zum „Schaltverteiler" geführt – im Schaltverteiler (meist der KVZ) erfolgt die Signalumsetzung auf Kupferleitung – im Allgemeinen wird ab dem Schaltverteiler pro Teilnehmer eine separate Kupferleitung geschaltet – typische Datenrate: entsprechend dem jeweiligen VDSL-Angebot (siehe Kap. 3.7.2)
FTTB	**Fiber to the Building** – Glasfaser wird bis in das Gebäude (mit einer Vielzahl von Teilnehmern) geführt – im Gebäude erfolgt die Signalumsetzung auf Kupferleitungen, die bis zu den einzelnen Teilnehmer-Anschlussdosen führen – typische Datenrate: bis ca. 25 Mbit/s bidirektional bei Leitungslängen im Gebäude bis 500 m
FTTH	**Fiber to the Home** – Glasfaser wird bis in das Gebäude eines einzelnen Teilnehmers geführt – Alternativ: Teilnehmeranschaltungsmöglichkeit innerhalb eines PON (Glasfaser als shared medium) oder als individuelle Festverbindung (point-to-point; individuell konfigurierbar) – typische Datenrate bei PON: gemäß PON-Variante; bei Festverbindung: bis 10 Gbit/s bidirektional
FTTD	**Fiber to the Desk** – Glasfaser wird bis zur Anschlussdose am Arbeitsplatz geführt – ggf. kann auch das Endgerät direkt optisch angeschaltet werden – hohe Bandbreite am Arbeitsplatz – keine Längenbeschränkung der Anschlussleitung am Arbeitsplatz – immun gegen Störstrahlung – typische Datenrate: je nach Anschlussvariante bis zu 10 Gbit/s bidirektional ((/AZ3))

Bild 4.73: Bezeichnungen der optischen Anschlussvarianten

■ **All Optical Networks**

All Optical Networks findet man im Backbonebereich. Sie verwenden als Transportstrukturen SDH- oder OTH-Hierarchien (siehe Kap. 3.1.5). Als Netzelemente werden eingesetzt:

Bezeichnung	Funktion
Optische Multiplexer (OMUX)	ermöglicht auf optischer Basis die Bündelung und Verschachtelung von Datenströmen zwecks gemeinsamer Übertragung über ein optisches Medium
Optische Add-/Drop-Multiplexer (OADM)	ermöglicht auf optischer Basis, einzelne Datenströme aus jeder Multiplexebene direkt hinzuzufügen oder zu entnehmen, ohne die gesamte Multiplexhierarchie durchlaufen zu müssen
Optical Crossconnect (OXC) Optical Switch (OS)	ermöglicht auf optischer Basis das zielgerichtete Verteilen und Vermitteln einzelner Datenströme zwischen kommenden und gehenden Glasfaserleitungen
Semiconductor Optical Amplifier (SOA)	auf Halbleiterbasis funktionierender Verstärker, der ohne den Umweg über einen O/E-Wandler Lichtsignale direkt optisch verstärken kann
optischer Koppler optischer Verteiler	ermöglicht an einer beliebigen Stellen des Übertragungsmediums, optische Energie ein- bzw. auszukoppeln

Bild 4.74: Komponenten im optischen Netz

Weitere Komponenten werden zur Dispersionskompensation (siehe Kap. 4.2.3) und zur Signalfilterung/Signalregeneration eingesetzt. Die Mehrfachausnutzung der vorhandenen Übertragungsbandbreite erfolgt mittels Wellenlängenmultiplex (WDM, siehe Kap. 4.1.8.3).

■ Automatically Switched Optical Network (ASON)

Unter einem Automatically Switched Optical Network versteht man ein intelligentes optisches Netz, bei dem das Routing der Nutzdaten quasi automatisch erfolgt. Der Benutzer legt durch ein entsprechendes Anforderungsprofil lediglich den Zielort, die erforderliche Bandbreite und die Dienstgüte fest, die Komponenten eines ASON verfügen über die erforderliche Intelligenz und die Prozessorleistung, um den optimalen Pfad durch das Netz festzulegen. Die Signalisierung erfolgt hierbei mit dem GMPLS-Protokoll (siehe Kap. 3.4).

Aufgaben

1. Bei welchem Wellenlängenbereich des elektromagnetischen Spektrums spricht man von optischer Strahlung? Welcher Frequenzbereich entspricht diesem Wellenlängenbereich?
2. TFT-Displays erzeugen ein farbiges Bild nach dem RGB-Verfahren. Welche Wellenlängen müssen die zu einem Farbtripel zusammengefassten Licht emittierenden Transistoren jeweils abgeben können?
3. Auf welchen physikalischen Gesetzen basiert der optische Leitungsmechanismus bei Glasfaserleitungen?
4. Nennen Sie Vorteile und Nachteile von Glasfaserleitungen gegenüber Kupferleitungen.
5. Bei Lichtwellenleitern unterscheidet man grundsätzlich zwischen drei Typen. Benennen Sie diese Typen und geben Sie charakteristische Merkmale an.
6. Was versteht man bei Lichtwellenleitern unter den sogenannten optischen Fenstern? Bei welchen Frequenzen befinden sich diese Fenster? Welche Bedeutung haben diese Fenster für die Übertragungstechnik?
7. Zwei Lichtwellenleiter unterscheiden sich durch ihr Bandbreite-Länge-Produkt. Bei Leiter 1 ist der Zahlenwert dieses Produktes größer als bei Leiter 2. Welcher Leiter weist eine höhere Qualität auf? Begründen Sie Ihre Antwort.
8. Welche grundsätzlichen optischen Verbindungstechniken unterscheidet man? Erläutern Sie die Unterschiede.
9. Bei LWL-Steckverbindungen unterscheidet man zwischen Stirnflächenkopplung und Schrägschliffkopplung. Erläutern Sie die technischen Unterschiede.
10. Was versteht man unter einem PON? Benennen Sie die Komponenten und erläutern Sie technische Merkmale.
11. Erläutern Sie die Bezeichnungen FTTEx, FTTN, FTTB, FTTH und FTTD.

Stichwortverzeichnis

Numerisch
1.TAE 355
1000BaseT 113
100BaseT 113
100BaseT4 113, 122
100BaseTX 113, 122
10BaseT 113
1TR-6-Übertragungsprotokoll 339
2B/1Q-Code 346, 397, 482
2-Draht-Schnittstelle 346
3GPP 429
4B/3T-Code 346, 397, 481
4-Draht-Schnittstelle 346
4PSK 458
7-Schichten-Modell 19

A
a/b-Ader 346
Abgesetzte Periphere Einheit 340
Abschirmung 445
absoluter Pegel 452
Abtastbedingung 463
Abtasten 462
Access Link 128
Access Power Line 408
Access-Concentrator 107
ACK-Flag 62, 63
ACR 119
Adaptionsschicht 371
Add/Drop-Multiplexer (ADM) 335
ADM 336
Administration
    von Linux-Netzen 306
Adressenlease 183
Adressenpool 183
Adressfamilien 59
Adressierung 18
Adressraum 34, 50
Adress-Typ 53
ADS 163
ADSL 394, 396
AH-Protokoll 138
aktives FTP 79
Alias-Listen 83
All Optical Network 493
Always-on Betrieb 426
AMI-Code 347, 480
Amplituden-Phasendiagramm 458
Anlagenanschluss 350

Anmelden 177, 192
Annex A 397
Annex B 397
Anpassung 444
Anschlussbereich 324, 340
Anschlussleitung 117, 325
Anschlussmodule 341
ANSI-Norm 70
ANSI-Standard 397
Anycast 52
AP 101
APE 340
Areas 44
ARP 47, 48, 49, 223
ARQ 432
ASIC 141, 417
asymmetrische Verschlüsselung 142
asynchroner Transfermodus 330
ATM 331, 366, 367, 369, 370, 371
ATM-Forum 364
ATM-LAN 364
ATU 395
Audiocodec 465, 466
Auflösung von
    DNS-Namen 225
    NetBIOS-Namen 224
AUI-Schnittstelle 122
Ausbreitungsgeschwindigkeit 485
Aussendeformen 32
Ausspähung 135
Authentication Center 420
Authentifizierung 83, 179
Authentisierung 52
Automatic Gain Control 417
Automatically Switched Optical Network 374
Autonome Systeme 44

B
Backbone 13, 100
Backoff 95
Backoff-Algorithmus 95
Backoff-Zeit 103
BAN 12
Bandbreite 462, 487
Bandbreite-Länge-Produkt 488
Bandbreitenmanagement 369, 374
Bandlaufwerk 214
Basisanschluss 346
Basisheader 50

Stichwortverzeichnis

Basisrate 332
Basisstation 418
Baud 478
BBAE 395
Beglaubigungszentrale 420
Benutzerprofil 191
Benutzerrecht 202
Benutzerverwaltung 287
Bestätigungsnummer 61
Besucherdatei 420, 424
Betriebs- und Wartungszentrale 420
Binding 88
Bindung 25
bindungslose Übertragung 330
B-ISDN 364
Bit Error Rate 376
Bitallokation 398
Bitfehler 17, 46
Bitübertragungsschicht 370
Bitzeiten 96
Bitzelle 95
B-Kanal 345
Blockbildung 18
Blockchiffren 142
Bluetooth 100, 104
Bluetooth-Protokollstapel 105
BOOTP 50
Bootvorgang 285
Border Gateway Protocol 44
Bourne-Again-Shell 286
Brechung 485
Brechungsindex 485
Breitband-Kommunikationsnetz 382
Breitband-PMP-Richtfunksystem 440
Bridge 21, 125
Broadcast 32
Broadcastadresse 31
Broadcast-Netz 374
Brouter 129
Brücke 122, 125
Bruttobitrate 346
BSS 101
BTS 418
Bündel 323
Busstruktur 123

C

CAN 12
Carrier 322
CDM 475
Cell- Breathing 429
CGI 77, 89
Channel-Link 115
CHAP 110
Class-I-Hub 124
Client-Operationen 59
Client-Prozess 28, 57
Clients 11, 14

Cluster 172, 173
CMTS 383
Codec 465
Codemultiplex 475
Codieren 462
Connectionless Server 366
Container 334
Cordless Terminal Mobility 432
Core-Router 44
Cross-Connect 365, 369
CSMA/CA 102
CSMA/CD 94
Customer Gateway 390
Cut-Through 126

D

DAB 375, 385
DAB+ 386
Dämpfung 118, 449, 487
Dämpfungsbelag 450
Dämpfungsfaktor 451
Dämpfungsmaß 451
Datagram 28, 38, 92
Datenendeinrichtung 20, 391
Datenschutz 135
Datensicherheit 135
Datensicherung 133, 135, 212
Datenübertragung 15, 17, 21, 122
Datenübertragungseinrichtung 21
Datenübertragungsgeräte 122
Datenverbindung 78
Datex-P-Netz 391
DCF 102
DDNS 187
DECnet 22
DECT 427, 432
DEE 20, 325
Default Domain Policy 216
Deltamodulation 464
Demultiplexer 470
DENIC 72
DES 138, 385
Dezibel 450
DHCP 50, 182, 302, 303
Dielektrikum 445
Dienst 27
Dienstneutralität 114
Diffusionsnetz 15
Digital Audio Broadcasting 385
Digital Radio Mondiale 385
Digital Subscriber Line 393
digitale Hierarchie 332
digitale Signatur 179, 180
digitaler Signalprozessor 417
Discovery-Pakete 108
Discovery-Stadium 107
DIV 340
DIX 97

D-Kanal 345
dLAN-Adapter 410
DMT 397, 409
DNK 340
DNS 185
DNS und DHCP 306
DoD-Architektur 26
Domain Name System 57, 60, 71
DQDB-Verfahren 390
DRM 375, 385
Druck-Server 209
DS 102
DS-Dienst 102
DSL 107, 393
DSLAM 395
DSS1-Protokoll 339
DSSS 476
dual homed 39
Dual-Mode 416
Dual-Mode-Handy 427
Dual-SIM-Handy 417
Duplexverfahren 468
Durchgangsnetzknoten 323, 339
Durchschaltevermittlung 328
DVB 375
DVB-IPTV 378
Dynamic Voltage Scaling 417
dynamische Zugriffssteuerung 471

E
e164.arpa. 87
Ebenen-Management 370
Echoanforderung 38
Echokompensation 347, 397, 469
Echokompensationsverfahren 397
Echtzeit 16, 367
Echtzeitdienst 367
EDGE 390, 426
Edge Gateway 390
EFS 164
EGPRS 426
Einfügungsdämpfung 451
Eingangswiderstand 444
Einmoden-Stufenindexfaser 489
EIR 420
elektromagnetischer Richtfunk 436
elektromagnetisches Spektrum 483
Elementary Stream 376
ELFEXT 119
Empfangsbestätigung 38
Encoder 403
Endeinrichtung 325
Engress-LSR 373
ENUM 87, 406
Envelope 82
Ereignisanzeige 215
Erweiterungs-Header 51, 52

ESP-Protokoll 138
ESS 101
Ethernet 48, 94, 97
Ethernet-Novell-Rahmen 98
ETSI 16, 397, 427, 429
EuroDOCSIS 384
Euro-ISDN 397
EVDO 431
EWSD 341
Exterior Gateway Protocols 44

F
Fair Use Policy 402
FastPath 398
FDDI 99
FDM 472
FDMA/TDMA 432
FEC 432
Fehleranalyse 221
Feldbussysteme 22
Femtozelle 428
Fenstergröße 62, 66
Fernebene 339
Festverbindung 329
FEXT 119
FHSS 476
Fiber to the Desk 117
FIN-Flag 64
Firewall 137
Flags 36, 37
Flexibilität 327
Flow Label 51
Flusskontrolle 19, 38, 66
Forwarding Equivalents Classes 373
FP 53
FQDN 72, 225
Fragmentierung 37, 52
Frame 96
Frame Relay 392
Frequenz 484
Frequenzanalysatoren 461
Frequenzgetrenntlageverfahren 397
Frequenzhoppingverfahren 476
Frequenzmultiplex 16, 472
Frequenzspektrum 461
FTP 57, 78, 79, 80
FTP-Kommandos 80
FTTB 496
FTTD 496
FTTEx 496
FTTH 496
FTTN 496
Funkfeld 437
Funkfelddämpfung 437
Funknetze 13, 100
Funkschnittstelle 414, 418
Funktionssteuereinheit 341

501

■ *Stichwortverzeichnis*

G

Gabelschaltung 469
GAP 432
Gateway-MSC 424
Gateways 21, 89
Generic Domains 71
Geostationäre Satelliten 438
Getrenntlageverfahren 421, 468
Glasfaserleitung 484
Gleichlageverfahren 469
Gleichwellennetz 380
Global Position System 380
GMPLS 374
GNU-Projekt 277
GPRS 426
GPS 416
Gruppe 195
Gruppenbildung 45
GSM 415, 421, 422, 423
Guard-Intervall 380
GUI 9

H

H.323 87, 405
Handover 419
Handy 416
Hardwareadresse 47, 48
HARQ 429
Hauptverteiler 341, 343
HDB3-Code 480
HDSL 400
Header 20, 331
Heimdatei 420, 424
Heterogenes Netzwerk 315
HiperLAN 106
HomePlug-Standard 410
HomePlug-Technologie 410
Homeverzeichnis 290
Hop Limit 51
Hop-by-Hop-Verfahren 366
horizontale Kommunikation 20
Host 29, 41, 42, 43, 225
Hosts-Datei 225
hot swap 121
HSCSD 425
HSDPA 429
HSOPA 430
HSPA 429
HSPA+ 429
HSUPA 430
HTML 75
HTTP 57, 75, 76, 77
HTTP-Methoden 77
HTTP-Protokoll 75
HTTP-Request und -Response 76
Hub 21, 122, 123
Hüllkurve 460

HVT 341, 343
hybrides Netz 387

I

IAE 348, 353
IANA 56
IBSS 101
ICANN 71
ICMP 38
Identitätsdatei 420
IEEE 91, 92, 97, 99, 128, 431
IEEE 802.1D 128
IEEE 802.5 99
IEEE-802 91
IEEE-802.2 92
IEEE-802.3 97
IETF 27, 46
IFS 103
IGMP 45
IHL 36, 37
IKE 140
Image 204
IMEI-Nummer 417
Impedanz 444
IMSI-Nummer 417, 424
IMT 427
Ingress-LSR 373
Inhouse Power Line 408
Installationsreserven 114
Intelligent Network 393
Interaktive Anwendungen 66
Interfacekonfiguration 40
Interferenz 379
Interior Gateway Protocol 44
Interleaving 398
Internettelefonie (VoIP) 87
Internverbindung 351
Inter-Router 390
Interworking Unit 365
IP 36, 110
IP/MPLS-Forum 364
IP-Adresse 29, 30, 48
IP-DECT 433
IP-Header 36, 38, 42, 44
IP-Konfiguration 43
IPsec 138
IPv6 50
IPX/SPX 23
ISAKMP 140
ISDN 107, 338, 339, 344, 356
ISDN-Dienste 356
ISDN-Rufnummer 356
ISDN-Subadresse 356
ISN 63
ISO-Modell 19
ITU 421, 427
ITU-T 16

502

J
Jam 94
Jitter 46, 403

K
Kabelbezeichnung für LWL-Kabel 490
Kabelersatzschaltbild 443
Kabel-Kategorie 117, 446
Kabelmantel 448
Kabelmodem 383
Kabelparameter 445
Kabelverzweiger 344
Kanal 326
Kanalbündelung 345, 475
Kanalcode 479
Kanalraster 436
Kennwortrichtlinie 190
Kennzeichenkanal 359
Kernel 163
Kernnetz 324
Klasse-D 119
Klirrfaktor 454
Knoten 224
Koaxialkabel 112, 445
Kollision 95
Kollisionsdomäne 123, 127
Kollokationsraum 343, 424
Kommandointerpreter 286
Kommunikationsebene 370
Kommunikationskanal 326
Kompressionsfaktor 465
Kompressionsverfahren 465
Komprimierung 465
Konfigurationsänderung 133
Konsole 193
Kontrollkanäle 423
Konvergenz 18
Konvergenz der Netze 18
Konzentrator 340, 365
Koppelnetz 341
Kopplung 39

L
L2F 138
Label 373
Label Edge Router 373
Label Switch Path 373
Label Switching Router 373
Label-Switching 373
LAN 12
Länderkennzahl 356
Laufzeitdifferenzen 17
Laufzeitverzerrung 454
Layer-3-Switch 129
LCP 109
LDP 374
Leerzelle 370
Leistungsanforderung 131

Leitungscode 479
Leitungscodes 478
Leitungsnachbildung 469
Leitungsvermittlung 328
letzte Meile 324
LEX 368
Licht 484, 485, 487
Lichtabsorption 487
Lichtbrechung 485
Lichtstreuung 487
Lichtwellenleiter 484, 486
Lichtwellenleitertypen 488
Lilo 285
lineare Verzerrungen 454
Linienspektrum 460
Link 115
Linkaggregation 127
Lizenz 221
LLC 92
LMHOSTS 224
Location Awareness 416
logische Adresse 223
Lokale Verwaltung 188
LSB 36
LTE 429, 431
LWL 100, 114
LWL-Spleiß 491
LWL-Stecker 492

M
MAC 92, 93, 125, 127, 223
MAC-Adressen 93
MAC-Adresstabelle 125
MAC-Teilschicht 92, 93
MAC-Verschlüsselung 385
Makrozelle 428
MAN 12
Management-Center 390
Management-Ebene 370
Management-Station 134
Maschennetz 323
MD5 138
Mehrantennensystem 441
Mehrfachrahmen 358
Mehrfachrufnummern 349
Mehrgeräteanschluss 348
Mehrwegempfang 379
Mehrwertdienste 356
Message Header 76, 77
Metro Ethernet Network 390
Metropolitan Area Network 390
MF-Flag 38
MGCP 90
Migration 55
Mikrozelle 428
MIMO 430, 441
MMC 193
MMS 415

Stichwortverzeichnis

MNP 422
Mobile Network Code 415
Mobile Switching Center 419
Modendispersion 487
Modulation 455
Modulator 460
Monomodefaser 487
MOSPF 46
MOS-Wert 465
Mounten 281
MPLS 140, 389
MPLS-Shim-Header 373
MRU 109
msi 204
MSN 349
MSS 64, 66
MTA 82
MTU 37, 47, 109
MUA 82
MUA-Konfiguration 83
Multicast 32, 45, 52
Multimodefaser 487
Multimode-Gradientenfaser 489
Multimode-StufenIndexfaser 488
Multiplexebene 332
Multiplexverfahren 470

N

Namensknoten 72
Nameserver 73
NAT 67
NCP 110
NDIS 25
Net-Befehl 222
NetBEUI 23
NetBIOS 23, 60, 223
Nettobitrate 346
Netware 24
Network Node Interface 364
Network-Layer-Protocol 110
Netzabschluss NT 344
Netzadresse 29
Netzanforderung 326
Netzanwendungsklassen 118
Netz-API 58
Netzaufbau
    unter Linux 301
Netzausfallsicherheit 327
Netz-Identifikation 53
Netzknoten 323, 339, 395
Netzkopplung 138
Netzwerkdienst 302
Netzwerkdrucker 208
Netzwerkinterface (NIC) 10
Netzwerkkarte 299
Netzwerkmodelle 22
Netzwerkmonitor 219
Netzzugangspunkte 323

Next Generation Network 392
Next Generation-SDH 336
NFN-TAE 355
NFS 86
NIC 10
nicht lineare Verzerrungen 454
nicht öffentliches Netz 322
NIR-Licht 438
NIS 277, 308, 309
NNI 366, 367
NNI-Zelle 366
Normalgenerator 452
Notspeiseberechtigung 350
Notspeisung 350
NRZ-Code 478
nslookup 74
NTBA 346
NTBBA 395
NTFS 200, 201
NTPM 352
Nutzer-Ebene 370
Nutzkanal 345
NVT 69

O

Objektüberwachung 217
ODI 25
OFDM 386, 409, 473
OFDM-Modulation 386, 430
Öffentliche Funknetze 13
Öffentliches Netz 322
Oktalzahl 291
Oktett 36, 366
OMC 420
Open Source 277
optische Einfügedämpfung 492
optische Netze 493
optische Richtfunkstrecken 438
optische Rückflussdämpfung 492
Optische Transport-Hierarchie 336
optisches Fenster 488
Optisches Frequenzmultiplex 473
optisches Netz 493
Optokoppler 454
orthogonal 458
Ortsebene 339
Ortsnetzkennzahl 356
OSI-Modell 19, 22
OSPF 44
OUI 93
Outdoor-DSLAM 399

P

PAD 386
PAD-Einrichtung 391
Paketfilter 137
Paketgrößen 28
Paket-Transfermodus 330

Paketvermittlung 328
PAN 12
PAP 110
PAR 65
Parabolantennen 437
passives FTP 79
passives optisches Netz 493
Path Overhead 334
Payload 20, 51, 331, 334
PCF 102
PCM 358, 418, 419
PCM-30 358
PDA 415
PDH 332
Pegel L 452
Pegeldiagramm 452
Permanent-Link 115
Phasenkoppler 411
Piconetz 104
Picozelle 428
PIM 46
PiMF Kabel 448
PIN-Code 418
PLC 408
plesiochrone digitale Hierarchie 332
PNR 409
PNT 409
PNU 408
PoC 415
POH 334
PON 493
POP3 83
POP3-Kommandos 84
Portal 101
Portnummern 56
POTS 16, 394
Powerline Communication 408
PPA 355
PPP 107
PPPoE 107
PPTP 138
Präambel 96
Präfix 53
Primärbereich 116
Primärmultiplexanschluss 352
Primärmultiplexrate 332
Priorisierung 102
Protokoll 18, 19, 20, 28
Proxy 78, 137
Prozessorauslastung 133
Prüfbit 371
PSACR 119
PSELFEXT 119
PSH-Flag 62, 66
PSNEXT 119
PSTN 402
PTM 331
PTT 415

Public-UNI 364
Pulscodemodulation 462
Pulsrahmen 358
Punkt-zu-Mehrpunkt 15, 349
Punkt-zu-Punkt 14, 350

Q
QAM 458
QPSK 458
Quad-Band-Handy 421
Quality of Service 46, 140
Quantisierung 462, 463
Quellcode 479
Quelle 18, 326
Querverbindung 340

R
Rahmentypen 97
RAID 121
RARP 50
Raummultiplex 478
Rauschen 454
Reaktivierung 133
Rechteckimpuls 456
Referenzmodell 19, 22
Referenzpunkte 344
Registrar-Server 88
relativer Pegel 452
Remote Bridge 125
Repeater 122, 123
Reservierungstechnik 471
Resolver 73
Restauration 133
restriktiv 201
Retransmission Timer 65, 66
RFC 27
Richtantenne 437
Ring 15
RJ-45-Stecker 353
Roaming 424, 432
Root-NS 73
Router 28, 35, 39, 41, 42, 43, 52, 137, 390
Routing 28
Routingtabelle 35
RPC 85
RST-Flag 65
RSVP 47
RSVP-TE 374
RTCP 88
RTP 88
Rückflussdämpfung 119
Rufnummernblock 351

S
S 12 341
S/FTP 446
S/UTP 446
S0-Bus 346

505

Stichwortverzeichnis

S0-Schnittstelle 346
S2M-Schnittstelle 352
SA 140
SAM 167
Samba 316, 317
Sample-and-Hold 463
SAP 92
SatellitenDSL 402
Satellitenfunksysteme 437
Scatternetz 104
Schichtenmanagement 370
Schirmungsmaß 448
Schlüssellänge 141
Schmalband-ISDN 345
Schrittdauer T0 478
Schrittgeschwindigkeit 478, 481
SCTP 68
SDH 332
SDP 88
SDSL 401
Sector Overhead 334
Segmente 61
Sekundärbereich 116
Senke 18, 326
Sequenznummer 61, 65
Server 11, 120
serverbasierende Netzwerke 164
Serveroperationen 59
Server-Prozess 28, 56
Service Access Points 21
Service Provider 322
Session-Stadium 109
SFD 96
SFN-Synchronisation 380
shared medium 94, 428
Shell 286
Sicherheit 164
Sicherheitsgruppe 197
Sicherungsart 213
SID 178
Signalgeschwindigkeit 485
Signalisierung 329
Signalisierungsnetz 326
Signalisierungsnetzknoten 326
Signallaufzeit 96
Signal-Rausch-Abstand 454
Signalübertragung 15, 17
SIM-Karte 417
Simplexverfahren 467
Singlemodefaser 487
SIP 88, 405
Sitzungsaufbau 108
SkyDSL 402
Slottime 95, 96
Smartphone 416
SMB 86
SMP 121
SMS 415

SMTP 57, 81
SMTP-Header 82
SNA 22, 24
SNAP 93
Snap-Ins 194
Sniffer 220
SNMP 134
Socket-Schnittstelle 58
Soft-Capacity 429
SOH 334
SONET 333
Spanning Tree 128
Speichervermittlung 328
Sperrcode 417
Spezialdomain 71
Spezifizierung 169
Splitter 395
Spooler 296
Sprachcodec 465
Spread-Spectrum-Technik 475
SSAP 92
Standard-Gateway 43
Standardgruppe 197
Standardrouten 41
Stations-Dienst 102
Stern 15
Sternvierer 447
Steuer-Ebene 370
Steuerkanal 345
Steuerverbindung 78
STM 330, 333
Stopfverfahren 333
Store-and-Forward 126
Störsignal 94
Störung 453
Stream 61
Streaming Caches 47
Strukturierte Verkabelung 114
STUN 88
Subnetze 34, 53
Supernetze 35
Supplier 322
Supporttools 220
SWAT 317
Switch 122, 126
symmetrische Verschlüsselung 142
synchrone digitale Hierarchie 332, 333
synchroner Transfermodus 330
SYN-Flag 63, 64
systembedingte Störungen 453
Systemmonitor 219
Systemtelefon 354
System-Utilitie 221

T

TAE 352
Task (Vorgang) 194
Tastgrad 456

Tastung 456
TCP 28, 60, 61
TCP/IP 23, 27
TCP/IP-Programme 222
TCP-Header 61
TCP-Kopflänge 62
TCP-Prüfsumme 62
TDM 474
T-DSL 397
TE 325, 368
Teilnehmeranschlussleitung 325
Teilnehmernetzknoten 339
Teilnehmerrufnummer 356
Teilnehmervermittlungsstelle 364
TEI-Nummer 361
Teledienste 356
Telekommunikationsgesetz 322
Telnet 57, 69
Terminal Adapter 348
Terminierung 347, 444
Tertiärbereich 116
textbasierende Partitionierung 280
Three-Way-Handshake 63
Throughput 46
Tinygram 126
TMSI 419
TNK 339, 340
Token Ring 99
Top Level Domains 71
TOS 36, 37, 44
TOS-Feld 44
TP-Kabel 113, 445
Traffic Class 51
Traffic-Policing 374
Traffic-Shaping 374
Transitvermittlungsstelle 364
Transportmodul 333
Transport-Modus 139
Transportnetz 324
Transportschicht 56
Transportsystem 23, 131
Triple-Band-Handy 421
Triple-Play-Dienst 382
Triple-Play-Dienste 400
Trunk Link 128
TTL 36, 37, 42, 122
Tunnel-Modus 139
TVoDSL 401
Twisted-Pair-Kabel 445
TYPE-Feld 98
TYPE-Kodierungen 93

U
U/FTP 446
U/UTP 446
UAE 353
Übergabeverteiler 343
Übermittlungsdienst 356
Übertragungsgeschwindigkeit 481
Übertragungskanal 326
Übertragungsmechanismus 443
Übertragungsmedium 131
Übertragungsphase 65
Übertragungsverfahren 330
Überwachungsprotokoll 216
UDP 28, 59, 60
UHDSL 401
UK0-Schnittstelle 346
UMB 431
UMTS 427, 428
UNI 366, 367, 395
Unicast 32, 52, 53
unique-local 54
UNIX 277
UNI-Zelle 366
Up0-Schnittstelle 354
URG-Flag 62
USV 121
UTP 446
UTRAN 429

V
Validierung 327
VC 371
VDSL 399
Verbindungsabbau 64
Verbindungsaufbau 63
Verbindungsdienst 92
Verbindungslose Übertragung 330
Verbindungsnetz 324
Verbindungsorientierte Übertragung 329
Verbindungsschicht-Protokoll 131
Verbindungstabelle 369
Verdrahtungsfehler 118
Vererbung 201
Verkabelungsmesstechnik 117
Verkehrslenkung 329
vermittelnder Netzknoten 339
Vermittlung 327
Veröffentlichen 206
Verschlüsselung 52, 140
Verstärkung 450
Verstärkungsfaktor 450
Verteilergruppe 195
Verteilnetz 47
Verteiltes Dateisystem 192
vertikale Kommunikation 20
Verweigern 200
Verzeichnisexport 86
Verzerrung 453
Videocodec 465, 467
Vierpole 450
Virtual Channel 331, 367
Virtual Path Identifier 367
virtuelle Verbindung 64, 326, 328, 331, 367
virtueller Kanal 368

507

virtueller Pfad 368
Vista 144
VLAN 127
VLR 420
VoDSL 401
Voice over Cable 385
VoIP 16, 87, 352
Vollduplex 61, 127
Vollvermaschung 15
Vorfeldeinrichtung 324, 365
VP 371
VPLS 374
VPN 138, 322
VT-100 70

W
Wählverbindung 329
WAN 12
Wandler 454
WAP 415, 425
WCDMA 478
WDM 473
Wegelenkung 28
Wellenlänge 484
Wellenlängenmultiplex 374, 473
Wellenwiderstand 444
WiMax 100, 106, 433

WINS 184
WINSOCK 59
Wireless Application Protocol 425
Wireless Markup Language 425
WirelessUSB 100
WLAN 101, 431

X
XHTML 425

Y
Yagi-Antenne 378
Y-Konfiguration 349

Z
Zeichengabesystem 359
zeitkritisch 403
Zeitmultiplex 16, 474
Zeitschlitz 330, 358
Zelle 331, 370, 371
ZigBee 105
Zonen 13, 73
Zugangsnetz 324
Zugangsnetzknoten 323
Zugriffsrecht 199, 290
Zugriffstoken 178
Zustandsdiagramm 62

Quellenverzeichnis

Den nachfolgend aufgeführten Firmen und Personen danken wir für Informationsmaterial, Grafiken, Fotos und fachliche Beratung. Alle Zeichnungen in diesem Titel, die nicht unten extra aufgeführt sind, wurden erstellt von Michele Di Gaspare (Bergheim-Ahe).

1 & 1 Mail & Media GmbH, Karlsruhe: S. 90
Amiganer - Fotolia.com: S. 417
Apple Sales International, Cork, Republic of Ireland: S. 149, 241, 243, 245, 247, 249, 250, 251
Devolo AG, Aachen: S. 411
Ellen Lintermann, Köln: S. 379
Heinrich Klar Schilder- und Etikettenfabrik GmbH & Co. KG, Wuppertal: S. 30, 67
Huber+Suhner GmbH, Taufkirchen: S. 493
Infineon Technologies AG, Neubiberg: S. 105
Microsoft Corporation, Washington/Microsoft Deutschland GmbH, Unterschleißheim: S. 70, 80, 83, 86, 144, 146, 147, 149, 151, 153, 154, 156, 157, 165, 169, 170, 172, 173, 174, 176, 177, 182, 183, 186, 188, 189, 191, 194, 195, 196, 205, 206, 207, 215, 217, 218, 219, 226, 230, 231, 257, 271, 272
The Apache Software Foundation: S. 320